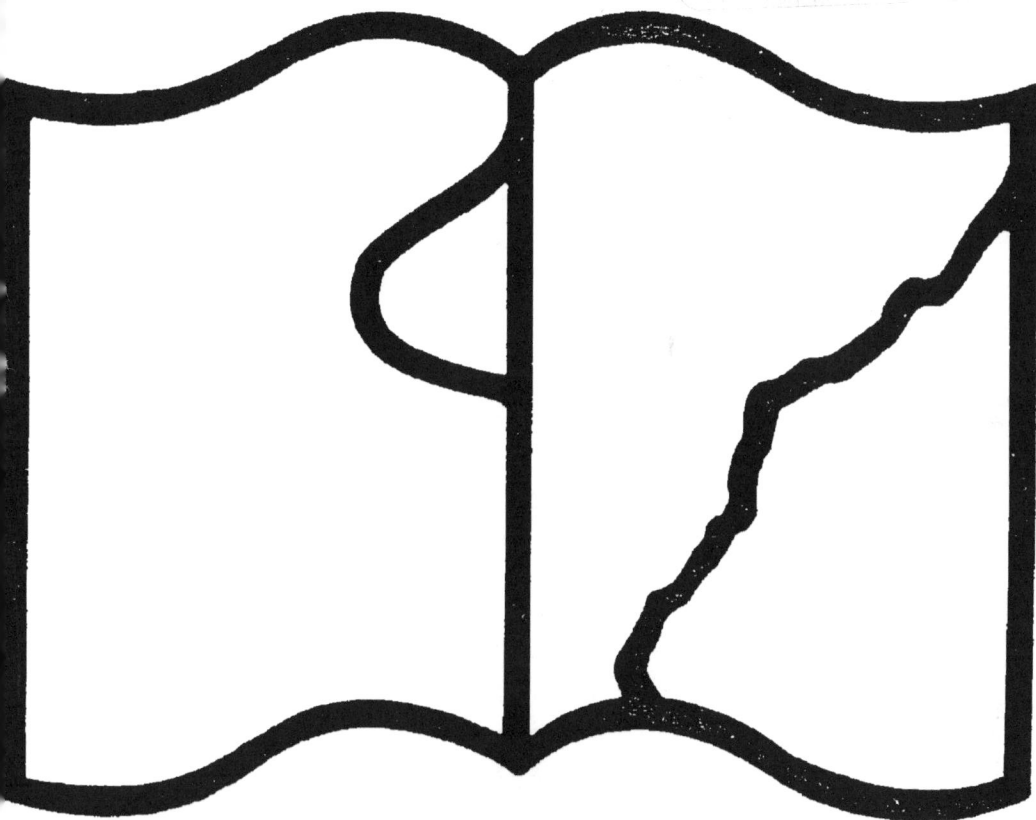

Texte détérioré — reliure défectueuse

NF Z 43-120-11

6370

RECUEIL COMPLET

TRAVAUX PREPARATOIRES

DU

CODE CIVIL.

IMPRIMERIE D'HIPPOLYTE TILLIARD,

RUE SAINT-HYACINTHE SAINT-MICHEL, N° 30.

RECUEIL COMPLET

DES

TRAVAUX PRÉPARATOIRES

DU

CODE CIVIL

COMPRENANT [SANS] MORCELLEMENT ; 1° LE TEXTE DES DIVERS PROJETS ;
2° CELUI DES OBSERVATIONS DU TRIBUNAL DE CASSATION ET DES TRIBUNAUX
D'APPEL ; 3° TOUTES LES DISCUSSIONS PUISÉES LITTÉRALEMENT TANT DANS LES
PROCÈS-VERBAUX DU CONSEIL-D'ÉTAT QUE DANS CEUX DU TRIBUNAT, ET
4° LES EXPOSÉS DE MOTIFS, RAPPORTS, OPINIONS ET DISCOURS TELS QU'ILS
ONT ÉTÉ PRONONCÉS AU CORPS LÉGISLATIF ET AU TRIBUNAT ;

PAR P. A. FENET,

AVOCAT A LA COUR ROYALE DE PARIS.

TOME SEPTIÈME.

PARIS,

VIDECOQ, LIBRAIRE, PLACE DU PANTHÉON, 6,

PRÈS L'ÉCOLE DE DROIT.

1836.

DISCUSSIONS,

MOTIFS,

RAPPORTS ET DISCOURS.

TOME DEUXIÈME.

RECUEIL COMPLET

DES

TRAVAUX PRÉPARATOIRES

DU

CODE CIVIL.

DISCUSSIONS,

MOTIFS, RAPPORTS ET DISCOURS.

LIVRE PREMIER.

DES PERSONNES.

TITRE PREMIER.

De la jouissance et de la privation des droits civils.

DISCUSSION DU CONSEIL D'ÉTAT.

(Procès-verbal de la séance du 6 thermidor an IX. — 25 juillet 1801.)

M. BOULAY présente à la discussion le chapitre Ier du projet de loi *sur les personnes qui jouissent des droits civils et sur celles qui n'en jouissent pas.*

Ce chapitre est ainsi conçu :

Art. 1er. « Toute personne née d'un Français et en France, 8
« jouit de tous les droits résultant de la loi civile française,

« à moins qu'il n'en ait perdu l'exercice par les causes ci-après
« expliquées. »

10   Art. 2. « Tout enfant né en pays étranger, d'un Français,
« est Français.

« Celui né en pays étranger, d'un Français qui avait abdi-
« qué sa patrie, peut toujours recouvrer la qualité de Fran-
« çais, en faisant la déclaration qu'il entend faire son domicile
« en France.

« Cette déclaration doit être faite sur le registre de la
« commune où il vient s'établir. »

7   Art. 3. « L'exercice des droits civils est indépendant de la
« qualité de citoyen, laquelle ne s'acquiert et ne se conserve
« que conformément à la loi constitutionnelle. »

8   LE CONSUL CAMBACÉRÈS demande si l'enfant né d'une mère
française et d'un père inconnu, jouira en France des droits
civils.

M. TRONCHET répond que, lorsque le père est inconnu,
l'enfant suit la condition de la mère. Cependant, il trouve
les deux articles incomplets : ils n'ont pour objet que les
enfans de Français nés en France ou dans le pays étranger ;
9   il faut prononcer encore sur l'enfant né en France d'un père
étranger. La faveur de la population a toujours fait regarder
ces individus comme Français, pourvu que par une déclaration ils exprimassent la volonté de l'être.

M. BOULAY ajoute qu'on peut d'autant moins refuser les
droits civils au fils de l'étranger, lorsqu'il naît en France,
que la Constitution lui donne les droits politiques.

LE PREMIER CONSUL propose de rédiger ainsi : « Tout in-
« dividu né en France est Français. »

M. TRONCHET observe que le fait de la naissance sur le
territoire français ne donne que l'aptitude d'acquérir la
jouissance des droits civils ; mais cette jouissance ne doit
appartenir qu'à celui qui déclare la vouloir accepter.

8   M. BERLIER, pour résoudre la difficulté du Consul *Camba-*

cérès, propose la rédaction suivante : « Toute personne née en
« France d'un père ou d'une mère non étrangers, jouit, etc. »

M. TRONCHET insiste pour qu'on statue sur l'enfant né en
France d'un père étranger. Il observe qu'un tel individu n'acquiert les droits politiques qu'à l'âge de vingt-un ans ; qu'on
ne peut laisser son état en suspens jusqu'à cette époque ;
qu'il est même possible qu'il ait les droits civils sans avoir
les droits politiques.

LE PREMIER CONSUL demande quel inconvénient il y aurait
à le reconnaître pour Français sous le rapport du droit civil.
Il ne peut y avoir que de l'avantage à étendre l'empire des
lois civiles françaises : ainsi, au lieu d'établir que l'individu
né en France d'un père étranger n'obtiendra les droits civils que lorsqu'il aura déclaré vouloir en jouir, on pourrait
décider qu'il n'en est privé que lorsqu'il y renonce formellement.

M. TRONCHET dit que les rédacteurs du projet de loi se
sont conformés aux anciennes maximes sur l'état civil des
étrangers, pour ne rien préjuger en faveur des principes de
l'Assemblée constituante, qui a admis tous les étrangers indistinctement à la jouissance des droits civils, sans aucune
condition de réciprocité. Autrefois cette dernière condition,
même dans ce cas, ne permettait à l'étranger de recueillir
des successions, qu'autant qu'il en faisait emploi dans l'étendue du territoire français.

M. ROEDERER dit qu'au 6 août 1789, l'Assemblée constituante trouva le droit d'aubaine aboli à l'égard d'un grand
nombre de puissances. Cependant le fisc retenait un dixième
des successions que recueillaient les étrangers ; c'était ce
qu'on nommait *le droit de détraction.* L'Assemblée a aboli le
droit d'aubaine, et même le droit de détraction, d'une manière générale et sans condition de réciprocité : alors la
France s'est trouvée dans une position singulière à l'égard de
plusieurs nations.

Par exemple, les Anglais, qui ont maintenu le droit d'aubaine, venaient recueillir des successions en France, et ne rendaient pas les successions qui s'ouvraient chez eux au profit des Français. Mais il ne s'agit pas encore de cette question ; elle se lie à l'article 4 du projet. Ce que le Premier Consul propose regarde les enfans nés en France d'un père étranger. La loi civile ne peut leur accorder moins que ne leur donne la loi politique pour l'intérêt de la population.

M. Tronchet soutient qu'on ne peut donner au fils d'un étranger la qualité de Français sans qu'il l'accepte. Cette condition ne regarde pas le mineur, parce qu'il n'a pas de volonté ; mais elle doit être exigée du majeur.

Le Premier Consul dit que si les individus nés en France d'un père étranger n'étaient pas considérés comme étant de plein droit Français, alors on ne pourrait soumettre à la conscription et aux autres charges publiques les fils de ces étrangers qui se sont établis en grand nombre en France, où ils sont venus comme prisonniers, ou par suite des événemens de la guerre. Le Premier Consul pense qu'on ne doit envisager la question que sous le rapport de l'intérêt de la France. Si les individus nés en France d'un père étranger n'ont pas de biens, ils ont du moins l'esprit français, les habitudes françaises ; ils ont l'attachement que chacun a naturellement pour le pays qui l'a vu naître ; enfin ils portent les charges publiques. S'ils ont des biens, les successions qu'ils recueillent dans l'étranger arrivent en France ; celles qu'ils recueillent en France sont régies par les lois françaises ; ainsi, sous tous les rapports, il y a de l'avantage à les admettre au rang des Français.

M. Tronchet dit qu'en envisageant la question sous le rapport de l'utilité, on la réduit à ses vrais termes : mais, ajoute-t-il, il n'y a d'utilité réelle qu'autant que la France acquiert réellement l'étranger ; et elle n'est sûre de l'acquérir que lorsqu'il a exprimé la volonté d'être Français : s'il s'y refuse, les bénéfices qu'il fait en France, les successions qu'il y recueille, tournent en entier au profit de la patrie de son père, à moins qu'il n'y ait une loi de réciprocité. Au reste, cet intérêt n'est relatif qu'aux biens meubles et aux produits de l'industrie ; car la succession et la disposition des immeubles sont toujours réglées par la loi du lieu où ils sont situés.

M. Regnier ne croit pas qu'une déclaration d'intention soit pour la France une forte garantie, puisque l'étranger qui l'a faite pourrait néanmoins abandonner ensuite la France.

M. Tronchet répond que, si l'enfant né d'un père étranger jouit des droits civils sans faire de déclaration et sans se fixer en France, on ne pourra lui refuser la succession qu'il ne viendra recueillir que pour l'emporter dans sa véritable patrie.

M. Roederer réduit la question à examiner si la plupart de ces fils d'étrangers se retireront dans la patrie de leur père, où s'ils resteront en France. Il croit que le plus grand nombre restera.

M. Tronchet pense que la condition de la résidence doit être formellement exigée.

M. Defermon propose de renvoyer à l'article 10 la discussion des amendemens, et de déclarer cependant que tout individu né en France est Français.

M. Tronchet répond que c'est ici le lieu de fixer tout ce qui concerne l'état de la personne.

M. Portalis observe qu'il n'y a point d'inconvéniens à déclarer Français tout enfant né en France ; ce principe se trouvant nécessairement modifié par les dispositions légales qui règlent la manière dont un Français conserve ou perd la faveur de son origine.

Le Premier Consul met aux voix le principe.

Il est adopté.

M. Boulay présente la rédaction suivante : « Toute personne « née en France jouit des droits résultant de la loi civile fran- « çaise, à moins qu'il n'en ait perdu l'exercice par une des « causes déterminées ci-après. ».

M. Regnier dit qu'il suffit de dire : « Tout individu né en

« France est Français; » les conséquences sont suffisamment connues.

M. Regnaud (de Saint-Jean-d'Angely) propose de rédiger ainsi : « Jouiront en France des droits civils, 1° tous les « Français, 2° les étrangers dans les cas prévus par la loi. » On établirait ensuite, 1° quels sont les individus qui sont Français, 2° en quel cas l'étranger jouira du droit civil.

Le Premier Consul renvoie la rédaction à la section.

La discussion de l'article 2 est ouverte.

M. Regnaud (de Saint-Jean-d'Angely) demande si l'individu né en pays étranger, d'une mère non mariée, est Français.

M. Tronchet répond que tout enfant né hors mariage suit la condition de sa mère.

Le Consul Cambacérès dit que la difficulté n'existe que pour l'enfant d'un père français non marié; elle tombe sur la preuve de la paternité. Les enfans nés hors mariage n'étant pas aussi favorisés chez les autres nations qu'en France, on ne trouve nulle part de règles sur la manière dont ils doivent prouver leur filiation; et il est impossible au père de remplir dans le pays étranger les formalités exigées par les lois françaises.

M. Tronchet répond qu'il conviendra d'obliger le père à remplir en France les formalités qu'il ne peut remplir en pays étranger.

M. Duchatel attaque la seconde partie de l'article; il s'oppose à ce que le fils d'un Français qui a abdiqué sa patrie soit considéré comme Français; il se fonde sur ce que celui qui est né d'un père qui n'est plus Français ne peut être qu'un étranger, soumis aux conditions imposées aux étrangers pour acquérir la qualité de Français, qu'on ne peut tenir d'un père qui l'a perdue.

M. Regnaud (de Saint-Jean-d'Angely) appuie cette opinion; il dit que la volonté du père décide de l'état du fils.

M. Defermon adopte le principe de la section : il lui paraît favoriser la population.

M. Boulay observe que la question a été décidée par l'Assemblée constituante, à l'occasion des religionnaires fugitifs.

M. Regnaud (de Saint-Jean-d'Angely) répond que les religionnaires n'avaient pas abdiqué la qualité de Français; mais qu'ils avaient été forcés de s'expatrier. Il n'en est pas de même, continue-t-il des Français qui ont librement adopté une patrie nouvelle, qui, peut-être, n'ont quitté la France qu'en haine de son régime, qui ont accepté des fonctions chez les puissances ennemies. On ne pourrait, sans inconvénient, permettre à leurs fils de reprendre le caractère de Français, et de venir en France recueillir des successions.

M. Tronchet dit que, quand on s'occupe de lois civiles, de lois qui sont pour tous les temps, il faut se placer à une grande distance des circonstances où l'on se trouve. La faveur de l'origine doit l'emporter sur toute autre considération. Ce principe est celui de l'Europe entière. Au surplus, il faut ne lui donner ses effets en France qu'autant que l'individu par lequel elle est invoquée est fidèle à la promesse d'établir son domicile sur le territoire français.

M. Regnaud (de Saint-Jean-d'Angely) dit qu'un père, devenu étranger, communique cette qualité à l'enfant né depuis son expatriation. Si cet enfant attache du prix à la qualité de Français, il peut l'acquérir par les moyens de naturalisation que la Constitution établit.

M. Roederer dit que, lorsque la France sera parvenue au degré de prospérité qui l'attend, beaucoup d'étrangers voudront s'associer à ses destinées, et que ce désir s'emparera surtout des individus qui en sont originaires ; que l'intérêt de la population fera accueillir favorablement ceux qui n'ont jamais appartenu à la France; qu'à plus forte raison, devra-t-on faciliter le retour des enfans des Français expatriés. Qu'on ne craigne pas la rentrée des enfans d'émigrés; elle ramènera les biens qu'avaient emportés leurs pères.

M. Cretet dit que cette discussion serait moins embarrassée, si l'on se fixait d'abord sur la différence qui existera par rapport aux droits civils entre un Français et un étranger; car dans le cas où l'on accorderait aux étrangers la même faveur que leur avait accordée l'Assemblée constituante, en les appelant à succéder comme les Français, la question qu'on agite perdrait tout son intérêt.

M. Cretet demande qu'on discute l'article 4, qui est l'article 1er de la section Ire du chapitre II, intitulé : *des Étrangers en général.* Cet article est ainsi conçu : « L'étranger jouit « en France des mêmes droits civils que ceux accordés aux « Français par la nation à laquelle cet étranger appartient. »

M. Tronchet adopte cet ordre de discussion. Il propose d'opter d'abord entre le système de l'Assemblée constituante, et le système de n'admettre les étrangers à succéder que sous la condition de la réciprocité.

M. Roederer demande qu'on adopte l'article 4 du projet : il répare l'erreur dans laquelle est tombée l'Assemblée constituante.

M. Defermon observe que les principes abolis par l'Assemblée constituante seraient plus rigoureux sous une Constitution qui limite les pouvoirs du gouvernement que sous la monarchie, attendu que le roi pouvait modifier à son gré l'usage du droit d'aubaine, et que quelquefois même il en faisait remise.

Le Premier Consul demande quelle était la situation des choses avant le changement introduit par l'Assemblée constituante.

M. Tronchet dit que l'Assemblée constituante a trouvé le droit d'aubaine aboli, ou plutôt modifié, à l'égard d'une grande partie des puissances de l'Europe : ces changemens étaient tous l'effet de traités particuliers, plus ou moins étendus. Néanmoins ceux des étrangers qu'ils favorisaient ne jouissaient pas d'une successibilité complète : ils excluaient seulement le fisc, parce qu'il ne pouvait faire valoir contre eux le droit d'aubaine ; ils n'excluaient pas leurs parens français, et ne concouraient pas même avec eux , s'ils se trouvaient au même degré, parce qu'ils n'avaient pas la capacité active de succéder : c'est cette capacité que l'Assemblée constituante leur a donnée à tous sans distinction , et indépendamment des traités. Il s'agit aujourd'hui de savoir si l'on s'en tiendra au droit établi par l'Assemblée constituante, ou si l'on rentrera dans les traités antérieurs à son décret ; traités qui établissent la réciprocité en faveur des Français, et qu'on peut réformer, étendre ou modifier par de nouvelles négociations. Ces traités portent même, presque tous, que l'exemption du droit d'aubaine cessera à l'égard des nations chez lesquelles cesserait la réciprocité stipulée pour les Français. L'article en discussion ne change rien aux rapports établis, par le droit diplomatique, entre les Français et les autres peuples ; il rend, au contraire, un libre cours aux traités.

Le Premier Consul dit qu'on pourrait rédiger ainsi : « Les « droits civils dont les étrangers jouissent en France sont « réglés par le droit diplomatique. »

M. Tronchet propose la rédaction suivante : « L'étranger « jouit en France des droits civils qui sont stipulés par les « traités. »

Le Conseil adopte le principe de l'article. Les diverses rédactions proposées sont renvoyées à la section de législation.

Le Premier Consul charge M. *Rœderer* de lui présenter le tableau des rapports que les traités ont établis entre la France et les autres nations , en ce qui concerne les droits civils.

L'article 5 est adopté ; il est ainsi conçu :
« L'étrangère qui aura épousé un Français suivra la con-« dition de son mari. »

La discussion est ouverte sur l'article 6, lequel est ainsi rédigé :

« L'étranger qui aura fait la déclaration de vouloir se fixer
« en France pour y devenir *citoyen*, et qui y aura résidé un
« an depuis cette déclaration, y jouira de la plénitude des
« droits civils. »

LE PREMIER CONSUL dit qu'il conviendrait de le rédiger
ainsi : « L'étranger *qui aura été admis* à faire la déclaration
« qu'il veut se fixer, etc. »

Il demande si l'admission donnera aussitôt à l'étranger le
droit de succéder.

M. EMMERY répond que c'est dans l'intention d'empêcher
cette successibilité prématurée, que la section propose d'assujettir l'étranger à une année de stage politique. Les successions ouvertes après ce stage lui appartiendraient ; il ne
recueillerait pas celles qui s'ouvriraient avant l'expiration de
l'année.

M. TRONCHET propose d'ajouter, *et qui continuera de résider*.

L'article est adopté sauf rédaction.

ap. 13
et 3.
L'article 7 est adopté ; il est ainsi conçu.

« L'étranger, même non résidant en France, est soumis
« aux lois françaises pour les immeubles qu'il y possède ; il y
« est personnellement soumis, pendant sa résidence ou son
« séjour, à toutes les lois de police et de sûreté. »

14
L'article 8 porte : « L'étranger, même non résidant en
« France, peut être cité devant les tribunaux français pour
« l'exécution des obligations par lui contractées en France
« avec un Français ; et s'il est trouvé en France, il peut être
« traduit devant les tribunaux de France, même pour des
« obligations contractées par lui en pays étranger envers des
« Français. »

Cet article est soumis à la discussion.

LE CONSUL CAMBACÉRÈS dit qu'il est nécessaire d'ajouter à
cet article une disposition pour les étrangers qui, ayant procès
entre eux, consentent à plaider devant un tribunal français ;

que, si l'on veut laisser subsister la caution *judicatum solvi*, il   16
est également nécessaire de s'en expliquer formellement.

Le Ministre de la Justice observe que cette caution est
indispensable, qu'elle est la garantie du citoyen qui plaide
contre un étranger.

M. Tronchet observe que la disposition sur la caution
trouvera sa place dans le Code de la procédure civile; que
jusqu'à ce qu'il soit décrété, la matière sera régie par les lois
anciennes.

Le Consul Cambacérès dit qu'un article placé à la fin du
projet de Code fait cesser l'effet des anciennes lois; qu'il y
aurait donc du danger pour les Français, de remettre à un
temps plus éloigné à leur donner les sûretés résultant de la
caution *judicatum solvi*.

M. Boulay propose de rejeter à l'article suivant la disposition sur la caution que devra fournir l'étranger, ou d'en
faire la matière d'un nouvel article.

M. Portalis dit que cette caution n'était pas exigée dans
les contestations pour fait de commerce.

M. Maleville ajoute qu'elle n'était pas exigée de l'étranger qui avait des immeubles en France.

M. Regnaud (de Saint-Jean-d'Angely) propose de dire que
les immeubles d'un étranger pourront lui servir de caution.

M. Defermon rappelle la seconde exception proposée par   14
le Consul *Cambacérès*, pour les étrangers qui, ayant procès
l'un contre l'autre, consentent à plaider devant un tribunal
français : il considère ce consentement comme établissant un
arbitrage qui doit avoir son effet.

Il demande si un étranger peut traduire devant un tribunal
français un autre étranger qui a contracté envers lui une
dette payable en France.

M. Tronchet répond que le principe général est que le demandeur doit porter son action devant le juge du défendeur;
que, cependant, dans l'hypothèse proposée, le tribunal aurait le droit de juger, si sa juridiction n'était pas déclinée.

M. Defermon observe que ce serait éloigner les étrangers des foires françaises, que de leur refuser le secours des tribunaux pour exercer leurs droits sur les marchandises des étrangers avec lesquels ils ont traité.

M. Réal répond que, dans ce cas, les tribunaux de commerce prononcent.

M. Tronchet ajoute que la nature des obligations contractées en foire ôte à l'étranger défendeur le droit de décliner la juridiction des tribunaux français. Mais l'article en discussion ne préjuge rien contre ce principe : il est tout positif; on ne peut donc en tirer une conséquence négative. Il ne statue que sur la manière de décider les contestations entre un Français et un étranger, et ne s'occupe pas des procès entre étrangers.

L'article est mis aux voix et adopté.

ap. 14
et 3.

L'article 9 est adopté; il est ainsi conçu :

« Le Français résidant en pays étranger continuera d'être « soumis aux lois françaises pour ses biens situés en France, « et pour tout ce qui touche à son état et à la capacité de sa « personne. »

15

L'article 10 est présenté à la discussion; il est ainsi rédigé :

« Un Français peut être traduit devant un tribunal de « France pour l'exécution d'actes consentis en pays étranger. »

M. Roederer propose d'ajouter, *avec des étrangers*.

M. Defermon craint que l'article proposé ne favorise les fraudes de ceux qui, pour échapper au droit d'enregistrement, passeraient leurs actes chez l'étranger.

M. Emméry répond que ces sortes de fraudes sont impossibles, parce que les actes passés dans l'étranger n'ont en France que le caractère d'actes sous seing privé, et ne peuvent y devenir authentiques que par l'enregistrement.

M. Tronchet ajoute que, d'ailleurs, les formes établies au titre *des Donations et des Testamens* préviennent de semblables fraudes; qu'enfin, l'article ne se rapporte qu'au droit d'actionner, et non au mérite des actes qui forment la base

des actions : mais, pour le rendre plus précis, on peut substituer le mot *obligations* au mot *actes*.

L'article est adopté avec les deux amendemens qui suivent :
1° l'addition de ces mots, *avec des étrangers*; 2° la substitution du mot *obligations* au mot *actes*.

Le Conseil arrête en outre qu'il sera fait un nouvel article,   16
à l'effet d'assujettir l'étranger demandeur à fournir caution de
payer les frais et les dommages-intérêts auxquels il pourrait
être condamné, à moins qu'il n'actionne pour obligations de
commerce, ou qu'il ne possède en France suffisamment de
biens immeubles pour répondre des condamnations.

M. Boulay présente la section II du chapitre II, intitulée,   Tit. 1, fin
des Étrangers revêtus d'un caractère représentatif de leur na-   du ch. 1.
tion; elle est ainsi conçue :

Art. 11. « Les étrangers revêtus d'un caractère représen-
« tatif de leur nation, en qualité d'ambassadeurs, de minis-
« tres, d'envoyés, ou sous quelque autre dénomination que
« ce soit, ne seront point traduits, ni en matière civile ni en
« matière criminelle, devant les tribunaux de France.

« Il en sera de même des étrangers qui composeront leur
« famille, ou qui seront de leur suite. »

Après une légère discussion, l'article est retranché du projet comme étranger au droit civil, et appartenant au droit
des gens (a).

(a) Le Premier Consul dit : « J'aimerais mieux que les ambassadeurs français n'eussent
« point de priviléges à l'étranger, et qu'on les arrêtât, s'ils ne payaient pas leurs dettes
« ou s'ils conspiraient, que de donner aux ambassadeurs étrangers des priviléges en
« France, où ils peuvent plus facilement conspirer, parce que c'est une République.
« Le peuple de Paris est assez badaud; il ne faut pas encore grandir à ses yeux un am-
« bassadeur, qu'il regarde déjà comme valant dix fois plus qu'un autre homme. Les autres
« puissances n'ont point, à cet égard, établi des principes aussi formels que ceux qu'on
« nous propose d'adopter. Il serait préférable de n'en pas parler; la nation n'a que trop
« de considération pour les étrangers. Ce qu'on propose pourrait être nécessaire chez un
« peuple barbare; mais cela est inutile et dangereux chez une nation douce et policée.
« Les puissances étrangères, loin d'y voir une chose favorable pour elles, croiraient
« que nous n'avons en vue la réciprocité que pour assurer à nos agens diplomatiques la

M. Boulay présente la section Ire du chapitre III, intitulée, *de la Perte des Droits civils par abdication de la qualité de Français.*

La discussion de l'article 12, qui est le premier de cette section, est ouverte.

17   Cet article porte : « La qualité de Français se perdra par « l'abdication qui en sera faite. Cette abdication devra être « prouvée par des faits qui supposeront que le Français se « sera établi en pays étranger, sans esprit de retour : elle ré- « sultera nécessairement, 1° de la naturalisation acquise en « pays étranger, 2° de l'acceptation non autorisée, par le gou- « vernement français, de fonctions publiques conférées par « un gouvernement étranger ; 3° de l'affiliation à toute cor- « poration étrangère qui supposera des distinctions de nais- « sance. »

Le Premier Consul propose d'ajouter, *ou de service mili- taire,* à ces mots, « de l'acceptation non autorisée, par le gou- « vernement français, de fonctions publiques. »

M. Roederer voudrait que, sans énoncer de cas particu- liers, on se bornât à dire que la qualité de Français se perdra par l'établissement en pays étranger sans esprit de retour.

M. Boulay dit que l'article est fondé sur le principe général que les trois cas qu'il énonce ne doivent être considérés que comme des preuves *juris et de jure,* lesquelles deviennent des certitudes ; mais qu'elles n'excluent pas les preuves con- jecturales qu'on peut tirer d'autres faits, s'ils sont tels qu'ils caractérisent l'expatriation.

M. Berlier demande si ce n'est pas ici le lieu de placer une disposition spéciale relativement à l'individu né, en France, d'un père étranger. Si cet enfant, que la loi ne peut regarder comme Français qu'autant qu'il reste en France, l'a

---

« faculté de révolutionner impunément les Etats On cite Rome où les ambassadeurs « ont même des juridictions. Rome est la ville de tous ; il n'y a rien à comparer à cette « circonstance ni aux conséquences à en tirer. » (*Mémoires de M. Thibaudeau sur le Consulat. Pages* 415 *et* 416.)

quittée pour suivre ou rejoindre son père, pourra-t-il, après un grand laps de temps, invoquer l'esprit de retour comme tout autre Français, pour en reprendre l'état et les droits ; et l'abdication, par rapport à lui, ne devrait-elle pas résulter, sans restriction, du fait matériel de sa sortie ?

M. Thibaudeau répond que cette disposition est inutile, parce que l'enfant né en France d'un père étranger, étant devenu Français, ne peut plus cesser de l'être que comme tout autre individu à qui cette qualité appartient.

L'article est adopté avec l'amendement proposé par le Premier Consul.

L'article 13 est présenté à la discussion ; il est ainsi conçu : 19

« Une femme française qui épousera un étranger, suivra « la condition de son mari.

« Lorsqu'elle sera devenue veuve, elle recouvrera la qua- « lité de Française, pourvu qu'elle réside en France, ou « qu'elle y rentre en faisant sa déclaration de vouloir s'y « fixer.

Le Premier Consul demande si la femme devenue veuve pourra, en reprenant la qualité de Française, reprendre aussi les successions qu'elle aurait été appelée à recueillir pendant son mariage, dans le cas où elle n'aurait pas épousé un étranger.

MM. Tronchet et Boulay répondent que l'article lui ôte irrévocablement ces successions ; qu'elle ne peut pas s'en plaindre, attendu qu'elle a renoncé spontanément à ses droits civils par le mariage qu'elle a contracté.

Le Ministre de la Justice observe que ce point devrait se régler par ce qui se pratique chez les nations étrangères à l'égard des femmes qui se marient en France.

L'article est adopté.

M. Portalis demande qu'il soit fait un article additionnel ap. 19 pour conserver les droits civils à la femme française qui suit en pays étranger son mari français, lorsqu'il s'expatrie.

M. Tronchet dit qu'une telle exception donnerait lieu à des fraudes. Le mari expatrié et ses enfans profiteraient des biens de sa femme. Si l'on se décidait à admettre la proposition de M. *Portalis*, il faudrait du moins obliger la femme à donner caution qu'elle ne disposera de ses biens qu'en faveur de Français, et qu'elle rentrera en France dans le cas où elle deviendrait veuve.

M. Regnaud (de Saint-Jean-d'Angely) pense que la question se trouve décidée par l'article 13, qui vient d'être adopté.

M. Boulay observe que M. *Portalis* propose une exception à cet article.

Le Premier Consul dit qu'il y a une grande différence entre une Française qui épouse un étranger, et une Française qui, ayant épousé un Français, suit son mari lorsqu'il s'expatrie : la première, par son mariage, a renoncé à ses droits civils; l'autre ne les perdrait que pour avoir fait son devoir.

La proposition de M. *Portalis* est ajournée.

M. Boulay présente la section II, intitulée *de la Perte des Droits civils par une condamnation judiciaire.*

22   L'article 14, qui est le premier de cette section, est soumis à la discussion et adopté. Il est ainsi conçu : « Les condam-
« nations à la peine de mort, ou aux peines afflictives qui
« s'étendent à toute la durée de la vie, seront les seules qui
« emporteront la mort civile. »

Les articles 15 et 16 sont discutés ; ils portent :

26   Art. 15. « La mort civile n'aura lieu que du jour de l'exé-
« cution réelle ou par effigie du jugement. »

27   Art. 16. « En cas de contumace, la mort civile n'aura lieu
« qu'après l'expiration du délai accordé pour purger la con-
« tumace.

« Ce délai ne sera que de cinq ans. »

27 à 31   M. Tronchet dit que l'article 16 suppose un contumax condamné et exécuté par effigie, et lui accorde un terme de

cinq ans, pendant lesquels il peut faire tomber son jugement
en se présentant aux tribunaux. Dans l'ancienne législation,
un tel délai n'était pas exclusif : seulement, pendant sa durée, le contumax ne jouissait pas des droits civils ; mais, à
quelque époque qu'il se représentât, on recommençait la procédure ; et, si le condamné était absous, le jugement avait un
effet rétroactif : cependant on ne restituait pas les biens qui
étaient échus pendant la contumace. La section propose de
substituer à ce système une suspension de la mort civile et des
effets qu'elle a pu produire pendant cinq ans. Elle n'a pas
considéré que la mort civile n'est pas une peine directe, mais
seulement un effet et une conséquence de la peine capitale.
Aux yeux de la loi civile, le mort civilement n'existe pas plus
que celui qui a été privé de la vie naturelle : ainsi, vouloir
qu'un homme contre lequel a été exécutée par effigie une
peine qui entraînait la mort civile ne soit pas réputé mort par
rapport aux droits civils, c'est vouloir qu'un mort soit regardé
comme vivant. Ce n'est que par humanité qu'on admet le
contumax à se représenter et à solliciter un jugement qui
efface sa première condamnation. Mais la représentation n'est
qu'une condition résolutoire : elle n'a ses effets que lorsqu'elle
s'accomplit ; elle ne change rien à ce qui a précédé ce moment : dès lors il est impossible de supposer que la mort
civile n'a pas existé.

D'un autre côté, la mort civile faisant cesser les droits civils, on ne peut laisser au condamné la portion de vie qui lui
est nécessaire pour devenir successible, et pour le devenir au
préjudice de parens honnêtes ; ce serait donner à celui contre
lequel s'élève la présomption d'une condamnation, la préférence sur celui qui jouit de la plénitude de la vie civile.

M. Boulay répond que la section a dû prendre pour guide
la loi criminelle telle qu'elle existe aujourd'hui : cette loi ne
frappe pas d'abord le condamné d'une mort civile absolue,
et telle qu'elle lui enlève tous ses droits ; mais d'une quasi-
mort civile, qui ne lui imprime que quelques incapacités. Ce

2.

système a été introduit en faveur de l'innocence : en effet, l'homme le moins coupable peut avoir de justes motifs de craindre les préventions; il peut vouloir se mettre à l'écart pour apprendre, par la procédure, s'il doit se confier à l'impartialité de ses juges, ou redouter les manœuvres de ses ennemis.

La question, au surplus, n'a d'intérêt que pour les héritiers appelés, à défaut du condamné, à recueillir les successions qui peuvent s'ouvrir pendant le délai de cinq ans. C'est en leur faveur que la section propose de suspendre pendant un temps les effets de la mort civile, afin que leur sort ne dépende pas de l'hypothèse de la révocation du jugement.

Le Consul Cambacérès dit que la section, dans son projet, suppose toujours que l'accusé est innocent et doit se représenter. Ce raisonnement repose sur une base souvent fausse : la présomption s'élève en faveur de la justice; il faut croire que l'accusé fugitif a eu de puissans motifs de prendre ce parti.

Un délai n'est pas nécessaire à l'intérêt des enfans du condamné, puisqu'ils prennent directement les successions que leur père aurait recueillies s'il eût conservé ses droits civils.

Le Ministre de la Justice observe qu'un jugement, même par défaut, doit toujours s'exécuter, tant qu'il n'y a pas d'opposition; que le jugement par contumace n'est qu'un jugement par défaut, qui doit avoir tout son effet (et qui l'a réellement par l'effigie) tant qu'il n'est pas attaqué; que suspendre ces effets pendant cinq ans indépendamment de toute opposition, ce serait s'écarter des principes reçus.

Le Premier Consul dit que cette loi serait un scandale qui, en frappant un homme de mort civile, lui laisserait cependant la faculté de vendre, de donner, de disposer, dans l'espérance que des conjonctures favorables lui permettront, dans la suite, de se faire absoudre, et de valider ainsi ce qu'il aurait fait d'une manière illégale.

M. Emmery observe que, dans le système de M. *Tronchet*, la propriété demeure incertaine : il n'est pas permis aux tribunaux de repousser un contumax qui se représente, même long-temps après le délai accordé pour purger la contumace.

Si donc il ne se représente que dix ans après sa condamnation, et qu'il soit absous, il reprend ses biens; et toutes les dispositions faites dans l'intervalle se trouvent rétroactivement annulées.

M. MALEVILLE dit qu'il ne croit pas que, d'après les anciennes lois, ni d'après les nouvelles, il fût libre à un condamné de se représenter après les délais pour purger sa contumace et faire tomber son jugement; que, d'après l'ordonnance de 1670, le condamné n'avait régulièrement que cinq ans, et que ce n'était que par une faveur particulière que le roi accordait quelquefois des lettres pour purger la contumace ou la mémoire après les cinq ans; que le nouveau Code pénal a mal à propos étendu ce délai à vingt ans, mais qu'il est bien clair au moins qu'il est de rigueur; qu'un contumax ne peut pas plus aujourd'hui qu'autrefois prétendre aux successions échues depuis, ni troubler ceux auxquels sa condamnation avait acquis des droits.

M. ROEDERER observe que l'absolution n'a cet effet que pendant le laps de cinq ans.

M. EMMERY répond que dans notre législation actuelle, à quelque époque que se représente le contumax, il rentre immédiatement dans l'exercice de tous ses droits, et récupère tous ses biens, à l'exception des fruits. Le système de la section tend à faire cesser les inconvéniens d'une trop longue suspension, en fixant un délai de cinq ans, pendant lequel le contumax, n'étant pas irrévocablement condamné, ne serait frappé que d'une sorte d'interdiction légale, mais après lequel la condamnation, devenue irrévocable, produirait la mort civile. On est d'accord que, si le contumax se représente ou est arrêté dans ce délai, il doit recouvrer à l'instant la plénitude de ses droits. On convient que, s'il meurt naturellement avant l'expiration des cinq ans, il doit mourir *integri statûs*; et cependant on veut le déclarer mort civilement du

jour où le jugement par contumace aurait été exécuté en
effigie. Il y a dans ce système une contradiction qui serait
sauvée dans le système de la section. L'intérêt des enfans du
contumax serait aussi plus respecté ; et il doit l'être , puisqu'ils sont innocens. Ils ne pourront pas toujours prendre de
leur chef les successions que leur père aurait recueillies. Si
la représentation à l'infini est restreinte, comme il y a toute
apparence, il arrivera souvent que les enfans n'auront pas le
degré qui leur donnerait la capacité de succéder par eux-
mêmes.

Le Consul Cambacérès dit que l'article 16, en suspendant
la mort civile pendant cinq ans, contredirait l'article précédent, qui la déclare encourue du jour de l'exécution par
effigie, quoique peut-être ces sortes d'exécutions, instituées
pour faire connaître le jugement, ne devraient plus avoir
lieu depuis que la procédure est publique, et qu'il serait
convenable de donner au jugement tous ses effets aussitôt
qu'il a été prononcé.

Au reste, la loi ne peut accorder une protection spéciale à
un individu , précisément parce qu'il est condamné. Elle ne
peut tolérer qu'il dispose au mépris de sa condamnation , ni
prendre sous sa sauve-garde les actes qu'il fait , en lui mé-
nageant la faculté de se présenter pour se faire absoudre lorsqu'il sait que les preuves de son crime ont péri. L'intérêt des
enfans doit toucher, sans doute ; mais l'ordre public a aussi
ses droits : et dailleurs, l'intérêt des enfans est bien plus
respecté dans le système de M. *Tronchet,* où ils succèdent,
que dans le système de la section , où ils perdent les fruits
pendant cinq ans.

M. Regnier dit que toute condamnation par contumace
est essentiellement conditionnelle.

M. Tronchet répond qu'elle n'est modifiée que par une
condition résolutoire, qui dépend ou de l'absolution du contumax, ou de sa mort pendant le délai de cinq ans.

M. Boulay dit que si la section propose une suspension , ce

n'est qu'afin de ne pas mettre sur la même ligne l'individu condamné sans retour, et l'individu qui peut revivre à la société.

Il ajoute qu'au surplus le système de M. *Tronchet* serait aussi suspensif à l'égard de divers effets civils : par exemple, il n'entraînerait pas la dissolution du mariage pendant les cinq années de délai.

M. Tronchet dit que le contrat de mariage a des règles toutes particulières ; qu'il ne demeure en suspens que parce qu'au moment de la condamnation il avait toute sa perfection, et qu'un pareil contrat ne peut pas être anéanti conditionnellement.

Le Consul Cambacérès dit que le jugement par contumace a les mêmes effets qu'un contrat modifié par une clause résolutoire. Un tel contrat s'exécute jusqu'à ce qu'il soit détruit : il en doit être de même d'un jugement qui opère l'expropriation.

Le Premier Consul renvoie à la section les articles discutés, et la charge de présenter le tableau des conséquences de son système.

Les articles non discutés sont ainsi conçus :

Art. 17. « Dans aucun cas, la proscription de la peine ne « pourra réintégrer le condamné dans ses droits civils. »

Art. 18. « Une condamnation prononcée contre un Fran- « çais en pays étranger n'emportera pas la mort civile. »

Art. 19. « Les effets de la mort civile seront, la dissolution « du contrat civil du mariage, l'incapacité d'en contracter un « nouveau, d'exercer les droits de la puissance paternelle, « de recueillir aucune succession, de transmettre à ce titre « les biens existans au décès, de faire aucune disposition à « cause de mort ; de recevoir aucune donation même entre- « vifs, à moins qu'elle ne soit restreinte à des alimens ; « d'être tuteur ou de concourir à une tutelle ; de rendre « témoignage en justice, ni d'y ester autrement que dans le

« nom et à la diligence d'un curateur nommé par le mort
« civilement, ou à son défaut par le juge. »

Art. 20. « Les héritiers du mort civilement seront saisis de
« plein droit de ses biens et actions, à compter du jour où
« la mort civile aura lieu. »

(Procès-verbal de la séance du 14 thermidor an IX. — 2 août 1801.)

M. Boulay présente le chapitre Ier de la nouvelle rédaction
du titre *concernant les personnes qui jouissent des droits civils
et celles qui n'en jouissent pas.*

Les articles 1 et 2 sont adoptés ; ils sont ainsi conçus :

Art. 1er. « Tout Français jouit des droits civils résultant de
« la loi française. »

Art. 2. « Tout individu né en France est Français. »

L'article 3 est soumis à la discussion ; il est ainsi conçu :

« Tout enfant né d'un Français en pays étranger, est
Français.

« Tout enfant né en pays étranger, d'un Français qui avait
« abdiqué sa patrie, peut toujours recouvrer la qualité de
« Français, en faisant la déclaration qu'il entend fixer son
« domicile en France.

« Cette déclaration doit être faite sur le registre de la com-
« mune où il vient s'établir. »

M. Defermon demande la suppression de la troisième
disposition, laquelle, dit-il, est purement réglementaire.

M. Berlier attaque la seconde : il observe qu'on ne tient
la qualité de Français que de deux circonstances, ou de la
naissance sur le sol de la République, ou de la naissance d'un
père français ; or, l'enfant né en pays étranger d'un père qui
a abdiqué la France, n'a ni l'un ni l'autre de ces deux avantages. Ce que l'Assemblée constituante a fait en faveur des
religionnaires fugitifs ne peut servir ici d'exemple ; les pères
ne s'étaient expatriés que forcément.

Il ne faut pas d'ailleurs perdre entièrement de vue les

circonstances : elles obligent quelquefois à modifier le principe général pour des motifs d'intérêt public. Peu d'autres
que les enfans d'émigrés profiteront de la seconde disposition
de l'article. Peut-être serait-il plus prudent de ne les admettre à devenir Français que suivant le mode établi pour
les étrangers : ce ne serait pas les soumettre à des conditions
onéreuses et difficiles ; et l'on donnerait au gouvernement la
facilité de repousser ceux d'entre eux dont la présence lui
paraîtrait dangereuse.

M. Boulay dit que la disposition qu'on attaque est due à
la faveur de l'origine, et qu'elle sera d'un usage plus fréquent
qu'on ne le suppose. Elle est juste ; car le fils ne doit pas
porter la peine d'une abdication à laquelle il n'a pas concouru.

Cependant, si l'on craint que les enfans des émigrés n'en
abusent, on pourrait ne leur laisser remplir les formalités
prescrites pour devenir Français, que lorsqu'ils y auraient
été admis par le gouvernement.

Le Consul Cambacérès dit que peut-être la possibilité de
l'abdication de la part d'un Français ne devrait pas être présumée par les lois. Celui qui abdique, et sa postérité, ne se
présentent certainement pas sous un aspect bien favorable.
Si les enfans de celui qui a abdiqué veulent s'associer aux
destinées de la France, qu'ils remplissent les conditions sous
lesquelles la Constitution accorde cette faveur aux étrangers.

Voilà pour l'avenir.

Pour le présent, comment repousser les enfans des émigrés
s'ils viennent armés de l'article qu'on propose ? Il importe
de ne jamais mettre la loi civile en opposition avec les considérations politiques.

M. Tronchet dit qu'il faut sortir des circonstances, et se
reporter à ce qui doit être dans tous les temps. L'expatriation
n'est pas en soi un délit ; c'est l'usage d'une faculté naturelle
qu'on ne peut contester à l'homme. On quitte souvent sa
patrie par des motifs innocens ; le plus souvent on s'y dé-

termine pour l'intérêt de sa fortune. Au surplus, l'abdication
ne résulte ni du mariage qu'on contracte chez l'étranger, ni
du domicile qu'on y établit, mais seulement des actes qui
supposent qu'on s'est incorporé à la nation chez laquelle on
s'est retiré : mais jamais l'abdication n'a effacé la faveur de
l'origine. Toujours les enfans de l'abdiquant ont pu venir
reprendre la qualité de Français ; ils étaient même reçus à
partager, avec les enfans que l'abdiquant avait laissés en
France, les successions qui s'ouvraient à leur profit. Ils te-
naient ce droit de la faveur de leur origine, et ils en jouissaient indépendamment des traités faits avec la nation chez
laquelle ils étaient nés. Cependant on ne leur en permettait
l'exercice que lorsqu'ils se soumettaient à demeurer en France,
et qu'ils satisfaisaient à cette soumission.

M. Lacuée pense qu'il est difficile de ne pas se rendre aux
raisons présentées par M. *Berlier;* qu'on parviendrait peut-
être à concilier toutes les opinions, en disant que le fils du
Français qui aura abdiqué sa patrie pourra être admis par le
gouvernement français à faire sa déclaration qu'il veut se fixer
en France.

M. Defermon demande que la disposition qu'on discute
soit renvoyée au titre *des Étrangers.*

M. Boulay observe qu'au contraire il s'agit de distinguer
de l'étranger l'enfant né depuis l'abdication de son père.

M. Berlier dit que tout se réduit à ne l'admettre qu'autant
que le gouvernement jugera convenable de lui donner,
en quelque sorte, des lettres de naturalité. Il ajoute que
M. *Tronchet* s'est plus appuyé sur l'histoire que sur les principes ; qu'il n'a pas examiné si l'intérêt de l'État exige qu'on
laisse au gouvernement le pouvoir d'admettre ou de repousser
les individus dont il s'agit.

Le Premier Consul demande ce qu'est aujourd'hui le fils
d'un émigré né depuis l'émigration, et s'il succède.

M. Berlier répond qu'il est étranger.

Le Consul Cambacérès dit que le fils qui a suivi son père

dans son émigration n'est réputé émigré que lorsqu'il ne rentre pas avant l'âge de puberté; que le fils né dans l'étranger depuis l'émigration n'est point Français, parce qu'il sort d'un père frappé de mort civile, et qui dès-lors n'a pu lui transmettre une qualité que lui-même n'avait plus. Il est d'ailleurs de principe que le fils suit la condition de son père. Cet individu ne recueille pas du chef de son père la succession à laquelle celui-ci eût été appelé s'il eût conservé la vie civile; c'est la République qui succède, comme représentant le père émigré.

Cependant, si la disposition était adoptée, le fils de l'émigré reviendrait de son chef à la succession, en faisant valoir le principe que les délais ne courent pas contre les mineurs.

Le Premier Consul dit que, pour décider la question qu'on agite, il convient de se fixer d'abord sur le point de savoir si l'enfant né d'un émigré depuis son émigration doit être considéré comme le fils d'un Français qui a abdiqué sa patrie, ou comme le fils d'un individu mort civilement; car, dans le dernier cas, la disposition qu'on discute ne s'appliquerait pas aux enfans des émigrés.

M. Tronchet dit que le Code civil n'ayant rien de commun avec les lois de circonstance portées contre les émigrés, ce sera dans ces lois et non dans le Code civil qu'on cherchera toujours la solution des questions relatives aux enfans des émigrés.

Le Premier Consul lit l'art. 15 du projet, lequel est ainsi conçu : « Les condamnations prononcées par les tribunaux « français à la peine de mort ou aux peines afflictives qui s'é- « tendent à toute la durée de la vie, seront les seules qui « emporteront la mort civile. »

Il dit que l'article, après avoir énoncé les condamnations qui emporteront la mort civile, sans y comprendre l'émigration, ajoute que ce seront les seules qui opéreront cet effet : ainsi, pour qu'il ne demeure pas d'incertitude, et pour cependant maintenir des dispositions qui intéressent les propriétés d'un grand nombre de Français, il est nécessaire d'ajouter à l'art. 15 : *et les condamnations prononcées par des lois extraordinaires, emporteront, etc.*

M. Roederer dit que les lois sur les émigrés ne les frappent pas de mort civile; qu'elles se bornent à prononcer un bannissement perpétuel, et à punir l'infraction du ban.

Le Consul Cambacérès dit que la loi du 3 octobre 1792 ayant banni à perpétuité les émigrés qui ne seraient pas rentrés dans les délais qu'elle détermine, c'est une erreur de croire qu'ils ne sont pas morts civilement. D'ailleurs, l'article 1er de la loi du 28 mars 1793 l'a textuellement décidé.

Le Premier Consul met en délibération si les émigrés doivent être considérés comme morts civilement.

Le Conseil consulté est d'avis que les émigrés sont morts civilement.

Le Premier Consul dit que, d'après le principe qui vient d'être reconnu, l'article 3 ne présente plus de difficultés.

M. Roederer dit qu'il reste à décider si le fils de l'émigré jouira des droits de successibilité accordés aux étrangers.

Le Premier Consul dit que l'émigré étant mort civilement, la loi ne peut reconnaître pour ses enfans que ceux qui existaient au moment de son émigration.

M. Regnaud (de Saint-Jean-d'Angely) demande que ce principe soit énoncé dans la loi, parce que, dans l'usage, on tient pour valable le mariage contracté par l'émigré depuis son émigration, et les enfans qui en naissent sont regardés comme légitimes.

Le Premier Consul dit que cet usage est né de ce qu'il n'existe pas encore de moyens de distinguer les vrais émigrés de ceux qui ont été mal à propos inscrits sur les listes. L'inscription sur la liste actuelle n'étant pas définitive, puisqu'elle peut être effacée par une radiation, on ne peut empêcher de se marier ceux qui ne sont qu'inscrits; et il en sera ainsi jusqu'à ce qu'on ait séparé les vrais et les faux émigrés, en ne laissant sur la liste que les premiers.

M. Tronchet pense que la rédaction proposée par le Consul *Cambacérès* ferait cesser toute équivoque.

Le Premier Consul dit que l'article, dégagé de l'équivoque qui l'aurait fait appliquer aux émigrés, est indispensable. La nation française, nation grande et industrieuse, est répandue partout, elle se répandra encore davantage par la suite. Mais les Français, autres que les émigrés, ne vivent chez l'étranger que pour pousser leur fortune : les actes par lesquels ils paraissent se rattacher à un autre gouvernement ne sont faits que pour obtenir une protection nécessaire à leurs projets. Il est dans leur intention de rentrer en France quand leur fortune sera achevée; faudra-t-il les repousser? Se fussent-ils même affiliés à des ordres de chevalerie, il serait injuste de les confondre avec les émigrés qui ont été prendre les armes contre leur patrie.

M. Berlier dit que les Français que des raisons de commerce ou de fortune conduisent chez l'étranger n'abdiquent pas leur patrie.

Le Premier Consul ajoute à ce qu'il vient de dire que, s'il arrivait un jour qu'une contrée envahie par l'ennemi lui fût cédée par un traité, on ne pourrait, avec justice, dire à ceux de ses habitans qui viendraient s'établir sur le territoire de la République qu'ils ont perdu leur qualité de Français, parce qu'ils n'ont pas abandonné leur ancien pays au moment même qu'il a été cédé; parce que même ils ont prêté serment au nouveau souverain. La nécessité de conserver leur fortune, de la recueillir et de la transporter en France, les a obligés de différer leur transmigration.

Le Consul Cambacérès propose la rédaction suivante :
« Tout individu né en pays étranger, d'un Français qui au-
« rait abdiqué sa patrie, pourra toujours recouvrer la qualité
« de Français, en faisant la déclaration qu'il entend fixer son
« domicile en France. »

Il ajoute que la loi ne disposant que pour l'avenir, le sort des Français non émigrés qui sont actuellement chez l'étranger se trouvera réglé par les anciens principes; que même le Code civil ne pourrait changer leur condition.

M. Bigot-Préameneu observe qu'il s'élève une multitude de procès dans les familles, sur les droits des enfans soit des émigrés, soit de ceux qui ont obtenu leur radiation; que la législation actuelle étant insuffisante pour décider ces questions, il sera indispensable de faire une loi qui réglera la conduite des juges; qu'on pourrait donc reléguer dans cette loi les dispositions sur la successibilité des enfans d'émigrés, et en dégager entièrement le Code civil.

Le Conseil consulté rejette l'article 3 tel qu'il est proposé par la section.

La discussion est ouverte sur la rédaction présentée par le Consul *Cambacérès*.

Le Premier Consul demande si l'enfant né en pays étranger depuis l'abdication de son père, ne reprend ses droits civils que du jour qu'il a fait la déclaration qu'il veut se fixer en France, ou s'il est réputé ne les avoir jamais perdus.

M. Tronchet répond qu'il recueille les successions ouvertes avant sa déclaration, lorsque la prescription n'est pas acquise contre lui. Le sort de l'individu originaire français est différant, en ce point, de celui de l'étranger qui obtient la naturalisation.

M. Regnier dit qu'il y a beaucoup d'inconvéniens à revenir sur des successions partagées; car les familles ont fait leurs arrangemens, et se sont liées par des màriages dans la supposition contraire.

Le Premier Consul dit que les questions qu'on agite se lient à l'article 13, lequel est ainsi conçu :

« La qualité de Français se perdra par l'abdication qui en
« sera faite : cette abdication résultera, 1° de la naturalisation
« acquise en pays étranger; 2.° de l'acceptation non autorisée

« par le gouvernement, de services militaires et de fonctions
« publiques conférés par un gouvernement étranger; 3° de
« l'affiliation à toute corporation étrangère qui supposera des
« distinctions de naissance; 4° enfin, de tout établissement
« en pays étranger, sans esprit de retour. »

M. ROEDERER observe que cet article ferait résulter l'abdication du serment et de l'acceptation de fonctions par un
Français habitant d'un pays cédé par la République à une
autre puissance; qu'il la fait également résulter de la naturalisation en pays étranger. Cependant, comme on l'a déjà
dit, de justes motifs peuvent obliger le Français qui habite
un pays cédé par la France à différer son retour sur le territoire de la République; des raisons non moins justes peuvent le forcer à se faire naturaliser chez l'étranger : sans cette
précaution, il ne pourrait recueillir les successions qui s'ouvrent à son profit en Angleterre, où le droit d'aubaine existe.

M. TRONCHET répond qu'on ne peut supposer dans un Français l'esprit de retour, lorsque des faits clairs annoncent qu'il a
abdiqué sa patrie. Au reste, il peut reprendre quand il veut la
qualité de Français, pourvu qu'il revienne s'établir en France.

LE PREMIER CONSUL dit que si un Français a cette faculté,
l'acceptation qu'il fait, sans la permission du gouvernement,
soit de fonctions publiques, soit du service militaire, chez
une autre puissance, n'est donc pas une véritable abdication.

M. TRONCHET répond que l'abdication est réelle, mais
qu'elle n'exclut pas le Français de la faculté de reprendre
ses droits. Cette faculté est si certaine, que beaucoup de tribunaux ont critiqué l'article qu'on discute, parce qu'elle n'y
était pas exprimée.

M. BERLIER observe que la section n'a pas supposé que cette
faculté existât, puisque, dans l'article 14, elle l'accorde spécialement à la femme française qui a épousé un étranger et
qui est devenue veuve. Un Français qui a abdiqué sa patrie
ne devrait pouvoir reprendre ses droits civils que de la même
manière qu'un étranger est admis à les acquérir.

Le Premier Consul dit que la faculté accordée à l'abdiquant est dans l'intérêt de la République ; mais qu'il conviendrait de n'en pas étendre la faveur au Français qui, sans la permission du gouvernement, a pris du service chez l'étranger, ou s'y est affilié à une corporation militaire : celui-là doit être regardé comme ayant abdiqué sans retour ; le droit commun de l'Europe le considère comme portant les armes contre sa patrie. Il est possible, en effet, qu'en vertu de l'obéissance à laquelle il se soumet, on le dirige contre la France, ou que du moins on le dirige contre les intérêts de la France en le faisant combattre quelque puissance que ce soit ; car il ne peut connaître le système politique de son pays. Le condamner à la peine de mort, ce serait le punir avec trop de sévérité ; mais qu'il perde sans retour les droits civils ; c'est d'ailleurs mieux assurer son châtiment : on peut s'en rapporter à l'intérêt personnel, du soin de lui faire appliquer cette peine purement civile. Il est donc nécessaire de ne pas appeler *abdication* l'affiliation, sans permission du gouvernement, d'un Français à une corporation militaire chez l'étranger, ou l'engagement qu'il y prend au service militaire.

Cet amendement est adopté.

On reprend la discussion de l'article 3.

M. Defermon demande si l'enfant dont parle cet article sera autorisé à rentrer de plein droit.

M. Roederer répond qu'il ne peut pas y avoir de difficulté à cet égard, puisque la faculté de rentrer de plein droit est accordée même au père qui a abdiqué.

Le Premier Consul dit que l'article sera incomplet, s'il ne statue pas sur le passé.

MM. Boulay et Portalis observent que l'article, ne faisant que consacrer le droit existant, fixe les principes pour le passé.

L'article 3 est adopté.

L'article 4 est soumis à la discussion ; il est ainsi conçu :

« L'exercice des droits civils est indépendant de la qualité

« de *citoyen*, laquelle ne s'acquiert et ne se conserve que
« conformément à la loi constitutionnelle. »

M. TRONCHET dit que cet article est nécessaire, parce que
la législation ancienne confondait les droits civils avec les
droits politiques, et attachait aux mêmes conditions l'exercice des uns et des autres.

L'article est adopté.

M. BOULAY présente le chapitre II, intitulé, *des Étrangers.*

L'article 5, qui est le premier de ce chapitre, est soumis à 11
la discussion ; il est ainsi conçu :

« L'étranger jouit en France des droits civils qui lui sont
« accordés par les traités faits avec la nation à laquelle cet
« étranger appartient. »

Cet article est ajourné jusqu'après le rapport que, dans la
séance du 6 de ce mois, M. *Rœderer* a été chargé de faire sur
les rapports que les traités ont établis entre la France et les
autres nations, en ce qui concerne les droits civils.

Les articles 6 et 7 sont adoptés ; ils sont conçus en ces
termes :

Art. 6. « L'étrangère qui aura épousé un Français suivra 12
« la condition de son mari. »

Art. 7. « L'étranger qui aura été admis à faire en France la 13
« déclaration de vouloir devenir *citoyen*, et qui y aura résidé
« un an depuis cette déclaration, y jouira de tous ses droits
« civils, tant qu'il continuera d'y résider. »

L'article 8 est soumis à la discussion ; il est ainsi conçu : 3

« L'étranger, même non résidant en France, est soumis
« aux lois françaises pour les immeubles qu'il y possède : il
« est personnellement soumis, pendant sa résidence ou son
« séjour, à toutes les lois de police et de sûreté. »

LE PREMIER CONSUL demande si cet article soumet l'é-
tranger aux lois criminelles.

M. Boulay répond que la section a entendu comprendre
ces lois dans l'expression générique *lois de sûreté.*

L'article est adopté.

Les articles 9 et 10 sont soumis à la discussion ; ils sont
ainsi conçus :

14   Art. 9. « L'étranger, même non résidant en France, peut
« être cité devant les tribunaux français pour l'exécution des
« obligations par lui contractées en France avec un Français ;
« et s'il est trouvé en France, il peut être traduit devant les
« tribunaux de France pour les obligations par lui contractées
« en pays étranger envers des Français. »

3   Art. 10. « Le Français résidant en pays étranger conti-
« nuera d'être soumis aux lois françaises pour ses biens situés
« en France, et pour tout ce qui touche à son état et à la
« capacité de sa personne. »

Ces articles sont adoptés.

15   L'article 11 est soumis à la discussion ; il est ainsi conçu :

« Un Français peut être traduit devant un tribunal de
« France, pour des obligations par lui contractées en pays
« étranger avec un étranger. »

M. Tronchet dit que la disposition de cet article ne doit
pas être bornée aux obligations contractées entre étrangers ;
qu'elle doit avoir également son effet à l'égard des obligations contractées entre un étranger et un Français : il propose de dire, *même avec un étranger.*

L'article est adopté avec l'amendement.

16   L'article 12 est soumis à la discussion ; il est ainsi conçu :

« Dans tous les cas autres que les matières commerciales,
« l'étranger qui sera demandeur sera tenu de donner cau-
« tion suffisante pour le paiement des frais et dommages-
« intérêts résultant du procès. »

Cet article est adopté avec cette addition : « à moins qu'il

« ne possède en France des immeubles d'une valeur suffisante
« pour assurer ce paiement. »

M. Boulay présente la section Ire du chapitre III, intitulée,
*de la Perte des Droits civils par abdication de la qualité de
Français.*

L'article 13, qui est le premier de cette section, est soumis
à la discussion ; il est ainsi conçu : 17

« La qualité de Français se perdra par l'abdication expresse
« qui en sera faite : cette abdication résultera en outre, 1° de
« la naturalisation acquise en pays étranger ; 2° de l'accepta-
« tion, non autorisée par le gouvernement, de services mili-
« taires et de fonctions publiques conférés par un gouverne-
« ment étranger ; 3° de l'affiliation à toute corporation étran-
« gère qui supposera des distinctions de naissance ; 4° enfin,
« de tout établissement en pays étranger, sans esprit de
« retour. »

M. Roederer réclame de nouveau contre la disposition qui
fait résulter l'abdication, de la naturalisation en pays étranger : il observe que la section applique aux droits civils les
conditions que la Constitution n'a établies que pour les droits
politiques ; qu'autrefois le gouvernement tolérait que des
Français se fissent naturaliser en pays étranger ; qu'il retirait
de cette tolérance l'avantage de voir apporter en France les
richesses que les Français avaient été recueillir sous le masque
de la naturalisation.

Le Consul Cambacérès demande à quelle nation appartiendrait, dans le système de M. *Roederer*, le Français qui,
après avoir abandonné son pays, ne se fixerait chez aucune
autre puissance.

M. Thibaudeau répond qu'un tel individu, n'ayant pas
fait l'abdication formelle de sa patrie, demeurerait Français.

Le Consul Cambacérès dit que la section fait dépendre
l'expatriation d'un certain nombre de faits qu'elle spécifie,
et n'exige pas une abdication préalable.

3.

M. Boulay lit la première rédaction de l'article, et observe qu'elle écartait l'inconvénient relevé par le Consul.

M. Defermon appuie l'avis de M. *Rœderer;* il dit que la section, après avoir distingué la qualité de citoyen, qui donne les droits politiques, de la qualité de Français, qui ne donne que les droits civils, les confond ensuite pour les faire perdre l'une et l'autre de la même manière.

M. Emmery observe que la section a conservé cette distinction, puisqu'elle n'attache pas la perte des droits civils à l'acceptation d'une pension offerte par un gouvernement étranger, ni à l'acceptation de fonctions publiques chez une autre puissance lorsqu'elle est autorisée par le gouvernement français.

M. Roederer répond qu'à ces différences près, la section adopte, pour causes de la perte des droits civils, toutes les autres causes qui font perdre les droits politiques; que cependant un Français perdra les successions qui s'ouvriront à son profit en Angleterre, s'il lui est défendu de s'y faire naturaliser.

Le Premier Consul dit qu'il pourra ensuite reprendre sa qualité de Français en rentrant en France. Il demande si son retour le rendra capable de prendre les successions qui lui seront échues dans l'intervalle.

M. Tronchet répond que le retour en France ne lui rendrait pas ce droit, parce qu'il ne peut avoir d'effet rétroactif.

Le Premier Consul demande si les enfans recueilleraient les successions intermédiaires.

Le Consul Cambacérès dit qu'il ne peut pas y avoir de difficulté pour les enfans qui sont restés en France, attendu qu'ils ont conservé leur successibilité; mais qu'on ne pourrait accorder le même droit aux autres, sans s'exposer à voir les enfans des émigrés se présenter pour recueillir les successions qui ne seraient pas prescrites.

M. Tronchet dit qu'on ne peut ôter ce droit aux enfans mineurs.

M. Berlier pense que ce droit n'est pas inhérent à la personne de l'enfant né, *en pays étranger*, d'un homme qui a abdiqué sa patrie, et que, s'il réclame ce droit, non comme républicole, mais comme enfant de l'abdiquant, il faut examiner si le père a pu transmettre, pendant l'incapacité légale résultant de son expatriation, des droits qu'il avait personnellement perdus.

M. Tronchet observe qu'on ne représente pas un homme vivant; que d'ailleurs la France a intérêt de conserver ses membres; que, tout au plus, on pourrait refuser la successibilité aux majeurs, s'ils ne rentraient pas dans l'année de l'ouverture de la succession.

M. Regnier dit que la tranquillité des familles serait troublée, si l'on admettait les enfans à reprendre les successions recueillies et partagées pendant l'expatriation de leur père; qu'il est une foule de cas où la conduite du père cause du préjudice aux enfans.

M. Tronchet dit que la loi naturelle ne permet pas d'exclure les enfans qui sont dans l'étranger de partager, avec leurs frères demeurés en France, la succession de leur père, ni de la donner, à leur préjudice, à des héritiers collatéraux; qu'on doit seulement exiger qu'ils rentrent dans l'année de l'ouverture de la succession.

M. Regnier dit que du moins on ne devrait pas les admettre à reprendre les biens héréditaires qui auraient été aliénées, afin de ne pas troubler les tiers acquéreurs, et de ne pas causer une longue suite de procès en garantie.

M. Tronchet observe que, si cette modification était admise, on pourrait éluder les droits des enfans par des aliénations frauduleuses.

M. Berlier dit que l'on raisonne ici dans une hypothèse infiniment rare, puisque le père qui abdique sa patrie emporte ordinairement sa fortune.

Le Premier Consul renvoie au titre *des Successions* les questions qui viennent d'être agitées.

On reprend la discussion de l'amendement de M. *Rœderer.*

Le Premier Consul dit que cet amendement contrarie l'intérêt qu'a l'État de conserver ses membres.

M. Defermon observe qu'en temps de guerre les négocians français qui ont des maisons chez une puissance ennemie, ou qui transportent des marchandises par mer, sont forcés, par l'intérêt de leur commerce, de faire naturaliser leurs agens en pays étranger. Il serait dur de priver ces agens des successions qui leur échoient en France.

M. Tronchet répond que les cas de guerre sont hors de la loi commune, parce que tout ce qui se fait alors est forcé.

M. Boulay, pour rendre cette idée dans sa rédaction, propose de dire : « La qualité de Français se perdra par l'abdi-« cation *volontaire* qui en sera faite. »

M. Thibaudeau dit que, dans l'espèce dont parle M. *Defermon*, l'agent naturalisé chez l'étranger prend toujours la précaution de faire en France la déclaration du motif de sa naturalisation ; que cette déclaration lui conserve la qualité de Français.

Le Premier Consul dit que l'un des principaux inconvéniens du système proposé par M. *Rœderer*, est qu'il détruit, dans les habitans des pays cédés à une autre puissance, l'intérêt de revenir dans leur patrie.

Il faudrait même se borner à suspendre en eux, pour un temps, la qualité de Français.

M. Bigot–Préameneu dit que la naturalisation en pays étranger ne doit effacer la qualité de Français que quand il est certain qu'il n'y a pas d'esprit de retour.

M. Lacuée, pour concilier les diverses opinions, propose de donner à la naturalisation en pays étranger deux sortes d'effets, suivant la cause qui l'a produite. Dans certains cas, elle emporterait la perte de la qualité de Français ; dans d'autres, elle n'en opérerait que la suspension.

Le Premier Consul dit que la suspension ferait cependant

perdre à l'abdiquant les successions qui lui écherraient pendant que ses droits seraient suspendus.

M. Portalis dit que la naturalisation en pays étranger,
hors le cas où elle est employée comme fraude de guerre, est
partout un indice d'abdication. L'intérêt du commerce n'exige
jamais qu'un Français se fasse naturaliser chez une autre nation. Beaucoup de négocians français sont depuis long-temps
établis dans l'étranger sans y avoir pris de lettres de naturalité. Ils y vivent comme Français ; ils succèdent en France ;
ils sont sous la protection des agens diplomatiques du gouvernement français.

Quant à ce qu'on a dit que la naturalisation en pays étranger
ne caractérise l'abdication que lorsqu'elle exclut l'esprit de
retour, cette maxime ne serait vraie qu'autant qu'on voudrait
préférer la probabilité des conjectures à la certitude que
donne l'évidence.

L'article 13 est adopté.

Le Premier Consul charge la section de législation de 20
présenter, au titre *des Successions,* une disposition sur la
non-rétroactivité des droits civils que recouvre l'abdiquant
en reprenant la qualité de Français.

L'article 14 est soumis à la discussion ; il est ainsi conçu : 19
« Une femme française qui épousera un étranger suivra la
« condition de son mari.

« Si elle devient veuve, elle recouvrera la qualité de Fran-
« çaise, pourvu qu'elle réside en France, ou qu'elle y rentre
« en faisant sa déclaration de vouloir s'y fixer. »

M. Duchatel demande si la femme française qui a épousé
un étranger conserve la successibilité en France. Il propose
d'ajourner l'article jusqu'après le rapport que doit faire
M. *Rœderer* sur l'article 5.

L'ajournement est prononcé.

M. Boulay présente la section II, intitulée, *de la Perte
des Droits civils par une condamnation judiciaire.*

22   L'article 15, qui est le premier de cette section, est soumis à la discussion ; il est ainsi conçu :

« Les condamnations prononcées par les tribunaux fran-
« çais, à la peine de mort, ou aux peines afflictives qui s'é-
« tendent à toute la durée de la vie, seront les seules qui em-
« porteront la mort civile. »

Le Consul Cambacérès rappelle l'amendement déjà adopté, et qui consiste à dire, *les condamnations prononcées par les tribunaux ou par la loi.*

M. Tronchet observe que la loi prononce des peines, mais qu'elle ne doit pas les appliquer ; que cette application n'appartient qu'aux juges.

Le Consul Cambacérès dit qu'on ne peut nier que dans la législation actuelle, il existe des lois qui frappent de mort civile les émigrés, et qu'on était convenu de rédiger l'article 15 de manière qu'il ne parût pas les affaiblir.

M. Tronchet répond que la mort civile prononcée par la loi contre les émigrés ne leur est appliquée individuellement que par un jugement, quoique administrativement rendu. Cependant, si l'on veut une disposition qui prévienne toute équivoque sur la mort civile des émigrés, on peut ajouter à l'article 13, « le tout sans préjudice des peines prononcées « par les lois pour l'abdication emportant mort civile. »

M. Regnier demande que l'amendement nouveau soit la matière d'un nouvel article.

Le Premier Consul dit qu'on pourrait ajouter à l'article 17, « sauf les cas prévus par les lois spéciales et extraordinaires. » Le Consul ne trouve aucun inconvénient à rappeler les lois sur les émigrés. Dans tous les siècles et dans tous les États, les circonstances ont appelé des lois extraordinaires.

M. Tronchet propose de rayer le mot *seules* dans l'article 15.

22 à 24   Le Consul Cambacérès présente la rédaction suivante :
« Les seules peines qui emporteront la mort civile sont la
« peine de mort, les peines afflictives qui s'étendent à toute

« la durée de la vie, et les autres peines auxquelles la loi
« attache spécialement la mort civile. »

Le Conseil adopte en principe que l'on exprimera le maintien de la mort civile encourue par les émigrés. La rédaction
est renvoyée à la section.

L'article 16 est soumis à la discussion; il est ainsi conçu : 25
« Les effets de la mort civile seront la dissolution du con-
« trat civil du mariage, l'incapacité d'en contracter un nou-
« veau, d'exercer les droits de la puissance paternelle, de
« recueillir aucune succession, de transmettre à ce titre les
« biens existans au décès, de faire aucune disposition à
« cause de mort; de recevoir aucune donation, même entre-
« vifs, à moins qu'elle ne soit restreinte à des alimens ;
« d'être tuteur, ou de concourir à une tutelle; de rendre
« témoignage en justice, ni d'y ester autrement que sous le
« nom et à la diligence d'un curateur nommé par le mort
« civilement, ou à son défaut par le juge. »

M. Maleville réclame contre la disposition qui exclut la 33
transmission, à titre de succession, des biens que le condamné peut avoir à son décès : s'il ne peut ni les transmettre,
ni en disposer (et ce dernier point est bien incontestable),
ces biens seront donc confisqués? Mais la confiscation doit
être bannie de nos mœurs et de nos lois.

Un tribunal a proposé d'adjuger les biens que le condamné
pourrait avoir acquis depuis son jugement à ceux qui étaient
ses plus proches à l'époque de sa condamnation : mais ce serait là une fiction choquante, quoique toujours une transmission ; il serait bien plus naturel et plus juste d'accorder
ces biens aux enfans que le condamné aurait eus, depuis sa
condamnation, d'un mariage existant auparavant, d'autant
mieux que ces enfans sont légitimes.

M. Tronchet répond que l'article ne préjuge pas cette 25
question; qu'il se borne à fixer le moment où la mort civile
ouvre la succession du condamné.

M. EMMERY atteste que cette idée est celle de la section.

M. REGNAUD (de Saint-Jean-d'Angely) observe que si la mort civile n'ôte pas au condamné le droit d'acquérir, il pourra se former un patrimoine nouveau, et qu'alors il est indispensable de statuer sur la seconde succession qui s'ouvrira après sa mort.

M. BOULAY dit qu'autrefois il y avait déshérence.

M. TRONCHET dit que la capacité d'acquérir dérivant du droit naturel, elle ne peut être refusée au mort civilement ; que la capacité active et passive de succéder étant établie par le droit civil, elle cesse dans celui qui ne jouit plus de ce droit, et qu'alors ses biens retournent à la nation.

La discussion est continuée à la séance du 16.

(Procès-verbal de la séance du 16 thermidor an IX. — 4 août 1801.)

M. BOULAY fait lecture du chapitre Ier de la troisième rédaction du titre concernant *les Personnes qui jouissent des Droits civils et celles qui n'en jouissent pas.*

Les articles 1 et 2 sont adoptés ; ils sont conçus en ces termes :

Art. 1er. « Tout Français jouira des droits civils résultant « de la loi française. »

Art. 2. « Tout individu né en France est Français. »

L'article 3 est soumis à la discussion ; il est ainsi conçu :

« Tout enfant né d'un Français en pays étranger est Fran-« çais.

« Tout enfant né en pays étranger, d'un Français qui au-« rait abdiqué sa patrie, pourra toujours recouvrer la qualité « de Français, en faisant la déclaration qu'il entend fixer son « domicile en France.

« Cette déclaration devra être faite sur le registre de la « commune où il vient s'établir. »

M. DEFERMON demande la suppression de la troisième disposition, qui n'est que réglementaire ; d'ailleurs, peut-être trouvera-t-on plus convenable d'ouvrir dans les sous-préfectures les registres pour recevoir ces sortes de déclarations. Il importe donc de ne rien préjuger.

M. Berlier observe que cette disposition n'a été ajoutée que pour exprimer que la déclaration devra être faite en France.

M. Tronchet propose la rédaction suivante :

« Cette déclaration devra être faite en France dans la forme « qui sera déterminée. »

L'article est adopté avec cet amendement.

Le Premier Consul dit qu'avant de s'occuper des articles sur lesquels il ne peut s'élever que des difficultés de pure rédaction, il convient de se fixer sur ceux dont les dispositions n'ont pas encore été définitivement arrêtées.

En conséquence, la section II du chapitre III, intitulée, *de la Perte des Droits civils par une condamnation judiciaire,* est soumise à la discussion ; elle est ainsi conçue :

Art. 18. « La peine de mort, ou les peines afflictives qui [22 23 24.] « s'étendent à toute la durée de la vie, emporteront la mort « civile. »

Art. 19. « Les effets de la mort civile seront la dissolution [25] « du contrat civil du mariage ; l'incapacité d'en contracter un « nouveau, d'exercer les droits de la puissance paternelle, « de recueillir aucune succession, de faire aucune disposi- « tion à cause de mort, de recevoir aucune donation, même « entre-vifs, à moins qu'elle ne soit restreinte à des alimens ; « d'être tuteur, ou de concourir à une tutelle ; de rendre « témoignage en justice, ni d'y ester autrement que sous le « nom et à la diligence d'un curateur nommé par le mort ci- « vilement, ou à son défaut par le juge. »

Art. 20. « La mort civile n'aura lieu que du jour de l'exé- [26] « cution du jugement contradictoire. »

Art. 21. « En cas de jugement par contumace le condamné [27 et suiv.] « sera frappé d'interdiction. »

Art. 22. « Les effets de l'interdiction seront l'incapacité

«'de contracter mariage, d'exercer les droits de la puissance
« paternelle, de pouvoir aliéner ses biens, d'en avoir l'admi-
« nistration ni la jouissance; d'être tuteur, ou de concourir
« à une tutelle; de rendre témoignage en justice, ni d'y
« ester autrement que sous le nom et à la diligence d'un cu-
« rateur; le tout sans préjudicier aux autres dispositions por-
« tées par la loi criminelle contre les contumax. »

Art. 23. « L'interdiction aura lieu dès le moment de l'exé-
« cution du jugement. »

Art. 24. « A l'expiration du délai accordé pour purger la
« contumace, le condamné sera mort civilement. »

25   Art. 25. « Les héritiers du mort civilement seront saisis de
« plein droit et irrévocablement de ses biens et actions, à
« compter du jour où la mort civile aura lieu. »

32   Art. 26. « Dans aucun cas, la prescription de la peine ne
« pourra réintégrer le condamné dans les droits civils. »

33   Art. 27. « Les biens que le mort civilement pourrait dé-
« laisser à sa mort naturelle tomberont en déshérence. »

« Néanmoins le gouvernement pourra en faire telle dispo-
« sition que l'humanité lui suggérera. »

Fin de la   Art. 28. « Il n'est point dérogé par les dispositions ci-dessus
sect. 2.   « aux lois relatives aux émigrés. »

22 23 24   L'article 18 est d'abord discuté.

LE MINISTRE DE LA JUSTICE dit que la peine de mort emporte plus que la mort civile; et que dès-lors, quand la mort
réelle a lieu, il ne peut plus être question de mort civile. Il
ajoute que, dans le Code pénal actuel, il n'y a pas de peines
afflictives qui durent toute la vie.

M. BOULAY répond qu'on a dû parler de la peine de mort
sous le rapport de l'individu condamné contradictoirement
qui parvient à s'évader.

LE PREMIER CONSUL dit que, pour s'exprimer avec justesse,
il faudrait s'exprimer ainsi : *la condamnation à la peine de
mort*, etc.

M. Tronchet dit qu'on ne peut se dispenser d'énoncer que la peine de mort entraîne la mort civile, attendu que celui qui l'a encourue meurt incapable de divers effets civils, tels, par exemple, que la faculté de tester.

Le Consul Cambacérès propose la rédaction suivante : « Les « peines qui emportent la mort civile sont la condamnation « à la peine de mort, quoique non exécutée, ou à des peines « afflictives qui s'étendent à toute la durée de la vie. »

M. Portalis observe que la condamnation à la peine de mort n'emporte la mort civile que lorsqu'elle est suivie de l'exécution, au moins par effigie.

Le Consul Cambacérès dit que ce principe n'a été adopté autrefois qu'à cause du secret dont la procédure et le jugement étaient alors entourés.

Le Premier Consul demande si la mort naturelle du condamné, avant l'exécution du jugement, le soustrait à la mort civile.

M. Tronchet répond que, dans le temps où les jugemens criminels étaient sujets à l'appel, le condamné qui mourait après l'appel interjeté, et avant ou après le jugement d'appel, mais avant l'exécution par effigie, mourait avec tous ses droits civils, et que ses biens n'étaient pas confisqués ; mais qu'aujourd'hui, quoique l'appel ne soit plus admis, le principe peut être encore appliqué au cas du pourvoi en cassation.

Au reste, ce n'était pas à cause du secret de la procédure et du jugement que la mort civile n'était encourue que du jour de l'exécution par effigie ; c'est parce qu'en matière criminelle, comme en matière civile, un jugement n'est rien tant qu'on n'en fait pas usage et qu'il demeure enseveli dans le greffe du tribunal. Lorsque les lettres de grâce étaient en usage, les occasions où il y avait quelque intérêt à suspendre le jugement étaient plus fréquentes : elles se présentent cependant encore quelquefois, comme lorsque la preuve de l'*alibi* survient après la condamnation.

Le Premier Consul demande pourquoi, après la mort na—

turelle du condamné, on n'exécuterait pas le jugement par effigie.

M. Tronchet répond que c'est parce qu'alors la fiction ne peut plus avoir lieu.

Il ajoute que l'exécution par effigie est suspendue jusqu'au jugement du tribunal de cassation; que, si le condamné meurt avant le jugement qui maintient sa condamnation, il meurt encore *integri statûs*. Autrefois il en était ainsi, même quand il se donnait lui-même la mort; mais alors on faisait le procès à sa mémoire pour crime de suicide.

M. Regnaud (de Saint-Jean-d'Angely) observe que le suicide n'étant plus au nombre des actes que la loi punit, les condamnés pourraient échapper à la mort civile en se donnant eux-mêmes la mort.

M. Tronchet dit que, quand on s'occupe d'une loi générale, il ne faut pas se déterminer par quelques cas qui ne sont que des exceptions dans le cours ordinaire des choses.

Le Ministre de la Justice pense que les condamnés devraient être dans l'impuissance d'aliéner à dater du jour du jugement; que le système de ne faire courir tous les effets de la mort civile que du jour où le tribunal de cassation a prononcé, peut entraîner de graves inconvéniens. En effet, tous les condamnés ont aujourd'hui la faculté de se pourvoir : il s'écoule un mois avant que le tribunal de cassation ait prononcé. Les condamnés, qui la plupart se pourvoient avec la conviction intime qu'ils font une tentative inutile, peuvent employer ce temps à disposer de leurs biens par des actes frauduleux.

M. Boulay dit qu'on remédierait à ce désordre en déclarant frauduleux les actes faits dans le temps intermédiaire.

M. Tronchet dit que les observations du ministre sont justes; qu'elles avaient également toutes leur force dans le temps où les jugemens criminels étaient sujets à l'appel, et que cependant la mort civile n'était encourue que du jour de l'exécution.

Quant aux actes frauduleux que le condamné pouvait faire, ils avaient alors pour objet de soustraire ses biens à la confiscation, et néanmoins on n'annulait que les dispositions gratuites. Maintenant la mort civile n'a d'autre effet, par rapport aux biens du condamné, que d'ouvrir sa succession. Il peut se faire que l'époque où commence sa mort civile change la personne de son héritier; mais c'est là une des chances inséparables de la matière des hérédités.

M. MALEVILLE dit que l'intérêt de tiers peut aussi exiger que le condamné ne divertisse pas sa fortune. Il en est ainsi dans le cas où, indépendamment de la peine imposée pour la vindicte publique, il est condamné à restituer un vol, où à payer des dommages-intérêts.

M. TRONCHET répond qu'alors les dispositions frauduleuses qu'il aurait faites seraient annulées, parce que tout acte qui fraude un droit acquis est essentiellement nul.

L'article est adopté.

L'article 19 est soumis à la discussion.   25

LE MINISTRE DE LA JUSTICE dit que la mort civile de l'un des époux ne doit ôter au mariage que ses effets civils et pécuniaires; qu'elle ne peut détruire le contrat naturel sans que l'autre époux y consente. Comment la loi ne verrait-elle plus qu'une concubine dans la femme qui, par principe de conscience, croirait ne devoir pas abandonner son mari? comment celle qui a été femme légitime pourrait-elle cesser de l'être pendant que son mari existe et ne la répudie pas? Comment déclarer illégitimes des enfans qui naissent d'une union formée, dans le principe, sous les auspices de la loi? La mort civile de l'un des époux ne doit être qu'une cause de divorce.

M. BOULAY dit qu'il avait d'abord embrassé cette opinion : mais on lui a répondu que la loi ne s'occupe pas du contrat naturel du mariage, qu'elle ne règle que le contrat civil; et que quand elle l'a rompu, elle ne peut plus regarder comme légitimes les enfans qui naissent ensuite.

Le Ministre de la Justice répond que la mort civile n'est qu'une fiction; qu'une fiction ne peut aller au-delà de la vérité; qu'ainsi la loi est forcée de reconnaître pour vivant l'individu frappé de mort civile, et, par une conséquence nécessaire, de lui accorder des alimens, de punir les attentats commis sur sa personne, de lui permettre de poursuivre les injures qu'il reçoit : la loi peut donc aussi déclarer ses enfans légitimes.

M. Tronchet dit que le contrat naturel du mariage n'appartient qu'au droit naturel. Dans le droit civil, on ne connaît que le contrat civil, et on ne considère le mariage que sous le rapport des effets civils qu'il doit produire. Il en est du mariage de l'individu mort civilement comme de celui qui a été contracté au mépris des formes légales.

Le Premier Consul dit que, d'après ce système, il serait donc défendu à une femme profondément convaincue de l'innocence de son mari, de suivre dans sa déportation l'homme auquel elle est le plus étroitement unie; ou, si elle cédait à sa conviction, à son devoir, elle ne serait plus qu'une concubine. Pourquoi ôter à ces infortunés le droit de vivre l'un auprès de l'autre, sous le titre honorable d'époux légitimes?

M. Tronchet répond que la loi ne défend pas, en ce cas, à la femme de suivre son mari; mais elle ne peut plus s'occuper de la nature de son union, tous les effets civils étant détruits. La succession du condamné est ouverte, ses enfans la recueillent, ceux qui lui surviennent ensuite n'y peuvent rien prétendre : sous le rapport du droit civil, ce sont des bâtards dont on ne reconnaît que la mère.

Le Premier Consul objecte que si la loi permet à la femme de suivre son mari sans lui accorder le titre de d'épouse, elle permet l'adultère.

M. Tronchet dit qu'il n'y a pas d'adultère, parce que les

époux ne vivent plus que sous l'empire de la loi naturelle, et sont désormais étrangers à la loi civile.

Le Premier Consul dit qu'ils vivront cependant sous l'empire des lois positives, si le lieu de la déportation est situé sur le territoire français.

M. Tronchet dit qu'il ne regarde pas comme mort civilement celui qui n'est pas déporté hors du territoire de la République.

Le Premier Consul dit que la société est assez vengée par la condamnation, lorsque le coupable est privé de ses biens, lorsqu'il se trouve séparé de ses amis, de ses habitudes. Faut-il étendre la peine jusqu'à la femme, et l'arracher avec violence à une union qui identifie son existence avec celle de son époux? Elle vous dirait : « Mieux valait lui ôter la vie; « du moins me serait-il permis de chérir sa mémoire; mais « vous ordonnez qu'il vivra, et vous ne voulez pas que je le « console! » Eh! combien d'hommes ne sont coupables qu'à cause de leur faiblesse pour leurs femmes! Qu'il soit donc permis à celles qui ont causé leurs malheurs de les adoucir en les partageant. Si une femme satisfait à ce devoir, vous estimerez sa vertu; et cependant vous ne mettez aucune différence entre elle et l'être infâme qui se prostitue.

M. Tronchet pense qu'il convient d'ajourner toutes les questions relatives à la mort civile, jusqu'à la confection du Code criminel, pour éviter les contradictions, et de se borner à dire dans le Code civil : « La mort civile est encourue « dans les cas et suivant les formes déterminés par les lois « criminelles. »

M. Regnier dit que la mort civile et ses effets sont du domaine de la loi positive, qui peut les modifier, les étendre ou les resserrer à son gré. Rien ne s'oppose donc à ce que la loi admette la restriction proposée par le Premier Consul, si la bienséance et la justice le commandent: l'une et l'autre paraissent exiger que la mort civile de l'un des époux n'établisse pour l'autre que la faculté de faire rompre le mariage.

M. MALEVILLE dit que la raison et la législation romaine
le veulent ainsi. Il fait lecture de la loi première au code *de
Repudiis*. Cette loi porte : *Matrimonium quidem deportatione,
vel aquæ et ignis interdictione, non solvitur, si casus in quem
maritus incidit, non mutet uxoris adfectionem. Ideòque dotis
exactio ipso jure non competit ; sed indotatam esse, cujus lau-
dandum propositum est, nec ratio æquitatis, nec exempla per-
mittunt.*

M. *Maleville* ajoute qu'on ne peut attribuer cette décision
à l'idée de sacrement que le christianisme attache au mariage, puisque l'empereur *Alexandre Sévère*, qui l'a donnée,
et *Ulpien* le chef de son conseil, étaient tous deux païens :
au reste, jamais en France la mort civile n'a rompu le mariage du condamné, ni rendu bâtards les enfans nés depuis ;
ils ne succédaient pas directement à leurs père et mère, mais
ils étaient légitimes.

M. REGNIER dit que le lien du mariage subsistait, parce
qu'il était du ressort de la puissance ecclésiastique; mais que
cependant la loi civile peut restreindre les effets naturels de
la mort civile.

M. BOULAY dit qu'il serait contradictoire de regarder des
enfans comme légitimes, et de leur refuser néanmoins le
droit de succéder.

M. ROEDERER répond que c'est la position où se trouvent
les enfans de tous les individus frappés de confiscation : ils
naissent légitimes, mais ils naissent déshérités.

Les difficultés viennent ici de ce qu'on oublie que la mort
civile n'est qu'une fiction, dont la loi peut régler les suites
comme elle le croit convenable.

M. REGNAUD (de Saint-Jean-d'Angely) dit que l'enfant
d'un individu frappé de confiscation ne naît pas même dés-
hérité ; qu'il naît d'un père qui n'a plus de patrimoine.

M. TRONCHET dit que la difficulté subsistera, du moins
pour les successions collatérales.

M. MALEVILLE répond que le parlement de Paris, sur les

conclusions de l'avocat général *Bignon*, a jugé la question
en faveur des enfans du condamné, et qu'à cette occasion a
été établi le principe, que la mort civile du père ne détruit pas
la consanguinité qui unit ces enfans à leurs parens collatéraux : *Jus consanguinitatis non tollitur.*

M. PORTALIS dit qu'il y a eu de grandes discussions sur le
mariage de l'individu mort civilement. On a demandé si les
enfans nés depuis sont légitimes, s'ils succèdent. Lorsqu'en
France la loi réunissait, dans le mariage, le contrat et le sacrement, le principe religieux de l'indissolubilité entraînait
la continuation du mariage, malgré la mort civile de l'un
des époux; en conséquence les enfans étaient réputés légitimes; mais aujourd'hui il impliquerait contradiction que le
contrat civil pût survivre à la mort civile de l'un des époux.

Il est encore bon de remarquer que la filiation des enfans
que l'on supposerait nés d'un condamné qui se cache serait
presque toujours incertaine; la présomption *pater is est* étant
principalement fondée sur la cohabitation publique des
époux.

Cependant, dans notre législation moderne, nous admettons un genre de peine qui peut comporter des règles particulières. La déportation, par exemple, emporte la mort
civile : mais si l'on voulait former, des déportés pour crime,
une colonie, pourquoi n'autoriserait-on pas les mariages de
ces déportés? pourquoi ne garantirait-on pas l'état civil des
enfans qui naîtraient de ces mariages, au moins relativement à
tout ce que les auteurs de leurs jours auraient possédé ou
acquis dans la colonie même et depuis leur déportation?

M. MALEVILLE dit que l'inconvénient dont parle M. *Portalis* ne pourrait avoir lieu, tout au plus, qu'à l'égard de la
femme du condamné contumax, et jamais dans le cas de
celui qui subit sa peine, et qui est bien nécessairement sous
les yeux du public. Eh! pourquoi, d'ailleurs, supposer le
crime de la part de celle dont on est forcé d'admirer la vertu?
M. *Maleville* ajoute que les dispositions de l'ordonnance

4.

de 1639 ne s'appliquent qu'aux mariages contractés depuis la mort civile, et aux enfans qui en sont les fruits; mais qu'elles ne rompent pas le mariage contracté auparavant, et ne privent pas de leur état les enfans qui en naissent depuis que leur père est mort civilement. Cette loi était d'ailleurs d'une dureté qui l'a empêchée de recevoir son exécution, même à l'égard des mariages qu'elle avait en vue : elle déclarait incapables de succéder, non seulement les enfans nés d'un mariage contracté depuis la mort civile, mais encore toute leur postérité.

M. Boulay dit que c'est pour corriger la dureté du principe que l'article 27 du projet laisse au gouvernement le droit de disposer de la succession du condamné, après sa mort naturelle.

M. Regnier dit que cet adoucissement ne rend pas aux enfans les honneurs de la légitimité.

M. Boulay répond que ce point est du domaine de l'opinion, qui certainement ne flétrira pas les enfans d'un condamné; mais que, si l'on admettait le principe de la légitimité des enfans nés depuis la mort civile de leur père, la mère pourrait introduire des bâtards dans la famille.

Le Premier Consul dit que la mère n'a pas d'intérêt à commettre cette fraude, puisque les enfans qu'elle supposerait nés de son mari ne recueilleraient pas la succession de leur père.

M. Boulay dit que la mère agirait par l'intérêt de leur assurer sa propre succession.

M. Regnier dit qu'il s'agit surtout de sauver l'honneur des enfans, et que la loi en a le pouvoir. Il ne reste donc qu'à examiner si la honte d'une condamnation doit réfléchir sur ceux qui tiennent au condamné. L'humanité et la justice veulent qu'on en restreigne, autant qu'il est possible, les effets.

Le Premier Consul pense qu'il conviendrait d'adopter la proposition de M. *Tronchet*, et d'ajourner cette discussion jusqu'à celle du Code criminel.

M. Tronchet persiste d'autant plus dans cette opinion, qu'il est frappé de la nécessité dont a parlé M. *Portalis,* de se régler sur la nature et la durée des peines qui seront établies, et de la distinction qu'il a faite. On conçoit, en effet, que si les déportés doivent vivre dans une contrée française, sous les yeux du public et des magistrats, il n'y a pas d'inconvénient à déclarer légitimes des enfans dont la filiation ne sera obscurcie par aucune incertitude; mais qu'il n'en est pas de même du condamné vagabond, dont la vie entière est cachée aux yeux de la société. M. *Tronchet* propose la rédaction suivante : « La mort civile est encourue par la « condamnation à des peines auxquelles la loi criminelle at- « tache cet effet. »

M. Regnier objecte qu'il s'agit ici des effets de la mort civile, et que la loi civile doit seule les déterminer, à moins qu'elle ne prononce que la mort civile sera une privation totale et absolue de toute espèce de droits.

M. Cretet observe que le mariage du mort civilement peut produire deux sections dans sa postérité : l'une comprend les enfans nés avant sa condamnation ; l'autre, les enfans nés depuis. On pourrait les regarder toutes deux comme légitimes. La première prendrait à titre d'hérédité les biens qu'aurait le condamné au jour où commencerait sa mort civile; la seconde serait appelée à succéder exclusivement aux biens qu'il aurait acquis depuis. Les deux sections viendraient concurremment à la succession de la mère.

Le Premier Consul dit qu'on pourrait, dans l'article en discussion, passer sous silence les effets de la mort civile par rapport au mariage, en se bornant à exprimer qu'elle le dissout dans les cas déterminés par la loi criminelle.

M. Tronchet propose de renvoyer au titre *du Mariage* et au titre *des Successions* les effets que la mort civile opère par rapport au mariage et à l'ordre de succéder.

Le Ministre de la Justice attaque l'article en discussion, dans la disposition qui déclare le mort civilement incapable de contracter mariage. Les droits naturels de l'homme, dit le ministre, demeurent au condamné, et de ce nombre est le droit de se marier. Cependant, si son mariage n'est pas avoué par la loi, si ce n'est qu'un concubinage, s'il peut quitter arbitrairement son épouse, et changer, comme il lui plaît de lien, les mœurs et la justice seront également blessées.

M. Boulay dit que ce serait anéantir entièrement la mort civile, que de reconnaître un tel mariage ; la loi ne pourrait l'avouer sans admettre la stipulation de communauté, les conventions matrimoniales, et une grande partie des droits dont la mort civile prive le condamné.

M. Portalis dit qu'autant l'épouse qui n'abandonne pas son mari condamné mérite de faveur, autant en mérite peu la femme qui ne répugne pas à épouser un homme flétri par la justice.

Il ajoute que toutes les difficultés qui embarrassent la discussion, viennent de ce qu'on emploie le mot équivoque de *mort civile*, au lieu de spécifier la privation plus ou moins étendue des effets civils qu'on veut faire résulter de la condamnation aux diverses peines. On pourrait donc s'exprimer ainsi : « Les effets civils dont sont privés les condamnés à « telle ou telle peine, sont, etc. »

Le Consul Cambacérès dit que cette forme de rédaction pourrait laisser des incertitudes, ou donner lieu à des omissions qui tourneraient à l'avantage du condamné. Le mot *mort civile* est universellement entendu ; il a passé dans le langage des lois et des jurisconsultes.

Au surplus, les questions qui ont été agitées sont prématurées. On n'a pas encore de bases pour asseoir une décision, puisqu'on ignore quelles condamnations emporteront la mort civile. Cette discussion doit donc être rattachée à celle du Code criminel.

Le Premier Consul dit que cette proposition ne peut être adoptée, si l'on ne rapporte l'article 18.

Le rapport de l'article 18 est mis aux voix et adopté.

LE CONSEIL y substitue l'article suivant :

« Le Code criminel détermine les peines qui emportent la « mort civile. »

On reprend la discussion de l'article 19.

LE PREMIER CONSUL dit que ce serait peut-être ici le lieu de régler hypothétiquement l'état des déportés, en supposant qu'ils seront réunis dans une vaste étendue de terrain où ils formeront une colonie. On pourrait leur ôter la vie civile hors du lieu de leur déportation, et la leur rendre dans la contrée où ils seraient déportés. On pourrait alors admettre la distinction établie par M. *Portalis*. On laisserait, au surplus, la loi criminelle prononcer sur les questions relatives au mariage du condamné ; et l'on dirait, dans le Code civil, que la mort civile rompt le mariage dans les cas déterminés par la loi criminelle.

M. LACUÉE dit qu'il n'y a de difficulté que dans les mots. On la leverait, si, distinguant celui qui mérite la peine de mort de celui qui a encouru une peine moins grave, on variait les effets de la mort civile, suivant que le condamné se trouverait dans l'un ou dans l'autre cas.

M. BIGOT-PRÉAMENEU pense qu'il faudrait distinguer les effets que la mort civile du père doit opérer par rapport aux intérêts pécuniaires des enfans nés depuis qu'elle est encourue, de ceux qu'elle opérera par rapport à leur légitimité. Rien ne s'opposerait alors à ce qu'on les reconnût pour légitimes ; et cette disposition serait dans l'intérêt des mœurs.

M. CRETET dit que la distinction proposée est connue en Angleterre.

M. TRONCHET dit qu'il ne sera pas possible de déclarer les déportés morts civilement, partout ailleurs que dans le lieu de leur déportation, si ce lieu est placé en France. Autrefois, le bannissement à perpétuité hors du territoire français emportait la mort civile, parce qu'il retranchait effectivement le banni de la société; le bannissement hors d'une province n'ôtait pas la vie civile, parce qu'il ne pouvait effacer la qualité de Français. Il en sera de même de la déportation : elle ne sera qu'un exil, si elle n'a d'autre effet que de reléguer le condamné dans une contrée déterminée de la France.

Le Premier Consul dit que si la condamnation à une prison perpétuelle emporte la mort civile, la déportation dans un lieu déterminé doit donc l'emporter aussi, parce qu'il n'y a de différence entre ces deux peines, qu'en ce que la déportation donne au condamné une prison plus vaste et plus commode.

M. Tronchet demande comment succéderaient les enfans que le déporté aurait eus depuis sa mort civile, s'il laissait également des biens dans le lieu de la déportation et dans d'autres parties de la République, et que la loi ne leur donnât pas la même successibilité partout.

M. Réal observe que le lieu affecté à la déportation appartenant au territoire de la République, il est possible que des Français non déportés aillent s'y établir; il est également possible que ces deux espèces d'habitans contractent entre eux des alliances. Alors, comment régler les effets du mariage, si un individu qui a des biens et la vie civile hors du lieu de la déportation, épouse un individu qui n'a de droits civils que dans ce lieu?

Le Premier Consul répond qu'on pourrait faire un code particulier pour les déportés. Il suffirait même de dire que, hors du lieu de la déportation, les enfans n'auront aucun droit du chef de leur père déporté.

M. Tronchet dit qu'il y aura toujours de grandes difficultés pour les successions collatérales qui s'ouvriraient au profit de ces enfans, hors du lieu de la déportation.

Le Premier Consul dit qu'on peut les prévenir. La loi décidera positivement s'ils viennent ou s'ils ne viennent pas à ces sortes de successions.

Le Premier Consul annonce qu'il va mettre aux voix la question de savoir si on fera une nation particulière des déportés.

M. Réal observe que cette décision contredirait la nouvelle rédaction de l'article 18, en préjugeant que la peine de déportation sera admise par la loi criminelle.

Le Premier Consul dit qu'il est impossible qu'elle ne soit pas admise, puisqu'elle est tout ensemble humaine et utile. Les lois criminelles et les lois civiles ayant entre elles des rapports, il est indispensable de les combiner les unes avec les autres; on peut donc déterminer ici les effets qu'aura la déportation hors de France.

M. Tronchet dit que pour rendre la délibération plus claire, il convient d'écarter le mot équivoque de *mort civile*, mot inventé par les jurisconsultes, et de se servir de l'expression proposée par M. *Portalis;* on pourrait donc rédiger ainsi :

« Il y a des peines qui emportent la privation absolue de « tous les droits civils; ces peines constituent la mort civile « proprement dite. Il y a des peines qui n'emportent la pri- « vation que d'une partie des droits civils; ces peines consti- « tuent la mort civile imparfaite. » On mettrait la déportation au rang des peines de la seconde classe, et on en déterminerait les effets.

Le Consul Cambacérès dit qu'il importe de conserver l'expression *mort civile*, laquelle est généralement usitée, et porte avec elle une idée dont l'effet est utile à la société.

Le Premier Consul dit qu'on pourrait distinguer les peines qui emportent la mort civile de celles qui n'entraînent que la privation des droits civils.

Cette distinction est mise aux voix et adoptée.

On continue la discussion de l'article 19.

Le Consul Cambacérès attaque la disposition qui autorise le mort civilement à nommer un curateur pour le représenter en justice. La demande d'alimens est la seule qu'il puisse former : autrefois elle était présentée par le ministère public.

M. Tronchet dit qu'on pourrait faire toujours nommer ce curateur par le juge, sur la requête que le mort civilement lui présenterait.

Le Ministre de la Justice attaque la disposition qui déclare le mort civilement absolument incapable de rendre témoignage. Il peut se trouver des circonstances où il devienne témoin nécessaire ; et alors la justice doit pouvoir l'entendre, sauf à n'avoir en sa déposition que la confiance qu'elle peut mériter : quelquefois elle interroge même les choses muettes. Il faudrait donc restreindre la disposition au cas où la loi exige la présence de témoins pour la validité d'actes civils.

M. Boulay dit qu'il répugne qu'un homme flétri par une condamnation soit entendu pour en faire condamner un autre.

M. Regnier dit que le mort civilement peut être entendu, mais qu'il est reprochable.

M. Réal répond qu'on ne pourrait admettre en témoignage le mort civilement que parce qu'on le considérerait comme témoin nécessaire : mais il est déjà des cas où le juge est obligé de refuser d'entendre même le témoin nécessaire ; par exemple, le fils contre le père. Ce que la piété filiale défend en ce cas, la morale publique doit le défendre, quand il s'agit du mort civilement ; et le témoignage, même nécessaire, d'un homme ainsi flétri doit être écarté.

M. Cretet observe que, dans le fait, le mort civilement ne peut jamais être entendu : s'il est déporté, il est absent ; s'il est évadé ou contumax, il ne se présentera pas.

Le Ministre de la Justice répond qu'il peut arriver qu'un crime commis dans une prison n'ait eu pour témoins que des individus morts civilement.

M. Regnier dit que si l'on entend les morts civilement dans ce cas, il faut décider aussi qu'ils ne pourront être reprochés.

M. Roederer dit que jamais la récusation n'atteint le témoin jugé nécessaire.

M. Regnauld (de Saint-Jean-d'Angely) rappelle qu'autrefois on recevait la déposition d'un individu mort civilement, quand elle était jugée nécessaire ; mais qu'on ne l'assignait pas en confrontation : on pourrait aujourd'hui imiter cet ordre, en faisant entendre les individus morts civilement par le magistrat de sûreté, dont le ministère consiste à recueillir tous les renseignemens, et en ne les faisant pas comparaître devant le jury.

Le Ministre de la Justice dit que l'ancien usage était fondé sur ce qu'alors on admettait les témoignages écrits ; qu'aujourd'hui on n'admet que les preuves orales dans le débat.

M. Réal observe qu'on écarte même la déposition du dénonciateur, quoiqu'il soit déclaré témoin nécessaire, lorsqu'il doit profiter de la condamnation.

M. Roederer partage l'opinion du Ministre de la Justice ; il voudrait cependant que le principe de l'article fût consacré, afin qu'on n'admît pas indistinctement le mort civilement comme témoin ; mais il faut une exception dans la loi, pour le cas où il devient témoin nécessaire. La place naturelle de cette exception est dans le Code criminel.

Le Premier Consul demande pourquoi l'on s'est servi, dans l'article, de cette expression, *le contrat civil du mariage*.

M. Boulay répond qu'on s'est exprimé ainsi, parce que la loi ne voit dans le mariage qu'un contrat civil. L'expression qu'on a employée a paru d'ailleurs la plus propre à faire taire les scrupules des consciences.

Le Premier Consul dit qu'elle semble supposer qu'aux yeux de la loi il reste encore quelque chose après la dissolution du contrat civil, et qu'elle paraît préjuger la question de la légitimité des enfans.

M. Roederer dit qu'il reste le contrat naturel et le lien religieux.

M. Defermon observe qu'on peut ne pas s'expliquer sur la

dissolution du mariage; qu'il suffit d'énoncer en détail les
effets que la mort civile opère à l'égard de cet engagement.

M. Roederer adopte la locution employée par la section.
Elle préviendra les méprises des consciences, puisqu'il est
universellement reconnu que le juge peut rompre le contrat
civil du mariage; elle prouve qu'on ne veut offenser aucun
culte, et qu'on les respecte tous également. Chez les Romains,
le mariage n'était qu'un contrat civil; et néanmoins la loi ne
contrariait pas l'opinion qu'il est indissoluble.

M. Réal ajoute à ces observations, que la loi étant faite
pour un peuple chez lequel existent déjà diverses opinions
formées, et admettant les divers cultes, il faut qu'elle parle
de manière à n'en choquer aucun.

L'article est adopté.

25   M. Tronchet propose de placer ici l'article 25.
Cette proposition et l'article sont adoptés.

27 à 31   M. Tronchet demande qu'avant de discuter les articles 20, 21, 22, 23 et 24, on traite la question générale
de savoir si la mort civile est suspendue jusqu'après l'expiration du délai accordé pour purger la contumace, ou si elle
est encourue provisoirement, sauf la résolution avec effet rétroactif lorsque le condamné se représente dans le délai
prescrit.

Il observe que tous les tribunaux adoptent cette dernière
opinion.

M. Boulay dit que la section, d'après la théorie adoptée
par le Conseil sur la mort civile, se borne à proposer l'interdiction du contumax.

L'opinion qui le fait mourir civilement avant le délai que
la loi lui accorde pour se représenter est injuste, parce que,
dans une procédure par contumace, l'accusé ne peut ni se
défendre, ni être défendu; qu'on entend à peine quelques
témoins; qu'on ne leur permet pas de se corriger; que tous
les doutes sont interprétés contre le contumax; qu'enfin une

procédure traitée avec tant de légèreté n'est que de forme, et ne doit pas dès-lors avoir des effets aussi graves qu'une procédure solennelle. Il est même possible qu'un absent qui ignore qu'il est accusé, se trouve cependant condamné par contumace; il se peut aussi qu'ayant des ennemis puissans ou des préventions à craindre, il fuie une instruction où il ne peut avoir une confiance entière dans la justice de sa cause.

D'un autre côté, il est contre les principes d'appliquer à ce qui concerne la vie, l'usage des clauses résolutoires que l'essence des choses ne permet d'employer que dans les contrats. Il est contre toute vraisemblance de ressusciter civilement celui qui meurt naturellement dans un délai de cinq ans.

Enfin, le système de M. *Tronchet* porterait le trouble dans les familles. En effet, les héritiers d'un condamné sont saisis de ses biens, du moment où il encourt la mort civile; il faudra donc anéantir, peut-être, une longue suite de transmissions, si, en se faisant absoudre, il reprend rétroactivement ses droits civils. Dans le système de la section, au contraire, la propriété ne repose irrévocablement sur la tête de ses héritiers qu'au moment où il en est dépouillé sans retour : ce système, au surplus, ne lui conserve ses droits que passivement; il suspend la mort civile pendant un délai suffisant pour que le condamné fasse valoir son innocence, mais pas assez long pour prolonger trop l'incertitude de sa propriété.

M. TRONCHET répond que, pour bien faire entendre la question, il se voit forcé de tracer d'abord l'histoire des progrès de la législation, et surtout de comparer l'ordonnance de 1670 avec le Code pénal du 3 brumaire de l'an 4.

Il observe que c'est à la mort civile parfaite que la section ne veut pas donner les mêmes effets lorsqu'elle est encourue par un contumax, que lorsqu'elle l'est par un individu condamné contradictoirement.

On a douté autrefois, continue M. *Tronchet*, si la peine

capitale, et surtout la peine de mort, devait être prononcée
contre le contumax. Les Romains ne le condamnaient pas à
mort; mais aussi sursoyaient-ils à toute condamnation. Il
leur paraissait absurde d'infliger à un coupable, parce qu'il a
fui, une peine plus douce qu'à un coupable mis en présence
de la justice. Les capitulaires de *Charlemagne* prouvent que
ce système a été suivi en France.

Depuis, on en a senti les inconvéniens; et les établissemens
de *Louis IX* ont autorisé la condamnation d'un accusé absent. Ce changement était fondé sur les raisons les plus
solides. La punition d'un coupable a pour objet l'intérêt
public et l'intérêt de la partie civile : la justice due à la partie civile ne permet pas d'éloigner la réparation qui lui appartient, parce que celui qui l'a offensée s'est dérobé à la vengeance des lois; l'intérêt public exige que l'exemple du
châtiment infligé au coupable, retienne les pervers qui pourraient se porter à le suivre dans la carrière du crime. C'est
pour cette fin, et pour cette fin seulement, que les peines
sont établies. Certes, s'il existait d'autres moyens de retrancher, sans retour, de la société, l'homme corrompu qui l'a
troublée, et de la garantir de ses attentats, il faudrait abolir
la peine de mort et les peines perpétuelles.

Mais l'exemple ne produit pas le même effet, si la punition
ne vient que long-temps après le crime. Voilà pourquoi l'on
ne diffère plus ni le jugement ni l'exécution des coupables.

Cependant il serait contre la justice et contre l'humanité,
de donner la même force au jugement rendu contre un accusé
absent, qu'au jugement rendu contre un accusé qui a pu
se défendre. A cet égard, on a distingué entre la peine
capitale d'où résulte la mort civile, et les peines purement
pécuniaires. La faveur de l'innocence a fait admettre le condamné à se représenter en tout temps pour se faire absoudre
de la peine capitale. Il pouvait provoquer un jugement nouveau, même après avoir prescrit la peine. Cependant
cette faveur n'était que pour le condamné qui se présen-

tait volontairement. Le contumax saisi était exécuté sans nouvelle procédure : la formule du jugement l'énonçait. On était plus sévère par rapport aux peines pécuniaires, qui consistaient surtout dans la privation des biens au profit du fisc, presque dans toutes les provinces, et au profit des héritiers seulement, dans quatre où la confiscation n'avait pas lieu. L'ordonnance de Moulins de 1563, en substituant un délai de cinq ans au délai d'un an qui jusque là avait été accordé au condamné pour se représenter, maintint néanmoins le droit alors existant ; elle ne rendit, en cas d'absolution, ni les biens qu'avaient recueillis soit le fisc, soit les héritiers, ni les restitutions ou dommages-intérêts que la partie civile avait touchés. L'ordonnance de 1670 a conservé le délai de cinq ans, et admis le contumax à se représenter même après ce délai : elle a décidé que le contumax, saisi même après les cinq ans, ne pourrait être aussitôt exécuté, mais que la procédure serait recommencée. Mais l'ordonnance de 1670 ne rendait au contumax absous tout ce que sa condamnation lui avait fait perdre, que lorsqu'il s'était représenté dans les cinq ans. L'intérêt des tiers, de la partie civile, des héritiers, avait dicté cette disposition. Le jugement par contumace était comme est en matière civile un jugement par défaut, qu'on exécute provisoirement et tant qu'il n'est pas attaqué. Les héritiers ne succédaient aux droits du condamné qu'en donnant caution : ainsi ils ne pouvaient abuser de leur possession ; et comme ils ne possédaient que par provision, il était impossible qu'on acquît d'eux de bonne foi. Si le condamné ne se représentait pas pendant les cinq ans, il perdait définitivement tous les biens dont il avait été dépouillé, mais il reprenait tous ses biens pour l'avenir. Il n'y avait là rien de choquant. La mort civile est une fiction : la loi peut donc faire mourir et faire revivre un condamné par rapport à ses droits civils, et l'en priver pour un temps.

L'ordonnance de 1670 veut aussi que le contumax soit exécuté par effigie dans les vingt-quatre heures du jugement :

le Code du 3 brumaire contient la même disposition. L'exécution emporte de plein droit la mort civile; et cependant la
section propose d'en détacher cet effet nécessaire. Elle voudrait que le contumax subît l'exécution par effigie, et que
néanmoins il conservât la vie civile. Elle objecte que dans le
système de l'ordonnance de 1670, le contumax peut anéantir
la mort civile; qu'ainsi, autant vaut-il la suspendre jusqu'à
l'époque où ses effets passés ne peuvent plus être détruits.
Mais puisque la mort civile est certainement encourue par
l'exécution, elle doit à l'instant produire tous ses effets,
donner aux tiers les mêmes droits que si elle ne devait plus
cesser, et ne pouvoir plus être anéantie que résolutoire-
ment.

Mais pour quel intérêt la section propose-t-elle de s'écarter
des principes? Est-ce pour l'intérêt du condamné? non,
puisqu'il n'a pas la possession de ses biens. C'est pour donner
au fisc les fruits échus pendant la contumace. Il est difficile
de se rendre à un pareil motif. C'est ainsi que le Code du 3
brumaire rétablit aussi une sorte de confiscation, en donnant
au fisc les fruits pendant vingt ans, et même pendant cinquante, si les héritiers ne justifient auparavant de la mort
naturelle du contumax.

Maintenant, à quels héritiers, dans le système de la section, la succession du condamné sera-t-elle dévolue, s'il
encourt la mort civile faute de s'être représenté dans les cinq
ans? Est-ce à ceux qui se trouvaient appelés lors de la condamnation? mais à ce moment la succession n'est pas ouverte,
puisqu'il n'y a pas encore de mort civile. Est-ce à ceux qui
se trouveront en ordre de succéder après l'expiration des
cinq ans? alors on prive d'abord des fruits les parens qui devaient les recueillir par provision, et on expose en outre
leurs héritiers à se voir enlever la succession, si ces parens
viennent à mourir pendant les cinq ans.

M. *Tronchet* propose, en finissant, d'accorder la provision
aux héritiers du condamné, à la charge par eux de donner

caution; et de décider que si le contumax ne se représente pas dans les cinq ans, les effets pécuniaires qu'aura produits sa condamnation seront irrévocables.

M. ROEDERER dit qu'en effet les biens du contumax seront mieux conservés par sa famille que par le fisc; et que d'ailleurs, en accordant la provision à ses parens, on les met en état de lui faire passer des secours.

LE PREMIER CONSUL demande si la femme du contumax pourra se remarier dans les cinq ans.

M. TRONCHET répond que le mariage du condamné n'est pas dissous pendant le délai de cinq ans, parce que l'importance de ce contrat exclut toute provision, et que le nouveau mariage de la femme ne peut être conditionnel : mais ce n'est là qu'une exception commandée par la nature des choses.

M. DEFERMON observe que, puisqu'il y a des exceptions nécessaires, les principes sur la mort civile sont donc susceptibles de modification; que la peine sera modifiée si le condamné se représente dans les cinq ans; qu'ainsi toute la question est de savoir si l'on appellera *mort civile* l'effet d'une peine qui peut être modifiée.

M. THIBAUDEAU dit que l'idée de faire remonter les effets de la mort civile au jour de l'exécution était une combinaison de fiscalité dans l'ordonnance de 1670. Aujourd'hui que le fisc est sans intérêt, il ne s'agit plus que de décider si les successions qui, pendant les cinq ans, s'ouvriront au profit du condamné, appartiendront à ses enfans ou à des collatéraux.

M. TRONCHET dit que les enfans nés avant la mort civile de leur père les recueilleront de leur chef; que ceux nés depuis n'y peuvent rien prétendre, puisque la loi ne les reconnaît pas.

M. REGNIER observe qu'il est cependant un cas où la mort civile du père nuit aux enfans s'ils ne viennent plus par représentation; c'est lorsque l'héritier collatéral appelé se trouve au même degré que le condamné. Il est évident qu'il emportera la succession seul et sans le concours des enfans, puisque ceux-ci ne peuvent plus, par représentation, se placer dans le même degré que lui.

M. Boulay dit que tout se réduit à décider à qui il convient d'accorder la jouissance provisoire pendant les cinq ans. Si on la donne à des héritiers, quelquefois éloignés, qui craindraient de se voir dépouillés par l'absolution du contumax, on lui suscite des adversaires dans sa propre famille, d'autant que l'ancien préjugé ne balancera pas l'intérêt des héritiers. On échappe à cet inconvénient en laissant la jouissance provisoire au fisc.

Le Consul Cambacérès dit que, pour décider entre les deux systèmes, il faut d'abord les comparer.

On convient, des deux côtés, 1° que la mort civile encourue par un contumax est conditionnelle pendant les cinq ans que la loi lui donne pour purger la contumace; 2° qu'après l'expiration de ce délai, il doit, à la vérité, être encore admis à se constituer en jugement, mais que l'absolution qu'il obtient ne fait plus cesser rétroactivement les effets que sa condamnation a opérés par rapport à ses biens.

On se divise en ce que la section ne regarde le contumax que comme frappé d'interdiction pendant le délai de cinq ans, et ne fait commencer sa mort civile qu'après ce délai, tandis que M. *Tronchet,* sans s'occuper de l'avenir, et de l'absolution possible du condamné, veut que le jugement produise d'abord tous ses effets par rapport aux biens, sauf la condition résolutoire. Et en effet, il est reconnu en droit que la condamnation à la peine forme l'essence du jugement; que les condamnations pécuniaires ne sont que des accessoires : aussi n'a-t-on jamais anéanti ces accessoires tant que le principal a existé.

Le système de M. *Tronchet* est le plus naturel; car tout jugement doit recevoir son exécution, à moins qu'elle ne soit différée par des obstacles de droit.

On objecte que le jugement pouvant être anéanti pendant les cinq ans par la représentation du condamné, il paraît naturel de ne lui donner tous ses effets qu'après l'expiration du délai pendant lequel ils demeurent incertains.

Ce raisonnement est fondé sur la supposition que le contumax se représentera, et prouvera son innocence ; mais la présomption est pour le jugement, et l'intérêt de la société réclame un prompt exemple. Il faudrait même, pour être conséquent, surseoir à toute condamnation, rassembler les preuves et attendre jusqu'à l'expiration du délai pendant lequel le contumax peut se représenter, afin de ne pas rendre un jugement dont le sort soit incertain : ce système serait préjudiciable à la société. Le coupable doit donc être jugé par contumace ; et s'il est jugé, le jugement doit être exécuté aussitôt.

Le système de M. *Tronchet* ne rend pas, comme on l'a dit, la propriété incertaine. Les biens du condamné passent à l'instant même à ses héritiers : ses enfans les prennent de leur chef ; ils prennent par représentation les successions collatérales qui s'ouvrent au profit de leur père ; et l'on ne sait encore si la représentation sera restreinte de manière qu'en aucun cas elle puisse s'arrêter au condamné. S'il se représente et se justifie, il reprend son patrimoine, et ne le trouve pas détérioré par un séquestre, qui est, de toutes les possessions précaires, celle qui dégrade le plus les biens. Mais du moins l'exemple de son exécution par effigie aura produit son effet moral : on doit donc exécuter le jugement, sans s'embarrasser si le condamné se représentera : et cependant le jugement ne serait pas exécuté dans son entier s'il ne l'était sur les biens. La personne est absente ; le jugement ne peut l'atteindre, il la frappe par effigie : les biens sont là ; on peut les saisir, il faut donc en dépouiller le condamné.

M. PORTALIS observe qu'autrefois, quoiqu'un jugement par contumace eût été exécuté par effigie, le fisc néanmoins ne pouvait se mettre en possession des biens avant les cinq ans.

5.

L'inconséquence qu'on reproche à la section, ajoute-t-il, se rencontre dans tous les systèmes; il n'en est aucun où le jugement par contumace ait exactement les mêmes effets qu'un jugement contradictoire. Indépendamment de la différence qu'on vient d'indiquer par rapport à la confiscation, il y en a encore par rapport au mariage : si le condamné se marie pendant les cinq ans, qu'il se représente dans ce délai et soit absous, son mariage est valable. Il y en a par rapport à la réhabilitation : si le condamné meurt dans les cinq ans, il meurt *integri statûs*. L'exécution par effigie n'a donc pas des effets nécessaires sur les biens. Elle est établie pour donner un exemple à la société; mais la société n'a pas d'intérêt à la manière dont la loi dispose du patrimoine du condamné; peu lui importe qu'on intervertisse l'ordre de succéder, ou qu'on lui laisse son cours pendant cinq ans; il n'y a là qu'un intérêt de famille. Or, la condamnation du coupable ne doit pas réfléchir sur ses parens. Puisqu'on est forcé de s'écarter en tant de choses de l'exécution complète du jugement par contumace, pourquoi l'établirait-t-on dans le seul point où la société est sans intérêt? pourquoi plus favoriser l'âpreté des héritiers qu'on ne favoriserait celle du fisc? Il y aurait encore moins de pudeur de leur part à s'emparer avec précipitation des dépouilles de leur parent.

Tout se réduit donc à savoir si on laissera subsister pendant cinq ans l'ordre naturel des successions.

On doute si le condamné se représentera : la présomption est en sa faveur. C'est par la faveur de cette présomption que l'ordonnance de Moulins a porté à cinq ans le délai qui, avant, n'était que d'une année.

Le Premier Consul met aux voix les deux systèmes.

Le Conseil adopte celui de M. *Tronchet.*

(Procès-verbal de la séance du 24 thermidor an IX.—12 août 1801.)

M. ROEDERER fait lecture du rapport (a) que, dans la séance du 6 thermidor, le Premier Consul l'avait chargé de rédiger

(a) *Texte de ce Rapport.*

NOTIONS ET FAITS PRÉLIMINAIRES.

L'origine du droit d'aubaine, et autres droits de même nature, est, dans cet esprit jaloux, inquiet et farouche, qui gouverne tous les peuples dont la civilisation n'a ni éclairé l'administration, ni adouci les mœurs.

Les Scythes mangeaient les *étrangers.* Les Barbares qui fondèrent Rome confondirent l'étranger avec l'ennemi : *Peregrinus*, dit *Cicéron*, *antea dictus hostis.* La plupart des républiques de la Grèce, ne manquèrent pas de traiter en ennemi l'habitant de la république voisine.

La féodalité ayant divisé la France en une multitude de souverainetés ennemies, l'homme qui, du temps de *saint Louis*, passait du diocèse où il était dans un autre, était réputé aubain (*alibi natus*), condamné à l'amende s'il ne reconnaissait le seigneur dans l'an et jour ; ses meubles étaient confisqués s'il mourait, et l'étranger était exclu de la succession de tout sujet du seigneur. Vers le temps de *Philippe-le-Bel*, le droit d'aubaine entre divers seigneurs tomba ; et ils n'en conservèrent que le droit de succéder au sujet à l'exclusion de l'étranger. Vers le milieu du douzième siècle, le droit d'aubaine fut établi par la France contre l'Angleterre : par représailles, Edouard III se hâta de défendre aux Français d'habiter l'Angleterre, sous peine de la vie. L'aubaine fut ensuite établie entre la France et d'autres nations. Vers le quatorzième siècle, ces rigueurs s'adoucirent ; les étrangers furent déclarés capables en France des actes du *droit des gens*, tels qu'acquérir et posséder, mais non des actes du droit civil, tels qu'hériter, tester. On mit en principe que l'étranger vivait libre en France, et mourait serf.

Au quinzième siècle, la France abolit le droit d'aubaine pour les étrangers qui fréquenteraient certaines foires. *Henri IV*, *Louis XIII*, *Louis XIV*, en accordèrent l'exemption aux entrepreneurs et ouvriers de diverses manufactures, à des entrepreneurs de desséchemens de marais, à des marins, etc. Enfin, sous les règnes de *Louis XV* et *Louis XVI*, la plupart des puissances de l'Europe convinrent avec la France, les unes de l'abolition totale et réciproque de l'*aubaine*, les autres avec réserve réciproque d'un droit de dix pour cent sur les successions, sous le titre de droit de *détraction.* Une multitude de traités furent conclus à cet effet.

Le droit d'aubaine ne subsistait plus qu'à l'égard d'un petit nombre d'États, lorsque l'Assemblée constituante, par un décret du 6 août 1790, *abolit*, et POUR TOUJOURS, *le droit d'aubaine et celui de détraction*, sans aucune condition de réciprocité.

Mais les droits d'aubaine ne regardaient que la succession des *étrangers morts en France*, et les traités et les décrets du 6 août 1790 n'abolissaient que ce droit. Or, l'usage existait toujours en France de succéder aux *Français* qui ne laissaient que des héritiers étrangers, comme, chez les *étrangers*, de succéder aux sujets de l'État qui ne laissaient que des héritiers français. L'art. 3 du décret du 8 avril 1791 a aboli cet autre droit en faveur des héritiers étrangers, sans condition de réciprocité. « Les étrangers, porte la loi, quoique établis hors du royaume, seront capables de recueillir en France les successions de leurs parens, *même Français*. »

Pour bien saisir la question qui s'élève aujourd'hui, il faut fixer son attention sur les effets de la double abolition prononcée par l'Assemblée constituante.

ÉTAT DE LA QUESTION.

1°. En vertu du décret du 6 août 1790, qui abolit sans réciprocité le droit d'aubaine, la Suède, la Prusse, et d'autres États qui, comme ceux-là, n'ont pas fait de traité pour son abolition, pourraient hériter de tous les biens immeubles d'un Français situés en Suède ; et la France laisserait la Suède recueillir en France les immeubles laissés par un Suédois décédé en France.

2°. En vertu de l'abolition gratuite du droit de détraction, les Français qui auraient à recueillir à Hambourg la succession d'un Français en laisseraient dix pour cent au trésor public de Hambourg, tandis que des héritiers hambourgeois viendraient recueillir en entier la succession de leur compatriote mort en France.

3°. En vertu du décret du 8 avril 1791, qui abolit sans réciprocité le droit qu'avait la France de succéder au Français mort sans héritier républicole, des Français ne pourraient aller recueillir la succession de leur parent sujet d'aucun État étranger, même de ceux qui ont aboli le droit d'aubaine ; tandis que tout étranger appelé par les droits du sang à hériter d'un Français peut ou recueillir en entier sa succession, ou la partager avec des co-héritiers français.

En deux mots, depuis le mois d'août 1790, et le mois d'avril 1791,

Tout étranger, sans habiter la France, peut recueillir en France la totalité d'une succession à lui laissée en France, soit par un étranger, soit par un Français, soit que l'État auquel cet étranger appartient fasse jouir, ou non, les Français de la réciprocité.

Maintenant les rédacteurs du projet de Code civil proposent de changer cet ordre de choses : ils proposent d'insérer dans le Code civil l'une ou l'autre de ces deux dispositions :

sur le droit d'aubaine et sur les autres droits de même
nature.

« L'étranger jouit en France des mêmes dro ts civils que ceux accordés aux Français par la na-
» tion à laquelle cet étranger appartient. »
Ou bien :
« L'étranger jouit en France des droits civils qui lui sont accordés par les traités faits avec la
« nation à laquelle cet étranger appartient. »
Le sens de ces deux rédactions est également opposé au système de l'Assemblée constituante:
elles tendent toutes deux à rétablir, au profit du domaine de la République,
1°. Le droit d'aubaine à l'égard de tout sujet d'un pays où ce droit ne serait pas aboli à l'égard
des Français ;
2°. Le droit de détraction à l'égard de tout sujet d'un pays étranger où ce droit serait maintenu ;
3°. Le droit d'hériter du Français qui n'aurait pour héritiers naturels que des étrangers ;
4°. La proposition des rédacteurs tend à rétablir l'exclusion des héritiers *étrangers* au profit des
parens français , pour la succession d'un Français.
Cette proposition donne lieu à la question suivante :

*Est-il de l'intérêt de la France de laisser subsister les lois de 1790
et 1791, qui accordent aux étrangers, sans réciprocité et sans restriction,
le droit d'hériter en France , soit d'un sujet de leur nation, soit d'un Français; ou bien de n'accorder aux étrangers le droit de succéder en France,
que conformément aux traités existans , ou à la charge d'une parfaite réciprocité ?*

La solution de cette question dépend de deux autres, l'une de fait, et l'autre de théorie politique.
Question de fait. Y a-t-il beaucoup d'États avec lesquels la France n'ait pas fait de traités *pour*
l'abolition complète et réciproque des droits d'aubaine, de détraction, et autres supposés par le
décret du 8 avril 1791 ?
On sent bien que, si les principales nations du monde avaient traité avec la France pour l'abolition de tout obstacle à l'hérédité réciproque, la France pourrait n'avoir pas un grand intérêt à
révoquer les lois de 1790 et 1791.
Question de principes. S'il se trouve que des nations considérables n'accordent pas à la France le
droit d'hérédité qui leur est accordé par la France , est-il de l'intérêt de la France de révoquer
les faveurs accordées à ces nations par les lois de 1790 et 1791?

EXAMEN DE LA PREMIÈRE QUESTION.

*Y a-t-il beaucoup d'États avec lesquels la France n'ait pas fait de
traité pour l'abolition complète et réciproque des droits d'aubaine, de détraction, et autres supposés par le décret du 8 avril 1791 ?*

On peut répondre, en général. à cette question, qu'il y a peu d'États avec qui la France n'ait fait
des traités pour l'abolition du droit d'aubaine ; mais qu'il en est aussi peu avec qui elle soit convenue d'une *abolition totale* , c'est-à-dire qui elle n'ait pas stipulé la réserve réciproque d'un
droit de *détraction*, qui est ordinairement du dixième des successions , et avec qui elle ait expressément renoncé au droit de succéder aux Français qui n'auraient que des héritiers étrangers.
Mais , pour donner une réponse précise, il faut former le tableau des conventions de la France
avec chacun des autres États, concernant les droits d'aubaine , en observant qu'il n'a été fait aucun
traité bien précis pour l'abolition du droit réciproque de succéder au sujet ou citoyen qui ne laisse
que des héritiers étrangers.
On peut les ranger sous six divisions , de la manière suivante :

PREMIÈRE DIVISION.

*Etats avec lesquels la France a stipulé , par des traités , l'abolition ré-
ciproque des droits d'aubaine , sans restriction ni réserve.*

Le Danemarck. (Art. 40 du traité de 1742.)
La Hollande. (Convention du 23 juillet 1773.)
Parme. (25 février 1769.)
Venise. (28 février 1774.)
La Toscane. (10 janvier 1769.)
L'Espagne et les Deux-Siciles. (Art. 23 du pacte de famille.)
La Russie. (Art. 16 du traité de commerce de 1787.)
Raguse. (29 octobre 1767.)

Le Premier Consul adjoint à M. *Rœderer* MM. *Portalis* et *Tronchet* pour revoir le rapport quant à la classification des

Monaco. (24 juillet 1770.)
Le Palatinat. (Novembre 1781.)
Les Suisses catholiques. (Art. 24 du traité de 1715.)
La noblesse immédiate de l'Empire. (Février 1769.)
Les villes anséautiques de Lubeck, Bremin, et Hambourg. (28 décembre 1716.) Il y a eu depuis une convention particulière avec Hambourg.
Dantzick. (Le 6 juillet 1716.)

DEUXIÈME DIVISION.

Etats avec lesquels la France a stipulé, par des traités, l'abolition réciproque du droit d'aubaine, avec réserve, aussi réciproque, d'un droit de détraction, déterminé sur les successions précédemment sujettes à l'aubaine.

La Pologne. (Novembre 1777.)
L'Electorat de Saxe. (16 juillet 1776.)
Wirtemberg. (Avril 1778.)
Brunswick et Lunébourg. (16 octobre 1778.)
Mecklembourg Schwerin. (Avril 1778.)
Mecklembourg Strelitz. (Avril 1778.)
Hesse-Hombourg. (6 juillet 1779.)
Fulde. (29 août 1778.)
Francfort. (Octobre 1778.)
Furstemberg. (16 mars 1777.)
Hambourg. (1er avril 1769.)
Quarante-cinq villes impériales. (Juillet 1770, et novembre 1774.)

} Avec réserve réciproque de 10 pour 100 de la valeur des successions.

Bavière. (18 mars 1768.)
Saxe-Weimar. (26 février 1771.)
Bâle (16 août 1781.)

} Avec réserve de 5 pour 100.

TROISIÈME DIVISION.

Etats avec lesquels la France a stipulé, par des traités, l'abolition réciproque du droit d'aubaine, avec réserve hypothétique et indéterminée de droits locaux de détraction de la part de la France, s'il en est exigé des villes et seigneurs étrangers, et de la part des Etats étrangers, s'il en est exigé de la part des villes et seigneurs de France.

Deux-Ponts. (29 mai 1766.)
Saxe-Gotha. (7 avril 1778.)
Saxe-Cobourg. (7 avril 1778.)
Saxe-Hildbourg. (20 juillet 1778.)
Hesse-Cassel. (31 mars 1767.)
Hesse-Darmstadt. (27 juillet 1779.)
Nassau-Usingen. (16 mai 1777.)
Nassau Sarbruck. (26 avril 1774.)
Nassau Weilbourg. (Art. 19 du traité de 1776.)
Portugal. (21 avril 1778.)
Trèves. (Avril 1767.)
Cologne. (Octobre 1768.)
Bade-Baden.
Bade-Dourlach. } (20 mars 1765.)
Munster. (Juin 1780.)
Liège. (6 octobre 1768.)
Evêché de Strasbourg. (.......)
Suisses protestans. (7 décembre 1771.)
Etats-Unis d'Amérique. (Art. 11 du traité de 1778, renouvelé en l'an VIII.)
Etats héréditaires de la maison d'Autriche. (24 juin 1766.)

QUATRIÈME DIVISION.

Etats à l'égard desquels la France avait aboli le droit d'aubaine, et tout autre droit sur les successions immobilières, sans réciprocité.

L'Angleterre est seule dans le cas. *Louis XVI*, par lettres patentes du propre mouvement, don-

traités qui y sont énoncés , et quant aux effets qu'ils doivent produire.

nées le 18 janvier 1787 , en conséquence du traité de commerce conclu antérieurement avec l'Angleterre , abolit purement et simplement le droit d'aubaine relativement aux successions mobilières et immobilières , qui , soit par testament ou *ab intestat* , pourront s'ouvrir dans les Etats du Roi *situés en Europe* , en faveur des sujets du Roi d'Angleterre.

L'article 7 des lettres-patentes leur permet d'acquérir des maisons et biens-fonds dans le royaume.

L'article 9 porte , qu'il ne sera fait aucune retenue ou détraction sur les successions d'*Anglais* qui décéderont en France , et seulement *dix* pour *cent* sur les successions de *Français* qui seront recueillies par des *Anglais*.

On voit ici que la France accorde , outre l'abolition du droit d'aubaine proprement dit , c'est-à-dire du droit de succéder à l'*Anglais* , celui de succéder au *Français* même qui n'aurait pour héritiers que des *Anglais*. C'est le seul exemple bien positif qui existe de cette concession ; il a fallu un arrêt du Parlement de Paris , du 20 février 1715 , pour décider qu'un *Hollandais* pourrait succéder en France à un *Français*.

Pas un mot n'annonce ni ne suppose la réciprocité en faveur des *Français;* même cette réciprocité serait impossible à l'égard des successions *immobilières* , puisque les lois anglaises ne permettent pas aux étrangers de posséder des fonds chez eux.

A l'égard des successions mobilières, l'article 13 du traité d'Utrecht , du 11 avril 1713 , établit la réciprocité entre la France et l'Angleterre ; et la déclaration du 17 juillet 1739 confirme cette disposition.

CINQUIÈME DIVISION.

Etats avec lesquels la France n'a point fait de traité portant abolition du droit d'aubaine, ou n'a stipulé cette abolition qu'à l'égard des successions mobilières.

La Suède et la France n'ont aboli entre elles le droit d'aubaine , que pour les successions mobilières. (Traité du 24 décembre 1754.)

On ne connaît point de traité avec :

La Prusse.

Le Pape.

Le Grand Turc.

La République de Gênes :

Non plus qu'avec quelques petits États d'Allemagne de très-peu d'importance.

SIXIÈME DIVISION.

Etrangers de toute nation à l'égard desquels le droit d'aubaine et tous autres semblables sont abolis dans certains cas et certaines circonstances.

Sont exempts de l'aubaine , les marchands fréquentant les foires de Champagne et de Lyon , *pour les successions mobilières seulement.*

Un édit de janvier 1607 déclare naturels et régnicoles les ouvriers qui viendront travailler aux manufactures de tapisseries de la Flandre.

1607. Abolition du droit d'aubaine en faveur de ceux qui viendront dessécher les marais.

1664. Même faveur aux ouvriers qui viendront travailler à la manufacture de Beauvais.

1665. Même faveur pour les Gobelins.

Une déclaration de novembre 1662 accorde les droits de naturalité à tout étranger qui viendra s'établir à Dunkerque.

Octobre 1665. Même faveur aux étrangers qui viendront s'établir à la manufacture des glaces.

Mars 1669. Même faveur aux étrangers qui s'établiront à Marseille.

16 mai 1687. Edit qui accorde aux matelots étrangers les droits de régnicoles après cinq ans de service.

Il résulte des tableaux qui précèdent ,

1°. Que le décret du 6 août 1790 n'a accordé gratuitement, par concession nouvelle , l'abolition du droit d'aubaine , qu'à la Prusse , aux Etats du Pape, à la Turquie , à Gênes , à quelques petites principautés d'Allemagne , et enfin à la Suède , relativement aux successions mobilières seulement. Le 18 janvier 1787, l'Angleterre avait obtenu pour ses sujets non seulement le droit d'hériter des Anglais décédés en France , mais encore celui de succéder à des Français. Le décret du 6 août 1790 ne lui a donc rien donné. Il n'a rien donné non plus aux seize Etats qui avaient stipulé l'abolition de tout droit d'aubaine à l'égard des Français , et qui sont compris dans la première division.

2°. Que le même décret du 6 août 1790 n'a pas fait une concession nouvelle aux étrangers , de quelque pays qu'ils fussent , qui s'étaient établis en France , soit pour l'intérêt de certaines manufactures , soit pour celui de certaines foires , soit pour celui de certaines villes , ainsi qu'il est indiqué dans la sixième division.

On reprend la discussion du titre concernant les personnes qui jouissent des droits civils, et celles qui n'en jouissent pas.

3°. Mais que le même décret du 6 août 1790 a aboli pour la France, et réserve gratuitement pour quatre-vingts États étrangers, des droits de détraction, dont les uns sont indéterminés, dont d'autres, et c'est le plus grand nombre, sont réglés à *dix* pour *cent*; et d'autres enfin, au nombre de trois seulement, à *cinq* pour *cent* de la valeur des successions.

4°. Quant au droit d'hériter d'un Français, la loi de 1791 en fait don à tout le monde, sans en avoir obtenu l'abolition de personne. La France, comme nous l'avons dit plus haut, n'avait donné ce droit positivement et clairement qu'à l'Angleterre ; et la Hollande n'en jouissait qu'en vertu d'un arrêt du Parlement de Paris.

Ainsi, la réponse que l'on peut faire à la question de fait, c'est que, par la loi des 6 août 1790 et 8 avril 1791, la France sacrifie sans réciprocité, 1° le droit d'aubaine à l'égard de quatre grands États, l'Angleterre comprise ; 2° le droit de détraction à l'égard de soixante États, au nombre desquels se trouvent, à la vérité, quarante-cinq villes impériales, mais aussi les électorats de Saxe et de Bavière, la partie protestante de la Suisse, et les États héréditaires de la maison d'Autriche ; 3° le droit de succéder aux Français dont les héritiers sont étrangers.

On voit que cette réponse, toute fondée sur des lois et des traités positifs, est loin de prouver que *l'intérêt de la France demande ou permette de laisser subsister les lois de 1790 et 1791.* La France se présente, au moins au premier aspect, comme plus favorable aux étrangers qu'aux Français ; ses rapports offrent au moins l'idée confuse d'une balance désavantageuse avec les autres nations. Passons donc à l'analyse exacte des conséquences qui doivent résulter de ce système libéral qui dispense de tout retour, et paraît n'être utile qu'à l'étranger. Ici se présente la question de principes.

EXAMEN DE LA DEUXIÈME QUESTION.

Est-il de l'intérêt de la France, d'accorder, 1° à plusieurs grands États l'abolition du droit d'aubaine sans réciprocité ; 2° à une partie de l'Europe, l'abolition du droit de détraction, sans réciprocité ; 3° à presque tout le monde, le droit d'hériter d'un Français sans réciprocité ?

Parlons d'abord du droit d'aubaine et de détraction. Long-temps avant le décret du 6 août 1790, des écrivains politiques avaient mis en principe que le droit d'aubaine portait plus de préjudice à l'État qui le percevait qu'à l'étranger qui le supportait, et que la France trouverait un grand avantage à l'abolir totalement, même avec l'Angleterre, sans s'informer si l'Angleterre, et les autres États le détruisaient relativement aux Français.

Je ne citerai que deux de ces écrivains : l'un est *Le Trône*, dans son livre de *l'Administration provinciale*, l'ouvrage d'économie publique où la doctrine des économistes est le plus clairement et le plus simplement établie ; l'autre est M. *Necker*, dans son livre intitulé de *l'Administration des Finances.* M. *Necker*, comme on sait, fut, à plusieurs égards, l'adversaire le plus déclaré des économistes, et en général il s'est moins attaché à l'étude des principes, qu'au soin d'en éviter l'exagération.

Le Trône (chapitre XI, livre III) commence par invoquer la justice. « Si l'étranger, dit-il, a « apporté du mobilier en France ou en a gagné par son industrie, il est bien à lui : s'il possède « des héritages, il a pris racine dans le royaume, puisque sa propriété est contribuable à la chose « publique. »

L'auteur, parlant ensuite de l'inutilité et des inconvéniens du droit, ajoute : « Pourquoi sa « propriété (de l'étranger) ne passerait-elle pas à ses héritiers légitimes ? Peut-être, en venant re-« cueillir ses biens, se fixeront-ils chez vous ; et *ce sont des sujets que vous acquerrez* : s'ils restent « dans leur patrie, ils n'emporteront pas le territoire ; ils vendront probablement les héritages ; « et quand ils les garderaient, quel mal cela vous fait-il, pourvu que leurs héritages paient « l'impôt ? En général, *ne vous est-il pas avantageux que les étrangers viennent chez vous ; qu'ils « vous apportent leurs richesses, leur industrie, leur consommation ; qu'ils augmentent le nombre de « vos sujets ?...* Lorsqu'on a voulu favoriser quelque établissement particulier, tel que les foires « de Lyon, ou quelque manufacture privilégiée, et y attirer les étrangers, on a toujours com-« mencé par les affranchir du droit d'aubaine ; *mais si cet affranchissement est utile pour faire fleurir « tel ou tel objet, il l'est généralement, et en toute circonstance, pour tout le royaume.*

Voici le résumé des observations de M. *Necker* relativement au droit d'aubaine :

« *Le produit en est presque entièrement consommé par des frais de formalités et par les attribu-« tions qui appartiennent aux officiers de justice.....*

« ... Il est arrivé souvent, depuis que les traités ont aboli ce droit, que les agens du domaine « n'étant pas instruits à temps de la véritable patrie des étrangers qui mouraient en France, « commençaient des recherches et des procédures inquiétantes, et qu'un examen plus éclairé obli-« geait d'abandonner..... : ce qui donnait lieu à de justes plaintes.

« *Tout ce qui peut détourner les étrangers de venir dépenser leurs revenus dans le royaume*, et « *d'échanger ainsi leur argent contre les productions de notre industrie*, paraît une disposition « *aussi déraisonnable que le serait une loi directement opposée à l'exportation de ces mêmes pro-« ductions.*

« .... Les Anglais sont encore assujétis au droit d'aubaine pour leurs immeubles : et j'ai « *connu plusieurs personnes de cette nation*, qui, découragées par ce motif d'acquérir une simple

M. Boulay dit que M. *Tronchet* a présenté à la section de législation une rédaction conforme au principe adopté dans

« maison de campagne, et sensibles néanmoins à cette privation, *ont renoncé au désir qu'elles avaient de s'arrêter en France.* »
(M. *Necker* écrivait ceci en 1785; et c'est en 1787 que la France a gratuitement aboli le droit d'aubaine à l'égard de l'Angleterre.)
« Le gouvernement britannique... doit désirer plus que jamais que toutes les nations maintiennent les lois et les usages propres à éloigner les étrangers de chez elles. Ainsi, ce n'est pas sur la demande du ministère anglais qu'il faut se proposer d'abolir en entier le droit d'aubaine ; c'est *plutôt malgré lui qu'il faut le faire :* cette suppression ne doit pas être considérée comme un acte de condescendance , *mais comme une vue de politique :*.. Les emprunts ont accru en Angleterre le nombre de la fortune des hommes indépendans , c'est-à-dire de cette classe de citoyens dont la richesse est toute mobilière, et qui peuvent plus aisément changer de domicile. En même temps les impôts ont été si fort multipliés, que le prix de la plupart des objets utiles et agréables a considérablement augmenté. Ces deux circonstances combinées peuvent engager beaucoup d'Anglais à dépenser leurs revenus hors de leur pays.... La proximité de la France, ses productions particulières, l'aisance et les plaisirs de la capitale , la douceur du climat dans les parties méridionales du royaume , et d'autres avantages encore , pourraient engager plusieurs habitans de la Grande-Bretagne , et *surtout les catholiques,* à venir séjourner plus ou moins en France ; et la suppression totale du droit d'aubaine servirait à les encourager.
« *Si ce droit s'établissait chez quelques nations à l'égard des Français, ce ne serait pas un motif pour en agir de même avec elles ;* car la réciprocité n'est jamais raisonnable quand elle ne peut exister qu'à son propre dommage ;.. *et le droit d'aubaine est encore plus préjudiciable aux nations qui l'exercent qu'aux étrangers dont on usurpe ainsi la fortune....*
« Toutes sortes de considérations semblent donc inviter à l'abolition entière d'un droit à la fois *impolitique et sauvage....*
« Une pareille détermination , applicable à tous les temps , m'a paru revêtir *un air de grandeur au milieu de la guerre.*
« Il convient d'effacer les traces d'un droit *qui ne paraît plus applicable au temps présent, qui contraste avec les mœurs françaises , et qui choque les principes d'une administration éclairée.* »
En conséquence de ces principes, M. *Necker* proposait au roi une loi ainsi conçue :
« Nous éteignons et abolissons , dans l'étendue de nos Etats , le droit d'aubaine , sans que le-dit droit puisse être rétabli dans les cas de guerre ou d'hostilités. »
Le préambule du décret du 6 août 1790 (décret présenté au nom du comité des domaines , par *Barère*) est ainsi conçu :
« L'Assemblée nationale...., considérant que le droit d'aubaine est contraire aux principes de *fraternité* qui doivent lier tous les hommes, quels que soient leur pays et leur gouvernement ; que ce droit , établi dans des temps barbares , et qui doit être proscrit chez un peuple qui a fondé « sa constitution sur les *droits de l'homme et du citoyen* ; et que la France libre doit *ouvrir son sein à tous les peuples de la terre , en les invitant à jouir , sous un gouvernement libre , des droits sacrés et inaltérables de l'humanité, a décrété.....: Le droit d'aubaine et celui de détraction sont abolis pour toujours.* »
On voit dans les motifs du décret du 6 août sont un abrégé des principes de *La Trône* et de M. *Necker.* Tout se réduit, en effet, dans les ouvrages de ces deux politiques, comme dans le préambule du décret , à supposer que le droit d'aubaine , injuste par sa nature , et peu productif , éloigne les étrangers de la France; qu'il est bon de les y attirer , soit en temps de paix , soit en temps de guerre ; et que le droit d'aubaine aboli , tous les avantages propres à la France , savoir; la liberté , l'égalité , la douceur du climat , le charme de nos mœurs , seraient un puissant attrait pour les étrangers.
Avant d'examiner ce qui peut balancer ces considérations , voyons aussi sur quels principes a été rédigé le décret du 8 avril 1791 , qui admet les étrangers à hériter d'un Français.
Il est bon de savoir que les comités de constitution et d'aliénations , chargés de présenter un décret relatif aux successions , avaient proposé , non pas d'admettre indéfiniment et sans restriction les étrangers à succéder à des Français , mais bien avec cette réserve : *sans qu'ils puissent commencer à jouir de ce droit, si ce n'est du jour où leur nation aura accordé aux Français la réciprocité.*
Les comités pensaient que la France servirait mieux les principes en provoquant une abolition réciproque, qu'en accordant une abolition gratuite. Peut-être trouvaient-ils aussi un peu de duperie, comme le dit à l'Assemblée M. *Lays*, à permettre que des étrangers pussent enrichir leur pays de nos dépouilles , sans que jamais les Français pussent prendre leur revanche.
Mais la suppression de cette réserve fut demandée à l'Assemblée : un orateur (M. *Martineau*) établit en principe que la France devait donner l'exemple de la *fraternité universelle,* purement, simplement , sans condition , et la réserve fut supprimée.
Essayons d'opposer aux motifs des deux décrets quelques observations qui paraissent avoir été négligées par leurs auteurs et leurs provocateurs.

Première observation.

D'abord l'intérêt d'attirer en France des étrangers n'est pas toujours égal dans toutes les circonstances ; en cas de guerre , non seulement cet intérêt n'existe pas , mais souvent il peut être remplacé par un intérêt contraire. Ainsi , par exemple , il est d'évidence frappante que la France , non seulement n'aurait pas d'intérêt à attirer maintenant dans son sein des Anglais , mais même qu'elle blesserait les premières lois de la prudence , en consentant à en recevoir, sans examen et sans précaution

la dernière séance, sur les effets des jugemens par contumace, et qu'elle l'a invité à présenter cette rédaction au Conseil.

L'abolition du droit d'aubaine, *en vertu d'un traité*, a cet avantage sur l'abolition prononcée par une loi *dite perpétuelle et irrévocable*, que, par le fait seul de la déclaration de guerre, le traité est suspendu, et que la politique peut faire alors ce qui lui convient le mieux.

Le principe d'admettre chez soi les étrangers des États, même avec lesquels on est en guerre, pourrait être admis sans inconvénient si la guerre était purement de gouvernement à gouvernement, d'État à État, entre une armée et une autre armée; la fraternité pourrait continuer entre les individus des nations belligérantes; le commerce, les communications amicales pourraient toujours fleurir sous ce droit des gens noble et chevaleresque. Mais il n'en est pas ainsi; les nations sont toutes intéressées dans les querelles des gouvernemens, parce que les gouvernemens tirent des nations les moyens de faire la guerre, et que chacun des belligérans a intérêt de diminuer les ressources de l'autre, partant de nuire à son commerce, à ses manufactures, à sa culture, et surtout de le livrer aux discordes civiles et à l'anarchie. C'est surtout dans les pays où des révolutions récentes ont jeté des semences de haine entre les citoyens, que l'ennemi s'applique à fomenter la discorde, parce que là aucun de ses soins n'est perdu, et qu'à peu de frais il opère la conflagration générale. Dans cet état de choses, qui est celui de la France depuis dix ans, aurait-il convenu d'exécuter chez nous et la loi de 1787, et la loi du 6 août 1790, à l'égard des Anglais? Non, sans doute. Pourquoi donc avoir fait *des lois* au lieu *de traités*, et des lois irrévocables, *pour toujours*, pour la guerre comme pour la paix, ces lois étant inexécutables en temps de guerre?

Deuxième observation.

L'abolition du droit d'aubaine sera un moyen à peu près chimérique d'attirer des étrangers en France, tant qu'elle ne sera pas réciproque, et accompagnée de celle du droit de succéder au *régnicole* qui n'aurait que des héritiers étrangers. C'est ce qu'un peu d'attention va faire sentir.

Il est peu d'étrangers ayant quelque fortune, et assez jeunes pour vouloir se transplanter dans un pays autre que le leur, qui n'aient, ou de qui la femme ou les enfans n'aient quelque succession à espérer dans leur patrie. Voilà une première vérité de fait d'où il faut partir.

En voici une seconde qui se lie à celle-là : c'est qu'en France *le citoyen* étant désormais distingué du simple républicole, et le citoyen ayant seul l'exercice des droits politiques, pouvant seul aspirer au pouvoir, ayant seul de la considération, il n'est point d'étranger doué de quelque fortune, ou même de quelque industrie, qui veuille y demeurer dans la classe du simple prolétaire, et sans y devenir citoyen.

Mais se faire citoyen français, c'est abdiquer sa patrie! Et si l'étranger a des successions à espérer dans sa patrie, et que les lois de sa patrie ne lui permettent pas de les recueillir dès qu'il sera devenu Français, il renoncera à former un établissement en France. Donc la France lui aura offert une inutile faveur; donc pour remplir ses vues de fraternité universelle, ainsi que ses vues d'intérêt personnel, il est nécessaire d'établir la réciprocité la plus parfaite entre elle et les autres peuples.

Cette vérité étant reconnue, on peut réduire la question à demander si la France n'entraînera pas plus aisément les États étrangers par le noble et touchant exemple d'un sacrifice personnel, que par une abdication conditionnelle et subordonnée à la réciprocité.

Le Trône, M. *Necker* et l'Assemblée constituante, s'étaient flattés de l'affirmative; mais vainement. Le raisonnement et l'expérience se réunissent à prouver le contraire, comme nous le verrons à la suite.

Troisième observation.

Les philantropes qui, gratuitement et sans condition, ont voulu traiter indistinctement les étrangers comme les Français, paraissent n'avoir considéré que l'avantage d'acquérir à la France quelques étrangers riches et industrieux; mais cet avantage n'est pas le seul auquel la politique ait dû songer. S'il est bon pour nous que les étrangers riches viennent s'établir ou séjourner parmi nous, il est encore meilleur que les Français pauvres aillent s'enrichir chez l'étranger, qu'ils y portent nos mœurs, nos sciences, nos beaux arts, notre langage, nos modes, nos goûts; qu'ils y ouvrent ainsi des débouchés aux productions superflues; et que les capitaux qui auront été le fruit de leur industrie puissent revenir en France avec sûreté, nonobstant la mort qui peut avoir interrompu le cours de leurs affaires.

Notre abolition gratuite de tout droit sur les successions ne pourvoit point à un intérêt si digne d'attention. Nous laissons les Français sortis de leur pays avec l'esprit de retour, à la merci des *détractions* et de l'*aubaine* : nous laissons les États succéder, au préjudice des Français, à ceux qui auront acquis une naturalité temporaire chez l'étranger. Certes, il serait bien juste de faire, à l'égard d'une portion intéressante de notre population même, l'équivalent de ce qu'on fait pour acquérir une population étrangère!

Quatrième observation.

La France, en abolissant gratuitement et sans réciprocité le droit d'aubaine et de détraction, ainsi que le droit de succéder aux Français à l'exclusion des étrangers, détruit, pour les autres États, tout motif de faire la même abolition en faveur de la France, et autorise même ceux qui en ont fait une partielle à rétrograder vers la barbarie. Cette observation découle des faits même sur lesquels raisonnent les promoteurs des abolitions françaises.

Le Premier Consul ouvre la discussion sur cette rédaction. Elle commence à la section II du chapitre III, intitulée, *de la perte des droits civils par une condamnation judiciaire.*

22   L'article 1er, qui est l'article 18 du projet présenté par la section, est ainsi conçu dans la rédaction de M. *Tronchet* :

« Les peines qui emportent la mort civile seront celles dont
« l'effet est de réputer le coupable retranché à jamais du
« corps social, et de le priver, par une conséquence néces-
« saire, de la participation aux droits que la loi civile ne
« communique qu'aux membres de la République. »

M. Defermon dit qu'on ne peut pour toujours réputer le

La France, disent-ils, est le pays du monde le plus agréable et le plus attrayant; ainsi ouvrons la France aux étrangers : les Français riches n'en sortiront pas, et les étrangers riches y afflueront.

D'après ce raisonnement, voici celui que font les États étrangers : La France étant le pays le plus agréable et le plus attrayant du monde, les Français pauvres seront les seuls qui en sortiront pour venir chez nous, et ils n'y viendront que pour y amasser une fortune dont ils s'empresseront d'aller jouir chez eux; tandis que nos riches capitalistes, nos grands propriétaires, pourront y être attirés par la multitude de jouissances qu'y procurent le climat, le gouvernement, les mœurs publiques, le caractère national, les beaux-arts. Ainsi, quand la France dit : J'abolis le droit d'hériter de l'étranger qui m'enrichit, notre politique doit être de dire : Et nous, nous héritons du Français qui vient nous appauvrir. Ainsi, quand la France dit : Je renonce à hériter du Français qui n'aura pour héritiers naturels que des étrangers, notre intérêt est de dire : Et nous, nous refusons aux Français, et surtout à nos sujets devenus Français, le droit de recueillir les successions échues dans notre pays, afin qu'ils soient moins tentés de le quitter.

Ce raisonnement n'est, pour ainsi dire, qu'une traduction littérale de celui des philantropes français. Si celui-ci est concluant pour l'abolition prononcée en France, il est concluant pour le refus de l'abolition partout ailleurs; et il l'est tellement, qu'il ne serait pas surprenant de voir même des États qui ont stipulé, par des traités, l'abolition du droit d'aubaine en faveur des Français, révoquer tacitement cette abolition, se confiant à la loi qui la prononce en France pour toujours, et l'accorde sans réciprocité à grand nombre d'États. Sûrs de jouir de la faveur de la loi, qui a été gratuite pour tant d'autres, ils pourraient se croire dégagés du prix auquel ils l'avaient achetée par un traité.

J'ai dit que l'expérience venait à l'appui du raisonnement. En effet, quand Louis XV a laissé voir qu'il consentait à une abolition générale de l'aubaine à la charge de la réciprocité, cent États la lui offrirent, et il fut passé cent traités pour l'abolition réciproque; et, au contraire, depuis les décrets des 6 août 1790 et 8 avril 1791, aucun pays, aucun État n'a aboli ni le droit de détraction, ni le droit de succéder au sujet, ni même le droit d'aubaine, là où il ne l'était pas, quoique la France ait renoncé à ces mêmes droits. Il est particulièrement remarquable que la Prusse qui, depuis dix années, a traité avec toute l'Europe pour l'abolition réciproque du droit d'aubaine, l'a laissé subsister à l'égard de la France, qui l'a anéanti pour tout le monde. Pourquoi la Prusse a-t-elle accordé à toute l'Europe l'abolition du droit d'aubaine, et a-t-elle excepté la France? C'est parce qu'elle avait à obtenir le même avantage de toute l'Europe, et qu'il est tout obtenu de la part de la France, au moyen de la loi du 6 août 1790; c'est parce qu'elle avait à gagner quelque chose avec les autres puissances, et qu'elle n'avait rien à gagner en France.

Je crois donc pouvoir mettre en principe que le moyen le plus sûr d'opérer l'aplanissement universel des obstacles qui empêchent les successions réciproques d'un État à un autre, c'est de n'abaisser les obstacles que nous présentons qu'au moment où les autres abaisseront les obstacles qu'ils nous opposent.

CONCLUSION.

Tout me paraît concourir à montrer que le système de l'Assemblée constituante doit faire place à des principes plus conformes aux intérêts de la France, et même de l'humanité; il me semble que la France aura fait tout ce qu'exige d'elle sa longanimité, en provoquant, de la part des nations étrangères, l'abolition de droits barbares, par une abdication conditionnelle et subordonnée de ses propres droits; et pour remplir cette vue, l'article présenté par les rédacteurs du Code civil devrait être amendé de la manière suivante :

« L'étranger jouira en France des mêmes droits civils que ceux qui sont ou seront accordés aux « Français par les lois ou les traités de la nation à laquelle cet étranger appartiendra. »

coupable retranché *à jamais* du corps social, puisque, s'il n'a été condamné que par contumace, il lui est possible de reprendre sa vie civile.

M. TRONCHET répond que lorsque le jugement est révoqué, il est comme s'il n'avait jamais existé ; qu'ainsi le condamné n'a jamais été frappé de mort civile.

M. DEFERMON dit que néanmoins le principe de l'article entraînerait trop d'exceptions ; car il ne peut être appliqué à celui qui, condamné contradictoirement, meurt avant l'exécution, ni au contumax absous après les cinq ans.

M. TRONCHET répond que, dans tous ces cas, le jugement est anéanti rétroactivement.

M. BOULAY dit qu'il y a une apparence de contradiction entre cet article et l'article suivant : l'un suppose que la mort civile sera encourue par la nature de la peine ; l'autre, qu'elle ne le sera que par une disposition formelle de la loi.

M. REGNIER dit que l'article est surabondant, attendu que l'article 21 détaillant les effets de la mort civile, il est inutile de la définir en général dans celui-ci.

M. TRONCHET observe que la loi doit statuer sur trois choses : sur les cas où il y a mort civile, sur les effets de la mort civile, sur la manière de l'encourir. C'est ce qui oblige à faire plusieurs articles. Celui-ci est destiné à indiquer les peines qui, par leur nature, entraînent la mort civile.

L'article est adopté.

L'article 19 est soumis à la discussion ; il est ainsi conçu :

« La condamnation à la peine de mort naturelle emportera 23 « toujours l'effet de la mort civile, soit qu'elle ait été pro- « noncée contradictoirement ou par contumace, encore que « le jugement n'ait pu être exécuté que par effigie.

« Les autres peines afflictives n'emporteront la mort civile 24 « qu'autant que la loi qui les établira y aura attaché cet « effet. »

Cet article est adopté.

L'article 20 est soumis à la discussion ; il est ainsi conçu : « La déportation emportera, contre le condamné, la priva- « tion des droits civils dans toutes les parties du territoire « français dont l'habitation se trouvera interdite au con- « damné ; il en conservera l'exercice dans le lieu seulement « qui lui sera indiqué pour sa résidence. »

Le Premier Consul dit qu'il faudrait faire pressentir, par la rédaction, que le lieu de la déportation sera hors de l'Europe.

M. Roederer dit qu'il est nécessaire de ne rien préjuger par la rédaction contre le bannissement ou la déportation hors d'un département. Il était usité autrefois, et il était dans l'intérêt des mœurs : par exemple, en cas de rapt, de séduction ou d'adultère, on éloignait le coupable du lieu où il s'était permis des désordres, où sa présence perpétuait le scandale, où elle blessait les regards d'un père, d'un mari, indignement offensés. Les Anglais ont aussi une déportation à temps : peut-être faudra-t-il l'admettre parmi nous.

Le Consul Cambacérès dit que l'article ne pourrait, en aucun cas, être appliqué à la déportation à temps, puis- qu'elle n'emporte pas la mort civile. D'ailleurs, la déporta- tion même à temps n'étant pas la même peine que le bannis- sement hors d'un département, l'article ne préjuge rien.

Le Consul propose la rédaction suivante :

« La déportation emportera, contre le condamné, la pri- « vation des effets civils dans toutes les parties du territoire « continental et dans toutes les colonies, hors celle qui aura « été désignée pour lieu de déportation. »

M. Portalis dit qu'il conviendrait de rétablir la déporta- tion à temps, pour remplacer le bannissement à temps, qui n'existe plus.

Le Consul Cambacérès est aussi d'avis de séparer, pour un temps, des autres membres de la société, le coupable con- damné pour certains crimes ; mais, afin d'éviter toute équi- voque, il voudrait qu'on nommât cette peine *relégation*.

Le Premier Consul pense qu'on devrait éviter le mot *déportation*, pour ne rien préjuger sur le Code criminel, et dire que la mort civile peut avoir lieu pour le continent de la République dans les cas déterminés par le Code criminel.

M. Tronchet dit qu'il s'est servi du mot *déportation*, parce que cette peine existe actuellement dans la loi criminelle.

M. Réal attaque dans l'article cette expression *conserver* ses droits. Il dit que le condamné ne conserve pas, mais recouvre la vie civile dans le lieu de sa déportation.

M. Tronchet répond que le condamné ayant la vie civile dans toute l'étendue de la France au moment de sa condamnation, il la conserve partout où elle ne lui est pas ôtée.

M. Réal observe qu'il en résulterait que le condamné conserverait les biens qu'il avait dans le lieu de sa déportation avant la condamnation.

M. Regnier pense qu'il convient de substituer le mot *reprendre* au mot *conserver*. Le jugement fait mourir civilement le condamné dans tous les lieux où il exerçait ses droits civils. La vie civile ne lui est rendue que dans le lieu de sa déportation, et seulement au moment où il y arrive.

Le Ministre de la Justice propose de supprimer cette phrase : « Il en conservera l'exercice dans le lieu seulement « qui lui sera indiqué pour sa résidence. » Il dit que la disposition que cette phrase indique se déduit de la première, *formâ negandi*.

M. Tronchet adopte l'amendement : *Il en reprendra l'exercice pour l'avenir, etc.*

L'article ainsi amendé est adopté.

L'article 21 est soumis à la discussion ; il est ainsi conçu :
« Les droits dont la mort civile emportera la privation, sont
« ceux ci-après :
« La succession du condamné est ouverte au profit de ses
« héritiers, auxquels ses biens sont dévolus de la même ma-
« nière que s'il était mort naturellement.

« Il ne peut plus ni recueillir aucune succession , ni
« transmettre à ce titre les biens qu'il peut acquérir par la
« suite.

« Il ne peut plus ni disposer de ses biens en tout ou en
« partie, par donation entre-vifs ou par testament, ni rece-
« voir à ce titre, si ce n'est pour cause d'alimens.

« Il ne peut plus être nommé tuteur , ni concourir aux opé-
« rations relatives à la tutelle.

« Il ne peut plus être témoin dans aucun acte solennel,
« ni être reçu à porter témoignage en justice.

« Il ne peut procéder en justice, ni en défendant ni en de-
« mandant, que sous le nom et par le ministère d'un curateur
« spécial qu'il se choisit, ou qui lui est nommé par le tribunal
« où l'action est portée.

« Il est incapable de contracter un mariage légal et qui pro-
« duise aucun effet civil.

« Le mariage qu'il avait précédemment contracté est dis-
« sous, quant à tous ses effets civils. Son époux et ses héri-
« tiers peuvent exercer respectivement les droits et les actions
« auxquels la mort naturelle donne ouverture ; sauf néan-
« moins les gains de survie, que l'autre époux ne peut exer-
« cer qu'après la mort naturelle du condamné, lorsque la
« peine qu'il a encourue n'est point celle de la mort. L'autre
« époux est libre de contracter un nouveau mariage. »

M. TRONCHET dit que cet article lui paraît déplacé. La loi
projetée ayant pour titre général , *des personnes qui jouissent
des droits civils, et de celles qui n'en jouissent pas* , il lui semble
que ce serait sous le chapitre Ier qu'il faudrait placer l'explication des droits civils.

Cela pourrait s'exécuter par un article qui suivrait l'article 4,
qu'on rédigerait ainsi :

« L'exercice des droits civils attachés à la qualité de Fran-
« çais est indépendant de l'exercice des droits politiques at-
« tachés à la qualité de citoyen. La loi constitutionnelle règle
« ceux-ci ; la loi civile règle ceux-là. »

Art. 5. « Les droits civils attachés à la qualité de Français
« sont ceux qui suivent :

« La faculté de transmettre ses biens à titre de succession,
« aux parens que la loi y appelle, et celle de recueillir leurs
« biens au même titre;

« La faculté, etc. »

Après avoir parlé de celle de contracter mariage, on se
contenterait de dire que ses effets civils et les effets de sa dissolution seront expliqués au titre *du Mariage*.

Et il suffirait dès-lors d'avoir dit dans la section II de ce
chapitre, que « la mort civile emporte la privation des effets
« civils ci-dessus expliqués, article 5. »

M. Portalis dit qu'il est difficile de faire une énumération
exacte des droits dont la mort civile prive le condamné, et
de n'en omettre aucun; qu'il serait donc préférable de dire
en général qu'il est privé de l'état civil.

M. Tronchet se rend d'autant plus volontiers à cet avis,
qu'il dispense de discuter des questions qu'on ne peut décider que par des principes qui sont encore controversés : par
exemple, on ne peut décider si le condamné a l'usage de la
prescription, qu'autant qu'on décidera d'abord si la prescription est établie par le droit naturel ou par le droit civil; et
quoiqu'elle paraisse appartenir à ce dernier, on n'en convient
pas universellement.

M. Maleville propose de dire, *Les effets de la mort civile
sont, l'ouverture de la succession du condamné, etc.*, au lieu de
dire, *Les droits dont la mort civile emportera la privation, sont
ceux ci-après : La succession du condamné est ouverte, etc.;*
parce que l'ouverture de la succession est un *effet* et non un
droit.

M. Defermon observe que, dans la dernière séance, on a
paru généralement d'avis que le condamné ne pourrait se
choisir un curateur pour le représenter en justice.

M. Tronchet consent à retrancher cette disposition.

M. Boulay dit que, si l'on ne déclare le mariage dissous que

VII.   6

quant à ses effets civils et non absolument, on ne peut pas
déclarer l'autre époux libre de contracter un nouveau mariage.

M. Tronchet répond que la loi ne voyant dans le mariage
qu'un contrat civil, elle doit dire qu'il est dissous à ses yeux
par la mort civile de l'un des époux ; et que, par une suite
nécessaire, elle doit ajouter qu'elle regarde l'autre époux
comme libre de former un nouveau contrat, en abandonnant
à sa conscience le soin de juger s'il se croit dégagé sous
d'autres rapports.

Le Ministre de la Justice soutient que le mariage ne peut
être dissous par la mort *civile* de l'une des parties, puisqu'il
a été contracté, dans l'intention des conjoints, pour durer
pendant toute la vie *naturelle*.

M. Regnier observe qu'on a tout dit quand on a déclaré
le mariage dissous ; qu'il n'est pas besoin d'ajouter que l'autre
époux est libre : cette expression pourrait faire croire aux
consciences timorées que la loi civile entend aussi rompre le
lien religieux. Il faut laisser l'autre époux tirer la conséquence
du principe général, suivant ses principes et ses opinions.

M. Tronchet consent à retirer cette phrase : « L'autre
« époux est libre de contracter un nouveau mariage. »

M. Duchatel demande pourquoi la mort civile ne donnerait pas ouverture aux gains de survie.

M. Tronchet répond qu'elle n'a jamais produit cet effet,
parce qu'elle n'accomplit pas la condition de laquelle dépendent les gains de survie : ils ne sont dus que par la mort
naturelle. La mort civile de l'un des époux ne peut ajouter
aux droits que l'autre ne tient que d'une convention.

M. Berlier dit que cette doctrine tend à favoriser l'héritier
au préjudice du conjoint.

M. Tronchet répond qu'il serait immoral de supposer
qu'un contrat a été formé dans la prévoyance de la mort civile de l'un des époux.

M. Berlier réplique que les effets de cet événement sont

indépendans de toute prévoyance ; que l'on peut appeler la femme à recueillir ses gains de survie par la même fiction qui appelle les héritiers du condamné à recueillir sa succession.

M. TRONCHET observe qu'il y a entre la femme et les héritiers cette différence, que ceux-ci tiennent leurs droits de la loi, et que l'autre ne les tient que d'une convention.

M. DEFERMON dit que l'intérêt du fisc a seul fait reculer l'ouverture des gains de survie dans le temps où la confiscation existait ; mais qu'aujourd'hui rien n'empêche de traiter la femme avec plus de faveur.

M. LACUÉE demande si l'on est tenu de servir une rente viagère à celui qui est mort civilement.

M. DEFERMON répond que non.

M. LACUÉE dit qu'alors les gains de survie doivent donc être ouverts.

M. TRONCHET dit que les arrérages d'une rente viagère due à un mort civilement, courent au profit des héritiers jusqu'à sa mort naturelle.

M. RÉAL dit que la loi doit faire ce qu'eût fait la convention si les parties eussent pu prévoir la mort civile du mari : la loi en use ainsi dans une multitude de cas.

M. TRONCHET dit que, si la disposition qu'on attaque est retranchée de l'article, il est nécessaire d'exprimer la disposition contraire. Dans le silence de la loi, tous les tribunaux prononceraient que les gains de survie ne sont ouverts que par la mort naturelle du condamné.

M. REGNIER dit qu'on ne peut confondre avec les héritiers la femme, qui n'est que créancière. La loi ne peut changer les conventions ; et les héritiers peuvent invoquer contre tout créancier les conditions qui modifient sa créance.

M. BIGOT-PRÉAMENEU dit qu'en admettant que la succession d'un homme vivant puisse être ouverte par une fiction de la loi, il est conséquent et juste d'en faire profiter la femme. Les héritiers ne doivent pas s'en plaindre. En effet, lorsque cette fiction rompt sa communauté et détruit tous les

effets de son contrat de mariage, comment lui refuser le droit
de l'invoquer pour l'exercice de ses reprises?

M. Berlier dit que, différer à la mort naturelle d'un contumax l'ouverture des gains de survie, ce serait souvent en
priver la femme par l'impossibilité où on la mettrait de
prouver l'accomplissement de la condition : elle serait obligée
d'attendre, pour jouir, que l'époque où la loi présume la
mort naturelle des individus fût arrivée.

M. Regnaud (de Saint-Jean-d'Angely) dit que les gains de
survie sont ouverts en cas de divorce; qu'il y a donc, dans la
législation, des exemples qu'ils peuvent l'être avant la mort
naturelle du mari.

Le Ministre de la Justice observe que les gains de survie
sont une consolation donnée à la femme pour la perte de son
mari; qu'on peut donc les accorder à la femme dont l'époux
est frappé de mort civile, puisqu'on répute le mariage dissous.

Le Conseil adopte en principe que la mort civile du mari
donne ouverture aux gains de survie.

L'article est adopté sauf rédaction, avec les amendemens
que le Conseil a admis.

L'article 22 est soumis à la discussion; il est ainsi conçu :
« Les paragraphes 7 et 8 de l'article précédent reçoivent une
« exception à l'égard du déporté qui peut contracter mariage,
« et dont le mariage antérieur n'est point dissous; mais l'un
« et l'autre mariage ne produisent d'effets civils que dans le
« lieu de sa déportation, et quant aux biens qu'il peut y
« posséder. Les enfans nés depuis la déportation, soit du
« mariage antérieur, soit de celui postérieur, ainsi que tous
« leurs descendans, ne peuvent succéder qu'aux biens situés
« dans le lieu de la déportation.

  « Le paragraphe 8 reçoit encore une exception à l'égard du
« contumax, qui sera expliquée ci-après, article 24. »

M. Tronchet dit que la disposition de cet article relative
aux enfans nés depuis le mariage, est une conséquence du

principe; mais comme il serait trop rigoureux d'exclure quelques-uns des enfans d'un même père, il paraît juste d'admettre une exception dans le cas du concours des enfans nés depuis la déportation, avec ceux nés avant.

M. Portalis dit que l'article pose sur le principe que tous les enfans dont il parle ont un même père; cependant la rédaction ferait croire qu'il reconnaît à la fois deux mariages.

M. Tronchet répond qu'il résulte de l'article, que le mariage où se trouve le déporté au moment de sa mort civile continue d'avoir ses effets au lieu de sa déportation, et qu'aussi, si le déporté n'est pas marié, il peut contracter un mariage civil dans le même lieu, mais que ce mariage n'a pas d'effets civils ailleurs; également l'ancien mariage ne peut communiquer la capacité de succéder au-dehors : cependant, comme il serait trop dur que des collatéraux, que des enfans nés avant la mort civile du père, pussent exclure des parens, des frères et des sœurs nés depuis, il faut déroger en leur faveur au principe par une exception que l'humanité réclame.

M. Boulay dit qu'en général la théorie de cet article présente quelque embarras; qu'il en résulterait qu'une femme serait mariée dans un lieu et ne le serait pas dans un autre.

Le Premier Consul dit que le mariage ne peut pas être regardé comme dissous, puisqu'il est un point du territoire français où il subsiste.

M. Tronchet dit qu'il ne faut pas confondre l'état de la femme avec les effets du mariage. Le mari est dépouillé; la femme exerce ces reprises : cependant elle demeure mariée, puisqu'il est un lieu où son mariage subsiste; mais comme il n'a pas d'effets civils en France, il ne peut y donner aucun droit à ses enfans.

M. Thibaudeau dit que la rédaction de l'article est telle, qu'elle semble permettre au déporté d'avoir deux femmes, puisque le mariage antérieur subsisterait, et qu'il pourrait néanmoins en contracter un nouveau dans le lieu de sa déportation.

M. Roederer observe que cette hypothèse est fausse : le premier mariage subsistant, le déporté ne pourrait en former un second.

Le Premier Consul dit qu'il conviendrait d'obliger la femme à déclarer, dans un délai donné, si elle veut que le mariage subsiste ou soit révoqué ; lorsqu'elle déclarerait vouloir maintenir son mariage, elle serait tenue de suivre son mari.

M. Tronchet dit que la disposition n'est pas restreinte à la femme ; qu'elle concerne encore les enfans. Il faut, par un principe unique, déterminer le sort des uns et de l'autre.

La femme reste mariée si elle ne demande pas le divorce après la condamnation de son mari : il en est ainsi, soit qu'elle le suive, soit qu'elle ne le suive pas. Mais restera-t-elle en communauté ? aura-t-elle des droits sur les biens qu'acquerra le déporté ? voilà ce qu'il faut décider.

Quant aux enfans qui naîtront ensuite du mariage, comme ils n'auront pas d'état civil en France, ils ne pourront ni y succéder aux biens du déporté, ni recueillir, par représentation de leur père, des successions collatérales.

M. Réal croit qu'il faudrait donner une autre marche à la discussion, et s'occuper d'abord uniquement des effets que la mort civile produira en France.

Le Code général devra conduire le condamné jusqu'au lieu de sa déportation ou relégation. Arrivé dans ce lieu d'exil perpétuel, le condamné devra y être soumis à des lois d'exception, à un Code spécial, particulier, établi sur d'autres bases, dicté par d'autres intérêts que le Code civil général. C'est dans ce Code particulier qu'on placerait les exceptions dont il ne faut pas hérisser le Code civil. La différence du climat, des mœurs, des habitudes, a toujours exigé, pour les colonies, des exceptions aux lois générales qui régissent la métropole : à plus forte raison un Code particulier est-il nécessaire pour régler le nouvel état civil du condamné.

Revenant à la question, M. *Réal* dit que la diposition contenue au huitième paragraphe de l'article qui vient d'être adopté, s'oppose à l'admission du principe qu'a énoncé M. *Tronchet :* car si le mariage est dissous, si l'époux non déporté peut en contracter un autre, il est impossible d'accorder que la femme qui ne demanderait pas le divorce après la condamnation, reste mariée. Il est également impossible d'admettre que la permanence ou la dissolution du mariage antérieur à la condamnation, dépende de la déclaration ou de la volonté de la femme; un lien que l'une des parties peut rompre, n'est pas celui du mariage. Toutes choses doivent être égales entre les deux époux. Le principe consacré par le paragraphe 8, qui déclare les deux époux libres, ne leur défend pas de contracter, dans le lieu de la déportation, un nouveau mariage, et sauve tous les inconvéniens.

M. Boulay rappelle la proposition faite dans la dernière séance par M. *Cretet,* de distinguer la postérité du déporté en deux sections.

Il pense, au surplus, que le mariage est dissous si la femme ne consent pas à suivre son mari déporté.

M. Berlier dit qu'il serait atroce de séparer avec violence, d'un déporté, l'épouse qui veut le suivre dans sa déportation. Le seul but qu'il faille atteindre, c'est d'assurer l'effet de la volonté de la femme; la rédaction ne remplit pas ces vues.

M. Tronchet dit qu'on atteindrait le but proposé, en déclarant le mariage antérieur dissous. Si les deux époux veulent maintenir leur union, ils contracteront ensemble un nouveau mariage, lequel n'aura d'effet que dans le lieu de la déportation.

Le Premier Consul demande si la femme qui se sera ainsi remariée, pourra venir en France, où son mariage n'a point d'effet, contracter un autre mariage.

M. Tronchet répond que l'état de la personne se porte partout, même là où il n'a pas tous ses effets, comme en pays étranger.

Le Consul Cambacérès dit qu'il partage cette opinion. Mais il demande où la femme qui sera revenue en France, et qui voudra divorcer, poursuivra son divorce.

M. Tronchet répond que ce sera au lieu de la déportation du mari, où est son domicile. La femme revenue en France n'y est qu'en état de voyage.

Le Premier Consul demande ce que seront les enfans nés en France depuis la déportation de leur père, s'ils n'y succèdent ni en ligne directe, ni en ligne collatérale.

M. Tronchet dit qu'ils y suivront la condition des bâtards. Cependant, il serait trop rigoureux de ne les pas faire concourir pour la succession de leur mère, avec les enfans nés avant la déportation du père. On admettait autrefois ce concours entre les enfans d'un Français expatrié.

M. Regnier pense au contraire que les enfans nés dans le lieu de la déportation seront légitimes en France. Il suffit qu'ils le soient quelque part, pour qu'ils le soient partout, parce que partout on porte son état avec soi, et que la légitimité est indivisible.

M. Tronchet dit qu'il est disposé à adopter cette opinion comme la plus favorable.

Le Premier Consul dit qu'on doit adopter le système qui donnera le plus intérêt aux enfans de rester dans la colonie.

M. Tronchet observe que sa rédaction est faite dans cet esprit.

M. Réal dit qu'elle place la femme dans la position la plus difficile; qu'une femme qui épouse un étranger accepte pour elle et pour ses enfans l'état de son mari; mais qu'ici elle demeure Française, et que cependant la condition de tous ses enfans n'est pas la même.

M. Regnier dit qu'il serait contre toute raison d'accorder les mêmes avantages à tous les enfans, sans distinguer s'ils sont nés avant ou depuis la déportation du père; qu'on est donc forcé de les partager en deux familles, et de déclarer que les enfans nés postérieurement à la déportation ne nuiront pas aux droits de ceux nés antérieurement.

M. Réal observe qu'on traiterait les enfans nés après la déportation plus défavorablement que les bâtards, qui succèdent du moins à leur mère.

M. Regnier répond qu'il n'est pas encore certain que le Code civil admettra les bâtards à concourir avec les enfans légitimes, même pour la succession de leur mère.

M. Tronchet dit que l'idée de cette distinction est dans la rédaction qu'il propose.

M. Réal insiste sur la nécessité d'une législation particulière pour les déportés et leur famille.

Le Premier Consul dit qu'on ne doit pas hésiter à faire des lois particulières pour peupler un nouveau monde en purgeant l'ancien.

M. Tronchet, revenant à ce qu'a dit précédemment M. *Réal*, observe qu'on ne peut pas supposer que les enfans nés depuis la déportation du père n'auront aucun droit sur la succession de leur mère. Ils n'auront pas les droits que donne le titre d'héritier; ils auront cependant les droits de créanciers pour l'aliment, comme les ont les enfans naturels.

M. Defermon dit que l'objet principal est de se servir de la déportation pour faire une colonie : on n'y parviendra qu'en donnant aux enfans des déportés un grand intérêt à y acquérir, et à n'acquérir que là. C'est ce qui arrivera infailliblement : la mère transportera sa fortune dans la colonie pour y former l'établissement de ses enfans.

M. Tronchet demande si M. *Defermon* entend conserver à ces enfans des droits sur les biens que leur mère laisse en France.

M. Defermon déclare que c'est son opinion.

M. Tronchet dit qu'alors le but serait manqué ; que si l'on permet à ces enfans de recueillir des successions en France, ils y repasseront, et ne formeront pas d'établissemens dans la colonie.

M. Defermon répond que les enfans de déportés ne pour-

ront s'établir dans la colonie, qu'autant que leur mère aura
porté à leur père des moyens d'y former un établissement :
quand ils y auront trouvé cet avantage, et qu'ils s'en seront
servis pour s'enrichir, ils tiendront à la colonie par leurs
habitudes.

M. REGNAUD (de Saint-Jean-d'Angely) dit qu'il est impossible de décider les questions qu'on agite, si l'on n'a sous
les yeux un Code de déportation. On ne sait encore que très-
imparfaitement comment la déportation sera réglée : or, il
est impossible d'établir des rapports entre des idées positives
et de simples conjectures. Il serait donc à désirer qu'on com-
mençât par rédiger le Code de déportation.

LE PREMIER CONSUL dit qu'il est au contraire plus naturel
de décider d'abord les questions qui sont agitées. On a, sur
la déportation, toutes les notions nécessaires pour résoudre
ces questions ; et les solutions qu'elles recevront deviendront
les bases du Code de la déportation.

M. REGNAUD (de Saint-Jean-d'Angely) demande quels
rapports existeront entre le déporté et sa femme, s'il épouse
une personne qui jouisse des droits civils en France.

M. TRONCHET répond qu'il n'y a pas là de question si le
déporté épouse une Française, attendu que les lois civiles
seront les mêmes partout.

M. REGNIER dit qu'il ne peut y avoir de question que par
rapport aux enfans. Ils auront, de plein droit, les mêmes
capacités que les autres Français, si la loi ne restreint leur
successibilité.

M. BIGOT-PRÉAMENEU pense que les enfans nés depuis la
déportation du père sont légitimes, parce qu'ils sont les
fruits d'un mariage valable ; on ne peut donc les distinguer,
sous ce rapport, de leurs frères nés avant la déportation. Il
est vrai que le droit de successibilité exercé par ceux-ci au
moment de la mort civile du père commun, a absorbé les
biens alors existans, et ne laisse plus de prise, sur l'ancien
patrimoine, aux enfans postérieurement nés. Mais depuis ce

moment, tous les enfans indistinctement, quelle que soit l'époque de leur naissance, sont parfaitement égaux, en supposant que leur mère ait maintenu le mariage. Si, au contraire, le déporté, devenu libre, a contracté un nouveau mariage dans les colonies, il a commencé une nouvelle famille.

On pourrait donc établir que tous les enfans du déporté nés de la même mère, auront partout la même successibilité pour l'avenir; que s'il s'en trouve qui soient nés d'un autre mariage et d'une autre mère, ils ne l'auront que dans la colonie.

M. Portalis dit que la discussion a deux branches. D'un côté, il s'agit de la femme qui suit son mari déporté; ce cas sera infiniment rare : d'un autre, il s'agit de la femme qui ne le suit pas; ce cas sera le plus ordinaire, et à ce titre il doit devenir la base de la loi. Dans cette dernière hypothèse, les enfans nés depuis la déportation ne succéderont pas à leur père; ils seront légitimes néanmoins, car la légitimité peut exister sans la successibilité : cette distinction était admise par rapport au droit d'aubaine. Quant à la femme qui suit son mari déporté, elle aura le mérite de son action aux yeux de la morale; elle ne l'aura pas aux yeux de la loi, car la loi ne se règle pas d'après ce qui est le plus parfait. Si les enfans sont nés avant la déportation, ils ont la plénitude de leurs droits; s'ils sont nés depuis, ils n'en ont aucun, parce qu'ils naissent d'un homme mort civilement.

M. Cretet dit que la déportation opère, après la peine de mort, le retranchement le plus absolu du condamné; elle le place dans un lieu d'où il ne doit jamais revenir : il devient donc un étranger si complétement séparé de la France, que ce qui vient de lui, que ce qui lui appartient ne peut plus y concourir à rien. Sa femme et lui recommencent une nouvelle vie; ils créent une famille nouvelle, qui n'a pas de rapport avec leur première famille.

Le Premier Consul résume les diverses questions, et les met aux voix.

LE CONSEIL adopte en principe,

1°. Que le contrat civil du mariage est dissous par la déportation ;

2°. Que les enfans nés depuis la déportation ne jouissent en France d'aucune successibilité du chef de leur père.

3°. Qu'ils y succèdent du chef de leur mère.

(Procès-verbal de la séance du 26 thermidor an IX. — 14 août 1801.)

M. TRONCHET présente des observations sur l'article 22, adopté dans la dernière séance.

Il dit qu'ayant réfléchi sur la complication dont a parlé M. *Regnaud* (de Saint-Jean-d'Angely), il a remarqué qu'en effet la question du mariage des déportés se divise en une infinité de branches qu'il importe de saisir toutes. M. *Tronchet* n'en conclut pas néanmoins qu'il soit nécessaire de rédiger un Code de déportation, avant de prononcer sur toutes ces questions, mais seulement que la rédaction qu'on a adoptée n'est pas assez claire, et qu'il faut la remplacer par plusieurs articles. Il s'explique sur les diverses branches de la question.

L'individu déporté qui contracte mariage, dit-il,

Ou n'était point marié,

Ou était marié, et épouse, de nouveau, l'individu auquel il était uni,

Ou était marié avant, et épouse un autre individu que celui auquel il était uni.

Dans le premier et le troisième cas,

Ou il épouse un individu déporté comme lui,

Ou il épouse un individu qui jouit de la plénitude des droits civils.

Ici question préliminaire : Cela sera-t-il permis au déporté ?

Dans toutes les hypothèses, il s'agit d'examiner quels sont les effets civils que produira le mariage légitime (puisque la loi l'autorise).

Et cette question doit être envisagée sous deux points de vue différens,

1°. Relativement aux deux époux entre eux ;

2°. Relativement aux enfans ; et ici la question a encore deux branches :

1°. Relativement aux enfans nés des mariages contractés depuis la déportation ;

2°. Relativement aux enfans nés du mariage antérieur qui est dissous.

M. *Tronchet* examine la première question.

Dire que le mariage en question produit entre les époux des effets civils dans le lieu de la déportation, et sur les biens qui y sont situés, c'est présenter une idée qui n'est pas exacte.

Dire simplement qu'il produit entre eux tous les effets civils d'un mariage légitime, c'est s'expliquer très-exactement ; mais il faut bien entendre tout le sens et toute l'étendue de ce principe.

La première proposition ne serait point exacte ; en voici la preuve.

Le mariage produit entre les deux époux, 1° des droits, des devoirs et des effets personnels ; 2° des droits réciproques sur leurs biens.

Les droits, les devoirs et les effets personnels sont connus de tout le monde :

Demeure et cohabitation communes ;

Puissance collatérale ;

Incapacité de la femme d'ester en jugement, de contracter sans l'autorisation du mari.

Tous ces effets civils étant personnels, étant attachés à l'état général de la personne, sont indivisibles, suivent la personne partout.

Il y a une similitude parfaite entre l'état du déporté marié avec un autre individu également déporté, et celui de deux étrangers ; entre l'état d'un déporté marié avec un individu

non déporté, et celui d'un étranger qui a épousé une Française : avec cette différence seulement, que, dans le second
cas, la Française perd ses droits civils en France, tant que le
mariage subsiste ; au lieu que l'individu non déporté les conserve en France. Mais cette différence ne fait rien à la ques-
tion.La femme française, se soumettant à la loi civile du pays
où elle a consenti de contracter mariage, porte cet état en
quelque lieu qu'elle se transporte : de même la femme qui a
épousé un déporté demeure soumise à la loi civile française
qui autorise son mariage ; le mari non déporté qui épouse
une femme déportée acquiert sur elle tous les droits civils
que donne le mariage. Cet état personnel est indivisible et se
porte partout. La femme est obligée de demeurer avec son
mari ; le mari est obligé de la recevoir et de la traiter marita-
lement ; les actes faits par la femme sans son autorisation
sont nuls.

Donc, 1° il ne serait point exact de dire qu'un pareil mariage ne produit les effets civils que dans le lieu de la déportation ;

2°. Il ne serait pas plus exact de dire, quant aux droits
respectifs des deux époux, qu'il ne produit des effets civils
que sur les biens situés dans le lieu de la déportation.

Les droits réciproques des deux époux sur leurs biens
respectifs sont fixés, ou par la convention qu'ils ont souscrite
dans leur contrat de mariage, ou, à défaut de convention,
par la loi.

S'ils sont fixés par leur contrat de mariage, l'effet en est
universel et indivisible, il s'étend sur tous les biens quelconques que les époux possèdent, parce que l'effet de toute
convention est d'obliger la personne partout et sur tous ses
biens, en quelque lieu qu'ils soient situés.

C'est ainsi, pour suivre toujours la même comparaison,
que l'étrangère qui vient épouser un Français pour fixer avec
lui son domicile en France, et qui lui donne un droit sur ses
biens, soit de copropriété à titre de communauté, soit de

simple jouissance, oblige, par cette convention, non seulement les biens qu'elle a en France, mais encore ceux qu'elle a en pays étranger.

De même, l'individu qui épousera un autre individu déporté, et qui lui donnera un droit de communauté ou un droit de jouissance sur ses biens, y affectera les biens qu'il aura ou qui lui écherront en France.

Il en sera de même si les parties n'ont point réglé leurs droits par une convention et par un contrat de mariage. Il est de principe alors que c'est la loi du lieu où les parties fixent leur domicile matrimonial, qui règle leurs droits respectifs; mais il est aussi de principe, en ce cas, que ces droits sont universels et s'étendent sur tous les biens, quelque part qu'ils soient situés. La raison en est que la loi ne fixe les droits des parties que par l'effet d'une convention tacite présumée. Elles sont censées, dès-lors qu'elles ne se sont point donné une loi particulière, avoir adopté les réglemens établis par la loi, et avoir voulu que les effets attachés au mariage par la loi eussent lieu entre elles comme s'ils avaient été stipulés expressément dans leur contrat de mariage. De là ce principe établi par *Dumoulin*, et inutilement contesté par son antagoniste *d'Argentré*, que le statut de la communauté est un statut personnel, ou, pour s'expliquer plus exactement, qu'il a le même effet qu'un statut conventionnel, et que cet effet universel s'applique à tous les biens, quelque part qu'ils soient situés.

Il ne serait donc pas plus exact de dire que le mariage dont il s'agit n'a d'effets civils que quant aux biens situés dans le lieu de la déportation, qu'il ne l'était de dire qu'il n'aurait d'effet que dans ce lieu à l'égard des droits et devoirs personnels des deux époux.

Avoir prouvé que la première expression ne serait pas exacte en ce qui concerne les droits des deux époux, c'est avoir prouvé que la seconde expression serait la seule exacte; c'est-à-dire qu'il faudrait adopter, au moins en ce qui con-

cerne les deux époux, cette rédaction : *Ce mariage produit*
tous les effets civils que la loi attache au mariage légitime.

Mais ce qui vient d'être dit indique en même temps quelle
serait l'étendue de ce principe; et c'est au Conseil à décider
si, dans les vues politiques qui ont conduit à établir cet état
mixte et extraordinaire du déporté, il entre de donner à son
mariage un effet aussi étendu.

M. *Tronchet* ajoute, en finissant le premier point de sa discussion, que ce même effet aurait lieu, quoiqu'avec moins
d'étendue, à l'égard du mariage contracté entre deux individus déportés : ceux-ci, à la vérité, ne peuvent plus acquérir en France à titre de succession, à titre de donations ni de
legs; mais ils peuvent, comme tous les morts civilement,
acquérir par les actes qui ne sont que de droit naturel, tels
que la vente, l'échange, le prêt, etc. Il est encore vrai qu'ils
ne peuvent transmettre leurs biens à leurs parens à titre successif, et que la nation leur succède à titre de déshérence;
mais ce titre obligeant la nation d'acquitter les créances que
le mort civilement a légitimement contractées en vertu du
droit naturel, elle serait obligée d'exécuter, à bien plus forte
raison, les conventions matrimoniales.

L'opinant passe ensuite à la seconde question, c'est-à-dire
à l'effet du mariage du déporté relativement aux enfans.

Cette question, comme il l'a déjà observé, a deux branches:

1°. Relativement aux enfans nés du mariage contracté depuis la déportation;

2°. Relativement aux enfans nés du mariage antérieur qui
a été dissous.

Le premier point de vue se subdivise encore en deux.

La question doit être examinée,

1°. Relativement aux enfans nés d'un mariage contracté
entre deux déportés;

2°. Relativement aux enfans nés d'un mariage contracté
entre un déporté et un individu jouissant de tous les droits
civils.

Le mariage légitime produit, à l'égard des enfans qui en sont nés, trois effets principaux :

Il donne à leurs auteurs une autorité légale jusqu'à la majorité;

Il donne aux enfans la légitimité;

Enfin il donne le droit de famille, ce lien de parenté d'où résulte la successibilité réciproque entre eux et les parens de la même famille.

Les deux premiers effets ne peuvent souffrir aucune difficulté, soit qu'il s'agisse d'un mariage contracté entre deux déportés, ou d'un mariage contracté entre un déporté et un individu jouissant de tous ses droits civils.

L'autorité du père ou de la mère aura lieu dès-lors que le mariage est légal : comme elle appartient à l'état personnel de l'enfant, elle le suivra partout.

L'enfant est légitime par cela seul qu'il est né sous le voile du mariage, et il porte cette légitimité partout.

La difficulté ne peut porter que sur le droit de famille, d'où seul peut dériver le droit de successibilité.

Point de difficulté lorsque le mariage a été contracté entre deux déportés : le père et la mère sont rejetés du corps social en général; ils sont transportés dans un petit coin du territoire français; et la loi qui leur y donne les droits civils, leur donne véritablement une existence nouvelle, leur confère une nouvelle vie civile dont les effets sont restreints au lieu de leur déportation : partout ailleurs ils sont morts civilement; ils n'ont aucun des droits qui résultent de la vie civile; tous les liens de famille sont rompus à leur égard dans tout le reste de la France.

Ils ne peuvent ni l'un ni l'autre transmettre à leurs enfans plus de droits qu'ils n'en ont; ils ne peuvent donc former qu'une nouvelle famille étrangère à celle dont ils sont séparés; leurs enfans ne peuvent donc avoir d'autre lien de famille qu'avec les membres qui sortiront de cette souche nouvelle, qui tous eux-mêmes n'auront de droit de successibilité

qu'entre eux , et ne pourront *posséder* eux-mêmes *civilement*
que des biens situés dans le lieu où ils ont l'existence civile :
car la possession du mort civilement qui acquiert, par un
acte du droit naturel, des biens qu'il ne peut transmettre à
ses parens , n'est qu'une possession de fait et de droit
naturel.

Il pourra donc être exact de dire, à cet égard seulement,
que le mariage ne leur donne les effets civils que dans le lieu
de la déportation de leurs auteurs et sur les biens qui y sont
situés ; mais l'expression généralement prise ne serait pas
exacte, puisque le mariage produit à leur égard deux effets
qu'ils portent partout.

Voilà pour les enfans nés de deux déportés ; voyons maintenant quel doit être l'état de l'enfant né d'un individu déporté et d'un individu qui jouit de la plénitude des droits
civils.

L'opinant dit *d'un individu*, parce qu'il peut arriver que ce
soit une femme qui ait été déportée, et qui épouse un homme
jouissant des droits civils, soit parce qu'il se trouve dans le
voisinage, soit pour toute autre cause; en sorte qu'il faut
généraliser la question, qui , dans la dernière séance, n'avait
été envisagée que sous le point de vue d'une femme qui a
épousé un déporté.

Généralisant ainsi la question , M. *Tronchet* observe que
si le Conseil persiste dans la décision qu'il n'avait portée que
pour la mère, il faudrait l'étendre , par l'identité de raison ,
au père non déporté.

En adhérant donc à cette décision par une suite du respect
qu'il doit aux arrêtés du Conseil, aux lumières duquel il
soumettra toujours ses opinions personnelles, l'opinant dit
que l'enfant reçoit de l'individu qui jouit des droits civils le
droit de parenté qui en dérive; qu'il ne peut recevoir ce droit
de l'individu qui l'a perdu, et que la décision s'applique également au père ou à la mère.

À l'égard des enfans nés d'un mariage contracté par un individu déporté, avant la déportation, il ne peut pas y avoir de difficulté sérieuse.

Ces enfans ont reçu de ce mariage la plénitude des droits de parenté, soit dans la ligne de l'individu qui a été depuis déporté, soit dans la ligne de l'individu qui n'a point subi la même peine.

Ce mariage étant dissous par l'effet de la peine, et la succession du déporté étant ouverte à cette époque, quant aux biens qu'il possédait alors dans tout le territoire français,

1°. Ils lui succéderont quant aux biens dont il est dépouillé par cette condamnation;

2°. Ils lui succéderont pour les biens que le déporté pourra acquérir dans le lieu de la déportation;

3°. Ils ne lui succéderont point quant aux biens qu'il aura pu acquérir dans le reste du territoire, attendu que le déporté n'a plus la capacité de transmettre à titre de succession;

4°. Ils concourront avec les enfans nés d'un mariage postérieur, quant aux biens situés dans le lieu de la déportation;

5°. Ils recueilleront toutes les successions collatérales qui pourront s'ouvrir dans la ligne de leur auteur déporté;

6°. Enfin, ils succéderont à l'autre individu non déporté, eux seuls, si celui-ci ne s'est point remarié; ou concurremment avec les enfans nés d'un second mariage, soit qu'il ait été renouvelé avec le déporté ou avec un tiers; et ils recueilleront seuls les successions collatérales qui pourront s'ouvrir en France dans la ligne de leur auteur déporté.

La seule question qui pourrait s'élever, serait celle de savoir s'ils succéderont à leur auteur déporté, pour les biens qu'il aurait pu par hasard posséder dans le lieu de sa déportation.

La solution de cette question dépend du point de savoir si le déporté est censé avoir conservé une partie de ses anciens droits civils, ou si, mort civilement, il ne fait que reprendre une nouvelle vie civile limitée.

M. *Tronchet* pense que c'est une nouvelle vie.

Il se résume ainsi :

Le déporté peut contracter mariage dans le lieu de sa déportation.

Le mariage qu'il avait contracté précédemment est dissous, mais peut être renouvelé avec l'ancien époux, pourvu que celui-ci ait suivi dans l'année son époux dans le lieu de sa déportation.

Le mariage contracté par un déporté, soit avec un individu également déporté, soit avec un individu jouissant de tous ses droits civils, produit à l'égard des deux époux, soit relativement à leurs droits réciproques, soit relativement à leurs droits sur leurs enfans et descendans, les mêmes effets civils que la loi attache au mariage légitime.

A l'égard des enfans du mariage contracté depuis la déportation, il leur procure l'avantage de la légitimité; mais il ne leur procure les droits de famille et de successibilité qu'avec les modifications suivantes :

Si le mariage a été contracté entre deux déportés, les enfans et descendans qui en sont issus forment une nouvelle famille qui ne jouit du droit de successibilité que quant aux membres de cette famille, et au père et à la mère qui en sont la source.

Si le mariage a été contracté entre un individu déporté et un individu jouissant de l'intégrité des droits civils en France, les enfans recueillent indistinctement toutes les successions directes et collatérales qui leur sont échues dans la ligne du père et de la mère non déportés; mais ils ne succèdent à leur père ou mère déporté, et aux collatéraux issus de lui depuis la déportation, que quant aux biens situés dans le lieu de la déportation seulement.

La déportation du père ou de la mère n'altère en rien l'intégrité des droits civils des enfans nés avant la condamnation : ils leur succèdent, ainsi qu'à tous leurs parens, de la même manière qu'ils feraient si la déportation n'avait pas eu lieu, à l'exception néanmoins de ceux desdits parens qui forment la nouvelle famille issue du mariage postérieur à la déportation.

LE CONSUL CAMBACÉRÈS demande si l'on statuera particulièrement sur chacun des cas prévus par M. *Tronchet.*

M. DEFERMON pense qu'il faut d'abord une disposition générale sur les déportés; qu'elle sera expliquée ensuite par les articles que M. *Tronchet* propose de faire.

MM. TRONCHET et PORTALIS partagent cet avis.

M. BOULAY pense aussi qu'il faut présenter d'abord une idée générale; mais, dit-il, la difficulté est de la trouver. Cependant on y parviendra peut-être, si l'on considère que, dans les vues du Premier Consul, la déportation doit opérer un effet politique; et qu'ainsi il convient de l'envisager sous ce point de vue, bien plus que sous ses rapports avec le droit criminel. Il est ici deux idées qu'il importe de saisir : 1° on veut délivrer à jamais la France des individus condamnés à la déportation; ils doivent donc être déchus, sur le continent, de tous les droits qui supposeraient la possibilité de leur présence : 2° on veut, par la déportation, créer dans le nouveau monde une colonie utile; les déportés ne doivent donc pas être gênés dans le développement des moyens qui leur sont nécessaires pour se former un établissement.

M. TRONCHET observe qu'on ne peut dire que les déportés ne jouiront en France d'aucun droit civil : dès qu'il leur est permis de se marier dans le lieu de leur déportation, ce mariage, reconnu par la loi, doit avoir partout ses effets; par exemple, un mineur né de ce mariage ne pourra se marier en France sans le consentement de son père.

On dégagerait la discussion de l'embarras qui l'entrave, si, après avoir décidé ici que le déporté peut se marier légalement au lieu de sa déportation, on se réservait de déterminer au titre *du Mariage* et au titre *des Successions*, les effets qu'aura son mariage sur le continent; si, en général, après avoir imprimé les articles qui viennent d'être présentés, on les renvoyait respectivement au titre du Code auquel ils se rattachent naturellement.

LE MINISTRE DE LA JUSTICE dit que l'embarras même de cette discussion prouve que la déportation forme dans les lois une matière essentiellement particulière. Il ne s'agit ici que de régler ce qui concerne la perte des droits civils : il suffirait donc d'expliquer les cas où elle a lieu, et ses effets généraux ; on placerait la déportation parmi ces cas, et l'on renverrait l'explication des effets particuliers qu'elle doit produire à un titre spécial qui présenterait les règles propres à la matière, et contiendrait la législation politique sur les déportés.

M. PORTALIS dit que toutes les questions qu'on agite ne viennent que de ce qu'on veut regarder comme dissous le mariage antérieur à la déportation : on les éviterait, si l'on se bornait à faire de la déportation une simple cause de divorce.

M. BERLIER observe que cette décision ne terminerait pas les questions relatives aux enfans.

M. TRONCHET ajoute qu'elle ne leverait pas toutes les difficultés : si un déporté contractait mariage avec un non-déporté, alors toutes les questions qu'on veut éviter se représenteraient.

M. PORTALIS répond qu'on en renverra la solution à une loi spéciale.

M. REGNAUD (de Saint-Jean-d'Angely) pense que le Code civil doit se borner à déclarer que la déportation est une cause de divorce ; qu'aller plus loin, ce serait s'exposer à contredire le Code criminel ; qu'au reste, la matière de la déportation exige une législation particulière, et qu'il persiste dans l'idée qu'il serait utile de la régler dès à présent par une loi.

LE CONSUL CAMBACÉRÈS dit que rien ne s'oppose à ce que cette loi devienne un titre du Code civil.

La question principale, continue le Consul, est de savoir si le mariage est dissous, quant à ses effets civils, lorsque l'un des conjoints est mort civilement. Il ne s'agit pas de statuer sur le lien, qu'il peut former d'ailleurs suivant les diverses pinions religieuses.

Si l'on veut ensuite statuer en particulier sur le mariage du déporté, il suffit de dire, pour sortir de toutes les questions, que soit l'ancien mariage lorsqu'il a continué, soit le mariage que le déporté contracte après sa condamnation, n'auront d'effets civils que dans le lieu de la déportation.

M. Boulay est aussi d'avis qu'on ferait cesser les difficultés, en déclarant la déportation simple cause de divorce.

Le Consul Cambacérès dit que ce serait décider que le mariage antérieur subsiste quant à ses effets civils, et que c'est précisément là ce qui est en question : il faut décider positivement si ce mariage conserve ses effets civils, autrement la loi serait incomplète.

M. Tronchet dit que la question a été décidée négativement. Si l'on revient sur cette décision, sera-ce pour tous les individus frappés de mort civile, ou seulement pour les déportés?

Le Consul Cambacérès dit qu'il ne s'agit que des déportés : si on ne les met pas dans la classe des morts civilement, on aplanira beaucoup de difficultés.

M. Boulay pense qu'on ne doit pas placer le déporté au rang des individus qui ont encouru la mort civile absolue : on peut observer qu'en adoptant le système contraire, on sera obligé de modifier le principe par une foule d'exceptions, comme le propose M. *Tronchet*.

M. Tronchet répond qu'il a eu en vue la privation des droits civils, et non la mort civile : mais on ne peut plus avoir d'incertitude sur le plus ou moins d'étendue qu'on lui donnera, puisqu'on a décidé que le déporté jouira de tous les droits civils dans le lieu de sa déportation.

M. Defermon dit qu'il serait dangereux de déclarer le déporté mort civilement, s'il peut y avoir une autre déportation que la déportation judiciaire.

M. Réal dit qu'il ne s'agit évidemment que de celle-là.

Le Consul Cambacérès ajoute que c'est un point convenu, et que d'ailleurs la rubrique du titre réduit toutes les dispo-

plus rare l'application de cette dernière : ce ne serait plus
qu'un exil, si elle ne rompait pas les liens qui unissent le
coupable avec la société. La déportation doit opérer, dans
l'ordre civil, les mêmes effets qu'y produit la mort naturelle.

Quant à la distinction que M. *Rœderer* voudrait mettre entre
les déportés par rapport à la vie civile, elle est évidemment
inadmissible, puisqu'il ne s'agit que de la déportation judiciaire, et que le Gouvernement n'aurait le droit de modifier les
jugemens criminels, qu'autant qu'on lui accorderait le droit
de faire grâce. Quand on admettrait l'usage de la relégation,
elle n'emporterait pas la mort civile ; cette question est
donc étrangère à la discussion qui occupe le Conseil.

M. MALEVILLE dit qu'on ne peut se dispenser d'accorder
aux déportés les droits civils dans le lieu de leur déportation.
Sans cela, que serait la colonie ? une troupe d'esclaves sous
un commandeur qui leur distribuerait les fruits du travail
commun. Réduire la colonie à cet état, ce ne serait pas
l'utiliser. On ne parviendra à constituer une vraie colonie,
qu'en donnant aux déportés, dans le lieu où on veut l'établir,
tous les avantages et tous les moyens que l'homme trouve
dans l'état de civilisation.

M. ROEDERER dit qu'il voudrait que la vie civile ne fût
rendue aux déportés que par voie de police coloniale.

M. REGNAUD (de Saint-Jean-d'Angely) dit que le système
de M. *Rœderer* est que le déporté encoure partout la mort
civile absolue, mais que le gouvernement puisse l'en relever
dans le lieu de la déportation seulement. La décision qui
serait prise à cet égard ne ferait pas cesser les difficultés
relevées par M. *Tronchet*. M. *Rœderer* présente donc une
question nouvelle, qui conduit à examiner d'abord si le
déporté sera frappé de mort civile partout, même dans le
lieu de sa déportation.

M. BERLIER dit qu'il y a plusieurs questions. Si la mort
civile ne doit pas devenir la suite de la déportation, les difficultés dont on s'occupe s'évanouissent. Mais M. *Boulay* lui-

même pense que le déporté doit être privé d'une grande partie de ses droits civils. Jusqu'à quel point cette privation influera-t-elle sur le mariage actuellement formé? sera-t-il dissous, ou subsistera-t-il en devenant cependant résoluble par le divorce? voilà le point en discussion.

L'opinion de M. *Berlier* est que la condamnation à la peine de mort doit produire la mort civile la plus complète; mais que le déporté peut être mis dans une autre classe, et n'être privé que d'une partie de ses droits civils. Il convient donc de régler positivement son état, d'indiquer les droits dont il est privé, d'indiquer également ceux qui lui restent.

Après une longue discussion sur les effets de son mariage, on a décidé que, puisque le déporté est retranché de la société générale, il ne peut plus demeurer dans la société individuelle qui unit deux époux; qu'en conséquence son mariage est rompu; que cependant il peut reprendre son épouse, en s'unissant de nouveau avec elle dans le lieu de sa déportation. Il y a peut-être de l'inconvénient à revenir sur des principes adoptés, et à remettre en question ce que le Conseil a décidé après le plus mûr examen.

Quant à la successibilité des enfans, il serait peut-être inconvenant de parler des déportés au titre *du Mariage* et au titre *des Successions*, immédiatement après avoir réglé la condition des citoyens. Les dispositions relatives à la famille des déportés seront mieux placées dans un titre particulier.

A l'égard de l'opinion ouverte par M. *Rœderer*, on peut la réduire à des termes très-simples. En effet, il ne s'agit que de la déportation judiciaire, et non de mesures extraordinaires qui, en aucun cas, n'ôtent la vie civile. Il ne reste donc qu'un point à examiner; c'est la question de savoir s'il est nécessaire de priver de tous droits civils l'individu que, par précaution, on a séparé de la masse des Français : mais on est déjà convenu que la privation qu'il faut imposer à cet individu peut être restreinte à certaines limites.

M. Regnier observe qu'il est assez indifférent de déclarer

que la mort civile ne sera encourue que par une condamnation à la mort naturelle, pourvu que le déporté ne conserve
pas ses droits civils : il doit en être privé en France, puisqu'il est banni à jamais.

LE CONSUL CAMBACÉRÈS ramène la discussion à des termes
simples.

On est convenu, dit le Consul, que la mort civile doit
continuer à être en usage, et qu'elle doit être la suite de
toute peine perpétuelle. Si l'on établissait une déportation à
temps, elle ne ferait pas perdre au condamné sa vie civile ;
il est donc indifférent de dire que le déporté sera mort civilement, ou de dire qu'il sera privé des droits civils.

En second lieu, il s'est élevé une difficulté sur le mariage
du déporté. Afin de la résoudre, il est nécessaire de décider
d'abord, par une disposition générale, si les déportés recouvreront indéfiniment la vie civile dans le lieu de leur déportation, ou s'ils y seront morts civilement, à moins que le
gouvernement ne leur rende l'état civil.

Enfin, soit qu'ils recouvrent la vie civile de plein droit,
ou qu'ils l'obtiennent de la beinveillance du gouvernement,
toujours est-il vrai qu'ils ne doivent point en jouir hors du
lieu de leur déportation.

Ces points une fois établis, les conséquences découleront
naturellement de la règle qui aura été adoptée, et dont l'application se fera au mariage, à l'exercice de la puissance
paternelle, et aux autres matières sur lesquelles cette règle
pourra agir.

M. *Tronchet* voit une longue série de questions à décider,
et d'autres craignent que, si cet avis est suivi, il n'en résulte
des longueurs.

D'abord, il ne faudrait pas craindre de multiplier les dispositions lorsqu'elles sont nécessaires : mais, dans la matière qui occupe le conseil, cette nécessité n'existe pas ; et il
est possible de résoudre toutes les difficultés par quelques
décisions fort simples. Par exemple, on peut dire qu'il n'y

aura pas de communauté entre le déporté et sa femme, ou qu'elle n'aura d'effet que dans le lieu de la déportation. On peut dire que l'enfant mineur d'un déporté se mariera en France sans le consentement de son père, parce que là il est le fils d'un homme mort, et qu'aux yeux de la loi il n'a de père que dans la colonie; que le consentement de sa mère est cependant nécessaire, si elle a conservé la vie civile. Le Consul ajoute qu'il n'a cité ces exemples que pour faire sentir qu'en embrassant l'opinion de M. *Tronchet*, il ne s'ensuivrait pas autant d'articles qu'on le fait entrevoir; qu'au surplus, il estime que tout doit se réduire à poser un principe dont l'application se ferait naturellement à tous les cas ; ce principe pourrait être ainsi présenté : « Le déporté ne recouvre « la vie civile et n'en jouit que dans le lieu de sa dépor- « tation. »

A l'égard de la relégation et de l'exil, ce n'est pas dans le Code civil qu'il convient d'en parler. Peut-être même y aurait-il de l'inconvénient à organiser des mesures dont l'usage sera toujours rare, et qui n'auront lieu que dans des circonstances très-extraordinaires.

M. Boulay propose, pour remplir l'idée du Consul, de supprimer l'article 22, et de s'en tenir à l'article 20.

Le Consul Cambacérès trouve l'article 20 très-clair.

M. Berlier voudrait qu'on y ajoutât ces mots, « et pour « les biens qu'il y possédera. »

M. Tronchet dit que la rédaction de l'article 20 est régulière, si l'on se borne à la disposition qu'elle exprime; mais qu'en restreignant ainsi la loi, on laisse en suspens une infinité de contestations qui sont inévitables. On ne décide pas, par exemple, si le mariage du déporté est dissous, s'il peut se marier.

M. Boulay répond que le mariage continue de subsister, non plus en France, où le déporté n'a plus la vie civile, mais au lieu de sa déportation, où il en jouit.

M. Tronchet observe que l'article 21 attache à la mort civile, en général, l'effet de rompre le mariage.

M. Defermon répond que cet effet est restreint à la France.

M. Tronchet en convient; mais il dit que si un déporté se marie au lieu de sa déportation avec une personne qui jouisse partout des droits civils, il restera des difficultés sur l'effet que produira son mariage par rapport aux époux et aux enfans, et surtout par rapport aux droits de parenté de ces derniers hors de la colonie.

M. Defermon dit qu'on réglera ces difficultés par une loi.

Le Consul Cambacérès dit qu'il ne faut pas, en effet, laisser la loi incomplète; et qu'on ne tombera pas dans cet inconvénient, si l'on énumère avec exactitude les droits civils dont la déportation prive le condamné, et qu'on dise ensuite qu'il les conserve néanmoins dans le lieu de sa déportation: l'exception sera claire.

Quant aux droits de famille des enfans, on pourra dire qu'en conséquence de la disposition précédente, ils sont restreints au lieu de la déportation; de manière qu'à ce titre les enfans n'aient aucune prétention en France.

M. Tronchet dit que la difficulté naît de ce que les dispositions relatives au déporté vont plus loin que sa personne, et qu'elles feront naître des questions dans toute sa descendance. On simplifierait le travail, si, ne parlant ici que des effets de la mort civile en général, on rejetait, comme l'a proposé M. *Berlier,* les effets de la déportation dans un titre particulier.

Le Consul Cambacérès y consent, pourvu qu'on s'occupe sans délai de ce titre. Il croit cependant que l'article 20 satisfait à tout. Quand on aura dit que le déporté, sa femme et ses enfans ne pourront exercer et réclamer leurs droits civils que dans le lieu de la déportation, les tribunaux du continent repousseront les prétentions que ces individus porteraient devant eux. On ne voit ici de l'embarras que parce qu'on revient toujours à des idées particulières, au lieu de s'attacher uniquement au principe général d'après lequel la déportation crée une nouvelle famille.

M. Tronchet se rend à cette opinion, si on ôte tous les droits civils, hors de la colonie, aux enfans nés depuis la déportation ; autrement il deviendrait indispensable de régler leurs droits sur le continent par une loi particulière.

M. Portalis dit qu'il est d'autant plus de l'avis du Consul, que jamais les lois qui ont privé de la vie civile les bannis à perpétuité n'ont donné la nomenclature des divers cas auxquels ce principe pouvait être appliqué : tout doit être décidé par un principe simple. La femme qui a suivi son mari dans sa déportation a partagé sa condition, et les enfans qu'elle procrée ensuite ne sont rien sur le continent. Il faut s'en tenir à cette maxime ; les détails ne font qu'appeler les détails.

Les diverses propositions sont mises aux voix.

Le Conseil adopte le principe de l'article 20, rejette la proposition de faire un titre particulier des effets de la déportation, et retranche l'article 22.

L'article 23 est soumis à la discussion ; il est ainsi conçu : 26-27 31

« Toute condamnation, soit contradictoire, soit par con-
« tumace, n'emporte la mort civile qu'à compter du jour de
« son exécution, soit réelle, soit par effigie.

« L'accusé qui meurt dans l'intervalle entre la prononcia-
« tion et l'exécution du jugement, meurt dans l'intégrité de
« ses droits, si ce n'est qu'il se soit donné la mort à lui-
« même. »

M. Portalis demande la suppression de ces mots : *si ce n'est qu'il se soit donné la mort à lui-même* : il se fonde sur ce que les lois actuelles gardent le silence sur le suicide. Le suicide peut être un crime dans certaines occasions : mais celui du condamné n'a rien de dangereux ; il débarrasse la société; il ne profite qu'aux héritiers; et il a pour cause ou la conservation de l'honneur, ou l'intérêt des enfans.

M. Tronchet dit que le suicide d'un condamné peut porter préjudice à ses héritiers en validant son testament.

M. Defermon observe que l'article 28 paraît pourvoir à ces fraudes, quoiqu'il ne parle pas formellement du testament.

M. Tronchet dit que la disposition de l'article 28 n'embrasse pas toujours les testamens, parce qu'ils peuvent avoir été faits long-temps avant la condamnation.

M. Defermon dit que, dans ce dernier cas, il ne peut pas y avoir de raison de les infirmer.

M. Tronchet répond qu'un testament ne peut être que l'expression de la volonté dans laquelle le testateur est mort; il faut donc, pour qu'un testament soit valable, que le testateur, au moment de sa mort, ait encore eu la capacité de disposer par l'effet de sa volonté.

M. Tronchet consent, au surplus, au retranchement demandé par M. *Portalis*.

L'article est adopté avec ce retranchement.

M. Boulay observe que, d'après cette décision, tout le paragraphe 2 devient inutile.

Le Conseil adopte la suppression.

28   L'article 24 est soumis à la discussion; il est ainsi conçu :

« Lorsque la condamnation emportant mort civile n'aura « été rendue que par contumace, la partie civile et les héri- « tiers du condamné ne pourront se mettre en possession de « ses biens pendant les cinq années qui suivront l'exécution, « qu'en donnant caution.

« L'exécution provisoire a lieu, même quant à ce qui con- « cerne les actions qui résultent de la dissolution du mariage, « entre l'époux du condamné et ses héritiers; sauf que l'époux « ne peut contracter un nouveau mariage qu'après l'expira- « tion des cinq ans. »

M. Tronchet dit que la provision que cet article accorde aux héritiers est une conséquence du principe adopté par le Conseil ; que les actions de l'autre époux sont ouvertes, parce qu'il ne peut demeurer en communauté avec des héritiers avec lesquels il n'a pas contracté ; que la dissolution du mariage est suspendue, parce que l'importance de ce contrat exclut toute idée de provision. Ce serait d'ailleurs favoriser une supposition immorale, que d'admettre celle que ferait la femme, que son mari demeurera sous le poids de sa condamnation ; ce serait exposer les enfans qu'elle aurait d'un nouveau mariage à devenir bâtards, si le premier mari de leur mère venait à recouvrer ses droits civils.

M. Bigot-Préameneu demande qu'on prévoie le cas où les héritiers du condamné ne pourraient donner caution, et qu'alors on substitue le séquestre à la possession provisoire qui leur est accordée par l'article.

M. Tronchet dit que ce n'est pas ici la place des règles qui décident pour ce cas ; on les trouvera ailleurs. Au surplus, ces règles sont connues ; on sait qu'à défaut de caution, les fonds deviennent inaliénables, et qu'il doit êtrè fait emploi des meubles.

M. Boulay dit que, dans le système de l'article, le mariage est regardé comme dissous, et que néanmoins il ne l'est pas parfaitement, puisque la femme ne peut en contracter un nouveau. Mais les enfans qui en naîtraient pendant les cinq ans de la contumace ne seront pas légitimes, si leur père se fait absoudre après ce délai : ils seraient donc bâtards, quoique leur père fût reconnu innocent? On préviendrait cette contradiction, en ne déclarant le mariage dissous qu'après les cinq ans, c'est-à-dire lorsque le jugement par contumace aurait acquis la même force qu'un jugement contradictoire.

M. Tronchet dit qu'il a été décidé qu'un jugement par contumace doit être exécuté provisoirement ; mais que la nature du contrat de mariage n'admet pas de provision.

M. Boulay convient que la femme ne peut pas se remarier

dans les cinq ans ; mais la difficulté porte sur l'état des enfans qu'elle a eus de son mari pendant ce délai.

Le Consul Cambacérès dit qu'il n'y a pas de certitude légale que ces enfans appartiennent au père. Le mariage étant
dissous, ils ne peuvent plus invoquer la règle, *Pater is est
quem justæ nuptiæ demonstrant.*

M. Boulay observe que la règle reprend sa force lorsque
le père revient dans les cinq ans et est absous.

Le Consul Cambacérès dit qu'on peut se placer aussi dans
l'hypothèse où le père ne se fait absoudre qu'après les cinq
ans ; et qu'alors les enfans nés entre la condamnation et l'absolution ne seraient certainement pas légitimes ; qu'au reste,
l'inconvénient dont parle M. *Boulay* paraît exister dans le
système qu'avait proposé la section.

M. Tronchet ajoute que quand la loi a frappé le mari de
mort civile, et déclaré son mariage dissous, elle ne peut plus
voir, dans la fréquentation entre les époux qu'un concubinage qui l'offense.

M. Defermon dit que, dans le système de M. *Tronchet,*
la femme demeure, pendant les cinq ans, dans les devoirs
que le mariage lui impose envers son mari ; qu'elle ne peut
donc refuser de le fréquenter, s'il l'exige, et qu'il est naturel de prévoir que, de ce commerce, pourront naître des
enfans. La loi se contredirait, si elle flétrissait ensuite des
enfans nés en quelque sorte sous ses auspices ; et cependant
elle les déclarerait bâtards, si elle décidait que, même à
l'égard de son mariage, le contumax qui se fait absoudre
après les cinq ans, ne reprend ses droits civils que pour
l'avenir.

M. Tronchet dit que l'exception demandée par M. *Defermon* pourra être discutée avec l'article 26.

Le Consul Cambacérès dit que, comme la filiation ne serait pas certaine, il combattra cette exception.

M. Defermon déclare qu'il se réduit à demander l'exception pour les enfans que le père reconnaîtra.

LE CONSUL CAMBACÉRÈS dit qu'il admet l'exception ainsi restreinte.

M. BOULAY fait une autre observation : il dit qu'en donnant aux héritiers la possession provisoire des biens du contumax qui a encouru la mort civile, on leur donne aussi les fruits ; que cependant la loi criminelle prononce le séquestre de ces biens au profit de la nation, même lorsque le contumax n'a pas été condamné à une peine emportant la mort civile ; qu'elle a fait de ce séquestre la peine générale de tout contumax. Il résulterait cependant de la dérogation qu'on ferait en faveur du contumax mort civilement, qu'il serait mieux traité que celui qui a mérité une peine moins grave. On ne peut donc se dispenser de généraliser la disposition, et de faire cesser le séquestre à l'égard de toute espèce de contumax.

LE CONSUL CAMBACÉRÈS dit que cette disposition est étrangère au Code civil ; qu'elle appartient au Code criminel, dont on ne s'occupe pas encore.

M. BOULAY observe que la contradiction subsistera cependant jusqu'à la réformation du Code criminel.

LE CONSUL CAMBACÉRÈS dit qu'il est possible de la faire cesser par une loi particulière ; mais que, sous aucun rapport, on ne peut insérer de disposition sur ce sujet dans le Code civil.

M. DEFERMON dit qu'il importe encore d'examiner si la partie civile doit donner caution pour toucher ses dommages-intérêts.

M. TRONCHET tient pour l'affirmative, parce que, si le contumax se représente dans les cinq ans, il est déchargé, même des condamnations pécuniaires, et que le jugement est mis au néant. Ce n'est qu'après l'expiration des cinq ans que la partie civile n'est plus exposée à rendre les dommages-intérêts.

M. REGNIER dit qu'exiger dans tous les cas une caution de la partie civile, ce serait la priver quelquefois de ses dom-

8.

mages-intérêts. Il en serait ainsi, par exemple, dans le cas
où ils auraient été adjugés à des enfans pauvres et en bas
âge, comme réparation de l'assassinat de leur père. On devrait donc laisser à la prudence du juge d'exiger ou de ne
pas exiger une caution de la partie civile.

M. Tronchet adopte cet amendement.

Le Conseil, consulté, retranche de l'article la disposition
relative à la partie civile.

M. Boulay déclare qu'il retire son amendement, si l'on se
propose de le placer dans une loi particulière.

L'article est adopté.

29   L'article 25 est soumis à la discussion, et adopté en ces
termes :

« Lorsque le condamné par contumace se représentera
« volontairement dans les cinq années, ou lorsqu'il aura été
« saisi et constitué prisonnier dans le même délai, le juge-
« ment sera anéanti de plein droit; l'accusé sera jugé de
« nouveau en la forme prescrite par la loi criminelle; et s'il
« est absous, ou s'il n'est point condamné soit à la même
« peine, soit à une autre emportant mort civile, tous les
« effets de la première condamnation seront anéantis avec
« effet rétroactif. »

30   L'article 26 est soumis à la discussion; il est ainsi conçu :
« Lorsque le condamné par contumace, qui ne se sera re-
« présenté, ou qui n'aura été constitué prisonnier qu'après les
« cinq ans, sera absous par le nouveau jugement, ou n'aura
« été condamné qu'à une peine qui n'emportera point la
« mort civile, il rentrera dans la plénitude de ses droits ci-
« vils pour l'avenir, et à compter du jour où il aura reparu
« en justice; mais le premier jugement conservera tous ses
« effets pour le passé. »

Cet article est adopté avec l'amendement que *les enfans nés
entre la condamnation et l'absolution d'un mort civilement
seront légitimes, s'ils sont reconnus par leur père.*

L'article 27 est soumis à la discussion ; il est ainsi conçu :

« Le condamné par contumace qui meurt dans le délai de
« grâce des cinq ans est réputé mort dans l'intégrité de ses
« droits civils ; le jugement de contumace est, en ce cas,
« anéanti de plein droit. »

M. Boulay observe que cet article est fondé sur la présomption que le contumax se serait représenté et aurait prouvé son
innocence : il résulte de ce principe, que les actes qu'il a faits
pendant sa contumace deviennent valables par sa mort ; or,
une telle conséquence ne peut se concilier avec la saisie accordée aux héritiers depuis le moment de la condamnation ;
car il implique contradiction que les héritiers aient été saisis, et que le condamné ait pu disposer.

M. Tronchet soutient qu'il n'y a pas de contradiction.
En général, le contumax qui se fait absoudre dans les cinq
ans reprend rétroactivement la vie civile. S'il meurt pendant le délai, il meurt absous, parce qu'on suppose qu'il se
serait représenté, et que, s'il n'a pas jusque là usé de cette
faculté, c'est que des obstacles insurmontables l'en ont empêché. Au reste, il n'était pas en faute, puisque le délai
n'était pas expiré. Son absolution ayant un effet rétroactif,
ses héritiers doivent lui rendre sa succession, et sont réputés
n'en avoir jamais eu la propriété ; il a donc pu disposer valablement.

M. Defermon observe que l'article prive la partie civile
des droits qui lui sont acquis par le jugement, et qu'il n'est
pas juste que les frais qu'elle a faits pour obtenir des dommages-intérêts soient perdus, et son action périmée.

Le Consul Cambacérès dit que les condamnations pécuniaires n'étant que des accessoires, des condamnations pénales, elles tombent nécessairement avec elles. Un arrêt de
la cour des aides de 1673, rapporté dans le supplément du
Journal du palais, a fait l'application de ce principe.

M. Defermon demande comment la partie civile obtiendra
ses dommages-intérêts.

M. Portalis répond que la mort naturelle du contumax
pendant les cinq ans, en désarmant la vengeance publique,
n'éteint pas néanmoins l'action en dommages-intérêts. La
réparation civile peut encore être poursuivie par la partie
contre les héritiers de celui qui a fait le dommage : on poursuit alors par la voie civile, et la preuve se fait par enquête.

M. Tronchet, pour prévenir toute équivoque, propose
d'ajouter à l'article, « le tout sans préjudice de l'action ci-
« vile de la partie intéressée. »

M. Bigot-Préameneu dit qu'il est inutile d'exprimer cette
maxime, attendu que, dans l'usage actuel, la réparation civile est poursuivie par la voie civile.

M. Réal observe qu'avant la procédure sur laquelle le
jugement est intervenu, les parties intéressées ont eu le droit
de se pourvoir à leur choix, au criminel ou au civil; qu'on
peut donc les renvoyer à poursuivre au civil après que la condamnation est anéantie.

M. Defermon dit que cependant cette doctrine leur porterait préjudice, si les preuves avaient péri.

Le Ministre de la Justice répond qu'au civil on fait valoir
les preuves écrites; qu'ainsi la partie intéressée pourra se
servir de celles que lui offriront les procès-verbaux de la police judiciaire.

L'article est adopté avec l'amendement proposé par
M. *Tronchet.*

29   M. Berlier propose d'examiner si ce ne serait pas le cas d'arrêter par un article additionnel que, si le contumax repris est
condamné de nouveau à une peine emportant la mort civile,
cette mort civile datera de l'expédition du premier jugement.
Cette disposition, qui s'écarte, il est vrai, des idées reçues,
ne blesserait point la justice, et simplifierait peut-être beaucoup le système, par rapport aux actes intermédiaires.

M. Tronchet dit que tous les tribunaux se sont élevés
contre cette disposition.

Il est de principe que le premier jugement est anéanti dans

toutes ses parties lorsque le contumax se représente : sa condamnation ne résulte donc plus que du second jugement;
ainsi c'est de l'exécution de ce dernier jugement que doit dater la mort civile.

On passe à la discussion de l'article 28; il est ainsi conçu :
« Tous les actes d'aliénation qui sont faits par l'accusé
« d'un délit auquel la loi attache une peine emportant mort
« civile sont réputés frauduleux, dans le cas où il est con-
« damné à cette peine. »

M. Tronchet propose d'ajouter à cet article : « Il en est
« de même des actes faits par le contumax, dans le cas de
« l'article précédent. »

M. Portalis dit que les actes dont il s'agit sont annulés,
non parce qu'on regarde leur auteur comme incapable, mais
parce qu'on les suspecte de fraude. Ces actes jusqu'ici n'ont
pas été proscrits indistinctement et par une présomption générale de fraude; on les a toujours anéantis individuellement,
et seulement lorsque les circonstances les accusaient de fraude
et qu'ils blessaient les droits de tiers. Une disposition générale contre ces actes ferait peser sur l'accusé une incapacité
qui ne doit pas lui être imprimée, et le priverait, lui et sa
famille, des moyens d'arranger leurs affaires.

M. Tronchet dit que l'objet de l'article est de prévenir,
par une disposition générale, les procès multipliés que produirait la faculté d'attaquer chaque acte en particulier. Cette
disposition, au surplus, ne blesserait aucun intérêt : les créanciers de l'accusé demeurant dans leurs droits, s'ils peuvent
prouver qu'ils le sont devenus pendant le cours de la procédure par une cause juste et nécessaire, les acquéreurs ne
peuvent se prétendre de bonne foi, puisque la loi les avertis-
sait que la vente qu'on leur ferait serait nulle.

Le Consul Cambacérès dit que la disposition est néanmoins
trop sévère; qu'elle paralyserait souvent des transactions légitimes et indispensables.

M. Portalis ajoute qu'il serait étonnant qu'on laissât à l'accusé la puissance paternelle, les droits du mariage, tous ses droits enfin, à l'exception de celui que réclame le plus fortement l'intérêt de sa famille.

Il faut sans doute que la loi s'applique à prévenir les procès et à uniformiser la jurisprudence des tribunaux ; mais c'est par rapport au droit, qui concerne toujours l'intérêt général, et non par rapport aux faits, qui ne concernent jamais que les intérêts individuels. S'agit-il du droit, l'individu n'est rien, la société est tout ; s'agit-il de faits, chaque individu est la société toute entière.

L'article est supprimé.

M. Boulay propose de déclarer, par un article nouveau, que les actes faits par un mort civilement, entre sa condamnation et sa mort naturelle, sont nuls.

M. Thibaudeau dit que ce serait violer le principe qui absout le contumax s'il meurt dans les cinq ans ; que, dans cette hypothèse, on ne peut donner aucun effet à une condamnation entièrement anéantie.

M. Lacuée dit que cette doctrine est trop indulgente ; qu'elle donnerait au condamné la facilité de vendre ses biens et de se retirer de France.

Le Premier Consul dit qu'il ne peut pas y avoir de question, puisque le mort civilement n'a pas la capacité de faire des actes civils.

M. Réal répond qu'il n'en est empêché, dans l'état actuel de la législation, que par le séquestre apposé sur ses biens ; mais qu'il le pourra d'après le système que le Conseil a adopté.

Il ne faut pas croire, au surplus, que personne ne traitera avec lui à cause de sa condamnation : un contumax peut aller contracter dans des lieux où l'on ignore qu'il est condamné.

M. Tronchet dit qu'il est impossible, dans le système adopté par le Conseil, qu'un condamné soustraie ses biens à ses héritiers par des aliénations frauduleuses, à moins qu'il ne les vende immédiatement après sa condamnation; car les héritiers étant saisis aussitôt, et se faisant inscrire, on ne peut plus leur enlever leur propriété. Une loi est donc inutile, puisqu'il y a une impossibilité de fait.

Au surplus, la question ne peut s'élever que par rapport au contumax qui meurt dans les cinq ans. Pourquoi déroger au principe qu'il meurt *integri statûs*, en faveur d'héritiers éventuels, et qui ne seront peut-être pas les mêmes à l'expiration de la cinquième année qu'au moment de la condamnation?

Le Consul Cambacérès dit que, si l'on veut adopter la proposition de M. *Boulay*, il faut supprimer le délai de grâce pour le contumax qui meurt dans les cinq ans, et prononcer qu'il meurt sous le poids de sa condamnation.

M. Boulay dit que le principe qu'il meurt *integri statûs*, n'a été introduit qu'en haine du fisc, et que ce motif n'existe plus.

M. Réal dit que, puisque l'individu condamné contradictoirement meurt *integri statûs* lorsqu'il meurt avant l'exécution de son jugement, la justice ne permet pas de refuser le même avantage au contumax qui meurt avant l'expiration du délai que lui donnait la loi pour se justifier.

La proposition de M. *Boulay* est mise aux voix, et rejetée.

L'article 29 est soumis à la discussion; il est ainsi conçu : [32]

« Dans aucun cas, la prescription de la peine ne réinté-« grera point le condamné dans ses droits civils, même pour « l'avenir. »

M. Maleville dit que cet article est pris de *Richer*, lequel appuie son opinion d'un arrêt rendu par le parlement de Paris en 1738 : mais un arrêt isolé ne fait pas une jurisprudence; et *Richer* lui-même en cite deux de Toulouse qui consacrent l'opinion contraire à la sienne. *Lapeyrère* en rapporte d'autres du parlement de Bordeaux conformes à ceux de Toulouse; et *Serres*, dans ses Institutions au droit français,

dit que l'opinion commune est que le condamné qui a prescrit la peine recouvre pour l'avenir la capacité de succéder.

Mais la raison proscrit aussi l'opinion de *Richer*. On ne
condamne pas un homme à la mort civile ; seulement la mort
civile est la suite de la peine : mais comment maintenir l'effet,
quand l'abolition de la peine fait cesser la cause ? L'intérêt
politique veut aussi qu'on diminue, autant qu'il est possible,
le nombre des vagabonds : or, ce serait l'augmenter, que de livrer à un vagabondage perpétuel les condamnés qui ont prescrit leur peine. La misère est la cause la plus générale des
crimes.

Richer objecte qu'on ne prescrit contre un jugement que
dans la partie qui n'a pas encore reçu son exécution. Mais la
mort civile n'étant qu'un accessoire de la peine, elle ne peut
pas plus subsister après que la peine est anéantie par la prescription, que des intérêts ne peuvent être dus lorsque la dette
principale est prescrite.

Enfin, quand les deux opinions seraient problématiques,
pourquoi, entre deux jurisprudences contraires, préférer
précisément la plus rigoureuse ? Il ne faut pas apporter dans
les lois cette inflexibilité de caractère, cette dureté qui contraste si fort avec la douceur des mœurs nationales. Il faut,
sans doute, que les coupables soient punis ; mais vingt ans
passés dans les privations, dans les transes, dans l'agonie de
la crainte, ne suffisent-ils pas pour l'expiation des plus grands
crimes ? Nous avons éprouvé, dans la révolution, que la trop
grande sévérité des peines ne fait que révolter les esprits et
dépraver les cœurs ; essayons ce que produira la clémence.

M. Berlier dit qu'il ne faut point accorder prime sur
prime à la contumace, et qu'il n'y a pas ici entre les deux effets qu'on rapporte, considérés relativement à leur cause,
une connexion telle, que le législateur ne puisse conserver
l'un en effaçant l'autre ; que, si l'ordre social veut bien, en
adoptant la prescription de la peine, ne pas tenir le glaive

perpétuellement suspendu sur la tête du condamné, cette disposition libérale dégénérerait beaucoup en restituant au contumax tous les droits de la vie civile, dans les cas où il a encouru la mort civile ; et qu'il serait vraiment bizarre que, par le seul fait de sa contumace, un homme condamné judiciairement à la déportation par exemple, pût rendre purement *temporaire* une privation de droits civils qui lui était infligée à perpétuité.

M. DEFERMON demande si l'article 26 empêcherait les tribunaux d'admettre à se justifier le condamné qui se présenterait après avoir prescrit la peine.

M. TRONCHET dit que toutes les lois, et même celle du 3 brumaire, décident qu'on ne peut refuser de l'entendre. Ce serait une injustice que de repousser un homme qui veut se justifier, ne fût-ce que pour sauver son honneur ; et, s'il parvient à prouver son innocence, il serait atroce de ne lui pas rendre ses droits civils. Mais cette faveur n'est pas due au condamné qui se cache pendant vingt ans. La prescription lui mérite sa grâce ; mais elle ne le justifie pas par la force d'un droit acquis. L'intérêt de la société ne permet pas d'adopter une doctrine qui n'imposerait aux grands coupables d'autre peine que l'embarras de se tenir cachés.

L'article est adopté.

L'article 30 est soumis à la discussion ; il est ainsi conçu : 33

« Les biens que le condamné à une peine emportant mort « civile pourra avoir acquis depuis l'exécution du jugement « appartiendront à la nation par droit de déshérence.

« Néanmoins le gouvernement en pourra faire, au profit « de la veuve, des enfans ou parens du condamné, telle dis- « position que l'humanité lui suggérera. »

M. TRONCHET dit qu'il a cru nécessaire de limiter la faculté que l'article donne au gouvernement, afin de ne pas rétablir l'usage des dons de confiscation.

M. RÉAL propose de faire, à la première disposition de

l'article, une exception pour les biens qu'un déporté pourrait avoir acquis en France.

L'article et l'amendement sont adoptés.

(Procès-verbal de la séance du 4 fructidor an IX. — 22 août 1801.)

M. Boulay fait lecture de la cinquième rédaction du titre concernant *les personnes qui jouissent des droits civils, et celles qui n'en jouissent pas.*

Le chapitre Ier est soumis à la discussion et adopté ; il est ainsi conçu :

8   Art. 1er. « Tout Français jouira des droits civils résultant « de la loi française. »

9   Art. 2. « Tout individu né en France est Français. »

10   Art. 3. « Tout enfant né d'un Français en pays étranger « est Français.

« Tout enfant né en pays étranger, d'un Français qui au- « rait abdiqué sa patrie, pourra toujours recouvrer la qualité « de Français, en faisant la déclaration qu'il entend fixer son « domicile en France, dans la forme qui sera prescrite. »

7   Art. 4. « L'exercice des droits civils est indépendant de la « qualité de citoyen, laquelle ne s'acquiert et ne se conserve « que conformément à la loi constitutionnelle. »

Le chapitre II, intitulé, *des Étrangers,* est soumis à la discussion.

11   L'article 5 porte : « L'étranger jouira en France des droits « civils qui lui seront accordés par les traités faits avec la « nation à laquelle cet étranger appartient. »

Cet article est ajourné jusqu'au rapport que MM. *Roederer, Portalis* et *Tronchet* ont été chargés de faire, dans la séance du 24 thermidor.

Les articles 6, 7, 8, 9, 10, 11 et 12 sont adoptés ; ils sont ainsi conçus :

Art. 6. « L'étrangère qui aura épousé un Français suivra 12
« la condition de son mari. »

Art. 7. « L'étranger qui aura été admis par le gouverne- 13
« ment à faire en France la déclaration de vouloir devenir
« citoyen, et qui y aura résidé un an depuis cette déclaration,
« y jouira de tous les droits civils, tant qu'il continuera d'y
« résider. »

Art. 8. « L'étranger, pendant sa résidence ou son séjour 3
« en France, y sera personnellement soumis aux lois de police
« et de sûreté. Les immeubles qu'il y possédera seront régis
« par la loi française, lors même qu'il n'y résidera pas. »

Art. 9. « L'étranger, même non résidant en France, pourra 14
« être cité devant les tribunaux français pour l'exécution des
« obligations par lui contractées en France avec un Français;
« et s'il est trouvé en France, il pourra être traduit devant
« les tribunaux de France pour des obligations par lui con-
« tractées en pays étranger envers des Français. »

Art. 10. « Le Français résidant en pays étranger conti- 3
« nuera d'être soumis aux lois françaises pour ses biens situés
« en France, et pour tout ce qui concerne son état et la ca-
« pacité de sa personne. »

Art. 11. « Un Français pourra être traduit devant un tri- 15
« bunal de France pour des obligations par lui contractées en
« pays étranger, même avec un étranger. »

Art. 12. « Dans toutes matières autres que celles de com- 16
« merce, l'étranger qui sera demandeur sera tenu de donner
« caution pour le paiement des frais et dommages – intérêts
« résultant du procès, à moins qu'il ne possède en France
« des immeubles d'une valeur suffisante pour assurer ce
« paiement. »

La section Ire du chapitre III, intitulée, *de la Perte des Droits civils par abdication de la qualité de Français*, est soumise à la discussion.

L'article 13 porte :

17   « La qualité de Français se perdra par l'abdication qui en
« sera faite. Cette abdication résultera en outre, 1° de la na-
« turalisation acquise en pays étranger; 2° de l'acceptation,
« non autorisée par le gouvernement, de fonctions publiques
« conférées par un gouvernement étranger; 3° de l'affiliation
« à toute corporation étrangère qui supposera des distinctions
« de naissance; 4° enfin, de tout établissement en pays étran-
« ger sans esprit de retour.

« Les établissemens de commerce ne pourront jamais être
« considérés comme ayant été faits sans esprit de retour. »

M. Duchatel observe que l'article, en se servant de l'expression *en outre*, semble supposer qu'il faudra toujours,
d'abord, une abdication expresse; il préférerait qu'on se servît
du mot *aussi*.

M. Boulay adopte l'amendement.

Le Consul Lebrun attaque le § 4 de l'article. Les faits spé-
cifiés dans l'article, dit-il, sont les seuls qui prouvent évidemment qu'un Français a perdu l'esprit de retour. On ne
peut aller plus loin, ni entrer dans la pensée de l'homme.

M. Boulay observe que la preuve retombera en entier sur
celui qui alléguera la perte de l'esprit de retour contre un
Français dans une contestation pour des intérêts privés : ce
sera au demandeur à voir par quels moyens il arrivera à la
faire; mais elle sera très-difficile.

Le Consul Lebrun dit qu'elle sera impossible, et qu'ainsi
l'article contient une disposition illusoire.

M. Tronchet dit que cette considération avait décidé les
rédacteurs du projet de Code civil à dire que l'abdication
ne se présumait pas.

M. Cretet dit qu'on ne peut se dissimuler que, dans les
contestations sur l'esprit de retour, les juges deviennent des
jurés, et que leurs décisions sont arbitraires; qu'il faudrait
donc que la loi ne fût pas tellement incomplète, qu'elle parût
avouer elle-même qu'elle ne sait comment s'exprimer, et
qu'elle s'abandonne aux tribunaux.

Le Consul Cambacérès dit qu'il est impossible de faire des lois assez complètes pour qu'elles embrassent toutes les règles ; qu'ici cet inconvénient est d'une moindre importance, puisqu'il ne s'agit que d'intérêts privés.

Le Conseil, consulté, maintient l'article tel qu'il est rédigé, avec l'amendement de M. *Duchâtel.*

On passe à la discussion de l'article 14 ; il est ainsi conçu : 18

Art. 14. « Le Français qui aurait abdiqué sa qualité de « Français pourra toujours la recouvrer en rentrant en France, « et en déclarant qu'il veut s'y fixer. »

M. Defermon dit que, puisqu'on a décidé que l'acceptation de fonctions publiques chez une puissance étrangère sans l'autorisation du gouvernement français fait perdre les droits civils, on ne doit pas décider que cette autorisation ne sera pas nécessaire à l'abdiquant qui voudra rentrer en France.

M. Roederer dit qu'en général c'est un défaut dans la Constitution, de ne pas autoriser la concession de lettres de naturalité. Il en résultera que des hommes d'un rare mérite, tels que *Francklin* par exemple, ne pourront jamais devenir Français, parce qu'ils seront dans un âge trop avancé pour espérer d'accomplir leur stage politique.

M. Portalis dit que l'abdiquant qui rentre reprend de plein droit les prérogatives que lui assurait la faveur de son origine.

M. Fourcroy craint que la disposition que l'on discute ne paraisse favoriser ou du moins ne pas défendre assez rigoureusement le retour des émigrés.

M. Boulay répond qu'il est universellement convenu que les lois civiles ne peuvent être invoquées par les émigrés.

Le Consul Cambacérès dit qu'il serait également injuste de traiter l'abdiquant qui veut rentrer plus mal ou mieux que l'étranger qui veut devenir Français. En général, un homme qui, après avoir abdiqué sa patrie originaire, abdique ensuite sa patrie adoptive, ne peut pas inspirer d'intérêt.

D'ailleurs, quoiqu'il soit certain qu'on peut être Français

sans exercer ses droits politiques, il serait peut-être contre
l'intérêt de la République de favoriser l'établissement en
France d'une masse d'individus qui, n'ayant point les qualités requises pour exercer les droits de cité, seraient indifférens à cette privation, et auraient cependant toutes les prérogatives des Français. Cette réflexion, ajoute le Consul, doit
être méditée ; et ce serait une erreur que de supposer au législateur constituant une volonté dont les effets pourraient
avoir de bien grandes conséquences.

L'article est adopté avec l'amendement proposé par M. *Defermon*.

19   L'article 15 est soumis à la discussion ; il est ainsi conçu :
« Une femme française qui épousera un étranger suivra la
« condition de son mari.

« Si elle devient veuve, elle recouvrera la qualité de Fran-
« çaise, pourvu qu'elle réside en France, ou qu'elle y rentre
« en faisant la déclaration de vouloir s'y fixer. »

M. Boulay propose d'appliquer à cet article l'amendement
adopté pour l'article précédent.

M. Duchatel observe que, dans cet article, la femme française qui épouse un étranger est traitée avec plus de rigueur
que sous l'ancienne législation : elle a été admise à succéder
en France par un arrêt de 1630, du parlement de Paris, qui
en a rendu plusieurs autres dans la même espèce.

M. Boulay répond qu'on ne peut donner une prime à l'abdication, en laissant à la femme qui se l'est permise par son
mariage, ses droits civils en France et dans sa nouvelle patrie.

M. Roederer propose de reconnaître la femme pour Française, dans le cas où elle déciderait son mari à venir s'établir
en France.

M. Boulay observe qu'il est décidé que la femme française
qui épouse un étranger suit la condition de son mari.

L'article est adopté avec l'amendement proposé par
M. *Boulay*.

Les articles 16 et 17 sont soumis à la discussion, et adoptés en ces termes :

Art. 16. « Les individus qui recouvreront la qualité de 20 « Fançais dans les cas prévus par les articles 3, 14 et 15, ne « pourront s'en prévaloir qu'après avoir rempli les conditions « qui leur sont imposées par ces articles, et seulement pour « l'exercice des droits ouverts à leur profit depuis cette « époque. »

Art. 17. « Le Français qui, sans autorisation du gouver- 21 « nement, prendrait du service militaire chez l'étranger, ou « s'affilierait à une corporation militaire étrangère, perdra sa « qualité de Français.

« Il ne pourra rentrer en France qu'avec la permission du « gouvernement, et recouvrer la qualité de Français qu'en « remplissant les conditions imposées à l'étranger pour de- « venir citoyen ; le tout sans préjudice des peines prononcées « par la loi criminelle contre les Français qui porteraient les « armes contre leur patrie. »

M. Tronchet présente une nouvelle rédaction de la section II du chapitre III, intitulée, *de la Perte des Droits civils par une condamnation judiciaire.*

L'article 18, qui est le premier de cette section, est soumis 22 à la discussion ; il porte :

« Les condamnations qui emporteront la mort civile se- « ront celles qui prononceront des peines dont l'effet est de « priver celui qui est condamné de toute participation aux « droits civils ci-après exprimés. »

M. Tronchet dit que cet article lui a paru nécessaire pour décider positivement que la mort civile est maintenue ; principe qu'on avait mis en question.

MM. Boulay et Defermon croient cet article inutile, parce que les deux suivans peuvent le suppléer : l'un décide quand la mort civile est encourue, l'autre en détermine les effets ;

VII.   9

tous deux consacrent le principe que la mort civile est maintenue.

L'article est adopté.

Les articles 19, 20, 21 et 22 sont successivement mis à la discussion, et adoptés en ces termes :

23   Art. 19. « La condamnation à la mort naturelle emportera
« toujours la mort civile, soit qu'elle ait été prononcée con-
« tradictoirement ou par contumace, encore que le jugement
« n'ait pu être exécuté que par effigie.

24   « Les autres peines afflictives n'emporteront la mort civile
« qu'autant que la loi qui les établira y aura attaché cet
« effet. »

25   Art. 20. « Les droits dont est privé celui qui a été con-
« damné à une peine emportant mort civile sont ceux ci-
« après :

« Le condamné perd la propriété de tous les biens qu'il
« possédait ; sa succession est ouverte au profit de ses héri-
« tiers, auxquels ces biens sont dévolus, de la même ma-
« nière que s'il était mort naturellement.

« Il ne peut plus ni recueillir aucune succession, ni trans-
« mettre à ce titre les biens qu'il a acquis par la suite.

« Il ne peut ni disposer de ses biens, en tout ou en partie,
« par donation entre-vifs ni par testament, ni recevoir à ce
« titre, si ce n'est pour cause d'alimens.

« Il ne peut être nommé tuteur, ni concourir aux opéra-
« tions relatives à une tutelle.

« Il ne peut être témoin dans un acte solennel ou authen-
« tique, ni être admis à porter témoignage en justice.

« Il ne peut procéder en justice, ni en défendant ni en de-
« mandant, que sous le nom et par le ministère d'un curateur
« spécial, qui lui est nommé par le tribunal où l'action est
« portée.

« Il est incapable de contracter un mariage légal, et qui
« produise aucun effet civil.

« Le mariage qu'il avait contracté précédemment est
« dissous quant à tous ses effets civils. Son époux et ses héri-
« tiers peuvent exercer respectivement les droits et les actions
« auxquels sa mort naturelle donnerait ouverture.

« Le tout sauf la caution dont il sera parlé ci-après. »

Art. 21. « Toute condamnation, soit contradictoire, soit   26-27
« par contumace, n'emporte la mort civile qu'à compter du
« jour de son exécution, soit réelle, soit par effigie. »

Art. 22. « Lorsque la condamnation emportant la mort ci-   28
« vile n'aura été rendue que par contumace, les héritiers et
« la veuve du condamné ne pourront se mettre en possession
« de ses biens, pendant les cinq années qui suivront l'exécu-
« tion, qu'en donnant caution.

« Cette exécution provisoire aura lieu, même quant à ce
« qui concerne les actions qui résultent de la dissolution du
« mariage entre l'époux du condamné et ses héritiers ; sauf
« que l'époux ne peut contracter un nouveau mariage qu'a-
« près l'expiration des cinq années. »

L'article 23 est soumis à la discussion ; il porte :   29

« Lorsque le condamné par contumace se représentera
« volontairement dans les cinq années, à compter du jour de
« l'exécution, ou lorsqu'il aura été saisi et constitué prison-
« nier dans ce délai, le jugement sera anéanti de plein droit ;
« l'accusé sera remis en possession de ses biens ; il sera jugé
« de nouveau en la forme prescrite par la loi criminelle : dans
« le cas où, par le nouveau jugement, il serait condamné à
« la même peine, ou à une peine différente emportant éga-
« lement la mort civile, elle n'aura lieu qu'à compter du jour
« de l'exécution du second jugement. »

M. SHÉE observe que, s'il est de la souveraine justice que
le condamné par contumace rentre dans la plénitude de ses
droits après un jugement contradictoire où il a été reconnu
innocent, il paraît inconséquent, dans le cas contraire, de ne
donner d'effet à sa condamnation qu'à dater du second juge-

9.

ment : car le coupable en fuite et qui ne se proposait pas de réclamer contre une condamnation justement méritée, aurait pendant cinq ans la chance de venir recueillir une succession, de la dénaturer, et de l'emporter ensuite dans le lieu de déportation où le jugement contradictoire le reléguerait.

L'article est adopté.

Les articles 24 et 25 sont soumis à la discussion et adoptés ; ils sont ainsi conçus :

30 Art. 24. « Lorsque le condamné par contumace qui ne se « sera représenté, ou qui n'aura été constitué prisonnier qu'a- « près les cinq ans, sera absous par le nouveau jugement, « ou n'aura été condamné qu'à une peine qui n'emportera « point la mort civile, il rentrera dans la plénitude de ses « droits civils pour l'avenir et à compter du jour où il aura « reparu en justice ; mais le premier jugement conservera « tous ses effets pour le passé : néanmoins les enfans nés, « dans l'intervalle des cinq ans, de son époux, seront légi- « times s'ils sont reconnus par lui. »

31 Art. 25. « Si le condamné par contumace meurt dans le « délai de grâce de cinq années, sans s'être représenté ou « sans avoir été saisi et arrêté, il sera réputé mort dans l'in- « tégrité de ses droits. Le jugement de contumace sera « anéanti de plein droit ; sans préjudice néanmoins de l'ac- « tion de la partie civile, laquelle ne pourra être intentée « contre les héritiers du condamné que par la voie civile. »

32 L'article 26 est soumis à la discussion ; il porte :

« En aucun cas, la prescription de la peine ne réintégrera « le condamné dans ses droits civils pour l'avenir. »

M. DEFERMON demande, sur cet article, qu'on établisse le principe que le condamné qui aura prescrit la peine pourra se représenter pour subir un nouveau jugement.

MM. BOULAY et REGNIER observent qu'on ne peut autoriser à se mettre en jugement, celui qui ne peut plus être condamné.

M. TRONCHET dit que, dans une des précédentes séances, il avait été d'une opinion contraire, parce qu'il lui paraissait dur de repousser un individu qui demande à se justifier ; mais qu'il se rend aux raisons de MM. *Boulay* et *Regnier* ; que, tout considéré, c'est assez de donner vingt ans à un condamné pour venir faire reconnaître son innocence : aucune présomption ne favorise celui qui n'a pas profité d'un si long délai, et qui ne se présente que lorsqu'il ne peut plus qu'être absous.

L'article est adopté.

On passe à la discussion de l'article 27 ; il est ainsi conçu : 33
« Les biens que le condamné à une peine emportant mort
« civile, pourra avoir acquis depuis l'exécution du jugement,
« et dont il se trouvera en possession au jour de sa mort na-
« turelle, appartiendront à la nation par droit de déshérence.

« Néanmoins le gouvernement en pourra faire, au profit
« de la veuve, des enfans, ou des parens du condamné, telle
« disposition que l'humanité lui suggérera. »

M. DUCHATEL demande qu'on retranche de l'article le mot *déshérence*, qui semble annoncer une confiscation, ou plutôt qui est la confiscation prononcée sous le simple mot de *déshérence*.

M. TRONCHET observe qu'on pourrait, au contraire, croire qu'il y a confiscation si le mot *déshérence* était retranché. Ce mot, en effet, indique la cause pour laquelle les biens sont dévolus à la nation ; c'est parce que l'État succède à tout homme qui n'a pas d'héritier, et que le mort civilement ne peut en avoir.

L'article est adopté.

L'article 28 est adopté ; il est ainsi conçu :
« La condamnation judiciaire à la déportation perpétuelle
« dans un lieu dépendant du territoire français hors du con-
« tinent emportera contre le condamné la mort civile et la
« privation de tous les droits énoncés en l'article 20 ci-dessus.

« Néanmoins le condamné, lorsqu'il sera rendu au lieu de
« sa déportation, y pourra reprendre, et pour ce lieu seule-
« ment, l'exercice de ces mêmes droits, sans que les actes
« qu'il y aura faits puissent produire aucun effet civil dans
« tout le surplus du territoire français. »

(Procès-verbal de la séance du 28 brumaire an X. — 19 novembre 1801.).

M. Boulay présente une nouvelle rédaction du titre concernant les *personnes qui jouissent des droits civils, et celles
qui n'en jouissent pas.*

8, 9, 10 et 7. Le chapitre Ier, intitulé, *Dispositions générales* (comprenant les articles 1, 2, 3 et 4, *les mêmes que ceux rapportés au
procès-verbal de la précédente séance*), est adopté sans discussion.

Le chapitre II, intitulé, *des Étrangers*, est soumis à la discussion.

11 L'article 5 (*tel qu'il est rapporté au précédent procès-
verbal*) est discuté.

M. Roederer propose la rédaction suivante, qui est
adoptée :

« L'étranger jouira en France des mêmes droits civils que
« ceux qui sont ou seront accordés aux Français par les lois
« ou les traités de la nation à laquelle cet étranger appar-
« tiendra. »

Le Premier Consul charge MM. *Roederer, Portalis* et
Tronchet de revoir le rapport sur le droit d'aubaine, et sur
les autres droits de même nature, renvoyé à leur examen
dans la séance du 24 thermidor an IX, et d'en présenter le 8
frimaire une rédaction nouvelle, qui contiendra l'exposé
des relations entre la République française et les diverses
puissances, par rapport au droit de succéder et aux autres
effets du droit civil dans les états respectifs.

Ce rapport sera inséré au procès-verbal (*).

(*) Il se trouve rapporté en note au procès-verbal de la séance du 24 thermidor.

Les articles 6, 7, 8, 9, 10, 11 et 12 (*tels qu'ils se trouvent rapportés au même procès-verbal*), sont successivement soumis à la discussion et adoptés. 12, 13, 3, 14, 3, 15 et 16.

La section Ire du chapitre III, intitulée, *de la Perte des droits civils par abdication de la qualité de Français*, est soumise à la discussion.

L'article 13 est ainsi conçu : 17

« La qualité de Français se perdra par l'abdication *expresse*
« qui en sera faite : *elle se perdra*, en outre, 1° par la natu-
« ralisation acquise en pays étranger ; 2° par l'acceptation,
« non autorisée par le gouvernement, de fonctions publiques
« conférées par un gouvernement étranger ; 3° par l'affiliation
« à toute corporation étrangère qui exigera des distinctions
« de naissance ; 4° enfin, par tout établissement *fait* en pays
« étranger sans esprit de retour.

« Les établissemens de commerce ne pourront jamais être
« considérés comme ayant été faits sans esprit de retour. »

M. DEFERMON craint que l'abdication permise aux Français ne devienne, pour eux, un moyen de se soustraire à certaines charges publiques, au moment où elles seront près de les atteindre.

LE CONSUL CAMBACÉRÈS pense qu'en général la loi ne doit pas supposer que des Français abdiqueront leur qualité : il convient donc de parler de la perte et non de l'abdication de la qualité de Français.

L'article laisse à décider quelles corporations étrangères supposent, dans leurs affiliés, des distinctions de naissance. Le mot *exiger* est plus précis : le Consul propose de le substituer au mot *supposer*.

LE CONSEIL adopte le retranchement de ces mots, *par l'abdication expresse qui en sera faite*, et substitue le mot *exigera* au mot *supposera*.

Les articles 14 et 15 sont adoptés sans discussion ; ils sont ainsi conçus :

Art. 14. « Le Français qui aura abdiqué sa qualité de 18

« Français pourra toujours la recouvrer en rentrant en
« France avec l'autorisation du gouvernement, et en décla-
« rant qu'il veut s'y fixer. »

19. Art. 15. « Une femme Française qui épousera un étranger
« suivra la condition de son mari.

« Si elle devient veuve, elle recouvrera la qualité de
« Française, pourvu qu'elle réside en France, ou qu'elle y
« rentre avec l'autorisation du gouvernement, en faisant la
« déclaration de vouloir s'y fixer. »

20-21. Les articles 16 et 17 (*tels qu'ils se trouvent énoncés au pre-
cédent procès-verbal*) sont également adoptés sans discussion.

La section II, intitulée, *de la Perte des droits civils par une
condamnation judiciaire,* est soumise à la discussion.

tit, 1ᵉʳ. LE PREMIER CONSUL s'arrête sur la division du projet de
loi; il propose de l'intituler, *de la Jouissance et de la Privation
des droits civils,* et de le diviser en trois titres, savoir :

ch. 1. TITRE Iᵉʳ. *De ceux qui jouissent des droits civils.*

sect. 1. TITRE II. *De ceux qui ont perdu les droits civils par l'abandon
qu'ils ont fait de leur patrie.*

sect. 2. TITRE III. *De ceux qui ont perdu les droits civils par une
condamnation judiciaire.*

LE CONSUL CAMBACÉRÈS propose de diviser le projet en deux
titres :

ch. 1. TITRE Iᵉʳ. *Des Personnes qui jouissent des droits civils.*

ch. 2. TITRE II. *Des Personnes qui sont privées des droits civils.*

La rubrique proposée par le Premier Consul et la division
proposée par le Consul Cambacérès sont adoptées.

M. PORTALIS demande que les sections qui ne doivent indiquer que des subdivisions ne soient pas employées comme
divisions principales.

LE CONSEIL arrête que le titre II sera divisé en deux sections, savoir :

sect. 1. SECTION Iʳᵉ. *De la Privation des droits civils par la perte de la
qualité de Français.*

SECTION II. *De la Privation des droits civils par suite de condamnation judiciaire.*

sect. 2.

L'article 18 (*tel qu'il est au précédent procès-verbal*) est soumis à la discussion.

22

M. REGNIER propose la rédaction suivante, qui est adoptée :

« Les condamnations qui prononceront des peines dont
« l'effet est de priver celui qui est condamné de toute par-
« ticipation aux droits civils ci-après exprimés, emporteront
« la mort civile. »

Les articles 19, 20, 21 et 22 (*tels qu'ils sont rapportés au précédent procès-verbal*) sont soumis à la discussion et adoptés.

23, 25, 26, 27.

L'article 23, ainsi conçu, est également adopté : « Lorsque
« le condamné par contumace se représentera volontairement
« dans les cinq années, à compter du jour de l'exécution, ou
« lorsqu'il aura été saisi et constitué prisonnier dans ce délai,
« le jugement sera anéanti de plein droit ; l'accusé sera remis
« en possession de ses biens : il sera jugé de nouveau ; et si,
« par le nouveau jugement, il est condamné à la même peine,
« ou à une peine différente, emportant également la mort
« civile, elle n'aura lieu qu'à compter du jour de l'exécution
« du second jugement. »

29

Les articles 24, 25, 26, 27 et 28 (*comme au précédent procès-verbal*) sont soumis à la discussion et également adoptés.

30 à 33.

M. LACUÉE rappelle que la dernière rédaction qui fut présentée par la section contenait un article dont l'objet était d'empêcher que les émigrés ne tentassent d'abuser de la disposition qui ne paraît faire dépendre la mort civile que des condamnations judiciaires.

LE CONSUL CAMBACÉRÈS répond qu'il a été reconnu que les émigrés ne peuvent pas réclamer les dispositions du droit civil ; que d'ailleurs l'article 18 lève toute équivoque, et prouve que les dispositions de cette section ne se rapportent qu'aux condamnations judiciaires.

(Procès-verbal de la séance du même jour.)

Les Consuls de la République arrètent que le projet de loi présenté par le Conseil d'État, relatif à la jouissance et à la privation des droits civils, sera proposé le 1 frimaire au Corps législatif.

Le Premier Consul nomme, pour le présenter et en soutenir la discussion, MM. *Boulay*, *Emmery* et *Réal*, Conseillers d'État.

Le gouvernement pense que la discussion sur ce projet doit s'ouvrir le premier nivose.

PRÉSENTATION AU CORPS LÉGISLATIF.

EXPOSÉ DES MOTIFS PAR M. BOULAY.

(Séance du 11 frimaire an X. — 2 décembre 1801.)

tit. 1.   L'objet du projet qui vous est présenté, législateurs, est de déterminer quelles sont les personnes qui jouissent des droits civils, et celles qui n'en jouissent pas, de fixer les cas où cette puissance s'acquiert, et ceux où elle se perd, soit en tout, soit en partie.

Vous remarquerez d'abord qu'il n'est question ici que des droits purement civils, et non des droits politiques, lesquels sont d'un ordre différent et plus distingué.

Ceux-ci sont réglés et assignés par la Constitution, ils forment le droit de cité, que les Romains appelaient *jus civitatis;* ils composent la liberté publique et constituent le *citoyen*, en prenant ce mot dans son acception stricte et rigoureuse.

Ceux-là sont décrits et distribués par la loi civile ; c'est de leur ensemble que résulte la liberté individuelle, ce droit appelé plus particulièrement par les Romains *jus Quiritium.*

La jouissance des droits politiques suppose celles des droits civils ; mais la jouissance des droits civils ne suppose pas celle des droits politiques : ainsi on ne peut pas être citoyen en France sans être Français, mais on peut être Français sans être citoyen en France.

Les droits civils seront décrits par le Code civil, dont toutes les parties vous seront successivement présentées. Dans celle qui vous est actuellement soumise, on se borne, comme nous l'avons déjà dit, à indiquer en thèse générale les personnes qui jouissent de ces droits, et celles qui en sont privées.

Ainsi, ce projet de loi se divise naturellement en deux titres, dont le premier comprend ce qui est relatif à cette jouissance, le second ce qui est relatif à cette privation.

Quelles sont les personnes qui jouissent en France des droits civils? Il est clair d'abord que cette jouissance doit appartenir à tout Français, soit qu'il réside en France, soit qu'il se trouve en pays étranger : ce point est sans difficulté; mais ce qui peut en souffrir, c'est d'assigner les véritables caractères, les principes naturels qui constituent cette qualité de Français. Qu'elle appartienne à l'individu *né en France* d'un *père français*, c'est une chose si évidente, qu'il était inutile de l'exprimer; mais ces deux circonstances ne se rencontrent pas toujours. Quelquefois on reçoit la naissance d'un père français, mais sur un sol étranger; d'autres fois, c'est sur le sol de la France, mais d'un père qui n'est pas français. Chacune de ces circonstances ne doit-elle pas produire seule le même effet que lorsqu'elles se trouvent réunies? Nous avons pensé qu'on devait le décider ainsi.

Et d'abord, quand un individu est né d'un père français, qu'importe que ce soit hors de France? en est-il moins formé du sang français, et doit-on moins le considérer comme Français? n'est-ce pas là le cri de la nature? n'est-ce pas encore celui de la politique? Les Français sont souvent conduits hors de France par des affaires publiques ou particulières, par le désir de s'instruire, par l'attrait seul de la curiosité : quelle funeste loi que celle qui priverait de la qualité de Français les enfans qu'ils auraient sur une terre étrangère? Ne serait-ce pas faire de la France une prison, ou, si l'on veut, un cloître, d'où l'on ne pourrait s'échapper sans crime? L'intérêt public veut donc aussi qu'à la paternité française soit attachée d'une manière absolue, et abstraction faite de toute autre circonstance, la qualité de Français.

9   Le même privilége ne doit-il pas encore être accordé au sol de la France? Nous tenions autrefois pour maxime que la France était le pays naturel de la liberté, et que dès qu'un esclave avait le bonheur de mettre le pied sur son territoire, par cela seul il cessait d'être esclave. Pourquoi ne reconnaî-trait-on pas de même, dans cette terre heureuse, la faculté naturelle d'imprimer la qualité de Français à tout individu qui y aurait reçu la naissance? N'est-ce pas d'ailleurs un moyen d'y attirer les étrangers, et d'enrichir sa population? et, si l'on veut raisonner de plus haut, n'est-ce pas le terri-toire qui rassemble et qui fixe les habitans? n'est-il pas une des causes fondamentales du maintien de la société? n'est-ce pas aussi par la distinction des territoires que l'on distingue le plus généralement les nations? n'est-ce donc pas se con-former à la nature des choses que de reconnaître la qualité de Français dans celui-là même qui n'a d'autre titre à cette qualité que d'être né sur le sol de la France?

10   Il se présente une troisième hypothèse qui peut paraître d'abord moins favorable : c'est celle d'un individu qui aurait reçu la naissance, non seulement en terre étrangère, mais même d'un Français qui aurait cessé de l'être avant d'avoir donné le jour à cet individu. Ne semble-t-il pas qu'on doive lui dénier la qualité de Français? C'est l'opinion que peut-être on peut embrasser au premier coup-d'œil, mais qu'on abandonne bientôt pour peu qu'on y réfléchisse. En effet, bien que le père de cet individu ait perdu la qualité de Fran-çais, le fils n'en est pas moins formé du sang français; la perte de cette qualité dans le père n'est qu'un accident qui lui est personnel, fruit de son inconstance ou de son incon-duite. Pourquoi la naissance du fils en souffrirait-elle? s'il ne partage pas les sentimens de son père, s'il porte ses regards

vers la patrie que la nature lui destinait, s'il y est ramené par son amour pour elle, pourquoi ne l'y recevrait–elle pas comme un étranger? Elle doit le traiter comme un enfant qui vient retrouver sa famille, et qui invoque *la faveur de son origine*. C'est à ce sentiment si naturel et si vrai que le projet de loi s'est conformé.

Après avoir reconnu le droit du Français, et aplani les principales difficultés qui peuvent naître au sujet de cette qualité, il fallait s'occuper des étrangers.

Ici se présentent des questions d'une haute importance, non seulement sous le rapport civil, mais encore sous les rapports constitutionnels et politiques.

Faut–il exclure les étrangers de toute participation à nos droits civils? faut–il les y admettre indistinctement et sans réserve? faut–il ne les y admettre qu'avec mesure et sous de certaines conditions?

Avant de procéder à la solution de ces questions, peut-être est-il bon de jeter un coup–d'œil rapide sur ce que l'expérience nous apprend à cet égard.

Les Romains, que l'on ne peut s'empêcher de citer quand il s'agit de législation, avaient, à l'égard des étrangers, un système totalement exclusif; ils ne les associaient pas plus à leurs droits civils qu'à leurs droits politiques. Ainsi, un étranger ne pouvait contracter à Rome un mariage solennel, pas même avec une Romaine; il n'y jouissait pas de la puissance du père de famille; il n'y avait ni le droit de succéder, ni celui de tester, ni celui de recevoir par testament; il ne pouvait pas y profiter du bénéfice de la prescription; il y était soumis à un juge spécial, qui, dans ses décisions, n'était point obligé de suivre les lois romaines; il ne pouvait pas y invoquer le privilége de la liberté. Il fallait pour jouir de tous ces droits, que, par une adoption politique, il eût été admis au droit de cité, et reçu au nombre des citoyens romains.

Le système des républiques de la Grèce n'était pas moins

exclusif; et même, à Athènes, l'étranger naturalisé n'était point éligible aux places principales de l'état.

On connaît le droit d'aubaine établi généralement dans les états de l'Europe, droit qui y fut suivi rigoureusement pendant tant de siècles; on l'y avait adouci et modifié dans les derniers temps; la France en particulier y avait fait depuis long-temps des exceptions en faveur du commerce. Depuis Louis XIV, l'abolition de ce droit avait été réciproquement convenue avec quelques états voisins, mais sous la réserve d'un droit de dix pour cent sur les successions, réserve connue sous le nom de droit de *détraction*; l'abolition totale et réciproque avait été stipulée avec d'autres états.

L'Assemblée constituante alla beaucoup plus loin; elle anéantit tout droit d'aubaine, toute prohibition de succéder à l'égard de l'étranger; et cette abolition fut générale, sans réserve, sans condition de réciprocité.

On voit que ce système est diamétralement opposé à celui des Romains. Ce sont les deux extrêmes dans cette matière. Or, il est facile de sentir que ni l'un ni l'autre ne peut nous convenir.

Et d'abord, comment pourrions-nous adopter celui d'une exclusion absolue? Il pourrait convenir aux petits états qui voudraient et qui pourraient vivre isolés; il pouvait s'allier très-bien à l'organisation des anciennes républiques, où il contribuait beaucoup à exalter le sentiment de l'orgueil national; mais il serait déplacé dans nos grands états modernes.

Le commerce a lié le monde entier, il a lié principalement les nations européennes; et non seulement le commerce, mais les mœurs, les habitudes, la religion, les transactions publiques et particulières, ont produit entre elles une sorte de communauté générale : comment, dans un tel état de choses, une nation pourrait-elle s'isoler de toutes les autres, et surtout une nation telle que la France, dont le sol, l'industrie et les mœurs ont toujours eu tant d'attraits pour les étran-

gers; une nation qui, par sa position, sa population, son
activité, sa valeur, est destinée à être le centre des affaires
de l'Europe, et à leur donner toujours le mouvement et la
direction? Ne serait-ce pas agir contre son intérêt, et en
quelque sorte contre sa nature, que d'admettre une législation qui fût, à l'égard des étrangers, exclusive et repoussante.

Mais, d'un autre côté, faut-il conserver le système opposé,
mais également absolu de l'Assemblée constituante? Ce système lui fut inspiré par des vues philantropiques : elle se
flattait qu'en renversant toutes les barrières qui nous séparaient des autres peuples, elle engagerait les autres peuples
à renverser celles qui les séparaient de nous; elle était per-
suadée d'ailleurs que sa théorie était, dans tous les cas, non
seulement la plus belle, mais même la plus utile à la nation.

Cependant l'événement n'a pas justifié ses espérances,
puisque depuis ce temps aucune puissance n'a aboli en notre
faveur le droit d'aubaine, et ne nous a fait jouir chez elle
d'aucun nouvel avantage. Il y a plus, loin que ce système
soit de nature à déterminer aucune puissance à nous imiter
dans l'abolition des droits exclusifs, il peut au contraire engager celles qui les avaient abolis sous la condition de la réciprocité à les rétablir contre nous. En effet, cette condition
n'étant plus exigée de notre part, et les étrangers pouvant recueillir chez nous tous les avantages du droit civil, sans même
nous en accorder aucun chez eux, ne serait-il pas à craindre
qu'ils ne profitassent de ce double avantage? et alors, loin
qu'on vît se réaliser ce beau système de fraternité générale
dont l'Assemblée constituante paraissait s'être flattée, on
verrait se former un état de choses où serait, d'un côté, la
plus extrême libéralité, de l'autre le plus extrême égoïsme,
où la France étant autant le patrimoine des autres peuples
que celui des Français, nos propriétés et nos droits deviendraient la proie des étrangers.

Ce serait donc un bien faux calcul que de maintenir les lois
de l'Assemblée constituante en faveur des étrangers; et s'il

fallait opter entre elles et la législation romaine, peut-être celle-ci mériterait-elle la préférence, comme étant plus propre à nourrir dans le cœur des citoyens l'amour de la patrie.

Mais ce qu'il y a de mieux à faire dans cette matière, est sans doute d'en revenir au principe de la réciprocité, dont les avantages avaient été sentis dans les derniers temps de la monarchie. Accorder chez nous aux étrangers les mêmes droits civils que ceux qu'ils nous accorderont chez eux, quoi de plus raisonnable, de plus conforme aux saines idées de la politique, du droit des gens et de la nature? quoi de plus propre à favoriser le développement des idées philantropiques et fraternelles qui devraient lier les diverses nations?

C'est donc à ce principe de la réciprocité que nous nous sommes attachés; c'est lui que nous avons admis comme règle générale.

Mais, abstraction faite de ce principe fondamental, les étrangers peuvent avoir avec nous d'autres rapports sur lesquels il était important de statuer.

12   Il se présente ici cinq cas principaux : 1er, celui d'une étrangère qui épouse un Français; 2e, celui d'un étranger qui, aux termes de l'article 3 de la Constitution, veut devenir
13   citoyen français; 3e, celui d'un étranger qui voyage, séjourne
3   ou réside en France; 4e, celui d'un étranger qui, sans habi-
14 à 16.   ter la France, y possède des immeubles; 5e enfin, le cas où les transactions particulières faites par l'étranger avec le Français deviennent la matière d'un procès.

12   Le premier cas se résout par l'ancienne et constante maxime qui veut que la femme suive la condition de son mari, maxime fondée sur la nature même du mariage qui, de deux êtres, n'en fait qu'un, en donnant la prééminence à l'époux sur l'épouse.

Le deuxième cas mérite toute l'attention du législateur. Aux termes de la Constitution, l'étranger ne peut devenir citoyen français qu'en remplissant trois conditions : 1re, être âgé de vingt-un ans accomplis; 2e, avoir déclaré l'intention de se fixer en France ; 3ᵉ, y avoir résidé pendant dix années consécutives.

Mais d'abord l'étranger a-t-il le droit absolu, en remplissant ces conditions, de devenir citoyen français ? Si un étranger, couvert de crimes, échappé au châtiment qui l'attendait dans son pays, mettant le pied sur le territoire français, disait au gouvernement : *Je veux non seulement résider en France, mais y devenir citoyen ; c'est un droit que m'accorde votre Constitution, et dont vous ne pouvez pas me priver*, croit-on de bonne foi que le gouvernement fût lié par une telle prévention ? Non, sans doute : la Constitution française n'a pas entendu stipuler contre les Français en faveur des étrangers ; elle n'a pas voulu verser sur nous la lie des autres peuples ; son but n'a pu être, en adoptant les étrangers, que d'enrichir la France de nouveaux citoyens utiles et respectables : cette adoption d'ailleurs doit être un engagement réciproque ; et la nation ne peut pas être plus forcée de recevoir, au nombre de ses citoyens, un étranger qui lui déplairait, que cet étranger ne pourrait être contraint à devenir, malgré lui, citoyen français. Il est donc dans l'intérêt national et dans le véritable sens de la Constitution ; il est dans la nature des choses qu'un étranger ne puisse devenir citoyen français que quand *il est admis par le gouvernement* à le devenir, et qu'on a par conséquent l'assurance ou au moins l'espoir qu'on fera, dans sa personne, une acquisition précieuse. S'il fallait de grands exemples pour justifier cette politique, ils se présenteraient en abondance et dans l'histoire ancienne et dans l'histoire moderne.

Mais, en second lieu, lors même que l'étranger sera admis par le gouvernement à devenir citoyen, comme il ne pourra l'être qu'après dix ans de résidence consécutive, quelle sera sa condition pendant cet intervalle ? Il n'est pas encore citoyen en France, et il ne l'est déjà plus dans la patrie qu'il a quittée, et où, par conséquent, il a perdu non seulement ses droits politiques, mais peut-être encore les droits civils. Il

est clair qu'il fallait au moins l'admettre parmi nous à la
jouissance de ces derniers; car, bien que son adoption politique ne soit pas encore complète, on doit regarder au moins
son admission comme une adoption civile.

Troisième. Quant à l'étranger qui ne fait que voyager ou
séjourner en France, on ne lui doit que protection et hospitalité; mais il y doit aussi, de son côté, respecter l'ordre
public, et il y est, à cet égard, soumis aux lois de police et
de sûreté. C'est là le droit de tous les gouvernemens.

Quatrième. Nous admettons que l'étranger peut posséder
des immeubles en France sans même y résider; car acheter
et vendre sont des contrats qui, d'après l'usage ordinaire,
appartiennent plus encore au droit des gens qu'au droit civil.
Quelle sera la loi qui régira ces immeubles? il ne peut y en
avoir qu'une, la loi territoriale.

Cinquième. Enfin, si l'étranger a contracté avec un Français, soit en France, soit hors de France, et qu'il s'élève
entre eux des difficultés sur l'exécution de ces contrats, comment pourront-ils réciproquement se faire rendre justice en
France? Cette question peut être envisagée sous différens
points de vue. 1°. Un étranger, après avoir contracté en
France avec un Français, peut en être sorti sans avoir rempli son obligation; dans ce cas, s'il laisse ou s'il acquiert dans
la suite en France des biens qui puissent satisfaire à son engagement, n'est-il pas juste d'accorder au Français la faculté
de le traduire devant les tribunaux de la France pour l'exécution de cet engagement? 2°. Un étranger, après avoir contracté dans son pays avec un Français, arrive en France sans
avoir satisfait à son obligation; le Français qui l'y trouve ne
peut-il pas encore l'y faire condamner personnellement? Tout
cela est à l'avantage des Français. Mais, réciproquement, si le
Français a contracté en pays étranger avec un étranger, nous
accordons à celui-ci la faculté de le traduire devant les tribunaux de France. Car, si nous ne voulons pas que le Français
soit victime de la mauvaise foi de l'étranger, nous ne vou-

lons pas non plus que l'étranger soit victime de la mauvaise foi du Français. On ne peut pas porter plus loin l'esprit de justice et d'impartialité. Que si nous avons encore soumis l'étranger qui sera demandeur à donner la caution connue en droit sous le nom de *judicatum solvi*, c'est une mesure de sagesse qui se trouve dans toutes les législations.

Tels sont les principaux motifs qui ont dicté les dispositions de la première partie du projet présenté, laquelle comprend la jouissance des droits civils.

Nous allons passer à la seconde partie, qui renferme la privation des mêmes droits. Nous faisons résulter cette privation, 1° de la perte de la qualité de Français; 2° de la mort civile, suite d'une condamnation judiciaire. Chacune de ces deux causes forme, sous le nom de *section*, une subdivision de la seconde partie.

Et d'abord, sur la première section, nous observerons que si la jouissance des droits civils résultans de la loi française est un attribut inhérent à la qualité de Français, la privation de ces droits doit être une conséquence naturelle de la perte de cette qualité. Le Français qui a cessé de l'être ne fait plus partie de la famille française; il n'est plus, relativement à elle, qu'un étranger.

Mais quels sont les cas qui entraînent la perte de la qualité de Français? Pour les déterminer, nous avons pris pour guide la Constitution et l'intérêt public.

Par l'article 4 de la Constitution, la qualité de *citoyen* se perd dans ces trois cas : 1° la naturalisation en pays étranger; 2° l'acceptation de fonctions ou de pensions offertes par un gouvernement étranger; 3° l'affiliation à toute corporation étrangère qui supposerait des distinctions de naissance. Il est clair qu'il ne s'agit, dans cet article constitutionnel, que de la perte *des droits politiques*, lesquels sont attachés essentiellement à la qualité de citoyen. Mais il s'agit ici des droits civils, lesquels ne dépendent que de la simple qualité de Français. Or, de même que la loi constitutionnelle a déterminé les cas où se perdait la qualité de *citoyen*, la loi civile devait déterminer ceux où se perd la qualité de Français; et, en cela, elle devait se conformer encore à l'esprit de la loi constitutionnelle. C'est aussi ce qu'on peut remarquer dans le projet présenté, où l'on voit que la qualité de Français se perd dans les trois cas exprimés dans l'article 4 de la Constitution : seulement nous avons cru devoir adoucir, à quelques égards, la rigueur du second cas. La Constitution veut que la qualité de *citoyen* se perde indistinctement par l'acceptation, soit de fonctions, soit de pensions offertes par un gouvernement étranger. Or, premièrement, le projet n'admet point le cas de la pension ; en second lieu, il ne fait dépendre de l'acceptation des fonctions publiques la perte de la qualité de Français, qu'autant que cette acceptation aurait eu lieu sans l'autorisation du gouvernement. En effet, quand cette autorisation a été donnée à un Français, ne doit–on pas supposer que ce n'est que dans l'intérêt public, ou dans un intérêt privé, honnête et légitime, qu'il a accepté des fonctions chez une puissance étrangère : et, dans ce cas, n'y aurait-il pas de la dureté, et même de l'inconséquence, à le dépouiller de la qualité de Français? N'en serait-il pas de même lorsque, pour des services rendus, il a obtenu une pension d'un gouvernement étranger ; et ne vaut–il pas mieux, au contraire, lui conserver sa qualité et ses droits civils, ne fût–ce que pour le déterminer à jouir en France de cette pension?

Le projet admet un autre cas non exprimé par la Constitution, c'est celui d'un établissement fait en pays étranger sans esprit de retour ; rien, en effet, ne caractérise mieux l'abandon de sa patrie qu'un pareil établissement, et il serait impossible de ne pas spécifier ce cas ; mais on doit penser qu'il arrivera rarement. Il faudra de bien fortes preuves pour accuser un Français d'un tel abandon ; et ce qui doit rassurer, c'est que nulle preuve ne pourra même être alléguée contre lui à raison d'un établissement de commerce.

Si l'on peut supposer qu'un Français perde volontairement
sa qualité de Français, on doit supposer, à plus forte raison,
qu'il aura le désir de la recouvrer après l'avoir perdue; et
alors la patrie ne doit-elle pas être sensible à ses regrets, ne
doit-elle pas lui rouvrir son sein, lorsqu'elle est assurée de
leur sincérité? Ce ne doit plus être à ses yeux un étranger,
mais un enfant qui rentre dans sa famille. C'est d'après cette
idée, si naturelle, que le projet admet le Français qui se
trouve dans ce cas à recouvrer sa qualité de Français, pourvu
qu'il rentre en France avec la permission du gouvernement,
et avec l'intention de s'y fixer.

Mais la même confiance, la même faveur, doit-elle être
accordée à celui qui, sans y être autorisé par le gouvernement, a pris du service chez l'étranger, ou s'est affilié à une
corporation militaire étrangère? Non, sans doute : telle est
la complication des intérêts politiques de l'Europe, qu'entrer
au service militaire d'une puissance même alliée, c'est s'exposer volontairement à porter les armes contre sa patrie. Le
Français qui s'est conduit ainsi mérite moins d'égards qu'un
étranger; et lors même qu'il est admis à rentrer en France
et qu'il veut y recouvrer sa qualité de Français, il doit y
subir l'épreuve imposée aux étrangers pour y devenir citoyens.

Il y avait aussi une précaution à prendre à l'égard de tout
Français admis à recouvrer sa qualité de Français, c'était de
bien fixer le moment où ils reprendraient l'exercice des droits
attachés à cette qualité, et de leur interdire toute recherche
sur les transactions et les partages qui auraient pu avoir lieu
dans leur famille, avant qu'ils ne rentrassent dans la jouissance de leurs droits civils; et c'est ce qui a été sagement
réglé par le projet.

Il nous reste à parler de la privation des droits civils par
suite de condamnations judiciaires. Aux termes de la Constitution, toute peine afflictive ou infamante entraîne la perte
des droits politiques; mais celle des droits civils ne doit ré-

sulter que des peines capitales et tout au plus encore de celles
qui s'étendent à toute la durée de la vie. Quand un individu
a commis des crimes d'une gravité telle qu'il a dissous, autant qu'il a été en lui, le corps social, il doit en être retranché
pour jamais. Il ne peut donc plus participer à aucun de ses
avantages, il est exclu de la vie civile ; *il est mort civilement.*

L'effet naturel de *la mort civile* est donc de priver celui qui
en est frappé de toute participation aux droits civils désignés dans le projet. La mort civile ne peut résulter que d'une
peine capitale ou perpétuelle, et quand cette peine a été prononcée par un jugement contradictoire et définitif, on sent
que la société a fait au coupable une justice complète, et que
sa condition doit être fixée irrévocablement. Mais quand
l'individu n'a été condamné que par contumace, c'est-à-dire
sans avoir été entendu, sans même avoir été défendu par
personne, devrait-il être frappé d'abord de toute la rigueur
de la loi, et subir tous les effets de la mort civile ? Nous ne
dissimulerons pas ici que ce point a souffert beaucoup de
difficulté dans la discussion ; mais la sévérité du principe a
prévalu : en effet, la mort civile n'est pas précisément considérée comme une peine, mais comme une suite naturelle
de la peine, comme un effet inévitable de l'exécution du
jugement. Or, en cas de contumace, comme en cas de condamnation contradictoire, le jugement est exécuté, et n'im-
pliquerait-il pas contradiction que ce jugement fût exécuté
et qu'il restât sans effet ?

Cependant, en cas de condamnation par contumace, il
était impossible que l'indulgence, ou pour mieux dire l'é-
quité, ne vînt pas se placer à côté du principe pour en adoucir
la rigueur et le modifier dans différens cas. Quand un individu n'est condamné que par contumace, la loi lui accorde
cinq ans pour la purger, et si, dans cet intervalle, il se constitue prisonnier, ou s'il est arrêté, le jugement rendu contre
lui est anéanti avec tous ses effets, et il est jugé de nouveau.
La condamnation par contumace est donc conditionnelle.

révocable et résolutoire par sa nature, et de là résultent plusieurs exceptions qui ne peuvent pas s'appliquer au cas d'une condamnation contradictoire, définitive et irrévocable.

Ainsi, 1° les biens de celui qui n'est frappé de mort civile que par suite de l'exécution d'un jugement rendu par contumace, sont dévolus à ses héritiers et à tous ceux qui y auraient droit en cas d'ouverture par succession. Mais ils ne peuvent les prendre qu'en donnant caution, parce qu'ils seraient obligés de les rendre si le condamné reparaissait dans le délai de cinq ans.

2°. Son mariage est dissous quant à ses effets civils; cependant l'autre époux ne peut en contracter un nouveau durant le même intervalle de cinq ans; et, dans tous les cas, les enfans qui naîtraient de la femme dans cet intervalle seront légitimes, s'ils sont reconnus par le mari.

3°. Si le condamné meurt avant l'expiration des cinq ans, la loi le considère comme étant mort dans l'intégrité de ses droits. Il ne s'est pas justifié, il est vrai; mais il était encore dans le délai utile pour le faire, et, par une présomption favorable, on suppose qu'il en avait l'intention, et qu'il n'aurait pas manqué de le faire si la mort ne l'avait prévenu.

4°. Lorsque le condamné par contumace reparaît dans le délai des cinq ans, quand même le nouveau jugement qu'il doit subir emporterait également la mort civile, tous les effets du premier n'en seraient pas moins anéantis; mais aussi, ce délai passé, ces effets subsisteraient, quand même le condamné par contumace se ferait acquitter; il ne recouvrerait dans ce cas l'exercice de ses droits que pour l'avenir. La loi a bien voulu lui accorder un délai, et veiller, pendant la durée de ce délai, à la conservation de ses droits; mais il n'en a pas profité; dès-lors elle s'arme de toute sa rigueur, et ne stipule plus que dans l'intérêt de ceux qui ont recueilli les biens du condamné en rendant leur propriété certaine et incommutable.

Les idées adoptées dans cette partie du projet sont confor-

mes aux ordonnances et à la jurisprudence anciennes, excepté cependant dans ce qui regarde les biens du condamné.
Autrefois les biens étaient confisqués au profit du fisc; aujourd'hui ils restent dans la famille, toute idée de confiscation étant contraire aux principes consacrés par le nouveau
régime.

Le projet admet la prescription de la peine en faveur du
condamné; ainsi le veut l'humanité : mais cette prescription
ne s'applique qu'à la peine; l'individu ne reprend pas pour
cela l'exercice de ses droits civils; sa mort civile est perpétuelle : aussi s'il vient à acquérir des biens depuis l'exécution
de son jugement, et qu'il s'en trouve en possession au moment de sa mort naturelle, ces biens ne peuvent pas être
transmis à titre de succession ou de testament, puisque cette
transmission est un droit civil; mais ils tombent en déshérence dans la main de la nation : et ce n'est que pour satisfaire au vœu de la nature, et pour écarter de l'esprit du
gouvernement toute idée de fiscalité envers les particuliers,
que la loi l'autorise à disposer de ces biens en faveur de la
veuve, des enfans ou des parens du condamné.

Enfin le projet renferme une dernière disposition remarquable. On prévoit le cas où le gouvernement formera, hors
du continent, un établissement pour les individus condamnés
judiciairement à la déportation. Rendre cet établissement
profitable, en faire une espèce de colonie particulière, où
les condamnés, se livrant au travail, pourront devenir des
hommes utiles, et peut-être même vertueux, c'est une vue
dictée par la politique autant que par l'humanité. Or, pour
la remplir sûrement, il faut que les condamnés, du moment
où ils seront arrivés dans cette colonie, y puissent reprendre
une nouvelle vie civile, qui, à la vérité, ne pourra rien avoir
de commun avec celle qu'ils auront perdue, mais qui leur
donnera la faculté de former une nouvelle famille, et de recueillir tous les avantages que le droit civil attache aux personnes et aux choses.

Tels sont encore en raccourci, législateurs, les motifs de la deuxième et dernière partie du projet qui vous est présenté.

Le Corps législatif arrêta, dans cette même séance (11 frimaire), que le projet et l'exposition des motifs seraient transmis au Tribunat par un message.

COMMUNICATION OFFICIELLE AU TRIBUNAT.

RAPPORT FAIT PAR M. SIMÉON A L'ASSEMBLÉE GÉNÉRALE

Sur le chapitre de la jouissance des droits civils (*).

(Séance du 25 frimaire an X. — 16 décembre 1801.)

Tribuns, si jamais nous avions pu nous dissimuler la difficulté de composer un Code, nous la reconnaîtrions maintenant qu'il faut lutter avec les obstacles qu'élèvent les préjugés, les habitudes, les lumières même, et refaire en moins d'une année l'ouvrage des siècles.

Ils sont loin de nous, ces temps où des peuples peu nombreux et demi-sauvages recevaient des lois d'un homme de génie.

Alors, un législateur s'élevait comme un géant au milieu d'une foule convaincue de sa supériorité et subjuguée par la confiance ; il prononçait, on ne discutait pas, on obéissait.

Aujourd'hui, tout grand qu'il soit, le génie n'a plus la même puissance. Quoique peu d'hommes approchent de sa hauteur, un grand nombre est assez fort pour ne pas se courber sur sa parole, assez instruit pour soumettre ses conceptions à l'épreuve de l'examen.

(*) La commission spéciale du Tribunat, qui avait été composée des tribuns Boisjolin, Boissy d'Anglas, Cailleler, Chabot (de l'Allier), Siméon, Roujoux et Thiessé, chargea du rapport MM. Siméon et Thiessé, qui se partagèrent le travail : le premier prit la partie relative à la jouissance des droits civils, et le second ce qui était relatif à la privation de ces droits.

Il en résulte que les lois, au lieu de jaillir fortement d'un seul jet et en masse, se forment avec lenteur à travers mille cribles. Leur naissance devient pénible et laborieuse.

Cet accident, inévitable dans l'état présent, ne rebutera ni le gouvernement, ni les deux parties du pouvoir législatif.

Si le gouvernement, après avoir demandé un projet de Code civil à des hommes que l'estime publique lui désignait, a soumis leur travail à tous les tribunaux et au Conseil d'État; s'il a appelé les observations de tous les citoyens, ce n'est pas pour restreindre la discussion du Tribunat; elle s'agrandit nécessairement de toutes les questions déjà agitées.

Il n'en est pas d'un Code comme de ces lois d'administration ou de finances que le besoin réclame et presse à grands cris. Une loi particulière est-elle nécessaire? dès qu'elle ne blesse pas l'intérêt national, le Tribunat l'adopte, quoiqu'elle pût être meilleure.

Mais un Code doit être aussi parfait qu'il puisse le devenir. Dans ses décisions, dans sa rédaction même, tout importe, rien n'est minutieux. Il faut travailler pour la postérité, et lui offrir un ouvrage aussi pur que l'or et plus durable que l'airain.

Au milieu des obstacles dont nous sommes environnés, nous avons cet avantage que nos controverses ne touchent que de loin aux intérêts particuliers qui émeuvent les passions. Nous marchons dans le domaine des décisions générales et de l'opinion. Quelque route que nous y prenions, tous les sentiers sont battus. Nous trouverons dans tous des précurseurs et des guides respectables.

Soit que le gouvernement cède à nos observations, soit quelles frappent le Corps législatif ou qu'il ne s'y arrête pas, chacun aura rempli ses devoirs avec l'intention unanime du bien et du mieux possible.

tit. I.   Vous avez composé une commission pour l'examen du projet de loi *sur la jouissance et la privation des droits civils*.

Ce projet est divisé en deux titres : le premier, *de la jouissance des droits civils;* le second, *de leur privation*.

Celui-ci se subdivise en deux sections, *de la privation des droits civils par la perte de la qualité de Français;*

De leur privation par suite de condamnations judiciaires.

La commission a jugé convenable, pour hâter son rapport, de le diviser entre deux de ses membres. Depuis plusieurs jours vous auriez joui du fruit de cette précaution, si l'un d'eux n'avait dû s'occuper exclusivement de la dernière discussion ouverte au Corps législatif entre ses orateurs et ceux du gouvernement.

Je suis chargé de vous offrir le résultat de l'examen de la commission sur le premier titre.

Le second est échu en partage au citoyen Thiessé :

Le premier titre détermine, non en quoi consistent les droits civils, mais quelles sont les personnes qui en jouiront. ch. 1.

D'abord, tous les Français ; ce qui n'avait guère besoin d'être dit. Apparemment on a voulu marquer que tout Français a les droits civils, quoique tout Français n'ait pas les droits politiques attachés à la qualité de citoyen. 8

Les droits civils appartiendront aussi aux originaires Français nés en pays étrangers. C'est la maxime nationale de tous les temps. L'attachement que nous portons à notre sol et à nos compatriotes nous a toujours persuadés qu'on ne les abandonnait jamais que temporairement et avec le désir de les revoir. De là cette ancienne règle passée en axiome, que *le Français conserve toujours l'esprit de retour.* 10

Enfin, les étrangers qui voudront jouir de nos droits civils pourront les acquérir, mais seulement à l'égal de ceux que leurs nations nous accorderont chez elles. Ceci tient à l'importante question du droit d'aubaine. 11-13.

Telles sont les dispositions les plus remarquables du titre dont je dois vous préparer la discussion. Les autres, ou ne consistent qu'en détails accessoires, ou n'ont paru susceptibles d'aucune contestation sérieuse.

La commission s'est fait trois questions :

Premièrement, la faculté donnée aux originaires Français 10

de recouvrer les droits et la qualité perdus par leurs pères n'entraînera-t-elle pas des inconvéniens redoutables pour la tranquillité publique?

11-13.   Secondement, la réserve faite au gouvernement d'admettre la déclaration des étrangers qui voudront se fixer en France ne serait-elle pas en opposition avec l'article 3 de la Constitution?

Troisièmement, n'y aurait-il pas plus d'inconvénient dans la réciprocité de traitement à l'égard des étrangers, que dans une hospitalité généreuse et une adoption plénière envers ceux mêmes qui veulent encore maintenir contre nous des institutions barbares?

Les difficultés que ces questions présentent reçoivent des réponses ; je les placerai à côté des objections, et en développant les unes et les autres, je vous mettrai à portée de les apprécier.

10.   Le troisième article du premier titre, et qui y porte le numéro 11, est ainsi conçu :

« Tout enfant né d'un Français en pays étranger est Fran-
« çais.

« Tout enfant né en pays étranger d'un Français qui aurait
« perdu la qualité de Français pourra toujours recouvrer
« cette qualité, en faisant la déclaration qu'il entend fixer
« son domicile en France. »

J'ai déjà dit que la première disposition n'exprime qu'un principe dès long-temps consacré.

Il y a une objection sur la rédaction de la seconde, qu'il faut d'abord écarter.

Comment recouvrera-t-il, a-t-on dit, une qualité que son père, qui l'avait perdue, n'a pu lui transmettre? C'est *acquérir* qu'on aurait dû employer, au lieu de *recouvrer*.

Non : l'étranger *acquerra* ; mais l'originaire Français *recouvrera*. Son père a pu perdre sa qualité, mais il n'a pu altérer tout-à-fait le sang français qui coule dans les veines de son enfant; il n'a pu lui enlever ses aïeux ; et si cet enfant, meil-

leur que son père, veut revenir dans sa patrie, elle lui ouvrira ses bras, non comme à un enfant nouveau qu'elle acquiert, mais comme à un enfant qu'elle recouvre.

Une objection d'un genre plus important, la crainte que
les enfans des émigrés n'abusent de cet article, avait déjà
frappé plusieurs membres du Conseil d'État; le procès-verbal de leurs discussions nous l'apprend. On leur avait répondu
d'une manière satisfaisante, et surtout lorsque l'article était
rédigé ainsi que le présente ce procès-verbal.

Il paraît (a) que l'article avait été rédigé et adopté avec ces
termes : « né en pays étranger, d'un Français *qui aurait ab-*
« *diqué sa patrie.* » On pouvait dire que les émigrés n'étant
pas dans la classe de ceux qui ont abdiqué licitement leur
patrie, mais dans la classe de ceux qui en ont été privés par
la loi, leurs enfans ne pourraient pas réclamer la prérogative des originaires Français. Mais au lieu des mots *qui aurait*
abdiqué sa patrie, l'original du projet porte, par une correction, *qui aurait perdu la qualité de Français :* alors la crainte
que les enfans des émigrés n'abusent de cet article s'est renouvelée.

Il est plus d'une raison propre à la faire cesser.

Nous nous sommes d'abord informés pourquoi le projet
qui nous est transmis contient des expressions différentes de
celles qui sont consignées dans le procès-verbal du Conseil
d'État; nous avons su que, postérieurement, le Conseil a
pensé qu'il ne fallait pas admettre d'abdications, de peur
qu'il n'y en eût de frauduleuses; qu'il ne fallait reconnaître
que la perte ou la privation des effets civils : la perte, par les
faits mentionnés aux articles 21 et 25 de la première section
du titre second, et la privation, par la condamnation judiciaire, ou par les lois qui ont prononcé cette privation.

Les émigrés n'ont pas seulement perdu la qualité de Français par un fait qui l'efface, ils en sont privés pour un délit

_____

(a) Pages 16, 41, 59. 126 du procès-verbal. (4, 24. 42, 124 de ce volume.)

politique. Leurs enfans ne sont donc pas nés des Français
dont il s'agit dans la première section, mais des Français que
la seconde concerne.

A ceux qui pourraient craindre encore qu'on n'applique à
ces enfans les dispositions de la première section, on pourrait
répondre, ce me semble :

Premièrement, que les lois ont banni les émigrés à perpétuité, et non leur postérité ;

Secondement, qu'il faut distinguer à l'égard de leurs enfans.

Ou ces enfans étaient impubères lors de l'émigration, et
les lois n'ont pas poussé la rigueur jusqu'à les priver de la
qualité de Français, en les flétrissant d'émigration.

Ou ils étaient pubères, ou ils le sont devenus, et, dans ce
cas, ils sont, comme leurs pères, émigrés eux-mêmes.

Ou ils sont nés depuis l'émigration, d'un mariage auquel
la loi n'accorde pas les effets civils : la loi ne connaissant plus
leur filiation, elle ne reconnaît pas leur origine française ; ils
sont à ses yeux à l'instar des étrangers. Ils ne pourront venir
en France et y acquérir les droits civils, que dans les mêmes
formes et sous les mêmes conditions que les étrangers.

Quant aux prétentions que l'on pourrait redouter de leur
part sur les biens qui leur eussent appartenu sans l'émigration
de leurs pères, elles trouveraient un obstacle insurmontable
dans l'article 94 de la Constitution, et dans les dispositions
même du projet que nous discutons; puisque l'étranger n'acquiert les droits civils qu'après un an de séjour en France (a),
et que l'originaire Français qui les recouvre de suite ne les
recouvre que *pour l'avenir*. Il y en a une disposition expresse
dans l'article 24.

Le premier doute se trouve ainsi résolu.

J'en ai annoncé un second relatif à l'agrément du gouvernement pour l'établissement des étrangers en France.

(a) Art. 15.

On oppose l'article 3 de la Constitution, qui donne à l'étranger la faculté de devenir citoyen français, si, après avoir atteint l'âge de 21 ans accomplis, et avoir déclaré l'intention de se fixer en France, il y a résidé pendant dix années consécutives. La Constitution ne le soumet pas à l'agrément du gouvernement; pourquoi la loi y ajoute-t-elle cette condition?

Remarquons qu'il s'agit ici des droits civils, qui sont dans le domaine de la loi, et nullement des droits politiques, qui appartiennent à la Constitution, et auxquels seulement se rapporte l'article que l'on cite.

Mais quand il s'agirait des droits politiques et de la Constitution, il est défendu au législateur de l'altérer; mais lui est-il interdit de l'organiser, de développer les principes généraux qu'elle a posés?

Le législateur fait des lois pour l'exécution de la Constitution, comme le gouvernement fait des réglemens pour l'exécution des lois. N'en avons-nous pas mille exemples?

La Constitution exige une déclaration de la part de l'étranger qui veut se fixer en France; elle n'en a pas prescrit le mode : donc elle en a laissé le soin au législateur. Elle n'a pas dit que cette déclaration serait admise sans pouvoir être refusée; donc l'acceptation ou le refus du gouvernement n'est pas exclu par la Constitution.

Aurait-elle entendu, en effet, que l'on pût s'établir en France, et devenir Français, malgré les magistrats qu'elle a chargés de pourvoir à la sûreté intérieure de l'État? cela serait aussi trop étrange. Nous serions exposés à recevoir parmi nous ceux qui, n'ayant plus de patrie, voudraient s'enrichir de nos droits, et nous infecter de leurs vices.

Recevrons-nous la déclaration d'un individu condamné dans son pays à des peines infamantes, et celle d'un failli? Ces hommes que nous privons, quand ils sont nos concitoyens, de leurs droits politiques, et même quelquefois de leurs droits civils, parce qu'ils sont étrangers, on les admettrait chez nous sans examen, sans l'attache du gouvernement?

Nous exposerions-nous encore à recevoir le rebut des nations et cette espèce d'hommes qui accourt au bruit des révolutions récentes, comme des animaux carnassiers qui viennent s'engraisser sur un champ de bataille! On craint que le gouvernement ne puisse être trompé et céder quelquefois à des ressentimens étrangers, à des persécutions injustes... Cela se peut absolument; mais pourquoi présumer plus mal de notre gouvernement que de tout autre?

Le droit d'asile n'est-il pas constamment respecté en Europe, à quelques infractions près, dont l'exemple, tout révoltant qu'il est, ne saurait être dangereux, parce qu'il répugne aux sentimens d'humanité, et blesse la dignité des gouvernemens?

N'y a-t-il pas aussi une différence immense entre accorder asile à un proscrit, ou le doter de nos droits civils et l'élever au rang de citoyen?

Si un étranger malheureux, mais ardent, peut-être imprudent ou criminel, ne vient chercher chez nous que de l'obscurité et du repos, il les y trouvera toujours; mais s'il pouvait devenir, sans l'aveu du gouvernement, Français, et même citoyen, il faudrait, à son égard, proportionner la sévérité à la hauteur et au danger de ses prétentions; elles forceraient à lui ôter justement, dès le principe, l'asile dont il ne se contenterait pas.

Parce que la sentinelle sur la vigilance de laquelle on se repose peut être quelquefois trop inflexible, imaginerait-on de la retirer tout-à-fait? Renoncera-t-on à des précautions sages, de peur qu'on en abuse?

Les abus sont hypothétiques; s'ils arrivent, ils peuvent être corrigés. Le danger est sûr, imminent; et les précautions pour l'éloigner, si elles sont omises, peuvent causer un mal irréparable.

Que l'on soit jaloux de restreindre les droits du gouvernement à l'égard des citoyens, je le conçois ; mais on ne récla-
mera pas pour des étrangers comme pour les membres de la
famille. On ne voudra pas, par une philantropie excessive,
mettre la République en péril.

Pour ceux que ces observations ne convaincraient pas encore, il y a une réponse décisive et textuelle dans le projet
lui-même.

L'article 12 dit : « L'exercice des droits civils est indépen-
« dant de la qualité de citoyen, laquelle ne s'acquiert et ne
« se conserve que conformément à la loi constitutionnelle. »

Ainsi on acquerra, s'ils le veulent, les droits politiques par
une déclaration de se fixer en France sans l'aveu du gouvernement et par une résidence de dix ans. La Constitution
sera facile et débonnaire à cet excès pour les droits constitutionnels qui lui appartiennent.

Mais la loi qui donne les droits civils pour un temps beaucoup plus court, et après un an, peut y mettre la condition
du consentement de l'autorité administrative et exécutive.

L'épreuve de dix ans pour les droits constitutionnels pourrait paraître assez longue pour ne pas exiger l'agrément
préalable.

Celle d'un an est trop courte pour ne pas le rendre nécessaire, au moins très-utile.

Et dans quel pays peut-on acquérir des droits civils sans
l'aveu du magistrat?

La République appartient à un Français comme sa famille ;
on ne peut la lui enlever par voie de gouvernement, mais
l'étranger qui veut s'y établir requiert une adoption. Pour
l'adoption civile comme pour l'adoption domestique, il faut
le double consentement de l'adoptant et de l'adopté.

La réciprocité établie pour la jouissance des droits civils
entre les étrangers et les Français forme la troisième difficulté.

Les écrivains les plus éclairés condamnaient depuis long-temps le droit d'aubaine : je ne citerai que Montesquieu (a). Il en parle comme d'un droit insensé introduit par les barbares quand ils envahirent l'empire romain. Dans ces temps-là, dit-il, les hommes pensèrent que les étrangers ne leur étant unis par aucune communication du droit civil, ils ne leur devaient d'un côté aucune sorte de justice, et de l'autre aucune sorte de pitié.

L'ancien gouvernement avait renoncé à ce droit dans un très-grand nombre de traités. Une déclaration de 1739 l'avait aboli, même à l'égard des Anglais, pour tous les biens et effets mobiliers; l'Anglais et le Français pouvaient en disposer et les recueillir dans les deux territoires respectifs.

Il n'y avait plus que quelques pas à faire : l'Assemblée constituante n'hésita pas; elle pensa que le profit de ce droit odieux était très-modique, et que le gain qui résulterait de sa suppression serait immense; les étrangers, qu'il n'écarterait plus, s'empresseraient de venir jouir des avantages et des agrémens de notre sol, et bientôt ils s'y fixeraient irrévocablement. La guerre seule a retardé les fruits de cette heureuse spéculation, dont on connaissait déjà partiellement le succès dans toutes les villes où la franchise avait été anciennement établie, telles que Marseille et Dunkerque.

La commission partage entièrement l'opinion de l'Assemblée constituante : elle pense que le système de réciprocité adopté dans le projet de loi, et qui a d'abord une grande apparence de justice et de raison, ne convient point à notre situation.

Certaines nations se féliciteront de cette réciprocité qui secondera les efforts extraordinaires qu'elles font pour retenir leurs habitans, et les empêcher de céder aux attraits qui les appellent en France. Si en maintenant chez elles notre incapacité d'y disposer et d'y recueillir, elles nous ramènent à de

_____
(a) Esprit des Lois, liv. XXI, chap. 17.

semblables prohibitions, elles vont redoubler de rigueur, afin que, rigoureux à notre tour, nous renforcions les barrières qu'elles ont intérêt d'élever, tandis que le nôtre est de les abattre.

Nous venons bien de renouveler l'exemple, quoique toutes les nations ne l'aient pas imité, des égards accordés au pavillon neutre, et portés jusqu'au respect, des marchandises ennemies qu'il couvre. Cette stipulation peut nous être préjudiciable, mais nous avons cru la devoir à la liberté des mers : pourquoi ne sacrifierions-nous pas, avec beaucoup moins de risques, le droit d'aubaine à la liberté de la terre?

Néanmoins, attendu que cette question est tout-à-fait politique, que le gouvernement peut avoir eu pour la décider des raisons que nous ne savons pas, et qu'il ne doit peut-être pas faire connaître dans ce moment, la commission n'ose pas préférer sa propre opinion. Elle ne pense pas que le projet de loi puisse être rejeté, parce qu'il établit la réciprocité entre les étrangers et nous, plutôt que de maintenir l'abandon généreux qu'avait fait l'Assemblée constituante.

Si le projet de loi n'était formé que du premier titre que je viens d'examiner dans ses trois principales et plus délicates dispositions, nous vous en proposerions donc l'adoption. Mais il s'élève dans le second titre des difficultés plus graves, et qui ont paru à la majorité de la commission devoir déterminer le rejet. Elles vous seront développées par notre collègue Thiessé.

Les vices du second titre nous rendent le droit de devenir plus sévères sur le premier. Pensant que le gouvernement pourrait amender son projet, ou que le Corps législatif ne le sanctionnera peut-être pas, nous ne devons omettre aucune des observations qui peuvent servir à améliorer ce premier titre, que nous adopterions, s'il était seul.

Sous ce rapport, il me reste à vous y indiquer des défauts qui ne fourniraient pas des raisons de rejet, mais qui, dans une nouvelle rédaction, devaient en être effacés.

11.

8   L'article premier est ainsi conçu : *Tout Français jouira des droits civils résultant de la loi française.*

Le parti sage, à beaucoup d'égards, qu'on a pris de ne point donner de définitions, entraîne dans ce projet de graves inconvéniens.

C'était sans doute pour les prévenir que le tribunal de cassation avait proposé un article qui eût indiqué les deux classes des droits civils. Les auteurs du projet général de Code, dont on a plus d'une fois à regretter que le travail n'ait pas été préféré, avaient aussi marqué la différence du droit civil proprement dit, et du droit civil général.

Ceci n'est pas de la science ; ce sont des notions élémentaires qu'il faut rappeler, si l'on veut être entendu, et ne pas donner lieu à la confusion de droits essentiellement différens.

Un état n'est autre chose qu'une unité d'obéissance, de domination, de lois et de patrie, à la faveur de laquelle les citoyens unis participent aux effets civils du droit de la nation : ceux qui forment cette unité sont les seuls qui puissent réclamer les avantages qu'elle produit. Ce qui caractérise essentiellement le droit civil, c'est donc d'être propre et particulier à un peuple, et de ne point se communiquer aux autres nations (a); il ne se communique point, parce que les hommes attachés à une terre étrangère, citoyens ou sujets dans leur patrie, ne peuvent être en même temps citoyens ailleurs. Soumis à une domination étrangère, ils sont affectés par la loi civile de leur pays, c'est-à-dire par le droit propre et particulier de la nation dont ils sont membres : ils ne peuvent par conséquent recevoir les impressions d'un autre droit civil propre et particulier à une autre nation. Les successions étant de droit civil, parce que c'est la loi qui les défère ou qui permet d'en disposer, la ca-

(a) *Quod quisque populus sibi jus constituit, id ipsius proprium civitatis est, vocaturque jus civile quasi jus proprium ipsius civitatis.*

pacité de succéder est un des principaux effets du droit civil proprement dit.

Au contraire, les effets du droit naturel se communiquent partout à l'étranger comme au citoyen. Pour en jouir, il n'est pas nécessaire d'être membre d'une certaine nation plutôt que d'une autre : il suffit d'être homme.

C'est du droit naturel que dérivent presque tous les contrats. Les particuliers sont obligés entre eux et dans le même état, et d'un état à l'autre, par toutes les conventions licites qu'ils font réciproquement. Si les étrangers ne peuvent réclamer les droits qui naissent de la loi civile, tels que ceux des successions et des testamens, ils peuvent, tout comme les citoyens, exercer les actions qui descendent des contrats. C'est là le droit *général*. Ils peuvent, à moins d'une loi prohibitive expresse, acquérir et posséder des biens, les échanger, les vendre, les donner entre-vifs ; mais ils ne peuvent ni disposer ni recueillir à cause de mort.

En un mot, le droit civil proprement dit est celui de chaque cité ou de chaque nation.

Le droit civil général est celui de tous les hommes civilisés.

On semble avoir perdu de vue dans le projet de loi cette distinction fondamentale, lorsqu'on y a énuméré les droits civils dont la condamnation judiciaire emportera la privation. M. Thiessé vous fera remarquer les dispositions vicieuses qui en sont résultées.

Il est dans mon lot à moi de remarquer que le premier article du premier titre paraît oiseux. A-t-on besoin de dire que tout Français jouira des droits civils résultant de la loi française? Pour qui la loi française les aurait-t-elle établis, si ce n'est pour eux?

Mais où les a-t-elle établis? le Code est muet à cet égard. Il faudra donc les chercher dans les anciennes lois, dans les fastes de la jurisprudence, dans les élémens de la science du droit? Si l'on a voulu s'y rapporter afin d'éviter des détails, n'aurait-il pas fallu se borner à dire : jouira *des droits civils?* Ajouter *résultant de la loi française*, c'est les particulariser; et, dans ce cas, la nouvelle loi française ne devrait-elle pas dire en quoi ils consistent?

13   L'article 15 du projet ne donne les droits civils à l'étranger qu'après un an de résidence. Pendant cette année il ne les a donc pas? Pendant cette année ne pourra-t-il pas se marier, jouir des effets civils du mariage, ester en jugement? Sera-t-il au milieu de nous comme un mort civilement? Cela serait absurde, et ce n'est certainement pas l'esprit du projet: tel qu'il est même, on ne peut pas en tirer cette conséquence. Mais faute d'avoir fait connaître ce qu'on entend par les effets civils résultant de la loi française, la rédaction laisse des doutes, présente des obscurités qui ne sauraient être des motifs suffisans de rejet, mais qu'il est à désirer de voir disparaître, s'il y a lieu, à une nouvelle rédaction.

Peut-être serait-on plus clair si, sans parler des droits civils, puisqu'on ne croit pas devoir les définir, on disait : Les étrangers ne jouissent pas en France de tels droits ou de telles facultés; ils jouissent de toutes les autres à l'égal des Français.   .

9   Art. 2. *Tout individu né en France est Français.*

Cette rédaction ne présente-t-elle pas quelque chose de bizarre?

Le fils d'un Anglais peut devenir Français; mais le sera-t-il par cela seul que sa mère, traversant la France, l'aura mis au jour sur cette terre étrangère à elle, à son mari, à ses parens?

Si chaque nation fait une telle déclaration, nous perdrons autant de Français que nous en gagnerons. On n'appartiendra plus à sa famille et à sa nation. La patrie dépendra moins de l'affection qui y attache, du choix et de l'établissement, que du hasard de la naissance.

Cependant l'article est bon en lui-même. Quelque riche que nous soyons en population, nous pouvons acquérir en-

ore. Ouvrons nos portes aux étrangers, profitons du hasard qui leur donnera des enfans chez nous ; mais ne nous en saisissons pas malgré eux. C'est une offre que nous leur devons faire, un bienfait que nous leur accorderons ; nous ne leur imposerons pas une servitude.

En Angleterre, tout enfant qui y naît est généralement sujet du roi, nous dit Blackstone. Cela se ressent de la féodalité ; cela n'est point à imiter. Ce qui l'est, c'est d'accorder à l'individu né en France les droits des Français, s'il ne veut pas rester attaché à sa patrie originaire.

Si l'individu né en France peut la quitter, ce qu'on ne lui contestera certainement pas, c'est donc uniquement de sa volonté qu'il doit dépendre d'être Français. Au lieu de le déclarer Français, ne vaudrait-il pas mieux dire : *Tout individu né en France d'un étranger y jouira des droits civils des Français.?*

On peut absolument, il est vrai, le réputer Français jusqu'à déclaration contraire ; mais si l'on pousse à ce point la prérogative du lieu de la naissance, on s'expose à ce que l'étranger né en France et n'y résidant pas, mais disant qu'il n'a pas renoncé à sa prérogative et qu'il a conservé l'esprit de retour, vienne recueillir des successions en France, tandis que des Français n'en recueilleront pas dans son pays.

Cela n'est pas une difficulté aux yeux de ceux qui voudraient, comme la commission, maintenir la suppression absolue du droit d'aubaine ; mais c'en est une dans le système du projet de loi qui rétablit ce droit. C'est en quelque sorte une inconséquence.

Nous nous sommes demandé si, dans les articles 9 et 10, 8 et 9. on entend par Français et par individus nés en France, les Français des colonies et les individus qui y naissent de parens étrangers. Nous le pensons. Nous croyons que si le gouvernement avait entendu le contraire, il l'aurait expliqué.

Les colonies ne sont pas la France proprement dite : mais les colons sont des Français ; ils ont toujours joui des droits civils des Français ; ils ont toujours été régis par nos lois, sauf

les exceptions particulières qu'exige la différence de clima
et de mœurs. Le seul doute à se former serait, ce semble,
sur l'admission de tous ceux qui naîtraient dans les colonies
aux droits politiques. Mais il ne s'agit ici que des droits civils; nous devons croire qu'ils appartiennent aux Français
colons comme aux Français républicains : peut-être serait-il
nécessaire de déclarer que le Code leur appartiendra aussi.
Quand les colonies faisaient partie de la République, cette
déclaration eût été superflue, elle ne le serait pas aujour-
d'hui qu'elles lui sont subordonnées.

7, 11 à   Les articles 12, 13, 14, 15, 17, 19 et 20 ne nous pa-
16   raissent susceptibles d'aucune observation.

3   L'article 16 soumet l'étranger, pendant son séjour en
France, à nos lois de police et de sûreté, et déclare que les
biens que l'étranger y possède seront, lui présent ou non,
régis par nos lois.

Ib.   L'article 18 prononce que le Français résidant en pays
étranger y est suivi, quant à sa capacité, par les lois de France,
et que ses biens de France y restent soumis aux lois locales.

Ces deux articles nous paraissent étrangers aux droits civils, et seraient mieux placés dans le titre précédent, *des
effets des lois*. C'est évidemment un de leurs effets, d'obliger
les personnes et de régir les biens qui sont sur leur territoire,
quels qu'en soient les propriétaires.

Telles sont, tribuns, les observations préparatoires à votre
discussion, que la commission dont je suis membre, avec
MM. Boisjolin, Boissy, Chabaud (de l'Allier), Caillemer,
Roujoux et Thiessé, m'a chargé de vous présenter.

Nous les présentons en même temps au public témoin de
nos discussions, aux membres des tribunaux, pour les
joindre à celles qu'ils ont faites, et au gouvernement, afin
de concourir, autant qu'il sera en nous, à la formation de
ce Code, qui doit être le résultat de toutes les lumières et de
toutes les bonnes idées.

RAPPORT FAIT PAR M. THIESSÉ

Sur la partie relative à la privation des droits civils.

(Séance du 27 frimaire an X. — 18 décembre 1801.)

Tribuns, le projet de loi sur la jouissance et la privation des droits civils se divise en deux titres.

Quelles sont les personnes qui jouissent de ces droits? C'est la matière du premier titre.

Quelles sont les causes qui les font perdre? C'est la matière du second.

Ce second titre est intitulé : *De la privation des droits civils.* Il se divise en deux sections.

Dans la première, on indique les cas qui *causent la* PRIVATION DES DROITS CIVILS PAR LA PERTE DE LA QUALITÉ DE FRANÇAIS.

Le second traitre de *la* PRIVATION DES DROITS CIVILS PAR SUITE DES CONDAMNATIONS JUDICIAIRES.

Votre commission, tribuns, m'a chargé de vous rendre compte de ce deuxième titre. Ainsi, la privation des droits civils, 1° par la perte de la qualité de Français, 2° par suite des condamnations judiciaires, seront exclusivement la matière de ce rapport.

Je suis l'ordre du projet livré à votre discussion, et j'examine la section Ire, intitulée : *De la privation des droits civils par la perte de la qualité de Français.* sect. 1.

Il doit être entendu, avant tout, que l'acception du mot *Français*, dans tout le système du projet, veut dire seulement un individu *qui jouit des droits civils résultant de la loi française.*

Maintenant nous trouvons dans l'art. 21 (c'est le premier du second titre) quatre causes générales qui font perdre la jouissance de ces droits : 17

La naturalisation acquise en pays étranger ;

L'acceptation de fonctions publiques conférées par un gouvernement étranger, quand cette acceptation n'a pas été autorisée par le gouvernement français ;

L'affiliation à toute corporation étrangère qui exigera des distinctions de naissance ;

Enfin, tout établissement fait en pays étranger sans esprit de retour. .

Votre commission n'a eu qu'un doute en examinant ces quatre causes, c'est celui de savoir s'il est bon que le gouvernement puisse maintenir, ou non, dans l'exercice des droits civils en France, un Français qui accepte des fonctions publiques d'un gouvernement étranger.

Il a paru qu'une telle acceptation caractérisait assez formellement une abdication positive, pour qu'on ne considérât plus comme Français celui qui se dévouait, d'une manière aussi absolue, au service de l'étranger.

Quoiqu'il soit évident que les droits civils diffèrent des droits politiques, ils émanent pourtant si souvent des mêmes causes ; si souvent ils se maintiennent et se perdent de la même manière, qu'il paraîtrait sage de ne détruire cette analogie que dans des cas justifiés par la nécessité.

La Constitution fait perdre les droits politiques à celui qui accepte des fonctions d'un gouvernement étranger.

Et ici ce fonctionnaire étranger conservera comme Français tous les droits civils résultant de la loi française.

Cette contradiction est contre la nature des choses ; le projet l'avoue : et sa disposition générale est que le fonctionnaire public étranger ne jouisse pas en France des droits civils résultant de la loi française ; mais il veut que le gouvernement ait le droit d'en excepter ceux qu'il autorisera à accepter ces fonctions. *En effet*, dit-on dans l'exposition des motifs, *quand cette autorisation a été donnée à un Français, ne doit-on pas supposer que ce n'est que dans l'intérêt public, ou dans un intérêt privé, honnête et légitime, qu'il a accepté des*

fonctions chez une puissance étrangère ; et dans ce cas n'y au-
rait-il pas de la dureté, et même de l'inconséquence, de le dé-
pouiller de la qualité de Français ?

Vous examinerez, tribuns, si cette supposition suffit pour
déroger au principe général ; si parce que cette exception de
faveur est colorée de motifs d'intérêt public, et que l'intérêt
privé du fonctionnaire étranger est honnête et légitime, on
doit tout à la fois le faire participer aux avantages de sa patrie
qu'il quitte, et de la nouvelle patrie qu'il adopte.

Il est une observation particulière à faire sur la quatrième
partie de l'art. 21 ; c'est qu'en déclarant que la qualité de
Français se perdra par tout établissement fait en pays étranger, sans esprit de retour, on ajoute que les établissemens de
commerce ne pourront jamais être considérés comme ayant
été faits sans esprit de retour :

Ce qui comprend les établissemens qui porteront et qui
ont déjà porté à l'étranger les branches de notre industrie
nationale ; industrie qui pourra être grossie, par la suite, de
toute la valeur des successions qu'on viendra recueillir en
France : cet inconvénient vous paraîtra peut-être de quelque
importance.

L'art. 22 présente cette difficulté, que le Français qui
voudra recouvrer cette qualité en rentrant en France, ne le
pourra qu'avec l'autorisation du gouvernement.

Si l'on peut supposer (dit-on en explication de cet article),
« si l'on peut supposer qu'un Français perde volontairement
« sa qualité de Français, on doit supposer, à plus forte rai-
« son, qu'il aura le désir de la recouvrer après l'avoir per-
« due... La patrie doit lui rouvrir son sein ; ce ne doit plus
« être à ses yeux un étranger, mais un enfant qui rentre dans
« sa famille. »

Ces vérités sont prises dans la nature de l'homme. Les
souvenirs de l'enfance, l'attachement à sa patrie, à sa famille,
ne s'effacent jamais ; mais c'est par cette raison qu'on ne voit
pas pourquoi ces enfans ne pourraient plus revenir au sein

de leur famille, si le gouvernement ne les y autorisait. Dira-
t-on qu'il ne serait pas prudent de recevoir de l'étranger des
hommes qui auraient pu y devenir criminels? mais la précaution qu'il y aurait à prendre pour quelques-uns pèserait
alors sur tous, ce qui est contraire aux principes généraux
de toute législation. La loi doit être faite pour le plus grand
nombre.

Jusqu'ici on a pensé que les exceptions, qui ne s'appliquent
qu'à quelques-uns, ne doivent avoir lieu qu'après la vérifi-
cation des faits, quand surtout ces faits sont incriminans.

Par exemple, l'art. 13 du Code des délits et des peines
porte, « que, sur la preuve des poursuites faites contre les
« étrangers, dans les pays où ils ont commis des délits, si
« ces délits sont du nombre de ceux qui attentent aux per-
« sonnes ou aux propriétés, et qui, d'après les lois françaises,
« emportent peine afflictive ou infamante, ils sont condamnés
« par les tribunaux correctionnels à sortir du territoire fran-
« çais, avec défenses d'y rentrer, jusqu'à ce qu'ils se soient
« justifiés devant les tribunaux compétens. »

On remarque dans cet article l'application de deux principes : le premier, qu'un fait incriminant doit être vérifié ;
le second, qu'il doit l'être par les tribunaux, parce qu'il n'y
a que là qu'un inculpé puisse se défendre.

Il n'est pas besoin de dire que les anciens Français qui
rentrent en France sont toujours en assez grand nombre,
pour que les chefs du gouvernement ne puissent pas par eux-
mêmes vérifier la conduite passée de tous : de là la nécessité
de livrer cet examen à des bureaux qui décideront si des
Français reverront ou ne reverront pas le lieu qui les a vus
naître, leur famille, une mère expirante qui attend, pour
dernière consolation, la douceur de rendre le dernier soupir
dans les bras de son fils, dans le sein de ses petits-enfans.

19   L'art. 23 exige aussi cette autorisation pour une Française
qui, ayant épousé un étranger, voudrait, lorsqu'elle est veuve,
rentrer en France et s'y fixer.

L'art. 24 mérite toute votre attention. Il parle des effets 20
qui résulteront de la rentrée en France, 1° de ceux qui, ayant
perdu les droits de Français dans le cas de l'art. 21, les recouvreront par les moyens indiqués dans les art. 22 et 23;
2° des *enfans* nés en pays étranger, d'un Français qui aurait
perdu la qualité de Français : c'est le cas prévu par l'art. 11.

On déclare donc, par l'article 24, que les Français qui ont
perdu la qualité de Français et les *enfans* des Français nés,
en pays étranger, d'un Français qui avait perdu cette qualité
de Français, pourront toujours la recouvrer;

Mais qu'ils ne pourront s'en prévaloir *que pour l'exercice
des droits ouverts à leur profit depuis l'époque de leur rentrée
autorisée.*

Les enfans mentionnés dans l'art. 11 peuvent être *les enfans d'émigrés* (a).

On avait demandé d'abord si, nés à l'étranger d'un père
ayant perdu la qualité de Français, ils n'étaient pas étrangers, et si conséquemment ils pouvaient devenir Français par
d'autres moyens que ceux qui sont accordés à l'étranger.
S'ils ne le peuvent pas, disait-on, quand ils reviennent, ils
acquièrent la qualité de Français; c'est donc ce mot qu'il
faut employer, et non pas dire qu'ils la *recouvrent,* parce que,
ne l'ayant jamais eue, c'est pour eux une *acquisition,* et non
pas une *recouvrance.*

On a répondu : Il est bien vrai qu'ils n'ont jamais été Français; mais leur père ayant eu autrefois cette qualité, la faveur de cette origine l'emporte sur toute autre considération.
En cela on ne les assimile pas au fils de l'étranger; ils *n'acquièrent pas simplement,* mais ils *recouvrent* leurs droits.

S'ils les *recouvrent,* a-t-on répliqué, on en conclura qu'ils
ne les ont jamais perdus : alors il faut savoir à quelle *époque*
remontera l'exercice de ces droits recouvrés.

(a) M. Siméon, dans son rapport, a exposé des doutes et des raisons sur le point de savoir si
cet article regarde ou ne regarde pas les enfans d'émigrés : nous penchons à croire qu'il peut leur
être appliqué.

Ici on est entré dans le détail, et on a dit :

Les enfans *des émigrés* se présenteront donc pour recueillir les successions qui ne seraient pas prescrites ?

« *On a répondu : oui. On ne peut ôter ce droit aux enfans*
« *mineurs* (a).

« *On peut tout au plus refuser la successibilité aux ma-*
« *jeurs, s'ils ne rentrent pas dans l'année de l'ouverture de la*
« *succession.* »

Mais, a-t-on observé, « la tranquillité des familles serait
« troublée si l'on admettait les enfans à reprendre les suc-
« cessions recueillies et partagées pendant l'expatriation de
« leur père..... » -

« *La loi naturelle ne permet pas d'exclure les enfans qui sont*
« *dans l'étranger.* »

« Mais au moins on ne devrait pas les admettre à *reprendre*
« les biens héréditaires qui auraient été *aliénés*, afin de ne
« pas *troubler les tiers acquéreurs*, et ne pas causer une longue
« suite de *procès en garantie.* »

« *Si cette modification était admise, on pourrait éluder les*
« *droits des enfans par des aliénations scandaleuses...* »

Cette controverse n'a pas besoin de commentaire : les conséquences déduites du mot *recouvrer* ont paru si effrayantes,
qu'il a fallu les limiter par un texte formel ; et ce texte est
celui-ci :

Les individus qui *recouvreront* la qualité de Français *ne*
pourront *s'en prévaloir que pour l'exercice des droits ouverts*
depuis cette époque.

L'époque est composée de deux conditions :

1°. *Faire* une déclaration qu'on entend fixer son domicile
en France.

2°. Rentrer en France avec l'autorisation du gouvernement.

Ainsi, citoyens, comme cette déclaration, cette autorisation, auront l'effet de donner à des individus rentrans des

(a) Page 52 de la discussion du Conseil d'État (36 de ce volume.)

droits qui préjudicieront à des tiers, comme elles pourront donner lieu à des exclusions, peut-être à des expropriations, il semble que ces déclarations devraient être authentiques, d'une date invariable; qu'elles devraient être reçues, par l'autorité civile, comme formant une partie essentielle, intégrante, de l'état des personnes, et tenant à l'ordre des successions.

Le projet ne dit rien à cet égard, et il est sûr pourtant qu'on ne peut pas se réserver d'en faire la matière d'un réglement.

L'article 25 est particulier aux Français qui prendraient [21] du service militaire à l'étranger, ou qui s'affilieraient à des corporations militaires, sans l'autorisation du gouvernement: ils perdent la qualité de Français.

On a eu raison de dire que, dans l'état de complication où se trouvent les intérêts de l'Europe, il serait difficile de savoir, en portant les armes à l'étranger, jusqu'à quel point on s'exposerait à combattre contre les intérêts de sa patrie. Pour y rentrer, il paraît donc sage de ne le permettre qu'avec l'autorisation du gouvernement.

L'article ajoute, et cela doit être : Sans préjudice des peines prononcées par la loi criminelle contre les Français qui porteraient les armes contre leur patrie.

Telles sont, tribuns, les dispositions de la première section du projet, au titre II ; telles sont les réflexions auxquelles elles semblent donner lieu : votre commission les livre à vos méditations.

DE LA SECONDE SECTION, INTITULÉE : DE LA PRIVATION DES [sect. 2.] DROITS CIVILS PAR SUITE DES CONDAMNATIONS JUDICIAIRES.

Avant d'en examiner les dispositions particulières, il faut en exposer la théorie générale.

La voici :

Il y aura des *peines* dont l'effet sera de priver celui qui y [25]

sera condamné de toute participation aux droits civils, don
voici l'énumération :

Le condamné perdra la propriété de tous ses biens ; sa suc-
cession sera ouverte au profit de ses héritiers.

Il ne recueillera plus de succession.

Il ne transmettra plus, à titre d'hérédité, ce qu'il acquerra
par la suite.

Il ne pourra donner ni recevoir.

Il ne pourra être tuteur ni concourir aux opérations de la
tutelle.

Il ne pourra être témoin dans un acte authentique ni en
justice.

Il ne pourra ester en jugement que sous le nom d'un curateur

Il sera incapable de contracter un mariage légal.

Son mariage contracté avant, sera dissous dans tous ses
effets civils. Son époux, ses héritiers exerceront chacun leurs
droits.

Quelles seront les *peines* qui produiront tous ces effets?

23   1°. Ce sera la condamnation à la mort naturelle.

24   2°. La condamnation aux autres peines afflictives auxquelles la loi attacherait cet effet.

L'article 36 *l'attache* spécialement à la peine de la déportation perpétuelle.

sect. 2.   Ainsi, jusqu'ici, voilà deux points bien positifs d'arrêtés
selon le projet : la peine de mort et celle de la déportation
perpétuelle priveront le condamné des droits civils que nous
venons d'énumérer; cette privation s'appellera *mort civile.*

Quant aux autres peines afflictives dont parle l'article 27,
cela est éventuel, parce qu'on ne connaît pas encore de loi
qui attache à aucune d'elles la privation des droits civils.

Voici maintenant comment le projet organise l'exécution
du principe de la mort civile.

Il considère le condamné sous deux rapports : — Comme
présent, comme fugitif.

Comme présent, le jugement de sa condamnation est contradictoire ; on l'exécute en sa personne, et peut-être, en cet état, est-il assez inutile de parler des effets de la mort civile, puisqu'ils sont enveloppés dans ceux de la mort naturelle.

Comme fugitif, on le condamne par défaut, c'est-à-dire par *contumace ;* et le jugement de condamnation s'exécute par *effigie*.

Ici on a dit (en vertu du principe posé, que toute condamnation à mort naturelle emportait mort civile) que, du jour de l'*exécution* par effigie, les biens du condamné appartenaient à ses héritiers ; son mariage était dissous ; les enfans qui naîtraient seraient bâtards, etc., etc.

Mais quelque apparente que soit une fiction, il est impossible qu'elle ait les mêmes effets que la vérité : par exemple, il est impossible qu'un homme, quoique condamné à mort, quoique exécuté par effigie, soit mort en effet s'il n'a pas été atteint corporellement.

Or, le premier effet qui résulte de son existence vitale, c'est qu'il peut se représenter devant ses juges, qu'il peut eur dire : Vous m'avez injustement condamné ; je demande jue vous procédiez à un nouvel examen de mon procès : c'est jue, par suite de cet examen, il peut être acquitté, rendu à a famille, à la société entière.

Ici on se demande comment on lui rendra ses biens passés ntre les mains de ses héritiers ; comment son mariage, qui a essé d'exister, redeviendra légitime ; comment ses enfans és depuis la condamnation effaceront la tache de la bâtarise, etc. ; ainsi de suite, pour le rétablissement de ses droits ui lui ont été enlevés.

Voici, sur ce point, le tempérament que le projet propose. Quant aux biens, d'abord il dit que la *veuve*, notez bien mot *la veuve d'un homme vivant ;* que la veuve et les héri-rs ne pourront se mettre en possession des biens du conmné, pendant les cinq premières années, qu'en donnant ution.

Quant au mariage, qu'il ne sera que provisoirement dissous ; que ce provisoire autorisera bien la veuve à faire liquider tous ses droits, mais pourtant qu'elle ne pourra se remarier qu'après les cinq années.

Enfin, quant à l'état des enfans qui naîtront dans les cinq années, ils seront bâtards, si le père ne se fait pas juger de nouveau ; ils seront légitimes, s'il reparaît ou est constitué prisonnier, quel que soit l'événement du second jugement.

Tels sont les expédiens proposés par le projet, dans le cas où le condamné par contumace se constitue prisonnier, ou est repris dans le cours des cinq années qui suivent sa condamnation.

Mais ici toutes les difficultés ne sont pas vaincues ; il faut prévoir encore le cas où le condamné ne se représenterait qu'après cinq années.

Dans ce cas, le projet décide : Que le condamné soit ou ne soit pas absous par le second jugement, il perdra sans retour tous les biens qui ont passé à ses héritiers par l'effet du premier : son mariage, on ne voit pas s'il demeure en dissolution complète, et s'il sera obligé de se remarier avec son ancienne épouse, ou bien simplement s'il y aura une dissolution temporaire qui commencera le jour du premier jugement, et qui finira le jour du second.

Quant aux enfans que sa femme ou sa veuve aura pendant cet intervalle, ils seront ou ne seront pas légitimes, suivant qu'il déclarera ou qu'il ne déclarera pas les reconnaître.

Tels sont les moyens employés pour résoudre les difficultés de cette seconde époque ; mais il en reste une troisième, que voici :

Le condamné peut être vingt années sans se représenter : les lois alors veulent que la peine prononcée contre lui soit prescrite, et par conséquent qu'on ne puisse plus l'appliquer en sa personne.

Quel sera son état civil pour le passé ? Quel sera-t-il pour l'avenir ?

Pour le passé, le projet décide que ses biens sont perdus ; que sa femme, quoiqu'elle ait pu ne pas le quitter une minute, est sa veuve, et que leurs enfans ne sont pas légitimes.

Pour l'avenir, elle le laisse en état de mort civile ; il ne peut ni maintenir son mariage ni en contracter un nouveau ; ses enfans nés et à naître seront bâtards, et sa succession appartiendra au fisc par déshérence : le fisc pourra pourtant faire des dispositions en faveur de la veuve et des enfans.

Ces trois cas ainsi résolus pour les condamnations par contumace, soit qu'elles prononcent la peine de mort, soit qu'elles prononcent la peine de la déportation perpétuelle, il reste à examiner les effet civils de la condamnation, non par contumace, mais contradictoire, dans le cas de la peine particulière de la déportation.

Le condamné, dit le projet, perdra tous les droits mentionnés dans l'art. 28 : il les perdra du jour de l'exécution du jugement : ainsi, ses biens passeront à ses héritiers, son mariage sera dissous, les enfans de sa femme ne seront plus les siens, etc.

Mais, arrivé au lieu de sa déportation, il pourra reprendre tous ses droits ; là, il le *pourra*. Cela veut dire que l'autorité qui aura la police dans l'île de la déportation, les lui rendra ou ne les lui rendra pas, si elle le juge convenable. Si elle les lui rend, il pourra se remarier dans l'île à son ancienne femme ou en épouser une nouvelle ; les enfans qui naîtront depuis seront légitimes, mais ne succéderont pourtant qu'au lieu de sa déportation.

Telle est la théorie complète de la deuxième section du titre II.

Pour bien la juger, il est nécessaire avant tout de la comparer à la loi existante ; je veux parler du Code pénal.

La voici :

Le condamné à des peines afflictives perd, non pas ses droits civils, mais tous ses droits politiques ; il est incapable de les acquérir.

Pendant la durée de sa peine, comme il ne peut vaquer à ses affaires, il est en état d'interdiction légale; ses droits civils sont exercés par un curateur qui gère et administre ses biens.

Ces biens-là lui sont remis après qu'il a subi sa peine.

Pendant la durée de cette peine il peut être prélevé sur ses biens les sommes nécessaires pour élever et doter ses enfans, ou pour fournir des alimens à sa femme, à ses enfans, à son père ou à sa mère, s'ils sont dans le besoin.

Si sa condamnation est par contumace, il est plus rigoureusement traité, parce que le jugement par jurés étant la plus loyale comme la plus généreuse de toutes les formes de procéder, on a cru qu'il était de l'honneur de l'institution d'user de sévérité contre ceux qui, s'absentant, sembleraient douter de la profonde loyauté d'une pareille épreuve.

Ainsi, pour le contraindre à paraître, on séquestre ses biens, on le juge ensuite sans entendre les témoins oralement, mais sur des écritures ; on ne permet pas que qui que ce soit puisse élever la voix en sa faveur : s'il se représente et qu'il soit *absous*, on le réprimande publiquement pour avoir douté de la justice et de la loyauté de ses concitoyens, et, en punition de ce doute, on peut le condamner, par forme de correction, à garder la prison pendant huit jours.

S'il ne se représente pas, la rigueur du séquestre continue, non pour le dépouiller, non pour confisquer ni le fonds ni les fruits, puisqu'on lui rend l'un et l'autre du jour qu'il reparaît : c'est par voie de contrainte seulement qu'on en use ainsi ; on délivre, sur ses biens, à sa femme, à ses enfans, à son père, à sa mère, les secours dont ils peuvent avoir besoin, mais le condamné en demeure toute sa vie propriétaire ; ils ne passent à ses héritiers que de la manière suivante, ou par la preuve légale que le condamné est mort naturellement, ou après cinquante ans de la date de son jugement ; mais en attendant, et après la vingtième année, on leur en remet la possession provisoire en donnant caution.

Telle est la théorie du Code pénal, c'est-à-dire de la loi vivante; tels sont actuellement les effets des condamnations : il était d'autant plus nécessaire de les rappeler, qu'on ne voit pas que jusqu'ici on s'en soit occupé.

Le Code pénal n'a laissé qu'un seul article à régler, celui relatif aux effets résultant de la déportation; ils seront déterminés, a-t-il dit, lors du réglement qui sera fait pour la formation de l'établissement destiné à recevoir les malfaiteurs qui auront été déportés (art. 8, tit. 4)

Le projet n'a pas pour objet de vous exposer les principes sur lesquels sera formé l'établissement destiné à recevoir les malfaiteurs, mais seulement les effets que doit produire la déportation quant à la privation ou à la conservation des droits civils des déportés.

Il embrasse en outre les effets des condamnations, soit à la peine de mort, soit aux autres peines afflictives qui doivent avoir ces mêmes effets.

Ainsi, l'examen du projet doit reposer sur ces bases :

Les effets des condamnations à la peine de mort.

Les effets particuliers résultant de la peine de déportation.

« La condamnation à la peine de mort naturelle, dit l'article 27, emportera toujours la mort civile, soit qu'elle ait été prononcée contradictoirement ou par contumace, encore que le jugement n'ait pu être exécuté que par effigie. »

Il faudrait peu s'inquiéter non seulement des effets de la mort civile, mais même de ce que ces deux mots signifient, si on ne les appliquait qu'à ceux qui sont exécutés corporellement : car, quels que soient les droits civils qu'on ôte à un homme qui meurt, il est bien évident qu'on ne lui ôte rien.

Mais comme on les applique encore à un homme condamné à la mort, et auquel la vie reste parce qu'on ne l'atteint pas; comme on les lui applique dans des temps où il peut détruire même la peine capitale; comme on les applique à tous ceux que la loi laisse vivre, en ne les condamnant pas à la peine de mort, il est nécessaire de savoir enfin ce que c'est, ce que veulent dire ces mots de MORT CIVILE.

Si la MORT NATURELLE est la destruction de l'être, et par conséquent la perte des biens et des maux attachés à la vie, la *mort civile* devrait être aussi, dans chaque état, la perte de tous les biens, de tous les maux qui résultent de ses lois.

Or, cela n'est pas, cela n'a jamais été. Un homme auquel on laisse la vie conserve par cela seul les moyens de vivre, par conséquent la faculté de travailler, et ainsi le droit d'acheter, de vendre, d'être contraint en justice par son créancier, de contraindre à son tour ses débiteurs, etc.

Par cette seule ouverture, on voit combien est inexacte cette expression *mort civile*; puisqu'elle n'a pas les effets de priver de tous ses droits civils celui qu'elle atteint.

Pour échapper à cette difficulté, les jurisconsultes ont dit que le droit d'acheter, de vendre, etc., faisait plutôt partie du droit des gens que du droit civil, parce que les contrats auxquels la raison naturelle donnait lieu dans tous les pays du monde dérivaient moins des lois propres à chaque pays que de la nécessité générale née des besoins et de la nature de l'homme : d'où ils concluaient que tous les hommes, même ceux *morts civilement*, devaient participer à ces droits.

Mais ce n'était là qu'une subtilité; car ce droit des gens ne subsistait pas partout de la même manière; il était consacré dans chaque état par des lois qui lui étaient propres, et en ce sens il faisait une partie principale, intégrante, du droit civil de chaque pays.

Ainsi, la *mort civile* ne privant pas de tous les droits résultant de la loi civile, mais seulement de quelques-uns, la première précaution à prendre est de se garder de l'emploi d'une expression sans limite, quand il s'agit d'une privation limitée; il faut surtout s'en garder, quand l'expérience nous apprend que cette expression a conduit de tout temps à la plus intolérable oppression.

L'avidité féodale, le génie des proscriptions s'en sont tour

à tour emparés. C'est avec elle qu'on a créé cette maxime barbare, *qui confisque le corps confisque les biens; c'est elle qui a
fait dire : La mort civile imite légalement la mort naturelle.
Un homme mort ne peut pas avoir de biens, donc je les
prends, disait le seigneur justicier; un homme mort ne
peut se présenter dans les tribunaux, je lui dénie toute
action ; un homme mort ne peut acquérir ni transmettre par
succession, donc je me saisis de ce qu'il acquerra, de ce
qu'il voudra transmettre à ses enfans.

C'est dans ce mot qu'est la source de tous les prétextes inventés pour dépouiller, en faveur du fisc, non pas seulement
le condamné, mais sa femme, mais ses enfans; c'est dans ce
mot qu'est la source de tous les embarras , de toutes les erreurs, de toutes les absurdités de raisonnement, d'inductions
dans lesquelles on tombe quand on veut suivre , dans tous
ses détails, la comparaison de la mort naturelle avec la mort
civile : absurdités si palpables , que l'expression une fois
admise, tous les bons esprits sont obligés, à chaque pas, de
reculer sur les conséquences qui en résultent.

Le projet, tout en avouant aussi que la *mort civile* est une
expression illimitée , mais que pourtant ses effets ne sont pas
sans limites, n'a pas pu se préserver non plus de ces inconséquences qui conduisent d'une part à admettre ce que veut la
rigueur du principe de la mort civile, et de l'autre à cumu-
ler les exceptions , pour résister à l'entraînement qui l'a conduit, comme malgré soi, à des résultats inadmissibles.

C'est parce qu'on avait dit, dans l'article 28, que certaines
condamnations emporteraient la mort civile, qu'on a fondé
l'article 28 sur les raisonnemens qui suivent :

Un homme qui *est mort* perd la propriété de tous ses biens ;
par la mort légale ou *civile* il perdra la propriété de tous ses
biens.

Un homme qui *est mort* ne peut plus recueillir ni transmettre aucune succession; *la mort civile* le privera du droit
de recueillir et de transmettre aucune succession.

Un homme qui *est mort* ne peut disposer de ses biens, ni en recevoir ; *la mort civile* le privera de la disposition de ses biens.

Un homme qui *est mort* ne peut ester en jugement ; *la mort civile* privera du droit d'ester en jugement.

Un homme qui *est mort* ne peut pas se marier ; le *mort civilement ne se mariera pas.*

La *mort* dissout le mariage, le *mariage* sera dissous par la mort civile.

Le mariage sera dissous par la mort civile.

Je ne ferai pas ici l'énumération des mots qui résultent de la dissolution du mariage : l'abandon de l'épouse, la misère des enfans, le désespoir de tous ; ce sont là de ces sacrifices qu'il faut faire à l'arrêt irrévocable de la nature.

Mais une dissolution contre nature, une dissolution de deux êtres vivans qui s'étaient unis jusqu'au dernier soupir par le plus sacré de tous les liens ; quelle puissance peut l'opérer ? Où est son droit ? Où en est la nécessité ?

Quand on demande où il est ce droit, on répond froidement que les mariages étant des actes du droit civil, celui qui donne ce droit peut aussi l'ôter.

Les mariages sont des actes du droit civil ! Je conçois qu'en chaque pays on en détermine les formes ; que les lois prennent des précautions sur l'âge des contractans, sur la nécessité du consentement des parens : mais le mariage en soi, c'est-à-dire l'union de deux cœurs, le besoin de se reproduire, le vœu de sa perpétuité ; la subsistance des enfans, leur éducation, le partage de la bonne et mauvaise fortune, sont-ce là des institutions civiles ? La terre, d'un pôle à l'autre, ne reconnaît-elle pas, n'obéit-elle pas à ces lois éternelles de la nature ? Le législateur qui placerait le mariage dans les attributions de sa puissance, et qui croirait avoir le droit de le permettre ou de le défendre à son gré, apprendrait bientôt qu'il aurait voulu au-delà de son pouvoir. Il doit consacrer ce droit de la nature, sans doute ; il doit le régler, il doit lui donner une direction morale : l'intérêt des hommes, celui de la société l'exigent; mais, comme il n'a point créé l'amour; comme il n'a point créé l'attachement éternel des deux époux; comme il n'a pas créé le devoir des pères, la piété filiale, en un mot, tout ce qui compose les plaisirs et les peines des familles, il n'a pas le droit de dissoudre tout cela sans l'aveu de la nature, sans le consentement des deux cœurs qui jurèrent de ne se séparer qu'à la mort.

Mais, dit-on, ce n'est pas tout cela qu'on veut dissoudre, ce n'est que le contrat civil : que restera-t-il donc quand il sera rompu? les époux seront-ils époux? les enfans seront-ils enfans? Non : la femme ne sera plus légitime, les enfans seront bâtards.

Les lois les plus parfaites, sans doute, sont celles qui respectent la nature, qui déifient, pour ainsi dire, tout ce qui est moral. Eh bien, ce qu'il y a de plus touchant, de plus moral dans la nature, c'est le dévouement réciproque des époux dans la mauvaise fortune : quelle loi que celle qui traiterait cet attachement de concubinage, qui placerait les fruits innocens qui en sortent sous l'humiliation de la bâtardise!

Que dirait l'Europe, mes collègues, après une révolution de douze années pour consacrer les droits de la nature, et ceux des véritables intérêts de l'ordre social, si, par une disposition aussi barbare, nous nous replacions au-dessous même des plus cruelles institutions? Car les proscripteurs, qui jadis interdisaient le feu et l'eau à leurs victimes, n'allèrent pas jusqu'à briser les nœuds qui unissaient les époux entre eux ; et la confiscation féodale elle-même respectait la perpétuité du lien que la loi civile ne consacrait pas moins alors que la religion.

Mais suivons les premiers effets de cette disposition.

Un homme est accusé, il ne se justifie pas ; sa femme est sa première, son unique confidente; elle le suit dans son asile, on le condamne avec beaucoup de légèreté : car, je l'ai

déjà dit, nul ne peut élever la voix en sa faveur. De ce moment, son épouse, qui ne l'a pas quitté, la loi l'appellera sa
veuve. Cette veuve, qui ignore si elle l'est, se trouve dans
une position qui n'a pas de nom ; elle est la veuve de son
mari, et pourtant elle ne peut se marier à un autre. Elle aura
des enfans, et, à la différence des autres enfans, on ignorera, à
leur naissance, s'ils sont légitimes ou bâtards. Ils seront légitimes, si leur père n'attend pas cinq années pour se faire juger ;
ils seront bâtards, s'il laisse passer ce délai. Cette bâtardise
pourtant sera sujette à des variétés : elle se changera en légitimité, si le père, se présentant après les cinq années, est absous, et les reconnaît. S'il est condamné, au contraire, sa
reconnaissance ne légitimera rien, et ils demeureront bâtards.

A la position de la veuve, qui dans les cinq premières
années n'est ni mariée ni mariable, il faut ajouter que, si son
mari se représente, son veuvage n'est que provisoire, et elle
se retrouve sa femme sans se remarier de nouveau. Si son mari
est condamné elle redevient encore sa veuve ; mais pour cette
fois le veuvage ne compte que du second jugement.

S'il ne se représente qu'après les cinq années, elle est, à
partir de la fin de la cinquième année, veuve absolue, concubine et mère d'enfans bâtards ; s'il est absous, comme il
reprend ses droits civils à partir du second jugement, on ne
voit pas alors si sa femme redeviendra sa femme par l'effet
seul de cette reprise de droits civils, ou si, pour le devenir,
il faudra qu'elle contracte un second mariage.

Enfin, s'il est vingt ans sans se représenter, sa femme aura
vécu vingt ans avec lui dans le concubinage ; ses enfans seront
bâtards ; et nuls moyens alors ne seront permis, ni aux uns
ni aux autres pour valider le passé, ni pour légaliser l'avenir.

Reste l'époque qui s'écoulera depuis cette vingtième année
jusqu'à la fin des jours du condamné. La loi alors impose
silence à tous les tribunaux ; la peine est prescrite, et l'on
ne voit pas que le projet veuille changer cette disposition.
Ici la conséquence qui paraît simple à tirer, c'est que la peine

capitale étant prescrite, fût-ce la peine de mort, il s'ensuit
que la mort civile, qui n'en est qu'un accessoire, qu'une dépendance, est prescrite aussi : cela paraît d'autant plus nécessaire, que cet homme, que cette femme, que leurs enfans
ne pouvant plus être inquiétés dans la société, il faut, si on
ne veut pas les livrer au vagabondage, au désordre, à tous
les excès qui en sont la suite, laisser agir leur industrie légitime, pour pourvoir à leur subsistance, à tous les besoins
de la vie.

Ces conséquences ne sont pas celles du projet. L'article 35
veut que tous les biens que ce condamné a acquis depuis
vingt années, que ceux qu'il acquerra par la suite, ne soient
ni pour sa femme, ni pour ses enfans : ils appartiendront au
fisc à titre de déshérence, sauf la munificence de l'État pour
donner du pain à sa famille.

Il est évident que cette disposition est contraire à tous les
principes, à la morale, à l'humanité.

Tous les principes veulent que quand un titre se prescrit,
ses accessoires, ses dépendances se prescrivent également ;
si la mort civile est un effet de la peine de mort, il faudrait
en conclure, dans les principes mêmes du projet, que l'effet se
prescrit avec la cause, et que là où il n'y a plus de condamnation principale, il n'y a plus de condamnation accessoire.

Elle est contraire à la morale cette disposition ; car la loi
qui ne prononce plus de peine contre un individu ne peut
pas le laisser en état de proscription, et lui interdire, pour
ainsi dire, le feu et l'eau ; elle ne peut pas lui interdire tout
contrat, toute action, sans le réduire au vagabondage ; elle
ne peut pas lui annoncer que ses travaux, s'il s'y livre, seront
pour le fisc, sans lui mettre le désespoir dans l'âme : car
l'émulation la plus naturelle, la plus vraie, naît de ce sentiment que nous travaillons pour nous et pour les nôtres.

L'humanité enfin, l'humanité n'a-t-elle pas dit de tout
temps que les confiscations étaient un abus de la force contre
la faiblesse ; que les pères, fussent-ils même coupables, les

enfans ne devaient pas en porter la peine ; que le sang parlait
plus fort que le fisc, et que partout où les sentimens de la
nature ne seraient pas étouffés, l'avidité fiscale ne l'emporterait pas sur la misère des enfans.

Ceci s'applique aux confiscations qui se prononcent en
même temps que la peine ; et les peuples qui ont encore cette
tache dans leur législation font des vœux ardens pour la
voir bientôt effacée : et nous qui, jugés par les maximes de
notre Code pénal de l'Assemblée constituante ; nous qui depuis ce moment (car je fais abstraction des lois extraordinaires) ; nous qui depuis ce moment ne connaissions plus ces
mots redoutés de confiscation, ces mots non moins redoutables de mort civile, source de toute oppression, nous nous
déterminerions à les entendre prononcer précisément dans
le cas où les anciens principes de la féodalité y renonçaient !
Car si, pour décider de ce qui est bon et utile, il faut descendre dans les livres des jurisconsultes, et justifier de ce
qu'il faut faire par ce qui a été fait, Lebrun, l'un des plus
estimables, pose comme une règle du droit français : Qu'on
peut succéder à un homme qui n'a pas le droit de succéder
lui-même. Par exemple, les biens acquis par un homme
après sa condamnation passent à ses héritiers (a) ; et ce sont
les biens acquis par un homme après sa condamnation qu'on
propose de mettre en déshérence et de faire passer au fisc !

Tribuns, que le mot de *confiscation* ne se trouve désormais
dans aucune de nos lois ; c'est l'intérêt des enfans malheureux ; c'est celui des familles, le dirai-je ? c'est l'intérêt de
tous les Français. Long-temps des provinces, des états, ont
mis au rang de leurs plus précieux priviléges, celui de ne
pas craindre les confiscations ; proclamons-le ce privilége
comme un droit inhérent à la franchise de tout citoyen
français.

Ce principe est inséparable d'un autre, non moins vrai,
non moins salutaire ; c'est que les lois pénales étant destinées

(a) Lebrun, *Traité des Successions*, livre 1er, section II.

à punir le crime, c'est le criminel seulement qu'elles doivent atteindre. Quand la tête est là pour répondre de son forfait, on l'immole, et la justice est satisfaite : mais les biens, mais la fortune du criminel, ils lui demeurent, si on lui laisse la vie ; si on la lui arrache, ils sont à ses enfans, ils sont à ses créanciers, ils sont le gage et le réparateur du tort qu'il a causé : voilà les principes éternels de toute justice, de toute équité, de toute sûreté pour l'intérêt général, pour tous les intérêts particuliers. Mais, sous prétexte de crime, enlever les biens d'un criminel, c'est dépouiller un cadavre après l'avoir immolé.

La conservation de ces principes n'exige pas de nous un grand effort ; il suffit de ne pas les échanger contre le projet qu'on nous présente. Ils sont à nous ; le Code pénal les consacre ; il est la loi vivante, la loi exécutée depuis dix ans ; il n'y a là ni mort civile, ni confiscation, ni mutation de biens : si les peines sont exécutées en la personne du condamné, une interdiction légale suffit à tout, un curateur administre les biens, il en fait part au condamné ; si, par la nature de la peine, on ne le prive pas des secours du dehors, il en fait part à la femme, aux enfans s'ils sont dans le besoin ; à la fin on lui rend compte, il retrouve ses biens, il trouve de plus le moyen d'amasser un pécule dans l'intérieur de la maison de peine ; et ce double avantage peut le préserver, en sortant, des dangers que la misère entraîne toujours après soi.

S'il est contumace, au contraire, le poids du séquestre apposé dans le dessein de le contraindre à comparaître, n'a l'effet de le dépouiller ni du fonds ni des fruits ; s'il comparaît, on lui rend tout ; s'il ne comparaît pas, ce séquestre ne dure qu'autant de temps que la loi lui donne pour se représenter ; ses héritiers ont ensuite provisoirement ses biens ; ils les ont définitivement quand ils justifient de sa mort, ou quand le temps passé est assez long pour la faire présumer.

Les inconvéniens de cette loi n'ont encore été indiqués nulle part.

En déterminant les effets des peines, l'Assemblée constituante n'a laissé qu'une seule partie à organiser, c'est celle de la déportation.

Cette peine est-elle perpétuelle? Il semble, au premier aperçu, que cela ne fait pas de doute ; mais si l'on y regarde de plus près, on hésite : deux faits semblent confirmer cette hésitation. Le premier, c'est que cette assemblée a proclamé la non-perpétuité des peines ; le second, c'est que, pour la déportation même, elle n'a lieu, dit la loi, que quand l'accusé, condamné par récidive, *a subi sa peine* : ce qui semble alors plutôt l'abandonner à une police de relégation après la peine subie, que d'indiquer que cette relégation soit partie intégrante de la peine.

Quoi qu'il en soit, l'article 36 du projet demande que la condamnation à la peine de déportation soit perpétuelle et qu'elle emporte mort civile ; mais cette mort civile ne produira d'effets que pour les biens que le condamné laissera en France ; il *pourra* reprendre ses droits civils au lieu de la déportation, mais seulement pour ce lieu là.

Cette disposition renouvelle les difficultés précédentes ; elle dissout le mariage ; sa femme ne pourra plus le suivre comme légitime, mais comme concubine ; elle ne pourra redevenir sa femme que par un nouveau mariage ; s'il meurt dans la traversée, et que pourtant elle devienne mère à une époque qui ne s'accordera point avec celle de sa condamnation, son enfant sera bâtard. S'ils ont des enfans au lieu de la déportation, quels droits auront-ils à la succession de France? quels droits ceux de France auront-ils à la succession des îles de déportation? quels droits auront les uns et les autres aux successions de leurs parens collatéraux, soit aux îles, soit en France?

Abstraction faite de ces difficultés, qui dérivent du principe de la mort civile, fiction fertile, comme on voit, en complications ;

La déportation, au fond, se présente sous deux aspects :

Comme peine.

Comme établissement politique.

Comme peine, on pensera peut-être, au premier aperçu, que c'est une peine douce, qui procurera, pour ainsi dire, des jouissances au condamné, et purgera le sol français de malfaiteurs qui y sont redoutables.

Mais en le méditant davantage, cet établissement paraîtra mériter des réflexions plus profondes. Les pays lointains sont beaux quelquefois dans les relations des voyageurs ; mais tel en est enthousiaste, qui vous en ferait des peintures effrayantes s'il avait été condamné à les habiter seulement pendant six mois. Cette séduction, qui ferait penser aux imaginations vives que quelques îles de déportation peuvent procurer tout à la fois des jouissances et des moyens de fortune, les conduira naturellement, et trop facilement peut-être, a en conclure qu'il serait bon d'en faire la punition ordinaire d'une foule de délits. Cette idée propagée peu devenir assez générale pour influer sur l'opinion, et de là il n'y a qu'un pas pour la voir pénétrer dans la législation. La prudence veut peut-être qu'on réfléchisse sur la rapidité de ce premier mouvement, et qu'à l'avance on prenne des idées moins riantes, mais plus exactes, sur la déportation.

La France républicaine, sans doute, aura un jour les destinées des anciennes républiques. Qui de nous oublierait à l'étranger ses amis, sa famille, le lieu qui l'a vu naître, les plaisirs de l'enfance, la liberté de son pays? Avec ces sentimens, le plus doux des exils serait le plus cruel des supplices ; mais si nous placions à côté de cet exil l'idée d'une déportation aux extrémités de la terre ; si, jetant seulement un premier coup-d'œil sur le trajet, nous replacions dans notre mémoire les relations récentes de celles qui naguère furent effectuées, nous reculerions d'effroi. Ces relations sont-elles au-dessus ou au-dessous de la vérité? Laissons-là cette question, mais remontons plus haut ; suivons le capitaine Philipp faisant voile vers Botani-Bay pour y fonder sa colonie. Son

intérêt, sa gloire, le désir de réussir, tout lui imposait l'obligation de ménager ses condamnés. Aussi de nombreux vêtemens, du linge, une nourriture saine, une pharmacie complète, des officiers de santé, rien ne fut épargné ; mais,
malgré tous ces soins, il fallait des précautions de sûreté ; il
fallait de la police ; il fallait isoler ces hommes, les distribuer dans des entreponts, dans des cases étroites, noires,
peu aérées : et bientôt la seule exhalaison qui en émanait
repoussait ceux qui descendaient pour leur distribuer leur
nourriture : de là le scorbut, les maladies dont ils furent
atteints, la mort enfin d'un grand nombre d'entre eux. Ils
arrivent : je ne parle ni des contre-temps, ni des périls de
mer ; mais vous pensez bien que c'est une main de fer qui
les gouverne : si quelques-uns s'écartent, ils sont la proie des
sauvages. Le moindre délit est puni de la perte de la vie.

Quand on réfléchit sur ces faits, on sent facilement qu'il
n'y a que des crimes graves qui puissent motiver de pareilles
punitions : aussi la plupart des déportés anglais, condamnés
à mort d'abord, ne conservent-ils la vie qu'à ce prix.

Il sera prudent pour nous peut-être de borner la peine de
déportation au cas où nos lois la prononcent, c'est-à-dire au
cas de la récidive. Outre les rigueurs qui en sont la suite, et
qui ne se bornent pas à la simple indication qui précède le
projet qu'on propose, annonçant qu'elle donnera toujours
lieu à la mort civile, il en résulterait bien plus fréquemment pour les familles tous les embarras, tous les maux
attachés à cette peine ; il en résulterait encore que les droits
civils ne devant être restitués que dans la colonie et par voie
de police, il ne faut pas omettre le calcul de l'intérêt personnel qui, faisant travailler un esclave à son profit, l'af-
franchit le plus tard qu'il peut : le désespoir alors est le sentiment le plus constant de celui qui ne travaille ni pour lui ni
pour les siens.

Si après avoir regardé la déportation comme peine, nous la
regardons comme établissement politique, l'industrie devra

y être encouragée par l'intérêt personnel. De là la nécessité, non pas de laisser à la police du lieu le pouvoir de rendre à quelques condamnés les droits civils, mais de les laisser indistinctement à tous comme le véhicule le plus puissant de l'amour du travail, et du commencement d'une vie louable et régulière ; de là la nécessité encore de laisser tirer aux déportés des moyens pécuniaires de France pour les aider dans le développement de leur industrie coloniale ; de là la nécessité, je ne dis pas simplement de leur permettre, mais presque de contraindre à se marier ceux qui ne le sont pas : car c'est ainsi qu'on fonde l'esprit et les mœurs de famille. Et à cet égard le fondateur de Botani-Bay, témoin pendant la traversée, de toutes les tentatives de débauches qui le forçaient à redoubler de surveillance et de sévérité envers ses condamnés, était convaincu que, libres et non mariés dans la colonie, ils offriraient, avec des femmes déjà débauchées, le spectacle le plus dégoûtant que puissent produire la misère, le libertinage, et les mauvaises mœurs quand elles ne sont tempérées par aucun supplément légitime et régulier : aussi ne voulut-il pas que quinze jours se passassent sans que le mariage de tous ne fût formé.

Le projet, sur tous ces points est contraire à ces premières idées morales et de nécessité ; il est contraire aux progrès de l'industrie coloniale, puisque les droits civils des colons, c'est-à-dire l'avantage de travailler pour soi, n'y sera pas une règle, mais une exception (a) ; il y est contraire sous cet autre rapport, qu'il prive les condamnés des avantages personnels et pécuniaires qu'ils pourraient employer au développement de leur industrie, puisqu'en les faisant mourir civilement il les dépouille en France de tout ce qu'ils y pos-

(a) Il paraît que ces mots, *pourra reprendre l'exercice de ses droits civils, au lieu de sa déportation*, qu'on trouve dans l'art. 36, ont leur fondement dans cette observation, écrite à la page 106 de la discussion du Conseil d'État (105 de ce volume) : « Il est juste et politique de rendre la vie « civile, et de donner l'état de colon au déporté qui mérite cette faveur par une conduite sage « et laborieuse. »—Évidemment c'est là une exception. On ajoute qu'il serait *dangereux* de donner en général aux déportés les moyens d'acquérir.

sédaient; il y est contraire en ce que, dissolvant leur mariage, il les prive du moyen le plus légitime, le plus naturel, de fonder les mœurs et l'esprit de famille sur un premier mariage subsistant; et de plus, si dans la colonie, il ne rend aux condamnés les droits civils que par exception, le plus grand nombre vivra dans la dissolution et dans la débauche (a).

En résumant ce qui précède,

Vous avez remarqué, sur la première section du second titre, deux observations principales.

18   La première est de savoir si les Français qui veulent recouvrer leur qualité en rentrant en France ne le pourront qu'en obtenant l'autorisation du gouvernement.

La seconde, si cette autorisation, si la déclaration de rentrée ne doivent pas être constatées par des actes invariables et authentiques de l'état civil.

Sur la seconde section,

22   Par la comparaison des dispositions du projet avec la loi actuelle, le Code pénal, vous avez vu le contraste frappant qui résulte de la complication de l'un et de la simplicité de l'autre.

Vous avez vu que la *mort civile* était une expression figurée qui, de tout temps, a dit plus qu'elle ne voulait dire; qu'elle est la source et la justification des confiscations judiciaires, comme sa comparaison avec la mort naturelle est la source de toutes les erreurs qui la suivent.

25   Le projet, au surplus, n'est pas tolérable quant à la disposition qui dissout le mariage pendant la vie du condamné et malgré les deux époux.

33   Il introduit dans notre Code civil la confiscation, que nos lois criminelles ont abolie.

(a) On trouve à la page 105 de la discussion du Conseil d'État (105 de ce volume) ce fait, que le gouvernement anglais ne rend les droits civils à ses déportés qu'avec beaucoup de circonspection; on ajoute qu'il n'y en a même qu'un seul exemple qu'on cite : comment concilier cette assertion avec ce fait indubitable, que les premiers déportés ont été mariés dans les quinze premiers jours ? *Le mariage, selon le projet, est un acte du droit civil.*

Il l'introduit précisément dans le cas où notre ancien droit français la repoussait.

Il compromet l'état des enfans légitimes et les droits des familles.

Enfin, la déportation qu'il prémédite appelle toutes les réflexions, toutes les lumières, non seulement avant de l'autoriser, mais encore pour apprécier l'influence qu'auraient les principes du projet sur la déportation, considérée sous les deux rapports de peine publique, et d'établissement politique.

Votre commission, composée des tribuns Boisjolin, Boissy d'Anglas, Caillemer, Chabot (de l'Allier), Siméon, Roujoux, et du rapporteur, vous propose, à la majorité, de voter le rejet du projet.

La discussion s'ouvrit au Tribunat le 29 frimaire an X — 20 décembre 1801. On entendit, dans cette même séance, l'opinion du tribun Delpierre, pour le projet; celle de Boissy-d'Anglas, contre; et celle de Grenier, sur: dans la séance du 1er nivose — 22 décembre, l'opinion de Ganilh, contre; et celle de Roujoux, pour: dans la séance du 2, l'opinion de Gillet (de Seine-et-Oise), contre: dans celle du 3, l'opinion de Ludot, pour; celle du tribun Chazal, contre; et celle de Carion-Nisas, pour; dans la séance du 4, l'opinion de Sedillez, pour: dans celle du 5, l'opinion de Malherbe, contre: dans celle du 8, l'opinion de Curée, pour: dans celle du 9, l'opinion de Faure, contre; celle de Huguet, pour; et celle de Saint-Aubin, contre: et enfin, dans la séance du 11, on entendit l'opinion de Mallarmé, pour; celle de Chénier, contre; celle de Mouricault, pour; et celle de Mathieu, contre.

OPINION DU TRIBUN DELPIERRE,
POUR LE PROJET.

Tribuns, il y a deux manières principales d'envisager une loi. L'une consiste à s'élever jusqu'à la pensée du législateur, à pénétrer l'esprit de son système, à découvrir le but qu'il a voulu atteindre, et à juger ensuite les détails de son ouvrage à la clarté de ces observations premières.

Par l'autre, le critique établit un projet qui lui appartient, à côté du plan qu'on lui présente ; et dans les censures auxquelles son imagination préoccupée s'abandonne, il est aisé d'apercevoir que ce sont ses propres idées qu'il encense.

En matière de législation positive, on peut, avec l'apparence de la sagesse, inventer et proposer des systèmes de toute nature. La multitude et la diversité des conceptions qui sont relatives au régime intérieur des États tiennent à la différence des esprits et des lumières ; et il faut convenir aussi que les sociétés peuvent marcher et prospérer sur des plans différens. Mais enfin, au milieu des opinions qui se combattent et s'excluent, il faut s'arrêter à un choix ; il le faut, surtout, lorsque la voix publique nous conjure de l'entendre et d'avancer. Il me semble que ce que l'intérêt bien entendu de la République demande, ce qu'il est du devoir du Tribunat d'examiner, ce n'est pas s'il y a d'autres projets qu'on puisse opposer à celui que nous discutons ; si les jurisconsultes, les publicistes et les philosophes ont des idées qui ne s'y trouvent pas ; mais bien si, tel qu'il est, et dans le corps de doctrine qu'il présente, il contient les élémens de l'ordre, de la splendeur, et de la consolidation de la République : je le considérerai donc en lui-même, de la hauteur d'où il doit être vu ; et si j'y découvre ces principes féconds, je m'empresserai de l'accueillir, sans m'inquiéter de savoir, et sans vous fatiguer en recherchant s'il en est d'autres qui, par d'autres directions, pourraient conduire à des résultats plus ou moins prospères.

Le projet que nous avons à examiner est intitulé : *de la* tit. 1er.
Jouissance et de la Privation des droits civils. Les premières
questions qui naissent de la nature de ce titre sont celles-ci :
Quelles sont les personnes qui doivent jouir en France des
droits civils ? Dans quels cas les personnes qui auront parti-
cipé à la jouissance de ces droits en seront-elles privées?
Votre commission a trouvé que l'examen de ces deux questions principales , et de leurs accessoires, serait un trop pe-
sant fardeau pour un seul de ses membres; elle a distribué
cette tâche entre deux. Vous soutiendrez donc de votre indulgence ceux qui , n'ayant eu que leurs forces individuelles,
ont été obligés de la prendre sur eux toute entière.

Les républiques anciennes avaient pour système de ne
communiquer que très-rarement les droits de cité aux étrangers. Leur but , en s'isolant du reste du monde , était de préserver leurs institutions de toute influence extérieure , d'enflammer l'orgueil des citoyens , et de porter jusqu'au fanatisme,
dans leur âme altière , l'amour de la terre natale et de la patrie. L'exaltation et l'irascibilité de ces affections puissantes,
devenaient, entre leurs mains , un ressort irrésistible qui leur
servait à étendre leur domination , bien plus qu'à garder leur
indépendance , à perpétuer le fléau des guerres injustes , bien
plus qu'à l'étouffer. Mais aujourd'hui, que le commerce a
changé la face du globe , que la paix est nécessaire à son
existence , que les armes sont moins un instrument de conquête qu'un moyen de conservation ; que les nations demandent à vivre des fruits de leurs travaux et de leur sol , et non
de guerres de pirates et de rapines périodiques, les principes
qui tendent à rapprocher les peuples , doivent , en général,
obtenir la préférence sur ceux qui tendent à les assujétir les
uns aux autres , ou à élever entre eux d'éternelles barrières. Il convient surtout de les adopter , aux nations qui
ont besoin d'exporter annuellement la surabondance de leurs
productions territoriales et manufacturières, parce qu'ils
ouvrent des débouchés à leur commerce , et des alimens à

leur industrie. Plus nous multiplierons nos rapports avec les
étrangers, plus nous les rendrons tributaires de nos arts.
Mais l'intérêt politique doit guider l'intérêt commercial; s'il
ne faut pas faire du titre de Français le patrimoine exclusif des
nationaux, il ne faut pas non plus le prodiguer aux externes.
L'habileté du législateur consiste à établir un juste équilibre
entre les calculs que nous devons faire pour accroître nos
richesses, et les précautions que nous devons prendre pour
maintenir notre vigueur. Peut-être aussi ne devons-nous pas
être insensibles à l'espoir d'accélérer, par l'influence de nos
exemples, les progrès de la civilisation générale, et de lier,
par une chaîne commune d'intérêts et d'affections, les différentes branches de la grande famille européenne.

Toutefois, nos idées philantropiques, pour ménager l'intérêt national, et produire, sans danger, le bien que nous
nous en promettons, doivent être dirigées par un grand esprit de sagesse, et renfermées entre de justes limites. La
République, en jetant des regards d'amitié autour d'elle, ne
doit pas négliger ses citoyens, exposer la sûreté de son territoire ; elle ne doit pas prodiguer ses largesses à ceux qui ne
voudraient pas stipuler avec elle un échange mutuel de bons
offices, et un commerce réciproque de bienveillance. Ces précautions et ces réserves sont parfaitement combinées dans le
premier titre du projet. Pour en faire mieux sentir l'équité et
la prudence, je vais entrer dans l'examen détaillé de ses dispositions essentielles.

9   L'article 10 est ainsi conçu : « Tout individu né en France
« est Français. » Cet article ne peut avoir un sens trop large
qu'à l'égard de ceux qui adoptent le système d'isolement
dont j'ai parlé; mais je crois ses partisans en petit nombre.
Cet article cependant essuie diverses objections. A la vérité,
on ne démêle pas bien distinctement la théorie à laquelle
elles se rapportent : mais on ne leur doit pas moins une raisonnable réponse.

Une étrangère, dit-on, voyageant en France, met au

monde un enfant; voilà un Français, et peut-être un Français malgré sa famille. Pourquoi prodiguer ainsi un nom si
beau? Analysons les idées dont cette objection se compose,
nous en ferons sortir à l'instant une grande clarté.

Quels sont les étrangers qui voyagent en France? ce sont
ordinairement des familles opulentes. L'enfant né dans l'une
de ces familles, visitant la France pour son instruction ou
par curiosité, sera-t-il reconduit dans la nation à laquelle ses
parens appartiennent? Voilà un des cas exprimés dans l'article 21, qui est relatif à la manière dont se perd la qualité
de Français; mais cet enfant sera homme un jour, il obéira
à sa propre volonté. Qui pourrait dire si cet enfant, devenu
un homme, ne voudra pas habiter sa terre natale, avoir sa
tombe où fut son berceau; s'il n'apportera pas en France des
lumières, des vertus et un immense patrimoine? Vous ouvrez,
dit-on d'un autre côté, une écluse immense au torrent des
étrangers. Décomposons encore ce raisonnement. Dans la position respective des nations, voici le mouvement naturel des
unes à l'égard des autres : un peuple policé, éclairé et industrieux, devient l'objet de la curiosité de tous ses voisins; mais
il n'y a que les riches, je le répète, qui puissent satisfaire
cette curiosité, et ce n'est pas cette classe, je pense, dont on
redoute la postérité éventuelle pendant son séjour en France.

Que viendraient y faire des étrangers pauvres, ayant à lutter contre la supériorité de l'industrie nationale? Ceux-là
resteront chez eux, tandis que nos ouvriers et nos artistes,
attirés par l'état de langueur et d'imperfection où se trouvent
les arts chez les peuples moins civilisés que nous, iront aspirer les capitaux étrangers dont ils reviendront ensuite enrichir leur patrie. Je ne connais, parmi les nations de l'Europe,
que le peuple anglais du milieu duquel l'industrie puisse diriger vers la France des ouvriers indigens. Voilà les seuls sa-
lariés du globe qui, peut-être, trouveraient des avantages à
vendre leur travail à la France. Mais, si l'espoir d'y faire
fortune en pousse quelques-uns chez nous, nous recevrons,

en échange de quelques salaires dont les nationaux seront privés, des exemples vivans d'habileté, et des idées pratiques de perfectionnement.

La France a un puissant intérêt à offrir l'asile de la cité à des enfans qui naissent, sur son territoire, de semblables pères. S'ils ne la quittent pas, ou qu'ils y reviennent quand ils se seront formés dans les ateliers de Birmingham ou de Manchester, en retour de l'honorable titre qu'ils auront reçu d'elle, ils y naturaliseront des procédés utiles et des talens précieux. Ainsi, le principe qui revêt de la qualité de Français tout individu né sur le territoire français, et qui, au premier coup-d'œil, semble devoir peupler la république d'une foule d'êtres que le hasard y aura jetés, se restreindra, d'après la nature des choses, aux seuls cas où elle trouvera des avantages ; donc on peut l'adopter, sans le moindre inconvénient, dans toute la latitude qu'il semble présenter.

11   Pour placer les idées dans l'ordre des objets qui ont entre eux le plus de rapport, il convient de faire succéder immédiatement à l'examen de l'article 10 celui de l'article 13, qui, aux yeux de quelques personnes, renverse tout le système établi en faveur des étrangers, et fait rétrograder la France vers la barbarie, en rétablissant le droit d'aubaine, droit contraire au droit des gens, et à toutes les idées d'équité naturelle.

Je reviendrai sur l'article 11, qui me paraît susceptible d'une discussion isolée.

Comment se fait-il que le projet détruise ainsi l'espérance de toutes les âmes généreuses, et rebâtisse un monument odieux renversé par l'Assemblée constituante? Quant à moi, je pense et je prouverai, j'espère, que le principe de la réciprocité, que cet article consacre, est la base la plus juste des conventions qui ont lieu entre les peuples; qu'elle est favorable à la France, favorable aux étrangers même qui, dans l'état actuel des choses, voudraient acquérir la qualité de Français.

Les nations, en général, sont comme les individus. Elles accordent des grâces légères pour obtenir de grandes concessions ; et, ce que l'on dit de l'égoïsme des particuliers s'applique avec bien plus de justesse à l'égoïsme des masses : de tout temps l'histoire les montre exigeantes, rarement généreuses, plus rarement encore reconnaissantes. C'est leur intérêt, bien ou mal entendu, qui fait leur loi suprême. Vous avez voulu abolir la course ; qui a répondu à votre appel ? Vous avez aboli le droit d'aubaine sans réserve ; qui vous a imités ? L'expérience nous apprend, et la simple raison d'ailleurs le dit assez, que nous devons mettre à notre philantropie une condition qui en excite chez les autres le sentiment et les libéralités réciproques ; que nous devons ménager à nos citoyens chez les étrangers les droits que nous accorderons chez nous à ceux-ci. En agir autrement, ce serait, d'un côté mettre le bienfait, de l'autre l'ingratitude ; ce serait livrer le territoire français à ceux qui nous excluraient du partage de leur domaine ; ce serait accorder en France une prime à l'industrie des deux mondes, et accabler d'entraves, sur tout le globe, l'industrie nationale. La réciprocité, au contraire, ralliera graduellement tous les peuples vers le terme que vous désirez d'atteindre ; ils donneront pour obtenir. Voilà la clause des premiers contrats qui se firent entre les hommes ; voilà le point de réunion de tous les intérêts passés, présens et futurs.

Des exemples récens viennent répandre un grand jour sur cette vérité. Depuis que les traités faits avec différens peuples par la France ont commencé à contenir la clause de la réciprocité, le droit d'aubaine a été successivement adouci et modifié en Europe ; son abolition absolue sera le résultat de l'action continue du ressort qui la détruit en grande partie.

Les maximes adoptées par le gouvernement français, proclamées avec persévérance, finiront par pénétrer dans tous les cabinets, et y exciter les dispositions qui l'animent. Si vous abaissez cette barrière chez vous sans attendre et sans exiger que vos voisins la rompent chez eux, il est très-vraisemblable qu'après les préventions colportées depuis dix ans en Europe, contre notre nation, les gouvernemens qui rivalisent avec elle de puissance et d'industrie laisseront subsister long-temps dans leurs Codes des servitudes qui tendent à écarter les Français.

Mais quoi! un étranger puissant par sa fortune ne pourra acheter à grand prix nos domaines, sans s'exposer à priver ses enfans de son héritage? Un Anglais, par exemple, dans la crainte de la réciprocité d'un droit barbare, ne versera ni dans notre commerce, ni dans nos ateliers, ni dans nos champs, son or prêt à les féconder! D'abord, c'est une très-grande question de savoir s'il importe tant à un peuple de voir des étrangers propriétaires au milieu de lui; cette question devient bien plus difficile encore quand il s'agit d'admettre au partage de son territoire des hommes qui appartiennent à une nation rivale ou ennemie. Des publicistes et des juris-consultes dont l'œil n'embrasse pas un bien vaste horizon, l'ont décidée de suite, en posant pour principe que le droit d'acquérir est du droit des gens. Mais je laisse à l'écart ces dis-tinctions de droit des gens et de droit naturel, avec lesquelles on explique et l'on obscurcit à son gré tous les systèmes, et, rentrant dans les bornes que la teneur du projet prescrit à cette discussion, je dis : La République doit veiller à sa con-servation et à sa sûreté avant de songer aux capitaux de l'é-tranger, et elle exposerait sa sûreté, si elle abandonnait son sol à la richesse d'un voisin, chez qui ses citoyens ne peuvent devenir propriétaires absolus. S'il ne fallait que faire briller l'or à nos yeux pour nous séduire, avant un demi-siècle, peut-être, il n'y aurait plus que des colons anglais sur nos côtes, que des locataires anglais dans Brest et dans Toulon. Je suppose qu'un projet, désastreux selon moi, mais néan-moins reproduit bien des fois durant nos détresses financières, et auquel tiennent encore des économistes dont la secte n'est pas totalement éteinte, soit adopté un jour, celui de l'aliéna-tion de nos forêts; je suppose, dans cette circonstance, l'abolition absolue du droit de réciprocité, à qui croyez-vous que passeraient ces propriétés nécessaires à l'existence de la France? Que deviendraient alors nos foyers, nos constructions, nos chantiers et nos arsenaux? Non, sans doute, un étranger appartenant à une nation chez laquelle un Français n'exerce pas dans sa plénitude le droit de propriété, ne peut être admis à l'exercer sans réserve en France, à moins qu'on ne veuille rompre l'équilibre des garanties, qui gardent chaque peuple dans sa sphère, et sacrifier l'intérêt réel de l'État à une philantropie insensée et meurtrière. C'est cette aveugle bienveillance qui, accueillant sans mesure les étrangers durant le tumulte de notre révolution, remplit cette immense commune de causes fécondes de troubles, et de lâches instrumens de proscription. Mais le contre-poids de cette tendance, le remède à ce péril, né de notre imprévoyance, et que la même faute pourrait reproduire encore, se trouve dans les dispositions de l'article 14, qui assujétit l'étranger qui veut s'établir en France à une déclaration solennelle et à une résidence temporaire, avant qu'il puisse y jouir des droits civils résultant de nos lois. La République consent à devenir la patrie adoptive des étrangers; mais elle ne veut pas tenir son sein ouvert aux influences dangereuses, ni son territoire à la disposition de ses voisins ou de ses rivaux; elle ne fera pour eux que ce qu'ils feront pour elle. Un particulier, sans être accusé de la moindre rigueur, peut tenir cette conduite dans ses relations avec ses pairs; la République, dans ses relations avec les Etats, peut, à plus forte raison, la garder.

J'ai dit qu'il était de l'intérêt des étrangers qui désireraient d'acquérir la qualité de Français, que la République insistât auprès de toutes les puissances avec lesquelles elle peut se lier par des traités, pour l'adoption de la clause de réciprocité. En effet, je suppose un Anglais ou un Prussien voulant s'établir en France irrévocablement: une fois que l'un ou l'autre aura rempli les conditions nécessaires pour devenir Français, il devient étranger par rapport à son pays originaire; par

conséquent, il n'y pourra plus recueillir la succession de ses
pères ou de ses proches, plus y posséder de propriétés foncières avec l'espoir de les transmettre à ses descendans : le
voilà donc qui, dans la crainte du droit d'aubaine exercé
dans sa nation contre les étrangers, n'osera adopter la France
pour sa patrie. Pesez, tribuns, cette conséquence ; je la crois
digne de votre attention. Voilà donc où aboutirait un système
déréglé de philantropie, lequel est bien plus propre à nous
inonder d'aventuriers qu'à nous attirer des capitaux et des
gens de bien. Si nous étions les maîtres d'attacher les diverses
parties de l'Europe par un lien commun de droits et d'intérêts, peut-être devrions-nous l'étendre sur cette agrégation
d'États désormais devenus solidaires. Je pense cependant
que cette idée doit être vue sous bien des faces. Les peuples
qui s'extravasent les uns dans les autres perdent leurs caractères originels et s'abâtardissent bientôt. La puissance ex-
pansive d'une grande nation a besoin peut-être de barrières
qui la contiennent, de rivaux qui la fassent veiller sur elle,
de craintes extérieures qui neutralisent ses fermens de discordes intestines ; et c'est une question du premier ordre à
examiner, que celle de savoir si la destruction de Carthage
ne fit point éclore les guerres civiles qui entraînèrent la ruine
de la République romaine.

On peut appeler fondamentaux, dans le titre premier, les
articles que je viens de faire passer sous vos regards ; ce ne
serait pas trop que l'œil de Montesquieu et la plume de Rousseau pour vous en montrer les objets dans leur grandeur
naturelle.

10   Je reviens au deuxième paragraphe dé l'article 11, dont
j'ai différé l'examen pour ne pas rompre la série de mes idées;
il est ainsi conçu : « Tout enfant né en pays étranger, d'un
Français qui aurait perdu la qualité de Français, pourra toujours recouvrer cette qualité en faisant la déclaration qu'il
entend fixer son domicile en France. » Les réclamations
qu'excite cet article ne sont pas relatives au système *de la*

faveur due à l'origine, considéré en lui-même ; elles se rapportent à une des plaies de la révolution. On voit dans ses
dispositions un moyen ouvert à la postérité des émigrés, de
rentrer en France. Je répondrai que toutes les lois relatives
à l'émigration forment un Code à part et indépendant de la
législation civile, auquel la Constitution défend de déroger
par aucune loi, par aucune exception nouvelles, et que par
conséquent rien de ce qui rentrera dans la composition du
Code ne peut concerner cette classe d'hommes. Les lois qui
ont les émigrés pour objet sont des textes d'un ordre politique ; la rentrée en France des pères ou des enfans ne peut
être réglée que par eux. La Constitution ordonne à tous les
pouvoirs institués par elle de respecter ces textes sacramen-
tels, et je ne vois rien ici qui tende à les violer. Ce que l'on
croit apercevoir dans le projet ne s'y trouve ni ne peut s'y
trouver. Il faut chercher ce qui y a rapport dans les lois
rendues, et non dans celles qui sont à faire. La Convention
nationale offrit un asile en France à tous les enfans d'émigrés, dont l'âge tendre lui faisait présumer l'innocence. Elle
détermina le délai pendant lequel ils purent rentrer.

Ce décret date de l'époque de la révolution où le sentiment
de l'inquiétude sombre fut porté à son plus haut degré de
fermentation : il fut renouvelé par le décret du 25 brumaire
an III, qui contient les mêmes dispositions à l'égard des enfans. Tout est donc consommé en cette matière, dont nous
sommes séparés par un mur d'airain. Les prohibitions et les
exceptions ont été posées irrévocablement ; c'est à la nation,
à ses magistrats, à ses législateurs, à obéir.

Nous venons de voir, dans le titre premier, par qui et sous   ch. 2.
quelles conditions les droits civils s'acquièrent en France ; le
titre II contient les cas dans lesquels on est privé de leur jouissance. On en est privé de deux manières : l'une par la perte
de la qualité de Français, l'autre par suite de condamnations
judiciaires. Cette perte, dans le premier cas, est l'effet d'une
volonté particulière ; dans le second, c'est l'effet d'une puni-

sect. 1. tion infligée par la société. La section première de ce titre ne m'a point présenté de difficulté; j'y ai néanmoins aperçu une disposition qui pourrait sembler, à quelques esprits, incons-

17 titutionnelle et contradictoire. La qualité de Français, dit l'article n° 21, *se perdra par l'acceptation non autorisée par le gouvernement de fonctions publiques, conférées par un gouvernement étranger;* et la Constitution porte : *la qualité de citoyen Français se perd par l'acceptation de fonctions offertes par un gouvernement étranger;* donc le projet modifie la prohibition constitutionnelle, en réservant au gouvernement le droit d'en dispenser des Français quand il le jugera convenable. Je réponds à cette objection, qu'il faut bien distinguer la qualité de Français de celle de citoyen; que l'une a rapport à l'exercice des droits civils, et l'autre à l'exercice des droits politiques; que cette distinction est textuellement établie dans l'article 12, ainsi conçu :

« L'exercice des droits civils est indépendant de la qualité de citoyen, laquelle ne s'acquiert et ne se conserve que conformément à la loi constitutionnelle. » Point de doute qu'un Français qui, d'après l'autorisation même du gouvernement, accepterait des fonctions publiques chez l'étranger, ne perdît sa qualité de citoyen; mais nul doute non plus qu'il ne dût garder celle de Français. En effet, ne doit-on pas ranger dans une classe immédiatement au-dessous de celle des absens pour le service public les Français qui, d'après l'aveu, l'invitation peut-être du gouvernement, s'associeraient à l'administration ou aux magistratures d'un État voisin? Les cas où les puissances étrangères emploieront des Français dans des fonctions publiques seront extrêmement rares; car chez elles comme chez nous, l'orgueil national repousse tout ce qui n'est pas indigène. Cependant il peut se présenter des circonstances où les travaux d'un Français pourraient être utiles à un gouvernement étranger, plus utiles encore à la République. Ménageons-nous la faculté de faire servir ces circonstances à nos intérêts. La Constitution ne le défend pas, et la raison d'État nous en fait un devoir. Les dispositions que je viens de passer en revue sont pleines de sagesse, et il est heureux qu'elles ne blessent pas plus le texte de la Constitution que son esprit.

Je trouve aussi le caractère d'une politique prévoyante dans la disposition de l'article 25, qui conserve la qualité de Français à un républicole qui prendrait du service chez l'étranger, d'après l'autorisation du gouvernement. Cette disposition est conçue dans l'intérêt de la France et de ses alliés. Dans l'ancien comme dans le nouveau monde, la civilisation n'a pas marché partout d'un pas égal. Il est des nations puissantes en territoire et en population, qui sont nulles sous le rapport du système militaire. Ces nations peuvent s'unir à la France par des traités d'alliance offensive et défensive. Mais que serait, pour la République, en cas d'alarmes, le secours de ces puissances, si elle ne répandait parmi elles l'art de la guerre, l'exemple du courage et le secret de la victoire? Il faut donc que la République, en cas de besoin, puisse animer ces masses inertes par la présence de quelques-uns de ses guerriers ; et ce ne sera pas trop faire pour eux, sans doute, que de leur conserver, sous des enseignes étrangères, la décoration du titre de Français, en récompense des palmes qu'ils cueilleront ou du sang qu'ils verseront pour elles. Mais s'il faut conserver le nom de Français aux hommes généreux que le gouvernement mêlera aux bataillons des puissances dont il secondera ouvertement ou secrètement les efforts, il faut en dépouiller ceux qui, sans être dirigés par sa main prudente, iraient d'eux-mêmes offrir leurs services à l'étranger, et c'est le but de l'article 25. Toutefois je suis convaincu que la patrie aura peu de ces transfuges à punir. Le nom de Français est devenu si glorieux, qu'il n'est aucun de ces guerriers qui voulût, au risque de le perdre, parvenir chez les autres à l'honneur du commandement suprême.

J'arrive aux questions relatives à la privation des droits civils par suite des condamnations judiciaires : celles qui ont précédé appartiennent à l'ordre constitutionnel et politique; celles-ci semblent appartenir plus particulièrement à la jurisprudence. Ce ne seront par conséquent pas les moins controversées. Dans l'examen des unes, la constitution nous a, en quelque sorte, servi de guide; dans l'examen des autres, nous aurons à nous défendre et à fixer nos idées, au milieu du choc de toutes les opinions et de la discordance de tous les systèmes. L'un invoque le droit des gens; l'autre le droit naturel : celui-ci adopte le principe et repousse les conséquences; celui-là s'attache à quelques conséquences avec lesquelles il prétend réunir le principe. Mais puisqu'il s'agit de choisir entre tant de théories différentes, qui ont toutes plus ou moins leurs partisans et leurs contradicteurs, je crois qu'il est d'un homme raisonnable d'écarter d'abord toutes les doctrines dont on nous assiége, pour examiner si la loi, telle qu'elle est proposée, contient des principes qui concilient la protection que toute société doit à ses membres, avec la sûreté qu'elle se doit à elle-même; qui accordent à l'humanité tout ce que permet la justice : car il y a ici deux natures de garantie dont il faut scrupuleusement maintenir l'équilibre et la réaction. La jurisprudence, dans l'examen de cette matière, doit appeler le secours de la science de l'économie politique; seule, elle ne pourrait parvenir à dissiper les ténèbres dont peut-être elle-même l'environne.

22   Le projet de loi présenté porte qu'il y aura des peines qui entraîneront pour le coupable contre qui elles seront prononcées, la privation de tous les droits civils. La privation de ces droits s'appellera *mort civile*.

Les cas où les peines qui auront ces effets seront prononcées seront rares comme les grands crimes qu'elles sont destinées à venger.

23   La condamnation à la mort naturelle emportera toujours la privation des droits civils.

Mais le condamné à la peine de mort peut dérober sa tête à la hache des lois. Dans quel rapport la République se met-

tra-t-elle avec ce rebelle? Elle le considère sous deux points
de vue : ou il a assisté à son jugement, ou il n'y a pas paru.
S'il a eu tous les moyens d'établir son innocence au tribunal
de ses pairs, elle ne le repousse jamais. S'il n'a pu contredire ses accusateurs, et déployer ses moyens de défense, elle
abaisse la main qui était prête à le frapper ; elle lui accorde
cinq années pour se représenter devant ses juges légitimes,
parce qu'il peut avoir été condamné par la prévention ou la
haine, pendant une absence forcée, au milieu des troubles, etc.

Mais si d'un côté elle doit tenir son glaive suspendu sur sa
tête, et croire encore à son innocence, de l'autre elle doit
une réparation éclatante à la société qui a reçu une offense
prouvée par un jugement légal. Qui voudrait habiter un pays
où les grands coupables en seraient quittes pour échapper
aux recherches de la police? La société doit donc chercher à
les atteindre par les points qu'ils ne peuvent lui dérober, dans
leurs relations d'intérêts, dans leurs rapports de famille, dans
leurs affections. Conformément à ces vues qui assurent le repos de tous contre le retour des crimes impunis, elle lui interdit les droits et la qualité de Français et de citoyen ; elle
met provisoirement, et moyennant des garanties, sa famille
en possession de ses biens, dont il perd la jouissance, etc.
Néanmoins, si dans l'intervalle des cinq années que la loi lui
accorde pour purger sa contumace, il est saisi et constitué
prisonnier, son jugement est anéanti de plein droit, il rentre
dans la possession de ses biens ; s'il meurt dans le même intervalle, il est réputé innocent, et il meurt dans l'intégrité
de ses droits. Il serait bien difficile de montrer d'un côté une
plus active sollicitude pour le maintien du corps social, de
l'autre un plus tendre intérêt pour un individu contre qui
s'élève l'autorité (a) d'un premier jugement. Les garanties
que la loi doit partager entre l'offenseur et l'offensé se trouvent dispensées ici par le commun accord de l'humanité et
de la justice : il n'est rien de plus libéral que le caractère de

(a) Le rapport de la commission, page 190 de ce volume, appelle ce jugement un prétexte

cette législation. Mais où trouvez-vous, dit-on, de l'humanité dans la dissolution du mariage d'un condamné par contumace, sous le rapport des effets civils de ce contrat? Je
réponds : Un homme condamné pour un grand crime a la
privation des droits civils qui résultent des lois protectrices
des citoyens, ou des grands intérêts qu'il a blessés, est exclu
de toute participation à son régime politique et intérieur ; il
cesse d'être membre de l'État. Ainsi la loi, dans aucun des
actes de son existence, à compter du jour où son jugement a
été exécuté, ne doit plus lui prêter son assistance tutélaire ;
elle ne pourrait, sans une contradiction manifeste, sans exposer le repos commun, sans faire jaillir une source féconde
de désordres, punir et excuser, rejeter et rappeler le même
individu. Eh! que deviendront de malheureux enfans, dont
la loi ne reconnaît pas la légitimité? Je pourrais demander
aussi ce que deviennent d'innocentes créatures, nées d'un
commerce criminel, dont la loi ne reconnaît pas la légitimité,
et qu'elle repousse des familles? La grande image du corps
social doit sans cesse être présente à la pensée du législateur,
à qui le sentiment affectueux de la pitié n'est permis que
lorsqu'il a satisfait au devoir rigoureux de la justice. Les gouvernemens sont pour les peuples ce que la providence est
pour l'univers ; les uns veillent à la conservation des masses,
comme l'autre veille à la conservation des espèces.

33   Mais, pour soigner l'intérêt social, faut-il amarrer la législa-
lation à des maximes barbares qui rappellent toutes les horreurs du régime féodal? ne semble-t-il pas voir respirer le
génie bursal du haut-justicier ou du prince, dans l'article
qui alloue à la nation, par droit de déshérence, les biens que
le condamné à la privation des droits civils pourrait avoir
acquis depuis l'exécution de son jugement, et dont il se
trouverait en possession au jour de sa mort naturelle? Certes,
pour voir dans ces dispositions la maxime hideuse, qui *confisque le corps, confisque les biens*, il faut confondre toutes
les idées et obscurcir toutes les évidences. Dans l'ancien

droit Français, l'homme condamné aux peines qui emportaient la mort civile était dépouillé de ses biens par la puissance seigneuriale ; sa femme et ses enfans étaient exhérédés :
dans le système du projet, c'est au profit de la femme et des
enfans que la succession du condamné s'ouvre. Il n'y a que
les héritiers qui pourraient lui naître à l'avenir, dont elle ne
reconnaît pas la filiation ; mais c'est parce qu'elle ne peut
fléchir ses principes au gré des affections individuelles et des
intérêts isolés, que la postérité d'un homme qui a cessé d'être
à ses yeux, n'est elle-même rien à ses regards. Elle repousse
un individu né d'une union qu'elle n'a pas consacrée, comme
elle repousse celui qu'a produit une union qu'elle a dissoute.
De puissans motifs d'ordre général commandent ces dispositions sévères. Mais il est aisé de remarquer qu'elle se fait
une violence peut-être rigoureuse : en rejetant d'une main
les enfans d'un condamné, de l'autre elle indique au gouvernement que c'est sur eux qu'il doit répandre tout ce qu'il
laisse de biens après sa destruction. Ses invitations sont trop
formelles pour que l'on puisse craindre que, dans ces circonstances, le vœu de l'humanité ne soit pas entendu. Quel
gouvernement oserait négliger l'auguste recommandation
d'essuyer les larmes du pauvre, de la veuve et de l'orphelin ?

La question qui est l'objet de nos débats, réduite à ses 22 et 25.
simples termes, est celle-ci : Y a-t-il des cas où la loi pénale
puisse condamner un coupable à la privation absolue des
droits civils résultans de la loi française ? Certes, il n'est pas
un homme un peu éclairé qui ne réponde : Elle le peut,
elle le doit. Eh bien ! la privation absolue des droits civils,
c'est la mort civile, qui n'est qu'un terme passé dans la langue de la jurisprudence pour en exprimer l'idée. De ce mot
on fait un appareil monstrueux à l'aide duquel on dérobe,
on altère les véritables rapports qui constituent la matière.
Si l'on admet qu'il est des crimes qui doivent faire à jamais
retrancher de la société celui qui s'en est rendu coupable,
tels que l'assassinat prémédité, l'empoisonnement, les atten-

14.

tats à la sûreté générale du peuple français, il faut bien consentir à toutes les conséquences qui dérivent de cet acte rigoureux que prescrit le soin de la conservation commune.
Or, le mariage est aux yeux de la société un contrat de la
nature de toutes les stipulations qu'elle garantit par son intervention suprême. Ceux qui demandent une exception en
faveur de ce contrat, ne s'aperçoivent pas qu'ils se laissent
dominer par de vieilles habitudes; qu'ils tendent à imprimer
un caractère sacré à un lien purement civil, et à soumettre
le génie de notre législation à l'influence des doctrines religieuses.

Dire que la dissolution du mariage d'un individu que la
société bannit de son sein à cause de ses crimes est l'effet
de la mort civile qu'il encourt, ce serait s'exprimer sans justesse. Le titre d'époux légitime qu'il perd est un des droits
qui lui sont ôtés, comme celui de recevoir et de disposer.
La mort civile n'est pas un principe, c'est une expression
générique qui signifie la privation de la totalité des droits
civils. L'emploi de cette expression, qu'on environne de couleurs funèbres, donne lieu à une foule d'idées vides de sens.
et d'argumens sans cohérence.

33   L'article 35, au jugement de quelques personnes, renferme une contradiction manifeste. Les biens, dit cet article.
*que le condamné à une peine emportant mort civile pourra avoir
acquis depuis l'exécution de son jugement, et dont il se trouve
en possession au jour de sa mort naturelle, appartiendront à la
nation par droit de déshérence.* D'après cet article, le condamné peut acquérir des biens ; l'article 35 lui donne cette
faculté : cela est d'autant plus évident, que, dans l'énumération des droits dont le projet le prive, elle ne lui est nulle
part interdite. Si le projet donne au condamné la faculté
d'acquérir, il doit lui donner celle de transmettre. Comment
peut-il donc dire qu'à sa mort les biens qui seront en sa
possession appartiendront à la nation par droit de déshérence? C'était le mot de *confiscation* qu'il fallait employer,

mais on a voulu éviter l'inconvénient de rappeler des souvenirs odieux. Selon moi, l'article n'implique aucune contradiction, il me semble au contraire parfaitement en accord avec la base du projet. Ces mots, *que le condamné pourra avoir acquis*, n'ont et ne peuvent avoir aux yeux du grammairien le plus difficile que ce sens : la chose que son industrie lui aura fourni le moyen de mettre en sa possession. Le droit de devenir propriétaire ne peut appartenir à un homme retranché de la société qu'autant que la loi le consacrerait formellement à son égard : car il n'y a point de propriété sans garantie de la part de l'État, qui en assure la jouissance ; et l'État lui a retiré le bienfait de ses lois protectrices. Ce qu'il a ne lui appartient donc pas en vertu du droit positif ; c'est une possession précaire. Et comme d'un autre côté la loi ne lui reconnaît plus d'héritiers légitimes, plus de famille, ce qui se trouve entre ses mains au moment de sa mort est dévolu à la puissance publique, comme une chose abandonnée. C'est donc le mot de *déshérence*, et non celui de *confiscation*, qu'il fallait employer. Je prie mes collègues de ne pas perdre de vue que tous ces raisonnemens dérivent du droit positif, qu'ils ne doivent pas être appréciés par les règles ou les indications de la loi naturelle, avec laquelle les sociétés humaines, pour l'intérêt du plus grand nombre, sont souvent obligées de se mettre en opposition. Il n'y a, ni dans l'antiquité, ni dans les temps modernes, aucun peuple connu qui ne s'en soit éloigné plus ou moins : sans ces écarts, il n'y a point d'organisation sociale, point de civilisation possible.

Mais quel est, au fond, cet objet capital qui fait jeter des cris d'alarmes épouvantables? Il s'agit de chétifs pécules, rassemblés dans des cas extraordinairement rares, abandonnés dans des cas plus rares encore, et qui peut-être, dans le cours d'un demi-siècle, ne s'élèveront pas à la valeur de dix mille écus ; car le condamné par contumace, en supposant qu'il trompe toujours la surveillance de la police, ne

sera pas assez stupide pour acquérir des propriétés immobilières qui trahiraient le lieu de sa retraite. Il n'aura donc
que des meubles, s'il meurt en France ; et quelle prise des
meubles, dont il pourra toujours disposer, offrent-ils à la
prétendue rapacité du fisc, que l'on ne veut pas voir dirigé
par l'esprit de la loi! Voilà sans doute une belle occasion
pour crier au retour du régime infâme des confiscations!
L'intérêt est imperceptible. Cependant le projet, pour être
d'accord avec le principe sur lequel il est fondé, doit contenir la disposition relative à la déshérence des biens éventuels du condamné, disposition qu'un critique impartial ne
doit point isoler de l'idée qui la suit et qui lui sert en quelque sorte d'amendement et de correctif.

25 et 30.   J'ai ouï relever aussi une prétendue contradiction qui se
trouve entre la disposition qui prononce la dissolution du
mariage du condamné à une peine emportant mort civile, et
celle qui autorise le contumace absous, après l'espace de
cinq ans, à faire légitimer les enfans nés de son épouse pendant cet intervalle. Comment peut-on n'être plus mari et
avoir encore une épouse?. . . . . On voudra
bien se rappeler que le projet, en prononçant la dissolution
du mariage du condamné, ne fait qu'en anéantir les effets
civils. Il abandonne aux croyances religieuses tout leur empire sur l'objet de son union ultérieure avec celle qu'il avait
choisie pour sa compagne. C'est une chose dont la loi ne se
mêle plus, et qui doit désormais se passer entre Dieu et sa
conscience. La loi néanmoins, en menaçant toute tête coupable, ne peut frapper que des coups avoués par la stricte
justice. Un homme, jugé par contumace, n'est encore à ses
yeux qu'en état de prévention grave ; il peut sortir victorieux
de l'accusation portée contre lui. La loi ne doit donc pas
briser avec violence, au moins avant un délai que l'humanité réclame, les liens qui l'attachent à sa famille ; elle doit
les relâcher, si je puis ainsi dire, plutôt que les rompre.
Voilà pourquoi, en cassant son mariage, elle défend à son

épouse d'en contracter un nouveau avant l'expiration du temps qu'elle lui accorde pour mettre son innocence au grand jour. La paix des familles exige cette prohibition, et la morale y applaudit. Cependant le délai de grâce est expiré, et le prévenu, en faveur de qui il avait été fixé, ne s'est représenté ou n'a été constitué prisonnier qu'après les cinq ans ; il subit son jugement, et il est déclaré innocent ou moins coupable qu'on ne le présumait. Rentrera-t-il dans la jouissance pleine de tous ses droits, pour le temps qui s'est écoulé entre son jugement par contumace et son jugement contradictoire et définitif? Non. Il a insulté à la loi jusque dans sa bienveillance envers lui, il faut qu'il porte la peine due à sa désobéissance et à son mépris pour elle. Son premier jugement *conservera tous ses effets pour le passé*. Mais pendant son interdiction et sa fuite, il lui est né des enfans d'une union qu'il croyait avouée par le ciel, et dont le sentiment du malheur avait peut-être resserré les nœuds. Les repoussera-t-on de sa famille, lorsque les circonstances où ils sont nés les lui rendent plus chers? La loi a répondu ici au cri de la nature ; elle les déclare légitimes s'ils sont reconnus par le père : on voit qu'elle n'est pas étrangère aux douces affections de la pitié, aussitôt qu'elle peut, sans péril, tempérer sa rigueur. Cet esprit de bienveillance, dont son système général est empreint, justifie assez la sévérité qui caractérise quelques-unes de ses dispositions. J'espère qu'elle ne sera pas blâmée, à la fois, et de sa douceur réelle, et de son apparente dureté.

Mais on ne devait pas donner le nom d'épouse à la mère de ses enfans ; ce titre ne lui appartenait plus d'après le projet lui-même ; évidemment ces mots , *de son épouse*, ne disent que *de la femme qu'il avait avant sa condamnation*. Est-ce qu'il ne sera donc plus permis d'invoquer cette maxime : La lettre tue et l'esprit vivifie? elle est pourtant bien nécessaire pour proscrire la logomachie qui prend l'habitude de s'entremêler aux questions du plus vaste intérêt.

L'apparente contradiction qui se trouve ici était, selon moi, inévitable, à moins de recourir à de puériles circonlocutions ; elle dérive de la nature même du système de la loi. Quelques expressions qu'elle eût employées, il fallait qu'en légitimant les enfans du contumace absous, elle reconnût une union quelconque entre sa femme et lui ; tous les mots par lesquels on aurait rendu cette idée entraîneraient la même difficulté. Mais que faire lorsqu'une loi contient une apparente contradiction ? il faut recourir à ses dispositions réelles et positives. Est-il vrai que la loi dissout le mariage du condamné à une peine emportant mort civile, sous le rapport de tous ses effets civils ? Est-il vrai qu'elle ne reconnaît plus ses enfans ? Il n'y a donc plus à ses yeux ni mariage, ni postérité. Mais l'humanité réclame à cette règle générale une exception en faveur du contumace justifié ; c'est cette exception qui est exprimée dans l'article 32. Les mots de *mariage* et d'*époux*, qui s'y rencontrent, ne signifient autre chose que l'union qui a subsisté entre sa compagne naturelle et lui, depuis sa condamnation. Il y a vraiment contradiction dans une loi, lorsqu'une de ses dispositions anéantit l'effet d'une autre. Ici les conséquences suivent des principes et se rattachent à eux sans le moindre obstacle. Il n'y a donc qu'un manque de justesse dans les termes ; et je crois qu'il est impossible d'en trouver d'assez précis pour exprimer dans son sens absolu la conception du projet.

Ce n'est qu'en consultant l'esprit des lois qu'on entend leur langage, et je plains le légiste timoré qui n'ose dissiper par le souffle de son intelligence les plus légers nuages qui les couvrent ; mais je voudrais néanmoins que celui qui craint de pénétrer leur sens, pour raisonner en leur faveur, ne s'attachât pas hardiment à leur écorce, pour argumenter contre elles, comme dans la question suivante, par exemple : s'il est né à un contumace absous un enfant, après l'expiration du délai de grâce, sera-t-il bâtard ? Le texte de l'article 32, en admettant ses enfans aux honneurs de la légitimité,

ne parle que de ceux qui lui sont nés dans l'intervalle des
cinq ans. Est-ce que l'on ne voit pas que la loi ne veut lui
faire souffrir qu'une mulctation pécuniaire, pour le punir
d'avoir bravé ses commandemens et méprisé son indulgence?
mais elle croit être assez vengée par un acte pénal qui porte
spécialement sur lui. Quant à ses enfans, ils sont de purs rejetons de la race française; la loi les recueille et les réhabilite;
et celui d'entre eux qui a pu venir au monde la sixième année, à compter du jugement qui condamnait son père justifié depuis, étant formé du même sang que ses aînés, doit,
aux mêmes conditions qu'eux, participer à son affection, et
prendre rang dans la famille. Il ne peut en être exclu que
par une prohibition formelle; il a pour lui la parité, et,
dans le silence de la loi positive, le vœu du cœur humain,
qui alors exerce tout l'empire de ses inspirations.

J'aborde le dernier article.   fin de la
                                                          sect. 2.

Le projet qu'indique cet article ne doit point inspirer d'a-
larmes, c'est la réforme et l'amélioration de l'ancien système
du bannissement perpétuel. Pour prendre une idée juste de
la déportation judiciaire, c'est-à-dire de celle qui sera prononcée par les juges, sur la déclaration des jurés, il est nécessaire de chasser de sa mémoire le souvenir de nos convulsions et de nos coups d'état. Il est nécessaire en même
temps, pour avoir un moyen de plus d'écarter les préventions
qui viendraient se mêler à cette discussion et l'obscurcir, de
se rappeler que la déportation est une idée consacrée dans le
Code pénal, monument encore debout de l'Assemblée constituante. Il est rare que l'on ne soit pas obligé de nommer
cette assemblé auguste, quand il s'agit d'une affection généreuse ou d'une vue féconde. Mais cette idée est depuis douze
ans restée dans son germe, le gouvernement veut la faire
éclore et la développer. Il a conçu que le bannissement perpétuel avait pour effet indispensable de jeter sur un peuple
la lie d'un autre, de dévouer au crime, comme au seul métier qui lui restât, l'homme une fois coupable qui n'avait

plus de patrie. Des exemples nombreux, puisés dans l'histoire des peuples anciens et modernes, montrent des malheureux qui, flétris par le brigandage, redeviennent gens de
bien sitôt qu'ils abordent sur un sol lointain où ils trouvent
des moyens de travail et d'existence. Que d'individus n'ont
été poussés vers le crime que par le sentiment de la misère!
Qu'on donne à ces misérables un champ à défricher dans ce
nouveau monde; avec une pioche et un acre de terre, on
peut refaire un citoyen. Propriété! propriété! tu es la cause
première de l'ordre des familles et de la force des nations;
tu es le principe des mœurs, du patriotisme et du bonheur!
Sans doute, lorsque le gouvernement a conçu le projet de
former, hors du continent européen, une colonie des individus coupables de certains genres de crime, il n'a pas oublié
de comprendre en première ligne, dans les élémens de son
organisation future, des charrues et des champs, des méca-
niques et des ateliers. Sur ces bases s'élèveront bientôt le
commerce qui commande la bonne foi, et l'aisance qui conduit aux lumières. J'entrevois non loin dans l'avenir un peuple
sain et vigoureux, sorti du sein des troubles et de la corruption, rivalisant de mœurs et de splendeur avec les peuples les plus civilisés. S'il est une manière de punir qui soit
plus digne de la philosophie, qu'on s'empresse de l'indiquer;
qu'on nous mette plus directement sur les voies dans lesquelles les amis de l'humanité voudraient voir marcher notre
législation pénale. Cette conception est une des vues les plus
heureuses de l'art social. Elle n'appartient pas à notre nation,
il est vrai; mais nous sommes assez forts pour imiter les Romains, et nous approprier, comme eux, les utiles institutions
de nos rivaux et même de nos ennemis.

Les yeux attachés sur le tableau de nos discordes récentes,
et voyant l'avenir à travers les sombres couleurs du passé,
quelques personnes se sont écriées : Vous croyez trouver un
moyen efficace pour rendre les pervers à la société et à l'honneur, et vous ne faites que creuser un abîme sous les pas des

gens de bien. Je réponds que c'est déplacer la question. Dans les gouvernemens bien ordonnés, les bons citoyens ne craignent pas la déportation judiciaire ; dans les gouvernemens tumultueux, aucune loi ne peut les garantir de la violence. Or, ce n'est pas pour les temps d'orage, où rien ne se décide que par l'intervention de la force, que les lois sont faites ; c'est pour les temps paisibles, c'est pour l'état habituel de la société, c'est pour les siècles qu'elles disposent. Si, sous prétexte de l'irruption du despotisme, une nation se refusait à créer des institutions fortes, elle ne sortirait jamais de l'enfance ; elle serait perpétuellement dans un état voisin de la dissolution.

La déportation judiciaire, prononcée dans les cas qui entraînaient autrefois le bannissement perpétuel, et dans quelques autres analogues, est une idée morale, humaine et philosophique. La réunion incontestable de ces caractères ne peut manquer de produire en vous le désir de la voir s'organiser sur un plan libéral, et tel que le dix-neuvième siècle puisse l'avouer.

Les questions judiciaires qui se mêlent à cette matière neuve pour nous sont jusqu'ici plutôt indiquées que posées. Elles feront la matière d'un chapitre du Code pénal. Le condamné à la déportation judiciaire, en principe, est effacé sans retour de la liste des membres de l'État ; il perd tous ses droits de Français et de citoyen. Une nouvelle existence sociale ne lui est promise et garantie que dans le nouveau monde, où la patrie vengée, et désormais compatissante, laissera tomber sur lui, de sa main invisible, le bienfait des lois protectrices et les semences de la prospérité.

Je sens combien il est facile de dénaturer des questions de l'espèce de celles qui fixent notre attention. Si j'avais pu en douter, il m'eût suffi d'entendre le second rapporteur de votre commission. En parlant de la déportation judiciaire, il s'est adressé aux souvenirs amers et aux terreurs aveugles. C'est assurément le meilleur moyen de rendre obscure la vérité la plus palpable, et incertaine l'utilité la plus évidente. En raisonnant sur la mort civile , ou , pour parler plus clairement, sur le droit qu'a toute société humaine de retrancher du nombre de ses membres quiconque l'a offensée par un grand crime, il a ouvert tous les trésors de sa pitié pour les prévenus , et n'a songé à donner aucune sauve-garde au principal intéressé, à la masse des bons citoyens. Mais, puisqu'on a cherché à vous émouvoir par des tableaux, je vais aussi en déployer un sous vos regards. Je suppose l'explosion d'un crime semblable à la conspiration des poudres en Angleterre, ou l'existence de l'un de ces forfaits abominables qui coûtent la vie à une foule de victimes, la fortune à une multitude de citoyens, et bouleversent les États jusque dans leurs fondemens : la justice parvient à saisir et à frapper une partie des auteurs de tant de maux ; mais elle n'a puni que les agens subalternes , les chefs se sont dérobés , et sont jugés par contumace. Sera-ce ces monstres , ou les amis et les proches de ceux qu'ils ont sacrifiés, que vous presserez contre votre sein? Leur garantirez-vous les jouissances de l'union conjugale, le bonheur d'être pères, à eux qui ont fait périr des pères au milieu des flammes? Leur garantirez-vous la possession des fruits de leur industrie, à eux qui ont dévoué à la misère d'innombrables familles? Couvrirez-vous du manteau de votre pitié le lâche empoisonneur, le barbare assassin, l'horrible parricide? Eh! qu'on ne s'offense pas de ces expressions absolues. Il est des circonstances où les crimes sont tellement notoires, qu'il est impossible à l'homme juste qui remplit les fonctions de juré, de les révoquer en doute, lors même que les prévenus n'assistent pas à leur jugement. On perd sans cesse de vue qu'un grand crime entraîne toujours un malheur privé ou public, et souvent ces deux calamités à la fois, et l'on pleure sur le sort des condamnés fugitifs, quand on oublie dans la tombe les victimes qu'ils ont immolées !

Tribuns, à mesure que j'ai avancé dans l'examen du projet qui est soumis à nos débats, j'ai senti les questions se presser, et les intérêts s'agrandir. J'ai plutôt énoncé les textes que je n'ai offert le développement des profondes discussions qu'ils exigent, et j'avoue que je trouve bien étroit le cadre où j'ai réduit les objets majeurs qu'il renferme. Mais si chacun de vous avait, comme moi, la conviction pleine et entière que les vues et les combinaisons dont il se compose sont élevées, libérales, et en harmonie avec la Constitution dont elles organisent la pensée ; qu'elles tendent, par les relations qu'elles règlent entre les étrangers et nous, entre les habitans et la cité, par les garanties qu'elles donnent à la société contre le crime, et aux citoyens contre l'oppression, à affermir le principe de la liberté individuelle, et à grossir les sources de la prospérité publique, la pierre angulaire du monument de notre Code civil serait posée aux acclamations unanimes du Tribunat. Je vote donc l'adoption de ce projet de loi, non parce que je cède à la nécessité de commencer enfin un ouvrage qui fait depuis dix ans l'objet de l'attente universelle, mais parce qu'il n'est aucune de ses dispositions essentielles qui, selon moi, n'aille directement au but que tout législateur éclairé doit se proposer d'atteindre.

OPINION DU TRIBUN BOISSY-D'ANGLAS,
CONTRE LE PROJET.

Tribuns, il est fâcheux d'être forcé par les formes de nos délibérations, et par la manière dont les lois nous sont proposées, d'interrompre une discussion relative à des lois civiles, pour y en mêler une qui tient à l'un des objets les plus importans du droit des gens et de la politique.

L'article 13 du projet de loi qui vous est soumis prononce textuellement le rétablissement du droit d'aubaine, *unanimement* et généralement aboli par l'Assemblée constituante ; aboli, ce qui est très-remarquable, d'après l'exemple que lui en avait donné le gouvernement royal trois années auparavant, en prononçant la même abolition, et sans aucune réciprocité, pour les sujets du roi de la Grande-Bretagne. L'opinion publique qui à la longue dicte les lois, et les écrits des hommes les plus éclairés de ce siècle véritablement de lumières, provoquèrent cette décision. Elle parut tout à la fois juste, honorable et avantageuse à la France : on vous propose aujourd'hui de la rétracter. Sans doute il faut se garder de jurer en aveugle par les principes de telle ou telle autorité passée, de tels ou tels écrivains plus ou moins fameux ; mais il doit être permis aussi d'hésiter avant de détruire ce qu'ils ont fait, avant de rejeter ce qu'ils ont réclamé.

Ce ne fut point par un excès de philantropie que le roi Louis XVI au mois de janvier 1787, et l'Assemblée constituante au mois d'août 1790, rendirent les lois que j'ai rappelées ; il est étrange qu'il faille les en justifier.

Ce fut parce qu'ils crurent l'un et l'autre, comme le croyaient alors les meilleurs esprits, que le résultat de ces lois devait être d'augmenter la prospérité de la France.

Ce sera sous ce point de vue aussi que j'examinerai le projet de loi qui nous occupe. Dans tout ce qui tient à la politique extérieure, l'intérêt du peuple dont on fait partie est ce qui doit déterminer avant tout : heureusement que cet intérêt est toujours fondé sur ce qui est juste.

L'origine du droit d'aubaine se retrouve dans la féodalité: peut-être paraîtrait-il étonnant qu'il subsistât encore quand la cause en est anéantie.

Lorsque la France était divisée en une foule de petits états régis par des despotes nommés seigneurs, et rattachés uniquement à la souveraineté nationale, par les rapports du vassal au suzerain, quand chaque propriété était ou le gage et le salaire d'un service, ou l'apanage d'un esclave, qui la rapportait avec lui à celui dont il était le sujet, il était simple que l'étranger qui changeait de domination perdît d'une part ce qu'il abandonnait, pour le laisser comme une indemnité à celui dont il fuyait l'obéissance, et que de l'autre il ne pût

transmettre à des hommes qui n'appartenaient pas à son nouveau maître ce qu'il aurait pu acquérir sous son autorité.

Alors l'homme et la terre étaient une seule et même chose,
et l'un se confondait dans la nature de l'autre.

Alors il n'y avait de rapports qu'entre l'esclave et le maître:
l'un protégeait, l'autre obéissait, et tout le droit était ren-
fermé dans cette double obligation.

Il n'y avait point de droit des gens.

Cette puissance indépendante de toutes les autres, dont
l'effet est de ne former qu'un seul peuple de tous les peuples,
de rattacher les hommes entre eux par les liens de l'intérêt
particulier, pour les réunir ensuite ensemble dans ceux d'un
intérêt général, le commerce n'existait pas; et la politique,
formée du nouvel ordre de choses amené par son influence,
ne pouvait être consultée. L'existence du droit d'aubaine
était conséquente à ce qui était....

Bientôt les communes s'établirent, et leur affranchissement créa de nouveaux rapports entre elles et entre leurs divers habitans : ces rapports furent réglés par les lois; de là
l'extension de la législation civile et la création de celle du
droit des gens. Mais ces actes législatifs se sentirent long-
temps de la barbarie de ceux qui les avaient précédés; les
mêmes principes s'y retrouvèrent, et l'autorité royale, for-
tifiée par les progrès de la raison et de la liberté, se conduisit
envers les nations étrangères comme s'étaient conduits envers
leurs sujets respectifs les divers seigneurs qui avaient trop
long-temps régné au lieu d'elle; les confiscations et les déshérences furent consacrées par leur droit des gens; on maintint et on fortifia les barrières élevées entre les peuples; on
ne s'attacha qu'à repousser loin de soi ceux qui voulaient apporter de l'industrie, de la richesse ou des lumières. Le roi
de France établit le droit d'aubaine par rapport aux sujets du
roi d'Angleterre, c'est-à-dire la confiscation des héritages
qu'ils pouvaient laisser; et, par une réciprocité digne de ce
temps, Édouard III défendit aux Français, sous peine de

mort, de venir habiter l'Angleterre. Enfin, les progrès de la raison et de la connaissance des véritables intérêts des peuples amenèrent l'adoucissement de ces impolitiques rigueurs

On avait aboli presque partout le droit de naufrage, long-temps consacré par la législation de l'Europe, et qui confis-quait les hommes et les choses jetés par la tempête sur le rivage; on modifia celui d'aubaine, qui avait une origine et des principes communs, et que frappe du même anathème notre immortel Montesquieu.

En continuant à défendre aux étrangers de tester et d'hé-riter en France, on leur permit d'y acquérir et d'y posséder; ensuite on traita avec quelques puissances, et on arrêta res-pectivement sur le pied de dix pour cent la retenue qu'on ferait sur les héritages qui seraient recueillis par leurs sujets: ce droit s'appela *détraction*. On convint de l'abolition de ce droit par rapport à quelques autres États; on l'abolit même tout-à-fait, mais par des actes législatifs et alors sans réci-procité, pour tous les étrangers, de quelque nation qu'ils fussent, qui viendraient fréquenter nos foires, travailler à quelques-unes de nos manufactures privilégiées, telles que celles de Beauvais et des Gobelins, ou s'établir dans celles de nos villes, telles que Marseille et Dunkerque, dont on vou-lait plus particulièrement favoriser le commerce, ou enfin former des établissemens utiles, tels que des desséchemens de marais ou des creusemens de canaux.

Ainsi, d'une part, on sentait que le progrès de quelques manufactures, que le succès de quelques foires, que la créa-tion et la splendeur du commerce de quelques villes, que l'amélioration de l'agriculture, pouvaient exiger non seule-ment la modification du droit d'aubaine, mais encore son abolition absolue; et cependant, par une contradiction étrange, on le laissait subsister en principe et généralement, pour ne le supprimer que par exception.

On convenait que Marseille et Dunkerque deviendraient plus florissantes par l'abolition du droit d'aubaine : on y appelait tous les étrangers, leurs capitaux et leur industrie; et cependant par la conservation du droit d'aubaine on repoussait ces mêmes étrangers de Bordeaux, de Nantes, de Lyon, de Nîmes, de la Rochelle, et généralement de tout le reste de la France, sans reconnaître, comme l'a dit un célèbre écrivain politique, que *si l'affranchissement du droit d'aubaine est utile pour faire fleurir tel ou tel objet, il l'est généralement et en toutes circonstances pour tout le royaume.*

Enfin, l'Assemblée constituante, pénétrée de cette dernière vérité, adopta des principes uniformes; et, sans attendre l'effet des traités qu'elle aurait pu charger le pouvoir exécutif de négocier à ce sujet, elle abolit à l'unanimité tout droit d'aubaine envers tous les peuples, et sans qu'aucune réciprocité fût nécessaire.

C'est à cette loi solennelle, avouée par la justice et par la politique, dictée par la connaissance véritable de l'intérêt national, qu'on vous propose d'en substituer une qui doit en détruire tout l'effet, ou le faire dépendre du sort des négociations et du résultat des traités. Mais, si l'abolition du droit d'aubaine est avantageuse, s'il importe à la France d'appeler dans son sein de nouveaux habitans, des hommes riches et industrieux, et conséquemment de lever les obstacles qui s'opposent à leur admission, faut-il attendre, pour prononcer cette abolition, pour lever ces obstacles, que les autres puissances aient senti que leur intérêt leur commande la même mesure? Faut-il surtout faire dépendre cette mesure de l'intérêt des autres puissances?

Le projet de loi porte *que les étrangers jouiront en France des mêmes droits dont les Français jouiront chez les autres peuples.*

Je sais bien qu'au premier coup-d'œil cette réciprocité paraît politique et juste; mais que l'on veuille bien réfléchir sur ses effets, et l'on cessera de le penser.....

D'abord, ce n'est pas l'admission des Français chez l'étranger pour s'y établir, pour y acquérir des propriétés, pour

VII.   15

y porter leur industrie et leur commerce, qu'il est de notre intérêt de favoriser ; il suffit à la justice et à la raison de ne pas leur défendre d'user du droit qu'a tout homme de se transporter où il veut, sans qu'il faille s'attacher beaucoup à leur faciliter les moyens d'en user ; il suffit à l'intérêt et à l'honneur national que les Français puissent voyager librement chez les autres peuples , y négocier, y former des correspondances, s'y éclairer par la société des hommes habiles qui en font partie , y recueillir quelques-uns des secrets de l'industrie nationale, y posséder, si l'on veut, des richesses mobilières ; et la conservation du droit d'aubaine, par rapport à nous, ne les en empêche point ; mais il n'est pas à désirer qu'ils y soient assez bien traités, assez favorisés par les lois du pays pour qu'il puisse leur être agréable de s'y domicilier tout-à-fait, pour qu'y trouvant une nouvelle patrie plus précieuse pour eux que l'ancienne, ils s'y établissent sans esprit de retour ; et il ne faut pas sacrifier les avantages que peut nous procurer l'abolition de tout droit d'aubaine envers les étrangers, à une réciprocité qui, peut-être, dans plusieurs circonstances, nous serait plus nuisible qu'utile.

Ce qui importe essentiellement à la prospérité de la France, c'est d'appeler dans son sein beaucoup d'étrangers riches : mais le même motif qui nous engage à le faire, doit engager aussi les gouvernemens auxquels ils appartiennent à s'efforcer de les retenir ; et ne leur en donne-t-on pas les moyens, en faisant dépendre l'accueil qu'on leur fera , de celui que nos concitoyens recevront d'eux ?

Des exemples rendront cette proposition plus frappante.

Voyez l'Angleterre, qui est peut-être celle de toutes les nations dont il nous importe le plus et dont il nous est le plus facile d'attirer chez nous les sujets ; or, croit-on que cette puissance ne soit pas plus lésée par l'établissement des Anglais chez nous, que favorisée par celui des Français sur son territoire ? Et alors peut-on concevoir qu'elle consente à donner à ceux-ci des avantages qui, rendus par nous à ceux-là, ne tendraient qu'à les appeler en plus grand nombre parmi nous?

L'Angleterre n'a pas besoin d'accroître sa population aux dépens de la nôtre; la découverte ou l'application d'une nouvelle machine vaut mieux pour elle que l'arrivée de mille Français; elle n'a pas besoin de nos capitaux; son crédit, qui est aussi une machine industrielle, lui en fournit tant qu'elle en veut, et vous voyez que, pour qu'ils arrivent plus vite, elle abolit tous droits d'aubaine pour les intérêts de sa dette, sans s'embarrasser de la réciprocité; elle ne désire point que les étrangers viennent acheter ses terres, elle n'en a pas de reste; enfin, elle ne nous appelle pas pour perfectionner son industrie et améliorer son commerce; ses vœux sont remplis à cet égard.

Mais ce qu'elle craint, ce qu'elle doit craindre, c'est que ses riches capitalistes ne viennent acheter nos nombreuses et si agréables propriétés territoriales, ne nous apportent quelques-unes de ses belles inventions, ne nous enrichissent de ses trésors; qu'ils ne sortent de son climat ténébreux et humide, pour s'établir sous le ciel si pur de notre midi; qu'ils ne viennent consommer nos excellentes productions, et dépenser, au milieu de nos fêtes et de nos plaisirs, les revenus de leurs capitaux... Et pour que cela n'arrive point, fera-t-elle un bill contre l'émigration? il ne serait peut-être pas exécuté. Mais si la loi qui nous est proposée est admise, elle rendra plus dures encore ses lois contre les étrangers, pour qu'à son exemple, et par *réciprocité*, nous nous hâtions de repousser ses sujets et de remplir ses intentions (a).

(a) La réciprocité qu'on veut stipuler ne peut amener aucun changement dans les lois de l'Angleterre par rapport aux étrangers; car, outre qu'elles sont, ainsi que je l'ai dit, commandées par l'intérêt national, elles sont constitutionnelles. Il faut donc considérer, avant d'adopter une mesure politique à cet égard, non ce que les Anglais devraient faire par rapport à nous, mais ce qu'il est de notre intérêt de faire par rapport à eux. Voici, au surplus, l'état actuel de leur législation sur ce point.

Le simple étranger (*Alien*), quoique susceptible de posséder, d'hériter et de léguer des biens-meubles, ne peut ni hériter ni acheter des biens-fonds. Le régnicole (*Denizen*), naturalisé par le roi, peut acheter des biens-fonds et les transmettre à des héritiers capables d'y succéder. Mais il n'y a que celui qui a été naturalisé par un acte du parlement, qui puisse être héritier de terres.

Lorsque Genève était indépendante, la Convention établit à Besançon une manufacture d'horlogerie qui aurait porté un grand coup à la prospérité de cette République. Or, croyez-vous que si les Génevois eussent pu, en repoussant les Français qui voulaient s'établir chez eux, parvenir à nous faire chasser de chez nous, par *réciprocité*, les ouvriers que nous y avions appelés, ils ne se fussent pas empressés de le faire?

Regardez l'Espagne encore dépeuplée par l'expulsion des Maures, et sentant la nécessité de réparer par des étrangers son commerce et son industrie : non seulement le droit d'aubaine n'y subsiste plus, il y fut aboli généralement par une loi de 1266; renouvelée par Alphonse X, mais encore, ce que l'on ne peut ni ne doit faire en France, les étrangers y jouissent de priviléges nombreux, qui rendent leur condition préférable à celle des Espagnols mêmes.

Maintenant, je vais plus loin, et je dis : Si vous voulez absolument que les Français soient reçus chez les nations étrangères comme les étrangers sont reçus en France, il faut laisser subsister sans modification le décret de l'Assemblée constituante; car alors le souverain qui aura vu s'en aller chez vous une portion de son industrie, de sa population et de ses richesses, se hâtera de faire des lois telles que votre richesse, votre population et votre industrie puissent à leur tour venir le dédommager de ses pertes; et la réciprocité que vous désirez ne tardera pas à être obtenue.

Ce qu'aurait dû faire Genève indépendante, si la manufacture de Besançon lui avait enlevé en effet une trop grande part de son industrie, ç'aurait été de favoriser par tous les moyens possibles l'établissement chez elle de tous les étrangers et même des Français, afin que les fabricans de bas de soie de Nîmes, par exemple, ou ceux d'étoffes de Lyon, vinssent tôt ou tard prendre la place de ses horlogers émigrés.

Ainsi, dans mon opinion, le projet de la loi va contre son but.

On répond, et c'est là un des motifs exposés par l'orateur du gouvernement : l'exemple de l'Assemblée constituante n'a été suivi par aucune autre nation ; elle a été philantrophe en pure perte et sans aucune réciprocité.

Mais, 1° d'abord après le décret de l'Assemblée constituante, sont arrivées en foule toutes nos lois contre l'émigration, et la publication de toutes nos maximes révolutionnaires ; ce qui a fait que tous les Français qui auraient pu s'établir chez l'étranger étaient ou des fugitifs qui n'avaient pas besoin de provocation pour s'y rendre, ou surtout des mendians sans industrie et sans fortune, et des propagateurs de principes anarchiques, classes d'hommes que les gouvernemens sont empressés à repousser.

2°. La guerre survenue avec toutes les puissances de l'Europe, cette guerre si cruellement prolongée, et que la victoire seule a pu terminer, a détruit ou empêché de se former tous les liens de fraternité qui auraient dû réunir les peuples. Il n'y a point eu de réciprocité, de bienveillance, là où il n'y avait que guerre et que haine. Et certes, il ne faut pas juger de ce qui serait arrivé dans un ordre ordinaire de choses, par ce qui est résulté des circonstances sans exemple où nous avons été durant dix années.

Mais, je le répète, je suis peu touché des avantages que peut nous procurer la réciprocité ; ce qui me semble préférable, ce n'est pas que les Français aillent s'établir chez les autres, c'est que les autres viennent en foule s'établir chez nous.

Écoutez ce que disait en 1783 un homme d'État, qui a porté tout à la fois beaucoup de lumières et de probité dans les principes de l'administration, et dont le livre, devenu classique, m'a fourni plusieurs des choses que je viens de vous dire.

« Ce n'est pas, dit M. Necker, sur la demande du ministre
« anglais qu'il faut se proposer d'abolir en entier le droit
« d'aubaine ; c'est plutôt malgré lui qu'il faut le faire : cette

« suppression ne doit pas être considérée comme un acte de
« condescendance, mais comme une vue politique (a). »

Et il ajoute dans un autre endroit : « Si ce droit s'établis-
« sait dans quelques contrées à l'égard des Français, ce ne
« serait pas un motif pour en agir de même avec elles ; car
« la réciprocité n'est jamais raisonnable quand elle ne peut
« exister qu'à son propre dommage ; et le droit d'aubaine
« est encore plus préjudiciable aux nations qui l'exercent
« qu'aux étrangers dont on usurpe ainsi la fortune. »

On objecte encore qu'il serait tout aussi politique de faire
successivement, par des traités, ce que l'Assemblée constituante avait fait à la fois par une loi générale.

(a) Le véritable moyen de prospérité pour la France est dans la baisse de l'intérêt de l'argent ;
or, cet intérêt est en Angleterre à trois ou quatre pour cent. Je n'ose pas dire à quel taux il est
parmi nous ; mais comme tout tend à se mettre en équilibre, il est clair que lorsqu'il y aura sûreté
et facilité pour le placement des capitaux anglais en France, ils y viendront, et qu'alors l'intérêt
de l'argent y baissera par la concurrence et l'abondance occasionées par leur arrivée, tandis que ce
même intérêt s'élèvera en Angleterre, les capitaux ainsi déplacés y devenant moins abondans. Mais,
pour que cela se fasse, il faut laisser le droit d'aubaine aboli par rapport aux Anglais ; car on ne
porte pas son argent dans un lieu où il doit finir par être confisqué.

On objectera que dans l'état où se trouvera notre législation quand elle sera conforme à celle
d'Angleterre, les Anglais pourront placer leurs capitaux parmi nous, soit dans les fonds publics,
soit chez les particuliers, sans en compromettre la propriété.

Je réponds que dans les circonstances où nous sommes, notre crédit public et notre crédit
particulier ne sont pas encore assez bien établis pour que les Anglais viennent purement et simplement nous prêter leurs fonds. Ils ne nous les apporteront que pour les placer dans des spéculations commerciales ou agricoles qu'ils voudront diriger, ou pour les employer à acheter nos propriétés territoriales ; mais dans ces deux hypothèses même, ces capitaux se trouveront en concurrence avec les nôtres, et en feront nécessairement baisser l'intérêt. Dans le second cas, surtout,
cet effet sera inévitable ; les propriétés foncières devant hausser de prix par la concurrence et l'augmentation des acheteurs, et l'intérêt de l'argent devant baisser avec le produit des terres.

Pour que l'intérêt de l'argent puisse n'être parmi nous qu'à cinq ou six pour cent, par exemple,
il faut que l'on ne puisse acheter des terres que sur le pied de deux ou trois pour cent : or, cela
n'arrivera que lorsque beaucoup d'étrangers viendront en acquérir : car les capitaux français seront long-temps appelés par d'autres emplois.

Je crains de devenir diffus et de me répéter à force de vouloir être clair, et je m'arrête... Si je
voulais d'ailleurs suivre toutes les conséquences de l'opinion que j'ai émise, je serais forcé de faire
un livre. Tout peut cependant se réduire à ceci : Avons-nous trop de capitaux, trop de population, trop d'industrie pour mettre en activité nos immenses moyens de richesses, fermons toutes
nos portes aux étrangers : manquons-nous de tout cela, appelons-les de toutes nos forces. Or, ce
que je dis là par rapport à nous, les étrangers le disent par rapport à eux, et ils se conduisent en
conséquence : d'où il faut conclure que, pour que dans ce cas-ci la réciprocité pût servir de règle,
il faudrait qu'il y eût réciprocité d'intérêt, et cela n'est ni ne peut être.

Je réponds : Pourquoi détruire ce qui est? quand ce qui
est est avantageux, il vaut mieux le laisser subsister que de
le refaire lentement et d'une manière partielle. N'est-il pas
plus politique, plus grand, plus généreux, plus noble, de
conserver religieusement cette proclamation solennelle adres-
sée à tous les hommes de la terre, et dont l'effet le plus certain est d'accroître notre prospérité?

Pourquoi d'ailleurs, et je le répète, faire dépendre de
l'événement des négociations une chose utile pour nous, alors
qu'elle peut résulter de notre volonté seule?

Remarquez que dans tout ce que j'ai dit il ne s'agit point
de l'exercice des droits politiques, mais de celui des droits
civils : les premiers sont d'un ordre trop supérieur pour que
les motifs que j'ai allégués pour les autres puissent s'y appliquer. La Constitution a réglé d'ailleurs tout ce qui y a
rapport, et la loi n'a plus rien à faire.

Enfin, on paraît craindre qu'il ne soit dangereux d'appeler
ainsi tant d'étrangers, et de donner surtout aux sujets des
gouvernemens avec qui nous pourrions être en guerre les
moyens et la facilité de venir nous nuire au milieu de nous.

Je réponds sur ce point : les étrangers que vous appelez
par l'abolition du droit d'aubaine ne sont pas ceux qui sont
à craindre ; ceux-là sont propriétaires et riches, et vous avez
dans leurs propriétés et dans leur intérêt personnel une garantie suffisante. D'ailleurs, vous les liez à votre sol, vous les
attachez à votre intérêt, vous les unissez à votre fortune, en
leur permettant d'acquérir des biens parmi vous, et de les
transmettre à leurs parens. Les étrangers qui sont à craindre
sont cette classe d'hommes sans fortune, sans labeur, sans
industrie, cette écume des nations qui se porte partout où il
y a des troubles et l'espoir de commettre des crimes ; et
ceux-là sont indifférens à l'abolition du droit d'aubaine.....

Quant à nos rapports durant la guerre, ils ne sont pas réglés par cette loi.

L'état de guerre sort des règles de la politique ordinaire,

et alors l'admission des étrangers est un acte du gouverne‑
ment : ce serait donc à lui, dans ce cas, à repousser ceux
qu'il pourrait craindre, et tout cela est indépendant du droit
de succéder et d'acquérir.....

En combattant la condition de réciprocité que l'on vou‑
drait apposer à une mesure juste et politique, je laisse tout
entier le droit de représailles qui dérive du droit de la guerre,
et je prie qu'on y fasse attention.

Je crois devoir répondre encore à ceux qui voudraient la
conservation du droit d'aubaine, parce que c'est un droit
fiscal, que, sous le rapport même du revenu public, il ne
doit pas être maintenu.

Le même homme d'État que j'ai cité atteste qu'il ne pro‑
duisait presque rien, que son mince produit était absorbé
par les frais et les poursuites que sa recette occasionait.

En établissant le droit d'aubaine, en effet, on peut bien
dire aux étrangers, que l'on confisquera, lorsqu'ils mour‑
ront, les propriétés qu'ils auront acquises ; mais on les avertit
en même temps qu'ils doivent se garder d'en acquérir, et
aussi n'en achètent‑ils point.　　　　　　　　　　　　·

Il est certain que, dans l'ancien régime, le droit d'aubaine
ne produisait pas 40,000 liv. Or, si vous voulez bien consi‑
dérer quel serait l'impôt que supporteraient les étrangers qui
viendraient acquérir nos terres, vous verrez que, sous ce rap‑
port même, il est utile de laisser subsister le décret de l'As‑
semblée constituante.

Colbert sentait la nécessité d'appeler des étrangers riches
en France ; il multipliait pour cela les fêtes et les plaisirs
dans la capitale ; il ordonnait des édifices ; il créait des em‑
bellissemens de tout genre ; et il voulait que tous les moyens
de séduction et d'attrait pussent seconder ses desseins. Moi,
je dirai : invoquez, pour atteindre au même but, le secours
de l'intérêt personnel ; n'appelez pas les étrangers, mais lais‑
sez‑les venir ; faites qu'ils puissent trouver parmi vous tous
les avantages de leur patrie ; considérez‑les comme des amis ;

encouragez leur industrie ; honorez et favorisez leurs talens ; protégez-les par de bonnes lois, et reposez-vous-en du soin de les attirer sur les avantages sans nombre que leur offrirent de toutes parts le climat le plus doux de la terre, le sol le plus fertile, et le peuple le plus hospitalier.

Par ces considérations et par toutes celles développées dans les deux rapports de la commission, je vote le rejet du projet de loi.

OPINION DU TRIBUN GRENIER,
POUR LE PROJET.

Tribuns, le projet de loi dont il s'agit semble, au premier coup-d'œil, exiger la plus vaste discussion ; cependant, d'après les lumières que l'on puise, sur les matières qui en font l'objet, dans nombre d'écrits, et surtout dans ceux destinés à former les matériaux de notre Code civil, je me bornerai aux développemens strictement nécessaires pour se former des idées sur les principales difficultés qui s'élèvent.

Je ne crois pas même devoir expliquer la théorie du projet de loi en question ; elle vous est parfaitement connue : les difficultés qui naissent de certains articles sont telles que, si elles disparaissent, il en résultera que ce projet aura l'ordre et l'ensemble que l'on doit désirer dans une loi.

Il est divisé en deux titres.

Le premier règle *la jouissance des droits civils*. ch. 1.

Le second, *leur privation*. ch. 2.

Ce second titre se divise en deux sections.

La première concerne *la privation des droits civils par la sect. 1. perte de la qualité de Français*.

La seconde a trait à la *privation* des mêmes droits, *par sect. 2. suite de condamnations judiciaires*.

Il y a une telle relation entre le premier titre et la première section du second, qu'il est difficile de les détacher dans l'ordre de la discussion. La seconde section du second titre peut seule faire la matière d'une discussion particulière.

10   Par rapport au premier titre et à la première section du
second, ce qui d'abord doit principalement fixer votre attention, c'est la seconde partie du troisième article du premier
titre, qui y porte le n° 11, et qui est ainsi conçu : « Tout
« enfant né en pays étranger d'un Français qui aurait perdu
« la qualité de Français pourra toujours recouvrer cette qua-
« lité en faisant la déclaration qu'il entend fixer son domicile
« en France. »

Cette partie de l'article a fait craindre que la tranquillité
publique ne fût troublée par les enfans des émigrés qui ren-
treraient en France, que les acquéreurs de leurs biens ne
fussent exposés à des expropriations.

Quoique je ne pense pas que cette crainte soit fondée, je
reconnais cependant qu'elle produira toujours l'effet d'honorer le Tribunat aux yeux du peuple français.

Je ne crois pas d'abord que l'on puisse appliquer aux
émigrés les dispositions du Code civil. L'émigration tient à
des principes politiques et constitutionnels. Ils sont l'objet
de lois particulières et de l'article 93 de notre Constitution.

Mais toujours est-il vrai que les dispositions du projet de
loi dont il s'agit ne peuvent, en aucune manière, justifier les
inquiétudes que l'on a conçues ; et, pour les dissiper, il est
impossible de ne pas s'aider des observations faites par celui
des rapporteurs de la commission, chargé spécialement de
cette partie du projet (*Siméon*). Il a présenté, avec autant
d'ordre que d'impartialité, les objections qu'on pouvait faire,
et les réponses dont elles étaient susceptibles.

Il a fixé, selon moi, avec la plus grande clarté, une idée
qui doit faire le point de départ en raisonnant sur cette matière. Après nous avoir exposé les inconvéniens qu'il y aurait
eu de substituer ces mots : « Né en pays étranger, d'un Fran-
« çais *qui aurait abdiqué sa patrie* », à ceux-ci qui sont dans
le projet : « Né en pays étranger, d'un Français *qui aurait
« perdu la qualité de Français* », il nous a dit « qu'il ne fallait
« reconnaître que la perte ou la privation des effets civils ; la

« perte, par les faits mentionnés aux articles 21 et 25 de la
« première section du titre second; et la privation, par la
« condamnation judiciaire, ou par les lois qui ont prononcé
« cette privation.

« Les émigrés, a-t-il ajouté, n'ont pas seulement perdu la
« qualité de Français par un fait qui l'efface, ils en sont pri-
« vés pour un délit politique. Leurs enfans ne sont donc pas
« nés des Français dont il s'agit dans la première section,
« mais des Français que la seconde concerne. »

D'après cette explication lumineuse, la question se réduit
à des termes bien simples.

Les émigrés, ou leurs enfans émigrés comme eux, ce qui
peut se rendre par ces expressions, *tous individus atteints d'é-
migration*, ne peuvent se prévaloir du projet de loi dont il
s'agit; ils ne sont pas Français.

Quant à leurs descendans nés postérieurement à leur émigration, ils pourront, non pas *recouvrer* les droits civils, puisqu'ils n'en auront jamais eu, mais ils pourront les *acquérir*,
et ils ne pourront les *acquérir* qu'à l'égal des étrangers, en se
soumettant aux mêmes conditions; ils ne les auront qu'après
un an de séjour en France, aux termes de l'article 15. Ils ne
pourront pas même les acquérir à l'égal de l'originaire Français, c'est-à-dire de l'enfant, né en pays étranger, d'un Français qui aurait perdu la qualité de Français, parce que, comme
l'a dit le rapporteur de votre commission, « la loi ne con-
« naissant plus leur filiation, elle ne reconnaît pas leur origine
« française, ils sont à ses yeux à l'instar des étrangers. »

Et, remarquez encore qu'aux termes de l'article 2, l'originaire Français recouvre bien ses droits dès l'instant de sa
déclaration; mais cette récupération n'a lieu, d'après l'article 24, que pour *l'exercice des droits ouverts à leur profit depuis cette époque.*

J'ajoute encore à ce qu'a observé le rapporteur, que les
descendans d'émigrés, ne pouvant être reçus à acquérir ces
droits civils qu'à l'égal des étrangers, seront soumis à l'ad-

mission de la part du gouvernement, établie par l'article 1
à l'égard de l'étranger qui voudra acquérir en France la joui
sance de tous les droits civils.

Telles sont les conséquences qui se tirent du projet de l
dont il s'agit, pour peu qu'on veuille s'en pénétrer. Comme
donc s'alarmer sur des doutes qui ne peuvent sortir de s
dispositions qui, selon moi, sont précises, et dans lesquell
on ne peut voir une dérogation à des lois préexistantes ?

13   Je passe à un autre objet.

L'article 3 de la Constitution porte « qu'un étranger d
« vient citoyen français, lorsqu'après avoir atteint l'âge (
« vingt-un ans accomplis, et avoir déclaré l'intention de :
« fixer en France, il y a résidé pendant dix années consécu
« tives. »

L'article 15 du projet n'accorde d'effet à cette déclaratio
qu'après que l'*étranger aura été admis par le gouvernement*
la faire.

Ce changement peut devenir un objet de critique : pou
moi, je m'en réfère absolument aux judicieuses observatio
du rapporteur.

Je ne crois pas qu'on doive tolérer que tout individu quel
conque puisse, à son gré, et par le seul fait de sa volonté
devenir membre de la cité. La comparaison de l'adoption c
vile à l'adoption domestique est dans la plus grande exacti
tude, aussi n'a-t-on jamais vu en France, et je pense qu'o
ne voit encore dans aucun État, un droit aussi illimité ac
cordé aux étrangers. Cette surveillance n'est donc pas un
atteinte à la Constitution ; je n'y puis voir qu'une dispositio
qui l'organise et qui lui donne une nouvelle force.

Qu'on fasse attention que cette surveillance n'est dirigé
que contre les étrangers, et non contre ceux qui déj
sont membres de la grande famille, pas même contre ceu
qui ont en leur faveur l'origine française, c'est-à-dire cont
tout enfant né en pays étranger d'un Français qui aurait perd
la qualité de Français ; car, remarquez bien que celui-là, pa

l'article 11, n'est pas astreint à l'admission du gouvernement. L'article 15 y soumet seulement l'*étranger*, ce qui est bien différent.

Enfin, je ne conçois pas à quelle autre autorité on pourrait, sous tous les rapports, confier cette inspection, cette surveillance, qu'au gouvernement qui, sans doute, doit veiller à tout ce qui tient à la sûreté générale.

Mais, a-t-on dit, dans quels lieux et dans quelles formes doivent être faites ces déclarations prescrites par les articles 11, 22 et 23? la loi n'en dit rien.

La première idée qui se présente est qu'elles doivent être faites, comme toutes celles de ce genre, au secrétariat de la municipalité du lieu où l'on entend se fixer; cette opération me paraît d'ailleurs être réglementaire et du pouvoir administratif, plutôt que du ressort législatif, et je ne vois aucun inconvénient à s'en rapporter à cet égard à la sagesse du gouvernement.

Au surplus, s'il était vrai que ces formes dussent être fixées par la loi, il ne devrait en être question qu'au titre concernant le mode de constater l'état civil des citoyens, et ce ne serait pas une raison pour rejeter celui dont il s'agit.

Je passe à la réciprocité du droit d'aubaine établi par l'article 13. 11

On pourrait s'ouvrir ici une vaste carrière, et entrer dans des dissertations politiques très-étendues; mais conduiraient-elles à établir précisément un point de vérité, capable de détourner des idées qui, dès le premier abord, paraissent les plus saines? Je ne le crois pas, ou au moins j'en doute.

Quoique Montesquieu (a) ait dit que ce fut lorsque les barbares se partagèrent les débris de l'empire romain, « que « s'établirent les droits insensés d'aubaine et de naufrage, que « les hommes pensèrent que les étrangers ne leur étant unis « par aucune communication du droit civil, ils ne leur de-

(a) Esprit des Lois, liv. XXI, chap. 17.

« vaient, d'un côté, aucune sorte de justice, et de l'autre, « aucune sorte de pitié; » il n'est pas moins vrai que l'établissement du droit d'aubaine remonte, dans chaque corps social, à l'époque même de sa naissance.

Chaque société politique a dû voir avec peine que des étrangers pussent venir profiter des avantages du sol ou des moyens particuliers d'industrie qui s'y trouvaient, y faire, au préjudice des indigènes, des fortunes considérables qu'ils emportaient ensuite dans leur pays.

Aussi voit-on le droit d'aubaine établi dans toute sa vigueur à Athènes et à Rome; on en voit, plus d'une fois, des traces dans les discours des orateurs de ces deux républiques (a), et on l'y voit établi de la même manière dont il l'a été dans les nations européennes qui, sans doute, les ont imitées. L'étranger y était privé de la faculté de tester, et de celle de succéder et de recevoir par testament; ce qui est la privation du droit de succéder activement et passivement.

Ce n'est pas que je ne pense bien que, d'après les changemens survenus depuis long-temps, qui, à raison de la multiplicité des relations commerciales, ou des communications respectives, et devenues nécessaires, ne devraient faire de l'Europe, et de l'univers même, qu'une grande famille, en ce qui concerne au moins les droits civils et l'exercice des moyens industriels, le droit d'aubaine ne soit un droit très-impolitique, et qu'on ne doive aujourd'hui le regarder comme barbare, quoiqu'il ait pu ne pas l'être dans le principe.

Mais, quand je m'explique ainsi, c'est sous le rapport d'un établissement général de ce droit chez toutes les nations. On pourrait dire que, vu l'état actuel des nations, il devrait n'exister nulle part.

Mais, lorsqu'il est admis partout, ou au moins dans plusieurs États, faut-il que la République y renonce, même à l'égard des nations qui l'exercent contre elle? Voilà la ques-

(a) Voyez les plaidoyers de Démosthènes contre *Androtion* et contre *Bubulide*; le discours de Cicéron pour le poète *Archias*, et son discours contre *Clodius*.

tion ; et on pourrait la faire encore par rapport au droit de
douane qui me paraît susceptible des mêmes raisonnemens.

Or, tant qu'il ne me sera pas démontré, et tout ce qu'on
peut dire à ce sujet ne me paraissant être que des abstrac-
tions, brillantes peut-être, mais sans preuves ; tant qu'il ne
me sera pas démontré, dis-je, que ce soit un avantage d'a-
bandonner ce droit par rapport aux nations qui l'exercent
contre nous, je m'en tiens au principe de la réciprocité. Ce
moyen terme, entre l'exclusion absolue du droit, et son établissement général et illimité, me paraît être le point qui
avoisine au moins le plus la vérité. Il est certainement le
plus propre à tempérer les inconvéniens de l'établissement
du droit d'aubaine. Il donne d'ailleurs au gouvernement le
moyen d'obtenir, par ses négociations, l'affranchissement
général de ce droit, en conservant jusque là les intérêts commerciaux de la France.

On a regardé comme inutile et inexact l'article premier du
projet, sous le n° 9. « Tout Français jouira des droits civils
« résultant de la loi française. »

Ceci peut prouver combien il est aisé de se méprendre sur
le but et sur le sens d'un article : mais ce qu'il y a de vrai,
c'est que la suppression de cet article, qu'on a cru devoir
voter comme une amélioration, rendrait, à mon avis, le
projet de loi défectueux.

Il s'attache à cette expression, *tout Français*, plusieurs
idées dont l'émission n'était certainement pas indifférente
pour la juste application de la loi.

D'abord, il faut prendre cette expression sous le rapport
de sa différence de celle de *tout citoyen français*. Le titre de
citoyen français est plus éminent que celui de *Français*, il
emporte la double attribution des droits politiques et des
droits civils. En disant *tout Français*, c'est dire deux choses ;
l'une qui se réfère à la Constitution, est que, pour avoir les
droits politiques, il faut être *citoyen français*; l'autre, que,
pour jouir des droits civils, il suffit d'être *Français*.

Ensuite, il faut remarquer que la Constitution dit, article 91, que « le régime des colonies françaises est déterminé par des lois spéciales. » Ne pourrait-on pas faire naître de ces expressions des doutes sur le droit des habitans des colonies? Et comme il me paraît incontestable qu'ils sont Français, que par conséquent ils doivent avoir tous les droits civils, il s'ensuit qu'ils sont compris sous ces expressions, *tout Français*.

En un mot, je pense que, dans la pratique, cet article deviendra une règle générale, propre à fixer les idées sur certains cas qui pourront se présenter, et qu'il ne peut s'en tirer que des conséquences sûres.

Mais, a-t-on ajouté, « en disant que tout Français jouira « des droits civils résultant de la loi française, » ce n'est pas assez déterminer ces droits; on aurait dû les expliquer.

Il y a une détermination exacte; et, sans suivre le rapporteur dans des questions abstraites, tenant à des définitions, je me bornerai à dire que les *droits civils* sont ceux qui seront établis successivement dans les recueils de nos lois. Les Français pourront les exercer dans toute leur plénitude. Les étrangers ne seront pas privés de tous, tels que ceux qui, quoique établis par le *droit civil,* ou par la loi française, peuvent prendre leur source dans ce qu'on appelle, dans le domaine de la science, le *droit naturel,* le *droit des gens;* mais ils sont privés de certains. Voilà ce qui établit la nuance entre les *Français* et les *étrangers,* entre l'*exercice* et le *non-exercice* des droits civils.

Les droits dont les étrangers sont privés seront marqués successivement dans les titres du Code qui y auront trait. On ne les oubliera certainement pas, lorsqu'il sera question de la faculté de *tester,* de la capacité de *recevoir par testament,* de *succéder,* etc. Mais dans un titre où il s'agit seulement de *la jouissance* et de *la privation* des droits civils, cette énumération n'était pas nécessaire. Si on y avait parlé de chacun de ces droits, on aurait pu dire que ce détail devait être renvoyé à chacun des titres dont je viens de parler.

On ne peut tirer une conséquence contre ce que je viens de dire, de ce que l'article 28 contient l'énumération des droits dont la privation est une suite de la mort civile.

C'est confondre des individus qui ont la vie civile avec ceux qui ne l'ont pas. Les morts civilement encourent une bien plus grande privation de droits que les étrangers; il est dit, par exemple, que le *condamné perd la propriété de tous les biens qu'il possédait*, ce qu'on ne peut certainement pas dire des étrangers. La mort civile a donc des conséquences particulières qu'il était dans l'ordre de déterminer, dès qu'on en traitait, et l'on ne saurait tirer de cette explication la preuve d'une omission dans le titre concernant la simple *privation des droits civils*, relatifs aux étrangers.

Enfin, je ne m'occuperai pas de quelques autres critiques, telles que celle qui est dirigée contre cet article, « tout in- « dividu né en France est Français. » Indépendamment de ce qui a été dit à ce sujet, lors de la discussion au Conseil d'État, le rapporteur y a répondu lui-même d'une manière satisfaisante.

On ne peut voir là qu'une idée grande, libérale et politique; et l'on ne peut y apercevoir aucun inconvénient.

Je passe à la section seconde du titre II, qui a pour titre, sect. 2. *De la privation des droits civils par suite des condamnations judiciaires*.

Si la discussion conserve le même degré d'intérêt, elle devient peut-être plus aride. Je sens plus que jamais combien il est nécessaire que vous vueillez bien, mes collègues, m'accorder toute votre attention. Il s'agit, en effet, de résoudre des difficultés dans une matière qui a toujours été une des plus embarrassantes, je puis même dire des plus épineuses en législation.

Pour bien saisir les questions, pour apprécier toutes les

VII.   16

objections, il est essentiel de se bien pénétrer du plan et de l'objet du projet de loi.

22   Le règlement des effets de la mort civile doit être l'un des objets, et même des plus intéressans d'un Code civil : mais la mort civile n'est pas matériellement une peine ; elle n'est, par sa nature, que la suite d'une peine qui a été appliquée à un délit. Or, le Code criminel doit seul prononcer les peines, et il n'y a que les changemens qui en résultent dans l'état des condamnés par rapport au corps social, à leurs biens, à leurs familles, qui doivent être réglés dans le Code civil.

Cependant, ce Code criminel est encore à faire, et ce que l'on doit décider sur les effets de la mort civile pouvait paraître subordonné à l'émission du Code criminel.

Fallait-il donc renoncer à l'idée d'achever le Code civil? fallait-il le suspendre jusqu'à la perfection du Code criminel? Un monument attendu depuis si long-temps, avec autant d'impatience, serait-il encore destiné à ne paraître qu'après plusieurs années?

Pour se tirer de cet embarras qui se présente d'abord, mais qu'on a jugé avec raison n'être pas insurmontable, qu'a-t-on fait?

23   Les rédacteurs ont pensé qu'il y aurait des peines qui, par leur nature, devaient emporter la mort civile. Ils en ont préjugé au moins deux, et ils ont arrêté en principe que, toutes les fois qu'elles seraient prononcées, elles emporteraient de droit la mort civile. Pour ne pas trop anticiper sur le Code criminel, ils se sont restreints à ces deux peines : l'une est la condamnation à la mort naturelle, dans le cas d'un jugement par contumace; l'autre est la condamnation judiciaire à la déportation perpétuelle. (Articles 27 et 36).

24   Quant aux autres condamnations dont la mort civile pourrait être une suite, les rédacteurs les ont renvoyées au Code criminel, en disant, article 27 : « Les autres peines afflictives « n'emporteront la mort civile *qu'autant que la loi y aurait* « *attaché cet effet.* »

Ayant arrêté qu'il y aurait des peines emportant mort ci- 25
vile, et après en avoir déterminé au moins deux, ils ont réglé
les effets de cette mort civile, d'abord par rapport aux biens
du condamné, ensuite relativement aux liens qui l'attachaient
à sa famille.

Tels sont le plan et le but du projet de loi dont il s'agit. sect. 2.

Dira-t-on que tout cela est prématuré? qu'il se peut que,
lors de la rédaction du Code criminel, on n'établisse ni la
peine de mort, ni celle de la déportation, ni la mort civile?
qu'il faut donc suspendre le Code civil jusqu'après l'émission
du Code criminel.

Mais je viens de faire sentir l'inconvénient de cette objection. Il en résulterait que nous n'aurions, de bien long-temps,
de Code civil, et, j'oserai même dire, aucun Code de législa-
lation.

Il est forcé que les divers Codes aient, entre eux, quelques
points de contact. Et, si cette objection était fondée, il s'ensuivrait qu'on ne pourrait les perfectionner successivement,
qu'il faudrait tout suspendre jusqu'à ce que tout fût fini. On
n'oserait cependant avancer cette proposition.

Il est donc indispensable de prévoir et d'arrêter certains
points d'une législation dont le tronc doit se trouver, si je
puis parler ainsi, dans certains autres Codes, tels que le
Code criminel et celui de commerce, mais dont quelques
branches doivent nécessairement s'attacher au Code civil.
Tel est le moyen d'accélérer et d'obtenir l'ordre et l'ensemble
dans les recueils de nos lois.

On ne peut, par conséquent, être touché d'une objection
qui, au lieu d'aplanir la route, forcerait de s'y arrêter.

S'il n'y a donc rien de prématuré dans le projet de loi
dont il s'agit, tout se réduit à savoir s'il contient des dispositions qui ne doivent pas être adoptées.

S'écrierait-on sur ce qu'il préjuge la nécessité d'établir la
peine de mort lors du Code criminel?

16.

L'expérience nous a certainement plus instruits sur cette matière que tous les écrits. Sans doute, on doit restreindre les cas où cette peine terrible doit être appliquée; mais on ne peut raisonnablement soutenir qu'on doive ne l'admettre dans aucun. Quand on a fait si long-temps la fatale épreuve que les pervers ne peuvent être contenus par l'exemple d'une pareille punition, croit-on que ce sera un moyen d'en diminuer le nombre que de l'abolir?

Prévenez, dit-on, les crimes par des moyens administratifs, et vous serez dispensés de les punir.

Mais c'est là la pierre philosophale, et jusqu'à cette découverte, on ne connaît malheureusement d'autre moyen de détourner des crimes, que par la terreur qu'impriment les châtimens, surtout lorsqu'il s'agit de forfaits capables de compromettre la sûreté de l'État, ou de ceux qui font supposer, dans l'âme de ceux qui s'y livrent, la plus dangereuse, comme la plus lâche perversité, tels que l'assassinat prémédité, l'empoisonnement, etc.

Je sais qu'on a mis en question si la société a, dans tous les cas, le droit d'ôter la vie à un de ses membres : mais c'est demander, en d'autres termes, si elle a le droit d'autoriser un de ses membres à tuer des ennemis en état de guerre. Tel est le motif de décision des plus grands publicistes qui se sont prononcés pour la peine de mort.

Je ne crois pas qu'on puisse raisonnablement attaquer le projet, sur ce qu'il préjuge aussi la peine de la déportation à perpétuité, par condamnation judiciaire. Cette peine et quelques autres, sauf les modifications et les nuances selon la nature des délits, doivent être établies précisément, parce qu'on restreindra, le plus possible, le nombre des cas où l'on doive appliquer la peine de mort. D'ailleurs, on remarque dans le projet de loi dont il s'agit une conception tout à la fois philantropique, morale et politique, propre à honorer notre législation ; j'entends parler de l'article 36, qui veut que, lorsque le déporté sera rendu au lieu de sa déportation, il puisse y reprendre, et pour ce lieu seulement, l'exercice des droits civils.

Les avantages qui résultent de cette institution nouvelle, et pour le condamné personnellement, et pour la société, sont si évidens, qu'on peut se dispenser de les développer.

Prétendrait-on qu'il ne doit plus être question de mort civile?

Mais quelques réflexions prouveront que cet état de mort civile ne doit pas seulement subsister pour donner au châtiment le caractère qu'il doit avoir, qui est celui de la honte, mais qu'encore il est une suite forcée de la punition même ; en sorte qu'il faut ou que cet état existe, ou qu'il n'y ait d'autre punition que la mort naturelle, au moins par rapport aux délits les plus graves.

Lorsqu'un individu viole le pacte social et devient le fléau de la société, il doit en être retranché, et il ne peut l'être que de deux manières, ou par la mort, ou par l'expulsion à perpétuité.

En cas de condamnation à mort, je ne concevrai jamais que le condamné puisse éluder les suites du jugement par la fuite. Il ne peut lui-même changer son état contre le vœu de la loi. Il peut bien respirer, avoir la vie naturelle ; mais la loi ne peut le réputer vivant, puisqu'elle a voulu qu'il fût mort ; et la seule impossibilité où il réduit la loi de l'atteindre, ne peut pas lui donner plus de droit qu'il en aurait, si le jugement était exécuté. Ce jugement est le même pour la société, qu'il ait eu ou non son exécution réelle. L'exécution par effigie le retranche de la société de la même manière que le ferait l'exécution réelle. Tel est aussi le but de l'exécution par effigie, qui, sans cela, serait un procédé dérisoire et ridicule.

Dans le cas de l'expulsion à perpétuité, le condamné n'est pas moins retranché de la société. On lui laisse la vie ; mais il ne peut plus en jouir dans la société, qui ne le reconnaît plus. Il n'a donc plus une vie civile ; il est même privé de la liberté naturelle, qui consiste dans l'exercice de la volonté, en n'employant point la violence, et en n'agissant point contre la loi. Comment caractériser cet état autrement que par la mort civile?

On se méprendrait, si on confondait cet état avec la note d'infamie. Cette peine, réservée aux crimes moins graves, ne touche pas à la liberté civile ; elle n'emporte pas non plus la privation des droits civils ; elle influe seulement sur l'exercice des droits politiques, en excluant de certaines fonctions publiques.

Mais si l'expulsion perpétuelle, par la déportation, ne peut être effectuée par la fuite du condamné, son sort ne change point. Tout ce que je viens de dire sur la contumace, en cas de condamnation à mort, s'applique à ce cas-ci : il y a parité de raison.

En un mot, je pense que, si l'on déchire le voile honteux de la mort civile, on ne peut plus se retrouver dans la graduation des peines ; on en trouble toutes les proportions avec les délits, on force le législateur, ou à monter à une trop grande sévérité qui peut le faire accuser de dureté, ou à descendre à une indulgence qui dégénérerait en faiblesse, et qui procurerait l'impunité.

Aussi ne connais-je point de peuple qui n'ait admis la mort civile. On la voit établie chez les Romains dès les premiers temps. C'était ce qu'ils appelaient *maxima capitis diminutio.* Sous le mot *caput* ils comprenaient non seulement un citoyen romain, mais encore la collection de tous les droits attachés à ce titre, dont le plus essentiel était le droit de cité, *civitatem ;* la perte de ce droit emportait celle de tous les autres. Ce n'était pas une simple privation de droits civils, privation qui avait aussi lieu chez eux, sans être la suite d'une peine, et sans devenir aucun sujet de honte : c'était le dernier degré de changement ou d'altération d'état que pût éprouver un citoyen. C'était la perte de la vie civile, qui résultait d'une condamnation à mort rendue contradictoirement, éludée par l'évasion du condamné, et de quelques autres peines dont je crois l'énumération inutile. Le condamné était mort pour la société (a).

Le rapporteur de la commission a rappelé les peines établies par le Code pénal actuel : mais, de cette comparaison, est-il sorti une preuve contre la mort civile? Je conviens que ce Code, ne prononçant point de peine afflictive perpétuelle, excluait par cela même la mort civile, qui, ainsi que la mort naturelle, ne peut avoir lieu pour un temps. Je sais aussi qu'elle prononce la déportation, mais seulement en cas de récidive. Mais de tout cela, est-il résulté une amélioration dans la législation criminelle? Y a-t-il eu moins de coupables à punir?

Entreprendrait-on l'éloge des dispositions de cette loi relatives au mode d'administration par séquestre des biens du condamné, pendant la durée de la peine, et même pendant cinquante ans si le jugement est par contumace, et si on ne rapporte pas auparavant la preuve légale de sa mort naturelle?

Mais, pour peu qu'on ait d'expérience, on sait combien cette législation est défectueuse. En dernière analyse, il en résulte une expropriation contre les familles des condamnés. Le projet de loi dont il s'agit est plus avantageux aux enfans qui ont les biens dès l'instant de la condamnation, et à la femme qui peut exercer ses droits dès la même époque. Les uns et les autres sont plus à portée de donner des secours au condamné contumace ou déporté.

Mais, dit-on, la peine peut être prescrite, et le temps de cette prescription, qui tient au droit positif, peut être plus ou moins long, selon la détermination qui en sera faite dans le Code criminel.

Mais c'est de cette circonstance même que s'élève la plus forte raison pour laisser subsister la mort civile.

Remarquez, tribuns, que la prescription de la peine n'est

(a) Les Romains ne connaissaient pas la condamnation à mort par contumace : ils croyaient qu'on ne pouvait pas condamner à mort un citoyen qui n'était pas présent. Cependant on confisquait ses biens : ils n'étaient rendus qu'autant qu'il rentrait dans l'année. Notre législation criminelle est plus dans les principes à cet égard.

pas la même chose que la prescription du crime. Le crime se prescrit seulement lorsqu'il n'y a point eu d'accusation, et, par conséquent, de jugement; c'est même alors l'action en accusation qui se prescrit plutôt que le crime : mais, lorsqu'il y a eu un jugement, qu'il a été exécuté, le crime, une fois avéré, est ineffaçable; la condamnation est éternelle, et le coupable est à jamais rejeté de la société.

La remise de la peine ne peut être que l'effet d'un sentiment de commisération. La loi se lasse, pour ainsi dire, de poursuivre le condamné, elle lui laisse la vie naturelle, mais il ne renaît point à la vie civile. En un mot, il est réputé mort aux yeux de la loi. Sans cela il n'y a plus d'autre mode de punition pour les crimes graves, que la mort.

S'il ne restait que la simple privation des droits civils, il n'y aurait d'autres nuances entre un grand coupable et un étranger vertueux, que par le plus ou moins de participation à ces droits. Qu'on y réfléchisse bien, et l'on sera convaincu qu'on sort du cercle des peines si on confond la perte des droits civils avec celle de la vie civile.

25   En partant de ces idées, que je crois conformes aux principes, il ne s'agit que de savoir si les conséquences qui en découlent sont bien déduites et sagement coordonnées par le projet de loi dont il s'agit.

Entre autres effets de la mort civile fixés par l'article 28, il est dit qu'elle rend le mort civilement *incapable de contracter un mariage légal, et qui produise aucun effet civil.* Il est encore ajouté, *le mariage qu'il avait contracté précédemment est dissous, quant à tous ses effets civils.* Cette seconde disposition est une de celles qui sont le plus susceptibles de contradiction.

Ici tout dépend des idées que l'on se forme sur le fond de la question.

Si on ne voit dans la mort *civile* qu'une conception barbare, source des plus odieux abus, si on adopte un système de douceur et d'indulgence pour les crimes, et qu'en un mot il n'y ait plus de mort civile, il est évident qu'il n'y a plus de question.

Mais si, en balançant ce qu'on doit au coupable, et ce que réclame le grand intérêt de la société, la mort civile est regardée comme un mal nécessaire, comme un principe salutaire et conservateur, tel que celui de l'établissement de toutes punitions : alors, le principe admis, il faut admettre toutes les conséquences, et la dissolution du mariage, quant aux effets civils, en est une.

Elle peut produire un sentiment triste dans le cœur de l'homme ; mais elle devient forcée aux yeux du législateur. Elle a paru telle aux jurisconsultes qui ont été chargés de la rédaction du projet de Code civil, aux membres de la commission du tribunal de cassation, aux membres du Conseil d'État, à nombre d'hommes, enfin, distingués autant par la moralité que par les lumières.

Qu'il me soit permis de dire que, sur ce qui tient à la stabilité, à l'honneur du mariage, je professe des principes sévères ; et, cependant, ayant cru devoir adopter le principe, je n'ai pu me défendre de la conséquence, et ce n'est pas inconsidérément et sans réflexion que je m'y suis rendu.

D'abord, ne perdons pas de vue que, d'après le projet que nous discutons, la mort civile n'est établie que dans deux cas ; savoir, celui de la condamnation à mort par contumace, et celui de la déportation judiciaire à perpétuité. Ce n'est pas que le Code criminel ne puisse bien attacher la mort civile à d'autres peines qu'on pourra prononcer ; mais ce sera précisément parce que la mort civile aura tous les effets réglés par le projet dont il s'agit, qu'il faut présumer que les rédacteurs du Code criminel seront, à cet égard, très-réservés.

Pour en revenir donc à cette disposition du projet de loi, et en se renfermant, comme nous devons le faire, dans les deux cas que je viens d'énoncer, je dis que la mort civile m'empêche de voir une continuité d'union, de la même manière que la mort naturelle.

Celui qui est mort civilement est aux yeux de la loi comme s'il n'existait pas, il n'est plus vivant pour la société. « La « mort civile est une fiction par laquelle on regarde celui qui l'a « encourue comme mort naturellement relativement au droit « civil, auquel il ne participe en aucune façon. Or, c'est une « maxime certaine, en matière de fiction, qu'elle doit telle- « ment imiter la vérité, et en prendre tellement les apparences, « que la fiction disparaisse. » Voilà ce que nous disent tous ceux qui ont traité cette matière (a) ; et la jurisprudence ne s'était compliquée, et n'était devenue incohérente, que parce qu'on ne tenait pas toujours à ce principe.

Mais je veux bien sortir pour un moment de la consé- quence de cette fiction que j'assimile à la réalité, conséquence qui est rigoureuse, je l'avoue, mais qui néanmoins est juste, et examinons les suites du changement d'état opéré par la la condamnation par contumace. Or, sous ce rapport, la dissolution du mariage devient pour moi moins une théorie qu'un fait.

Dans cet état je ne vois point de mariage, parce que je ne vois point de cohabitation publique, avouée, reconnue entre les deux époux ; et c'est cette cohabitation qui est la garantie de la légitimité des enfans. La présomption légale que les enfans sont du mari n'existe plus, on ne voit point, on ne peut voir celui qui est privé de sa liberté naturelle, qui ne peut se montrer sans offenser la loi, sans s'exposer à être conduit au supplice ou au lieu de sa déportation ; en un mot, la femme ne peut plus invoquer cette maxime fondamentale de la paternité : *Pater est is quem nuptiæ demonstrant.*

Ce raisonnement acquiert un nouveau degré de force dans le cas où la déportation est effectuée : car, de deux choses l'une, ou la femme restera sur le continent de la France, ou elle suivra son mari.

Au premier cas, le mariage n'existe ni de droit ni de fait : cela est évident : et comment pourrait-on légitimer des en-

(a) Voyez le *Traité de la mort civile*, par Richer, pag. 28.

fans qui naîtraient dans une telle position? Dans tous les temps même la loi ne les avouait pas, elle se rendait à l'impossibilité physique.

Au second cas, la femme devient sans intérêt, puisque, aux termes de l'article 36 du projet, le condamné, lorsqu'il sera rendu au lieu de sa déportation, y pourra reprendre, pour ce lieu seulement, l'exercice de ses droits civils.

Il est, je crois, inutile de s'occuper de la question de savoir si, au lieu de la déportation, il faudra réhabiliter le mariage, ou si, sans cela, il se continuera.

D'abord, mon raisonnement ne perdrait rien de sa force, quand on supposerait la nécessité de la forme de la réhabilitation : mais le doute sera, sans contredit, levé par une loi particulière sur l'organisation de la déportation, dont il est aisé de sentir la nécessité.

Mais, dit-on, d'une femme légitime on en fait tout à coup une concubine. A quel sort est-elle réduite, si elle conserve pour son mari des sentimens d'affection, qui peuvent se renforcer encore, parce qu'elle le croira innocent !

On sera toujours hors de la question, si on veut nous faire oublier que nous stipulons ici dans l'intérêt de la loi, c'est-à-dire de la société, et non dans celui des individus ; si on veut que la loi puisse un seul instant supposer que celui qui est légalement condamné soit innocent ; si on admet que la femme puisse imputer à la loi un changement d'état qui est une suite inévitable de la punition du crime du mari, et de cette punition dirigée contre lui seul ; si on s'obstine enfin à méconnaître la nécessité et la force de la fiction, qui est la seule garantie de la société contre les criminels qui ne peuvent se donner eux-mêmes, au mépris de la loi, une existence qu'elle ne veut pas qu'ils aient ; si on veut détourner son attention des termes de l'article, *quant à tous ses effets civils.*

La loi ne communiquant des effets civils qu'à un contrat civil, ne pouvant plus voir de contrat civil, et des effets civils

disparaissant, parce qu'il n'y a point d'effets quand la cau:
cesse, la loi, dis−je, livre la femme à sa conscience, à s
opinions religieuses, si son union est formée par tout aut
lien que le seul que la loi reconnaisse.

Cet état dans lequel la femme se trouve placée par la per
de l'existence civile de son mari, existait, dans certains ca:
d'après nos anciennes lois, qui refusaient *tous les effets civ*
à certaines unions, sans les flétrir par la honte.

L'ordonnance de 1639 défendait, article 2, aux fils et au
filles, âgés de moins de vingt-cinq ans, de contracter ma
riage·sans le consentement des pères, mères et tuteurs. El
les privait, eux et toute leur postérité, de tous droits au
successions des pères, mères et aïeuls, et de toutes succe:
sions collatérales : tous les avantages stipulés par le contr:
civil étaient déclarés nuls.

L'article 5 prononce, contre les enfans nés de mariages clau
destins qui, y est−il dit, ressentent plutôt la honte d'un co:
cubinage, que la dignité d'un mariage, l'incapacité de tout
successions. La loi veut encore que cette privation passe à
postérité.

L'article 6 prononce la même peine contre les enfans n
de femmes entretenues, dont les mariages se faisaient ensui
à l'extrémité de la vie, ainsi que contre *les enfans procré*
par ceux qui se marient après avoir été condamnés à mor
même par les sentences rendues par défaut, si, avant leur d
cès, ils n'avaient été remis au premier état, suivant les form
prescrites par les ordonnances. D'après une jurisprudenc
constante le même article 6 était appliqué au cas de la co:
damnation, au bannissement à perpétuité et à la peine de
galères perpétuelles (a).

Quelle est la conséquence qui se tire de ces dispositions
c'est qu'il y avait des unions que la loi réprouvait, auxquell
elle refusait les effets civils ; et cependant ces unions n'avaie
pas le cachet de la débauche. Elles étaient illicites aux yeu

(a) Voyez le *Traité de la mort civile,* par Richer, pages 258 et 259.

de la loi, mais elles subsistaient sous les rapports religieux.
Il y avait donc des femmes qui, sans être, à proprement
parler, des épouses légitimes ou légales, n'étaient cependant
pas considérées comme des concubines. Leurs enfans n'étaient
pas successibles, et cependant on ne pouvait pas dire qu'ils
fussent des enfans naturels ou bâtards. Il était surtout impossible de les comparer à ceux connus chez les Romains sous
le nom de *vulgo quæsiti*.

On trouve les mêmes exemples dans l'histoire de la législa-
lation des Grecs et des Romains. Les mariages étaient marqués par des nuances, selon le plus ou le moins de dignité
que la loi leur donnait, et par la diversité des effets civils
qu'elle leur accordait ou qu'elle leur refusait. Les idées
étaient fixées, à cet égard, par diverses dénominations qui
n'ont point passé dans notre langue, quoique, comme je
viens de le dire, il y eût des cas semblables.

Il est vrai, et je me garderai bien de dissimuler aucune
objection, qu'on peut dire qu'il faut distinguer le cas où un
mariage a été contracté en contravention d'une loi préexis-
tante, de celui où un mariage légitimement contracté existe
au moment de la condamnation.

Le principe de la fiction s'élève toujours contre l'objection, parce que la fiction, pour la loi, est la vérité. Le contrat
civil, qui n'a commencé que parce qu'il y avait deux époux,
est forcément dissous lorsqu'il n'en reste qu'un.

Aussi, chez les Romains, la mort civile de l'un des époux
entraînait la dissolution du mariage.

Il est vrai que, suivant la loi première au Code *de Repudiis*,
le mariage n'était point dissous par la peine de déportation
infligée à l'un d'eux, et le rapporteur s'est étayé de cet exemple.

Mais il faut remarquer que cette peine, chez les Romains,
n'était pas la suite d'une condamnation judiciaire. Auguste
la substitua à la peine bien plus ancienne, connue sous le
nom d'*interdiction de l'eau et du feu*, et il fut arrêté que la

déportation ne pouvait être prononcée que par le prince : *Solius principis est deportari jubere* (a); il ne s'agissait donc pas, à proprement parler, d'une condamnation judiciaire, seule susceptible de la mort civile.

Il est encore vrai que Justinien, dans la novelle 22, chapitre **VIII**, voulut que la condamnation judiciaire aux mines, *ad metallum*, n'emportât pas la dissolution du mariage; mais il résulte seulement de cette loi que Justinien détacha les effets de la mort civile de cette espèce de condamnation. Elle ne fut plus regardée comme une peine capitale, *maxima capitis diminutio*; elle devint une peine d'un ordre inférieur qui laissait conserver le droit de cité, *minor vel media capitis diminutio*. Telle est l'idée qu'en donnent les commentateurs du droit (b)

La dissolution du mariage continua donc d'avoir lieu pour les autres peines qui emportaient la mort civile. On trouve encore la preuve de ce fait dans la même novelle, chapitre **IX**.

Relativement à la France, j'avoue que je ne connais aucune loi qui ait prononcé la dissolution du mariage existant lors de la condamnation.

Mais il y en avait deux raisons : d'abord la possibilité qu'il y eut des lettres d'abolition, ce qui ne peut avoir lieu sous notre Constitution ; ensuite l'influence du lien religieux, qui était dans l'État ce qu'il ne peut être actuellement; mais aussi ne voit-on rien de précis sur le droit de succéder au père pour les enfans du même mariage, nés postérieurement à la condamnation, et on est livré à cet égard à une jurisprudence assez équivoque.

Enfin, s'il répugnait trop au sentiment que ces enfans ne pussent point succéder à leur mère, ce serait un point qui pourrait trouver sa place au titre des successions. On pour-

(a) Voyez Denis Godefroi sur la loi 2, au Digeste *de Pœnis*.
(b) Voyez Cujas sur cette novelle.

rait les distinguer des enfans naturels proprement dits, en prenant néanmoins les précautions nécessaires pour établir la paternité.

Je viens à une objection qui se tire de l'article 32.

Si la femme, dit-on, dans les cinq ans accordés pour purger la contumace, a des enfans du mari, et que celui-ci ne se représente ou ne soit constitué prisonnier qu'après ces cinq ans, s'il est absous par le nouveau jugement, ou s'il n'est condamné qu'à une peine qui n'emporte point la mort civile, il rentrera dans la plénitude de ses droits civils pour l'avenir, et à compter du jour où il aura reparu en justice ; mais le premier jugement conservera tous ses effets pour le passé.

Il est ajouté : « Néanmoins les enfans nés du mariage, dans « l'intervalle de cinq ans, de son époux, seront légitimes « s'ils sont reconnus par lui. »

Il résulte de là que les enfans qui seront nés dans l'intervalle de l'expiration des cinq ans, à l'époque du second jugement, ne seront point légitimes. Ainsi il y aura eu depuis le premier jugement quatre enfans, deux dans l'intervalle des cinq ans, deux autres dans l'intervalle de l'expiration des cinq ans, à l'époque du second jugement : les deux premiers seront légitimes sous la condition de la reconnaissance de la part du père ; les deux autres ne seront point légitimes.

Voilà, dit-on, une bizarrerie qu'on ne peut concevoir.

Cependant, avec de l'attention, on ne voit là qu'une conséquence du principe une fois admis de la mort civile, combiné avec la faveur que l'on donne au condamné pour se justifier.

On lui accorde cinq ans pour se faire rejuger ; tel est le vœu de la justice. Il faut venir au secours d'un citoyen qui peut avoir été victime de la précipitation, ou d'une injuste prévention, que quelquefois le temps seul peut dissiper.

Mais un jugement par défaut est toujours un jugement. Le principe conservateur de la société exige qu'il soit exécuté, la présomption est dans ce cas pour le jugement. L'innocence de l'accusé est toujours présumée jusqu'au jugement, mais lorsqu'il a frappé, cette présomption cesse. La loi est armée de toute sa sévérité.

Par une suite de ce principe, la mort civile doit toujours commencer du jour de l'exécution du jugement; elle existe avec la faculté de la faire révoquer pendant les cinq ans. Le mariage même doit être réputé dissous; il ne peut y en avoir tant qu'il y a mort civile.

Cependant il doit également exister une faculté révocatoire de cette dissolution pendant les mêmes cinq ans. De là est venue la nécessité de défendre à la femme de se remarier dans le cours de ce délai. Cette idée est sans contredit très-morale, et elle se concilie toujours avec le principe qui veut l'exécution du jugement. De même les héritiers peuvent prendre les biens, mais en donnant caution de les restituer, s'il y a lieu, après les cinq ans.

Ou le mari se représente, ou est saisi et constitué prisonnier dans les cinq ans; dès-lors, par cela même, le premier jugement est anéanti. Tous ses droits sont *recouvrés*, le mariage reprend tout son effet. La mort du contumace, dans ce délai de grâce, produit le même effet. Il faut agir dans le sens qu'il n'y eût jamais eu de mort civile, et les enfans nés dans cet intervalle sont légitimes.

S'il survient un jugement semblable au premier, ou tout autre qui produise l'effet de la mort civile, elle ne commence qu'à l'exécution de ce nouveau jugement : dès-lors tout est consommé. La dissolution du mariage reste; il n'est plus question de la faculté de révoquer cette dissolution.

Ou le mari ne se représente ou n'est constitué prisonnier qu'après les cinq ans, alors il n'a plus la même faveur. La loi s'arme de toute sa rigueur; il ne peut y avoir de changement que pour l'avenir, et pour le condamné seul; tout le passé reste. Ce qui tient à l'état des personnes ne peut être si long-temps incertain : les propriétés ne peuvent toujours être flottantes.

Cependant les enfans nés dans les cinq ans du délai légal peuvent être légitimés : cette faveur est due à l'espoir que la femme avait pu concevoir de la révocation du jugement et de tous ses effets, à la circonstance que pendant ces cinq ans elle ne pouvait pas se marier. Dans ce cas, il faut la reconnaissance du mari, parce que la mort civile a voilé le mariage. Cette reconnaissance supplée au défaut de la cohabitation publique, que la mort civile fait disparaître.

Mais quant aux enfans nés depuis l'expiration des cinq ans, comment serait-il possible de les légitimer? Depuis cette époque, la faculté de faire révoquer la dissolution du mariage avait disparu; le mariage était resté dissous sans espoir; et on ne conçoit pas d'enfans légitimes sans mariage.

Je passe à l'article 35, concernant la déshérence en faveur de la nation.   **33**

A cet égard, je crois pouvoir dire que la question a été déplacée. On a traité la déshérence comme la confiscation, et ce sont deux objets différens qui ne tiennent pas au même principe.

Cet article est toujours une conséquence de la mort civile. Dès l'instant qu'elle a lieu, la succession est ouverte; elle est accordée aux héritiers, sauf la révocation pendant le délai légal de cinq ans. On ne peut donc voir de confiscation.

Ce que le mort civilement acquiert après, il ne peut le transmettre, puisque cette transmission est un des principaux effets des droits civils dont il est privé. Il faudrait pour cela supposer qu'il mourût deux fois. Ce qu'il laisse n'appartient à personne en particulier, et c'est un principe de tous les temps, que ce qui n'est à personne revient à tous en général, c'est-à-dire à la nation.

On a invoqué cette circonstance pour attribuer une idée contradictoire au système de la mort civile. Comment, a-t-on dit, peut-on regarder comme mort civilement un homme qui peut acquérir?

Lorsqu'un homme est condamné à mort, ou qu'il est retranché de la société, et qu'il élude le jugement par la fuite, la loi ne peut certainement pas l'empêcher d'user de la liberté naturelle qu'il a contre le vœu même de la loi. Ce qu'il fait n'est pas plus légal que son existence même, qui n'est point avouée par la loi : cependant par le fait il acquiert ; mais est-ce pour sa succession ? elle a été ouverte, et depuis il n'a plus eu de capacité de transmettre ; il a été mort pour ses héritiers comme pour la société, dès l'instant de l'exécution du jugement. L'objet n'est donc ni à lui, ni à ses héritiers ; il n'est à personne : c'est une propriété qui est publique.

Au surplus, si cette conséquence paraît rigoureuse, il faut convenir que les suites en sont bien tempérées par la seconde partie de l'article 35, qui dit : « Néanmoins le gouvernement « en pourra faire, au profit de la veuve, des enfans ou pa- « rens du condamné, telles dispositions que l'humanité lui « suggérera. »

sect. 2.   Ainsi, sur cette seconde section du titre II, tout se réduit, selon moi, à cette question : *Admettra-t-on ou rejettera-t-on la mort civile ?* Le principe une fois adopté, et je pense qu'il doit l'être, on doit passer toutes les dispositions du projet, comme autant de conséquences forcées de ce principe.

Je vote pour son adoption.

P. S. En corrigeant l'épreuve, j'ai cru qu'il n'était pas inutile que je fisse quelques observations.

30   Ceux de mes collègues qui ont émis, après moi, des opinions contraires, ont supposé que, d'après le projet de loi, la reconnaissance de la part du condamné, pour la légitimité des enfans, était nécessaire dans tous les cas, c'est-à-dire quoiqu'il meure dans les cinq ans du délai de grâce, ou qu'il se représente, ou qu'il soit saisi et constitué prisonnier dans le même délai.

Mais j'ai cru, et je crois encore que, suivant le projet de loi, la reconnaissance pour la légitimité des enfans n'est nécessaire que lorsque le condamné ne se sera représenté, ou qu'il n'aura été constitué prisonnier qu'après les cinq ans, et qu'elle ne peut avoir lieu que lorsqu'il aura été absous par le nouveau jugement, ou condamné à une peine qui n'emportera point la mort civile. Mon opinion, à laquelle je crois devoir ne point toucher, est conçue dans cette idée.

Tel est, selon moi, le vrai sens du projet, et je trouve ce sens exprimé d'une manière très-précise, d'abord dans sa théorie, ensuite dans le mécanisme de sa construction, si je puis parler ainsi.

Lorsque le condamné se représente dans les cinq ans, ou lorsqu'il a été saisi et constitué prisonnier dans ce délai, le jugement, par cela seul, *sera anéanti de plein droit*. Article 31.

S'il meurt dans le même délai, sans s'être représenté, ou sans avoir été saisi et arrêté, *il sera réputé mort dans l'intégrité de ses droits. Le jugement de contumace sera anéanti de plein droit.* Article 33.

Un jugement *anéanti de plein droit* doit être considéré comme n'ayant jamais existé, comme non avenu. Cette idée est parfaitement rendue par ces expressions, *anéanti de plein droit;* et par celles-ci, *réputé mort dans l'intégrité de ses droits.*

Dans ce cas, l'état est recouvré pour le passé, de manière à être considéré comme n'ayant jamais changé. On ne doit plus voir de mort civile. Les enfans sont légitimes; il ne faut pas de reconnaissance du père: aussi le projet ne la demande-t-il pas.

Il ne l'exige que dans un cas autre que ceux-ci, et qui est énoncé dans l'article 32. « Lorsque le condamné par contu-« mace, y est-il dit, qui ne se sera représenté ou qui n'aura « été constitué prisonnier *qu'après les cinq ans*, sera absous « par le nouveau jugement, ou n'aura été condamné qu'à une « peine qui n'emportera point la mort civile, *il rentrera dans* « *la plénitude de ses droits civils pour l'avenir*, et à compter du « jour où il aura reparu en justice; mais le premier jugement « *conservera tous ses effets.* »

Il est ajouté : « Néanmoins les enfans nés du mariage, dans

17.

« l'intervalle de cinq ans, de son époux, seront légitimes,
« *s'ils sont reconnus par lui* (a). »

Cette dernière partie de l'article 32 est évidemment conçue
dans le sens d'une restriction aux dispositions du même article, qui veulent que *le premier jugement conserve tous ses
effets pour le passé.*

Quoique le mariage ait été voilé par la mort civile pour le
passé, néanmoins le projet veut la légitimité des enfans nés
dans l'intervalle des cinq ans, mais sous la condition de la
reconnaissance. Il se détermine par la considération que la
dissolution du mariage, pendant ce temps, pouvait être révoquée, et que la femme ne pouvait se remarier.

Mais quant aux enfans nés après les cinq ans, ils ne peuvent être légitimes, même avec la reconnaissance du père,
parce que le délai de cinq ans étant passé, la dissolution du
mariage est devenue définitive, et on ne conçoit pas que des
enfans soient légitimes sans mariage.

La nécessité de la reconnaissance est donc étrangère aux
articles 31 et 33. Elle l'est, parce qu'elle n'est écrite que dans
l'article 32, et uniquement pour le cas qui y est énoncé; elle
ne peut se rapporter à un article précédent qui n'est point
rappelé dans celui où il est fait mention de la nécessité de
cette reconnaissance, encore moins à un article postérieur,
surtout les deux articles prévoyant des cas différens, et s'ex-
pliquant de manière à exclure la nécessité de la reconnaissance. Si on eût voulu la reconnaissance, dans tous les cas,
on l'aurait dit sans doute, et on l'aurait dit dans un article
séparé.

Il se peut qu'on puisse prêter au projet un sens différent,
à l'aide de quelques passages du procès-verbal de la discussion du Conseil d'État, et peut-être aussi d'après quelques
expressions des motifs du projet, où l'orateur a cru pouvoir
se dispenser de donner à ce sujet un développement.

(a) On ne peut s'empêcher de remarquer dans cette dernière partie de l'article une rédaction
peu exacte ; mais la disposition n'en est pas moins claire et très-intelligible.

Mais je ne vois, et je ne dois voir les dispositions de la loi future, que dans le projet; et je m'en tiens à ce qui est conclu et définitivement arrêté, qui me paraît clairement énoncé, et conséquemment aux principes dont on est parti et qui forment la base du projet.

Ainsi le sens du projet de loi, sur les cas où la reconnaissance est nécessaire, n'ayant pas fixé l'attention de ceux de mes collègues qui m'ont suivi à la tribune, cette manière d'entendre le projet n'étant pas même contestée, j'ai cru pouvoir faire des observations à ce sujet.

Le sens dans lequel je conçois le projet pourrait fournir matière à beaucoup de développemens ; mon opinion même pourrait avoir besoin d'être étayée de nouveaux. Mais je crois convenable de m'en abstenir : on pourrait croire que je tiens trop à mon avis. A Dieu ne plaise que j'aie d'autre sentiment que le désir d'éclairer mon jugement par mes propres réflexions, et plus encore par celles de mes collègues. Je n'ai ici d'autre but que de rappeler la discussion à son véritable état, c'est-à-dire sur tous les points sur lesquels elle peut porter, pour qu'on puisse dire que l'ensemble du projet a été saisi et examiné sous tous ses rapports.

OPINION DU TRIBUN GANILH,
CONTRE LE PROJET.

Tribuns, le projet de loi soumis à la discussion règle, dans une de ses dispositions générales, un point de la plus haute importance dans la législation civile, un point qui intéresse particulièrement la prospérité publique, et qui doit avoir la plus grande influence sur les progrès de la civilisation ; il fixe l'étendue des droits civils dont les étrangers jouiront en France, et détermine les conditions auxquelles cette jouissance leur sera accordée.

Les principes sur lesquels le projet de loi a basé ses dispositions diffèrent entièrement de ceux que l'Assemblée constituante avait adoptés, de ceux que nos assemblées nationales ont constamment suivis depuis, et de ceux qui ont été, en quelque sorte, consacrés par notre pacte social.

Ces principes admettaient les étrangers à la participation de nos droits civils, sans restriction ni réserve, et leur ouvraient une route facile pour parvenir à la jouissance des droits politiques.

Le projet de loi renverse ce système libéral, rétablit le système de réciprocité des derniers temps de la monarchie, fait revivre le droit d'aubaine, et les lettres de naturalisation.

Ce système doit-il être préféré à celui de l'Assemblée constituante, et devez-vous lui donner votre assentiment?

Votre commission n'a adopté aucun des deux systèmes en totalité. Elle a pensé que l'agrément du gouvernement était nécessaire pour qu'un étranger pût acquérir en France la jouissance des droits civils dont jouissent les Français, mais elle a déclaré qu'elle partageait l'opinion de l'Assemblée constituante sur le droit d'aubaine.

« Néanmoins, vous a-t-elle dit, attendu que cette ques-
« tion est tout-à-fait politique, que le gouvernement peut
« avoir eu, pour la décider, des raisons que nous ne savons
« pas, et qu'il ne doit peut-être pas faire connaître dans ce
« moment, la commission n'ose pas préférer son opinion.
« Elle ne pense pas que le projet de loi puisse être rejeté
« parce qu'il établit la réciprocité entre les étrangers et nous,
« plutôt que de maintenir l'abandon généreux qu'avait fait
« l'Assemblée constituante. »

Je ferai à cette observation de la commission une réponse qui me paraît décisive.

Si quelque considération politique avait déterminé le gouvernement dans le choix du mode de législation qu'il nous propose à l'égard des étrangers, il n'aurait pas inséré cette loi temporaire, circonstancielle et transitoire, dans le Code civil des Français, qui est, par sa nature, durable et permanent. Il n'aurait pas voulu qu'une loi que des circonstances déterminent, qui devrait changer avec les circonstances, prît le caractère et la place de lois qui doivent passer à nos derniers neveux. Une telle méprise n'est ni vraisemblable ni possible.

Ainsi, l'observation de la commission ne peut influer sur votre détermination, et ne change point l'état de la question.

Il s'agit toujours de savoir si le système proposé est préférable à celui de l'Assemblée constituante, s'il vaut mieux traiter les étrangers comme les Français seront traités en pays étrangers, ainsi qu'on le faisait dans les derniers temps de la monarchie, ou s'il vaut mieux leur accorder la jouissance entière des droits civils sans aucune réciprocité, comme l'avait pensé l'Assemblée constituante.

Prendre l'engagement de traiter les étrangers en France comme les Français seront traités en pays étrangers, c'est évidemment donner aux puissances étrangères le pouvoir absolu de régler l'état de leurs sujets en France, de leur en interdire ou de leur en faciliter l'accès, d'étendre ou de limiter leurs relations avec nous.

Est-il de la dignité d'un peuple libre de subordonner une partie quelconque de sa législation à celle des autres puissances, et de s'exposer aux caprices, aux passions et à toutes les combinaisons que l'intérêt, l'ambition ou la haine peuvent leur inspirer contre lui?

Cette dépendance, toute volontaire qu'elle est, n'altérerait-elle pas l'indépendance de la République et la majesté nationale, et ne nous ferait-elle pas descendre du rang que nous occupons et que nous devons occuper dans le monde politique?

Ce sont là, tribuns, des questions du plus haut intérêt, que j'abandonne à vos méditations, et que vous peserez dans votre sagesse.

Persuadé qu'il suffit de vous les avoir présentées, je considérerai le projet de loi sous un autre rapport; j'examinerai si en économie politique, si dans l'intérêt du peuple français, la réciprocité de législation à l'égard des étrangers est avantageuse ou nuisible.

Si la République confisque, à titre d'aubaine, les biens qui appartiendront en France aux étrangers au moment de leur décès, parce que les puissances étrangères confisquent ceux des Français en pays étrangers dans les mêmes circonstances, quel sera l'effet de cette confiscation réciproque?

Il est évident qu'elle empêchera les étrangers de venir en France, et les Français d'aller en pays étranger, ou du moins qu'elle les empêchera d'y porter leurs capitaux, d'y former des établissemens, et de contribuer, par leur travail, leur talent et leur industrie, à l'accroissement des richesses; il est évident qu'elle gênera les relations réciproques des Français et des étrangers, nuira à leur commerce, retardera la marche de la civilisation, si elle ne lui oppose pas un obstacle absolu, et reproduira toutes les pertes, toutes les privations qui résultent pour l'espèce humaine de l'isolement des peuples.

Et à qui cet isolement peut-il être avantageux? à personne; il est au contraire certain qu'il est nuisible à tous.

Quel que soit l'état du gouvernement, de la fortune et de la puissance de chaque peuple, depuis les hordes sauvages jusqu'aux États civilisés, tous ont intérêt de communiquer avec les étrangers; tous profitent de cette communication, parce qu'elle leur procure l'échange d'objets superflus ou inutiles contre des objets utiles et profitables, parce que ces échanges excitent leur industrie, et que des progrès de l'industrie découlent les richesses, qui, dans l'ordre actuel des sociétés politiques, font la force et la puissance des empires.

Si l'isolement pouvait convenir à un peuple, ce serait sans doute à celui qui serait parvenu au plus grand développement d'industrie et de prospérité, dont les capitaux suffiraient à l'entretien de tous les travaux, et dont les produits du travail seraient absorbés par la consommation intérieure.

Cet État encore, forcé de rester stationnaire, bornerait sa

puissance, la verrait décroître, parce qu'il ne pourrait pas l'augmenter, et, pour nuire aux autres, se détruirait lui-même.

La puissance du commerce, cet agent de la civilisation des peuples modernes qui les distingue essentiellement des peuples anciens, ne connaît point de bornes, pénètre jusqu'aux extrémités du globe, et exerce partout une influence libérale et bienfaisante ; c'est par elle que l'homme ne dépend plus de l'homme, que les peuples asservis sont moins dépendans de la puissance absolue de leurs gouvernemens, et que les peuples libres sont plus assurés de leur liberté ; c'est de cette puissance que Montesquieu a dit :

« *Il est heureux pour les hommes d'être dans une situation* « où, pendant que leurs passions leur inspirent la pensée « d'être méchans, ils ont pourtant intérêt de ne pas l'être.

« On a commencé à se guérir du machiavélisme, et on s'en « guérira tous les jours ; il faut plus de modération dans les « Conseils ; ce qu'on appelait autrefois des coups d'État ne « serait aujourd'hui, indépendamment de l'horreur, que des « imprudences (a). »

Si donc nous devons de si grands bienfaits au commerce ; si l'intérêt du genre humain ne permet ni de le restreindre, ni de le limiter, le projet de loi qui isole les peuples, qui gêne leurs relations mutuelles, et s'oppose au développement du commerce, est évidemment contraire aux principes de l'économie politique.

Un des préopinans nous a dit que le mélange des peuples effaçait leur caractère, et que ce serait une question digne d'être résolue par Montesquieu et Rousseau, que de savoir si ce mélange n'est pas plus nuisible qu'avantageux, et s'il ne vaut pas mieux l'empêcher que le favoriser.

Cette question a pu paraître d'une haute importance aux législateurs des peuples anciens, et elle l'était en effet pour

(a) Esprit des Lois, liv. XXI, chap. 20.

eux : l'existence politique et sociale de ces peuples était fondée sur la guerre, la conquête et les tributs des peuples vaincus. Chaque peuple était sans cesse menacé dans son existence entière, ou menaçait celle des autres; il fallait dominer ou être asservi. Dans cet ordre de choses, le devoir du législateur était de prononcer fortement le caractère du peuple auquel il donnait des lois, afin que ce caractère lui conservât toute son énergie dans la défaite et toute sa force dans la victoire, afin que, vainqueur ou vaincu, il eût toujours une existence propre, et indépendante des coups du sort et des événemens de la fortune.

Mais le législateur des peuples modernes qui s'efforcerait, à l'exemple des peuples anciens, de donner un caractère particulier à son peuple, ne connaîtrait point ce qu'il doit faire, et manquerait son but. Les peuples modernes vivent du produit du travail, du commerce et de l'industrie, ne sont puissans qu'autant que ce produit excède leurs besoins, et leur puissance se calcule toujours dans la proportion de cet excédent. A quoi donc servirait, pour l'acquisition de cet excédent, le caractère particulier donné à un peuple par sa législation? La question, vous le sentez, tribuns, devient ridicule, et je m'abstiendrai par conséquent de la pousser plus loin : permettez-moi cependant d'ajouter une dernière réflexion.

Depuis que les richesses de l'Orient et les tributs de l'Occident circulent en Europe, les individus, les peuples et les gouvernemens ont pris une direction nouvelle, qui les a conduits à une existence politique et sociale entièrement différente de celle des anciens peuples. Nos idées, nos mœurs, nos habitudes, nos goûts, nos passions, nos vices, ne sont ni les idées, ni les mœurs, ni les habitudes, ni les goûts, ni les passions, ni les vices des peuples anciens; il n'y a plus entre eux et nous ni ressemblance, ni analogie, et ils ne peuvent nous offrir, sous le rapport de la politique et de la législation, ni leçon, ni exemple, ni modèle.

C'est dans la science de l'économie politique qu'il faut

puiser tous les principes de notre législation ; c'est de notre existence politique, civile et commerciale, que doit découler notre législation civile ; c'est dans les notions du commerce, de ses moyens, de ses avantages, qu'il faut chercher la base des lois sur les étrangers.

Or, toutes les notions, tous les principes qui composent cette science, réclament hautement la liberté de la communication entre les peuples qui se partagent le monde, établissent et démontrent les avantages qui en résultent pour chacun d'eux, et vous font un devoir de vous opposer à un projet de loi dont l'effet nécessaire et indispensable est d'isoler les peuples, de limiter et de restreindre leurs relations.

Mais si tous les peuples ont un intérêt commun à maintenir leurs relations avec les étrangers, nous avons un intérêt particulier de les faciliter, de les favoriser et même de les provoquer.

La France a toujours eu un grand attrait pour les étrangers, soit à cause de la beauté de son climat de l'excellence de ses productions, de la douceur de ses mœurs, de l'aménité de ses habitans, de la splendeur des sciences et des arts, et de la réunion des plaisirs et des agrémens dont on y jouit.

Avant la révolution, ces avantages la distinguaient des autres peuples, et attiraient chez elle une foule d'étrangers.

Ceux qui y venaient par curiosité, pour s'instruire, ou pour y chercher des plaisirs qui n'existaient pas chez eux, y dépensaient leurs revenus ; et cette dépense tournait toute entière au profit de notre agriculture, de notre industrie et de nos arts.

Et il ne faut pas croire que ce bénéfice sur les étrangers qui voyageaient en France fût compensé par les dépenses des Français qui voyageaient dans les pays étrangers : tout le monde sait que le nombre des Français qui voyageaient en pays étrangers n'était dans aucune proportion avec celui des étrangers qui voyageaient en France.

Ce bénéfice eût été bien plus grand encore, si le droit d'au-

baine n'eût menacé la plupart des étrangers de la confiscation
des biens qu'ils pourraient avoir en France au moment de
leurs décès.

M. Necker nous dit, dans son excellent *Traité de l'Administration des finances*, qu'il a connu plusieurs Anglais qui,
découragés, par la crainte de la confiscation, d'acquérir une
simple maison de campagne, et sensibles néanmoins à cette
privation, avaient renoncé au désir de s'arrêter en France.

Le motif qui éloignait les Anglais de la France, ou qui du
moins ne leur permettait pas de s'y arrêter long-temps, devait également en éloigner tous les étrangers qui étaient dans
le même cas; et dès-lors vous voyez que le droit d'aubaine,
par réciprocité, privait la France des avantages qu'elle eût
trouvés dans là préférence que les étrangers lui donnaient
sur les autres peuples, et même sur leur patrie.

Si ce droit d'aubaine était rétabli, il produirait les mêmes
effets qu'il produisait alors, et il aurait même des inconvéniens encore plus fâcheux.

Tout nous porte à croire non seulement que les étrangers
qui voyagent par curiosité pour s'instruire, ou pour leur
plaisir, viendront en France comme ils y venaient avant la
révolution; et que, s'ils n'en sont pas repoussés par le droit
d'aubaine, ils y prolongeront leur séjour, et ne se refuseront
aucune des jouissances qu'ils pourront se procurer par leur
fortune.

Ils achèteront des maisons de ville et de campagne, et ti-
reront ce genre de valeur de l'état de dépréciation dans lequel il est entièrement tombé.

Ils meubleront ces maisons et redonneront la vie à un genre
d'industrie qui a beaucoup souffert de la révolution, et qui
serait grandement compromis sans cette ressource.

Mais ce ne sont encore là que les moindres avantages que
nous pouvons nous promettre de nos relations avec les étrangers, si rien ne les gêne ni ne les contraint; il en est de plus
généraux et de plus importans qui en seront la suite, et

dont nous ressentirons promptement les salutaires effets.

Douze années d'une révolution terrible dans sa marche et dans ses résultats ont dévoré tous nos capitaux, ou les ont tellement disséminés qu'ils sont partout insuffisans pour donner au travail, au commerce et à l'industrie, l'activité qui seule peut les féconder, et rendre à la nation son éclat et sa splendeur.

L'intérêt de l'argent, cet instrument du travail, est parmi nous à douze pour cent, tandis que chez l'étranger il est au plus à cinq pour cent.

Nos terres, cet atelier fécond des richesses, ne se vendent qu'au denier quinze, tandis que celles de l'étranger se vendent au denier trente.

Tout nous commande par conséquent d'appeler les capitaux étrangers, ou plutôt de ne rien faire qui puisse les empêcher de venir chercher parmi nous un emploi plus utile et plus productif. Que rien ne s'oppose à leur marche, que nos lois politiques, civiles et financières leur laissent une entière liberté et leur donnent une pleine garantie, et ils viendront promptement chercher les besoins qu'ils sont appelés à satisfaire. Les capitaux, comme les fluides, tendent à se mettre en équilibre, et à procurer aux hommes tous les bienfaits de la nature, dont leurs mauvaises lois les ont toujours privés.

Un des préopinans a témoigné quelques inquiétudes sur ce qui pourrait arriver si les étrangers, au moyen de leurs capitaux, s'emparaient de notre industrie, et envahissaient nos terres. Il a craint qu'ils ne se créassent une sorte de puissance dans l'État, et que, dans les temps de guerre, ils ne pussent nous agiter, compromettre notre sûreté et notre fortune.

Je rends hommage à l'intention qui a dicté cette objection, mais c'est tout ce qu'il y a de louable en elle.

Quoi! vous craignez que l'étranger qui nous aura apporté ses capitaux, qui aura mis sa fortune dans notre dépendance, et qui, par conséquent, aura associé ses destinées aux nôtres, conspire votre ruine! Que vous connaissez mal la nature hu-

maine , l'esprit du commerce , et le levier puissant qui fait
mouvoir l'ordre social !

Le commerce n'appartient à aucun pays ; il ne dépend d'aucune puissance, il n'en hait ni n'en affectionne aucune , il ne
s'attache qu'à celle qui lui procure le meilleur emploi de ses
capitaux , qui lui offre le plus de sécurité , dont la législation
a le plus de respect pour les propriétés , veille avec le plus de
soin à la sûreté des personnes et au maintien de la liberté individuelle. Que vos lois soient bonnes, que votre gouvernement respecte ses engagemens, et le capitaliste étranger
comme le capitaliste national seront attachés à votre gouvernement et à vos lois.

Quant un étranger porte ses capitaux dans un pays étranger , ce n'est pas l'État qui doit redouter l'étranger , mais
l'étranger qui doit éprouver des craintes et des inquiétudes
sur l'État. Ces vérités sont si triviales maintenant , qu'il n'est
plus permis de les ignorer.

Ainsi vous voyez, tribuns, combien d'avantages nous devons nous promettre de nos relations avec l'étranger, et combien nous devons nous mettre en garde contre toute mesure
qui pourrait leur porter la moindre atteinte.

Le gouvernement n'a point ignoré ni méconnu ces avantages ; il dit au contraire formellement, dans l'exposé des
motifs, *que ce serait agir contre l'intérêt du peuple français ,*
et en quelque sorte contre sa nature , que d'admettre une légis-
lation qui fût, à l'égard des étrangers , exclusive et repoussante.

Et dès-lors il semble que toute la question devrait se réduire à
savoir si le projet de loi qui établit la réciprocité des confiscations est moins exclusif et moins repoussant que les lois de
l'Assemblée constituante, qui non seulement ont supprimé
toute confiscation, mais qui ont encore facilité aux étrangers
les moyens de s'associer à nos destinées.

Mais ce n'est pas ainsi que l'orateur du Conseil d'État a
considéré la question. Il n'a pas examiné si la crainte de la
confiscation que le projet établit éloignera les étrangers, et

nous privera des avantages que nous eussions retirés de nos
relations avec eux ; il lui eût été difficile de ne pas reconnaître
que ce serait là le résultat inévitable de la confiscation proposée.

L'orateur du Conseil d'État s'est proposé un autre problème ; il s'est demandé lequel, du système des Romains
qui était entièrement prohibitif, ou du système de l'Assemblée constituante, qui est basé sur la liberté, est préférable,
et il n'a pas balancé à dire que, s'il fallait opter, le système
des Romains mériterait la préférence *comme étant plus propre
à nourrir dans le cœur des citoyens l'amour de la patrie.*

J'ignore si un peuple qui interromprait toute communication avec les étrangers aimerait mieux ses lois et sa patrie ;
je ne vois pas la liaison qui existe entre ces deux idées : mais
ce que je sais bien, c'est que ce ne fut pas l'amour de la patrie qui détermina les Romains à éloigner les étrangers de
Rome, et à ne les y admettre que sous les conditions les plus
dures. Ils s'y déterminèrent par un motif, sinon plus puissant, du moins plus pressant.

Les Romains, sans industrie, sans commerce, tiraient leurs
richesses du travail des esclaves et des contributions des
peuples vaincus ; le peuple de Rome ne vivait que des largesses des patriciens et des distributions du trésor public. Il
était donc dans l'intérêt des Romains d'éloigner les étrangers, qui auraient augmenté le nombre des consommateurs
et diminué le nombre des contribuables.

Mais il est difficile de concevoir comment l'exemple des
Romains serait avantageux aux peuples modernes qui, non
seulement n'éprouvent aucune privation de leurs relations
avec les étrangers, mais qui s'enrichissent au contraire par
ces relations.

Il serait curieux de savoir comment, après avoir reconnu
positivement que *ce serait agir contre l'intérêt de la République,
en quelque sorte contre sa nature, d'admettre une législation
repoussante à l'égard des étrangers*, on peut prétendre qu'il

serait plus avantageux de les en éloigner tout à fait, que de les recevoir sans réserve ni condition, comme l'a voulu l'Assemblée constituante.

L'exclusion absolue priverait certainement la République de tous les avantages qui résultent de ses communications avec les étrangers, et on ne voit pas quel dédommagement lui offrirait cette exclusion absolue.

L'orateur du Conseil d'État a dit que cette exclusion serait plus propre à nourrir dans le cœur des citoyens l'amour de la patrie.

Mais je crains bien que son assertion ne soit hasardée, et qu'il ne se soit mépris quand il a conclu des mœurs anciennes aux mœurs modernes.

L'amour de la patrie chez les peuples anciens se nourrissait de la haine des autres peuples ; cette haine dérivait de l'état de guerre dans lequel étaient constamment les peuples anciens, et du besoin qu'ils avaient de la guerre pour subsister : alors il convenait de maintenir la séparation des peuples, de peur que leur rapprochement n'éteignît la haine dans leur cœur, et ne les rendît moins propres au combat et à la victoire.

Mais, parmi les peuples modernes, que le commerce a liés, et dont elle n'a fait qu'une communauté générale, comme l'a dit l'orateur du Conseil d'État dans l'exposé des motifs, *l'amour de la patrie tient nécessairement au bien-être qu'elle procure à ses enfans ;* et tout me porte à croire que l'exclusion des étrangers, qui diminuerait ce bien-être, diminuerait dans la même proportion l'amour de la patrie.

Ainsi, le système prohibitif des Romains ne peut être mis en comparaison avec le système libéral de l'Assemblée constituante : chacun de ces systèmes convenait aux peuples et aux États auxquels ils étaient destinés et pour lesquels ils étaient faits ; et on ne peut tirer aucune conséquence de l'un à l'autre, parce qu'il n'y a aucune analogie entre les choses et les objets qu'ils ont considérés et réglés.

Mais si le système prohibitif des Romains serait évidemment funeste à la République, et ne peut prévaloir sur le système de l'Assemblée constituante, le système que le projet de loi établit mérite-t-il plus de faveur? Ce projet nous offre-t-il *ce qu'il y a de mieux à faire en cette matière?* Et faut-il, comme le dit l'exposé des motifs, *en revenir au principe de la réciprocité, dont les avantages avaient été sentis dans les derniers temps de la monarchie.*

Il est assez difficile de concevoir comment le principe de la réciprocité des confiscations pourrait être utile aux peuples qui confisquent, ni comment l'isolement qui doit en résulter nécessairement pourrait être avantageux à des peuples industrieux et commerçans : ce serait un phénomène en économie politique que la séparation des peuples fût profitable à l'un ou à l'autre ; il est au contraire certain que cette séparation est également préjudiciable à tous. Il n'est donc guère vraisemblable qu'on eût, dans les derniers temps de la monarchie, aperçu des avantages dans la réciprocité des confiscations.

Mais voulez-vous, tribuns, connaître l'opinion qu'on avait, dans les derniers temps de la monarchie, de ces prétendus avantages? consultez l'ouvrage de M. Necker, dont j'ai déjà parlé, et vous verrez que les ministres s'occupaient de le supprimer sans réciprocité. M. Necker a même inséré dans son ouvrage la déclaration qu'il avait préparée à ce sujet, et il dit que M. de Maurepas lui avait promis de l'appuyer auprès du Roi; mais qu'il avait cru qu'il fallait attendre d'autres momens plus favorables à la discussion de cette affaire.

Ainsi, vous voyez, tribuns, que le projet perd encore l'avantage qu'il paraissait tirer de son existence dans les derniers temps de la monarchie, et qu'il ne peut se défendre, ni par lui-même, ni par l'opinion, de ses avantages reconnus et sentis dans les derniers temps de la monarchie.

Mais, tribuns, ne trouvez-vous pas extraordinaire qu'on ait tiré de la suppression du droit d'aubaine avec la condition

VII.   18

de réciprocité pendant les derniers temps de la monarchie, la conséquence que, sous la République, on pouvait le rétablir par réciprocité; et ne vous semble-t-il pas que ce fait devait conduire à une conséquence toute différente?

La suppression réciproque du droit d'aubaine rendait plus facile la communication des peuples, favorisait le commerce, et avançait les progrès de la civilisation générale.

L'établissement du droit d'aubaine, sous prétexte de réciprocité, détruirait au contraire tous les bons effets de la suppression par réciprocité. Il éloignerait les peuples que la suppression rapprochait, il opposerait une barrière au commerce, à l'industrie, aux arts, que la suppression ferait disparaître; il faisait donc précisément le contraire de ce que ferait la suppression, dans les derniers temps de la monarchie.

Il y a même ceci de particulier dans ce qu'on se propose de faire aujourd'hui, par imitation de ce qu'on faisait alors, c'est que le droit d'aubaine qu'on veut établir aujourd'hui, ne ressemblera en aucune manière à celui qu'on supprimait alors.

Avant que le système de suppression du droit d'aubaine par réciprocité eût été adopté par l'ancien gouvernement, et stipulé par les traités du dix-huitième siècle, il existait plusieurs exemptions du droit d'aubaine sans réciprocité; et ces exceptions étaient si nombreuses et si importantes, que l'on peut dire avec vérité que le droit d'aubaine n'existait que par exceptions, et que la franchise était l'état naturel.

Dès les temps les plus reculés, à une époque où l'on n'avait aucune notion des principes du commerce, où l'on ne le considérait que sous le rapport des péages et des tributs qu'on en retirait, et, comme on le dit encore dans certains pays peu civilisés, à raison des avanies qu'on lui imposait, les marchands qui fréquentaient les foires de Champagne et ensuite celle de Lyon, étaient, pendant leur voyage, leur séjour et leur retour, exempts du droit d'aubaine.

A peu près dans le même temps, les écoliers des universités jouissaient de la même exemption.

Dans des temps plus éclairés, l'exemption du droit d'aubaine fut étendue aux entrepreneurs et aux ouvriers de certaines manufactures, aux matelots qui prenaient du service dans nos escadres, et aux capitaux placés dans nos fonds publics.

Lorsque Colbert eut aperçu la toute-puissance du commerce, il ouvrit aux négocians étrangers des ports francs, où les lois sur l'aubaine étaient inconnues, et où l'étranger jouissait de la plénitude des droits civils, sans aucune condition de réciprocité.

Cette multitude d'exceptions réduisait donc infiniment le droit d'aubaine; et lorsqu'on se détermina à le supprimer, sous la condition de réciprocité, cette condition n'intéressait que faiblement le commerce, les arts et les capitaux.

Mais si l'article 13 du projet était adopté, si le droit d'aubaine était établi généralement, il détruirait toutes les exceptions en faveur du commerce, de l'industrie et des capitaux qui existaient lorsque le système de la condition de réciprocité fut adopté; et au lieu de nous remettre au même état où nous étions dans les derniers temps de la monarchie, il nous reporterait aux temps où ce droit insensé subsistait dans toute sa rigueur et dans toute sa difformité, aux temps que nous appelons barbares, et dont nous sommes heureusement si éloignés.

Ce n'est pas tout : cet article, s'il était adopté, aurait un effet rétroactif que les principes de la législation réprouvent.

Les lois qui ont autorisé les emprunts faits par l'ancien gouvernement ont exempté du droit d'aubaine les fonds que les étrangers y plaçaient.

Les immeubles que les étrangers ont achetés en France depuis la révolution étaient également exempts du droit d'aubaine, suivant la législation qui existait alors.

Par conséquent frapper aujourd'hui ces rentes et ces im-

18.

meubles du droit d'aubaine, ce serait évidemment donner un effet rétroactif à ce droit; ce serait porter une atteinte dangereuse à la foi publique, et tarir toutes les sources du crédit public.

Ainsi, vous voyez, tribuns, que, quand il serait possible d'établir le droit d'aubaine par réciprocité, parce que, dans les derniers temps de la monarchie, on était convenu de le supprimer par réciprocité, il ne pourrait encore être établi, comme le veut l'article 13 du projet, parce que ce droit ainsi rétabli serait trop général, parce qu'il ne fait pas revivre les exemptions nécessaires et indispensables qui existaient alors, parce qu'il consacre des injustices odieuses, opère une rétro-activité illicite, et nous ferait rétrograder vers les siècles d'ignorance et de barbarie.

M'objectera-t-on que mes craintes sont exagérées, et que le rétablissement du droit d'aubaine par réciprocité ne sera pas bien étendu, parce que ce droit est supprimé, à titre de réci-procité, par les traités qui nous lient avec plusieurs puis-sances, et qu'il sera également supprimé par les traités qui seront faits avec les autres puissances?

Je réponds qu'il n'est nullement nécessaire d'attendre le consentement des autres peuples pour faire ce qui nous est évidemment utile, et qu'il n'est pas sage de faire dépendre notre prospérité de leur opinion et de leur bonne ou mau-vaise volonté. Le droit d'aubaine, même réciproque, est odieux et insensé, pour me servir des termes mêmes de Mon-tesquieu; l'établir jusqu'à ce que les autres peuples l'aient supprimé, c'est ne pas entendre nos intérêts, c'est repousser une population et des capitaux dont nous avons le plus grand besoin; c'est renoncer à la supériorité de notre sol et de tous les avantages qu'il nous offre; c'est nous nuire sans objet et sans utilité.

Mais est-il vrai que le droit d'aubaine soit aboli à titre de réciprocité par les traités qui nous lient à plusieurs peuples?

Cette abolition existe en effet par rapport aux peuples qui

n'ont pas pris part à la coalition, et vous savez combien le nombre en est petit.

A l'égard des puissances qui ont pris part à la coalition, et avec lesquelles la République a fait des traités de paix, il n'y a eu de stipulation sur le droit d'aubaine qu'avec les États-Unis d'Amérique : tous les autres traités ont gardé le silence le plus profond sur ce point.

Que résulte-t-il de ce silence? que le droit d'aubaine subsiste dans ces États contre les Français, et que, si vous l'établissez par réciprocitè, vous mettez un obstacle absolu à toute communication utile avec ces peuples.

Les traités portent, à la vérité, le rétablissement des communications avec les peuples, comme avant la guerre ; mais vous savez que cette autorisation n'a, en diplomatie, aucun rapport avec l'exemption du droit d'aubaine et la participation des droits civils.

Les droits résultant de la liberté des communications se bornent à la protection pour la sûreté des personnes, et à la faculté de faire des contrats entre-vifs. Mais la liberté des communications ne donne à un étranger le droit, ni de disposer de ses biens après sa mort, ni de les transmettre héréditairement à sa famille. Ce droit ne peut être établi que par des stipulations précises et positives. Il n'en existe point dans nos derniers traités; il est par conséquent évident que, si nous établissions le droit d'aubaine, sous le prétexte de réciprocité, nous élèverions un mur de séparation entre la presque totalité des peuples de l'Europe et nous, et les avantages innombrables qui doivent résulter, en notre faveur, de nos relations avec eux, seraient perdus sans retour.

Enfin, nous flatter que les traités subséquens effaceront le droit d'aubaine, et rétabliront la liberté et l'intégrité des rapports qui existaient avant la révolution, c'est se bercer de vaines illusions. Ne nous le dissimulons pas, les puissances étrangères ont des préventions fâcheuses contre notre révolution, nos principes politiques, et, disons-le, même contre

les mœurs de la nation française. Sans doute le temps dissi-
pera ces impressions ; et l'étranger qui aura parcouru la République, qui se sera convaincu de notre amour pour la paix
publique, de notre respect pour les lois, de la douceur de
nos mœurs, de l'application constante de toutes les classes
de la société au travail, aux arts et au commerce, et de notre
tolérance pour toutes les opinions politiques, civiles ou religieuses, nous rendra promptement son estime, et nous ven-
gera des calomnies odieuses déversées sur nous par de lâches
fugitifs. Mais ce moment désirable n'est pas encore arrivé,
et le moyen de l'éloigner serait peut-être celui de l'établissement du droit d'aubaine qu'on vous propose.

Ainsi, tout nous invite, que dis-je ! tout nous fait un devoir
de nous opposer au rétablissement du droit d'aubaine, et de
prévenir les effets désastreux qui en résulteraient pour notre
commerce et notre industrie.

13   Si nous devons, si notre intérêt bien entendu nous commande de ne rien faire qui puisse éloigner les étrangers de
la République, et gêner leurs relations avec nous, le même
intérêt ne nous presse-t-il pas de leur faciliter les moyens
de s'établir parmi nous, et d'y fixer leurs capitaux, leur crédit et leur industrie ?

La Constitution de 1791, celle de l'an III, notre pacte
constitutionnel, l'avaient pensé ainsi ; et c'est dans cet esprit
qu'ils ont disposé à l'égard des étrangers. La Constitution
de 1791 voulut que l'étranger, après cinq ans de domicile
continu, et qui aurait en outre acquis des immeubles, ou
épousé une Française, ou formé un établissement d'agriculture ou de commerce, et qui aurait prêté le serment civique,
fût citoyen français.

La Constitution de l'an III n'avait apporté d'autre modification à celle de 1791, que d'exiger de l'étranger une déclaration qu'il voulait devenir citoyen français, et une résidence de sept années.

Enfin, la Constitution de l'an VIII a été encore plus

favorable aux étrangers que celles de 1791 et de l'an III, puisqu'elle ne leur a imposé ni la condition d'acquérir un immeuble ou d'épouser une Française, ou de former un établissement de commerce ou d'industrie, et de prêter le serment civique; et qu'elle s'est contentée d'une simple déclaration de volonté de devenir citoyens français, et d'une résidence de dix années.

L'intention bien manifestée par la Constitution de l'an VIII et par les Constitutions précédentes, de favoriser l'établissement des étrangers en France, n'a pas été respectée par le projet de loi qui vous est soumis.

Ces Constitutions n'avaient demandé à l'étranger que la manifestation de sa volonté d'être Français, et sa persévérance pendant un certain temps ; et le projet de loi veut que cette volonté n'ait d'effet qu'avec le concours du gouvernement.

Le projet de loi est donc en opposition manifeste avec la Constitution ; il en détruit l'effet, et annihile une de ses dispositions les plus importantes.

Je ne m'attacherai point à réfuter les distinctions sophistiques de votre commission pour éluder la volonté expresse du pacte social. Si des prétextes pouvaient suffire pour nous soustraire aux obligations que ce pacte nous impose, je conviens que les prétextes qui vous ont été présentés pourraient influer sur votre détermination. Mais il me paraît impossible que des mandataires fidèles à leur mandat, et pénétrés de leurs devoirs, puissent imposer à un étranger qui veut acquérir les droits civils, des conditions que la Constitution ne lui impose pas pour acquérir les droits politiques. Si la puissance législative tient son pouvoir de la Constitution, il me paraît impossible qu'elle ne veuille pas tout ce que la Constitution a voulu, et que, dans des cas analogues, elle statue autrement qu'elle n'a statué.

L'orateur du Conseil d'État a dit qu'il était impossible d'admettre qu'un étranger couvert de crimes, échappé au châtiment qui l'attendait dans son pays, pût, en mettant le pied sur le territoire français, dire au gouvernement : « Je « veux non seulement résider en France, mais y devenir « citoyen; c'est un droit que m'accorde votre Constitution, « et dont vous ne pouvez pas me priver. »

Un étranger ne peut pénétrer en France, et résider sur le territoire de la République, sans le consentement du gouvernement. Toutes les lois lui donnent une police absolue sur les étrangers : et si cette police est bien faite, les étrangers couverts de crimes, échappés au châtiment qui les attendait dans leur pays, ne doivent trouver aucun asile en France ; et s'ils y pénétraient, ils doivent recevoir immédiatement l'ordre d'en sortir. Quelque opinion qu'on ait du droit d'asile, il n'existe point pour ceux qui sont couverts de crimes, parce que ces hommes ne peuvent offrir aucune garantie, parce que ceux qui ont violé les droits des hommes et des citoyens ne peuvent invoquer les devoirs de l'humanité et de la société. Qu'ils aillent chercher une retraite loin des sociétés politiques qu'ils ont outragées, expier leurs forfaits au milieu des déserts de l'Afrique ou sous les glaces du pôle.

Mais un étranger qui est arrivé en France avec la garantie de son gouvernement, ou des agens du gouvernement français, qui y a manifesté l'intention de devenir Français, qui, pendant dix années entières, a persévéré dans son intention, et n'a point démérité, peut, sans aucun danger, être admis à la dignité de citoyen français, et à la jouissance de tous les droits qui y sont attachés. Le consentement du gouvernement à son admission n'ajouterait rien à la garantie qui résulte d'une existence tranquille et paisible, pendant dix années, sur le territoire de la République.

Mais si la doctrine de l'orateur du Conseil d'État sur l'admission des étrangers au titre de citoyen français, était vraie; si cette admission devait être assimilée à une adoption, et exigeait le consentement de l'adoptant et de l'adopté, est-ce au gouvernement que devrait être laissé le soin ou le droit de l'adoption? Je ne le pense pas.

Le droit de cité est un droit national qui appartient à tous les citoyens, et qui ne peut être communiqué que par tous ou par leurs représentans. L'admission, dans une société politique, comme dans toute société, exige le concours et le consentement de tous les associés ; et nul associé ou directeur de l'association ne peut introduire dans la société un étranger qui n'a pas obtenu l'agrément et l'assentiment de tous les associés, ou du moins de la majorité, quand, par le pacte social, la majorité est autorisée à engager la minorité.

Si donc le consentement de la nation était nécessaire pour admettre les étrangers à la participation des droits civils et politiques, ce que je ne crois pas d'après le texte de la Constitution, ce consentement ne pourrait être donné que par la puissance législative, parce qu'elle seule représente la volonté nationale sur tous les points que la Constitution n'a pas réglés.

Ainsi, sous quelque rapport qu'on examine l'article 15, il est évident que sa disposition est inconstitutionnelle, ou qu'elle est vicieuse, parce qu'elle délègue au gouvernement un pouvoir hors de ses attributions, et qui fait partie de la puissance législative. Par conséquent, sous ces deux premiers rapports, l'article doit être rejeté.

Mais il est une dernière considération supérieure, s'il est possible, à celles que je viens de présenter.

Cet article n'admet à jouir des droits civils en France, que l'étranger qui aura obtenu l'agrément du gouvernement pour faire sa déclaration qu'il veut devenir citoyen, et qui y aura résidé un an depuis cette déclaration.

Mais à quel étranger s'applique cet article?

Il semble d'abord qu'il ne s'applique qu'aux étrangers qui voudront désormais devenir citoyens français ; et, sous ce premier rapport, il ne présente que les vices que j'ai déjà remarqués.

Mais quand on l'examine de plus près, on voit qu'il s'applique également aux étrangers qui ont commencé à devenir Français, et auxquels il ne manque, pour l'être devenus, que d'avoir achevé le délai d'épreuve prescrit par les Constitutions de 1791 et de l'an III.

Cet obstacle, qu'il n'a pas été en leur pouvoir de vaincre, les laisse dans la classe des étrangers; et en cette qualité, l'article 15 du projet les atteint, et les obligerait, s'il était adopté, à demander l'autorisation du gouvernement pour faire leur déclaration qu'ils veulent être Français, et ce ne serait qu'après une année de résidence qu'ils pourraient jouir des droits civils en France.

Mais, s'ils venaient à décéder pendant cette année, ils mourraient étrangers; leur succession serait confisquée en vertu du droit d'aubaine, et leur famille serait réduite à la mendicité.

Ce résultat n'est pas, j'en suis bien convaincu, dans l'intention du gouvernement; mais il est dans la disposition implicite de l'article 15, qui ne distingue pas les étrangers qui sont actuellement en France, et qui ont fait leur déclaration pour devenir Français, de ceux qui y viendront par la suite, avec la volonté de devenir Français; par conséquent cette disposition contient un effet rétroactif, et opère une injustice manifeste.

Dira-t-on que ces étrangers qui ne sont point encore devenus Français, peuvent vendre leurs biens ou leurs établissemens, et sortir du territoire de la République, s'ils ne veulent pas se soumettre à la disposition de l'article 15, et courir la chance de la confiscation, jusqu'à ce qu'ils aient acquis une année de résidence, conformément à cet article?

Cette odieuse proposition blesserait les convenances, les règles de la justice, et les principes de la législation.

Les étrangers qui, sur la foi de nos lois, sont venus s'établir en France, qui y ont apporté leur fortune, y ont fait des établissemens de commerce ou d'industrie, qui y ont acheté

des immeubles, ne peuvent pas être privés du bienfait de
ces lois par des lois postérieures. Ils ne peuvent pas être regardés comme étrangers dans un pays où les lois les ont considérés comme Français, et leur en ont attribué les droits.
S'ils n'ont pas encore satisfait aux conditions nécessaires
pour acquérir la qualité de citoyens, la loi nouvelle doit leur
donner le moyen de remplir ces conditions, ou leur en imposer d'équivalentes. Mais elle ne peut pas les dépouiller des
droits acquis, tout imparfaits qu'ils sont, ni les réduire à
l'état d'étrangers, d'où les lois antérieures les avaient tirés.
Les droits acquis doivent être respectés ; et l'article 15, qui
y porte évidemment atteinte, est évidemment frappé du vice
de rétroactivité.

Ainsi, comme inconstitutionnel, ou comme attributif de
pouvoirs étrangers au gouvernement, ou comme rétroactif,
cet article doit être rejeté.

J'ai enfin terminé l'examen des deux dispositions du projet
de loi qui fixent l'état des étrangers en France, et je crois
avoir prouvé :

1°. Que celle qui rétablit le droit d'aubaine, jusqu'à ce
que les puissances étrangères l'aient supprimé, tend à nous
isoler des autres peuples ; que cet isolement nuit au commerce et s'oppose aux progrès de la civilisation ; que cette
disposition priverait la République des avantages que les Français ont toujours retirés de leurs relations avec les étrangers,
et de ceux qu'ils doivent se promettre de la situation particulière de notre agriculture, de notre industrie, et de notre
commerce ; qu'elle rétablirait le droit d'aubaine, non tel
qu'il existait dans les derniers temps de la monarchie, limité
et restreint par une foule d'exceptions en faveur de l'industrie, du commerce et des capitaux, mais tel qu'il existait
dans les temps de l'ignorance et de la barbarie, sans exception, sans restriction ; enfin, qu'elle aurait un effet rétroactif par rapport aux placemens faits par les étrangers
dans les rentes de l'ancien régime, et par rapport aux im-

meubles acquis par les étrangers pendant la révolution.

13   2°. Je crois avoir prouvé que la disposition qui assujettit les étrangers à obtenir l'agrément du gouvernement, et à une année de résidence pour participer à tous les droits civils des Français, est inconstitutionnelle, donne au gouvernement une attribution qui fait partie de la puissance législative, et opère un effet rétroactif.

Je puis donc conclure, avec confiance, que la législation sur les étrangers, que nous propose le projet de loi, est vicieuse sous tous les rapports, et ne peut obtenir votre assentiment : en conséquence, j'en vote le rejet.

OPINION DU TRIBUN ROUJOUX,
POUR LE PROJET.

Tribuns, avant d'entrer dans l'examen de la loi qui vous est proposée, je crois nécessaire de vous dire que j'avais eu le projet de demander la parole immédiatement après le rapport, pour mettre en même temps sous vos yeux l'opinion et les motifs des membres de la commission qui n'avaient pas partagé son avis.

J'avais pensé que, le rapport devant retracer la discussion qui avait eu lieu, mettre en opposition les motifs que l'on avait fait valoir, et vous en présenter le résultat, il m'eût été facile de donner quelques développemens aux opinions de la minorité ; des lumières utiles seraient peut-être sorties de cette controverse simple et naturelle.

Mais j'ai été forcé de renoncer à ce dessein, soit parce que le rapport n'ayant pas été lu à la commission, j'en ignorais absolument le plan, la méthode et les développemens, soit parce que, tour à tour ému, effrayé ou attendri par les tableaux que l'orateur fit passer si rapidement sous nos yeux, je perdis de vue ou plutôt je ne trouvai nulle part l'état de la question dont je voulais m'occuper.

Quelques jours d'intervalle ont calmé le trouble de mes

sens ; le prestige s'est dissipé , et je puis aborder aujourd'hui la discussion.

Ce n'est point à vos cœurs, tribuns , c'est à votre raison que je parlerai, parce que , si le législateur doit être humain, il doit avant tout être juste.

Je ne suivrai pas le projet de loi dans tous ses articles ; je n'arrêterai votre attention que sur les dispositions qui ont été le plus vivement contredites ; ainsi je passerai légèrement sur le titre premier.

Les contradicteurs du projet y trouvent, dans l'article 13, une espèce de rétablissement du droit d'aubaine. Quand cette grande question aura été bien examinée sous tous ses rapports , et qu'on aura développé tous les principes d'économie politique avec lesquels elle est en contact , il restera cette question simple : « Dirons-nous à toutes les nations de l'Eu-« rope : Ne vous inquiétez pas de vos relations civiles avec « la République française ; déchirez tous vos traités, s'il en « existe ; traitez nos concitoyens, chez vous, avec toute la « rigueur possible ; qu'ils y soient dans une condition plus « servile qu'autrefois les Juifs : mais venez chez nous jouir « des avantages de notre gouvernement, des douceurs de « notre climat, de la fertilité de notre sol. Quand vous aurez « partagé ou recueilli les fruits de notre industrie, ramassé « nos capitaux, vous les emporterez dans votre patrie ; et si « vous êtes propriétaires, nous vous ferons passer tous les « ans, avec reconnaissance , les revenus de vos propriétés. « Vous nous offrez la réciprocité? nous n'en voulons point. « Nous sommes généreux et désintéressés ; nous donnons , « nous n'acceptons jamais. »

Voilà , tribuns , le résultat du système qu'on voudrait faire prévaloir sur celui du projet de loi.

L'article 15 du même titre éprouve aussi quelques contra-dictions , en ce qu'il consacre l'intervention du gouvernement pour admettre l'étranger à se fixer en France , et y acquérir, par la suite, des droits de cité.

Cet article doit se considérer sous les rapports de la politique; il appartient au droit des gens : il est nécessaire pour entretenir la confiance, l'harmonie entre des nations amies et sincèrement réconciliées.

Sous les rapports de la morale publique, il est encore nécessaire. Voudriez-vous, en effet, comme on l'a déjà dit, que la France devînt le refuge de tous les malfaiteurs poursuivis par la justice des nations? Voudriez-vous que la République devînt la Botany-Bay de l'Europe?

On semble craindre que cette disposition du projet ne blesse la Constitution, en ce qu'elle mettrait à la faculté de devenir citoyen une condition que le pacte social n'a pas dictée.

Je réponds d'abord à cette inquiétude, qu'il n'est point, qu'il ne peut être dans la Constitution de prostituer le titre de citoyen, d'admettre indistinctement au droit de cité, des voleurs, des banqueroutiers, des assassins, des hommes notés d'infamie, la lie et l'opprobre des nations étrangères. L'intérêt de la population est très-respectable, sans doute; mais celui des mœurs, de l'honneur, de la dignité nationale, ne l'est pas moins.

D'un autre côté, il ne s'agit dans ce titre que des droits civils qu'il faut acquérir avant de prétendre à ceux de cité. Tout étranger qui entre en France est soumis aux lois de police. Le gouvernement, chargé du maintien de la sûreté et de la tranquillité intérieure, a toute la latitude de pouvoir nécessaire pour interdire à un étranger suspect l'entrée ou le séjour sur le sol français; par conséquent, la faculté d'y résider est, par la force des choses mêmes, soumise à l'aveu et à l'action du gouvernement. S'il en était autrement, il serait dégagé de toute responsabilité.

Telles sont, tribuns, les réponses que je crois suffisantes aux objections contre le titre premier du projet.

Je passe au titre II, section première.

17   La théorie de cette section détermine comment on est privé

des droits civils : par la perte de la qualité de Français ; comment cette qualité se perd : par l'acceptation, non autorisée par le gouvernement, de fonctions publiques conférées par un gouvernement étranger ; par tout établissement fait en pays étranger, sans esprit de retour.

Voilà les deux dispositions les plus censurées. Je les justifierai en justifiant tout le système de cette section.

Il faut le répéter encore : il ne s'agit ici que des droits civils. Les droits politiques sont réglés par la Constitution : personne ne veut ni ne peut y toucher.

Ce principe reconnu, il est facile de répondre aux censeurs des articles.

Ils disent que l'article 21 est *coloré par ce qu'on appelle l'intérêt public ; que cela ne suffit pas pour qu'un individu jouisse à la fois des avantages de la patrie qu'il quitte et de la nouvelle qu'il adopte.*

Que d'erreurs dans ces seuls mots !

D'autres ajoutent que le gouvernement ne peut autoriser un Français à accepter des fonctions chez l'étranger, parce que ce serait une usurpation de pouvoirs.

Je réponds aux premiers, qu'ils établissent leur raisonnement d'abord sur des soupçons ; que le législateur doit écarter ces préventions qu'il pourrait aussi bien porter partout et dans toutes les lois ; que l'intérêt public commande les dispositions contestées : j'en donnerai la preuve ; et qu'enfin il n'est pas vrai de dire qu'un individu jouirait à la fois des avantages de deux patries, puisqu'il ne serait pas possible de lui conserver la jouissance des droits politiques en France.

Je réponds aux seconds, que le souverain a fixé dans le pacte social la nature de la peine qu'il entend appliquer à cette espèce d'abdication : la perte des *droits politiques*. Le silence de la Constitution sur la perte ou la suppression des *droits civils*, nous apprend qu'elle ne les a pas confondus, et qu'elle a voulu laisser ceux-ci dans le domaine du législateur.

Je vais plus loin : la Constitution elle-même a consacré

cette distinction. Elle suspend la jouissance des droits de cité
dans le cas de faillite, de domesticité, d'interdiction, etc.;
et sans doute on ne prétendra pas que le failli, le domestique
à gages, l'interdit, etc., soient suspendus de leur qualité de
Français, de la jouissance de leurs droits civils.

Ainsi, dans l'ordre politique, il a pu convenir au système
de notre Constitution que des hommes de lettres, des savans,
ne pussent devenir pensionnaires des gouvernemens étrangers
sans perdre leurs droits politiques; mais il serait aussi trop
injuste d'étendre les effets de cette rigueur à la perte des
droits civils. Des hommes qui honorent leur patrie lui de-
viendront-ils étrangers parce qu'ils auront mérité la reconnaissance du monde et accepté d'utiles témoignages de la
gratitude des nations?

La loi civile peut donc et doit laisser au gouvernement la
faculté d'autoriser un Français à accepter des fonctions sous
un gouvernement étranger, sans que pour cela ce Français
perde ses droits civils.

Pour dernière preuve des convenances et de la nécessité de
cette mesure, j'ajouterai qu'il est difficile d'imaginer des cas
où l'intérêt particulier *soit coloré par l'intérêt public*, et je voudrais être dispensé d'énoncer beaucoup de circonstances où
cet intérêt public se trouvera lié à l'exécution de la loi proposée. Je voudrais que tout ce qui tient à nos relations extérieures n'entrât pas légèrement dans nos discussions publiques.

Qu'est-il besoin de vous dire de jeter les yeux autour de
vous, de parcourir par la pensée ces républiques naissantes,
la Ligurie, la Batavie, la Cisalpine? Ce sont vos amies, vos
alliées, je dirai presque vos enfans. Si, dans les embarras de
leur organisation intérieure, elles réclamaient les secours de
votre longue expérience, si elles demandaient au gouvernement quelques Français instruits dans l'économie politique,
quelques généraux expérimentés dans l'administration militaire, quelques jurisconsultes consommés dans la science du

droit et de la législation civile et criminelle, voudriez-vous
qu'on leur refusât ces secours, ou voudriez-vous interdire à
tout Français cette honorable mission, en lui imposant la
perte de ses droits civils pendant son absence et à son retour?
J'ose l'assurer, une loi si rigoureuse serait injuste, impolitique, contraire à la gloire, à l'honneur, et à la dignité nationale.

Mais les adversaires du projet vont encore plus loin : ils ne
veulent pas même que l'on puisse faire un établissement chez
l'étranger, *avec esprit de retour*. Je voudrais pouvoir du moins
les concilier avec eux-mêmes, et n'avoir pas à vous faire remarquer ici une confusion de principes bien frappante dans
le rapport de votre commission.

Ce rapport veut, sur l'article 13, que les étrangers s'em-
pressent de nous apporter leur industrie, qu'ils fassent des
établissemens chez nous, qu'ils y jouissent du droit de disposer, de recueillir, de succéder, etc.

Mais ici, à l'article 21, non seulement ils ne veulent pas
de la réciprocité, ils voudraient la rendre impossible : ils
veulent nous enfermer chez nous, restreindre la liberté du
commerce et de l'industrie pour les Français, leur donner
toute l'extension, toute la faveur possible pour l'étranger ;
nous priver du droit d'hérédité dans notre patrie; prodiguer
ce droit à tous venans, et nous attacher, pour ainsi dire, à
la glèbe : et telles seraient les conséquences de ce système,
que, pour retenir la valeur des successions en France, il serait
permis aux étrangers de les recueillir et de les importer, et
il serait défendu aux Français de venir même en jouir dans
leur patrie. Tel serait enfin le résultat de cette politique, que
l'étranger serait l'homme vraiment libre; le Français, l'homme
vraiment esclave.

L'article 22 a aussi reçu sa censure; cet article a beaucoup
d'analogie avec l'article 15, que j'ai déjà justifié. Le premier
règle la manière dont l'étranger pourra acquérir les droits
civils; celui-ci dit comment un Français qui les aura perdus

VII.   19

pourra les recouvrer. La Constitution, en énonçant les circonstances où un citoyen cesse de l'être, ne s'explique pas sur
les moyens par lesquels il peut le redevenir, et cependant elle
ne dit pas non plus que la perte des droits de cité soit irréparable. De ce silence, et de la maxime générale que les
peines ne doivent pas s'étendre, il est naturel d'inférer qu'un
Français ne doit pas être traité plus défavorablement qu'un
étranger.

Ce qui s'appliquerait aux droits politiques, s'accommode, à
plus forte raison, aux droits civils ; et, quant à ce qui concerne
l'autorisation du gouvernement, il est évident qu'il n'y a que
lui qui puisse savoir ou vérifier si ce Français s'était établi
chez l'étranger sans esprit de retour, si sa rentrée n'intéresse
pas la sûreté publique, s'il revient sans danger, sans remords
et sans honte.

sect. 2. J'arrive à la seconde section du titre II du projet, qui
traite de la privation des droits civils par suite *des condamna-*
tions judiciaires.

Ici se présente la grande question de la mort civile, celle
qui a le plus particulièrement attaché la pensée du rapporteur.

Comme système, elle se prête à toutes les divergences
d'opinions : c'est une vaste arène où les combattans peuvent
entrer en foule.

Comme loi positive, elle est résolue par de longs siècles
d'autorité et d'expérience ; elle a pour elle le Code d'un
peuple libre, la raison écrite.

Cette raison, cette justice, veulent que, quand la loi, pour
l'intérêt de tous, a retranché un individu de la société contre
laquelle il s'est mis en état de guerre, cet individu ne jouisse
plus des droits ni de la garantie que la société lui assurait.
S'il en est retranché pour toujours, pour toujours il est dans
un état de *mort civile*, non pas, comme on l'a tant répété,
par *fiction* de la mort *naturelle*, mais par *opposition à la vie*
civile.

Tous, ou presque tous les tribunaux consultés, adoptent

comme principe la nécessité d'établir la peine de mort civile
dans certaines condamnations judiciaires qui n'emporteront
pas la mort physique : et quand la législation que l'on vous
propose pressent de loin l'exécution de ce grand vœu de la
philosophie, l'abolition de la peine de mort ; quand elle prépare les moyens de passer, sans secousse et sans danger, du
Code de mort au Code de la déportation, ceux qui se déclarent
les amis de l'humanité mettront-ils des entraves à cette transition désirée ? la voudront-ils rendre impossible ? Car, il faut
le confesser, nous n'avons pas l'espoir, même en améliorant
les hommes et les mœurs, de déraciner toutes les passions. Il
est triste, mais il est nécessaire de le prévoir, il y aura
toujours des crimes à punir, il faudra donc toujours des
peines.

Que le Code français ne soit point barbare, nous le voulons
tous ; mais qu'il soit sévère pour le crime, la société le veut,
car elle doit vouloir sa conservation.

Vous, qui repoussez le projet, à cause des conséquences rigoureuses qui résultent de la mort civile, dites-moi donc
quels sont les intérêts que vous stipulez ? Vous voulez des
lois douces, mais voulez-vous que le coupable s'en joue ?
Vous voulez être sensibles, mais voulez-vous que le criminel
lève une tête impunie ? Vous voulez punir, mais voulez-vous
que le condamné jouisse de tous ou de presque tous les droits
civils ? Quelle différence mettrez-vous donc, dans votre système, entre le sort d'un condamné fugitif, jouissant de ses
biens, usant de ses droits, et l'indigent malheureux, mais
honnête ? Quelle garantie enfin donnerez-vous à la société ?
Que stipulerez-vous pour elle dans la lutte du crime contre
la vertu ? Donnerez-vous au citoyen français le spectacle
vraiment hideux de l'infâme protégé par les lois civiles au
milieu de nos cités ?

La mort civile ! s'écrie le rapporteur ; c'est cette expression
qui a servi *le génie des proscriptions ;* c'est elle qui a créé la
maxime atroce, *qui confisque le corps, confisque les biens ;* c'est

elle qui a produit cette *terrible énumération* des maux qu'elle entraîne.

Le génie des proscriptions, mes collègues, dans les temps malheureux où il domine, abuse de toutes les institutions. Ni Sylla ni Robespierre n'avaient besoin de trouver cette expression dans les Codes, ils en auraient créé l'équivalent. N'a-t-on fatigué les échafauds que parce qu'on les a trouvés dans nos lois criminelles? Les tyrans n'ont besoin ni de leçons ni d'exemples.

Enfin, cette énumération des maux qu'entraîne la mort civile n'est cependant qu'une énumération des droits civils dont le meurtrier perdra la jouissance. Si c'est le privilége de l'éloquence de tout exagérer, de tout défigurer, c'est le droit de la sagesse et de la raison, c'est votre privilége, tribuns, de tout ramener, de tout apprécier à sa juste valeur.

Examinons donc les effets de la mort civile énoncés dans les neuf dispositions de l'article 28 du projet.

En méditant sur la dissolution du mariage, *quant à ses effets civils*, je me demande quel est le but du mariage, soit comme lien naturel, soit comme contrat de société; si l'un ou l'autre peut exister quand l'époux est flétri d'infamie. Je me demande si la faculté du divorce peut suppléer à la dissolution du contrat ordonné par la loi; si l'intérêt des enfans peut toujours se concilier avec ceux de la mère; si la société, les mœurs, la décence publique doivent être mis en balance avec quelques intérêts particuliers; si la loi enfin peut être inconséquente, si elle peut être injuste pour tous afin d'être plus favorable pour quelques-uns.

Le mariage, comme lien naturel, a pour but la reproduction. C'est un besoin que la nature a mis dans nos sens qu'elle a excités par le plaisir. Ce besoin appartient au lion comme à l'homme. Oui, je reconnais là, avec le rapporteur de la commission, les lois éternelles de la nature. Je pense, comme lui, que le législateur qui voudrait permettre ou défendre à son gré de les écouter, verrait bientôt qu'il a voulu au-delà de son pouvoir; mais nous n'en sommes point heureusement à l'état de nature, l'association est formée.

Dans la société, ce besoin de s'unir, de se reproduire, cette *union de deux cœurs*, sont soumis à la puissance civile, non pas seulement pour la forme, comme le dit le rapport, mais pour toutes les conditions, pour toutes les clauses politiques, civiles ou morales, qui doivent légitimer, régulariser une telle union.

Ainsi la nature a beau parler au cœur et aux sens de deux enfans précoces, la loi leur défend de s'unir avant l'âge qu'elle a fixé.

Ainsi, c'est vainement que la nature rapprocherait deux mineurs sans le consentement paternel. L'union est illicite; les enfans sont bâtards, et les *lois éternelles de la nature* sont soumises à la loi civile.

Dans la société, les époux contractent des obligations et des devoirs qui constituent le mariage : celles de créer une famille, de l'élever, de la protéger, de la défendre, de l'instruire aux mœurs, aux vertus, aux devoirs sociaux.

Or, que devient ce but final du mariage, quand la loi a condamné l'époux coupable à une éternelle infamie? Quand le contrat civil n'a plus d'objet, vous ne voulez pas en prononcer la dissolution! Vous voulez donc forcer une femme, déjà trop malheureuse, à recevoir dans son sein le fruit de l'opprobre, à donner la vie à des orphelins qui rougiront de leur naissance !

Vous ne voulez pas que le contrat civil soit dissous! Vous voulez donc conserver au père, flétri d'infamie, l'autorité paternelle, l'administration de la famille, la protection des enfans, leurs mœurs, leur éducation; car ce sont là les conséquences de votre système : et tous ces droits, tous ces devoirs, dérivent du mariage; ils en sont l'objet et la fin. Et, si vous n'avez pas la puissance de dissoudre le contrat, d'où tirerez-vous la puissance de modifier ou d'anéantir ses effets?

On a dit dans la discussion que la faculté du divorce

laissée à la femme suppléerait à la dissolution du contrat

D'abord, ce ne serait qu'une faculté; et cette faculté-l pourrait ne pas convenir également, soit aux intérêts de l femme, soit aux intérêts des enfans.

Rien n'est plus touchant que les observations du Premie Consul, dans la discussion du Conseil d'Etat, sur cet articl L'expression de sa sensibilité sur le sort de la femme qui ché rit les nœuds que la loi a rompus, honore également et le pre mier magistrat de la République, et la nation qui lui a confi le dépôt de sa puissance. Mais l'homme sensible est bientô forcé de faire place au législateur impassible; en admettan que toutes les femmes sont vertueuses, il faut conveni cependant que toutes n'ont pas le courage que suppose l vertu.

Je veux cependant qu'une femme, par attachement, pa devoir, par quelque sentiment que ce soit, veuille suivre l sort de son mari, soit dans sa fuite, soit dans le lieu de s déportation; des enfans en bas âge seront donc forcés de me ner une vie errante, ou de s'expatrier avec les auteurs de leu jours. Si c'est là la conséquence du système du rapport, o le résultat de la simple faculté du divorce, ce ne peut pas êtr du moins le vœu d'une bonne législation.

Que sera-ce si le divorce répugne aux opinions de la femme et si elle se trouve placée entre ses principes religieux et l désir de se soustraire, elle et ses enfans, à la domination d son mari? Cette femme, ces enfans, forcés par une puissanc morale, supérieure quelquefois à la puissance physique, n reprocheront-ils pas à la loi de laisser retomber sur eux le effets de la peine qu'ils n'ont pas méritée?

Ainsi, de quelque côté, sous quelque rapport qu'on envi sage la question que je traite, tous les résultats sont en faveu des dispositions du projet.

33 L'article 35, que l'on a vivement combattu, est une con séquence naturelle et absolue des articles 27 et 28 dont j viens d'établir la convenance, la justesse et la nécessité.

S'il arrivait, et certes ce cas doit être extrêmement rare, s'il arrivait qu'un fugitif eût acquis quelques biens depuis l'exécution de son jugement, l'article 35 veut qu'à sa mort naturelle la nation les recueille, non pas à titre de confiscation, mais à titre de *déshérence*.

Ici je m'arrête pour écouter le rapport de la commission ; il peint, de la manière la plus touchante, le sort de la veuve et des enfans qui se voient privés de l'héritage de leur père.

Cette disposition, dit le rapporteur, est contraire aux principes, à la morale, à l'humanité : aux principes, qui ne veulent pas que les enfans soient punis pour leurs pères ; à la morale, qui ne veut pas qu'en privant un homme de gagner pour lui et pour ses enfans, on le précipite dans le vagabondage ; à l'humanité, qui dira éternellement que les confiscations sont l'abus de la force contre la faiblesse, etc.

Peu de mots répondront à ce fantôme sorti de la plume du rapporteur. Cette disposition, contre laquelle il s'élève avec tant d'énergie, ne blesse point les principes ; car il n'est point vrai qu'elle prive les enfans des biens possédés par leur père à l'époque de l'exécution de son jugement : au contraire, plus douce, plus conservatrice que le séquestre, elle en donne l'administration aux héritiers naturels.

Elle ne blesse point la morale ; car elle ne prive pas le fugitif de gagner pour lui, et ne tend point à le précipiter dans le *vagabondage*. Il est, en effet, assez étrange que ce mot se trouve ici, quand il s'agit d'un condamné, fugitif, errant, et nécessairement *vagabond*.

Elle ne blesse point l'humanité ; car il ne s'agit pas de confiscation des biens qui composaient l'hérédité à l'époque de l'exécution du jugement. Il ne s'agit que de la déshérence de ce que le fugitif a pu laisser à sa mort naturelle. Voilà ce que le rapport appelle, *sous prétexte de crime, enlever les biens d'un condamné, dépouiller un cadavre après l'avoir immolé....*

Sous prétexte de crime ! A quelle époque le rapporteur

s'est-il donc placé? Nos juges sont-ils des bourreaux, nos jurés des assassins, notre gouvernement une anarchie?

Un cadavre immolé!... Grâces au ciel, tribuns, cette image hideuse contraste avec notre législation criminelle.

Mais à qui donc veut-on qu'appartienne ce que le fugitif a laissé à sa mort? Il n'a plus de parens, il n'a plus de famille; tous ses liens sont rompus. Débiteur envers la loi, débiteur envers la société, sa vie errante et fugitive n'est plus qu'un outrage qu'il fait à la vindicte publique; tous ses actes sont couverts du mystère de la fraude : car, pour échapper à la peine, il faut que le contumax se dérobe aux recherches de la police, il faut qu'il se *faux-nomme*, qu'il mente au magistrat, à tous les agens de la loi. Sa liberté même n'est plus un droit, c'est un vol. L'assassin fugitif est l'effroi de la société, qui accuse la faiblesse de la loi ou l'impuissance de ses agens.

Il faut distinguer deux classes d'enfans. Il ne peut être ici question de ceux qui sont nés constant le mariage, avant le crime, ou plutôt avant l'exécution irrévocable du jugement de condamnation. Le sort de ceux-ci est réglé par les articles 28 et suivans. La succession du condamné leur est ouverte; ils recueillent tous les biens, ils exercent tous les droits que leur donnerait la mort naturelle de leur père. Ils n'ont rien de plus à réclamer : tout ce qui est postérieur à la mort civile leur est étranger. Ils ont consommé le droit de successibilité; et certes je ne trouve point là la moindre trace de cette confiscation, dont le rétablissement serait un outrage à nos mœurs.

En effet, si dans la supposition que l'on établit, le père condamné et fugitif, au lieu d'acquérir, avait fait de mauvaises affaires, des créanciers, une faillite, par exemple (supposition qui n'est pas plus extraordinaire que celle de ses acquisitions), les adversaires du projet diront-ils que les enfans qui auront porté la main à la succession ouverte par l'effet de la mort civile seront obligés aux dettes ultérieurement contractées? Diront-ils qu'héritiers du débiteur failli .

détenteurs de ses biens , ces enfans perdront leurs droits de citoyens, aux termes de l'article 5 de la Constitution?

Voilà cependant, tribuns, les conséquences immédiates du système des censeurs du projet.

L'humanité même a ses erreurs et ses excès ; et si la loi , au lieu de dissoudre le contrat civil du mariage, au lieu d'ouvrir la succession aux enfans du condamné , laissait tout subsister dans l'ordre civil, avec combien plus de raison lui reprocherait-on de sacrifier les intérêts de la femme et des enfans, de compromettre les droits matrimoniaux de l'une , d'anéantir les droits héréditaires des autres! car , tous les bons esprits en conviendront : s'il faut raisonner sur des suppositions, il est plus naturel de supposer qu'un criminel, flétri et fugitif, fera plutôt de mauvaises affaires qu'il n'en fera de bonnes.

Le sort des enfans nés sous la faveur du contrat civil, étant réglé sur toutes les bases des convenances , de la raison , de leurs vrais intérêts et de l'équité, comme je viens de le démontrer, il me reste à examiner si la loi serait également impartiale , également juste à l'égard des enfans qui pourraient naître hors de la protection du contrat.

Remarquez , tribuns, que c'est toujours sur des suppositions que les adversaires du projet raisonnent.

Il faut qu'ils supposent que le condamné contumax est caché près de sa femme, ou que sa femme l'a suivi dans sa fuite. Il faut qu'ils supposent, ou qu'elle a abandonné ses enfans, ou qu'elle les traîne après elle ; qu'ils supposent que tous ont quitté le territoire français, ou que tous ont changé de noms en changeant de résidence ; qu'ils supposent, ou que la femme qui, dans cet état de fuite, donne le jour à un être infortuné, en impose à l'officier des actes civils, en se faux-nommant, ou bien qu'ils supposent que la police judiciaire est sans activité, sans moyens pour suivre les traces d'un condamné, qu'ils supposent enfin une réunion de circonstances bien rare, si elle n'est pas sans exemples.

Néanmoins, j'admets pour un moment toutes ces suppositions, et je réponds à ceux qui s'attendrissent sur le sort de
l'enfant qui reçoit une existence furtive et méconnue par la
loi, qu'un sentiment, bien respectable sans doute, les égare.

Quand le contrat civil du mariage est dissous, les époux
ne s'unissent plus que par des liens *naturels ;* les fruits de cette
union ne peuvent plus être que des fruits *naturels.* Vous gé-
missez sur la naissance de ces enfans; mais n'avez-vous pas
bien plus à gémir sur celle de tant d'êtres infortunés qui reçoivent tous les jours une pareille existence, qui ne peuvent
connaître leur père, à qui la loi défend de le rechercher, qui
n'ont aucun droit à son héritage, aucun lien avec sa famille?

D'un autre côté, serait-elle bien morale, bien politique,
la loi qui reconnaîtrait, qui provoquerait même la naissance
de ces enfans? Vous parlez d'une femme vertueuse : j'en suppose une qui ne le soit pas; et quand l'époux flétri par la justice est fugitif, sur quelle base établirez-vous la présomption
même de la légitimité de l'enfant? Comment connaîtrez-vous
si la mère sait ou si elle ne sait pas la résidence de son mari,
si leur réunion a été possible ou impossible? Voilà cependant
les frères, les cohéritiers que l'on donnerait aux enfans nés
sous la garantie du mariage.

Je ne parle pas de l'intérêt des mœurs ; on sent trop combien elles seraient blessées par ce spectacle scandaleux. Je ne
parle pas de ceux de la politique : elle doit favoriser la population; mais quelle population que celle qui doit sortir, ou
d'une source corrompue par la débauche, ou d'une source
flétrie par l'infamie ! Ah ! tribuns, protégez ces êtres infortunés, faites-leur oublier, s'il se peut, le malheur de leur
naissance ; mais ne rejetez pas la loi bienfaisante, morale et
politique qui met des entraves à cette production de malheureux !

Si l'épouse du condamné est vertueuse, sa vertu même
sera le garant de son obéissance à la loi. Bonne mère, elle ne
consentira point à donner le jour à de nouveaux enfans, qui

n'oseront pas avouer leur père ; bonne amie, elle n'en prodi-
guera pas moins ses tendres soins, ses consolantes affections
à son ami malheureux.

Si l'épouse du condamné n'a point les vertus de son sexe,
toute votre sensibilité pour elle n'est plus qu'une faiblesse
coupable. Vous êtes responsables envers sa famille où vous in-
troduirez des enfans dont la naissance est au moins suspecte ;
vous êtes responsables envers la société, en couvrant le scandale et la débauche de l'autorité de la loi.

Le projet de loi que je discute a fait tout ce qu'il pouvait
faire en faveur des enfans, en légitimant ceux qui naîtraient
dans les cinq ans de la condamnation de l'époux, pourvu
qu'ils soient reconnus par le père. Cette condition est juste et
nécessaire. Si d'un côté la loi ne peut présumer que le père
méconnaisse ses enfans, de l'autre, elle ne peut lui imposer
l'obligation de les reconnaître s'ils lui sont étrangers. Ne pouvant, dans cette hypothèse, prononcer sur la possibilité de
la réunion des époux, ni appliquer la maxime, *pater est
quem justæ nuptiæ demonstrant*, la loi doit nécessairement
s'en rapporter à l'époux, en appeler à sa conscience, à son
cœur, aux affections de la nature.

Nous voici à la dernière disposition du projet, celle qui, fin de la
préjugeant la déportation judiciaire, nous prépare à une lé- sect. 2.
gislation criminelle plus douce, plus politique. Cette disposition n'a pas échappé à la censure, et l'on argumente du
bienfait de la loi contre la loi même.

Je conviens avec le rapporteur que la déportation, hors du
continent de la République, n'aura pas les charmes d'un voyage
de plaisir ; je conviens qu'un meurtrier, un assassin, un bri-
gand incorrigible, pourront encore faire de tristes réflexions
en quittant pour toujours le rivage de la France. Je vois que
cette situation peut fournir à l'éloquence des tableaux très-
animés, des métaphores, des images, et enflammer des
imaginations vives ; mais la logique du sentiment n'est pas
celle du législateur. Elle émeut, elle séduit, elle entraîne ;

mais c'est un brillant qui ne soutient pas l'épreuve du creuset.

Législateurs, philosophes, amis des hommes et de la société, vous ne voulez plus écrire les lois en caractères de sang : mais vous voulez toujours punir le crime, effrayer les vices et leur opposer un frein puissant.

Vous avez trois moyens : la mort, les fers, ou la déportation. La mort! puisse-t-elle bientôt n'être que la loi du talion, et puisse-t-elle être un jour effacée du Code! Les fers! combien vous gémiriez si je pouvais vous ouvrir ici la porte de ces dépôts du crime et du malheur! C'est là que le législateur recevrait de grandes et utiles leçons.

Il y verrait la corruption et la dépravation se corrompre et se dépraver encore ; il y verrait une foule de gardiens, de cômes, d'alguasils, à qui la pitié est pour jamais inconnue, prendre l'habitude, les mœurs et le caractère des criminels ; il y verrait l'avarice trafiquer des secours de l'humanité, et vendre l'indulgence qui affaiblit le pouvoir des lois.

Les galériens, direz-vous, travaillent... Oui, pour corrompre leurs gardiens et payer le droit de se livrer à de nouveaux crimes. De là, ces évasions journalières que toute la sévérité de l'administration ne peut prévenir ; de là, ces bandes de brigands qui se forment et se renouvellent sans cesse ; de là, cet effroi, ces plaintes de la société qui accuse le législateur et la législation. La déportation, dans les cas déterminés par la loi, offre des avantages que toutes les objections du rapport ne peuvent affaiblir.

Elle donne à la société une garantie de plus contre les entreprises du crime ; elle donne au coupable une nouvelle liberté, une nouvelle existence, où il peut encore, par un retour à la vertu, se réconcilier avec lui-même ; elle donnera un échelon de plus dans la graduation des peines ; elle permettra enfin de restreindre ou d'abolir un jour la peine capitale.

Par toutes ces considérations, je vote pour le projet.

OPINION DU TRIBUN GILLET (de Seine-et-Oise),
CONTRE LE PROJET.

Tribuns, dans le projet de loi qui vous est soumis, les questions les plus importantes s'offrent à votre méditation : en vous occupant de lui seul, vous vous occupez tout à la fois de la législation politique, de la législation civile, et de la législation criminelle.

Je ne discuterai que les articles qui appartiennent à cette dernière classe; et quoique j'aie beaucoup à demander à votre attention, je ne la fixerai cependant que sur le titre II du projet, et sur la deuxième section de ce titre, *relative à la privation des droits civils par suite de condamnations judiciaires.*

La première précaution à prendre dans cette discussion, est de bien s'entendre sur les mots. Tout le projet de loi roule sur une expression figurée, très-propre à causer des méprises; aussi n'a-t-elle point échappé aux observations du Conseil d'État. On voit, par le procès-verbal de ses séances, que la plupart des difficultés dont la rédaction a été embarrassée viennent de l'emploi du terme de *mort civile;* c'est une raison de plus pour se rendre compte de ce qu'il signifie.

Rien n'est plus facile que de dire, d'une manière générale, comme l'a fait le dernier opinant, que c'est un mot employé par opposition à celui de vie civile, pour indiquer toute personne qui est retranchée de la société civile.

Mais qu'est-ce qu'on entend par vie civile, ou par société civile? Où est la juste borne qui la sépare de la vie et de la société humaine en général, de la vie ou de la société naturelle? c'est ce qu'on n'a jamais su fixer avec précision. En vain de profonds juristes ont-ils fait, à cet égard, d'ingénieuses distinctions entre le droit civil proprement dit et le droit civil en général; entre le droit des gens et le droit de la nature : ces méthodes, très-bonnes pour guider l'esprit dans la théorie, ne sont plus que des systèmes vagues lorsqu'il s'agit de la pratique ; et dans toutes les actions dont la vie d'un homme se compose, fût-il réduit à l'état même d'un prisonnier à perpétuité, il est aisé de voir qu'il a incessamment des rapports avec quelqu'un de ses semblables, et que ces rapports, pour être réglés, exigent quelque participation, non seulement aux lois générales de la nature, mais encore aux lois civiles qui en sont la sanction.

Ceux qui disent que la mort civile est une image de la mort naturelle ne nous présentent pas une idée bien plus nette ; car comment concevoir, d'une manière précise, que celui qui est vivant réellement sera néanmoins l'image d'un mort ? Et comment concilier tout à la fois un néant idéal avec une existence réelle ? Aussi est-ce une chose assez curieuse de voir dans quel embarras se trouvent les meilleurs esprits, quand ils veulent donner du corps à cette abstraction. Un jurisconsulte très-estimable, qui a traité cette matière *ex-professo*, dit que *la société regarde ceux qui se trouvent dans le cas de la mort civile, comme des êtres qui ne sont pas vivans, auxquels elle ne doit aucun secours, aucune commodité, et desquels elle n'en attend aucuns.* Puis, comme s'il eût senti aussitôt qu'une telle proposition en morale était un blasphème, et en politique une erreur, il se hâte, deux lignes plus bas, d'observer que (ces êtres qui ne sont pas vivans) *la société veille à leur conservation ;* et que ces êtres (à qui elle ne doit aucun secours) *elle ne leur refuse rien de ce qu'ils peuvent attendre de l'humanité.*

Voilà un exemple des contradictions auxquelles expose toute définition générale dans cette matière ; et malheureusement cette contradiction n'est pas la seule.

Pour moi, je soupçonne que cette expression de mort civile a sa racine dans une langue familière avec les idées purement spéculatives, dans la langue des canonistes. On sait qu'ils empruntaient fréquemment le nom, et même quelques-unes des solennités ou des emblèmes de la mort, pour en marquer ceux qui, par les institutions religieuses, étaient devenus incapables de certains actes usités dans le commerce libre du monde, ou de certains avantages attachés à la communion des fidèles. A leur imitation, ce mot a passé, avec une autre acception, dans l'administration de la justice, pour désigner ceux qui étaient devenus incapables de participer à certaines faveurs du droit commun.

Ce qui est constant, du moins, c'est que ce terme ne se trouve point dans les lois romaines dont nous avons emprunté toute notre jurisprudence. Seulement, au lieu de l'idée de la mort ; ils attachaient à plusieurs peines l'idée d'une simple dégradation ou diminution de la personne, *capitis minutio*.

Au reste, l'une et l'autre idée ont cela de commun qu'elles représentent *un changement d'état qui emporte avec soi la privation de plusieurs des facultés accordées par la loi.* Le titre même du projet que nous examinons n'indique rien davantage.

D'après cela, qu'on appelle, si l'on veut, ce changement d'état mort civile, ou de tout autre nom, peu importe : l'essentiel, c'est qu'on ne prétende pas décider des effets de la mort civile par des inductions tirées des effets de la mort naturelle ; c'est qu'on ne dise pas : celui qui est mort naturellement est incapable de faire tel acte, donc celui qui est mort civilement est aussi incapable de le faire. Ces argumens, tirés d'une similitude purement intellectuelle entre des choses qui sont d'ordre différent, seraient les plus propres à nous égarer ; ils ne tendraient à rien moins qu'à convertir une fiction en principe, et nous tomberions dans l'écueil que Montesquieu a si bien signalé, lorsqu'il avertit le législateur de ne point raisonner *du figuré à la réalité.*

La véritable doctrine, à cet égard, est celle dont les élémens se trouvent dans les opinions mêmes du Conseil d'État ; savoir, que la mort civile et ses effets sont du domaine de la loi positive, qui peut les modifier à son gré ; que, comme cette disposition n'est établie que par la simple volonté du

législateur, le législateur peut en régler les suites comme il
le croit convenable, avec cette limite cependant qu'il ne peut
lui ôter son caractère de fiction, et par conséquent qu'il ne
peut jamais la pousser jusqu'au niveau de la vérité, encore
moins l'étendre au-delà.

A ces principes judicieux, j'ajouterai une considération :
c'est que la mort civile, telle du moins que nous l'examinons
ici, est une peine, ou, si on lui refuse cette qualification,
un accessoire de la peine, qui ajoute à sa rigueur ; et comme
toute rigueur de la loi n'est juste qu'autant qu'elle est nécessaire au bien de la société, il s'ensuit cette autre conséquence, que, dans l'établissement de la mort civile, le législateur ne doit pas s'arrêter à ce qui peut le rapprocher
davantage de la mort naturelle, mais seulement à ce que
l'utilité sociale demande, à ce que la nécessité publique
exige.

Ces bases une fois établies, il ne s'agit plus que de faire
reposer dessus toute la discussion.

§ Ier.

D'abord la mort civile est un changement d'état, et cela
même indique que c'est une disposition stable par sa nature.

Ce qu'elle produit, c'est la privation de plusieurs des facultés civiles, et cela indique encore une absence durable et
définitive de ces facultés ; car, si ce n'était qu'une absence
momentanée, il faudrait dire qu'il y a suspension ou interdiction, et non pas privation.

De là résultent plusieurs conséquences.

La première, c'est que la mort civile ne peut pas être attachée à des peines temporaires. Ne serait-il pas inconséquent
en effet, que l'accessoire de la peine durât encore, quand la
peine principale serait éteinte et expirée ?

On objecterait peut-être que déjà cependant toutes les
peines, quoique temporaires, emportent une privation du-

rable des droits politiques ; mais cette privation n'est pas
l'effet de la peine afflictive ; elle est l'effet de la dégradation
civique et de l'exposition, qui concourent avec la peine afflictive. Il y a dans ces cas double punition ; la punition cor-
porelle qui est passagère, et la punition infamante qui est
perpétuelle ; et c'est cette perpétuité de l'infamie qui emporte
avec soi la privation perpétuelle du droit de *citoyen*.

Le projet de loi que nous examinons n'a point violé ces   23-24.
principes, puisque les seules peines auxquelles il ait attaché
la mort civile, sont la condamnation à la mort naturelle, et
la déportation établie, suivant notre Code pénal, pour toute
la durée de la vie du condamné. Toutefois, ce n'était pas
assez que de respecter le principe, il fallait peut-être le consacrer par une disposition formelle. Cette disposition se
trouvait dans le plan des jurisconsultes-rédacteurs (a) en
termes exprès ; et je regrette de la trouver remplacée dans le
projet par une autre disposition vague et illimitée, qui laisse
ce point de législation sans base pour l'avenir.

Une autre conséquence de la nature stable de la mort civile, c'est qu'elle est difficile à concilier avec nos idées et
notre législation sur les contumaces.

Lorsqu'un accusé est absent, la loi veut que son procès
n'en soit pas moins instruit devant les tribunaux, sur des
preuves existantes, et qu'il soit condamné s'il est trouvé coupable ; ces condamnations s'exécutent, comme on sait, en
affichant les noms du condamné et les dispositions du jugement au poteau infamant destiné pour les supplices, et c'est
ce qu'on appelle l'exécution par effigie.

Mais cette procédure, il faut en convenir, n'est guère
qu'une simple formalité, propre seulement à rendre l'accusation fixe, et à épargner les angoisses d'une procédure contradictoire à celui contre lequel cette accusation serait évidemment absurde ; du reste, le contumax ne peut charger

(a) Voyez l'article 17 du projet de loi.

VII.   20

personne de le représenter et de le défendre, les jurés décident sur une exposition toujours assez légère, qui leur est
faite des charges ; et il y a même eu un temps où des tribunaux criminels, seuls et sans l'assistance des jurés, prononçaient la condamnation, pourvu que la procédure eût été
instruite suivant les formes régulières.

On sent bien qu'une instruction aussi expéditive n'est pas
un titre complet de conviction : un accusé peut être ainsi
condamné, et cependant être innocent ; l'instinct de la défense naturelle, la défiance qu'ont pu lui inspirer des ennemis puissans, des passions en éveil, des préventions tumul-
tueuses, l'ignorance même où il a pu rester sur la procédure
dirigée contre lui ; tout, dans les premiers momens, a pu
rendre son absence excusable, et tout a dû décider le législateur lui-même à regarder ces jugemens comme simplement comminatoires : mais, comme il ne faut pas non plus
que cette indulgence devienne pour le fugitif un titre d'impunité, la jurisprudence a établi qu'il aurait, pour se représenter, un terme de cinq années après le jugement par contumace, et que, pendant cet intervalle, tout condamné qu'il
fût, il serait néanmoins présumé innocent ; tellement que,
s'il vient à décéder, il est réputé décéder innocent : ce n'est
que lorsqu'il a laissé écouler les cinq années sans purger sa
contumace, que la présomption de sa culpabilité devient définitive, et ne peut plus être détruite que par un jugement
contradictoire.

27 et suiv. Dans cet état de choses, à quelle époque la condamnation
par contumace doit-elle emporter la mort civile ? Sera-ce à
compter du jugement même qui laisse encore au condamné
la présomption de son innocence, ou sera-ce seulement à
compter des cinq années après lesquelles cette présomption
est éteinte ? Voilà la question que les rédacteurs du projet
ont eu à résoudre.

L'ancienne jurisprudence faisait commencer la mort civile
pour les jugemens prononcés par les tribunaux publics, à

compter du jour de leur exécution par effigie ; et pour les jugemens prononcés par les tribunaux militaires , à compter du jour où ils avaient été publiés dans la commune du con-damné.

Le projet qui vous est soumis a adopté cette jurisprudence, sinon qu'il a omis de fixer l'époque à partir de laquelle les jugemens par contumace prononcés pour les délits militaires seraient censés exécutés ; peut-être a-t-on ainsi voulu décider tacitement, pour la négative, cette question très-controversée de savoir si les condamnations de ce dernier genre emportaient la mort civile. Je crois cependant que ce point méritait d'être décidé d'une manière plus formelle.

Quoi qu'il en soit, tribuns , vous apercevez déjà les défauts de ce système.

Si le condamné par contumace a cinq ans pour se repré-senter, s'il est vrai que jusqu'à ce terme il soit présumé in-nocent, il ne doit donc pas souffrir la mort civile avant que ce terme soit expiré : quand la cause n'est pas définitive, l'effet ne saurait l'être.

On pourvoit à cette difficulté par un expédient emprunté de notre ancienne législation ; c'est d'établir que la mort ci-vile , durant cet intervalle de cinq ans, sera révocable et con-ditionnelle.

Elle sera révocable dans le cas où, pendant les cinq ans , le contumax serait remis sous la main de la justice ; car du moment qu'il se représente , il reprend toute l'intégrité de son état, comme s'il ne l'eût jamais perdu , et avec une pleine rétroactivité, tellement que, si, par le jugement contradic-toire qui intervient ensuite , il est encore condamné , sa mort civile ne commence que du jour de cette dernière condam-nation, et non du jour de la première.

Elle sera conditionnelle dans le cas où le contumax ne se-rait pas remis sous la main de la justice, car ses droits civils ne seront éteints qu'autant qu'il continuerait d'exister pen-dant les cinq ans. Au contraire , s'il vient à décéder pendant cet intervalle, ses droits civils renaissent avec une intégrité également rétroactive, comme si la mort civile n'eût jamais été encourue ; en sorte que, si le contumax vit naturellement, il est civilement mort ; mais, s'il meurt naturellement, il est civilement ressuscité.

C'est déjà sans doute une fiction assez contradictoire qu'un tel système. Il peut avoir plusieurs inconvéniens quand il s'agit des biens ; mais son défaut essentiel est de rendre pendant cinq ans, non seulement l'état du contumax, mais l'état de sa famille, incertain et aléatoire.

Ainsi, la femme qu'il a, et les enfans qui viennent à naître d'elle, n'ont qu'un sort conditionnel pendant cet intervalle. Ils appartiendront à un mort civil, si leur époux et leur père vit trop long-temps ; ils appartiendront à un homme *integri statûs*, si le trépas de leur époux et de leur père arrive assez à propos. Leur honneur et leur existence sont en quelque sorte placés en viager sur la tête de leur chef ; de telle manière cependant que c'est son trépas qui les fait gagner et sa vie qui les fait perdre, et que leur intérêt est mis en contradiction avec l'attachement qu'ils lui doivent.

Remarquez même que, dans le projet actuel, dès que les cinq ans sont écoulés, l'état des enfans nés dans l'intervalle ne leur est pas encore rendu de plein droit par la réhabilitation ultérieure de leur père ; celui-ci renaît pour la vie civile aussitôt qu'il s'est justifié : mais pour eux, ils ne recouvrent leur légitimité qu'autant qu'ils sont reconnus par lui ; et les effets d'une condamnation qui ne subsiste plus à l'égard du chef suffisent encore pour soumettre l'état d'une partie de sa famille à sa volonté purement arbitraire.

Pour justifier cette disposition, inouie jusqu'à présent dans les matières de contumace, on a dit qu'un contumax est un homme qui se cache ; qu'un homme qui se cache ne saurait avoir avec sa femme de cohabitation publique ; et que, sans cohabitation publique, il n'y avait qu'un commerce clandestin, dont les faits pouvaient être désavoués.

Il y a, tribuns, confusion de principes dans ce raisonnement. La publicité de la cohabitation n'est nécessaire que
comme preuve de la possession d'état entre les époux ; mais
lorsque, indépendamment de cette publicité, la possession
d'état est constante, et que d'ailleurs le titre du mariage
subsiste, il suffit que la cohabitation, même instantanée et
furtive, ait été possible, pour que la filiation ne soit pas incertaine. Et peut-on se dissimuler que cette cohabitation ne
soit possible, et qu'elle ne soit même très-fréquente entre un
contumax et sa femme? L'orateur qui m'a précédé, tout en
énonçant une opinion contraire à la mienne, n'a-t-il pas été
forcé d'avouer que tantôt la femme suivait son mari, que
tantôt elle lui donnait une retraite furtive et passagère, que
tantôt ils se réfugiaient ensemble sur une terre étrangère, et
que tantôt ils allaient tous deux chercher, dans la France
même, une contrée où ils fussent inconnus? Voilà, certes,
plus d'occasions qu'il n'en faut pour fixer sur le contumax la
présomption de la paternité. On ne remarque pas assez qu'en
aggravant les couleurs sombres avec lesquelles on représente
ces sortes de condamnés, en peignant sans cesse le contumax
dans des hordes de brigands, et en ne voyant que des brigands dans les contumax, on ne présente que des hypothèses
qui ne sont point applicables à l'espèce, puisqu'il s'agit ici
du contumax qui sera justifié, et non de celui qui restera
sous le poids de la condamnation; que, si l'on pense qu'une
telle absolution pourra plusieurs fois remettre dans la société
des hommes véritablement coupables, alors on augmente la
force des argumens qui sont contre la loi. Eh quoi ! ce contumax est un homme suspect, et cependant vous l'investissez
d'un pouvoir discrétionnaire sur sa famille, tel qu'on n'oserait pas le confier au chef le plus révéré! Il est le maître seul,
le maître absolu de flétrir sa femme et ses enfans du sceau
de l'adultère? Voyez donc à quel juge vous confiez un arrêt
aussi important. Si sa malheureuse femme déplaît par cela
même qu'elle est trop innocente, et que ses mœurs timides

sont trop opposées aux mœurs féroces de son mari ; si elle
s'est refusée à quelques fantaisies ; si elle hésite à faire le sacrifice de son pain ou de ses derniers vêtemens pour fournir
à la débauche de la prison , elle est perdue , et l'enfant qu'elle
a conçu dans la fidélité va devenir pour jamais illégitime !

Il y avait un système qui pouvait éviter tous ces inconvéniens, sans rien ôter à la loi de sa force coactive et de son
empire ; c'est le système présenté par la section de législation du Conseil d'État : plus je le médite, plus je suis étonné
qu'il n'ait pas réuni tous les suffrages par sa clarté et sa simplicité.

Il consistait à établir que la mort civile du contumax ne
commençait qu'à l'expiration de cinq années qui lui sont accordées pour se représenter ; jusque là il restait (comme il
est aujourd'hui) soumis à une interdiction qui lui ôtait
l'exercice des mêmes droits civils, mais qui ne changeait rien
à l'état de sa personne, et rien par conséquent à l'état de sa
famille ; semblable à la nature, la loi aurait mis entre la vie
et la mort civile un état intermédiaire pendant lequel les facultés eussent été seulement suspendues : ç'aurait été, si je
puis m'exprimer ainsi, la paralysie avant le trépas.

On n'a fait contre ce système que trois objections : la première de pure forme ; c'est qu'il est reçu jusqu'à présent en
maxime de droit, que la mort civile commence du jour de
l'exécution ; mais cette maxime n'a rien d'immuable par sa
nature, et le législateur, ce me semble, pouvait y déroger
plutôt que d'altérer des principes plus importans, universellement admis sur l'état des enfans et sur la filiation.
D'ailleurs, on pouvait tout accorder, en disant que le jugement de condamnation serait d'abord affiché et publié dans la
commune du contumax, et que l'interdiction civile commencerait du jour de cette publication, et en remettant ensuite
l'exécution par effigie après l'expiration des cinq ans. Cette
exécution n'est pas aujourd'hui assez solennelle, elle ne fait
pas d'assez grandes impressions pour qu'on puisse dire qu'il

est important de ne pas la retarder ; je crois même que, si elle pouvait avoir encore quelque chose de frappant, ce serait bien plutôt quand elle serait le monument d'une mort civile accomplie, que lorsqu'elle est, comme aujourd'hui, la pure formalité d'une mort civile incertaine et conditionnelle.

La seconde objection, c'est que pendant cet intervalle les fruits des biens du condamné tomberaient dans le séquestre au profit du fisc ; c'est un inconvénient qu'il était encore facile d'éviter, en statuant que les héritiers présomptifs seraient envoyés en possession provisoire, comme il se pratique en droit commun pour les biens de tous les absens.

La troisième objection, c'est que dans l'intervalle des cinq ans l'ordre de la succession entre les héritiers peut changer ; mais, en parlant sur le même projet de loi, un savant jurisconsulte a très-bien dit : *Il peut se faire qu'à l'époque où commence la mort civile du contumax, change la personne de son héritier ; mais c'est là une des chances inséparables de la matière des hérédités.*

Je ne sais si je me trompe ; il me semble aussi que ce système se rapprochait davantage des idées de l'Assemblée constituante : sans doute cette Assemblée, lorsqu'elle fit son Code pénal, connaissait bien toute la théorie de la mort civile ; et cependant elle craignit de l'y introduire telle qu'elle existait dans l'ancienne jurisprudence ; on voit seulement qu'à l'occasion de la déportation, elle méditait d'établir quelque chose de semblable : mais apparemment elle voulait la modifier, puisqu'elle se réserva de statuer ultérieurement à cet égard ; au lieu que le projet actuel nous présente la mort civile, non telle qu'elle existait dans l'ancienne jurisprudence, mais avec une extension que l'ancienne jurisprudence n'avait pas.

C'est ce que je vais démontrer en parcourant quelques détails du projet.

§. II.

Parmi les effets de la mort civile, plusieurs ne tombent que très-indirectement sur le condamné : il lui importe assez peu, par exemple, d'être exclu des opérations de la tutelle et des fonctions de témoin instrumentaire; toutefois l'honnêteté publique exige ces mesures, parce qu'aucune fonction de la société ne peut être confiée à un homme infâme.

Mais il en est autrement des déclarations à faire en justice, comme témoin; ces déclarations, sous aucun rapport, ne sont une fonction publique; et l'incapacité du civilement mort, en ce point, n'a jamais été dans notre droit une incapacité générale et absolue.

En effet, il est une multitude de cas où, pour la manifestation de la vérité et la sûreté de la société, son témoignage doit être reçu dans les affaires criminelles, non cependant qu'il puisse y faire foi entièrement et constituer la preuve, mais il y est du moins un document et un indice très-utile. Tous ceux qui ont quelque expérience de ces sortes d'affaires sentent que sans secours il serait impossible, le plus souvent, de saisir la trace des coupables ; et je pourrais vous citer sur ce point une foule d'autorités et d'exemples. Aussi l'ordonnance de 1670 n'a-t-elle établi aucune exclusion formelle contre le témoignage du civilement mort; elle a, au contraire, prévu un cas où les juges étaient expressément autorisés à le recevoir ; et, sur le reste, elle a laissé les magistrats se diriger par le droit commun et par les circonstances.

Le Code des délits et des peines, ni celui de l'Assemblée constituante, ni celui de l'an III, n'ont prononcé non plus cette exclusion. Seulement j'ai vu pratiquer dans les tribunaux criminels, que, lorsqu'il s'agissait d'entendre de tels hommes, on leur interdisait le serment, afin de montrer, par cette distinction, que leur déclaration était dépourvue de toute garantie ; et il semble que les jurisconsultes-rédacteurs aient eu, dans leur premier plan, quelque idée semblable, lors-

qu'ils ont énoncé que le civilement mort serait incapable
d'*affirmer* en justice. Cette disposition était la seule nécessaire ; malheureusement on ne la retrouve pas dans le projet
actuel.

Ce n'est pas que dans la discussion initiative de ce projet
on n'ait très-bien senti qu'il y avait des cas où le civilement
mort deviendrait témoin nécessaire ; le ministre de la justice
y avait formellement insisté ; mais on pensa qu'il suffirait de
faire de ces cas une exception dont la place naturelle serait
dans le Code criminel.

Quoique cette idée soit juste en elle-même, au moins
eût-il fallu, en l'adoptant, annoncer d'une manière générale
qu'il y avait exception pour les matières criminelles ; autrement, les tribunaux criminels se trouveront très-embarrassés
pendant tout l'intervalle qu'il y aura entre la loi actuelle et
le Code criminel à venir : liés par le principe avant que
d'être dégagés par l'exception, ils seront exposés au danger
de faire des procédures nulles, ou de laisser des coupables
impunis, peut-être même à un danger plus grand, de condamner un innocent que la déclaration d'un mort civil aurait justifié.

Un changement plus heureux, apporté aux lois antérieures
par le projet actuel, est celui qui ouvre, au profit de l'épouse
et des héritiers du mort civil, tous les droits successifs, et
les actions auxquelles la mort civile donnerait lieu. Les lois
anciennes confisquaient ces biens ; les lois faites depuis la
révolution les mettaient, pendant longues années, sous
un séquestre destructeur : le projet actuel fait beaucoup
mieux, il les remet aux familles ; il leur donne ainsi quelque
soulagement à la perte qu'ils éprouvent, et au condamné
l'espoir de recevoir quelques secours de ses proches.

Toutefois, par la funeste influence du système général
que l'on a adopté, il est des circonstances où cette disposition, libérale en elle-même, peut devenir une peine infligée
à l'innocent ; et voici comment :

Je vous ai dit plus haut, tribuns, que lorsque l'accusé contumax avait laissé passer le délai de grâce de cinq ans sans se représenter, la *présomption* de sa culpabilité devenait définitive.

Mais remarquez bien que ce n'est qu'une *présomption*, et que le contumax n'en conserve pas moins le droit de se montrer à la justice, de se justifier, et de faire proclamer son innocence : ce droit subsiste pour lui au moins pendant vingt ans, au bout desquels la peine est prescrite contre lui, et sa personne demeure en sûreté contre tous les effets de la condamnation.

Or, d'après l'article 32 de la loi proposée, le jugement d'absolution, venu après les cinq années de grâce, ne fera rentrer l'acquitté dans ses droits civils que pour l'avenir, et à compter seulement du jour où il aura reparu en justice ; mais le premier jugement conservera tous ses effets pour le passé.

Il résulte de là que ses héritiers, qui peuvent être d'avides collatéraux, à qui ses biens auront été transmis, en conserveront tous les fruits perçus ; que toutes les dégradations qu'ils auront pu y faire à leur profit demeureront sans indemnité, et que, si même ils les ont vendus, les ventes en seront irrévocables. Ainsi, la justification du contumax, en lui rendant la vie civile, ne lui rendra pas sa fortune ; il restera dépouillé, avec cette différence que ses dépouilles, au lieu d'être enlevées par la puissance féodale, comme autrefois, auront été recueillies par ses parens.

On lui eût épargné ce malheur, du moins en partie, si l'on eût statué que la propriété des biens du contumax civilement mort ne serait acquise définitivement à ses héritiers qu'après l'expiration des vingt années de la prescription de la peine, et que leur jouissance, jusque là, demeurerait assujétie à la condition du cautionnement, qui, dans le projet, ne leur est imposée que durant cinq années.

Au reste, cette succession, rétablie au profit des familles, n'a lieu, comme vous pouvez le voir par l'article 35, que pour les biens que le condamné possédait au moment de sa mort civile : tous ceux qu'il pourrait avoir acquis depuis l'exécution du jugement, et dont il se trouverait en possession au moment de sa mort naturelle, appartiendront à la nation par droit de déshérence. Je conçois très-bien les justes distinctions qu'un des préopinans a établies entre la déshérence et la confiscation; j'apprécie surtout cette modification qui laisse au gouvernement la faculté de disposer, au profit de la famille du condamné, des biens recueillis par la déshérence. Mais enfin, par cette déshérence, les agens du fisc ne s'en trouvent pas moins introduits dans la succession; toute la direction des affaires est dans leur dépendance : le retour de l'hérédité en faveur des parens n'étant plus un droit, mais une simple grâce, ils ne l'obtiendront qu'au prix des difficultés et des délais, des sollicitations et des frais qu'entraînent toujours de telles affaires. Il peut se présenter des cas, peu fréquens à la vérité, mais dont il y a cependant plusieurs exemples, où les biens acquis par le contumax depuis la mort civile seront beaucoup plus considérables que ceux qu'il possédait auparavant; de sorte que ses enfans auront été certainement dépouillés par la mort civile, et que le recouvrement qu'ils auront à attendre de la munificence du gouvernement sera une grâce incertaine.

Or, dans les matières pénales, toute disposition, si adoucie qu'elle soit, lorsqu'elle porte sur celui qui n'est pas coupable, est contraire à l'équité. Les confiscations de l'ancien régime n'étaient si odieuses que parce qu'elles rendaient les familles victimes de la faute de leur chef : et, quoique le droit de déshérence établi par le projet n'ait pas la même extension, cependant, comme la vacance de l'hérédité n'est qu'une vacance purement fictive, elle n'en est pas moins une dérogation à cette maxime salutaire, assez généralement adoptée dans notre ancienne jurisprudence, que les droits du sang doivent prévaloir sur ceux du fisc. La coutume de

Normandie en a un article textuel, en ces termes : *Les enfans des condamnés et confisqués succèdent à leurs parens directs et collatéraux ;* cette disposition, très-favorable, se trouve implicitement abrogée par la loi proposée.

Ainsi, quoique les intentions généreuses percent de toutes parts dans ce projet, ses rédacteurs n'en ont pas moins été entraînés, par la fausse route qu'ils ont prise dans leur théorie générale, à des rigueurs dont ils ne voulaient pas eux-mêmes. Une fois frappés de cette idée trompeuse que la mort civile devait être une image de la mort naturelle, ils ont été forcés, par la justesse même de leur raison, à des inductions terribles contre lesquelles ils ont vainement lutté. Leur esprit a cédé lorsque leur sentiment se révoltait, tant est grande la puissance des mots, tant est involontaire la direction qu'une seule expression peut quelquefois donner aux méditations les plus importantes.

L'un des effets les plus affligeans que cette erreur ait produits, c'est la disposition du projet proposé par laquelle il est prononcé que le mariage du civilement mort est dissous quant à ses effets civils.

J'aurais voulu me persuader, comme notre estimable collègue Grenier, que ces expressions ne signifiaient pas une exclusion pleine et entière de tous les avantages que la loi attache au mariage, et que quelques-uns se trouveraient réservés et placés dans les chapitres suivans du Code civil concernant les successions.

Sans doute il pouvait se faire que l'on retranchât une partie des effets pécuniaires du mariage, et que néanmoins la femme et les enfans à naître d'elle, conservassent le titre de légitime, comme il y en a des exemples dans les lois anglaises et dans la jurisprudence française.

Il pouvait se faire encore que les enfans nés après la mort civile de leur père fussent héritiers du chef de leur mère, et ne le fussent point de leur père.

On pouvait statuer enfin que les enfans d'un père civilement mort seraient divisés en deux classes; que ceux nés avant la mort civile hériteraient seuls des biens possédés par leur père à cette époque, et que les biens acquis après la mort civile formeraient ensuite une masse commune partageable entre les uns et les autres.

Mais toutes ces modifications, tribuns, ont été proposées dans la discussion, par des jurisconsultes éclairés et par divers membres du Conseil d'État, et aucune ne se retrouve dans le projet; ces terribles mots, *le mariage est dissous,* signifient donc autre chose que tout cela.

En approfondissant le sens qu'ils ont, et toutes ses conséquences, en consultant les opinions qui ont prévalu, il m'a été impossible de ne pas reconnaître que l'esprit dans lequel cet article a été rédigé est bien formellement : que les époux, après la mort civile encourue, ne soient plus considérés que comme placés *sous l'empire de la loi naturelle ;* que leur postérité future ne soit plus en conséquence qu'une postérité purement naturelle, à qui l'on refusera même toute dénomination plus honorable.

Il est vrai que quelques-uns des enfans pourront recouvrer leur légitimité, si leur père les reconnaît : mais cette justice est restreinte aux seuls enfans conçus dans l'intervalle des cinq ans qui forment le délai de grâce accordé au contumax; et tous ceux qui seraient conçus après les cinq ans seront irrévocablement illégitimes : de plus, le contumax n'aura cette faculté de reconnaître ses enfans qu'autant qu'il sera remis sous la main de la justice, et ensuite acquitté par le jugement contradictoire. Or, il est aisé de voir que ces cas ne seront pas les plus nombreux ; de sorte que la même mère, sans avoir cessé d'être fidèle à son époux, ou plutôt parce qu'elle lui aurait été fidèle, serait condamnée à donner le jour à deux races différentes, l'une d'enfans légitimes, et l'autre de bâtards.

Qu'a-t-on dit à cette tribune pour justifier une telle division dans la même lignée ?

Qu'il est important d'empêcher que la femme du civilement mort ne puisse introduire des bâtards dans la famille, et donner à des frères légitimes des frères qui ne le seraient pas.

Mais ce danger qu'on a paru craindre pour la famille du civilement mort, n'est-il pas commun à toutes les familles des absens? et sans recourir à des mesures extraordinaires, les règles communes ne suffisent-elles pas pour l'éviter? En effet, *la présomption* de la paternité qui résulte du mariage n'étant qu'une présomption, elle cesse d'avoir lieu quand les faits la détruisent; ainsi, lorsqu'il est constant, par exemple, que le mari a été déporté en Amérique et que la femme est restée en France, il est évident que les enfans de cette femme ne sont point ceux de son mari; et quiconque aurait intérêt à le faire déclarer ainsi, obtiendrait facilement cette justice des tribunaux.

Hors de là, ce serait une méthode un peu trop expéditive pour empêcher les bâtards de se mêler aux légitimes, que de commencer par rendre la bâtardise commune à ceux même à qui la légitimité peut appartenir, et de mettre la présomption contre les enfans, au lieu de l'établir en leur faveur. Depuis quand la sagesse du législateur serait-elle de dissoudre le mariage, non pas même sur le soupçon, mais sur la simple prévoyance d'un adultère possible? Jusqu'à présent nos lois ont eu une vigilance moins inquiète : elles ont mieux aimé que quelques écarts obscurs fussent oubliés, que de troubler l'état des familles par trop de sollicitude, et intervenir dans leurs intérêts domestiques; elles ne supposent pas le déréglement; elles le signalent seulement, le répriment, et le punissent quand il leur est déféré.

Il y a dans la loi proposée une violation publique de la foi conjugale, bien plus scandaleuse que ces désordres privés : c'est que la dissolution du mariage puisse être prononcée contre la volonté des époux; qu'elle puisse avoir lieu, non seulement lorsque l'époux est coupable, mais lors même qu'il est innocent, et qu'il conserve encore l'espoir d'être absous.

Telles sont en effet les combinaisons de la loi, que, lorsque l'accusé contumax a laissé écouler le délai de cinq années de grâce qui lui était accordé, encore qu'il puisse obtenir ensuite une absolution en sa faveur, la dissolution de son mariage n'en reste pas moins complète et consommée.

Supposez donc un nouveau *Sirven* contumax, obligé de fuir et de se cacher pendant dix ans : lorsqu'après cet intervalle de longues angoisses, il obtiendra enfin une tardive absolution, son mariage n'en sera pas moins comme s'il n'existait pas; et les enfans conçus pendant les cinq dernières années de sa fuite n'en demeureront pas moins des enfans naturels. Sa femme ne sera son épouse qu'autant que leur constance mutuelle les rappellera à contracter une nouvelle alliance. Si elle a succombé à sa douleur, si elle a péri sous le faix des peines qu'elle a partagées, la bâtardise de ses enfans sera irrévocable, et la légitimité de ses sentimens n'aura produit qu'une postérité illégitime.

Voilà quel sera le sort de l'innocent.

Dirait-on que c'est la faute du contumax, et qu'il ne souffre que parce qu'il a négligé de se représenter dans le délai prescrit? Mais qu'importe un tel reproche? En l'admettant pour rigoureusement vrai, serait-ce une raison pour faire supporter à la femme et aux enfans la peine de cette négligence? Et faudrait-il atteindre, en quelque sorte, l'existence civile des uns et des autres comme un otage pour forcer le contumax à se représenter?

Notre ancienne jurisprudence, quelque terrible qu'elle fût dans ses dispositions pénales et dans l'établissement de la mort civile, n'avait point ces inexplicables rigueurs.

Comme le projet actuel, elle interdisait, il est vrai, au civilement mort la faculté de contracter validement un mariage ultérieur; encore cette disposition était-elle adoucie par quelques modifications dans la pratique : mais elle était bien

loin de porter sa sévérité jusqu'à dissoudre l'union qui avait
été antérieurement contractée sous la protection solennelle
de la société. Forcée de dépouiller le mari de son état, elle
laissait au moins à celui de la femme toute son intégrité; et
ce respect pour le nœud conjugal mêlait à sa sévérité même
un caractère d'humanité et de modération qui honorait nos
mœurs. Quelque infortuné que soit un criminel, tout n'est
pas encore perdu pour lui quand il lui reste une compagne.

A cela je m'attends bien qu'on se récriera que le mariage
alors était indissoluble : cependant il ne faudrait pas oublier
que chez nous-mêmes, s'il est dissoluble, ce n'en est pas
moins un contrat fait en vue de la perpétuité, dont la perpétuité est l'essence, et dont la dissolution n'est qu'une exception; que c'est un lien entre deux personnes, qui fixe leur
état dans la société, qui doit être et qui est toujours sacré
pour les tiers. Eh quoi! nous méditons de restreindre la faculté du divorce, par lequel cependant la dissolution du
contrat ne s'opère que du consentement au moins de l'un des
intéressés; et cependant voilà que nous prononcerions nous-
mêmes cette dissolution de plein droit, et sans le consentement de l'un ni de l'autre! Tribuns, ne donnons pas à nos
ennemis cet avantage de pouvoir s'écrier qu'aussitôt que
nous eûmes renoncé à la maxime de l'indissolubilité absolue,
nous en fûmes punis par le malheur de voir le contrat du
mariage rompu avec moins de scrupule que les contrats ordinaires, qui du moins sont permanens tant que les parties
ne les changent pas.

Les véritables principes à cet égard furent établis par le
droit romain dans le temps où le paganisme laissait encore le
mariage dissoluble. *Le mariage* (y est-il dit) *n'est point dissous par la déportation, ni par l'interdiction du feu et de l'eau,
si le cas où le mari est tombé ne change point l'affection de
l'épouse.*

Ainsi, que pour l'épouse qui a conservé la vie civile, la
mort civile du mari soit un motif de demander le divorce et

de rompre le lien, cela est juste, cela est raisonnable ; rien, au contraire, ne répugne davantage à toute idée d'équité et d'humanité publique, que de devancer sa volonté et de la contraindre. Je consens à ce que vous étouffiez tout sentiment d'intérêt en faveur du criminel ; oubliez qu'il est homme, qu'il est malheureux, et que, quand la société générale le repousse par les menaces, par les mépris et par le châtiment, il doit du moins lui rester un asile dans le cœur de sa famille. Supposez-le dépouillé, non seulement de tous les droits civils, mais de ceux encore que la nature a consacrés de sa plus immuable sanction, et dites, si vous le voulez, que c'est le juste complément de sa peine ; mais sa femme, qu'a-t-elle fait pour que vous la dégradiez de son état, pour que vous lui ôtiez son titre honorable d'épouse, si elle se sent le courage de le porter encore ? Refuserez-vous au dévouement conjugal l'avantage de se montrer plus fort que l'adversité, et de purifier jusqu'à l'infamie elle-même ? Le mari est un scélérat, c'est un monstre, c'est un maudit ; mais si, dans la malédiction publique, sa femme consent de le bénir encore ; si elle lui dit : Je veux te suivre avec nos enfans dans les déserts, me désoler avec toi, porter une partie de ta misère, viendrez-vous vous jeter entre eux et les séparer ; et pour prix de son courage, lui répondrez-vous : La loi désavoue ton union, elle lui refuse les effets civils, ton mariage est dissous ; et si désormais tu deviens mère, la société rejettera tes enfans parmi les enfans de la débauche ?

Non, tribuns, vous ne concourrez point à un tel arrêt ; c'est une erreur dans laquelle les auteurs du projet ont été entraînés par les calculs de la science : ils en seront détrompés par les lumières plus sûres de leur âme ; ils reconnaîtront que ce serait une chose inouïe dans les annales de toutes les législations, je ne dis pas de l'Europe, mais des nations civilisées ; je ne dis pas parmi les peuples modernes, mais parmi ceux même de l'antiquité ; je ne dis pas chez ceux qui consacrent le mariage comme un lien indissoluble, mais chez ceux même où sa dissolubilité est admise : ce serait, dis-je, un phénomène effrayant et nouveau, que de voir une union juste dans son principe, salutaire dans ses effets, tout-à-coup rompue entre deux époux, sans leur participation, et par la seule violence de la loi ; que de voir la femme innocente dégradée par la dégradation de son mari, exposée dans cette affreuse alternative, ou d'être déshonorée si elle est fidèle, ou de manquer de fidélité si elle veut être encore honorée. La crainte de quelques désordres obscurs et particuliers ne saurait balancer celle de ce grand désordre public provoqué par la loi : je désire qu'elle soit retirée, je l'espère, j'en suis sûr même ; et j'en ai pour garans tous les sentimens généreux, toutes les inspirations magnanimes et libérales des hommes qui ont l'initiative de la loi.

Que si cet espoir était trompé, si le projet subsiste tel qu'il est, je ne saurais hésiter, mon vœu sera pour le rejet.

OPINION DU TRIBUN LUDOT,
POUR LE PROJET.

Tribuns, les rapports qui existent entre les divers individus soumis à un même gouvernement doivent être réglés pour l'intérêt de tous par le pouvoir législatif.

De là, les lois qu'on appelle civiles.

Le droit d'en jouir forme ce qu'on appelle l'état civil de chaque individu.

tit. 1er.
ch. 1

Mais ce droit appartient–il exclusivement à chaque membre de la même société?

A quel titre peut–on en jouir?

Comment peut–on en être privé?

Telles sont les questions principales dont le projet soumis à votre discussion présente l'examen.

Deux classes d'individus peuvent jouir en France des droits civils : tout Français, à raison de sa qualité ; les étrangers, par une faveur de la législation.

Le Français a cette qualité par cela seul qu'il est né en France. **8**

Il en jouit encore s'il est né, en pays étranger, d'un Français qui n'y résidait que momentanément. **10**

Telle est la disposition du projet ; tel est aussi l'esprit de la Constitution.

Examinons donc successivement ce qui peut concerner le Français, et ce qui regarde l'étranger.

Il n'a pas été inutile de dire en premier lieu que tout Français jouirait des droits résultant de la loi française ; car, dès lors qu'il s'agit d'un droit à la jouissance duquel des étrangers sont appelés, il fallait savoir quelle serait la condition précise du Français ; il fallait connaître si l'usage de ce droit n'était pas susceptible d'entraîner des restrictions, comme il en existe pour la qualité de citoyen français ; enfin cette désignation était une conséquence de la division en individus aptes à exercer ces droits, et ceux exclus de leur jouissance. **8**

Je n'expliquerai point ce qu'on entend par droits civils, ou les actions qui en résultent. La définition claire et précise du principe qu'en a donnée votre premier rapporteur, me semble la seule réponse à faire à la difficulté qu'il a presque aussitôt après élevée sur le défaut de nomenclature de ces droits.

D'ailleurs, cette nomenclature que le Code civil établira n'est une énigme pour aucun jurisconsulte.

Le projet, avons-nous dit à l'instant, reconnaît un Français dans tout individu né en France. **9**

Cette disposition, avons-nous ajouté, est fondée sur la Constitution.

En effet, l'article 2 déclare citoyen français tout homme *né* et résidant en France, qui, âgé de vingt-un ans accomplis, s'est fait inscrire sur le registre civique de son arrondissement communal ; et qui a demeuré depuis, pendant un an sur le territoire de la république.

. Cet article concerne évidemment tout à la fois le Français et le citoyen.

La division qu'il renferme est frappante.

On y voit d'abord la désignation du Français dans l'homme qui a pris naissance sur le sol de la République.

(Le projet a reproduit la même idée, mais d'une manière plus positive encore et plus développée.)

La Constitution indique ensuite comment le même homme, de Français qu'il était, acquiert postérieurement le titre de citoyen.

Ainsi, nulle difficulté sur ce point.

Si néanmoins il restait encore quelque doute après cette analyse sur la volonté de la Constitution que tout individu né en France soit Français, et qu'on se bornât à considérer cette disposition comme une proposition législative, du moins quant aux enfans des étrangers nés en France, cette proposition ne serait pas dans le cas d'être rejetée, comme on l'a prétendu.

L'acte qui confère la qualité de Français au nom du peuple est fondé sur le droit de souveraineté, dont l'exercice s'étend à tous les individus disséminés sur le territoire soumis à la domination du souverain.

Il est encore fondé sur le droit des gens qui permet à un gouvernement d'adopter et de compter au nombre des gouvernés tout individu qui se trouve porté sur son territoire.

Enfin, c'est une sorte de naturalisation que l'intérêt du souverain fait accorder à celui qui en est l'objet : contrat d'ailleurs conditionnel, et qui ne lie le naturalisé qu'autant qu'il le ratifie.

La Constitution a rendu hommage au principe en reconnaissant le droit qu'a tout individu résidant en France de quitter le sol français pour s'établir ailleurs.

Cette disposition est conforme au droit commun, ancien et moderne.

Transfugam, disaient les jurisconsultes romains, *jure belli recipimus* (a).

Ce n'était pas une vaine théorie : on sait comment s'est formé l'empire romain.

N'est-ce pas de nos jours une sorte d'échange de population formellement ou implicitement consentie par les divers gouvernemens d'Europe?

Le droit civil de l'Angleterre contient des dispositions positives sur ce point.

Les étrangers y sont divisés en plusieurs classes.

Quelques-uns d'eux y jouissent de la plénitude des droits civils.

La plupart n'y recueillent à la vérité que des avantages transitoires, offerts par la politique et l'intérêt du commerce ; mais ceux de leurs enfans qui y prennent naissance sont réputés Anglais, et sont assimilés sans restriction, sous les rapports civils et politiques, aux autres sujets de la domination britannique (b).

C'est par erreur, sans doute, qu'on a fait résulter d'un principe féodal cette adoption politique.

Peut-être au moins voudra-t-on conclure d'un semblable système, que l'article du projet qui répute encore républicole tout enfant né d'un Français en pays étranger est contradictoire avec ce qui vient d'être avancé : mais si l'on se rappelle que la naturalisation résultant de la naissance en pays étranger n'est que conditionnelle, et balancée par ce principe de droit commun, que les enfans suivent la condition de leur père, la contradiction disparaît (c).

On suppose, d'ailleurs, que la résidence du père en pays étranger n'est que temporaire; qu'il n'a quitté sa patrie qu'avec l'autorisation de son gouvernement, et qu'il s'est

(a) Digest., liv. XLI, tit. 51.

(b) The children of aliens born here in England are generally speaking natural born subjects and entitled to all the privileges of such. (*Blackstone*, liv. 1, ch. 10.)

(c) Cum legitimæ nuptiæ factæ sint, patrem liberi sequuntur. (*Digest.*, liv. 1, tit. 19.) Montesquieu, liv. XXIII, ch. 3.

par là même réservé le droit de rentrer dans ses foyers (a).

10   Pourquoi n'envisagerait-on pas sous un rapport aussi favorable la seconde disposition de l'article 11 du projet, qui permet indéfiniment à tout enfant, né en pays étranger, d'un Français qui aurait perdu cette qualité, de la recouvrer en faisant la déclaration qu'il entend fixer son domicile en France? Le fait ou le délit du père ne peut rejaillir sur le fils; et dès lors la faveur de l'origine, les relations du sang et l'intérêt de la société doivent faire admettre cette disposition (b).

Elle ne peut offrir de résultats dangereux, comme on a paru le craindre, puisqu'elle n'est qu'une conséquence des cas prévus par l'article 4 de la Constitution, et qu'elle ne peut avoir d'effet rétroactif.

L'article 24 du projet s'explique positivement.

Au reste, le développement que le premier de vos rapporteurs a donné à cet article m'a paru ne devoir laisser aucune sollicitude sur ce point.

Deux autres dispositions qui règlent à l'égard des Français l'exercice des droits civils dans certains cas donnés, paraissent à l'abri de toute critique.

3   Le Français résidant en pays étranger, porte la première, continuera d'être soumis aux lois françaises pour ses biens situés en France, et pour tout ce qui concerne son état et la capacité de sa personne.

La première partie suppose nécessairement que la résidence des Français en pays étranger n'est que momentanée.

Anciennement, l'espoir de voir rentrer dans sa patrie un Français qui n'était réputé s'en être absenté que pour un temps n'était pas évanoui tant que le laps de temps écoulé depuis son absence n'avait pas excédé dix ans, à moins qu'il n'eût obtenu des lettres de naturalité à l'étranger (c).

(a) Lefevre Delaplanche, *Traité du domaine*, tome II, chapitre 12.
(b) Boerius, décision 13, numéros 51, 54. — Lebret, liv. 5, décision 7, etc.
(c) Boerius, *ibid*.

Ce principe peut encore nous servir de règle dans tous les cas non prévus par la Constitution.

La seconde partie de la disposition précitée est fondée sur le droit commun.

Celle qui veut qu'un Français puisse être traduit devant les tribunaux de France pour obligation par lui contractée en pays étranger, même avec un étranger, est fondée sur les traités, sur le droit des gens, et sur la loi du 4 floréal an VI, qui soumet à la contrainte par corps en France tout Français qui a contracté sous cette stipulation en pays étranger.

Ainsi, sous ce premier rapport, le projet de loi qu'on discute est conforme aux principes.

Voyons actuellement ce qui regarde les étrangers.

Personne ne conteste la faculté qu'a tout étranger de participer à l'exercice des droits civils résultant de la loi française, puisque la Constitution a décidé que tel d'entre eux pourrait acquérir même la qualité de citoyen français.

Mais aussi tout le monde avouera que cette admission doit être soumise à des règles.

La difficulté consiste dès lors dans le mode de la jouissance, et dans la question de savoir si cette jouissance sera absolue et illimitée, ou fondée sur la réciprocité.

L'article 15 du projet subordonne cette jouissance à la déclaration de l'étranger, reçue par le gouvernement, que le premier veut devenir citoyen français.

L'article 13 veut que la jouissance en question soit basée sur le principe de la réciprocité.

Ces deux articles ont été attaqués.

L'un, a-t-on dit, est inconstitutionnel, l'autre impolitique.

Sur le premier point, on est convenu que le gouvernement avait droit de police sur les étrangers résidant en France ; mais on a soutenu que ce droit ne pouvait s'étendre aux étrangers qui voulaient devenir citoyens français, et que la disposition de la Constitution y relative étant absolue, le pouvoir législatif n'avait pas le droit de la modifier.

Le pouvoir législatif ne peut, sans contredit, ni rien faire de contraire à la Constitution, ni la modifier; mais je ne sache pas qu'il soit défendu de suppléer à son silence, et je ne puis reconnaître dans l'article 15 une disposition contraire à la lettre ou à l'esprit de la Constitution.

Qu'a voulu la Constitution en permettant aux étrangers d'acquérir la qualité de citoyen français? multiplier les moyens de conserver, de faire prospérer la République.

Ne serait-ce pas contrarier son but, si la faveur qu'elle a voulu faire aux étrangers par l'article en question leur était conférée d'une manière tellement indiscrète, qu'un étranger d'un caractère remuant, suspect, turbulent, pût s'établir en France malgré le gouvernement, pourvu qu'avoué d'un agent diplomatique de son pays, il ne fût dès lors réputé ni vagabond, ni fugitif, ni prévenu de délit? ne serait-ce pas exposer la France, malgré toute espèce de garantie de la nature de celle que je viens de citer, à voir renouveler dans son sein les troubles que plus d'un étranger y a excités pendant la révolution?

Lors donc que la Constitution n'a posé qu'un principe à l'égard des droits civils que pourrait exercer en France un étranger, en disant qu'il aurait la faculté de devenir citoyen français, n'est-il pas évident qu'elle a sous-entendu que la législature organiserait le moyen de faire jouir l'étranger de cette faculté?

En tirer une autre conséquence, c'est faire tourner la disposition dont il s'agit contre l'intérêt de l'État, et agir contre l'esprit de cette disposition.

C'est raisonner dans un sens contraire à ce droit de police que le gouvernement a sur les étrangers, ainsi qu'on l'a reconnu, et qui n'a rien de commun avec celle qui s'exerce sur les Français.

Je pense donc que l'article n'est point inconstitutionnel, parce que, loin de blesser la Constitution, il est au contraire dans son esprit, et qu'il est sage, parce qu'il tend à prévenir des troubles, sans porter atteinte aux vrais intérêts de la France.

La commission elle-même, qui n'est pas prévenue en faveur du projet, a trouvé cette disposition de toute justice.

Cependant elle n'eût pas dû trouver injuste le délai d'une année exigé par cet article 15, pour que l'étranger pût jouir des droits civils en France : toute mesure contraire serait inconsidérée.

On a craint que jusque là il ne fût regardé au milieu de nous comme un mort civilement.

C'est une erreur : il y jouira du droit naturel et du droit des gens, ainsi qu'il arrive à tout individu qui aborde en pays étranger.

Est-il d'ailleurs impolitique, comme on l'a prétendu, de régler l'étendue de la jouissance des droits civils à accorder à l'étranger sur celle dont jouiront les Français dans le pays auquel cet étranger appartiendra?

La solution de la question est délicate.

Le droit d'aubaine, considéré sous un rapport absolu, n'offre, sans contredit, qu'un aspect odieux; et c'est dans ce sens uniquement que Montesquieu l'a combattu avec quelques publicistes, en s'élevant également contre cet usage barbare connu sous le nom de *droit de naufrage;* mais aussi Vattel dit-il positivement que la loi naturelle souffre l'exercice du droit d'aubaine par manière de rétorsion, et qu'on en use ainsi dans quelques États du Nord.

Le projet ne le présente que sous ce dernier rapport; et le principe de la réciprocité paraît devoir maintenir l'équilibre qu'un système contraire pourrait rompre à notre détriment.

L'article 14 du projet, d'où il résulte que l'étrangère qui aura épousé un Français suivra la condition de son mari, est fondé sur le principe de droit commun qui répute le mari chef de la famille (a).

La réciprocité sur ce point à l'égard des étrangers est établie

(a) Pothier, tome 2, page 5, chap. 2, art. 15. — Montesquieu, liv. XXIII, chap. 4.

par l'article 23. Ces dispositions ne laissent rien à désirer.

14   L'article 17 suppose deux cas :

Ou l'étranger qui aura contracté avec un Français résidera en France, et dès-lors on pourra le traduire devant les tribunaux de la République;

Ou l'étranger ne résidera pas, et, dans cette hypothèse, le Français pourra le citer encore en justice, s'il y entrevoit le moyen d'obtenir satisfaction.

Cette double mesure n'a rien qui répugne au droit des gens.

Il est vraisemblable alors que l'étranger pourra, dans les deux cas, être cité soit à sa dernière résidence, soit au lieu où ses biens, s'il en possède, seront situés. Mais ces détails d'exécution appartiennent au Code judiciaire.

16   Enfin on ne peut qu'applaudir à la disposition d'après laquelle tout étranger qui voudra poursuivre en justice un Français sera tenu de donner une garantie pour les frais du procès, s'il ne possède en France des immeubles qui opèrent cette garantie. Il est juste d'assurer à l'étranger la faculté de faire valoir ses droits ; mais le même principe veut aussi qu'on garantisse l'indigène des entreprises injustes ou hasardées qu'un étranger peut former contre lui.

Le titre premier du projet de loi ne contient donc, à mon avis, rien que d'admissible sous ce second rapport comme sous le premier.

ch. 2.   Examinons actuellement comment on peut perdre les droits civils.

13   L'étranger les perd par le seul fait de son éloignement de la France ; l'article 15 du projet l'indique assez. Il n'a donc pas été nécessaire de rien ajouter à ses dispositions.

17   Quant au Français qui peut les perdre volontairement par la renonciation à son pays, ou par l'effet de condamnations prononcées contre lui, on ne pouvait pas se dispenser de préciser les cas où il subirait cette privation.

Les six articles qui les renferment ne peuvent être attaqués avec fondement.

Le premier de ces articles, qui forme le vingt–unième du projet, est basé presque en entier sur le quatrième de la Constitution.

L'exception qu'il contient en faveur du commerce est entièrement dans l'intérêt de la France ; on ne sera sans doute pas tenté de la rejeter.

Le principe de l'article 22, qui laisse au Français la faculté de recouvrer cette qualité s'il l'avait perdue volontairement, est le même que celui déjà discuté relativement aux enfans des républicoles qui auraient abdiqué leur pays, et est admissible par les mêmes motifs. 18

Quant au mode d'exécution, il est conforme à celui tracé par l'article 3 de la Constitution.

L'article 23 du projet, d'après lequel la femme française qui épousera un étranger suivra la condition de son mari, retrace l'article 14, où la même disposition s'applique à l'étrangère qui a épousé un Français. 19

Le deuxième paragraphe de l'article l'assimile aux Français qui veulent en recouvrer la qualité après l'avoir perdue. Rien de plus juste. Ib.

L'article 24, qui exclut toute idée de rétroactivité dans l'effet de ces mesures diverses, est trop sage pour ne pas être accueilli. 20

L'article 25, motivé, comme quelques précédens, sur l'esprit de l'article 4 de la Constitution, ne saurait être raisonnablement contesté. 21

Ainsi la deuxième partie du projet, composée presque entièrement de dispositions déjà réglées en quelque sorte par notre pacte social ou la législation, n'a, pour ainsi dire, pas besoin d'être justifiée.

Quant à la seconde partie du projet, qui attache la perte des droits civils à certaines condamnations criminelles, est-elle donc aussi éloignée de notre système de gouvernement ou de nos mœurs qu'on a paru le craindre ? En un mot, contient-elle des dispositions tellement dangereuses, qu'elles aient sect. 2.

dû motiver le rejet du tout, auquel la commission a conclu?
Je ne le pense pas.

22   La perte des droits civils, cette peine secondaire qui n'est
elle-même que la suite d'une peine capitale, fut établie par
les premiers législateurs connus.

Mais c'est surtout dans le droit romain qu'on en voit l'application. « Je me trouve fort dans mes maximes lorsque j'ai
pour moi les Romains, a dit Montesquieu (a). » L'autorité
de ce grand homme est un motif particulier de les consulter
en matière de législation.

La perte des droits civils s'opérait chez les Romains par
la condamnation à des peines capitales (b).

Ces peines que les Romains désignaient par *maxima et
media capitis diminutio*, étaient la mort naturelle, la servitude ou la condamnation à perpétuité à des travaux publics,
tels que les mines ou les carrières, le bannissement indéfini,
aquæ et ignis interdictio, ou la déportation qui lui succéda (c).

Compulsez les Codes de presque tous les peuples modernes
de l'Europe, et les écrits des plus célèbres jurisconsultes,
vous verrez que la mort civile a presque toujours été regardée
comme la suite et les effets des peines capitales.

Comment définissait-on cette peine dans l'ancienne législation française? On disait que c'était l'état de ceux qui, sans
être morts naturellement, se trouvaient retranchés de la société, et privés de tous les droits civils par suite des condamnations capitales prononcées contre eux.

Præoccupat hîc casus mortem (d).

Tels étaient les condamnés à mort par contumace quand
la condamnation avait été exécutée par effigie, les bannis à

(a) Livre VI, chap. 15.

(b) Publicorum judiciorum, quædam capitalia sunt, quædam non capitalia. Capitalia sunt ex
quibus pœna mors, exilium est; hoc est, aquæ et ignis interdictio : per has enim pœnas exími-
tur caput de civitate. (*Digest.*, liv. XLVIII, titre premier.)

(c) Rei capitalis damnatum sic accipere debemus, ex quâ causâ damnato, vel mors, vel etiam
civitatis amissio, vel servitus, contingit. (*Ibid.* titre 9.) Deportatus mortui loco habetur (*Digest.*
liv. XXXVII, tit. 4.)

(d) Digest., livre XLVIII, titre 19.

perpétuité hors de la France, les condamnés aux galères, ou à la réclusion à perpétuité.

Tels sont à peu près, dans les mêmes cas, les individus condamnés aux mêmes peines, ou frappés d'*attainder* par les tribunaux anglais (a).

Examinons le principe de la mort civile en soi, et par relation à la Constitution et à la législation actuelle, et voyons s'il doit être repoussé.

Sous le premier rapport, celui qui était lié à la société aura-t-il le droit de se plaindre d'en avoir été retranché, quand il n'aura subi cette privation que pour avoir rompu le pacte qui l'attachait au corps social?

Sous le deuxième, la Constitution n'a-t-elle pas privé des droits politiques tout citoyen qui serait condamné à des peines afflictives ou infamantes?

La législation n'aura-t-elle donc pas le pouvoir de priver des droits civils tout Français qui sera jugé coupable de délits emportant peine capitale?

Comment, dans le fait, concilier l'idée qu'un homme est condamné à mort, et que néanmoins, s'il échappe au supplice, la loi ne met aucune différence entre un Français et lui sous le rapport de l'exercice des droits civils?

Comment supporter la pensée qu'un homme condamné judiciairement à la déportation pourra abuser de la jouissance des droits civils pour tourmenter un Français homme de bien?

Je m'arrête à ces deux exemples, parce que d'un côté les peines y relatées sont susceptibles d'être appliquées par les tribunaux français, d'après l'article premier du Code pénal, et que de l'autre elles doivent, aux termes des articles 27 et 36 du projet, entraîner la perte des droits civils à l'égard de tout accusé contre qui elles seront prononcées.

Le principe de la mort civile n'a donc rien qui répugne à notre forme de gouvernement ou à nos mœurs, surtout si

(a) Blackstone, livre I, chap. 1; liv. II, chap. 15 et 19; liv. IV, chap. 29, etc.

l'on fait attention qu'à la différence de ce qui s'est pratiqu
ailleurs dans des temps anciens et modernes, le gouvernement n'entend point approprier au trésor public l'héritage
des condamnés, à l'exclusion de leurs héritiers naturels.

27   Il ne reste donc plus qu'à rechercher si la disposition du
projet qui attache la mort civile au jugement rendu par contumace et suivi d'exécution est juste, et si la privation absolue des droits civils qu'on entend faire subir au condamné
n'est pas trop rigoureuse.

Res judicata pro veritate accipitur. C'est un axiome de droit
d'après lequel tout condamné par justice, soit qu'il ait été
entendu, soit qu'il ait été seulement appelé, est réputé coupable, et passible de la peine prononcée contre lui.

Vainement protesterait-il de son innocence ; il n'a pas dû
se défier de ses juges, et fuir au lieu de faire valoir sa défense. S'il en était autrement, tout le secret des accusés serait de se soustraire à l'instruction dirigée contre eux, et de
paralyser ainsi le cours de la justice.

Les lois romaines contre les accusés contumax étaient si
sévères, que leurs biens restaient confisqués au profit du
trésor public, lors même que par suite ces accusés, constitués
prisonniers, assistaient à l'instruction de leur procès.

Ainsi tout jugement, ou contradictoire, ou par défaut,
s'il est régulier, doit être exécuté.

On ne peut donc mettre en question si la mort civile sera
la suite d'un jugement de contumace ; il vaudrait mieux demander si l'action de la justice sera suspendue tant que le
prévenu ne sera pas saisi ; ce qui conduirait naturellement à
l'impunité des délits.

Il est de principe, au contraire, que la contumace ajoute
aux délits, *contumacia cumulat pœnam* (a).

Comment l'effet d'un pareil jugement serait-il à craindre,
quand le condamné peut l'anéantir en se représentant ?

Il est donc indispensable de faire résulter la mort civile

(a) Digest., liv. XLVIII, titre 19.

de la peine capitale prononcée par un jugement de contumace.

Une réflexion générale sur ses effets doit faire sentir que la mort civile étant, aux yeux de la loi, ce que la nature exprimé par la privation de la vie, l'individu mort civilement se trouve dépouillé de son état civil et de toutes les facultés qui y étaient attachées (a).

Ainsi, par une fiction de la loi, ses biens passent à ses héritiers du moment qu'il est frappé de mort civile.

Il ne peut lui-même ni recueillir de succession, ni transmettre à ce titre les biens qu'il a pu acquérir (b).

Il ne peut faire aucune espèce de donation, et n'en peut recevoir, si ce n'est pour alimens (c).

Il ne peut être nommé tuteur, ni concourir aux opérations de la tutèle.

Il ne peut être témoin dans un acte solennel ou authentique, ni être admis à porter témoignage en justice. Si l'usage contraire a quelquefois prévalu, il est difficile de s'en rendre raison. Ne répugne-t-il pas à toute idée de morale de penser qu'on puisse entendre un infâme, puisque, d'après l'article 6 du Code des délits et des peines, toute peine afflictive est en même temps infamante? Quel serait d'ailleurs le but d'un pareil moyen, et qu'attendre de la véracité d'un condamné à une peine capitale?

L'homme en état de mort civile ne peut procéder en justice ni en défendant, ni en demandant, que sous le nom et par le ministère du curateur spécial qui lui est nommé par le tribunal où l'action est portée.

Il est incapable de contracter un mariage légal et qui produise aucun effet civil.

Enfin le mariage qu'il avait contracté précédemment est dissous, quant à tous ses effets civils.

(a) Dolive en ses questions, liv. V, chap. 8.
(b) Liv. VIII, § 1, d. qui testam. fac. poss.
(c) Ricard, tome I, chap. 3, sect. 4, n° 230, etc.

L'énumération de ces divers genres d'incapacité civile, parfaitement conforme à notre ancienne jurisprudence, quoique
l'orateur qui m'a précédé à la tribune ait insinué le contraire, l'est aussi à la jurisprudence de la plupart des gouvernemens et modernes de l'Europe ; en un mot, elle
l'est à la raison.

Comment concevoir en effet qu'un homme réputé mort
participe aux droits de la cité ? qu'un scélérat puisse opposer
en justice, comme hors justice, son témoignage ? qu'un
criminel retranché de la société puisse participer à des délibérations de famille ?

Ne suffit-il pas qu'on lui laisse implicitement la jouissance
des actes qui dérivent du droit naturel et du droit des gens,
qu'ainsi il puisse faire des opérations commerciales, et pourvoir, par son industrie, à son existence ?

Dans la nomenclature des droits dont l'individu mort civilement se trouve privé, deux dispositions surtout ont paru
rigoureuses ; l'une qui déclare dissous, quant aux effets civils, le mariage qu'il avait contracté, et l'empêche d'en contracter un légal ; l'autre qui répute acquis au fisc par droit
de déshérence les biens que l'individu frappé de mort civile
pourrait avoir acquis postérieurement à sa condamnation.

Mais ces effets de la mort civile et les dispositions qui les
ont consacrés, sont inévitables, et résultent nécessairement
du principe en lui-même.

Le mariage, sans contredit, rompu quant aux effets civils,
n'est pas dissous *quoad fœdus*, sous le rapport de l'alliance ;
du for intérieur : ainsi, par exemple, il ne sera pas dissous
aux yeux de tout individu dont les principes religieux font
considérer cette institution comme sacrement ; et notre ancien droit avait parfaitement établi cette distinction que le
projet ne pouvait qu'indiquer.

Mais, comment la loi pourrait-elle maintenir les effets
civils d'une pareille alliance, quand l'un des individus avec
qui elle est formée se trouve privé de tout droit civil ? La lé-

gislation ne peut, sans contredit, admettre une semblable contradiction.

On n'en agissait pas autrement chez les Romains : le changement d'état (*capitis diminutio*), dans les deux premiers cas prévus par leurs lois criminelles, c'est-à-dire par la condamnation à la mort, aux mines, aux carrières, ou à la déportation, rompait le mariage et dépouillait le père de sa puissance paternelle (a).

L'orateur qui m'a précédé à la tribune, et qui n'a pas toujours été exact dans ses citations, vous a dit que chez les Romains le mariage n'était pas dissous par la déportation, si la condamnation prononcée contre le mari ne l'effaçait pas du cœur de son épouse.

Cette disposition est en effet consignée dans le cinquième livre du Code, titre XVII; mais il eût dû vous apprendre que cette modification des anciennes lois romaines, insérée dans le Code par Justinien, qui voulait favoriser le christianisme, n'eut d'autre objet que de maintenir le mariage sous le rapport de l'alliance et de la sainteté du nœud, puisqu'il permettait en même temps de divorcer pour embrasser la vie monastique. Le premier livre du Code, où il est question de la Sainte-Trinité et de la foi catholique, ainsi que plusieurs novelles de cet empereur, ne permettent pas d'en douter (b); et Montesquieu lui-même s'en exprime dans ce sens (livre XXVI, chapitre IX). Il n'est pas permis de douter surtout que le mariage alors ne conservait aucun de ses effets

(a) Cum is, qui ob aliquod maleficium in insulam deportatur, civitatem amittit, sequitur, ut qui eo modo ex numero civium romanorum tollitur, *perinde* ac si, *eo mortuo, desinunt, liberi in potestatem ejus esse.* Institut. lib. I, titre 12.

Dirimitur matrimonium, divortio, morte, captivitate, vel aliâ contingente servitute utrius eorum. (*Digesta,* liv. XXIV, titre 2.)

(b) Si l'on consulte le Code, livre I, titre 1, et la réflexion du commentateur Godefroy, on verra que Justinien y recommande à ses sujets l'exacte observance des préceptes de saint Pierre et de saint Paul.

Si d'ailleurs on se rappelle que l'indissolubilité du mariage, suivant la religion catholique, est principalement fondée sur ce précepte de saint Paul, *quod Deus conjunxit homo non separet,* la conséquence tirée de l'innovation de Justinien ne paroîtra pas forcée, relativement à la faculté de divorcer pour embrasser la vie monastique. Voyez la *Novelle* 22, titre 1, chap. 5.

civils : autrement, Justinien lui-même eût-il déclaré que la condamnation à une peine capitale emportait la dissolution de la puissance paternelle et la confiscation des biens du condamné?

S'il faut en croire Denys d'Halycarnasse, Coriolan partant pour son exil conseilla à sa femme de se marier à un homme plus heureux que lui.

La dissolution du mariage, qu'entraînait la déportation ou l'exil perpétuel, paraît donc remonter aux premiers temps de la république romaine, et avoir été conservée dans la loi des Douze-Tables.

Je livre ces réflexions à vos lumières et à votre sagacité.

Chez les Romains, non seulement les biens que possédait le condamné à l'instant de sa condamnation, mais encore ceux qu'il possédait à sa mort naturelle, étaient ravis à ses héritiers, et passaient au fisc (a).

Cet esprit de confiscation qui n'existait pas, à ce qu'il paraît, dans l'ancienne Rome, ou qui y était fort rare, mais que quelques-uns des Césars avaient établi sans mesure pour satisfaire à leurs prodigalités, ne se retrouve plus ici, puisqu'on propose de rendre aux héritiers du condamné ses biens, comme s'il était mort réellement.

Le principe qu'on discute est donc bien moins rigoureux, d'après le projet, qu'il ne l'était d'après le droit ancien.

Il est moins rigoureux que le droit anglais, qui, à tous les effets de la mort civile, tels qu'on vient de les exprimer, ajoute la confiscation absolue et sans retour des biens du condamné.

33   Quant à la disposition qui répute acquis à la République les biens qui appartiendront au condamné au moment de sa mort naturelle, n'est-elle pas une conséquence inévitable des

(a) Deportatorum in insulam ab eo cui id jus faciendi erat, bona fisco vindicantur. (*Cod.* liv. IX, titre 47, liv. 8.)

De bonis matris deportatæ filiis nihil deberi indubitatissimi juris est. *Ibid.,* titre 49 , liv. 6.

Deportati nec earum quidem rerum quas post pœnam irrogatam habuerint, hæredem habere non possunt, sed et hæ publicabuntur. *Ibid.,* liv. II.

dispositions antécédentes? et peut-on hériter deux fois d'un mort?

Le-Brun, l'auteur du *Traité des Successions*, n'était pas, à ce qu'il paraît, de cet avis ; mais aussi il était le seul de son sentiment ; et la jurisprudence de nos anciens tribunaux, d'accord en ce point avec les plus célèbres jurisconsultes, prononçait constamment en faveur du principe reproduit dans le projet.

Dans l'opinion contraire, l'objection ne pouvant concerner que les condamnés à mort par contumace, puisque les déportés recouvrent la vie civile au lieu de leur déportation, l'état précaire d'un contumax permet-il de supposer qu'il sera dans le cas d'amasser un pécule considérable?

Si, d'ailleurs, il est prouvé par les annales des tribunaux que le nombre des condamnés à mort par chaque année est heureusement limité, et que celui des contumax l'est plus encore, il en résultera incontestablement que tout l'intérêt de la question se réduira à quelques misérables.

Et c'est pour un aussi mince intérêt qu'une philantropie mal entendue réclame, tandis qu'elle semble oublier l'intérêt du corps social !

Par quelle fatalité, dans le fait, a-t-on déplacé la question? Comment n'a-t-on vu dans un époux, objet d'une condamnation capitale, qu'un être intéressant, et presque une victime, à qui l'autre époux devait toutes ses consolations, et presque un surcroît de tendresse?

Ne semblerait-il pas que nous sommes reportés au temps des proscriptions, tandis qu'il n'est ici question que de condamnations judiciaires et presque toutes prononcées d'après la déclaration d'un jury?

De quel droit s'est-on écrié : le législateur voudrait-il dissoudre l'union de deux cœurs ?

Ah ! certes, le domaine du législateur ne s'étend ni sur la pensée ni sur les affections ! Aussi ne prétend-on ici que

22.

rompre des rapports sociaux et des facultés dont le législa
teur n'avait accordé l'usage qu'à des conditions qu'on
violées.

Ne serait-il pas étrange que, sous prétexte de liens moraux,
le législateur fût dans l'impossibilité de punir des crimes
éversifs de toute morale?

Enfin, la société aura-t-elle beaucoup à regretter de ne
pas voir s'élever dans son sein des rejetons d'unions aussi
funestes?

Le tableau touchant, mais peu vrai, qu'on a fait de leur
situation peut-il la changer? et sera-t-il permis de regarder
comme innocens ces condamnés, quand ils ont été jugés coupables?

On se plaint de ce qu'ils n'ont pas été entendus, de ce
qu'ils n'ont point eu des conseils pour les défendre! Pourquoi se sont-ils enfuis? S'il en était autrement, quel prévenu
ne ferait pas ses efforts pour échapper à la justice? Le reproche, au reste, frappe sur la législation qui a organisé
cette partie de l'ordre judiciaire; et même sur tous les Codes
connus; car ce système tient à l'essence de la justice dis-
tributive.

Supprimez l'instruction par contumace, et vous sanction-
nerez l'impunité d'une partie des délits : car, s'il n'est permis
d'en poursuivre la répression qu'en présence des accusés, ce
sera s'exposer fréquemment à perdre les preuves, et jusqu'à
la trace du crime, par la mort, l'éloignement des témoins
et beaucoup d'autres circonstances ; en un mot, compromettre
la sûreté des citoyens.

On a invoqué l'Assemblée constituante, ses lois criminelles
et le Code pénal actuel, pour les opposer aux dispositions du
projet.

Je suis loin de récuser ces autorités. Analysons ce qu'on a
fait, ce qui existe, et ce qu'on propose.

L'Assemblée constituante a attaché la perte des droits civils à la peine prononcée contre certains délits, on n'en sau

rait douter : le Code pénal en contient des dispositions positives.

L'article 2 du titre IV, première partie, déclare l'exercice des droits civils suspendu dans tout condamné aux fers , à la gêne, ou à la détention.

Ce condamné est, pendant ce temps, en état d'interdiction légale; ses biens sont séquestrés et administrés par un curateur.

L'article 7 défend aux condamnés de rien toucher de leur revenu, de rien recevoir pendant la durée de leur peine , même à titre d'aumône; et veut qu'ils ne puissent obtenir de soulagement que de leur travail.

Si l'Assemblée constituante n'a privé que temporairement, et d'une manière positive , le condamné de ses droits civils, et même de la jouissance de son bien, c'est que les peines prononcées dans les cas ci-dessus, prévus contre ces sortes de délits, sont elles-mêmes limitées.

Mais il est évident qu'elle a implicitement admis le principe de la mort civile dans les deux cas reproduits par le projet qu'on discute ; je veux parler de la mort naturelle, quand le condamné s'est soustrait à son supplice, et de la déportation.

En effet, la loi du 16 septembre 1791 accordait au condamné par contumace *la réintégration dans tous ses droits civils, et la restitution de ses biens*, du moment qu'il était constitué prisonnier. Cette disposition est consignée dans l'article 10 du titre 9.

Jusque là, il était donc privé des uns et des autres.

La loi du 3 brumaire an IV, qui forme actuellement, en cette partie, le droit criminel de la France, contient presque textuellement les mêmes dispositions au titre IX du livre II. Il y a plus , la question qu'on agite y paraît assez positivement décidée.

L'article 564 déclare tout prévenu d'un délit, qui ne comparaît pas en justice, rebelle à la loi, et ordonne que ses biens soient séquestrés au profit de la République : toute action judiciaire lui est d'ailleurs interdite.

L'article 575 confisque sans retour, au profit de la nation, les fruits et revenus de ses biens, sauf les secours à accorder à sa famille par le Corps législatif, s'il y a lieu.

Enfin, l'article 582 veut que le domaine ne se dessaisisse des biens du condamné en faveur de ses héritiers, qu'après sa mort naturelle, ou cinquante ans à dater de sa condamnation.

La conséquence de ces dispositions est claire.

Quant à la déportation, le Code pénal porte, titre II, article premier, qu'elle sera subie à *perpétuité* par les accusés qui, déjà repris de justice pour crime, seront condamnés de nouveau pour un autre crime emportant l'une des peines de la gêne, de la détention, des fers, de la réclusion, ou du carcan.

On a vu plus haut que toute condamnation de ce genre emportait le séquestre des biens du condamné, et que ce séquestre était réglé sur la durée de la peine.

Ainsi, nul doute que l'Assemblée constituante, et que la Convention ont cru devoir priver de ses droits civils et de ses biens tout condamné à une peine afflictive, et prolonger cette privation aussi long-temps que devait durer la peine.

Nul doute encore que cette privation a dû être perpétuelle, dans le système de ces deux Assemblées, à l'égard de tout condamné à mort par contumace, et décédé avant de l'avoir purgée, ainsi que de tout condamné à la déportation, puisque ces deux genres de peines infligées aux condamnés n'ont dû avoir d'autre terme que celui de leur vie.

L'innovation du projet, contre laquelle on s'élève si fort, se réduit donc à la qualification de l'état du condamné par l'expression de *mort civile*.

Mais la dénomination elle-même n'est pas plus nouvelle que la chose.

Elle est commune dans le langage des premiers publicistes. Beccaria et quelques autres ont parfaitement senti cette situation, la distinction qui devait exister entre la loi naturelle et la loi civile, et la nécessité de la caractériser par un terme propre et énergique.

Lorsque le bannissement est prononcé par la loi, de manière à rompre toute espèce de rapport entre la société et le membre qui l'a offensée, observe Beccaria, alors le citoyen *meurt*, et l'homme reste : mais, relativement *au corps politique, il a éprouvé tous les effets de la mort naturelle*. (Traité des délits et des peines, *chap.* 2.)

On retrouve cent fois cette dénomination dans le droit romain. L'idée de la chose et de ses effets était la même qu'aujourd'hui, à quelques nuances près.

Consultez le droit criminel de tous les peuples policés : le nom, la chose et les accessoires sont retracés partout.

En Angleterre, elle est la suite de l'*attainder*, de la *corruption du sang*, en un mot, de la déportation perpétuelle que les tribunaux ont le droit de prononcer dans divers cas, quoiqu'on ait en quelque sorte prétendu le contraire (a).

Le projet qu'on discute a même, sur ce point de diverses législations, un avantage qu'on ne peut méconnaître ; car la loi de 1791 ordonnait irrévocablement la confiscation, au profit du trésor public, des fruits et revenus des biens des condamnés à mort par contumace ; et cette disposition s'observe encore d'après le Code des délits et des peines, ainsi que je viens de le rappeler : le projet, au contraire, en fait jouir les héritiers. D'un autre côté, la loi de 1791 et celle du 3 brumaire an IV n'ont permis aux héritiers du condamné à mort par contumace de se mettre en possession de ses biens que vingt ans après la condamnation, et en donnant caution, tandis que le projet leur en abandonne la jouissance aussitôt que le jugement de contumace a été exécuté.

La différence entre la législation existante et celle qu'on propose de lui substituer, est donc absolument en faveur de la dernière.

(a) Blackstone, liv. IV, chap. 28 et 29.

Le parallèle qu'en a fait votre commission est donc inexact et erroné.

Ce parallèle, au reste, est inapplicable à la disposition du projet qui répute acquis à la nation par droit de déshérence les biens dont le condamné à mort ou à la déportation se trouvera possesseur à sa mort naturelle : car les lois actuelles et celles rendues en 1791 sont muettes sur ce point; et je pense avoir prouvé plus haut que ce projet est, sous ce rapport comme sous les autres, conforme aux principes et à la raison.

C'est confondre toutes les idées que d'assimiler cette disposition aux confiscations, de quelque nature qu'on la suppose.

27　J'ai déjà dit qu'on ne pouvait se plaindre de la rigueur des jugemens de contumace, parce que la dispensation de la justice ne permettait pas un autre mode : mais a-t-on oublié toutes les précautions qu'a prises le projet pour corriger cette rigueur, s'il est possible de le dire?

Les effets d'une condamnation par contumace, les droits qui en résultent, ne sont que provisoires.

Tout change, si dans les cinq ans accordés au condamné par contumace pour la purger, il est constitué prisonnier.

28　Ses héritiers sont, dans le principe, les possesseurs, les administrateurs, et non les propriétaires de son bien, car ils ne peuvent en jouir qu'après en avoir donné caution; et ils sont forcés de plein droit à restitution, si le condamné reparaît dans le délai utile.

Son mariage n'est rompu définitivement aux yeux de la loi, sous les rapports civils, qu'après les cinq années qui se sont écoulées depuis l'exécution du jugement; puisque, s'il est permis à sa femme d'exercer pendant ce laps de temps quelques actions qui tendent à garantir ses droits, elle ne peut contracter un autre mariage; les enfans qui, dans cet intervalle, seraient dans le cas de naître de son premier mariage sont réputés légitimes, à moins que le condamné ne les désavoue.

En un mot, les condamnations prononcées contre le contumax sont plutôt comminatoires que réelles pendant cinq ans; sa seule présence durant ce long intervalle le replace seulement en état d'accusation. Tout ce qui s'était fait d'ailleurs en exécution du jugement prononcé contre lui cesse de plein droit aussitôt qu'il est sous la main de la justice.

Je ne connais pas de Code qui ajoute à ces garanties; je ne connais pas de système qui puisse en imaginer de plus fortes pour les individus, s'il veut les concilier avec la sûreté publique.

Enfin, j'aime à penser que le Tribunat ne verra, dans la mesure qui tend à utiliser même la déportation, que l'adoption d'une idée philantropique conçue par de grands écrivains, réalisée dans les temps anciens et modernes, et que l'Assemblée constituante eût exécutée, ainsi que le constatent ses lois pénales, si la briéveté de son existence ne l'eût empêchée de former une autre *Botany-Bay*.

J'eusse voulu borner mon travail à la discussion des objections formées contre le projet soumis à votre examen; la nature de vos débats, d'après l'établissement des commissions, ne me l'a pas permis. Je désire, au moins, d'avoir établi que ce projet ne renferme pas le germe des inconvéniens qu'on a prétendu résulter de ses dispositions.

Je vote pour qu'il soit adopté.

OPINION DU TRIBUN J. P. CHAZAL,
CONTRE LE PROJET.

Tribuns, je ne veux reprocher au projet de loi que vous discutez que des vices ou des défauts palpables : je les exposerai avec simplicité; je m'abstiendrai de tout mouvement oratoire. L'art n'est pas fait pour la raison ; elle n'en a pas besoin.

TITRE Iᵉʳ.

De la jouissance des droits civils.

9   « Art. 10 (a). Tout individu né en France est Français. »
On a désiré deux amendemens à cet article.

Après ces mots *né en France*, on veut *et dans ses colonies*;
et après ceux-ci *est Français*, on voudrait *pourvu que l'individu né en France, d'un voyageur étranger, y reste ou vienne
y résider un jour, en déclarant l'intention de s'y fixer.*

Les colonies ne sont pas la France proprement dite, elles
en font cependant partie; et c'est dans cette partie surtout
qu'une acquisition de population peut être de quelque prix,
et exciter nos faveurs.

Mais nous ne sommes pas réduits, en France ni dans nos
colonies, à forcer d'être Français ceux qui préféreraient la
patrie de leur père et de leurs ancêtres, et nous ne devons
pas nous condamner à l'obligation non réciproque de les traiter comme compatriotes avant leur acceptation et jusqu'à la
preuve acquise, très-difficile et souvent même impossible à
acquérir, qu'ils ont perdu cette qualité pour l'un des cas déterminés à l'article 21.

10   « Art. 11. Tout enfant né en pays étranger, d'un Fran-
« çais qui aurait perdu la qualité de Français, pourra tou-
« jours recouvrer cette qualité, en faisant la déclaration qu'il
« entend fixer son domicile en France. »

Les termes de cet article ne sont pas équivoques; ils com-
prennent évidemment les enfans des émigrés : on ne le dis-
simule pas, on le déclare formellement. Or, notre collègue
Delpierre nous a prouvé, sans le vouloir, que nous ne pouvons l'adopter; car il porte une *nouvelle exception aux lois
rendues contre les émigrés*, et l'article 93 de la Constitution *interdit toute exception nouvelle sur ce point.*

11   « Art. 13. L'étranger jouira en France des mêmes droits

(a) C'est le deuxième du projet. Ce numérotage prouve bien que le premier projet de loi rejeté
était destiné, quoi qu'on en ait dit, à entrer dans notre Code civil.

civils que ceux qui sont ou qui seront accordés aux Français par les lois ou les traités de la nation à laquelle cet
étranger appartiendra. »

Voilà un des articles les plus importans du projet.

Il établit l'exacte réciprocité de notre part à l'égard des
étrangers.

La réciprocité la plus exacte n'est pas toujours l'intérêt national bien entendu.

Un de nos anciens ministres a relevé que le droit d'aubaine
réciproquement maintenu en France ne rendait pas annuellement à ses monarques quarante mille écus. Je le crois bien :
on ne porte pas sa fortune dans les pays où le pillage des
veuves et des orphelins est un droit de paix ; et l'on a grand
soin, au contraire, d'en exporter à l'instant même tout ce
qu'on peut y ramasser par son industrie. Un pays comme la
France, le jardin du globe, le palais des sciences et des arts,
gagne au droit d'aubaine quarante mille écus; il y perd chaque
année des millions.

Nous manquons en France de capitaux, sources fécondes
de toutes les reproductions; nous avons de grands biens à
vendre; et certes, quoi qu'ait pu dire un des orateurs qui ont
parlé avant moi, de long-temps nous n'aurons à craindre en
France que l'étranger qui ne possède pas aujourd'hui un seul
are sur notre sol si étendu, puisse l'envahir par acquisitions,
et alarmer et rivaliser nos innombrables propriétaires.

L'aubaine qu'il nous faut de l'étranger, est celle de ces
capitaux qui nous arrivent, et que l'autre aubaine arrêterait
et empêcherait d'arriver.

Si la réciprocité n'est pas toujours l'intérêt national bien
entendu, elle n'est pas plus souvent la justice que nous devons cependant toujours aux autres même injustes envers
nous, et que rien au moins ne dispense d'acquitter, quand
ou le peut sans se nuire.

Je professe qu'une nation a le droit incontestable, comme
un particulier, de fermer, lorsqu'il lui plait, ses portes aux

étrangers ; mais lorsqu'elle les a reçus dans son sein, il ne lui est pas permis de les priver de la jouissance des droits naturels et universels de l'humanité; et tels sont, si je ne m'abuse, tous ceux que nous appelons droits civils : car, que sont les droits civils, que peuvent-ils être, au moins chez nous, sinon les droits naturels écrits?

Les droits naturels écrits et non écrits appartiennent partout à tous les hommes. Les étrangers sont des hommes à nos yeux.

Qu'importe que chez eux on soit barbare envers nos concitoyens : est-ce une raison pour nous d'être barbares envers nos semblables, dont la plupart, esclaves ou sujets, sont innocens des attentats de leurs maîtres ou de leurs chefs?

Serait-ce encore une raison d'être insensés, en immolant notre intérêt à une indigne réciprocité de barbarie?

On a prétendu que les Grecs et les Romains établirent, contre les étrangers, le droit d'aubaine qu'on paraît avoir surtout en vue de rétablir réciproquement parmi nous, après douze ans d'abolition absolue.

On l'a prétendu : qu'on le prouve par un texte précis de leurs lois.

Et si l'on y parvient, qu'en résultera-t-il? que ces hommes n'avaient pas, pour les droits de leurs semblables, le même respect que nous avons et que nous devons garder ; qu'ils méritaient en cela, comme en beaucoup d'autres choses, le nom dont ils injuriaient les étrangers qu'ils osaient traiter de la sorte. Faudrait-il le mériter comme eux en les imitant? Nous n'aurions pas la même excuse d'ignorance. Ils croyaient les propriétés et les successions de droit civil seulement : les auteurs de notre Code les ont proclamées de droit naturel dans les deux discours préliminaires. Après les avoir ainsi consacrées, comment peuvent-ils nous proposer de les violer et de les ravir? Ils ne le devraient pas même à l'exemple des Grecs et des Romains; mais les Grecs ni les Romains ne donnèrent jamais cet exemple. J'en appelle à Montesquieu, qui passa sa vie à la recherche de leurs lois ; Montesquieu n'en trouva point de semblable : Montesquieu attribue à la féodalité moderne l'origine du droit d'aubaine, si digne d'elle.

Il est vrai qu'à Rome les étrangers ne jouissaient pas de la faculté de tester ; mais ce droit, civil chez nous, était chez eux un droit politique ; et il y a loin de la prohibition de tester à la confiscation des successions.

Le gouvernement de Rome fut un véritable gouvernement paternel. A Rome le père de famille était dans chaque famille un magistrat, ou plutôt un despote constitué, au-dessus duquel régnait le corps des sénateurs, pères conscrits. Le droit de tester était à Rome un des attributs de la puissance paternelle politique. Le fils de famille n'en jouissait pas : le père de famille pouvait seul faire un testament.

Il était conséquent à Rome de refuser aux étrangers une autorité politique, un droit dont ne jouissaient pas les simples Romains, même citoyens.

Chez nous, le droit de tester, s'il est admis, sera autre chose. Il ne sera qu'un pur droit civil, commun à tous. Il n'y aura pas de raison d'en priver les étrangers.

Au reste, on peut les en priver si l'on veut ; les morts n'en souffriront pas, et les parens survivans n'auront garde de s'en plaindre ; car ils seront alors mieux traités que les citoyens contre lesquels on permettra les testamens.

L'essentiel est qu'on ne les prive pas des droits naturels, dont celui de tester peut bien être une conséquence éloignée, mais non pas un complément nécessaire.

L'essentiel est qu'il n'y ait jamais d'odieuse aubaine, et que l'état ne puisse jamais voler les héritages des étrangers, au préjudice des droits naturels du sang, et à son propre préjudice.

Lorsqu'une coutume barbare et insensée existe universellement, il faut bien que quelqu'un commence par l'abolir. Nous avons pris l'initiative qui appartenait à la nation la plus civilisée, la plus hospitalière, à la grande nation qui sert de

modèle aux autres, nous avons aboli la coutume barbare
et insensée; nous ne rétrograderons pas, après douze ans,
la barbarie insensée, en votant l'article 13 du projet.

12   « Art. 14. L'étrangère qui aura épousé un Français suivra
« la condition de son mari. »

Je ne relèverai pas l'obscurité et l'insuffisance de cet article; mais je ne peux me dispenser de demander ce que
devient ici le vœu de réciprocité absolue exprimé par l'article précédent : ou la Française qui épousera un étranger
sera admise dans le pays de cet étranger à suivre de même la
condition de son mari, ou elle ne le sera pas : dans le premier cas, l'article est inutile; dans le second cas, il est contradictoire.

13   « Art. 15. L'étranger qui aura été admis par le gouverne-
« ment à faire en France la déclaration de vouloir devenir
« citoyen, et qui y aura résidé un an depuis cette déclara-
« tion, y jouira de tous les droits civils, tant qu'il continuera
« d'y résider. »

Par cet article, dont la rédaction n'est assurément pas élé-
gante, on soumet l'étranger qui veut devenir citoyen Français à en obtenir d'abord la permission du gouvernement:
c'est une nouvelle obligation qu'on lui impose. Je la crois
bonne en elle-même; mais pouvons-nous l'imposer quand
la Constitution ne l'impose pas?

On a dit qu'elle ne touche point au droit de cité. Elle y
touche, puisqu'il s'acquiert par résidence, et que son refus
peut empêcher de résider, et par conséquent de l'acquérir.

On a dit que la France deviendra la Botany-Bay de l'Europe, c'est une fausse crainte. Le droit des gens, réalisé dans
nôtre Code pénal, nous autorise à nous délivrer par jugement
de tous les malfaiteurs étrangers.

Mais les espions et les perturbateurs? Vous les jugerez
aussi; il faut les juger.

La Constitution l'a voulu. On ne voulut pas, quand on la
fit, y insérer une disposition qui fut proposée, et qui portait

qu'avant de prétendre au droit de cité, on serait tenu de se
faire adopter par une commune.

« Art. 16. L'étranger, pendant sa résidence en France, y   3
« sera personnellement soumis aux lois de police et de sûreté.
« Les immeubles qu'il y possédera seront régis par la loi
« française, lors même qu'il n'y résidera pas. »

L'étranger résidant en France ne doit pas y être soumis
seulement aux lois de police et de sûreté; il doit y être soumis aussi aux lois criminelles et à toutes les autres lois imposant des obligations et des contributions personnelles qui
peuvent lui être communes. Il paie les droits de douane, de
passe, d'entrée, ceux des portes et fenêtres, et les autres
droits semblables imposés et à imposer aux habitans.

Quant aux immeubles qu'il possédera en France, c'est,   ✓
d'après l'article 13, la réciprocité des lois étrangères qui les
régira plutôt que la loi française.

Tout cet article 16 est mal rédigé.

« Art. 18. Le Français résidant en pays étranger, conti-   Ib.
« nuera d'être soumis aux lois françaises pour ses biens situés
« en France, et pour tout ce qui concerne son état et la ca-
« pacité de sa personne. »

Cette disposition, qui est toute plausible, me paraît,
comme au rapporteur de votre commission, étrangère aux
droits civils, et j'en dis autant de la précédente, qui a besoin
d'être améliorée. Ces deux dispositions seraient mieux placées dans le titre premier *des effets des lois.* C'est évidemment de leurs effets d'obliger partout les personnes et de régir
tout le territoire sous leur empire.

« Art. 19. Un Français pourra être traduit devant un tri-   14
« bunal de France pour des obligations par lui contractées en
« pays étranger, même avec un étranger. »

« Art. 20. En toutes matières, autres que celles de com-   16
« merce, l'étranger qui sera demandeur sera tenu de donner
« caution pour le paiement des frais et dommages-intérêts
« résultans du procès, à moins qu'il ne possède en France

« des immeubles d'une valeur suffisante pour assurer ce
« paiement. »

De deux choses l'une ; ou la réciprocité existera chez
l'étranger, dans le cas de ces articles 19 et 20, ou elle n'existera pas : si elle existe, ils sont inutiles avec l'article 13 ; si
elle n'existe pas, ils sont contraires à son vœu et contradictoires avec lui.

On ne peut les passer ensemble.

J'ai épuisé le titre premier du projet de loi qui vous occupe. Qu'il me soit permis de m'étonner de n'y avoir pas
trouvé cette belle disposition de notre ancien droit monarchique : *La France est une terre de liberté ; l'esclave qui la
touche est libre : si un maître le réclame, il ne peut lui être
rendu.*

Je ne sais, mais cette disposition convenait, et elle était
nécessaire dans le livre des personnes, parmi les dispositions
concernant les étrangers.

Il y a encore des esclaves dans le monde. La terre de
France ne serait-elle plus pour eux une terre de liberté ? La
monarchie la déclara telle par respect pour l'humanité : vou-
drait-on dépouiller la République du respect des rois pour
les hommes ? Non, c'est une simple omission ; mais il faut
la réparer.

TITRE II.

ch. 2.   *De la privation des droits civils.*

Ce titre se divise en deux sections.

Première, *de la privation des droits civils par la perte de la
qualité de Français.*

Deuxième, *de la privation des droits civils par suite des condamnations judiciaires.*

Avec des lois contre l'émigration, la première section de
ce titre serait inutile, comme presque tout le titre premier
le serait aussi, si nous admettions l'étranger, quand nous le
recevrons chez nous, à la participation de nos droits civils,
qui ne sont que les droits naturels et sacrés de l'humanité ;

et la seconde section serait beaucoup mieux à sa place dans notre Code pénal, où elle se trouve déjà, et d'où je ne vois pas l'avantage de la retirer pour la mettre ici.

Ces observations générales contre le projet ne me dispenseront pas de continuer son examen par article.

« Art. 21. La qualité de Français se perdra 1° par la natu- [17]
« ralisation acquise en pays étranger; 2° par l'acceptation,
« non autorisée par le gouvernement, de fonctions publiques
« conférées par un gouvernement étranger; 3° par l'affilia-
« tion à toute corporation étrangère qui exigera des distinc-
« tions de naissance; 4° enfin, par tout établissement fait en
« pays étranger sans esprit de retour. Les établissemens de
« commerce ne pourront jamais être considérés comme ayant
« été faits sans esprit de retour. »

Je ne reprocherai pas à cet article le vague de ces expressions, *par tout établissement fait en pays étranger sans esprit de retour*. On pourrait trouver cependant des paroles plus précises; mais je lui reprocherai d'ajouter peine sur peine à l'acceptation de fonctions publiques conférées par un gouvernement étranger; acceptation qui peut n'être que momentanée, et que la Constitution ne punit que de la perte de la qualité de citoyen. Il est vrai que l'article ajoute, *non autorisée par le gouvernement*, et que le gouvernement se réserve d'autoriser à accepter; mais pourquoi rendre nécessaire une semblable autorisation? Je ne suis pas frappé de ce qu'elle peut avoir d'utile; et c'est un inconvénient d'assujétir sans nécessité. L'esprit de notre Constitution, et de toute bonne Constitution, est d'assujétir le moins possible au gouvernement et le plus possible aux tribunaux.

« Art. 22. Le Français qui aurait perdu sa qualité de Fran- [18]
« çais pourra toujours la recouvrer en rentrant en France
« avec l'autorisation du gouvernement, et en déclarant qu'il
« veut s'y fixer. »

Voilà encore une autorisation assujétissante au gouvernement, sans nécessité, et par addition au vœu constitutionnel.

VII.   23

Il résulte des termes de cet article que l'autorisation pourra s'accorder à un émigré. En effet, l'article ne le défend pas ; et ses termes sont très-applicables aux émigrés uniquement désignés à l'article 11, comme *ayant perdu la qualité de Français*. Si l'on veut (je crois qu'on le veut) restreindre la disposition à ceux dont il est parlé à l'article 21, immédiatement précédent, qui ont perdu la qualité de Français, pour l'un des quatre cas énoncés dans cet article, il faut le dire par une rédaction plus nette, et il est de notre devoir de la demander.

19   « Art. 23. Une femme française qui épousera un étranger « suivra la condition de son mari.

« Si elle devient veuve, elle recouvrera la qualité de Française, pourvu qu'elle *réside en France*, ou qu'elle *y rentre* « avec l'autorisation du gouvernement, et en déclarant « qu'elle veut s'y fixer. »

Encore une autorisation du gouvernement (a). Pouvez-vous et devez-vous l'imposer à la Française, veuve d'un étranger, qui veut rentrer dans son pays natal? Devez-vous exiger en outre d'elle qu'elle déclare l'intention de s'y fixer, si manifeste par son retour, lorsque vous ne l'avez pas exigé de l'individu né en France d'un voyageur étranger?

sect. 2.   Je passe à la section II ; et ici je renonce à la discussion par articles, pour m'attacher exclusivement à trois dispositions principales.

25   La première est celle qui dissout le mariage d'un condamné à la mort ou à la déportation, et déclare concubine l'épouse qui continuerait à vivre avec lui.

Il me semble que la loi devrait se borner à accorder, dans ce cas, le divorce ou la séparation, s'ils étaient demandés, mais qu'elle ne devrait pas l'imposer aux époux qui voudraient rester unis.

On a parlé des opinions religieuses et des cultes. La loi doit les respecter. La loi ne doit donc pas dire à ceux que leur

(a) On en trouve une autre à l'article 25 suivant.

conscience unit inséparablement jusqu'à la mort, et qui veulent rester unis : Je vous sépare, je vous ordonne de vous quitter.

Je n'ai rien lu de si touchant, de si beau, que le dévouement de la femme de Caïn, emportant ses enfans, et suivant dans la terre d'exil et d'expiation son mari coupable de la première mort, du premier deuil, couvert du sang fraternel, jugé de Dieu, et maudit de ses parens.

C'est le plus sublime effort de la vertu conjugale. La loi ne peut l'exiger ; mais la loi ne doit pas en dispenser. Elle ne doit pas surtout le punir dans l'épouse vertueuse, en la flétrissant du nom infâme de concubine.

Il me semble que la loi devrait favoriser tout ce qui est vertueux et moral, au lieu de l'étouffer : il me semble que la loi devrait honorer et consacrer la vertu conjugale, au lieu de la flétrir et de la punir.

Ne saurait-on être juste que contre le crime ?...

Cette disposition est inadmissible.

Ceux qui la veulent, comme punissant davantage le criminel qu'elle sépare de tout ce qui lui fut cher, se trompent dans le vœu de leur vengeance. Ils le puniraient bien mieux en l'environnant qu'en l'isolant des êtres infortunés dont il a fait le malheur, et dont les vertus assistantes seraient si propres à exciter ses remords et à le rendre meilleur. Vous n'en désespérez pas, puisque vous lui permettez d'aller vivre loin de vous.

Songeons qu'on ne sera pas toujours condamné à la déportation et à la mort, dont on va proroger la peine, pour des assassinats indignes de pitié. On peut l'être et on pourra l'être encore pour des délits moins odieux.

Quant à ceux qui n'admettent la dissolution que comme une conséquence forcée de la mort civile, qui les oblige de créer une mort civile ? Ne peut-on pas se passer de cette création inobligée, qui oblige ensuite à l'injustice envers l'innocence et la vertu ? Il était si simple de s'en passer, et

23.

d'énoncer à la place positivement, et à son aise, les droits civils dont on veut priver et dont il convient de priver un coupable fugitif! Le bon sens n'eût pas fait autre chose : la science
s'est empétrée dans cette création inutile. Quand voudra-
t-on enfin rechercher un peu ce qui doit être, au lieu de se
mettre toujours à copier ce qui fut et à l'outrer?

Je crois qu'on outre les effets obligés de la mort civile.

Le jurisconsulte Ulpien a dit que la fiction doit être en tout
l'image parfaite de la vérité.

C'est une belle recette pour les fictions, et un bon conseil
aux artistes : mais il vaut mieux être artiste moins parfait en
mort, et législateur plus juste.

Il n'y a que la vérité seule d'inaltérable. La nature d'une
fiction qui se prête à tout est d'être tout ce qu'il plaît à ses
auteurs qu'elle soit.

Vous permettez déjà au condamné que vous feignez mort
civilement de recevoir des alimens par legs. Vous lui con-
servez ce droit civil, quoiqu'il soit mort civilement. Pourquoi
ne lui en conserveriez-vous pas d'autres? Pourquoi ne lui
laisseriez-vous pas le droit civil du mariage, tant qu'il n'est
pas en votre pouvoir de l'en priver réellement? Le droit civil
du mariage n'est pas propre et particulier à ce coupable qu'il
faut punir; il est commun à sa femme, qui est innocente,
qui peut, qui veut en jouir, et qui en jouit. Pouvez-vous
faire qu'elle n'en jouisse pas lorsqu'elle en jouit? Pouvez-vous
faire que ce qui est ne soit pas? Si la fiction a ses droits, la
vérité n'a-t-elle pas aussi les siens? Et vous, avez-vous intérêt de multiplier le nombre des concubines, et devez-vous
immoler le droit sacré de l'innocence et son honneur à la punition du crime d'autrui? Le devez-vous pour la vaine perfection d'une image que vous laissez imparfaite en d'autres
points? Et de quelle image, bon Dieu! d'une triste image de
mort.

Enfin, ceci n'excède-t-il pas la perfection même de l'image
qu'on a voulue? On n'a pu la vouloir que contre le coupable

et le coupable seul : vous l'étendez du coupable aux innocens.
Ne suffisait-il pas à sa perfection de l'épuiser contre lui ? Ne
suffisait-il pas de dire que le coupable ne pourrait réclamer
les droits d'époux ? Ah ! dites cela : dites contre lui tout ce
qu'il vous plaira de dire ; dépouillez-le de tous ses droits sans
réserve, sans exception : il est coupable, je vous l'abandonne ;
mais respectez ceux de sa femme, qui ne l'est pas, et laissez-
la jouir des siens tant qu'elle voudra et qu'elle pourra en
jouir.

Le droit de l'innocence est la borne respectable de toute
privation de droits contre le crime.

La seconde disposition que je combats est celle relative 30
aux enfans qui naissent des époux après la condamnation de
l'un d'eux.

Le projet les déclare bâtards.

Ils ne sont pas plus bâtards, ils ne doivent pas plus être
bâtards, ils ne peuvent pas plus être faits bâtards par la loi,
que leur mère concubine. Les mêmes raisons les protégent et
les défendent contre la mort fictive, qui veut en vain s'étendre
encore à eux, et envelopper aussi de ses ombres les droits
non moins sacrés et non moins inviolables de ces innocens.

Quoi qu'on ait pu prétendre avec très-peu de respect pour
le jugement des autres (a), il est certain que l'article 32 du
projet irait jusqu'à refuser la légitimité à ceux de ces innocens nés après le délai donné à leur père pour purger la contumace, et cela bien que leur père fût ensuite absous, et son
mariage réhabilité.

Ici les enfans du mariage ne seraient pas seulement réputés
bâtards, mais encore bâtards adultérins, comme on vous l'a
prouvé hier ; et leur bâtardise adultérine, qui ne serait plus le
fruit du crime de leur père reconnu innocent comme eux, le
deviendrait de ses malheurs et de l'iniquité de ses premiers
juges. Peut-on, peut-on pousser plus loin l'abus d'une fiction ? Quelle raison, quelle justice n'en serait pas révoltée,

(a) Voyez l'opinion du tribun Delpierre.

lorsqu'on avait d'ailleurs si bien paré à tout, en exigeant la reconnaissance expresse de la paternité! On n'a pas osé entreprendre de justifier cette inconcevable disposition; on n'a eu que la ressource de la nier; ce qu'on a fait contre la lettre positive de l'article qui, ne réhabilitant avec le mariage que les enfans nés dans les cinq ans, exclut par conséquent tous ceux qui sont nés après, et les laisse bien réellement sous la bâtardise, et qui plus est, la bâtardise adultérine.

32-33.   J'arrive à la troisième et dernière disposition contenue dans les articles 34 et 35.

« En aucun cas, la prescription de la peine (porte l'ar-
« ticle 34) ne réintégrera le condamné dans ses droits civils
« pour l'avenir.

« Les biens qu'il pourra avoir acquis (continue l'article 35),
« et dont il se trouvera en possession au jour de sa mort na-
« turelle, appartiendront à la nation par droit de déshérence.

« Néanmoins le gouvernement en pourra faire, au profit
« de la veuve, des enfans ou parens du condamné, telles
« dispositions que l'humanité lui suggérera. »

Toute peine se prescrit par vingt ans : on présume que les maux de vingt années de proscription ont assez expié le crime, et que les larmes du repentir l'ont effacé. Le crime est expié et effacé après vingt ans; il l'est surtout pour les Français qui oublient plus vite les vertus et les services. Le Français n'a pas une mémoire implacable, et il n'est pas dans ses mœurs de pardonner à demi. Le crime expié et effacé est pardonné en entier : comment la peine subsisterait-elle en partie? Pourquoi priverait-on désormais des droits civils celui à qui l'on permet de vivre désormais dans la cité ?

C'est une suite de la fiction qui se répand encore sur ces articles, et qui y produit, avec une véritable logomachie, un mystère comparable à tous ceux que l'Asie a pu rêver.

En effet, après avoir maintenu la mort civile, on suppose que le mort civilement pourra acquérir, ce qui est bien un acte de vie civile : voilà la logomachie.

Voici le mystère.

Un homme était mort depuis vingt ans ; après vingt ans il ressuscite : on le conçoit, car sa mort fut une fiction ; mais il ressuscite sans ressusciter ; il reste mort civilement, quoiqu'il soit ressuscité civilement ; et néanmoins il n'est pas mort civilement, car il vit pour acquérir.

Ce mystère aboutit à déclarer, ce qui est clair, que les biens qu'il pourra avoir acquis à sa mort naturelle appartiendront à la nation par droit de *déshérence*.

Par droit de déshérence !

Déshérence est-il le mot ? Déshérence est-il la vérité ? Pas plus que la vérité n'est le mensonge. Il n'y a pas déshérence ou défaut d'héritier naturel, puisqu'il y a des enfans et des parens qui n'ont pas pu cesser de l'être par la condamnation et par le crime. La peine est prescrite. La parenté, la paternité, la nature sont imprescriptibles. Le mot n'est pas déshérence ; déshérence est un dernier anneau ajouté à la longue chaîne des injustices de la fiction de mort civile ; déshérence est un mensonge : le mot est, il est bien confiscation, et la chose est aussi confiscation.

On a adouci la chose en disant que le gouvernement pourra faire, au profit de la veuve, des enfans ou parens du condamné, telles dispositions de ses biens que l'humanité lui suggérera.

Mais il ne faut pas que le gouvernement puisse faire, car il pourrait aussi ne pas faire. Il faut que les enfans héritent de leurs pères, et les parens de leurs parens.

La trop mémorable confiscation a disparu de tous nos Codes ; en voilà un germe enveloppé ; c'est sans doute le moindre des germes : quel qu'il soit, vous vous garderez de le déposer dans notre Code civil. Non, vous n'adopterez pas un projet qui le contient, avec le titre de concubine pour la vertu conjugale poussée jusqu'à l'héroïsme, l'opprobre de la bâtardise pour les enfans nés du mariage qu'il dissout malgré les époux ; la vengeance partielle, après vingt ans, chez les

Français; et qui, à tant de dispositions odieuses, et tant de vices graves de détail, réunit encore le rétablissement du prétendu droit d'aubaine, si barbare et si insensé parmi nous.

Nous voterons le rejet de ce projet.

OPINION DU TRIBUN CARION-NISAS,

POUR LE PROJET.

11 et sect. 2.   Tribuns, c'est sur deux points principaux, ce qui regarde l'admission des étrangers, et ce qui est relatif aux effets de la mort civile, que les meilleurs esprits sont encore en dissentiment : ces deux points sont importans et délicats. Au désavantage naturel de la défensive, se joint celui d'avoir à combattre des adversaires qui se couvrent d'armes respectées, qui appellent à leur secours ces noms imposans d'économie politique, de circulation, de balance du commerce, de philantropie même, d'humanité, et toutes ces théories brillantes qui séduisent encore, non seulement les témoins, mais les victimes même de leurs malheureux résultats ou de leur déplorable impuissance.

11   Personne ne peut nier que les dispositions du projet, en tout ce qui touche l'admission des étrangers, ne soient dans les règles de l'exacte justice ; rien n'est plus exactement juste que la réciprocité ; mais ces dispositions ne vont pas jusqu'à la faveur, et c'est ce dont on se plaint.

L'Assemblée constituante avait favorisé d'une manière beaucoup plus large tous les étrangers indistinctement qui s'établissaient en France. Un des opinans, en convenant avec nous que plusieurs étrangers nous avaient fait des maux infinis pendant nos troubles politiques, a remarqué avec justesse qu'on ne pouvait pas en induire que la disposition générale de l'Assemblée constituante fût mauvaise, parce que les temps où nous avons éprouvé ces funestes effets de la présence des étrangers n'avaient rien de commun avec les temps ordinaires pour lesquels les lois sont faites, et que ces étrangers, dont nous avons tant de droit de nous plaindre, n'étaient point ces propriétaires, ces capitalistes, ces hommes industrieux et probes que l'Assemblée constituante avait prétendu appeler. Cela est vrai ; mais si on ne peut pas, à cause des troubles dont sa session a été suivie, accuser l'Assemblée constituante et ses lois d'aucun mauvais effet qui leur puisse être raisonnablement imputé, il est certain aussi qu'aucun bien n'est résulté de ces mêmes mesures ; que, si on ne peut pas conclure qu'elles sont mauvaises, on ne peut pas décider non plus qu'elles sont bonnes ; qu'enfin, elles ne sauraient être jugées, et que les choses restent dans ce doute où il est commandé par la sagesse de s'abstenir.

Il faut donc remonter à la question primitive. Est-il bon d'appeler l'étranger, de le favoriser, de l'engager, par tous les moyens possibles, à venir habiter le territoire français ? Faut-il se contenter de ne pas le repousser ? Doit-on le traiter avec la seule justice sans faveur ? Doit-on même lui imposer chez nous, quand il nous les impose chez lui, des conditions préalables et un noviciat onéreux ?

Le gouvernement royal avait déjà montré, dit-on, sa préférence pour le parti de la facilité et de la faveur. La postérité jugera peut-être que ce gouvernement a péri précisément parce qu'il avait admis aussi bien d'autres idées qui accompagnent les principes auxquels ce système se rattache ; qu'il a péri, surtout, parce que tout caractère et tout esprit national s'était perdu au milieu de la faveur indiscrète accordée aux hommes et aux doctrines du dehors, et de ce fol engouement pour les étrangers qui n'a rien de commun avec l'estime et les égards qui leur sont légitimement dus.

Nous sommes entrés dans le monde à l'époque où triomphait cet enthousiasme insensé ; cette époque offrait un spectacle déplorable et singulier. Au milieu de la France on ne trouvait plus de Français.

Dans l'armée, les habitudes et les méthodes prussiennes et allemandes usurpaient une stupide admiration, et révoltaient l'honneur et le bon sens du soldat.

Dans l'intérieur, les manies anglaises avaient effacé jus
qu'aux dernières traces de notre caractère.

Dans les lettres, dans les sciences, dans les arts, même
invasion de l'esprit du dehors; et les héritiers du grand
siècle écoutaient, à genoux, les leçons de pédagogues étrangers, le rebut ou l'opprobre de leur propre pays.

L'amour de la patrie et l'orgueil national étaient devenus
des ridicules; la philantropie universelle, l'amour du genre
humain, avaient remplacé ces sentimens respectables qu'on
traitait de vieux préjugés, d'antique faiblesse; et un bel-
esprit fort à la mode (a) avait fait un *discours sur le vieux
mot patrie*. Voilà cependant ce qu'a été la nation française,
nous l'avons vu; voilà de quel abîme d'avilissement elle est
sortie avec tant de douleur. Est-il sage, dans une telle nation, d'aider encore par les lois cette propension, qui n'est
déjà que trop forte, à se déconsidérer elle-même en faveur
de voisins ou d'ennemis qui ne la valent pas?

Le genre humain n'est qu'une grande famille, je le sais.

Tous les peuples sont frères, j'en conviens; mais ce sont
des frères dont les querelles seront éternellement soumises
à la décision du glaive et à l'arbitrage des batailles.

Si la paix éternelle, si la fraternité universelle, sont des
rêves impossibles à réaliser, pourquoi provoquer une fusion
indiscrète, un mélange effréné des peuples, pendant ces
courts intervalles de paix qui suspendent momentanément
l'état de guerre, qui est malheureusement l'état habituel du
globe? Gardons plutôt ce caractère particulier, cette attitude
nationale, ces traits distinctifs dont l'effacement est toujours
un des signes de la décadence des empires.

Voilà pour les peuples en général; voici pour les particuliers.

Nous estimons chez les autres les mêmes qualités qui nous
rendent estimables à nos propres yeux. Ainsi, quand nous
sentons au fond de notre âme un amour ardent de la patrie,

(a) L'abbé Goyer.

une haine vigoureuse contre ses ennemis, un dévouement enthousiaste pour tout ce qui fait sa gloire ou son bonheur, nous nous applaudissons de ces sentimens; nous nous savons gré de travailler ou de souffrir pour notre pays; nous nous enorgueillissons nous-mêmes d'un nom pour lequel aucun sacrifice ne nous coûte.

Eh bien! c'est sur la même règle que nous devons juger les étrangers. Quel est, dans un moment de trève, celui de nos ennemis dont nous serrons la main avec le plus d'estime et de véritable cordialité? c'est celui-là même dont, pendant le combat, nous avons cherché la poitrine avec le plus d'ardeur. Ce sentiment est général, quoiqu'il agisse chez la plupart des hommes à leur insu. Et qu'on ne craigne pas que je puisse, en m'exprimant ainsi, offenser les étrangers! l'intention en est loin de moi; et, au contraire, il me semble que je les honore précisément comme ils doivent aimer à être honorés, et comme ils s'honorent eux-mêmes. Je ne mesure point ce que je dois d'estime à un étranger sur l'amour qu'il porte à ma patrie, mais sur l'attachement qu'il a pour la sienne. Un Anglais est pour moi d'autant plus estimable qu'il est plus anglais; et ce sentiment qu'il excite en moi n'est pas fait pour lui déplaire.

Celui qui abandonne sa patrie, qui la déshérite de son travail, de son industrie, de ses capitaux, témoigne peu d'enthousiasme pour elle, peu de fidélité à des affections sacrées; je ne vois pas par quel charme il inspirerait un si tendre intérêt à celle qu'il vient chercher peut-être pour la quitter encore. Cet homme a été mauvais Anglais, mauvais Allemand; c'est une présomption à vos yeux qu'il va être un excellent Français! quel étrange raisonnement! Honneur, estime, accueil à l'étranger! Comme voyageur, comme passager, il est sous la protection des dieux hospitaliers; avec lui, je ne calcule point ma bienveillance, elle lui est acquise sans mesure, sans réserve, sans scrupule; mais, dès qu'il veut s'établir, je m'arrête, j'examine, et les premières questions que je me fais sont celles-ci : pourquoi a-t-il quitté son pays? Est-ce par une légèreté d'esprit toujours peu estimable? pour un crime public? pour des raisons secrètes et honteuses? par les vues d'une cupidité désordonnée, mauvais garant de sa moralité? Dans toutes ces hypothèses, je ne vois pas pourquoi l'on irait pour lui plus loin que la justice, et jusqu'à la faveur. Il semblerait, à entendre certains hommes, que nous habitons une terre toute nouvelle, où une population rare, disséminée sur un sol immense, s'agite péniblement, incapable de suffire à toutes les exploitations qui lui sont offertes. Mais non, convient-on assez généralement, nous n'avons pas besoin de leurs bras. Ils nous porteront leur or, nous dit-on. Je ne m'écrierai point avec les Romains : c'est l'or de Toulouse, il porte malheur; mais j'observerai d'abord que les capitaux qui sont employés au commerce, tous ceux qui rentrent dans la classe des richesses mobilières, existent et circulent sous des formes qui ne leur permettent pas de craindre les atteintes de la loi qu'on redoute pour eux; elle est à peu près nulle à leur égard : c'est le sentiment de ceux qui entendent le mieux cette partie.

Quant aux acquisitions d'immeubles, il y a plus d'une remarque à faire, et avant tout, un fait à réfuter.

On a dit à cette tribune, comme l'une des raisons qui devaient nous faire sérieusement songer à favoriser par toutes sortes de moyens l'importation des capitaux étrangers, que nos terres se vendaient à un prix excessivement vil, et sur le pied de dix ou douze pour cent de leur revenu. Je m'élève contre cette assertion; je déclare formellement et solennellement qu'elle est inexacte et tout à fait erronée. Il résulte du registre des criées du département de la Seine, que depuis plus de dix-huit mois il n'y a pas dix exemples qu'une propriété de 5,000 francs de revenu se soit vendue au-dessous de 100,000 francs; et à cinquante lieues de Paris, c'est presque partout à quatre pour cent que se font les ventes d'immeubles, surtout de gré à gré.

J'atteste ces faits, et j'offre de les prouver ; mais je n'en ai pas besoin pour combattre ceux qui les avancent. Je supposerai vrai pour un instant que nos immeubles soient réellement au bas prix qu'ils prétendent.

D'abord, il faudrait que l'étranger fût insensé pour venir acheter des portions d'une terre si suspecte et si vile aux yeux de ses propres habitans.

Mais enfin, s'il achetait, que s'ensuivrait-il? que pour 100,000 francs de capitaux importés en France, un étranger aurait éternellement, lui et ses ayant-cause, 12,000 francs du produit annuel du sol français, qu'il dépenserait en tel lieu du monde qu'il lui plairait.

Certes, la spéculation est fort belle pour l'étranger; il peut être très-pressé de la faire : mais pour la France, je ne connais point d'opération plus funeste. Je ne vois rien qui tende plus directement à l'appauvrissement de l'État. On sent que le même raisonnement s'applique aux rentes. Qu'on songe à ce que serait devenue la France si ces acquisitions de l'étranger avaient eu lieu du temps de nos assignats : tout le sol leur appartiendrait.

Ah ! c'est par d'autres moyens, c'est par la force invincible des choses, que se rétablit, pour un pays comme la France, le niveau et l'équilibre de ses capitaux avec l'Europe.

Avant de songer à faire entrer chez nous ces tributs de l'étranger qu'on exagère d'une manière si peu raisonnable ; avant d'appeler à grands cris (ce qui est une mauvaise manière de les attirer), et de nouveaux trésors, et de nouveaux citoyens, adressons-nous à ceux qui, au milieu de nous, sont encore, eux et leurs capitaux, dans un état d'inaction funeste; que de bonnes lois, un bon esprit national, une coalition franche de tous les bons citoyens, une heureuse harmonie surtout entre tous les pouvoirs, achèvent de rassurer tous les Français sur les destinées de leur gouvernement, et fassent promptement sortir ces trésors bien plus considérables qui se cachent au milieu de nous, resserrés encore par cette mé-

fiance et cette crainte, pusillanimes sans doute, mais bien
excusables après dix ans de convulsions successives. Eh ! qui
peut se flatter encore de ne pas sommeiller sur un volcan ?
Dans quelques heures, il y aura un an de sa dernière et
terrible explosion (a). A ce souvenir, les amis de la patrie
se serrent et jurent de périr avec elle.

Que tous les signes de l'harmonie et de la prospérité nous
rassurent ! que la prompte confection d'un Code civil marque
surtout d'un sceau distinctif et respectable le gouvernement
sous lequel nous nous reposons enfin ; et que la malveillance
ne puisse plus affecter de le confondre avec les gouvernemens
transitoires qui l'ont précédé !

Numéraire, crédit, circulation, finances, balance de commerce, grands mots, dit Montesquieu, inconnus aux publicistes de l'antiquité, lesquels admettent la morale dans les
familles, la frugalité dans les mœurs, le respect pour la
vieillesse, la sainteté du mariage, la sévérité du culte des
Dieux, le courage et la vertu des citoyens, et surtout leur
amour fanatique de la patrie, comme les vrais et les seuls
élémens de la prospérité, ainsi que de la gloire des empires.

Je sais, et Montesquieu le savait mieux que nous, quelles
différences immenses entre l'économie politique des peuples
anciens et celle des peuples modernes, défendent d'établir
entre eux aucune comparaison suivie. Mais tout a son abus ;
et ce grand homme combattait ici l'abus de ces systèmes qui,
par l'appât d'un gain médiocre et incertain, compromettent
l'État lui-même, les institutions et le salut de la patrie.

L'amour de la patrie est le sentiment d'une préférence qui,
pour être féconde en beaux résultats, doit avoir quelque
chose d'aveugle et d'immodéré ; c'est un préjugé, si l'on
veut, une prévention, mais une prévention heureuse : sans
elle, il n'y a point d'enthousiasme ; sans enthousiasme,
point de vertu ; sans vertu, point de gloire. Un peuple doué
d'une imagination vive et mobile, qui commence par croire

(a) Le 3 nivose.

que les étrangers peuvent lui être très-utiles, n'a qu'un pas à faire pour penser qu'ils lui sont très-supérieurs ; et alors tout est perdu.

Il n'y a point de richesses, point d'avantage commercial qui puisse compenser cette ruine de l'opinion qu'un peuple doit toujours conserver de lui-même.

Les peuples dégénèrent, les institutions périssent, les fondemens croulent, pendant qu'on s'attache au luxe des surfaces. La tête est d'or, mais les pieds sont d'argile. On a vu quels ont été, dans les derniers temps de la monarchie, les effets de cette prostration absolue de l'orgueil national, de notre peu d'estime pour nous-mêmes, et par suite, de notre déconsidération en Europe. Une indignation généreuse fomentait dans quelques âmes fortes, et l'histoire attribuera en grande partie à cette cause la révolution et ses principales merveilles. Quel magnifique résultat, au contraire, a produit ce sentiment, même exagéré, de supériorité que cette révolution nous a inspiré ! Elle a porté le nom Français si haut, qu'il vaut bien, comme l'a remarqué un des opinans, la peine d'être sollicité avec quelque suite, d'être acheté par une année d'attente : car, en dernière analyse, c'est à quoi tout se réduit.

Je me résume : hérisser de lois trop sévères les barrières de la France, c'est repousser quelquefois barbarement l'innocence, la vertu, le malheur : être plus rigoureux envers les individus d'une nation, que cette nation ne l'est envers nos compatriotes, c'est lui faire injure, et la blesser de gaîté de cœur ; ce qu'il faut éviter avec soin. Mais la justice, la convenance, sont toujours respectées, quand la réciprocité est établie. Ce milieu est indiqué par la raison et la sagesse même. Nous serons toujours à temps de solliciter chez les autres, d'établir chez nous un système de faveurs dont l'observation réfléchie du caractère national doit faire craindre au peuple français, plus qu'à tout autre, des résultats abusifs.

Eh ! quel sera en définitif l'effet de la loi? les traités avec une puissance étrangère, avec l'Angleterre, par exemple, stipuleront telles conditions réciproques qui conviendront à la politique des deux cabinets; mais, indépendamment de cette voie toujours ouverte, et de toute stipulation diplomatique, si les Anglais règlent dans leurs lois civiles qu'il n'y aura nulle entrave pour le Français ou pour l'étranger en général qui s'établit dans la Grande–Bretagne, à l'instant toute entrave tombe pour l'Anglais en France.

A présent, consultez l'esprit des hommes et des nations, et voyez ce que vous obtiendrez : s'il n'y a point de réciprocité, vous aurez beau ouvrir vos ports à l'étranger, il ne pensera point à s'établir chez vous, s'il craint pour ce qu'il laisse derrière lui, s'il redoute les lois de son propre pays, pour les biens, pour les parens qu'il y laisse.

Ce qui vous importe bien plus que l'accession de l'étranger, c'est que le Français, toujours animé de l'esprit de retour qui est dans l'essence de son caractère, aille pomper les capitaux et les secrets du dehors, et rapporte en France ses acquisitions de tous les genres, afin de vous dédommager du moins de ce que l'étranger, retournant chez lui, vous emportera ; et c'est ce que vous ne pouvez attendre que de la réciprocité. Notre intérêt la commande ; et ceux qui espèrent si peu de chose du résultat des négociations, seront peut-être fort étonnés de ce qu'elles produiront dans cette matière.

SECONDE PARTIE.

sect. 2.   Je passe à l'article de la mort civile, de ses effets, et de la déshérence encourue par les morts civilement.

S'il fallait ici soutenir ou colorer le principe des confiscations, essayer de surprendre pour lui quelque faveur, quel serait le citoyen digne de la liberté, qui voudrait assumer cet emploi ignominieux, tenter cet effort inutile ?

Mais par quelle inconcevable distraction a–t–on cru apercevoir la moindre trace de l'odieux système des confiscations dans les mesures proposées? Ce système est anéanti formellement par cet article : « Le condamné perd la propriété de « tous les biens qu'il possédait; sa succession est ouverte au « profit de tous ses héritiers, auxquels ses biens sont dévolus « de la même manière que s'il était mort naturellement. »

Ces mots une fois prononcés solennellement par la loi aux yeux de tout homme de bonne foi, tout danger d'un système de confiscation est absolument évanoui. Quel est en effet le danger des confiscations? quelle est la théorie de cet affreux système?

L'avidité du fisc suscite des délateurs, invente des crimes, fait périr des citoyens et dépouille les héritiers. Plus les citoyens sont riches, plus ils sont exposés; et c'est ainsi que ce principe effroyable va directement à la dissolution de la société. Voilà ce qu'on a vu en France sous Robespierre, à Rome sous Sylla, Marius et les Césars. Voilà ce qui a fait chez nous que les fermiers généraux ont été envoyés à l'échafaud pour réparer une défaite; voilà ce qui a fait qu'à Rome ce malheureux proscrit s'écriait : C'est ma maison d'Albe qui me poursuit.

Mais sous les mesures proprosées on ne découvre la trace de rien de semblable; il n'y a pas, sous la loi qu'on nous présente, plus de danger pour le riche que pour le pauvre, pour le faible que pour le puissant; et c'est là le véritable caractère de la sécurité politique et civile.

La nation n'hérite pas plus de la dépouille du plus opulent que de celle du plus misérable des condamnés; elle n'a pas plus d'intérêt à la condamnation de l'un qu'à celle de l'autre. Morts sur l'échafaud, ils sont les uns et les autres, pour leurs héritiers, comme s'ils étaient morts dans leurs lits. Il est impossible de repousser plus loin le système de confiscation que ne le font les dispositions de cette loi; il est impossible de désintéresser plus positivement le fisc au malheur des citoyens, à la condamnation des chefs de famille. Mais, dit-on, lorsque le présumé coupable, craignant les préventions de ses juges, ou, sentant trop bien la réalité de son crime, se sera soustrait au jugement ; s'il meurt naturellement, soit avant, soit après l'expiration du délai nécessaire pour prescrire la peine, mais après les cinq ans de faveur que la loi lui accorde, la nation s'empare de ce que laisse ce malheureux, et en prive ses héritiers. Ses héritiers ! mais on n'y pense pas : est-ce donc qu'on peut hériter deux fois du même homme ? Quelle étrange prétention ! La loi le ferait-elle revivre pour qu'il mourût une seconde fois au profit de ceux qui en ont déjà hérité ?

Il est mort : cette mort a eu tous les effets civils que la mort peut avoir. La succession a été ouverte ; les héritiers ont été appelés : ils ont recueilli ; ils sont saisis, tout est consommé. Il y aurait bien plus d'inconséquence, bien plus de contradiction à le supposer vivant pour le faire mourir une seconde fois, qu'à continuer à le tenir pour mort, quoiqu'il vive encore d'une vie naturelle, mais d'une vie, pour ainsi dire problématique, puisqu'il vit à l'insu et en fraude de toutes les lois. Mais, dit-on, le temps de la peine peut prescrire, les vingt ans peuvent s'écouler. Je ne vois pas pourquoi, au bout de ce temps là, le scandale d'une existence civile pourrait être la suite de l'adresse employée à se soustraire aux lois : pourquoi tiendrait-on à rendre cet éclat, honteux pour la société, à un homme flétri par elle ? Ce n'est plus un citoyen qui a reparu, ou qui peut reparaître ; ce n'est plus un père, un époux qui peut venir dicter des lois dans sa famille. Cette famille l'a tenu pour mort. Ses enfans n'ont pas eu besoin de son consentement pour se marier ; sa femme, pour disposer d'elle et de ses biens. De quel droit ces héritiers viendraient-ils recueillir des bénéfices dont ils n'ont plus les charges, exercer les droits dont ils n'ont point rempli les devoirs correspondans ? Et quels seront d'ailleurs ces bénéfices ? C'est bien ici que s'aperçoit le vide de ces craintes inconcerables qui ont ramené le mot *confiscation* dans une discussion qui lui était si étrangère.

Eh quoi ! le fisc a renoncé solennellement à la succession d'un homme, lorsque, sortant d'un état protégé par les lois, il avait pu, par tous les moyens possibles, par toutes les voies d'acquisition et de conservation, se composer une fortune solide, une opulence considérable ! et lorsque le fisc paraît pour s'emparer de ce qui n'appartient légalement à personne, comme nous le verrons tout-à-l'heure, pour ramasser le misérable pécule d'un homme mort hors de la protection de toutes les lois, et dans un état qui lui interdit presque tous les moyens d'opulence, vous accusez la loi de cette avidité qui est le mobile de lois barbarement fiscales, avec lesquelles il est impossible de confondre celle-ci !

Dans le système des confiscations, l'intérêt du fisc est que celui dont il doit hériter meure promptement ; ici, ce serait au contraire qu'il vécût long-temps. Il n'y a donc aucune espèce de similitude.

Mais pourquoi le fisc, qui y a si peu d'intérêt, s'obstine-t-il à vouloir s'emparer, par droit de déshérence, d'un si mince héritage ? Posons les cas, et voyons s'il serait facile de faire autrement, de substituer quelque chose de raisonnable aux dispositions que la loi propose.

Un homme a été condamné sous le nom de Pierre, dans le département du Morbihan, à des peines emportant la mort civile ; il fuit, et va se cacher sous le nom de Paul, dans le département du Var, à l'autre extrémité de la République : il y meurt, après avoir amassé par son industrie un léger pécule. Quand cet homme, uniquement connu sous le nom de Paul dans le département où il a cherché un asile, y est décédé seul, et emportant, du moins pour la loi, son secret avec lui, comment serait-il possible d'établir que cet homme était le même qui avait été connu sous le nom de Pierre dans le département du Morbihan ? Quel procédé suivrait cette famille de Pierre, qui voudrait se porter comme héritière de

Paul? Quelle preuve pourrait-elle administrer? Comment pourrait-elle parvenir à se faire envoyer en possession? Le fisc serait là, qui, par la loi générale des déshérences, élèverait des prétentions incontestables, prouverait que Paul n'a ni famille, ni héritiers, et s'emparerait de sa succession, sans qu'il fût alors possible à la République d'en rien rendre à cette famille, que moralement, mais non légalement, on saurait être celle du mort. Le droit de déshérence, disent les jurisconsultes (voyez Denisart), a lieu lorsqu'il n'y a point d'héritiers apparens : or, y a-t-il ici un héritier apparent? Combien plus humaine, plus délicatement libérale est la disposition qu'on vous propose!

La succession du condamné tombe dans la déshérence générale de tous ceux qui, comme lui, n'ont point d'héritiers apparens ; mais cette succession, dans la main de la République, est libre, elle en peut disposer ; et la loi non seulement lui permet, mais visiblement par cette explicite permission l'invite à le faire vis-à-vis de ceux qui ne peuvent pas prouver, mais que dans sa conscience informée elle sait être les héritiers. Ainsi, la nation a observé la justice dans sa plénitude, lorsque, retranchant de la société l'homme coupable, elle ne s'est point embarrassée s'il était riche ou pauvre, et a laissé toutes choses avoir leur cours, comme si la main même de la Providence l'avait frappé au milieu d'une vie irréprochable.

Aujourd'hui, elle fait grâce, elle cède, elle donne ce qui lui appartenait incontestablement ; car elle hérite de ceux qui n'ont point d'héritiers apparens : seulement, tant que la loi a laissé à cet homme mort le droit de revivre, elle a voulu prendre des précautions telles que le contumax, reconnu innocent et rendu à la société, ne se trouvât pas dépouillé par la cupidité et la mauvaise foi de sa famille même. A ces dispositions, dictées par la plus prévoyante humanité, on oppose les anciennes mesures, qui font peser un séquestre presque éternel de la part du fisc sur les biens du condamné.

Je demande à tout homme de bonne foi : quelle spoliation pour les héritiers, quelle destruction pour la propriété même, peut être plus certaine que celle qui résulte de la mesure désastreuse du séquestre? C'est bien alors que l'accusé est à plaindre, s'il inspire quelque intérêt à sa famille. C'est alors qu'il est voué à la plus profonde misère ; que sa famille avec lui, injustement punie de son crime, est poussée par le désespoir à partager la vie errante, vagabonde, et le brigandage qui devient désormais la seule ressource du fugitif.

La dissolution du mariage, quant à ses effets civils, est encore un objet qui a excité de vives réclamations. Il est très-facile de faire des tableaux attendrissans ; de faire admirer, et avec justice, l'héroïsme d'une femme qui s'attache au malheur de son mari qu'elle croit innocent; de peindre la vertu aux prises avec le malheur, comme le plus beau spectacle que la terre puisse offrir au ciel même. Ce trait de Sénèque, reproduit pour la millième fois, paraîtra toujours sublime ; mais ici que signifie-t-il? Le mariage est l'union publique, solennellement avouée, d'un homme et d'une femme : entre l'union de la nature et celle de la loi, il y a cette différence unique, mais immense, que l'une se montre au grand jour et que l'autre se cache.

Publicité de l'union, trait caractéristique du mariage civil chez les peuples policés. Il est clair que, là où il ne peut plus y avoir d'union publique et avouée, la loi ne peut plus reconnaître de mariage. Que les conséquences de ce principe soient douloureuses, je le conçois. On propose l'épouse fidèle à l'admiration du monde, on ne peut pas la lui ravir ; mais il y a tant d'autres douleurs que les lois ne peuvent pas guérir! si le principe est incontestable, cela suffit pour la justice.

Avec de l'éloquence et du talent, on peut tout changer, tout dénaturer ; montrer comme atroces les lois les plus utiles, les plus douces et les plus sages; colorer les lois les plus atroces : l'éloquence vous fera frémir, à la tribune, des effets d'une loi qui, dans le calme du cabinet, est démontrée irréprochable ; son charme fascinera votre vue sur le résultat d'une loi atroce, appuyée de motifs honorables et menteurs.

Lisez, dit Montesquieu, le préambule des proscriptions du second triumvirat : on n'y parle que d'humanité, de sécurité, de bonheur commun; et cependant il n'en découle que du sang.

L'éloquence est une grande magicienne : elle change la couleur des choses ; mais elle n'en saurait changer le fond, l'essence, le principe. C'est le principe qu'il importe aux esprits bien faits de consulter.

Cette épouse que vous offrez à notre intérêt, nous l'estimons, nous l'admirons comme vous; le ciel même la voit toujours comme épouse; elle reçoit des consolations d'en haut, et le monde la bénit.

Mais la loi, pour elle comme pour mille autres, est un magistrat muet et sourd, et c'est son devoir de l'être : ne murmurons pas, égarés par le sentiment, contre cette impassibilité qui fait le salut de la société et le nôtre.

Tribuns, je ne me flatte pas d'avoir parlé avec exactitude la langue des jurisconsultes; mais c'est le langage du bon sens, de la haute raison publique, de la bonne foi surtout, que j'ai voulu adresser aux membres de cette assemblée, qui, pour ne s'être pas assis dans les écoles respectables de la jurisprudence, n'en sont pas moins dignes de balancer les grands intérêts de la patrie et des citoyens.

Je finis par une réflexion générale : nous ne sommes pas appelés à voter des lois parfaites, les hommes ne sont pas destinés à en faire de telles : quelques soins que des esprits très-éclairés aient portés dans la confection des lois qu'on nous présente, il est impossible que d'autres esprits très-éclairés aussi, et très-subtils, ne trouvent toujours à établir facilement une controverse spécieuse sur les moindres articles, et que la meilleure rédaction n'offre un fond iné-

puisable de critiques éloquentes ou ingénieuses. Le bon sens
du peuple est frappé de cette vérité; mais, comme, encore
une fois, c'est seulement sur les meilleures lois possibles que
nous devons nous fixer, le peuple, témoin de la discussion
franche, du véritable amour du bien qui a présidé à la confection des projets qui nous sont offerts, pénétré d'une estime que l'Europe partage pour les lumières de ceux qui ont
préparé le Code civil, et ne voyant point venir d'ailleurs
aucun plan, aucun projet plus parfait; le peuple, dis-je,
croit et nous ordonne de croire que celui-ci est encore le
meilleur possible.

Hâtons-nons donc de faire jouir le peuple de ces lois dont
il a soif : Titus ne perdit qu'un jour pour le bonheur du
peuple romain, et il s'en repentit amèrement. Un mois s'est
déjà écoulé de cette intéressante session, qui devait achever
de rendre heureux au dedans, par de bonnes lois civiles,
le peuple que la victoire a fait si grand au dehors. Hâtons-
nous de le faire jouir du bienfait de cette législation uniforme
et sage. Répondons à l'honorable impatience de ces pères de
famille, qui nous en conjurent par le sang de leurs enfans
versé dans les combats.

Je vote l'adoption de la loi.

OPINION DU TRIBUN SÉDILLEZ,
POUR LE PROJET.

Tribuns, il est assez fâcheux d'arriver à la tribune lorsque
la discussion est aussi avancée, et que les esprits, déjà fati-
gués, ont formé leur opinion. Le moment où je parle me
prescrit des bornes plus étroites, et me fait une loi de ne
vous donner que le précis des développemens qui, nécessaires au commencement d'une discussion, deviendraient
superflus lorsqu'elle touche à sa fin. Inscrit successivement
pour et contre, mon intention n'était pas de faire l'apologie
ni la satire du projet.

J'avais d'abord divisé mon opinion en deux parties.

Dans la première, j'attaquais les bases fondamentales du projet, et j'essayais d'établir ces quatre points :

1°. Qu'on avait eu tort d'écarter du Code civil toute défi-nition et tout principe de doctrine ;

2°. Qu'on s'était fait une fausse idée de ce qu'on appelle les droits civils ;

3°. Que la jouissance des lois de la France est une chose qui doit être aussi commune que l'air vital que l'on y respire;

4°. Que la mort civile est un spectre fantastique qui n'est bon qu'à tourmenter les législateurs et à déshonorer la lé-gislation.

Dans la première partie, je rends compte des raisons qui m'ont déterminé à ne point voter contre le projet.

Je supprime en ce moment toute la première partie de mon opinion, et parce que je craindrais que la fatigue de ma poi-trine ne me permît pas de la lire, et aussi pour ne pas abuser de votre attention.

SECONDE PARTIE.

Tribuns, j'ai cru devoir vous faire cet exposé afin que vous connussiez mes principes sur la matière, et surtout afin que, me voyant voter l'adoption du projet, vous ne pensiez pas que je me suis déterminé d'après une aveugle prédilection.

Frappé d'abord des objections qui s'élèvent contre le projet, j'avais résolu de l'attaquer. Je n'ai été ramené à le défendre que par une série de raisons dont chacune, prise séparément, n'est peut-être pas une démonstration, mais dont l'ensemble, bien combiné, m'a paru irrésistible. Je désirerais vous en présenter le faisceau; mais je ne puis le faire si vous ne m'accordez quelques instans d'une attention soutenue.

1°. Nous voulons avoir un Code civil, et pour le bonheur des Français, et pour la gloire de la France.

2°. Ce Code est nécessairement composé de lois particu-lières.

3°. Et ce Code et ces lois ont dû être préparés, rédigés, présentés.

4°. La Constitution charge le gouvernement de la préparation et de la présentation des lois ; ses moyens de préparation sont sous les yeux de l'Europe, et il faut avouer qu'avant même d'avoir lu, une grande faveur d'opinion doit en accompagner les résultats.

5°. Le Tribunat est l'autorité que la Constitution appelle à discuter les lois. Dans cette discussion, il doit avoir égard à cette présomption favorable qui environne les projets qui lui sont présentés, pour ne les pas attaquer légèrement ; il y va de sa gloire et de son honneur : il doit aussi considérer la juste impatience du public pour jouir du bienfait d'une législation uniforme ; et enfin, il ne doit pas perdre de vue qu'il est dans la nature de tous les ouvrages des hommes, et particulièrement en législation, de ne marcher à la perfection qu'à l'aide du temps et de l'expérience.

6°. Un Code civil, fût-il envoyé du ciel, éprouverait des contradictions parmi les hommes ; chacun d'eux voudrait le faire d'après ses idées et ses intérêts ; et celui que chacun ferait, en supposant qu'il contentât son auteur, serait à peu près sûr d'obtenir le désaveu de tous ceux qui ne l'auraient pas fait.

Par exemple, d'après les principes que j'ai exposés, on sent bien que, si j'avais eu à faire la loi qu'on nous propose, je l'aurais fait reposer sur des bases bien différentes, puisque je ne reconnais pas l'existence de droits civils, puisque je regarde la mort civile comme une vaine et dangereuse fiction, et que je voudrais donner la plus grande latitude à la communication des peuples.

J'aurais sans doute échappé aux objections qu'on fait au projet de loi, mais j'aurais essuyé d'autres critiques qui n'auraient été ni moins vives, ni peut-être moins fondées. Tout autre qui eût tenté la même entreprise n'aurait pas été plus heureux ; et les plus chauds adversaires du projet, s'ils vou-

laient se mettre à l'œuvre, y seraient peut-être fort embarrassés, car il est toujours plus facile de détruire que d'édi-
fier. Lorsqu'on se charge de l'attaque, on s'empare du rôle
le plus facile et le plus brillant. Le fracas des objections a
toujours plus de force pour attaquer, que la propre bonté
d'un projet n'a de force pour le défendre.

7°. Dans tous les systèmes il y aura toujours des objections,
et des objections bien fortes, surtout dans une partie de législation qui touche aux déserts de la métaphysique. Les premiers
élémens des sciences morales et politiques, et même de
celles qu'on nomme exactes, sont enveloppés d'une espèce
de nuage qui donne à la lumière des réfractions trompeuses,
capables d'égarer les meilleurs esprits.

Les lois générales de l'univers ne sont pas elles-mêmes à
l'abri des critiques, et l'on ne manque pas d'esprits présomp-
tueux qui se croiraient en état de donner de bons conseils à
la sagesse elle-même. Cependant, quand il serait vrai que
nous ne sommes pas dans le meilleur des mondes possibles,
toujours est-il vrai que ce monde, tel qu'il est, vaut encore
mieux que le chaos. De même, en attendant que nous puissions jouir du meilleur des Codes possibles, il est bien difficile de nier que celui qu'on va nous proposer ne soit préférable au chaos de notre législation actuelle, à nos trois cents
coutumes, à nos jurisprudences multiformes, à nos recueils
d'arrêts alongés les uns sur les autres, ou plutôt les uns
contre les autres.

8°. J'ignore quand et comment se terminera la discussion
de notre Code civil : le champ du pour et du contre est immense, comme le champ de l'orgueil et de la présomption.
Les objections vont se croiser en tous sens d'une manière
inextricable, et sans donner aucun résultat certain.

Nous n'avons encore sous les yeux que la première loi de
ce Code, et déjà il est presque impossible de s'y reconnaître.

Jamais les républiques de la Grèce n'auraient joui de ces
lois qui ont fait leur gloire et leur bonheur ; jamais la Chine

n'aurait obtenu celles qui assurent sa tranquillité depuis tant de siècles ; jamais Rome elle-même n'aurait eu ce corps de droit que nous admirons aujourd'hui, si ces différentes législations avaient été soumises au genre de discussion qui nous occupe.

Comment pouvons-nous nous flatter d'avoir jamais un édifice, si nous rejetons sans cesse tous les matériaux qu'on nous présente, sous le prétexte qu'ils n'ont pas toute la précision qu'ils ne peuvent obtenir que d'un travail lent et successif, et surtout de leur place dans l'ensemble, et de leur rapport avec les autres pièces qui doivent les accompagner ?

On se plaint de ce que les fragmens du Code nous sont donnés par parties ; on se plaindrait bien davantage s'il nous était présenté en masse.

9°. On voudrait voir paraître tout à coup une Minerve armée de pied en cap ; mais qu'on la demande donc à Jupiter lui-même, et encore ne faudrait-il pas qu'il consultât le conseil des dieux (a) ?

Lorsqu'il est question de choses nécessaires, veuillons au moins ce qui est possible.

De quelque manière que l'on s'y prenne, les projets que nous allons discuter isolément ne seront, long-temps encore, que des pierres d'attente. Lorsqu'ils seront tous adoptés, le Code civil n'existera pas encore. Un travail de révision générale sera indispensable. Il y aura des raccordemens à faire, des lacunes à remplir, des corrections, des retranchemens à effectuer, un ordre définitif à mettre dans l'ensemble et dans les parties ; c'est alors qu'il sera possible de revenir sur quelques erreurs qui ressortiront mieux quand elles seront mises en présence du tout ; c'est alors qu'il sera possible d'atteindre à une espèce de perfection.

10°. Notre discussion dégénérerait en un art de rhétorique, et notre législation constitutionnelle ne serait qu'une vaine

(a) L'empereur de Russie vient de supprimer une commission nombreuse qui était chargée de. puis très-long-temps de rédiger un Code civil, et qui n'avait encore rien produit : il a chargé de ce travail un seul homme : la Russie aura avant nous un bon Code.

théorie, inutile et impossible dans la pratique, si nous devions rejeter toutes les lois qui contrarient nos idées ou nos systèmes personnels.

Il me semble, au contraire, que la raison veut que nous donnions notre assentiment général à une loi qui, reconnue nécessaire pour le fond, ne présente aucun détail tellement grave qu'il couvre l'utilité générale qu'elle doit produire. En cas de doute même, le projet doit avoir une voix prépondérante.

Il me semble que plusieurs orateurs ont répondu d'une manière solide et satisfaisante à la plupart des objections qu'on a faites : ce qui m'a surtout donné de la confiance dans leurs réponses, c'est que les défenseurs du projet ont répondu avec beaucoup de sang-froid et de simplicité à des objections produites avec une chaleur et une pompe de style qui séduisent quelquefois l'imagination, mais contre lesquelles la raison a grand soin de se mettre en garde. En effet, quelques orateurs n'ont pris d'autre soin, pour répondre à ces objections, que de les dépouiller de l'étalage et du prestige qui les entouraient; et c'est bien là la meilleure manière de réfuter.

Presque toutes les objections viennent de ce qu'on ne veut pas que la loi soit conséquente.

Je ne crois pas que personne ait attaqué l'existence des droits civils et le principe qui prive de leur exercice les criminels condamnés à certaines peines. Je ne crois pas qu'on se soit élevé davantage contre le principe de la mort civile. Après avoir laissé passer ces deux principes, on se récrie sur leurs conséquences; on trouve juste qu'un coupable soit séparé des bons citoyens, et qu'il ne communique pas avec eux dans la jouissance des mêmes droits; et l'on jette les hauts cris dès que, par une conséquence du principe, on veut le priver du moindre de ces droits; on veut que le mariage du condamné subsiste, même quant aux effets civils; on veut que ses enfans soient légitimes. Il ne suffit pas que sa succes-

sion ait été ouverte une fois au profit de ses héritiers, au moment où il a été frappé définitivement de la mort civile ; on
veut encore qu'après avoir été déclaré mort à la société, il
conserve le droit de transmettre à ses héritiers une seconde
succession qu'on suppose qu'il aura acquise au milieu de
l'opprobre et du dénuement qui sont la suite de son état.
Ainsi, l'on voit que toute cette grande dispute roule sur un
cas purement hypothétique.

Ces enfans ne succéderont point à leur père! ces enfans
seront bâtards! Il y a dans la société bien d'autres enfans
qui ne succèdent point à leurs pères : un bâtard n'est autre
chose qu'un enfant né d'une union qui n'a jamais eu ou qui
n'a plus les effets civils ; et, puisqu'on a tant de sensibilité
pour les bâtards, pourquoi donc ne s'intéresser qu'à ceux des
criminels! Mais, pour obtenir ce que l'on désire, il faut
donc demander que les pères ne perdent pas la vie civile,
qu'ils conservent la jouissance des droits civils, et il faut
réhabiliter le crime, et le mettre sur la même ligne que la
vertu.

Pour donner de la défaveur à la déshérence prononcée
par la loi pour un seul cas qui n'arrivera peut-être jamais,
on a imaginé d'appeler cela une confiscation. Il est odieux
de confisquer, c'est-à-dire de donner au fisc ce qui appartient
à des propriétaires légitimes; mais il est tout simple, mais il
est indispensable de faire recueillir par le trésor public ce
qui n'appartient légalement à personne, et c'est cela seul
qu'on appelle déshérence. Voilà aussi comment on se joue
des mots, et par conséquent de ceux qui les écoutent.

On a surtout fait beaucoup de bruit, et l'on s'est étendu
avec beaucoup de complaisance sur la résurrection du droit
d'aubaine. On a développé, à cet égard, quelques idées libérales, et même quelques vérités politiques, si l'on peut appeler politique une discussion qui, dans les circonstances où
nous nous trouvons, m'a paru, à certains égards, de part et
d'autre, très-impolitique.

Il y a des choses sur lesquelles on en dit toujours trop. Je me bornerai à une réflexion très-courte.

Je ne suis pas éloigné de croire que le système de réciprocité, au milieu de toutes les idées actuelles, est peut-être une conception d'une politique très-délicate, et dont on peut tirer le meilleur parti. Il est beau sans doute de donner de grands exemples, mais c'est quand on a au moins l'espérance qu'ils pourront être imités : quand on n'a pas cette espérance, il faut attendre un meilleur temps. Une générosité indiscrète, faite à des gens qui ne sentent pas le prix de ce qu'on leur offre, n'obtient de leur part que l'indifférence ou la dérision. C'est avilir les plus grandes choses que de les prodiguer à vil prix.

Si nous supprimions seuls le droit d'aubaine, nos voisins en profiteraient et n'auraient aucun motif pour user envers nous de réciprocité. Nous n'avons pas besoin de leur donner ici des leçons publiques sur leurs intérêts, ils les connaissent mieux que nous ; mais nous n'avons pas besoin aussi de leur offrir des avantages qu'ils nous refusent. C'est dans une négociation, c'est dans un traité, c'est dans un règlement général d'intérêts politiques, qu'il sera possible de placer avantageusement une concession qu'on voudrait faire ici sans motifs et sans compensation. Je ne suis nullement touché des grands avantages qu'on nous fait espérer du renoncement absolu et gratuit au droit d'aubaine : tous ces avantages ne sont qu'en paroles ; tous ces hommes, toutes ces richesses n'existent que dans l'imagination. Je le répète, nos voisins connaissent mieux que nous leurs intérêts.

Enfin, je crois devoir ajouter qu'il y a tant de choses à dire pour et contre sur cette matière, et d'une manière aussi plausible en tous sens, qu'il est assez vraisemblable que, si le projet eût été rédigé en sens contraire, il n'eût pas essuyé des reproches moins sévères.

Je termine. Quoique le projet, dans ses bases, contrarie mes idées personnelles, néanmoins, tel qu'il est, je n'en vois

pas résulter des conséquences assez graves pour me déterminer à le rejeter. Les inconvéniens qu'il peut faire naître
n'appartiennent qu'à des cas très-rares, et ne peuvent se faire
sentir qu'à un très-petit nombre d'individus, la plupart
étrangers ou coupables. Il est d'ailleurs fondé sur un système
de droits civils et de mort civile que je n'adopte pas, mais
qui pourtant peut avoir ses avantages, puisqu'il a obtenu
l'approbation d'un grand nombre d'hommes sages de tous les
pays et de tous les siècles.

Mes collègues, je désire avec tant d'ardeur de voir un
Code civil dans ma patrie ;

Je vois naître tant d'obstacles de la forme de discussion
adoptée ;

Je suis persuadé, malgré quelques imperfections qui ne
seront bien aperçues et surtout bien corrigées que par l'expérience, qu'il en résultera tant de bien et tant de gloire pour
les Français ;

Que si l'on apportait aujourd'hui le projet de Code civil
tout entier, et tel qu'il est, et qu'on le soumît à notre approbation, je serais au comble de mes vœux de pouvoir lui donner mon assentiment en masse, comme je m'empresse de le
donner au projet particulier qui nous occupe.

OPINION DU TRIBUN MALHERBE,
CONTRE LE PROJET.

Tribuns, la commission que vous avez chargée de vous
faire un rapport sur le projet de loi relatif à la jouissance et
à la privation des droits civils, après avoir énoncé une opinion contraire à la disposition de l'article 13, vous propose
de l'admettre, par la considération qu'elle peut avoir eu pour
motif des vues politiques que nous ne devons pas chercher à
pénétrer. Je pense aussi que la prudence nous fait un devoir
d'apporter la plus grande discrétion dans l'examen des questions qui appartiennent à cette partie importante de l'administration publique ; mais il faut prendre garde d'étendre son

domaine au-delà des bornes qui doivent lui servir de limites, et je ne vois aucune raison d'envelopper dans le secret de la diplomatie la grande question sur laquelle le principe de réciprocité, établi par l'article 13, appelle votre attention. Il ne s'agit pas de balancer les avantages et les inconvéniens d'une stipulation particulière entre la France et une autre nation, de discuter un traité sur les intérêts politiques qui doivent exister entre elles : il est possible que, dans ce cas, le secret des motifs dont on ne voit que le résultat soit nécessaire. Mais, lorsqu'on nous présente un projet de loi sur les rapports que notre droit civil doit établir entre la France et tous les autres peuples, il ne peut y avoir à examiner que des considérations politiques d'un intérêt général. Aussi, soit qu'on examine la discussion au Conseil d'Etat, soit qu'on s'attache à l'exposé des motifs qui accompagne le projet de loi, on ne voit que la déclaration de principes généraux sur une question de droit public.

Je ne craindrai donc pas d'examiner si le principe de réciprocité, admis par l'article 13 pour réparer, a-t-on dit, l'erreur dans laquelle était tombée l'Assemblée constituante, est en harmonie avec l'intérêt de la nation, avec les lois de la nature, avec les règles de la morale et de la philosophie, sans lesquelles il ne peut pas y avoir de bonnes lois.

Des conceptions généreuses ont dirigé la politique de la France, lorsque les triomphes de ses armées ont commandé la paix aux nations coalisées contre elle ; des conceptions généreuses doivent être la base de sa législation sur les étrangers. Elles affermiront sa puissance par des moyens plus doux, mais dont l'effet plus durable n'offrira rien que de consolant pour l'humanité. Elles uniront toutes les nations à la nation française, par un lien plus fort que tous les traités d'alliance.

L'agriculture, le commerce, les manufactures et les arts ne peuvent atteindre à un haut degré de prospérité que par le secours d'une circulation active de capitaux abondans. Nous ne pouvons pas nous dissimuler l'insuffisance du capital national pour vivifier toutes ces branches de l'économie politique. Nous devons, pour y suppléer, encourager les étrangers à en accroître la masse par le versement de leurs fonds sur notre territoire. Pour les y attirer, il faut leur offrir les avantages d'une législation protectrice de leurs propriétés; et cette protection ne peut être que dans la loi qui leur garantira la libre jouissance des droits civils qui dérivent du droit naturel. Ils ne seraient pas rassurés par un principe qui les exposerait à la versatilité de la législation et de la politique de la nation à laquelle ils appartiennent.

Les relations commerciales se composent le plus ordinairement d'intérêts accidentels et temporaires pour les individus de chaque nation. Il est dans leur nature de pouvoir être soumises à la variabilité du thermomètre politique, entre les nations contractantes et celles qui ont été indiquées pour point de comparaison. L'intérêt national peut même exiger quelquefois qu'elles éprouvent des variations dans les limites qui avaient été tracées, soit pour les étendre, soit pour les resserrer. Elles peuvent être réglées par des conventions politiques.

Il en est autrement des droits civils dont je demande la jouissance pour les étrangers, dans tout le territoire français; ils se rapportent à des biens dont la propriété doit être stable, et ne peut même pas exister sans cette stabilité.

Quel est l'étranger qui oserait apporter en France des capitaux, soit pour mettre en valeur des propriétés foncières, soit pour former de grands établissemens favorables aux arts et aux manufactures, si la disposition et la conservation de ses richesses mobilières et immobilières sont incertaines, et dépendent des conventions arbitraires de la politique ou de la législation du pays auquel il appartient? L'expérience nous apprend que nous ne devons pas y compter.

Toutes les fois que des étrangers ont été appelés, ou qu'ils se sont offerts pour former de grandes entreprises, sous le régime du droit d'aubaine, l'exemption de ce droit odieux a

toujours été la première condition. Le préjudice qui en résultait pour la prospérité nationale était si sensible, qu'outre
les exemptions individuelles, les principales villes de commerce en avaient obtenu de générales pour tous les marchands
étrangers qui s'établissaient dans leur sein, ou qui fréquentaient les foires, et que des traités particuliers avec plusieurs
puissances en avaient dégagé leurs sujets. Mais ces exemptions partielles et locales, en démontrant les inconvéniens et
les vices du droit en lui-même, n'en prévenaient qu'imparfaitement les funestes conséquences.

Il me semble inutile de faire remarquer que le gouvernement ne doit pas attacher à la conservation des droits civils
des Français sur une terre étrangère la même importance
que celle qui est due à leurs droits dans les relations commerciales. En effet, quoique le commerce extérieur soit en-
trepris par des individus, il intéresse la masse entière du
peuple comme l'une des sources de la prospérité nationale,
tandis que les spéculations de ceux qui vont porter ailleurs
leurs capitaux et leur industrie peuvent lui être plutôt nuisibles que profitables : il suffit qu'ils soient sous la protection
du droit des gens.

Il résulte de cette différence que la conservation des droits
civils des Français, en pays étrangers, n'exige pas le même
degré d'intérêt que l'égalité de droits pour le commerce :
mais il en résulte aussi que l'intérêt national, exigeant que
les étrangers jouissent en France d'un état indépendant des
circonstances et de la volonté de leurs gouvernemens, il est indispensable de le faire sortir du domaine de la diplomatie,
en le fixant irrévocablement par la loi civile de la France. Le
principe de réciprocité ne peut convenir qu'aux relations
commerciales, et il doit même quelquefois souffrir des exceptions en cette partie.

« On peut, a dit Smith, mettre en délibération jusqu'à
« quel point il est utile de continuer la libre importation de
« certaines marchandises étrangères, toutes les fois qu'un

« nation étrangère, ou par de gros droits, ou par des pro-
« hibitions, restreint la liberté d'importer chez elle le pro-
« duit de quelques-unes de nos manufactures. Cette sorte de
« représailles peut être le fruit d'une excellente politique,
« toutes les fois qu'il est probable qu'on obtiendra par ce
« moyen la révocation des droits et des prohibitions. Mais,
« si toutes les probabilités se réunissent contre l'espérance
« d'obtenir cette révocation, alors peut-être est-ce une mau-
« vaise méthode que de chercher à réparer un tort fait par
« des étrangers, à certaines classes de nos concitoyens, en
« faisant nous-mêmes un nouveau tort, non seulement à ces
« mêmes classes, mais encore à celles qui composent la so-
« ciété.

« D'ailleurs, observe le même auteur, juger si ces sortes
« de représailles doivent produire leur effet, est une fonc-
« tion qui, peut-être, appartient moins au législateur dont
« les décisions doivent toujours reposer sur des principes gé-
« néraux et invariables, qu'elle n'est du ressort de l'homme
« d'État ou politique dont les conseils sont toujours déter-
« minés par la situation incertaine et flottante du moment (a). »

Il est facile de pressentir quelle eût été l'opinion de Smith,
s'il avait eu à prononcer sur la question que nous examinons,
dans le cas surtout où il eût parlé à des législateurs français.

L'intérêt national ne demande pas que nous donnions à
nos concitoyens un moyen d'encouragement à aller s'établir
en pays étranger; mais cet intérêt existât-il, ne serait-ce pas
une mauvaise méthode que de chercher à procurer cet avantage à quelques individus, par la rigueur de la réciprocité,
aux risques de faire nous-mêmes un tort sensible à toute la
société, en écartant de notre territoire tous les habitans des
pays dans lesquels nous ne pourrions pas obtenir cette réciprocité rigoureuse? Car on ne pense pas sans doute que la
France puisse en imposer la loi aux autres nations, et qu'en
cas de refus, elle dût entreprendre ou continuer la guerre.

(a) Traité de la richesse des nations, liv. IV, chap. 2.

25.

Les étrangers peuvent, il est vrai, prévenir les rigueurs d'une réciprocité qui ne leur serait pas avantageuse, en devenant Français ; mais, à cet égard, ne devons-nous pas tout attendre de l'affection ou de la reconnaissance, et serait-il digne du peuple français de commander, en quelque sorte, l'apparence de ces deux sentimens généreux, en confondant leur effet avec celui que l'intérêt seul pourrait produire? Ouvrons franchement notre sein aux étrangers, sans leur imposer la loi d'abjurer leur patrie pour conserver leurs biens.

L'amour de la patrie est un sentiment naturel à tous les hommes. « Ce sentiment doux et vif, qui joint la force de « l'amour-propre à toute la beauté de la vertu, dit Jean-« Jacques, lui donne une énergie qui, sans la défigurer, en « fait la plus héroïque de toutes les passions (a). » Il serait contre la nature de le mettre en opposition avec l'intérêt.

Nous ne devons pas sans doute refuser ceux qui, étrangers à la France par leur naissance, voudraient cesser de l'être par leur choix ; mais ce choix doit être libre, et il ne peut honorer le peuple français qu'autant qu'il sera dégagé de toute contrainte.

« La douceur du climat, le bon marché, la bonté des ali-« mens, la politesse des habitans, l'agrément des femmes, « enfin la bonne police, invitent les étrangers à venir habiter « la France, pourvu qu'on ne les en détourne pas. » Mais ils doivent y être fixés *par l'attrait et non par la violence.*

Ainsi s'exprimait Turgot, justement célèbre, ami sincère et éclairé de la gloire et de la prospérité de son pays, en écrivant contre le droit d'aubaine, dans un ouvrage intitulé: *le Consolateur, pour servir de réponse à la théorie de l'impôt, et autres écrits sur l'économie politique.* J'aurai bientôt occasion de le citer.

« La volonté de l'État, dit Jean-Jacques, quoique générale « par rapport à ses membres, ne l'est plus par rapport aux « autres États et à leurs membres, mais devient pour tous

(a) Discours sur l'économie politique.

« une volonté particulière et individuelle, qui a sa règle de
« justice dans la loi de la nature. Alors la grande ville du
« monde devient le corps politique dont la loi de nature est
« toujours la volonté générale, et dont les États et peuples
« divers ne sont que des membres individuels (a). »

Je crois, avec l'auteur *des Études de la Nature*, « que les
« peuples doivent se lier entre eux, non par des traités de
« guerre ou de commerce, mais par des bienfaits; non par
« les intérêts de l'orgueil ou de l'avarice, mais par ceux de
« l'humanité et de la vertu; et que c'est à nous autres Fran-
« çais à en donner l'exemple aux nations (b). »

« Il est du devoir des législateurs, dit l'ami des hommes,
« d'unir les nations entre elles, de faire tomber d'abord,
« quant au personnel, ensuite pour la généralité, ces odieuses
« distinctions de régnicoles et d'étrangers. Le globe entier
« est contigu, tous les pays sont voisins, tous les hommes
« sont frères.

« Loin donc, à plus forte raison, tous ces malheureux
« droits d'aubaine, de bris et naufrage, de péage, etc.,
« comme autant de restes d'une aveugle barbarie, et de dé-
« rivés de la loi du plus fort; loi plus dangereuse encore
« pour les puissans que pour les faibles.

« Peuples et souverains, rivaux de puissance et de gran-
« deur, continue l'auteur, je sais le secret de faire prédo-
« miner infailliblement celui de vous qui, *le premier*, voudra
« m'en croire; et ce secret, le voici : celui qui, le plus cons-
« tamment, voudra prendre la devise et la conduite de l'ami
« des hommes en général, régnera sur leurs cœurs et leur
« affection, sorte d'empire d'où naissent tous genres de pros-
« périté (c). »

Le droit d'aubaine, que l'auteur de l'*Esprit des Lois* appelle un droit insensé, et que l'article 13 du projet de loi
tend à rétablir, a été aboli pour toujours par l'Assemblée

(a) Discours sur l'économie politique.
(b) Vœux d'un solitaire.
(c) Traité de la population.

constituante. Permettez-moi de vous en rappeler textuellement les termes : « L'Assemblée nationale, considérant que
« le droit d'aubaine est contraire aux principes de fraternité
« qui doivent lier tous les hommes, quels que soient leur
« pays et leur gouvernement; que ce droit, établi dans des
« temps barbares, doit être proscrit chez un peuple qui a
« fondé sa Constitution sur les droits de l'homme et du ci-
« toyen, et que la France, libre, doit ouvrir son sein à tous
« les peuples de la terre, en les invitant à jouir, sous un
« gouvernement libre, des droits sacrés et inaliénables de
« l'humanité, a décrété et décrète ce qui suit :

   « Le droit d'aubaine et celui de détraction sont abolis pour
« toujours. »

Abolis pour toujours. Vous seriez-vous donc trompés, législateurs sages et humains? Le peuple français rétrograderait-il
vers les temps de barbarie? Auriez-vous mal apprécié ses sentimens? Non, vous avez rendu hommage à son amour pour
la liberté des hommes, et la proscription que vous avez prononcée *pour toujours*, sera maintenue *pour toujours* par les lois
de la République.

   En ne distinguant pas des intérêts essentiellement différens dans leur origine et dans leurs résultats, on les a tous
compris dans une règle commune de réciprocité : l'erreur
sera reconnue.

   Le gouvernement ami des hommes, et constamment dirigé dans toutes ses opérations par des vues sages, grandes
et généreuses, s'empressera d'ajouter à tous ses autres titres
de gloire le bienfait universel d'une législation digne de
servir de modèle à tous les peuples civilisés.

   Si le système inspiré à l'Assemblée constituante, par des
vues philantropiques, n'a pas eu jusqu'à présent l'effet qu'elle
s'en promettait; si, depuis 1790, aucune puissance n'a aboli
en notre faveur le droit d'aubaine, et ne nous a fait jouir
chez elle d'aucun avantage, nous ne devons pas en être
surpris.

Tous les gouvernemens de l'Europe voyaient avec effroi les principes générateurs de notre liberté ; ils en craignaient le développement parmi leurs sujets. L'intérêt de leur conservation, qu'ils croyaient menacée, suspendait toute mesure de bienfaisance, d'humanité et de justice envers un peuple contre lequel ils préparaient leurs armes. Tous les Français, amis de leur patrie, leur paraissaient des propagandistes dangereux, et la conséquence nécessaire de la terreur que leur inspirait la révolution française devait être de maintenir, avec la plus grande rigueur, les barrières politiques qui séparaient leurs États de la France. Loin qu'ils cherchassent alors les moyens de rapprochement, ils exigeaient des Français établis sur leur territoire, une renonciation expresse à leur patrie et à la gloire du nom français : nous pourrions citer plusieurs exemples d'une   ince généreuse à cette abjuration. Mais, lorsque la paix   fu mettre un terme aux dissensions politiques, la nature re   nd tous ses droits, les liens généraux de la société universelle des hommes se resserrent, la voix de l'humanité et de la justice se fait entendre, et nous devons espérer que les nations étrangères, soumises comme nous à leur empire, réaliseront ce beau système de fraternité générale dont l'Assemblée constituante s'était flattée.

Que nous importe, au reste, qu'elles persistent dans les habitudes du plus extrême égoïsme, si nous devons penser, avec l'Assemblée constituante, que la théorie qu'elle avait adoptée est, *dans tous les cas, non seulement la plus belle, mais même la plus utile à la nation ?* L'auteur de l'exposé des motifs ne peut pas, même en la combattant dans ses résultats, lui refuser son hommage. Il reconnaît que le système de cette Assemblée célèbre est un beau système inspiré par des vues philantropiques. Comment, après cet aveu, peut-il ne pas conclure qu'il doit être admis? Tout ce qui est essentiellement beau, sage et humain, est un devoir; et un devoir ne peut pas être limité par des exemples contraires.

La législation romaine nous offre sans doute de grands modèles à suivre ; mais la différence des temps, des mœurs , des
relations politiques entre les peuples, doit nous mettre en
garde contre les systèmes qui ont fait la base de certaines
parties de cette législation, et nous devons mettre au premier
rang celui qu'on nous propose d'adopter sur la question qui
nous occupe.

Je suis loin de penser, avec l'auteur de l'exposé des motifs, que l'on puisse balancer à faire un choix entre les lois
de l'Assemblée constituante et la législation romaine, et encore moins , que *peut-être celle-ci mériterait la préférence
comme étant plus propre à nourrir dans le cœur des citoyens
l'amour de la patrie.*

Il ne faut pas confondre le sentiment sublime de l'amour
de la patrie avec l'exaltation de l'orgueil. Il n'est pas étonnant que les Romains, qui, dès leur origine, aspiraient à la
conquête du monde, aient méconnu les liens qui doivent
unir les peuples sans les asservir à un seul. Fiers de leurs
succès, ils ne considéraient les hommes étrangers à leur
pays que comme des victimes dévouées à leur ambitieuse domination ; et, lorsqu'ils daignaient leur permettre de respirer
le même air , ils ne pouvaient pas, sans contrarier leurs
principes, les dégager de tous les signes de la servitude. Les
étrangers n'étaient à leurs yeux que des barbares, qu'ils
considéraient à peine comme des hommes, et il fallait, pour
qu'ils pussent obtenir les droits de l'humanité, que la tache
originelle fût effacée par l'admission au droit de cité ; mais
cette rigueur cessa avec les causes qui en étaient la source.
L'histoire nous apprend que, sous le règne de l'empereur
Antonin, les étrangers furent admis à la jouissance des droits
civils. Ce retour aux droits sacrés de l'humanité était digne
d'un prince qui mérita le titre de père de la patrie, et qui,
suivant Pausanias, eût dû être appelé le père des hommes.
Le règlement qui rétablit, dit M. Crevier, les choses dans
leur ordre, est rappelé dans la loi *in toto orbe* , *ff. de statu*

hominum; et en la novelle 88, chapitre 5. *Omnes peregrini,*
dit l'authentique, *et advenæ liberè hospitentur ubi voluerint,*
et hospitati si testari voluerint de rebus suis, liberam ordinandi
habeant facultatem, quorum ordinatio inconcussa servetur.
Telle fut aussi la règle constamment observée dans les pays
régis par le droit écrit, lorsque l'avidité fiscale n'y porta pas
atteinte. « De là vient, dit Caseneuve, dans son traité *du*
« *Franc-aleu du Languedoc*, que la province, depuis qu'elle
« est régie par le droit romain, a été exempte du droit d'au-
« baine selon la disposition du même droit, c'est-à-dire que
« les étrangers, nés hors du royaume, y ont pu librement dis-
« poser de leurs biens à la vie et à la mort, sans avoir obtenu
« des lettres de naturalité.

« Et, certes, continue l'auteur, il n'y a pas de doute que
« ce droit d'aubaine ne soit injuste, non seulement parce
« qu'il est contraire au droit romain, mais d'autant qu'il
« répugne à l'hospitalité, à laquelle la nature, la raison et la
« religion même obligent les hommes. Encore que nous ayons
« divisé le monde en tant de provinces, il n'est, à propre-
« ment parler, qu'une ville, puisque tous les hommes n'y
« respirent qu'un même air, n'y sont éclairés que d'un même
« soleil, etc. » Caseneuve écrivait en 1645.

Le Languedoc fut troublé dans l'exemption du droit d'aubaine, et les États de ce pays demandèrent, dans un des articles de leurs cahiers, aux États généraux de Tours, en 1483,
« que toutes manières de gens, de quelque nation qu'ils
« soient, étant audit pays, puissent disposer de leurs biens
« pour parvenir à leurs plus proches parens et affins, selon la
« disposition du droit écrit : car par ce moyen se donnera
« cause de plus grandement repeupler ledit pays, etc. »

Le contenu en la demande de cet article fut accordé par
cette réponse, *fiat ut petitur in articulo, ut fuit concessum a*
Clery. Charles VIII ne se borna pas à cette réponse, et en fit
expédier des provisions telles que Louis XI en avait données,

pour assurer, dit encore Caseneuve, l'exemption *de ce droit ennemi de l'hospitalité et de la liberté publique* (a).

Je me demande aussi, avec l'auteur de l'exposé, comment *une nation telle que la France, dont le sol, l'industrie et les mœurs ont toujours eu tant d'attrait pour les étrangers; une nation qui, par sa position, sa population, son activité, sa valeur, est destinée à être le centre des affaires de l'Europe, et à leur donner toujours le mouvement et la direction*, pourrait s'isoler de toutes les autres : je me demande encore avec lui si ce ne serait pas *agir contre son intérêt et contre sa nature, que d'admettre une législation qui fût, à l'égard des étrangers, exclusive et repoussante.*

La raison et l'auteur de l'exposé me répondent : *Le commerce a lié le monde entier, il a lié principalement les nations européennes; et non seulement le commerce, mais les mœurs, les habitudes, la religion, les transactions publiques et particulières ont produit entre elles une sorte de communauté générale.*

(a) *Extrait des provisions expédiées par Louis XI :*

« Il est advenu puis notre advénement à la couronne que, quand aucuns étrangers sont allés de
« vie à trépas, nos officiers et commissaires ont pris et fait prendre et saisir tous leurs biens, tant
« meubles que héritages, pour les appliquer à nous et à notre domaine, comme à nous advenus,
« ainsi que maintiennent nosdits officiers par droit d'aubenage, à l'occasion duquel saisissement et
« des molestes et vexations indues qui ont été et sont encore chaque jour faites et données, aux
« causes des susdites, auxdits étrangers ainsi habitués audit pays de Languedoc; plusieurs de leurs
« enfans et héritiers ont été et sont du tout dessaisis et privés de la succession et hoirie desdits étran-
« gers décédés : pour laquelle cause lesdits marchands étrangers doutant par telles voies eux et leurs
« enfans et héritiers être au temps advenir inquiétés et maltraités, n'ont pas eu ne n'ont pas telle
« ferveur et desir d'eux habiter en notredit pays de Languedoc comme ils avaient auparavant,
« ainçois se sont à ladite cause absentés et absentent de jour en jour, et le fait de leurs mar-
« chandises ont distrait de notredit pays de Languedoc, tellement que la trafique de la mar-
« chandise y est de présent comme du tout discontinuée et interrompue, et nos sujets et habitans
« en icelui, auxquels convient porter et soutenir le taux et portion de nos tailles et deniers que
« iceux étrangers portaient et payaient, tombés en grande pauvreté et nécessité, et seraient plus
« se notre grace et notre libéralité ne leur est sur ce librement élargie... Pour ce est-il que nous,
« désirant de tout notre cœur entretenir et continuer l'effet et entre cours de la marchandise au bien
« et utilité de la chose publique de notredit pays de Languedoc et de tout notre royaume, et obvier
« que par les voies et moyens que dessus, au fait de la marchandise ne interviennent rompture et
« discontinuation, avons par la délibération des gens de notre Conseil auquel les gens de nos
« finances étaient, statué, voulu, ordonné et déclaré, etc., etc. »

Les faits confirment cette sage réponse : mais quelle est ma surprise de voir sortir, du sein de la vérité, une erreur aussi grave que le principe d'une réciprocité rigoureuse! Je cherche, dans ce principe et dans ses effets, les conséquences de cette liaison intime entre les nations étrangères et la France, cette communauté générale dont les résultats sont si analogues à l'intérêt de la France et à sa nature, et je vois que, sous le vain prétexte de ne trouver chez les autres nations que le plus extrême égoïsme, on propose de rompre ou d'empêcher les liens dont on reconnaît la nécessité, par une législation exclusive et repoussante, au moment même où on établit et où on prouve qu'elle doit être bannie de notre Code.

Quelle étrange contradiction ! On avoue que le système de l'Assemblée constituante était un beau système, qu'il était inspiré par des vues philantropiques, qu'il est de l'intérêt de la nation d'appeler les étrangers en France ; et lorsqu'on renverse ce système, lorsqu'on subordonne à des volontés étrangères la jouissance de la portion des droits civils qui sont communs à tous les peuples, on ajoute : « *Quoi de plus raisonnable, de plus conforme aux saines idées de la politique, du droit des gens et de la nature ? Quoi de plus propre à favoriser le développement des idées philantropiques et fraternelles qui devraient lier les diverses nations ?*

Peut-on ne pas s'étonner d'entendre proclamer, au nom de la nature, des maximes subversives de ses lois ? Elles veulent, ces lois, que l'homme, de quelque pays qu'il soit, vive et meure libre ; et si, suivant l'ancien droit commun de la France monarchique, vous permettez à l'étranger de vivre libre en France, vous voulez aussi, suivant cet ancien droit, qu'il y meure esclave.

Une pareille législation peut-elle ne pas paraître exclusive et repoussante ? et n'est-ce pas se faire illusion que d'espérer qu'elle favorisera le développement des idées philantropiques?

Les lois de la politique ne lui sont pas plus favorables. La

France n'a pas de motifs de désirer que ses habitans abandonnent leur pays , et elle a , on en convient, intérêt que les
étrangers aient un facile accès sur son territoire. Si , comme
on n'en peut pas douter , les nations étrangères ont de justes
raisons de craindre en général que leurs sujets ne soient attirés sur le sol fortuné de la France , on doit s'attendre
qu'elles multiplieront les entraves pour affaiblir les effets de
cet attrait; qu'elles circonscriront, dans les limites les plus
étroites, les droits des Français qui viendraient habiter leur
sol. Qu'en résultera-t-il? que les étrangers , menacés de ser-
vage en France , resteront chez eux. Or, comme les saines
idées de la politique prescrivent de vouloir les moyens, lorsqu'on veut la fin, il est évident que les saines idées de la politique s'opposent , pour l'intérêt de la France , à la loi de la
réciprocité (a).

Le droit des gens est celui qui se rapproche le plus du droit
naturel , et ce qui est contraire à la nature ne peut être ni
conseillé ni commandé par le droit des gens , parvenu au
point de perfection où le doit porter la saine philosophie, qui
n'est point distinguée de la saine politique.

Si , comme on l'établit dans l'exposé des motifs, le système
des républiques grecques n'était pas moins exclusif que la
législation romaine, on doit en trouver la cause dans les
mêmes principes.

Les Grecs , comme les Romains , traitaient les étrangers de
barbares : *ils les méprisaient , ils pensaient ne leur rien devoir,
et croyaient que la nature , en les faisant moins braves et moins
éclairés qu'eux , les destinait à être esclaves.*

Telle est l'idée que nous en donne Mably dans ses Re-
marques sur les entretiens de Phocion. « C'eût été un pro-
« dige, observe encore cet auteur, que les peuples eussent
« pratiqué un droit des gens plus humain, avant que la doc-
« trine de Phocion sur l'amour de la patrie fût connue; et

_____

(a) Voyez le Traité de l'administration des finances de la France , par M. Necker , tome 3,
page 509 et suivantes.

« elle ne pouvait pas l'être avant que des philosophes eussent
« découvert les erreurs de nos passions, et démontré, en
« comparant les faits, que la politique, loin de travailler à
« la prospérité d'un État, en hâte la décadence et la ruine,
« si elle ne regarde pas l'amour de l'humanité comme une
« vertu supérieure qui doit diriger et régler l'amour de la
« patrie.

« Étendez votre vue, disait Phocion à Aristias, au-delà des
« murailles d'Athènes : est-il rien de plus opposé à ce bon-
« heur de la société, dont nous recherchons le principe, que
« ces haines, ces jalousies, ces rivalités qui divisent les na-
« tions? La nature a-t-elle fait les hommes pour se déchirer
« et se dévorer? Si elle leur ordonne de s'aimer, comment
« la politique serait-elle sage en voulant que l'amour de la
« patrie portât les citoyens à rechercher le bonheur de leur
« république dans le malheur de ses voisins? Faisons dis-
« paraître ces frontières, ces limites qui séparent l'Attique
« de la Grèce, et la Grèce des provinces des barbares ; et il
« me semble que ma raison s'étend, que mon esprit s'élève,
« que tout mon être s'agrandit et se perfectionne. S'il est doux
« pour moi de voir que mes concitoyens veillent à ma sû-
« reté, combien n'est-il pas plus agréable de penser que le
« monde entier doit travailler à mon bonheur? »

Les Français du dix-neuvième siècle pourraient-ils avoir
une autre morale?

On objecte encore que *les étrangers pouvant recueillir chez
nous tous les avantages du droit civil, sans même nous en accorder aucun chez eux, on verrait se former un état de choses*
dans lequel ils profiteraient de ce double avantage, et *où
la France étant autant le patrimoine des autres peuples que
celui des Français, nos propriétés et nos droits deviendraient la
proie des étrangers.*

Cette objection, en disant trop, cesse d'être une preuve,
suivant l'adage : Qui dit trop, ne dit rien. Si on craint cet
effet de la loi qui assurerait aux étrangers les avantages du

droit civil, on devrait également le craindre de la réciprocité ; et ceux qui en défendent le principe conviennent tou:
qu'il est dans l'intérêt de la nation de l'obtenir. Les peuple:
pour lesquels elle serait un objet de spéculation contre la
France, peuvent d'ailleurs l'établir par une loi transitoire (a).

N'est-ce pas ensuite exagérer que de nous offrir le tablea:
d'une multitude d'étrangers envahissant notre territoire e:
nos droits? Quant à nos droits, ils ne pourraient que les partager ; quant au territoire, ils pourraient y commercer, y
acquérir des propriétés, en jouir, en disposer par vente ou
par don, et les transmettre à leurs héritiers ; mais le fonds
resterait toujours là où il est. Croit-on, d'ailleurs, que parce
que les étrangers seront libres sur notre sol, nous les verrous
abandonner le pays qui les a vus naître, leurs relations de familles, d'amitié, d'intérêts, avec une telle affluence que nous
serions bientôt obligés de leur céder la place pour aller occuper celle qu'ils auraient abandonnée? Nous ne pouvons
pas raisonnablement concevoir de telles inquiétudes.

Je conviens que la jouissance de droits civils pour les étrangers en France peut faire sortir de ce pays quelques capitaux
provenant de ventes ou de successions; mais j'observe d'a-
bord que, si, d'un côté, il y a pour les étrangers facilité de
faire sortir de France des capitaux, d'un autre côté, il y aura
par cette raison un plus grand attrait pour eux à en apporter,
et qu'il pourrait résulter de là une balance qui serait à notre
avantage.

Je réponds, en second lieu, avec le *Consolateur :* « Quelle
« vaine terreur peut-on avoir qu'un étranger vienne en
« France pour faire fortune, et qu'il s'en retourne ensuite
« dans sa patrie? Il ne faut que comparer les autres pays
« avec la France, pour être détrompé de cette opinion.

(a) Pour se décider entre l'abolition absolue du droit d'aubaine et le principe de réciprocité,
il suffit de considérer que l'abolition absolue du droit d'aubaine ne peut jamais nous être désavantageuse, parce que le gouvernement aura toujours le droit d'interdire le séjour sur notre
territoire aux étrangers inutiles ou suspects, et que, lorsque la réciprocité nous sera contraire,
le gouvernement ne pourra pas soustraire à sa rigueur les étrangers honnêtes et utiles.

« On ne regarde plus les voyageurs du même œil qu'au-
« trefois : les communications sont si faciles, que l'Europe
« est devenue, pour ainsi dire, un même pays ; mais un
« pays où il y a des contours plus favorisés par la nature.
« Les négocians étrangers viendront s'établir chez vous, si
« vous les favorisez, parce qu'ils trouveront à s'enrichir :
« laissez-les acheter des biens et les vendre ; laissez leurs
« héritiers, à leur mort, recueillir leur succession et s'en re-
« tourner : dix resteront en France, contre un qui s'en re-
« tournera.

« Si réellement les étrangers acquièrent des richesses en
« France, c'est un appât pour leurs héritiers de les augmen-
« ter, ou au moins d'en jouir en sûreté, par l'attrait de la
« société et la douceur du climat, ceux-ci dépenseront leur
« bien ; et quand même leurs héritiers s'en retourneraient,
« ils emporteraient peu de chose. »

D'ailleurs, comme l'observe encore Turgot, les capitaux
restent dans le pays où ils produisent à leurs propriétaires le
plus fort revenu : et comparant la France à l'Angleterre, il
prouve qu'un capital placé en France produira quatre fois
plus que s'il était placé en Angleterre, soit dans le commerce,
soit en propriétés foncières. Aussi, dit-il, on a remarqué
qu'avant la guerre il y avait plus de cent familles anglaises
établies en Languedoc, où on ne connaissait pas le droit
d'aubaine. « Quel appât pour les étrangers ! Il ne s'agit que
de les favoriser, et on doit chercher tous les moyens de les
attirer. »

Les orateurs qui ont défendu le principe de réciprocité
nous le présentent comme une sauvegarde nécessaire à la
tranquillité de la France. Ils nous ont rappelé ces époques
malheureuses de la révolution, dont la politique de nos ennemis s'est emparée, en répandant sur notre sol des hordes
vagabondes de ces hommes qui affluent partout où la désor-
ganisation de l'ordre social les appelle par l'appât du pillage
et de la dévastation. Ils nous ont effrayés par la crainte de

voir renouveler ces convulsions douloureuses de l'anarchie, dont ces hommes sans patrie, sans mœurs, sans fortune, ont été les vils instrumens. Mais nous ne partagerons pas leurs alarmes. Nous ne confondrons pas l'état de trouble et de désordre que produisent les passions et les excès de la licence, avec l'état de paix et de tranquillité qu'un gouvernement sage et régulier établit et maintient. Nous n'avons point à craindre l'irruption des scélérats qu'on nous a signalés. Nous savons que, s'ils osaient paraître, l'abolition du droit d'aubaine ne pourrait pas les soustraire à l'action de nos lois criminelles et de police, et qu'ils n'ont rien à prétendre au bienfait de nos lois civiles. Nous n'irons point chercher dans l'histoire si ce qu'on appelle la manie de l'étranger a été la cause de la chute de la monarchie : fidèles observateurs des principes qui ont amené le renversement des abus, sans appeler les excès, nous ne rétrograderons pas vers ces siècles de barbarie où tous les peuples vivaient isolés les uns des autres. Si dans ces temps malheureux la guerre était naturelle, espérons des progrès de la civilisation, que la guerre, ce fléau destructeur, ne sera désormais qu'une exception très-rare à l'ordre politique, établi sur les bases inébranlables de l'humanité et de la justice. Nous ne penserons pas que le salut de la République puisse être compromis par l'abolition d'un droit odieux, qui a sa source dans le despotisme féodal. Augurons mieux de ses destinées ; le retour aux abus pourrait seul les compromettre. Nous serons convaincus enfin que, s'il fallait encore prévoir des agitations politiques, dont tout écarte le funeste présage, nous nous flatterions en vain de nous en garantir par le principe de réciprocité. Nous n'avons à nous occuper que des principes généraux de la législation sur les étrangers, en recherchant ce qui est plus approprié à notre situation ordinaire. Nous ne devons avoir en vue que ces hommes utiles, dont les mœurs, la fortune et l'industrie nous offrent une garantie de leur dévouement à la paix intérieure. La loi donne au gouvernement les moyens de prévenir tous les dangers qui pourraient naître de l'af-fluence d'étrangers suspects.

S'il est de l'intérêt de la nation d'attirer les étrangers de la première classe, pourquoi devrions-nous garder le silence sur une vérité répétée depuis des siècles par les amis les plus éclairés de la France, proclamée par le gouvernement fran-çais dans les motifs de la loi même que nous discutons, vive-ment sentie par ceux-là même qui feignent d'en douter?

Nous verrons sans inquiétude des étrangers, propriétaires en France, consommer ailleurs leurs revenus, parce que, reportant notre attention sur les avantages généraux de l'ad-mission commune, nous nous convaincrons que la balance nous est profitable. Nous en avons pour garant l'uniformité des vœux que n'ont cessé de faire les hommes les plus ins-truits en économie politique pour l'abolition du droit d'au-baine. Nous ne refuserons pas notre estime à l'étranger que des spéculations attirent sur notre sol, parce que nous fe-rions une fausse application du sentiment de l'amour de la patrie, et que nous serions en contradiction avec nous-mêmes, lorsque nous annonçons qu'il faut ménager aux Français les moyens d'aller, dans les pays étrangers, pomper les capitaux et surprendre les secrets de l'industrie. Cette transmigration passagère ne peut pas être irréprochable pour les uns et honteuse pour les autres.

Nous reconnaîtrons enfin qu'en réclamant le principe de réciprocité, nous nous préjudicions sous tous les rapports, puisqu'il dépend en même temps, et de la loi et de la poli-tique des étrangers, de l'établir si elle nous est nuisible, et de nous la refuser si elle nous est avantageuse, tandis que l'abolition du droit d'aubaine nous rend indépendans, sans nous faire courir aucun risque.

L'article 10 du projet veut que tout individu né en France soit Français. J'applaudis à cette idée grande et généreuse, et aux motifs qui l'ont fait adopter dans notre Code.

Je reconnais dans le sol heureux de la France *la faculté*

naturelle d'imprimer la qualité de Français à tout individu qui y aurait reçu la naissance. Je conviens qu'il est de l'intérêt national de conserver en France ce moyen *d'y attirer les étrangers, et d'enrichir sa population.* Mais, je le demande, comment concilier cette disposition de la loi qui confère à un enfant que le hasard fait naître sur notre sol l'aptitude à jouir de tous les droits politiques et civils, avec cette autre disposition de la loi qui fait dépendre d'une condition de réciprocité la jouissance de la portion de droits civils qui dérivent du droit naturel, lorsqu'il sagit d'un père de famille qui vient volontairement apporter en France ses richesses et son industrie? Comment peut-on reconnaître qu'il faut adopter la première pour attirer les étrangers, et détruire, par la seconde, un attrait bien plus fécond en résultats avantageux pour l'accroissement de la population? Je ne crois pas qu'il soit possible de donner une raison même spécieuse de cette différence, et de justifier le contraste frappant de ces deux extrêmes (a).

Les Romains, dont la législation a servi de modèle pour la disposition de l'article 13, ne regardaient comme citoyens que ceux qui étaient nés de citoyens, ainsi que le remarque Cujas dans sa trente-troisième observation : *Recté Romanum interpretamur Romá oriundum. Quá appellatione et in jure nostro semper notatur origo paterna, non origo propria et natale solum.*

Suivant l'ancien droit de la France, la seule naissance dans ce pays donnait les droits de naturalité, indépendamment de l'origine du père et de la mère, et de leur demeure.

Le doute qu'on a fait naître sur le choix à faire entre la législation romaine et les lois de l'Assemblée constituante, dans les motifs sur l'article 13, ne serait-il pas plus raison-

(a) *Extrait du rapport de la commission.* « Cela n'est pas une difficulté aux yeux de ceux qui « voudraient, comme la commission, maintenir l'abolition absolue du droit d'aubaine : mais « c'en est une dans le système du projet de loi qui rétablit ce droit ; c'est en quelque sorte une « inconséquence. »

nable dans l'espèce de l'article 10, entre la législation romaine et l'ancien droit de la France? Mais je l'écarte sous ces deux rapports; je ne balance pas à accorder la préférence à l'ancien droit de la France et aux lois de l'Assemblée constituante. C'est le seul moyen d'éviter, dans notre législation et dans les motifs qui doivent en être la base, une contradiction choquante. La législation romaine ne nous convient pas plus sur un point que sur l'autre. Nous devons, par nos lois, attirer les étrangers sur notre sol, et, pour remplir cet objet important, nous devons conserver l'article 10 du projet, et rejeter l'article 13.

9-11.

La loi de la réciprocité est non seulement exclusive et repoussante pour l'avenir, mais elle rétroagit sur tous les étrangers qui, sur la foi des décrets de l'Assemblée constituante, sont venus s'établir en France, si leurs gouvernemens s'obstinent à ne pas l'admettre à l'avantage des Français. Cette vérité vous a été démontrée.

La France triomphante et heureuse doit-elle donc cesser d'être une terre hospitalière? Et aurions-nous la douleur de voir le fisc d'un peuple libre s'enrichir de la dépouille d'un voyageur étranger, parce que cet usage barbare s'observe encore dans le pays qui l'a vu naître?

La législation des peuples varie suivant leur intérêt. Nous connaissons une puissance qui a fait des lois pour empêcher les étrangers de sortir de son territoire; mais, observe Turgot, si cet empire était aussi agréable que la France, et que les lois y fussent aussi douces, alors sa politique serait mal entendue, d'ôter la liberté de sortir librement avec ses richesses.

Les lois, dit Montesquieu, *doivent être tellement propres au peuple pour lequel elles sont faites, que c'est un grand hasard si celles d'une nation peuvent convenir à un autre peuple.*

Les principes les plus raisonnables peuvent être facilement contredits, lorsqu'on exagère les conséquences. Je reconnais avec l'orateur du gouvernement, dans son discours du 3 fri-

26.

maire, qu'on affaiblit les affections humaines en les généralisant, et que la patrie n'est plus rien pour celui qui n'a que
le monde pour patrie. Je conviens aussi que notre législation
ne devrait pas accorder aux étrangers la jouissance des droits
civils que je réclame pour eux, si elle ne pouvait pas leur être
accordée sans réaliser le vœu de quelques philosophes qui ont
pensé qu'il fallait former une seule nation de toutes les
nations.

Mais demander que les étrangers jouissent en France de la
partie des droits civils qui dérive du droit naturel, n'est pas
reproduire l'idée de créer une patrie commune pour tous
les hommes. Il ne faut pas proscrire la philantrophie, parce
qu'elle doit avoir des bornes. Celui qui les dépasse n'est plus
un philantrope.

Les rédacteurs du projet de Code et les commissaires du
tribunal de cassation n'ont pas eu sans doute l'intention de
conférer à tous les hommes le titre de citoyen du monde; et
cependant les uns et les autres ont pensé que la loi française
devait assurer aux étrangers la jouissance de cette portion de
droits civils qui est commune à tous les peuples. Il faut donc
que ce système ait un autre principe, et ce principe, nous le
trouvons établi dans le discours préliminaire du projet de
Code, et dans l'exposé de l'orateur du gouvernement, en
présentant le premier projet de loi du Code civil.

« Il faut convenir, disent les auteurs du discours prélimi-
« naire, qu'anciennement les divers peuples communiquaient
« peu entre eux, qu'il n'y avait point de relations entre les
« États, et que l'on ne se rapprochait que par la guerre,
« c'est-à-dire pour s'exterminer. C'est à cette époque que
« l'auteur de l'*Esprit des lois* fait remonter l'origine des droits
« insensés d'aubaine et de naufrage. Les hommes, dit-il,
« pensèrent que les étrangers ne leur étant unis par aucune
« communication du droit civil, ils ne leur devaient, d'un
« côté, aucune sorte de justice, et, de l'autre, aucune sorte
« de pitié.

« Le commerce, en se développant, nous a guéris des
« préjugés barbares et destructeurs ; il a uni et mêlé les
« hommes de tous les pays et de toutes les contrées. La
« boussole ouvrit l'univers ; le commerce l'a rendu sociable.

« Alors les étrangers ont été traités avec justice et huma-
« nité, les rapports entre les peuples se sont multipliés : et
« on a compris que, si, comme citoyen, on ne peut apparte-
« nir qu'à une société particulière, on appartient, comme
« homme, à la société générale du genre humain : en consé-
« quence, si les institutions politiques continuent d'être pro-
« pres aux membres de chaque État, les étrangers sont admis
« à participer plus ou moins aux institutions civiles qui af-
« fectent bien plus les droits privés de l'homme que l'État
« public du citoyen. »

Suivant l'exposé du 3 frimaire, « l'humanité, la justice,
« sont les liens généraux de la société universelle des hom-
« mes : il est des droits qui ne sont point interdits aux étran-
« gers ; ces droits sont ceux qui appartiennent bien plus au
« droit des gens qu'au droit civil, et dont l'exercice ne pour-
« rait être interrompu sans porter atteinte aux diverses rela-
« tions qui existent entre les peuples. »

Il est vrai que le discours préliminaire et l'exposé diffèrent
dans la conséquence : « Il est, dit-on dans l'exposé, des avan-
« tages particuliers que chaque société doit à ses membres,
« qui ne sont point réglés par la nature, et qui ne peuvent
« être rendus communs à d'autres que par convention. »

Et on conclut de cette proposition que, sous tous les rapports du droit civil, les étrangers doivent être traités par
nous comme ils nous traitent eux-mêmes.

Il est évident que cette conséquence est outrée ; elle ne
pourrait être exacte que dans le cas où, parmi les droits civils, il n'y en aurait aucuns qui appartinssent aux liens généraux de la société universelle des hommes, à l'humanité et
à la justice ; et on ne peut pas raisonnablement le prétendre.
Il en est plusieurs dans lesquels on ne peut pas reconnaître

un avantage particulier que chaque société ne doit qu'à ses membres, et qui ne peut devenir commun que par convention.

L'abolition absolue du droit d'aubaine réclamée depuis long-temps par les publicistes les plus célèbres, a été solennellement prononcée par l'Assemblée constituante; elle a été proposée dans le projet de Code présenté en l'an IV, au Corps législatif, par un magistrat aussi sage qu'éclairé, au nom de la commission de la classification des lois; elle a été maintenue dans le projet de Code rédigé par les jurisconsultes renommés et justement recommandables, auxquels le gouvernement avait confié le soin de préparer le grand ouvrage de notre Code civil; elle a été conservée par les commissaires du tribunal de cassation, dans une division méthodique des droits civils en deux classes; elle est commandée par l'intérêt national, qui ne peut pas être distingué de la saine politique; elle est d'autant plus nécessaire que, comme l'a sagement observé un membre du Conseil, les principes qui rétabliraient le droit d'aubaine seraient plus rigoureux que sous la monarchie, parce qu'ils ne pourraient pas prévoir les modifications que le roi pouvait accorder; elle est une conséquence du sentiment que nous devons tous avoir de la dignité du peuple français, de ce sentiment grand et généreux qui devrait nous convaincre *qu'il ne peut y avoir que de l'avantage à étendre l'empire des lois civiles françaises* : elle a été fréquemment sollicitée et obtenue, au grand avantage de la France, sous le régime monarchique; enfin, elle est dans le vœu de votre commission, qui en reconnaît la justice et l'utilité.

Qu'oppose-t-on pour soutenir le principe de réciprocité?

Des exemples tirés de la législation des Grecs et des Romains, lorsque nos mœurs et les relations qui nous unissent à tous les peuples n'ont aucun rapport avec les mœurs des Grecs et des Romains, et les relations qui existaient entre eux et les autres nations; de vaines terreurs de voir envahir nos

droits et nos propriétés par les étrangers, lorsqu'il n'est question que de les appeler à y participer pour notre avantage ;
des conséquences exagérées de l'application des lois naturelles
et politiques, lorsqu'il ne s'agit que d'en fixer le véritable
sens ; des calculs d'intérêt individuel des Français qui voudraient s'expatrier, lorsque nous ne devons avoir en vue que
l'intérêt général de la société ; des considérations sur ce qu'on
appelle la singularité de notre position à l'égard de plusieurs
nations s'il existait une différence entre leur législation et la
nôtre, lorsque nous avons à délibérer si nous suivrons les lois
de la morale, de l'humanité et de la justice, ou si, pour éviter une honorable singularité, nous imiterons les peuples
qui les méconnaissent ; la crainte enfin de contrarier des vues
politiques dont l'impossibilité me paraît démontrée, lorsqu'il
s'agit d'une loi commune à toutes les nations.

Je n'ai pas hésité à penser que le rétablissement du droit
d'aubaine était un motif déterminant de rejet.

J'adopte, au surplus, les observations de la commission
sur les défauts de quelques-unes des autres dispositions du
titre premier ; mais je dois y ajouter une réflexion sur l'omission d'une disposition importante.

Suivant l'article 11, *tout enfant né d'un Français, en pays* 10-19.
étranger, est Français. L'article 23 décide qu'une femme
française qui épousera un étranger suivra la condition de
son mari, et il n'était pas nécessaire d'ajouter que les enfans
qui naîtraient de cette union suivraient la condition du père ;
mais on ne voit pas quelle sera la qualité d'un enfant né
d'une Française en pays étranger, lorsqu'il sera né hors le
mariage.

La question a été proposée au Conseil d'État, et on s'est
borné à la déclaration du principe que, lorsque le père est
inconnu, l'enfant suit la condition de la mère. Cette règle
est certaine, suivant l'ancien droit de la France ; mais pourquoi n'a-t-elle pas été consacrée par une disposition précise ?

Il est également certain en principe que l'enfant né d'un

Français, en pays étranger, est Français, et qu'une femme française, qui épouse un étranger, suit la condition de son mari. Le projet de loi offre cependant, sur ces deux points, une disposition formelle. Il sera naturel d'en conclure qu'on a voulu maintenir le principe ancien sous ces deux rapports, et qu'on a refusé d'admettre celui qui fixait la qualité de l'enfant né d'une Française en pays étranger, lorsque le père était inconnu.

En effet, lorsqu'il paraît une loi nouvelle, aussi importante que le Code civil, et dans laquelle on convertit en dispositions des principes universellement reconnus dans l'ancienne législation, il faut y comprendre tous ceux qui se rapportent au titre de la loi sur les questions du même genre; en admettant les uns et ne faisant pas mention des autres, on autorise à penser que ceux qui ont été omis ne doivent plus faire la règle pour l'avenir, suivant l'axiome *expressio unius est exclusio alterius.*

Il ne suffit donc pas qu'il ait été reconnu, par un jurisconsulte célèbre dans la discussion du Conseil d'État, que, lorsque le père est inconnu, l'enfant suit la condition de la mère, pour qu'on ne puisse pas contester la qualité de Français à l'enfant né, hors le mariage, d'une Française en pays étranger. Il faut que la loi lui assure cette qualité. Si elle est muette, on en induira que le principe, vrai en général, n'a pas été admis dans l'espèce particulière, parce que, dira-t-on, s'il avait été admis, on l'eût compris dans la loi, comme on y a fait entrer des principes non moins incontestables en général, mais que la loi pouvait ou rejeter ou modifier.

La loi civile conservera sans doute, pour les enfans nés en France, deux sortes de filiation; celle des enfans nés dans le mariage, et celle des enfans nés hors le mariage. La loi civile doit prendre la même précaution pour les enfans nés en pays étranger, et prononcer sur la qualité des seconds, comme elle a fixé celle des premiers.

Le procès-verbal de la discussion du projet de Code civil

au Conseil d'État peut conduire à éclaircir des difficultés sur des points décidés par la loi ; mais il ne peut pas tenir lieu de la loi lorsqu'elle se tait sur des questions qu'elle seule devait régler, lorsque, surtout, comme dans l'espèce que je discute, elle a prononcé sur des principes non moins certains que celui sur lequel elle ne s'est pas expliquée.

La section seconde du titre second exige une discussion approfondie à laquelle le temps ne m'a pas permis de me livrer dans toute l'étendue qu'elle comporte ; je ferai seulement quelques observations sur les principales difficultés qu'elle m'a paru présenter. sect. 2.

Le système général de la mort civile appelle des objections qui peuvent paraître insolubles lorsqu'il s'agit d'en faire l'application aux différens rapports sous lesquels l'homme mort civilement doit être considéré. Je crois cependant qu'il n'éprouverait pas une forte opposition, si la fiction qu'il établit n'était opérée que par la condamnation à la mort physique. Elle ne comprendrait alors que le petit nombre des grands coupables qui échapperaient à l'exécution de la peine capitale prononcée contre eux, et il serait plus facile de ne pas s'étonner que la loi considérât comme morts des hommes qu'elle aurait condamnés à perdre la vie : mais, lorsque la fiction embrasse des hommes que la loi laisse vivre naturellement, on a peine à concevoir que la loi qui leur conserve la vie les répute cependant morts pour tous les actes du droit civil ; et, dans ce cas, les difficultés sur les effets de la mort civile me paraissent reprendre toute leur force. Je les examine dans leur application à la condamnation par contumace pendant le délai des cinq ans qui suivent l'exécution par effigie.

Première observation.

Il est impossible de concilier les dispositions des articles 27, 28, 31 et 33.

Il résulte, de l'article 28 et de l'article 33, que, dans les 27 deux cas de la représentation ou de la mort naturelle du condamné, dans le délai de cinq ans, le jugement par contumace est considéré comme non avenu. Les articles 27 et 28 donnent à ce jugement un effet indéfini, en déclarant celui contre lequel il a été rendu dans un état d'incapacité absolue par provision.

Il est évident qu'il y a contradiction entre le principe admis par les premiers, et les effets déterminés par les seconds. Pour l'éviter, il eût fallu suspendre les effets de la mort civile pendant le délai dans lequel la condamnation peut être anéantie.

Comment peut-on se faire à l'idée que la femme d'un condamné, contre lequel la loi ne prononce qu'une mort civile éventuelle, sera veuve même pendant le délai dans lequel le comminatoire peut être levé; que les enfans auxquels elle donnera le jour pourront être réputés nés hors mariage; que le condamné perd toute aptitude à recueillir et à transmettre une succession, lorsqu'on admet deux hypothèses dans lesquelles toutes ces conséquences seront nécessairement sans application?

Je suppose qu'un condamné par contumace meure dans le délai de cinq ans, le jugement est anéanti; il est comme s'il n'avait jamais été rendu : ainsi, la femme du condamné a toujours été sa femme; les enfans nés de leur union sont nés d'un père qui n'a jamais perdu ses droits civils; les successions qui sont échues depuis la condamnation lui appartiennent; les contrats qu'il a consentis sont valides; il est enfin, sous tous les rapports, comme s'il n'avait jamais été condamné. Le projet de loi dit tout le contraire : en donnant au jugement par contumace les effets de la mort civile, sans distinction de temps, la femme est veuve par provision; les enfans sont bâtards, les actes sont nuls, la mort civile enfin est complète par provision.

On parle des anciens principes; mais on aurait évité le système contradictoire que je combats, en suivant les an-

ciennes ordonnances : elles suspendaient l'effet de l'incapacité du condamné, pendant le délai qui lui était accordé
pour se représenter ; elles déclaraient le jugement comme non
avenu, si le condamné mourait dans le délai, sans lui avoir
fait produire aucun effet qui pût devenir définitif pour le
temps antérieur à l'expiration des cinq années.

« Les condamnations capitales, dit Bornier, sur l'ordon-
« nance de 1670, au titre des défauts et contumaces, sont
« d'une nature qu'elles ne sont considérées que comme des
« condamnations imparfaites et feintes, qui ne peuvent, en
« effet, donner aucune atteinte à l'état de ceux qui sont con-
« damnés. »

« Le condamné par contumace, dit encore le même com-
« mentateur, obtient main-levée de ses meubles et immeu-
« bles s'il se représente dans le délai ; et la raison est, ajoute-
« t-il, que ceux qui sont condamnés à mort par contumace
« ne sont point réputés morts civilement, que les cinq ans de
« l'ordonnance ne soient passés. »

Le droit romain n'est pas plus applicable à la condamnation par contumace. Les Romains confondaient les droits politiques et civils, et notre Constitution les distingue ; ainsi, il
n'y a nul rapport entre notre droit et le leur sur les condamnations emportant mort civile : mais, dans le droit romain,
ceux qui étaient absens avant qu'ils fussent accusés ne pouvaient être accusés ni condamnés s'il était question d'un
crime capital, suivant la loi première, *ff. de requirendis reis :*
hoc enim jure utetur ne absentes damnentur, neque enim inau-
dita causâ quemquam damnari æquitatis ratio patitur ; ce qui
est confirmé par la loi *absentem, ff. de pœnis,* la loi première
du c. *de requirendis reis,* et la loi *absentem c. de accusatione.*

Il vous a été démontré par le rapporteur que les lois de
l'Assemblée constituante et de la Convention ne prononçaient
la mort civile dans aucun cas, et on ne peut pas en trouver
le principe dans le séquestre qu'elles ordonnaient sur les biens
du condamné par contumace.

Ainsi, loin que le principe de la mort civile, lorsqu'il est
appliqué à la condamnation par contumace, soit conforme
au droit commun ancien et moderne, à la législation des
Romains et à notre ancien droit, il est au contraire certain
qu'il n'a jamais été admis dans ce cas, et que le projet de loi
présente, à cet égard, une innovation contraire à l'esprit
général de la législation ancienne et moderne.

La condamnation par contumace n'a jamais opéré la mort
civile qu'après l'expiration du délai pendant lequel elle pouvait être anéantie.

Le projet de loi, au contraire, prononce que l'incapacité
est entière dès le moment de l'exécution de la condamnation,
et cette incapacité frappe sur des droits plus chers que les
biens. Le condamné est déchu des titres d'époux et de père,
tandis qu'on veille à la conservation de ses biens, en exigeant
une caution de ceux auxquels on en transmet la possession.

Des résultats aussi funestes peuvent-ils bien être comparés,
et même préférés aux inconvéniens d'un simple séquestre
provisoire? Fallait-il, d'ailleurs, en les évitant, aggraver le
sort du condamné en le faisant mourir civilement sous tous
les rapports? Non, sans doute : ainsi, en admettant le système
de la mort civile et de ses effets, il est certain qu'il est mal
appliqué à la condamnation par contumace, au moins pendant le délai de cinq ans.

Deuxième observation.

23-24.   Le projet de loi frappe de la mort civile tous les condamnés à la mort naturelle et à la déportation perpétuelle.

Les condamnés par les commissions militaires et par les tribunaux spéciaux sont compris dans le sens littéral; je crois
cependant que telle n'a pas été l'intention du Conseil d'État,
et alors il est nécessaire que la loi décide formellement que
la mort civile ne sera encourue que lorsque les jugemens
auront été rendus par les tribunaux criminels, sur une instruction par jurés.

Dans l'ancien droit de la France, une condamnation à mort par un conseil de guerre, et un ordre du Roi qui enjoignait à quelqu'un de sortir du royaume, n'emportaient pas la mort civile; il fallait que la condamnation fût prononcée en justice réglée : sous le régime des lois de la République, la justice réglée ne peut être que l'instruction par jurés.

Tout autre jugement que le jugement par jurés ne peut avoir l'effet de frapper les condamnés de mort civile sans un très-grand danger; ainsi, il ne faut pas laisser indécis un objet aussi important, et, sous ce rapport, le projet de loi est incomplet.

Troisième observation.

Suivant la disposition de l'article 36, le condamné à la fin de la déportation perpétuelle, lorsqu'il sera rendu au lieu de sa sect. 2. déportation, y pourra reprendre, et pour ce lieu seulement, l'exercice des droits civils.

Le silence de la loi, sur le mode d'exercer la faculté qu'elle accorderait, serait encore une omission sérieuse. On répond, il est vrai, que ce mode sera réglé lorsqu'on organisera la déportation; mais il serait extraordinaire, et peut–être dangereux, d'admettre le principe avant de connaître le mode de son application : l'un et l'autre doivent être l'objet d'une même loi; et la nouvelle fiction qu'on propose, par des vues pleines de sagesse et d'humanité, est assez importante pour ne rien préjuger sur les dispositions qui doivent régler le retour du condamné à la vie civile.

Quatrième observation.

En conséquence de la reprise des droits civils par le con– 33 damné, au lieu de sa déportation, il doit avoir le droit de transmettre ses biens à sa nouvelle famille, s'il se marie; mais alors il y aura une contradiction entre l'article 36 et la disposition de l'article 35, qui veut généralement que les biens que le condamné à une peine emportant mort civile pourra avoir acquis depuis l'exécution du jugement, et dont il se trouvera en possession au jour de sa mort naturelle, appartiennent à la nation par droit de déshérence. Il aurait fallu ajouter, sauf l'exception des biens acquis dans le cas prévu par l'article 36.

On répondra peut-être que l'exception est de droit : mais il ne peut pas y avoir d'exception de droit dans une législation sur des fictions, parce que tout y est à peu près arbitraire : or, comme le retour à la vie civile dans le lieu de la déportation n'est pas une abolition de la condamnation, et que le droit de déshérence serait acquis par la condamnation, il est certain que, sans une exception formelle, on pourrait prétendre aux biens possédés par le déporté, même après son retour à une espèce de vie civile. Ce n'est pas sûrement l'intention du gouvernement qui a conçu l'idée généreuse d'un établissement propre à rendre les condamnés utiles et même vertueux : mais les hommes changent, et les institutions restent. L'exception que je demande est nécessaire, si la loi doit prononcer la déshérence.

J'ai dit, si la loi doit prononcer la déshérence ; car, quoiqu'on ne doive pas, suivant moi, confondre la déshérence avec la confiscation, je crois que l'une et l'autre doivent être bannies de notre Code.

L'action de la justice, qui frappe les coupables pour l'intérêt de la société, doit être dégagée de toute l'influence que pourrait avoir l'intérêt même éventuel du fisc ; il ne faut pas qu'on puisse en concevoir le soupçon.

La loi ne doit point abandonner à l'humanité du gouvernement une disposition que réclame la nature, lorsque la loi peut elle-même l'établir. Les hommes changent, je le répète, et les institutions restent.

La transmission des biens après la mort naturelle est un droit civil passif ; et la loi qui a créé la fiction de la mort civile peut, sans nul inconvénient, la modifier par une autre fiction, en décidant, ainsi que l'ont proposé les commissaires

du tribunal de cassation, *que les biens laissés par les condam-*
nés à une peine emportant mort civile, après leur décès, sont
censés avoir fait partie de leur succession, ouverte par leur mort
civile, et appartiennent à ceux qui étaient alors habiles à leur
succéder, ou à leurs descendans.

Je n'excepterais que les biens acquis au lieu de la déportation, dans le cas où il y aurait une nouvelle famille dont
ils seraient le partage. Toute espèce de déshérence au profit
du fisc me paraît inadmissible par suite de condamnations.

Tribuns, nous satisferons le vœu public, nous seconde-
rons avec dignité les bonnes intentions du gouvernement,
nous rendrons le seul hommage qui nous convienne à la sagesse des précautions qu'il a prises pour préparer le grand
ouvrage du Code civil, en remplissant avec zèle et impartialité la mission que nous tenons de la loi. Nous ne devons pas
sans doute nous occuper d'un mieux idéal qui serait une chimère ; mais nous devons chercher le bien, qui est une réalité sans laquelle la législation civile, si ardemment désirée,
ne serait plus un bienfait. Nous opposerons des systèmes à
des systèmes, parce que toute proposition d'un intérêt général peut s'appeler de ce nom ; mais nous rechercherons
celui qui offre le plus d'avantages, ou le moins d'inconvéniens. Nous consulterons avec discernement, mais avec confiance, les publicistes et les philosophes qui ont fixé les vrais
principes de la législation et de l'économie politique : nous
nous garderons surtout de négliger les sages conseils de ces
hommes célèbres qui, par leurs immortels écrits, ont dissipé
les ténèbres de l'ignorance, sous le prétexte qu'ils pourraient
ralentir notre marche et qu'il faut aller en avant. Nous évi-
terons une lenteur coupable, mais nous craindrons les dangers de la précipitation. Enfin, nulle autre considération que
celle du grand intérêt de la société n'influera sur nos délibérations : les hommes justes de tous les pays ne verront en
nous que des auxiliaires, et non des ennemis du gouvernement. Le peuple français attend avec impatience un Code

civil; mais il le veut aussi parfait qu'il puisse le devenir.

Convaincu que le projet de loi soumis à la discussion, loin d'atteindre ce degré de perfection si désirable, est essentiellement vicieux sous plusieurs rapports, j'en vote le rejet.

OPINION DU TRIBUN CURÉE,
POUR LE PROJET.

Tribuns, la discussion à laquelle donne lieu le projet de loi qui nous est soumis s'est portée principalement sur deux points, dont l'un est relatif à l'article 13 du titre premier, et l'autre aux articles 26 et suivans du titre second de ce projet.

11-13.   La difficulté que présente l'article 13 n'avait été que touchée et comme indiquée dans le rapport de la commission; mais les adversaires du projet y ont suppléé : ils se sont hâtés de la relever, et ils en tirent aujourd'hui leurs argumens les plus forts pour motiver le rejet qu'ils proposent.

sect. 2.   Quant aux articles 26 et suivans, qui ont été la matière d'un second rapport, notre collègue Thiessé, au nom de la même commission, les a attaqués avec toute l'impétuosité dont il a été capable; et vous eussiez été entraînés, si rien pouvait vous entraîner que le poids et la force des raisons.

Je vais examiner, à mon tour, les deux points qui ont paru fixer principalement votre attention.

11-13.   Sur le premier de ces points, on vous a rappelé les vues de la monarchie dans ses derniers temps, les plans de M. Necker, les décrets de l'Assemblée constituante. On vous a beaucoup parlé du droit d'aubaine; mais il ne s'agit pas de cela : il s'agit de la participation à notre droit civil, qu'on voudrait attribuer à tout étranger qui met le pied en France.

Dès-lors, la question est de savoir si le lendemain du jour qui a terminé une guerre où tous les peuples de l'Europe avaient pris les armes contre nous, il serait bien prudent de notre part d'offrir à tous les peuples de l'Europe la Charte solennelle de leur naturalisation en France.

La question est de savoir si, lorsque vos relations et vos rapports, soit politiques, soit commerciaux, avec vos voisins, ne sont pas encore rétablis de leur part, et peut-être ne le seront pas de long-temps sur des bases bien assurées pour le citoyen français, grâces aux préventions qu'on a inculquées contre nous aux peuples et à leurs chefs, il serait convenable, il serait conforme à notre intérêt national, de commencer à rétablir de notre côté ces rapports et ces relations en faveur des étrangers, de la manière la plus large, la plus illimitée, et suivant ce système de bienveillance universelle, qui est peut-être aussi impossible à réaliser que le système de la paix universelle.

La question est de savoir s'il ne serait pas infiniment dangereux d'exposer votre crédit, encore ébranlé des secousses qu'il a souffertes, et vos établissemens de finance qui ne font que de naître, aux spéculations d'étrangers, qui, survenant parmi vous au milieu des embarras de tout genre qui assiégent un gouvernement sorti depuis peu des décombres de la révolution, ne manqueraient pas de profiter de tout, soit de ce qui se ferait, soit de ce qui ne se ferait pas, pour s'enrichir de vos dépouilles, et en emporter le produit sans obstacle et en toute sûreté.

La question est de savoir si la dignité du caractère de citoyen français, et l'amour, je dirai presque le respect que nous devons tous avoir pour cette terre dont la défense à jamais mémorable a coûté le sang d'un million de braves, vous pourraient permettre de voir avec indifférence et sans inquiétude, des étrangers, puissans capitalistes, que sais-je! d'autres personnages puissans, acquérir de grandes portions de notre territoire, avoir dans leur dépendance des familles entières de citoyens français, et disposer, au sein de leur patrie, des revenus et du fonds même de ces immenses propriétés : le tout sans qu'il existât de réciprocité de la part de leur nation envers la nôtre.

La question enfin est de savoir si une ouverture qui pouvait

VII. 27

être utile, et qui en aucun cas ne pouvait être dangereuse
pour l'ancienne monarchie, liée par le cours des siècles au
système européen, serait pareillement sans péril pour une
République, laquelle vient de s'élever entre les monarchies
à la suite des secousses les plus terribles, et après une guerre
de près de dix ans.

Tels sont les points essentiels sur lesquels les adversaires
du projet ne balancent pas à se déclarer pour le système de
la liberté illimitée, dont plusieurs d'entre eux professent la
doctrine avec une autorité si irréfragable, qu'on ne saurait
la contredire sans s'exposer au reproche de vouloir arrêter les
progrès de la civilisation des peuples.

Cependant j'oserai leur demander s'ils se flattent de connaître assez à fond notre situation politique pour pouvoir
nous répondre que l'établissement d'un système, lequel consiste à attribuer à tout étranger qui met le pied en France la
participation entière à notre droit civil, ne serait point capable d'entraîner, soit dans ses effets actuels, soit dans des
suites plus ou moins éloignées, aucun de ces dangers, aucun
de ces inconvéniens que la politique du gouvernement, du
centre de toutes les relations extérieures, peut seule apercevoir, calculer et prévenir. Or, vous savez, tribuns, que les
dangers dont je veux parler ne sont jamais d'une médiocre
importance.

Mais, dit-on, ne nous importe-t-il pas d'attirer chez nous
l'industrie de l'étranger, les richesses de l'étranger, les capitaux de l'étranger?

Tribuns, le publiciste qui prétendrait aujourd'hui que le
grand art de conduire les peuples, ou même de les régéné-
rer, ne consiste pas tant à les rendre riches, puissans, redoutables par la force de leurs armées, ou par le nombre de
leurs vaisseaux, qu'à les porter, par l'influence des lois, des
institutions, et des grands exemples, à être bons, équitables,
modérés, à écarter loin d'eux tout ce qui pourrait les corrompre, tout ce qui tendrait à fomenter un luxe corrupteur,

l'homme, dis-je, qui professerait une pareille doctrine en opposition à certaine doctrine où on ne parle que de richesse et de capitaux, s'exposerait aux reproches qu'on ne manquerait pas de lui adresser, de répéter inutilement les lieux communs de l'ignorance des anciens législateurs, et même des anciens philosophes.

Aussi je me hâte de revenir au point de la discussion qui nous occupe; et sur ce point, il me paraît que le parti que l'on propose est juste, car il nous met dans le milieu d'une sage réciprocité; qu'il est le plus sûr, car il va à ne rien compromettre en un état de choses où tout est encore en suspens; qu'il est le plus convenable à la dignité nationale, qui ne permet pas, ce me semble, que l'on revienne sans condition à un système qui a déjà été repoussé dès le principe, et sur lequel on ne répondit à l'Assemblée constituante, de la part des peuples voisins, que par des projets de guerre et de conquête.

Toutes ces considérations me font ranger de l'avis de l'article 13 du projet.

Je passe au second titre du projet, et je vais de suite aux sect. 2. articles 26 et suivans, où paraît être la principale difficulté.

Tribuns, tout homme qui a troublé l'ordre social par un délit ou par un crime mérite d'être puni, et cette nécessité de punir va quelquefois jusqu'à donner le droit d'arracher la vie au coupable; droit terrible, mais que toutes les sociétés ont exercé et qu'elles exercent encore : seulement chez les peuples libres, où la condition des citoyens était infiniment considérable, la peine de la mort naturelle était réservée pour des cas tout-à-fait extraordinaires; tandis que, pour plusieurs autres cas, qui ne laissent pas d'être très-graves, la loi avait imaginé la mort civile, qu'elle attachait toujours à une peine déterminée, mais autre que la mort.

Et à ce sujet, jetez un coup-d'œil sur les jugemens criminels des républiques anciennes : vous verrez que dans plusieurs d'entre elles la loi ne frappait, à proprement parler,

que de la mort civile un citoyen coupable; que dans les autres, après même que le fait qui avait servi de titre à l'accusation était déclaré constant, l'accusé jouissait encore de la
faculté de prévenir un jugement qui emportait la mort naturelle, en se vouant lui-même au genre de mort civile qui
était marqué selon les cas; enfin, que dans la plupart de ces
états la mort civile, telle qu'elle est déterminée, quant à
ses suites, par notre projet de loi, était très-souvent la peine
du malheur, de l'infortune, et même des accidens de la
guerre. En effet, considérez le vertueux prisonnier des Car-
thaginois revenu à Rome sur sa parole : il s'obstine à ne pas
connaître sa femme et ses enfans, il se refuse aux témoignages de leur tendresse, pourquoi? parce qu'il se regarde comme
en état de mort civile : *ut capitis minor*, dit le poète qui a
chanté l'héroïsme de Régulus. Sur quoi le savant Dacier *observe que Régulus n'était plus citoyen, mais esclave; que par
conséquent son mariage ne subsistait plus, puisque le mariage
n'était valable qu'entre les citoyens; qu'il n'avait plus d'enfans,
car la puissance paternelle était le droit des citoyens : et c'est
par ces considérations*, ajoute-t-il, *qu'il repousse et femme et
enfans.*

Vous voyez que la mort civile, telle qu'elle a été entendue
et pratiquée par les Romains, enveloppait toutes les suites,
toutes les rigueurs, tous les fâcheux contre-coups dont on a
argumenté pour combattre les articles de la loi projetée. Mais
ici, je le demande, ou on prétendrait réduire tous les cas
emportant la mort civile au seul cas de la condamnation à la
mort naturelle, ce que le Code pénal même, tel qu'il est,
indépendamment de la réforme que tout annonce devoir
s'opérer en cette partie, ne permettrait pas de supposer, et
ce qui d'ailleurs ne déciderait rien, puisque l'état des contumax, d'après notre système judiciaire, ramènerait la même
question et les mêmes difficultés; ou bien on reconnaît,
comme on ne peut se dispenser de le faire, que la mort civile, dans l'ordre actuel et dans celui qui se prépare, est et

sera attachée nécessairement à plusieurs dispositions pénales
autres que la condamnation à la mort naturelle.

Or, ce dernier cas une fois admis, que devient l'homme ²⁵
qui se trouve ainsi dépouillé de son existence politique et
civile? Ce qu'il devient? Il est esclave de la peine à laquelle
le châtiment de son crime le dévoue. En cet état, laissera-
t-on subsister le contrat civil qui a formé son mariage? Mais
aucun contrat civil peut-il subsister sur une tête que la loi a
dégradée et qu'elle ne compte plus? Mais tous les liens civils
ne sont-ils pas rompus par ce coupable? Mais le mariage lui-
même n'est-il pas principalement dans le lien civil, hors
duquel l'union d'un homme et d'une femme, de quelque
circonstance qu'elle soit accompagnée, ne saurait ni être appelée du nom de mariage, ni donner le jour à des enfans
légitimes, ni avoir, en un mot, des effets civils?

Ici le rapporteur s'est écrié, avec l'accent de la sensibilité :
Sa femme ne sera donc plus sa femme, ses enfans ne seront
donc plus ses enfans?

Tribuns, le caractère du législateur qui décrète la loi, et
celui du juge qui l'applique, c'est l'impassibilité, c'est le
calme de la raison.

Quand, pour maintenir l'ordre social, on est obligé de
porter la terreur des peines au milieu des méchans qui le
troublent, la sensibilité de l'homme est souvent émue; mais
la commisération et l'intérêt que méritent une femme et des
enfans enveloppés, tout innocens qu'ils sont, dans les suites
indirectes d'une condamnation capitale, ne doivent pas empêcher l'exemple de rigueur et l'acte de justice que la société toute entière réclame. Si une femme, si des enfans, si
quelquefois une famille se trouvent froissés dans leur fortune
ou autrement, par les conséquences d'un châtiment judiciaire, qu'ils l'imputent au crime qui l'a attiré sur la tête du
coupable; il serait injuste d'accuser la loi : il le serait, surtout, lorsqu'elle aura substitué les peines emportant cette
dégradation civile aux horreurs du dernier supplice sur un

échafaud ; car n'est-ce pas à cette grande réforme que tendent les dispositions projetées ; et n'est-ce pas pour amener,
pour préparer un nouveau système de condamnations pénales, dans lesquelles le sang ne coulera plus, si ce n'est
dans des cas extraordinaires, que le projet de loi définit la
mort civile, en détermine les effets et les conséquences ?

Autre considération touchant la dissolution du mariage
comme un des effets de la mort civile. Ordinairement la
dissolution du mariage a lieu sur la demande des époux ;
et lorsque les motifs de la plainte sont graves, et les causes
de la désunion irrémédiables, la loi ne balance pas à rompre le lien conjugal, quoique, dans le vœu des parties contractantes, il eût été formé pour subsister jusqu'à leur mort ;
mais c'est qu'il y a des circonstances et des griefs d'après lesquels deux personnes, quel que soit le nœud qui les attache, ne sont plus rien, ne peuvent plus rien être l'une à
l'autre. Or, le divorce que la loi prononce ordinairement sur
la demande des époux et sur des griefs domestiques, ici elle
le prononce d'office, mais sur un délit public. Vous m'allez
interrompre en disant : Où est donc la demande formée par
les époux ? Je réponds : Dans quelle alternative horrible
voulez-vous donc jeter l'époux, que j'appellerai survivant !
Car, de deux choses l'une : ou il faudra, par exemple, que
cette femme continue à vivre avec un homme qui respire le
crime et l'infamie du crime, ou qu'elle s'élève en jugement
de divorce, contre qui ? contre son époux condamné, contre
le père de ses enfans condamné. Vous la réduisez donc à
être ou malheureuse ou dénaturée ? quel scandale ! Le législateur semble avoir voulu le prévenir ; il a déclaré que,
par la mort civile du mari, le mariage serait dissous, et en
cela il n'a touché à rien qui ne fût de son domaine. Pour ce qui
est des sentimens de la nature, des affections de l'amour
conjugal, des devoirs de la piété filiale, il ne peut ni les
prescrire, ni les limiter ; il leur laisse un libre cours.

27 et suiv.   Je passe maintenant aux difficultés que l'on a cru rencon-

trer en arrivant à l'article de l'état des condamnés par contumace ; et, d'abord, il est bien certain que la justice ne
serait qu'un vain nom, si, pour l'éluder, il ne fallait que
fuir et se soustraire aux accusations.

Au civil, celui qui ne se présente pas perd nettement et
irréparablement sa cause ; il ne s'agit que de bien ; qui ne
défend pas son bien est estimé l'abandonner. Au criminel, il n'en est pas de même. Il s'y agit de ce qui n'est pas
à nous, mais à notre famille, mais à la République, et de
ce qu'aucune puissance ne nous saurait rendre, si elle nous
l'avait ôté mal à propos. Les Romains, en matière de crime,
ne condamnèrent jamais un absent, surtout à la mort ; ils
ne trouvaient rien de plus injuste : chez nous, et par une
autre jurisprudence, l'absent peut être condamné à mort ;
mais il a cinq ans pour purger sa contumace. Vient-il à se
représenter dans cet intervalle, la condamnation est mise au
néant, la cause est en son entier ; il rentre de plein droit dans
tous ses droits. Le projet de loi est entièrement conforme à
ces principes. Pendant les cinq ans de l'exécution du jugement
par effigie, tout l'état civil, je dirai presque domestique, du
condamné est en suspens ; la femme n'est que séparée ; elle
ne peut disposer de sa main par un second mariage ; elle ne
reprend sa dot que sous caution. Mais les enfans qui naîtraient
dans le cours de ces cinq ans, quel est leur sort ? Je ne balance pas d'affirmer qu'ils sont légitimes, d'après les termes
les plus précis du projet de loi, soit que le père, qui s'est présenté dans le délai de cinq ans, ait triomphé ou succombé
dans le nouveau jugement. Et, en effet, l'article 31 ne porte-
t-il pas que le jugement sera anéanti de plein droit par le
seul effet de la représentation du contumax pendant le délai
de cinq ans ; que la nouvelle peine n'aura lieu que du jour
de l'exécution du second jugement ? Donc, le premier jugement, n'étant que comminatoire, est demeuré sans effet par la
seule présentation de l'accusé avant l'échéance du délai fatal ;
donc la femme de cet accusé n'a pas cessé d'être sa femme ;

donc les enfans qu'il en eut dans cet intervalle sont légitimes de plein droit, et sans qu'il soit besoin de reconnaissance ultérieure. Je sais bien que l'un des préopinans a allégué, contre ce sens, les derniers paragraphes de l'article 32; mais de quel contumax est-il question dans cet article? de celui qui s'est présenté lorsque les cinq ans étaient écoulés, lorsque la prescription de la peine contre le crime était comme acquise; lorsqu'un second jugement pouvait bien rétablir ce contumax dans la plénitude de ses droits pour l'avenir, mais ne pouvait pas annuler les effets du jugement pour le passé; et c'est dans de pareilles circonstances que la loi ordonne que les enfans, quoique nés à une époque où la condamnation pouvait sembler n'être que comminatoire, auront cependant besoin, pour établir la légitimité de leur naissance, de la déclaration subséquente du père.

Mais le cas de l'article 31 est bien différent. La contumace a été purgée dans le délai marqué par la loi; le premier jugement a été anéanti dans tous ses effets : d'où il suit que le mariage n'a jamais reçu d'atteinte, et que les enfans sont légitimes indépendamment de toute déclaration ou de toute autre formalité.

Ici se présente une difficulté qui est relative, en certain cas, au sort des enfans nés dans les cinq ans de la contumace. Ces enfans ne se trouvent-ils pas dans une position bien extraordinaire? Légitimes, et sans doute de plein droit, si leur père se représente dans les cinq ans; bâtards, s'il ne se représente pas du tout, ou si, se présentant après le délai de la contumace écoulé, il ne les reconnaît pas dans une déclaration particulière.

Tribuns, quand un système est bon en soi, c'est ne rien faire que de le combattre en le prenant par quelques conséquences rigoureuses, mais nécessaires, qui en résultent.

Ainsi, s'il est démontré que l'article 26, qui influe sur tous les autres du même titre, bien loin de reproduire, comme on l'a soutenu, une institution gothique et barbare, ne fait que rappeler ce qui avait été consacré dans le Code pénal de presque toutes les républiques, c'est-à-dire la fiction d'une mort civile, au moyen de laquelle le magistrat ne frappait que l'homme civil, et épargnait, autant que possible, l'ouvrage de la nature, persuadé qu'elle seule avait droit de détruire ce qu'elle seule avait créé; si, dis-je, l'article 26 rappelle et reproduit cette grande conception, comme on n'en saurait douter, ne faut-il pas admettre tout le système qui se rattache à cette base, sans trop s'arrêter à quelques conséquences rigoureuses, mais nécessaires, qu'il pourrait avoir en certains cas?

Dans celui-ci, lorsque le condamné se représente pendant le délai de la contumace, par ce seul acte il anéantit la condamnation, il rentre de plein droit dans tous ses droits; son mariage n'a pas reçu d'atteinte, et la légitimité des enfans qui sont nés dans cet intervalle de temps n'a pas besoin de la reconnaissance ultérieure du père.

Après les cinq ans, c'est autre chose : comme le premier jugement n'est anéanti, s'il y a lieu, que pour l'avenir; qu'il subsiste pour ses effets passés, la légitimité des enfans qui seraient nés pendant la durée de la contumace aurait besoin de la reconnaissance du père.

Enfin, lorsque le contumax est mort sans s'être jamais représenté, en ce cas, la mort civile emporte tous ses effets du jour de l'exécution du jugement par effigie. Telles sont les conséquences qui se lient nécessairement à un système dont j'ai démontré, ce semble, que le principe était bon et utile en soi.

Je passe à l'article de la déshérence, sur lequel je n'aurais jamais pensé qu'il pût y avoir lieu de faire une brillante sortie contre les confiscations; sortie à laquelle je ne doute pas que les ennemis de la République n'aient applaudi sous un certain rapport. Mais, afin d'écarter du projet qui nous occupe cet odieux nom de confiscation, je dirai que, du moment où la mort civile a été encourue de la part du con-

damné, le projet de loi déclare sa succession ouverte, appelle
ses héritiers légitimes, et leur donne partage de tous les
biens qu'il a laissés. Le fisc n'y a rien à prétendre. Mais une
fois que cet homme ne compte plus dans la société, et qu'il
n'a plus ni famille, ni parens, ni héritiers, à qui déclarera-
t-on dévolu, dans la rigueur du droit, le pécule qu'il
laisse? Chez tous les peuples, le bien d'un homme qui n'a
pas d'héritiers connus tombe au trésor public, et cela ne
s'appelle pas *confiscation*, mais *déshérence*, ce qui est tout à
fait différent; et, néanmoins, le projet de loi, pour éviter
les sinistres interprétations qu'il n'a pas toutefois évitées,
prescrit en quelque sorte au fisc de rendre ce pécule ou aux
enfans, ou à la veuve, ou bien aux autres parens du condamné. Était-ce la peine, sur un si misérable sujet, de nous
parler de confiscation et même de proscription?

sect. 2. En examinant, dans les titres premier et second du projet
de loi, les dispositions qui ont attiré le plus de difficultés,
j'ai cherché à prouver que le principe de la mort civile était
conforme à l'esprit de la législation criminelle des républiques; qu'il tendait à donner le moyen de réduire la peine de
mort à un petit nombre de cas, en substituant pour tout le
reste différentes peines judiciaires qui emporteront cette dégradation; que les effets qu'on lui donne sur la validité du
mariage existant ne sont qu'une conséquence nécessaire du
principe une fois admis d'une mort civile; que d'ailleurs
toutes les difficultés que l'on croit rencontrer lorsqu'on est
arrivé à l'état du contumax se trouvent ou nulles ou exagérées; enfin, que la déshérence n'est rien moins que la confiscation. J'avais prouvé plus haut que le parti que suit le projet
de loi touchant la question de savoir jusqu'à quel point il
fallait admettre les étrangers à la participation de notre droit
civil, était conforme à ce que prescrivent la justice, la politique, et le droit des gens, dont une des bases a toujours été
la réciprocité. Je crois donc avoir justifié le projet de loi des
principaux reproches qu'on lui adresse. J'en vote l'adoption.

OPINION DU TRIBUN FAURE,
CONTRE LE PROJET.

Tribuns, mon dessein n'est point de vous entretenir du tit. 1er.
titre premier du projet de loi soumis à votre examen. Après
tous les développemens qui vous ont été déjà présentés sur
cette première partie, je craindrais, en traitant la même matière, de m'exposer à des répétitions inutiles, et d'abuser de
vos momens, lorsqu'il faut les ménager.

Je me bornerai donc à vous offrir quelques observations
sur le titre II. Il est, vous le savez, divisé lui-même en deux
sections.

La première a pour titre : *De la privation des droits civils
par la perte de la qualité de Français.*

La seconde est intitulée : *De la privation des droits civils par
suite des condamnations judiciaires.*

Sur la première section, l'article numéroté 22 est le seul 18
auquel je m'arrêterai.

Il porte : « Le Français qui aurait perdu sa qualité de Fran-
« çais pourra toujours la recouvrer en rentrant en France
« avec l'autorisation du gouvernement et en déclarant qu'il
« veut s'y fixer. »

La perte de la qualité de Français peut être opérée par
différentes causes. L'article 21 les spécifie.

Il énonce entre autres causes :

1°. La naturalisation acquise en pays étranger.

2°. L'affiliation à toute corporation étrangère qui exige des
distinctions de naissance.

Les mêmes causes, d'après l'article 4 de l'acte constitutionnel, entraînent la perte de la qualité de citoyen français.

Il est vrai que l'acte constitutionnel n'a trait qu'à la jouissance des droits politiques, et que le projet concerne uniquement celle des droits civils.

Mais il est également vrai qu'il n'est pas nécessaire d'être
Français pour jouir des droits civils en France. Le titre pre-

mier du projet établit différens cas où l'étranger peut avoir cet avantage.

A l'égard de l'article 22 dont je m'occupe, il détermine les conditions auxquelles celui qui a perdu la qualité de Français pourra recouvrer cette qualité. Par cela seul, quoique l'article ait pour objet une restitution des droits civils, il me paraît offrir une question appartenant au droit politique.

Quant à l'autorisation qui doit, au cas prévu par l'article, être obtenue du gouvernement avant de rentrer en France, dès qu'on n'exige ensuite qu'une simple déclaration de vouloir y rester, je pense qu'en effet il importe à l'état de s'assurer si cet individu qui a renoncé à son ancienne patrie pour en adopter une nouvelle ne cherche point, en voulant reparaître, à servir la seconde aux dépens de la première.

Mais doit-il suffire que l'individu rentré déclare qu'il veut se fixer en France, pour qu'il puisse recouvrer la qualité de Français? Je ne le pense pas.

On ne détruit point un fait par une intention. La naturalisation acquise en pays étranger est un fait. L'affiliation à une corporation étrangère et nobiliaire est un fait. Déclarer qu'on veut se fixer en France, n'est détruire ni cette naturalisation, ni cette affiliation. Après une telle déclaration, le Français ne restera pas moins naturalisé ou affilié : et si cependant il recouvre la qualité de Français, il en résultera qu'on peut redevenir Français sans que les causes par lesquelles on a cessé de l'être aient elles-mêmes cessé de subsister. On appartiendra tout à la fois à deux pays ; on sera tout à la fois Français et étranger : comme naturalisé ou affilié, l'on continuera d'être soumis aux lois du pays où l'on avait acquis ces titres, obligé de porter les armes pour lui, s'il le requiert; comme Français, on sera soumis aux lois de la France, obligé de porter les armes pour elle, si elle le demande. Cette cumulation n'est pas sans doute dans l'intention du projet; mais elle est inévitable, si la loi n'exige pas que l'individu

qui veut redevenir Français joigne à sa déclaration une renonciation formelle aux titres qu'il avait acquis en pays
étranger.

De deux choses l'une : ou il est de bonne foi, ou il ne l'est
pas. S'il est de mauvaise foi, c'est un être dangereux; il ne
mérite aucune faveur.

S'il est de bonne foi, il ne doit faire aucune difficulté de
renoncer à des droits qu'il n'entend plus exercer.

Sans cet acte, la patrie ne peut être assurée de la sincérité
de ses regrets. Avec cet acte, l'autorisation du gouvernement
ne serait plus nécessaire.

En un mot, c'est, à mon avis, le seul moyen efficace de
concilier la faveur due au repentir avec le vœu de la justice
et l'intérêt de l'État.

Telle est la précaution importante que l'article 22 aurait
dû prendre, et qui me paraît devoir être l'objet d'une disposition additionnelle.

J'arrive à la deuxième section. sect. 2.

Elle annonce d'abord que, lorsqu'on sera condamné à une 22
peine emportant la privation totale des droits civils exprimés
dans l'article numéroté 28, cette privation totale sera qualifiée de mort civile.

Elle détermine ensuite les cas où la mort civile a lieu,
ceux où elle peut cesser, ceux où elle est irrévocable.

Elle règle enfin les effets que cette mort produit.

L'article 27 porte que la condamnation à la mort natu- 23
relle emportera toujours la mort civile.

D'après l'article 36, il en sera de même de la déportation fin de la sect. 2.
perpétuelle dans un lieu dépendant du territoire français
hors du continent. Néanmoins, ajoute cet article, le condamné, lorsqu'il sera rendu au lieu de sa déportation, y
pourra reprendre, et pour ce lieu seulement, l'exercice de
ses droits civils, sans que les actes qu'il y aura faits puissent produire aucun effet civil dans tout le surplus du territoire français.

Je jetterai par la suite un coup-d'œil rapide sur cette dernière disposition.

24 Au surplus, les autres peines n'emporteront la mort civile qu'autant que la loi y aurait attaché cet effet; c'est ce qu'on lit à la fin de l'article 27.

27 et suiv. Je commencerai par examiner l'effet des condamnations par contumace.

J'examinerai ensuite l'effet des condamnations contradictoires.

Je suppose, dans l'un et l'autre cas, que les jugemens ont été suivis d'exécution; car, aux termes de l'article 29 du projet, c'est à compter du jour de cette exécution, soit réelle, soit par effigie, que la mort civile est encourue.

Je terminerai par dire un mot sur l'article relatif à la prescription des peines.

Sous l'ancien droit romain, on ne connaissait point les jugemens par contumace pour crime capital. On pensait qu'en matière aussi grave, personne ne devait être condamné sans avoir été entendu.

L'on vous a cité, dans une des dernières séances, la loi du Digeste, au titre *de requirendis vel absentibus damnandis.* J'ajouterai la loi 6 du Code, au titre *de accusationibus et inscriptionibus : Absentem,* est-il dit dans cette loi, *capitali crimine accusari non posse, sed requirendum tantummodo annotari solere, si desit, vetus jus est.*

Au reste, on employait tous les moyens possibles pour forcer le contumax à comparaître devant la justice; on saisissait ses biens : lorsqu'une année s'était écoulée sans qu'il se fût représenté, ses biens étaient acquis au fisc, on le regardait comme n'existant plus pour la société; on lui interdisait l'eau et le feu : en un mot, on poursuivait les contumaces comme contumaces; mais tant qu'ils n'étaient pas en présence de la justice, on ne les punissait que comme rebelles à la loi.

De même la loi salique n'admit point les jugemens par contumace.

Sous la première et la seconde race des rois de France, ils furent également inconnus ;

Ils le furent aussi sous la troisième jusqu'au treizième siècle.

Au moins ne voit-on, pour la première fois, quelques traces de l'admission de ces sortes de jugemens que dans les établissemens de Louis IX ; et le premier exemple que nous offre l'histoire, d'un jugement par contumace, date du quatorzième siècle : depuis cette époque, les jugemens par contumace ont toujours eu lieu ; ils sont usités encore aujourd'hui.

« La punition d'un coupable, dit un jurisconsulte célèbre, « a pour objet l'intérêt public et l'intérêt de la partie civile.

« La justice due à la partie civile ne permet pas d'éloigner « la réparation qui lui appartient, parce que celui qui l'a of- « fensée s'est dérobé à la vengeance des lois.

« L'intérêt public exige que l'exemple du châtiment infligé « au coupable retienne les pervers qui pourraient se porter à « le suivre dans la carrière du crime. C'est pour cette fin seu- « lement que les peines sont établies.

« Mais l'exemple ne produit pas le même effet, si la puni- « tion ne vient que long-temps après le crime : voilà pourquoi « l'on ne diffère plus ni le jugement, ni l'exécution des cou- « pables. »

Voyons maintenant si le projet, en ce qui concerne les contumaces, offre le mode le plus juste et le plus convenable à l'intérêt de la société comme à celui des individus.

Suivant l'article 28, « quand un jugement prononce la con- 25 damnation à une peine emportant mort civile, le condamné perd la propriété de tous les biens qu'il possédait ; sa succession est ouverte au profit de ses héritiers auxquels ses biens sont dévolus, de la même manière *que s'il était mort natu- rellement.* »

29   Comment cette disposition peut-elle être admise, lorsque
nous lisons, dans l'article 31 du même projet, que, « si le
condamné se représente volontairement dans les cinq années
à compter du jour de l'exécution, ou s'il est saisi et constitué
prisonnier dans ce délai, le jugement sera anéanti de plein
droit, et l'accusé remis en possession de ses biens ? »

31   Lorsque nous lisons dans l'article 33,

Que, « si le condamné meurt dans le délai de grâce de cinq
années, sans s'être représenté, ou sans avoir été saisi et arrêté, il sera réputé mort dans l'intégrité de ses droits, et le
jugement de contumace sera anéanti de plein droit ? »

Les dispositions que je viens de citer prouvent évidemment
que la condamnation par contumace n'est qu'un jugement
fondé sur une culpabilité présumée. Cette condamnation est
présumée juste tant que le condamné ne paraît pas, tant qu'il
est rebelle à la loi.

Pourquoi le jugement est-il anéanti de plein droit par la
représentation volontaire du condamné, ou par son arrestation, ou par sa mort, lorsque l'un de ces événemens arrive
dans l'espace des cinq années de grâce ?

N'est-ce pas parce que la loi présume, dès que le condamné
est présent, qu'il pourra se justifier, ou, s'il est mort, qu'il
aurait pu prouver son innocence ?

La présomption en faveur de l'homme est alors plus forte
que celle qui résulte du jugement rendu contre lui ; et si ce
jugement contenait quelque chose de plus qu'une présomption, il serait absurde qu'il pût être détruit par un événement
dont il ne résulte qu'une présomption qui n'est même encore

28   étayée d'aucun adminicule réel. Dans cet état, comment une
simple présomption peut-elle suffire pour faire perdre à l'accusé la propriété de ses biens, pour que sa succession soit
ouverte au profit de ses héritiers ?

Tant que durent les cinq années, rien n'est définitif, tout
est provisoire. La mort civile n'est qu'une fiction de la mort
naturelle ; conçoit-on comment on peut mourir provisoirement ?

On oppose que , d'après l'article 30 , lorsque la condamna- 28
tion emportant la mort civile n'aura été prononcée que par
contumace, les héritiers et la veuve du condamné ne pourront se mettre en possession de ses biens , pendant les cinq
années qui suivront l'exécution , qu'en donnant caution.

Je réponds que cette prise de possession en donnant caution n'est pas moins , d'après le projet, le résultat du partage
de la succession d'un homme qui n'a pas définitivement encouru la mort civile : j'ajoute que , jusqu'à l'expiration des
cinq années, la propriété devrait, au contraire, toujours reposer sur sa tête, puisqu'il est incertain s'il perdra cette propriété , et que cependant l'article 28 veut qu'il la perde ; ce
qui est une contradiction avec la véritable situation du condamné pendant les cinq ans.

Ce n'est pas tout : un effet inévitable du système adopté
par le projet, c'est que les héritiers ayant une fois partagé la
succession du condamné , et celui-ci étant considéré comme
retranché de la société , les successions collatérales qui auraient pu lui échoir pendant les cinq ans doivent revenir aux
héritiers qui , après lui, se trouvent habiles à y succéder.
Ces héritiers hériteront de leur chef, et non concurremment
avec le condamné , puisqu'il n'a plus le droit de succéder ,
ni à sa représentation , puisqu'on ne peut représenter un
homme mort.

Cependant, si , avant les cinq années révolues, le condamné se représente ou vient à mourir , comme le jugement
est anéanti de plein droit, comme cet individu est censé dès-
lors avoir été toujours habile à succéder, que doit-il résulter
de là ? C'est que non seulement on doit lui rendre les biens
qu'il avait, mais encore qu'on doit lui tenir compte de la part
qui devait lui revenir dans les successions collatérales recueillies à son défaut.

Si depuis que ces successions collatérales ont été recueillies,
il est arrivé quelques décès d'un ou plusieurs héritiers, tous
ces événemens auront occasioné autant de mutations, et il

faudra que ce condamné aille chercher sa part, qui peut se trouver alors divisée et subdivisée en différentes mains, d'où naîtront mille embarras, et souvent des procès; peut-être même en définitif tout sera-t-il perdu pour lui, si l'héritier avait aliéné cette part, et n'avait d'ailleurs aucuns biens : car le projet exige, il est vrai, que l'héritier du condamné donne caution, mais ce n'est que pour les biens mêmes du condamné, et non pas pour les autres biens que le condamné eût pu recueillir, s'il n'était pas mort civilement.

29　　Autre cas à prévoir. Le contumax est arrêté, jugé de nouveau, condamné à la même peine que celle portée au premier jugement. Cela posé, comme aux termes de l'article 31 la mort civile ne doit avoir lieu qu'à compter du jour de l'exécution du second jugement, il arrivera plus d'une fois que, par l'effet du décès de quelque parent, ou par l'extinction d'une seule branche, il n'y aura plus, à cette seconde époque, le même ordre d'héritiers collatéraux qu'à la première. Alors les nouveaux héritiers demanderont compte aux anciens, ce qui accumulera difficultés sur difficultés, procès sur procès.

Un tel inconvénient n'existait point dans l'ancienne ordonnance criminelle. Il n'y avait que la procédure qui fût anéantie par la représentation ou la saisie du contumax ; le jugement subsistait toujours ; en sorte que, si le nouveau jugement prononçait la même peine que le premier, les effets de la mort civile remontaient au jour de l'exécution du premier jugement. Aussi, lorsqu'en se représentant, le condamné s'était pourvu, par la voie d'appel, comme il en avait la faculté, le parlement ordonnait que la sentence sortirait son plein et entier effet : s'il s'était représenté devant les mêmes juges, ils ordonnaient que leur première sentence serait exécutée suivant sa forme et teneur.

25-28　　Je dois maintenant relever une contradiction qui résulte de l'article 28, en le conférant avec l'acte constitutionnel.

Les rédacteurs de cet acte paraissent avoir craint que l'on

ne confondît les effets des jugemens par contumace avec ceux des jugemens contradictoires. Après avoir dit, article 4 : *La qualité de citoyen français se perd par la condamnation à des peines afflictives ou infamantes*, ils ajoutent, article 5 : *L'exercice des droits de citoyen français est suspendu par l'état de contumace.* Ainsi, tant qu'on peut être admis à purger la contumace, il y a suspension et non perte de la qualité de citoyen. D'un autre côté, n'est-il pas évident que la mort civile emporte tout à la fois la privation des droits politiques et des droits civils ? La privation des droits politiques n'est autre chose que celle des droits de citoyen français. En conséquence, l'état de contumace, d'après la Constitution, ne produirait que la suspension des droits politiques, tandis que, d'après le projet, il en opérerait la perte réelle.

Qu'on ne dise point que cette perte n'est que provisoire, et qu'elle ne devient définitive qu'après les cinq ans ; il n'en est pas moins vrai qu'il résulte du projet, que, jusqu'à ce que l'un des événemens prévus arrive, le condamné est considéré comme absolument retranché de la société, puisque sa succession est partagée, et qu'il ne peut contracter un mariage légal.

Or, une simple suspension de droits ne peut motiver un partage de succession.

Quand la jouissance d'un droit n'est que suspendue, la propriété, comme je l'ai déjà dit, réside toujours sur la tête de celui à qui appartient ce droit ; mais quand une succession est partagée, la propriété ne peut plus résider que sur la tête du successeur, et non sur celle de la personne à laquelle on a succédé.

Les magistrats qui concoururent à la rédaction de l'ordonnance de 1670 sentirent parfaitement que la mise en possession des biens du contumax ne pouvait avoir lieu qu'après l'expiration du délai fatal.

Aussi, quoique cette ordonnance prononçât la confiscation des biens du condamné, elle distinguait soigneusement les

28.

epoques, et se gardait bien de confondre le temps où le confiscataire ne pouvait prétendre qu'à une simple perception de
fruits, avec celui où il pouvait être justement et légalement
mis en possession.

Voici ce que portent les articles 30 et 32.

Article 30. « Les receveurs de notre domaine, les seigneurs
« ou autres à qui la confiscation appartient, pourront, pen-
« dant les cinq années, percevoir les fruits et revenus des biens
« des condamnés, des mains des fermiers, redevables et
« commissaires; leur défendons de s'en mettre en possession,
« ni d'en jouir par leurs mains, à peine, etc. »

Art. 32. « Après les cinq années expirées, les receveurs de
« notre domaine, les donataires et les seigneurs à qui la con-
« fiscation appartiendra, seront tenus de se pourvoir en jus-
« tice pour avoir permission de s'en mettre en possession,
« et avant d'y entrer, faire faire procès-verbal de la qualité
« et valeur des meubles et effets mobiliers et de l'état des
« immeubles, dont ils jouiront ensuite en pleine propriété. »

Remarquez, tribuns, quelle précaution prend la loi que je
viens de citer.

Pendant les cinq années, rien qu'une perception de fruits.

Après les cinq années, mise en possession.

Pour l'obtenir, il fallait se pourvoir en justice, afin de
constater judiciairement, d'une part, le droit du confiscataire,
de l'autre l'expiration du délai; et enfin, quand la justice
avait accordé la permission demandée, il fallait encore faire
dresser procès-verbal de chaque objet mobilier ou immobi-
lier dont on se mettait en possession, à peine d'être déchu
de son droit.

Ce procès-verbal était exigé, dit le commentateur de cette
ordonnance, afin que, si le condamné obtenait des lettres pour
ester à droit, et que le nouveau jugement prononçât sa justification, il pût rentrer dans la jouissance de ses biens.

J'ai donc, en faveur de mon opinion, non seulement les
principes de la matière, mais encore la loi ancienne, celle qui

existait à l'époque de l'établissement de la procédure par jurés.

La loi nouvelle n'a pas même admis de délai de cinq ans ; elle veut que les biens du contumax soient séquestrés tant qu'il ne se représente pas, ou qu'on ne justifie pas de sa mort.

Ce n'est qu'au bout de vingt ans que les héritiers peuvent, en donnant caution, être envoyés provisoirement en possession de ses biens ; et pour que les héritiers légitimes puissent en avoir la possession définitive, il faut que la mort du contumax soit prouvée légalement, ou qu'il se soit écoulé cinquante ans à compter de la date de sa condamnation.

Tel est le vœu de l'article 482 de la loi du 3 brumaire an IV, qui n'est qu'une répétition de l'article 16 du titre IX de la loi du 16 septembre 1791.

Une autre remarque me paraît devoir trouver place ici. 29 Comme le projet ne concerne que ceux qui sont condamnés à des peines emportant la mort civile, et qu'il déroge à cet égard seulement à la loi du 3 brumaire, il en résulte que, suivant le projet, le condamné par contumace à une peine emportant la mort civile, s'il rentre en possession dans les cinq ans, recouvrera tous ses biens, les capitaux et les intérêts, les fonds et les fruits, tandis que, par la loi du 3 brumaire, le contumax condamné à une peine non emportant la mort civile, est traité moins favorablement, et que les fruits échus sont perdus pour lui, quelle que soit l'époque de sa rentrée en possession. Ainsi le veut l'article 478 de cette dernière loi.

On eût évité, je pense, tant de contradictions, d'embarras et 28 de difficultés, en ordonnant que le condamné par contumace resterait en état d'interdiction légale ; ses biens ne seraient pas mis en séquestre, on lui nommerait un curateur : après un temps donné pour purger la contumace, ces mêmes biens seraient recueillis par sa famille, comme ceux d'un absent, et suivant les règles établies par la loi relativement aux ab-

sens. Enfin les droits civils de tout contumax seraient suspendus par la loi, comme ses droits politiques le sont par
la Constitution.

25   Dans le même article 28 il est dit que le condamné à une
peine emportant la mort civile ne peut être témoin dans un
acte solennel ou authentique, ni être admis à porter témoignage en justice.

En matière civile, cette défense est admissible.

Mais en matière criminelle, où le condamné peut être un
témoin nécessaire, la justice se privera-t-elle de son témoignage?

Il est plus d'une occasion où ce témoignage devient indispensable. Je suppose qu'un assassinat ait été commis dans la
maison de justice, ou dans un lieu de dépôt pour les condamnés; qu'il n'y ait, dans ce lieu, que des individus condamnés à la déportation, faudra-t-il que l'assassinat reste
impuni, parce que le crime n'a été commis que devant des
personnes mortes civilement?

Ce serait un grand inconvénient que d'être ainsi privé de
leur témoignage, et il n'en est aucun à les entendre comme
témoins, puisque les jurés ne doivent se déterminer que
d'après leur intime conviction, et que la loi ne leur prescrit
aucunes règles desquelles ils doivent faire particulièrement
dépendre la plénitude et la suffisance d'une preuve.

Je passe au paragraphe du même article, qui porte que le
mariage contracté par le condamné antérieurement au jugement est dissous quant à tous ses effets civils.

« Son époux et ses héritiers, ajoute le paragraphe suivant,
peuvent exercer respectivement les droits et les actions auxquels sa mort naturelle donnerait ouverture : le tout en
donnant caution, si la condamnation n'a été prononcée que
par contumace. »

Le deuxième paragraphe de l'article 30 veut, « qu'en ce
dernier cas l'époux ne puisse contracter un second mariage
qu'après l'expiration des cinq ans. »

Je ne puis donner mon assentiment à ces dispositions. Je pense que tout mariage, s'il a été valablement contracté, ne doit être anéanti que par la mort naturelle de l'un des époux, ou par le divorce poursuivi et jugé conformément à la loi. Une demande en divorce prouve que les époux ne sont plus d'accord de vivre ensemble.

Mais tant que cet accord existe, la raison et la nature s'opposent à ce qu'aucune loi puisse rompre un lien si sacré.

Un des défenseurs du projet a dit :

« Mais si le divorce répugne à l'époux du condamné, faudra-t-il donc que le mariage subsiste toujours ? »

Oui, sans doute ; et la répugnance qu'un époux aurait pour le divorce étant fondée sur sa croyance dans l'indissolubilité du mariage, il ne lui répugnerait pas moins de voir son mariage dissous par l'effet d'une loi pénale, que de le faire dissoudre en profitant de la loi du divorce : n'est-ce pas surtout, comme on l'a déjà observé, dans de telles circonstances, que la tendresse conjugale se fait sentir avec le plus de force dans l'âme de l'époux honnête et sensible ?

Une femme, par exemple, ne sera-t-elle pas souvent détournée de toute idée d'abandonner son mari, par la pitié que sa situation lui inspire, par l'idé de son innocence, ou, si elle le croit coupable, par l'espoir de le ramener à la vertu en joignant la force de l'exemple aux douceurs des consolations ? Ces considérations morales sont puissamment fortifiées par ce principe éternel, qu'un contrat formé par le concours de la volonté de deux personnes sous la protection de la loi, ne doit point être rompu par la loi contre la volonté de ces deux personnes.

Je ne m'étendrai point davantage sur une objection si forte et si bien développée par les orateurs qui m'ont précédé. Sous ces divers rapports, l'article 28 me paraît donc inadmissible.

J'examine l'article 32. « Si le condamné, porte cet article, ne se représente ou n'est constitué prisonnier qu'après les cinq ans, il ne rentre, quoiqu'absous, dans la plénitude de ses droits civils que pour l'avenir et à compter du jour où il a reparu en justice : mais le premier jugement conserve tous ses effets pour le passé.

Dès qu'après les cinq ans le premier jugement conserve tous ses effets pour le passé, une conséquence nécessaire est qu'aux yeux de la loi le mariage doit être considéré comme ayant été dissous, à compter du jour de l'exécution du premier jugement ; car, suivant le projet, la dissolution du mariage est l'effet immédiat et nécessaire de la mort civile, et, aux termes de l'article 29, la mort civile est encourue à compter du jour que la condamnation a été exécutée, soit réellement, soit par effigie.

Ce premier point établi, rapprochons de l'article 30 l'article 32, où il est dit « que les enfans nés du mariage dans l'intervalle des cinq ans seront légitimes s'ils sont reconnus par l'époux condamné. »

Je ne pense pas que la légitimité des enfans doive en aucun cas dépendre de la volonté ou du caprice des époux. Si le premier mariage n'était dissous qu'au moment de l'expiration des cinq années, je dirais que les enfans étant nés pendant que le mariage existait encore, ils sont légitimes, ou qu'au moins la présomption de légitimité doit être en leur faveur, et que, si le père ne veut pas les reconnaître pour légitimes, c'est à lui de justifier qu'ils ne le sont point, en prouvant que sa femme l'avait abandonné.

Mais comme, d'après le projet, le mariage est dissous à compter du jour de l'exécution par effigie, et dès lors au commencement des cinq ans, je demande sous quel rapport les enfans pourraient être considérés comme légitimes, lors même que le père absous, après les cinq ans, épouserait de nouveau la même femme.

Dira-t-on qu'au moyen de la reconnaissance du père, ils seront légitimes comme appartenant au premier mariage? Mais le premier mariage n'existait plus quand les enfans sont nés.

Seront-ils légitimes comme appartenant au second mariage? Mais le premier jugement devant avoir toute sa force
pendant ces cinq années, le second mariage ne peut avoir
d'effet rétroactif en faveur des enfans nés dans cet intervalle.

La légitimation des enfans par mariage subséquent n'a lieu
que par l'effet d'une fiction. L'on suppose qu'à l'époque de
leur naissance le mariage pouvait exister.

Ici cette supposition ne peut se faire : au moment où les
enfans sont nés, non seulement le mariage du condamné
était dissous, mais encore le condamné ne pouvait contracter
un mariage légal.

Il serait donc impossible de se prêter à la fiction.

Tels sont tous les inconvéniens qui résultent des dispositions relatives aux jugemens par contumace.

Je passe maintenant à l'examen des effets résultant des   26
jugemens contradictoires.

Il ne me reste sur cette partie que peu d'observations à
faire.

On n'a pas perdu de vue que le projet n'énonce que deux
espèces de peines à l'égard desquelles la condamnation emporte toujours la mort civile ; savoir, la mort naturelle, et la
déportation perpétuelle dans un lieu dépendant du territoire
français hors du continent.

Quant à la première de ces peines (la mort naturelle), si   23
l'exécution n'a pas été faite par effigie, et qu'elle ait été faite
réellement, on ne voit pas, au premier aspect, comment
cette exécution est susceptible de produire la mort civile.

Il est vrai que, suivant les anciens principes, l'individu
qui subit la peine de mort, et encourt à la fois la mort civile,
est incapable de jouir, dès l'instant de l'exécution du jugement, des avantages résultant de la loi civile.

C'est sur ce fondement qu'on a toujours jugé que le tes-   25
tament fait par le condamné, même avant le crime commis,
était nul ; car, disent les jurisconsultes, pour qu'un testament soit valable, il faut que le testateur soit capable de

tester au moment de sa mort. Pour être capable de tester au moment de sa mort, il faut être sous la protection de la loi, et celui qui meurt civilement meurt privé de cette protection.

On opposait autrefois la même raison pour justifier les confiscations. On prétendait que le condamné était incapable de transmettre sa succession à ses héritiers, comme il était incapable de la transmettre, soit en totalité, soit en partie, par des dispositions testamentaires.

Cette incapacité, quant à la transmission aux héritiers, n'existe plus aujourd'hui, toute idée de confiscation étant contraire aux principes consacrés par le régime actuel, plus humain et plus juste. Aussi les biens ne sont-ils pas confisqués, et restent-ils dans la famille.

A l'égard de la question si, lorsque la mort naturelle et la mort civile concourent ensemblent, le testament que le condamné pourrait avoir fait auparavant est valable ou non, le projet ne décide absolument rien. Lorsqu'il dit au commencement de l'article 28 : « Les droits dont est privé celui qui a « été condamné à une peine emportant mort civile, sont ceux « ci-après ; »

Et qu'il ajoute plus bas :

« Il ne peut, ni disposer de ses biens, en tout ou en par- « tie, par donation entre-vifs ou par testament, etc. ; »

Il est clair que cette disposition ne s'applique qu'à tout acte postérieur au temps qui s'écoulera depuis que la mort civile est encourue, comme dans les cas de contumace ou de condamnation à la déportation perpétuelle.

Il faudrait donc que la loi s'expliquât sur les dispositions testamentaires antérieures à ce temps. Lorsqu'il s'agit des conséquences rigoureuses de la mort civile, il est à désirer que les tribunaux ne soient jamais réduits à se conduire par des exemples ou par des inductions.

fin de la sect. 2. Je passe à l'article 36, relatif à la déportation.

C'est la seconde espèce de peine à laquelle le projet attache la privation des droits civils. Je n'ajouterai rien à ce que j'ai déjà dit sur l'article 28; je me contenterai d'observer que plusieurs des objections que j'ai faites s'appliquent aux effets des condamnations contradictoires en matière de déportation, comme aux effets de tout jugement par contumace.

L'article 36 ajoute que, « lorsque le condamné sera rendu au lieu de sa déportation, il y pourra reprendre, et pour ce lieu seulement, l'exercice de ces mêmes droits, sans que les actes qu'il y aura faits puissent produire aucun effet civil dans tout le surplus du territoire français. »

Cette disposition, dictée par la philantrophie, par le désir de n'appliquer jamais aux condamnés que des peines rigoureusement indispensables; cette disposition, dis-je, ne me paraît pas pouvoir être appréciée avec une parfaite exactitude, sans que les principaux moyens d'exécution soient suffisamment connus.

Si, dès leur arrivée dans le lieu de leur déportation, les condamnés se trouvent confondus avec les habitans du lieu; s'ils jouissent, comme eux, d'une entière liberté, n'est-il pas à craindre que la vie et les biens de ces habitans ne soient continuellement en danger; qu'on ne soit réduit à la douloureuse alternative, ou de se laisser piller et détruire par ces nouveaux venus, ou de se faire justice à soi-même, en se livrant à tous les excès de la vengeance?

Comment empêcher ces êtres dégradés, accoutumés aux forfaits, de fuir l'asile que la loi leur a destiné, et de passer dans d'autres endroits qu'ils infecteront de leurs vices, et désoleront par leurs crimes?

On a bien de la peine à contenir de tels hommes dans une prison fermée; peut-on se flatter de les contenir dans une prison ouverte? Cette réflexion a déjà été faite, et ne peut être trop profondément méditée.

Je pense donc que, pour prononcer sur les avantages et les inconvéniens de l'article 36, il faudrait connaître les conditions auxquelles les déportés pourront reprendre l'exercice des droits civils dans le lieu de leur déportation.

Il faudrait que la loi exigeât au moins un temps d'épreuve; qu'elle exigeât d'eux un état, une profession quelconque; en un mot, des conditions sans lesquelles il leur serait impossible de reprendre l'exercice de leurs droits civils. Les autres moyens seraient autant d'objets de police qui, par cela même, appartiendraient au gouvernement seul, et ne feraient point partie de la loi.

33   Un autre article du projet suppose que le condamné à une peine emportant mort civile peut avoir acquis des biens depuis l'exécution du jugement; il déclare que ceux dont le condamné se trouvera en possession au jour de sa mort naturelle appartiendront à la nation par droit de déshérence.

C'est l'article 35.

Si, comme je l'ai remarqué, les effets de la condamnation à la mort naturelle ou la déportation ne sont plus tels que, dans le moment où la mort civile est encourue, le condamné ne soit capable de transmettre ses biens à ses héritiers, pourquoi ne leur transmettra-t-il pas de même les biens acquis depuis ce moment?

Observez que je ne parle ici que des héritiers légitimes, par exemple des enfans provenant du mariage contracté avant l'exécution du jugement.

J'ai été surpris, je l'avoue, d'entendre un des défenseurs du projet dire que, dans ce cas, les parens ne pouvaient hériter, parce qu'aussitôt que le jugement avait eu son exécution, le condamné était censé mort naturellement, et que, relativement à sa personne, il n'y avait plus de famille.

Il résulterait de là que, si le père mort civilement demandait en justice des alimens à ses enfans, ceux-ci pourraient lui répondre qu'ils ne le reconnaissent plus pour leur père, et qu'ils n'ont rien à lui donner.

Les mêmes enfans pourraient donc être entendus contre lui en justice.

Si le père, condamné d'abord à la déportation, se trouvait ensuite inculpé à raison d'un délit emportant la mort naturelle, il suffirait donc que le jugement qui prononce la déportation eût été exécuté, pour que l'on pût, sur la seconde accusation, entendre les enfans déposer contre leur propre père?

En vain citerait-on l'article 358 de la loi du 3 brumaire, qui ne veut pas que les enfans de l'accusé puissent jamais être entendus en témoignage, soit à la requête de l'accusé, soit à celle de l'accusateur. L'accusateur serait fondé à répondre que cet article n'est point applicable à la circonstance, parce qu'il suppose une famille, et qu'il n'y en a plus.

Je laisse à penser si une pareille prétention, en admettant qu'on osât la former, ne serait pas rejetée d'une voix unanime.

Concluons que l'exécution du jugement emportant mort civile n'empêche point que les enfans ne doivent toujours être considérés comme formant avec leur père une véritable famille.

Examinerons-nous leur capacité?

Ces enfans, nés d'un mariage légal, ne peuvent en même temps être incapables de succéder à leur père, à cause du crime que leur père a commis : autrement, ce serait faire retomber sur eux une peine qu'ils n'ont point méritée ; ce serait les déshériter, lorsqu'ils n'ont point encouru l'exhérédation.

J'ajouterai que ce qui est laissé par le père en mourant, à quelque époque qu'il l'ait acquis, dès que l'acquisition n'est pas défendue par la loi, doit être dévolu à la famille, à moins qu'il n'y ait confiscation.

Si la famille en est privée, c'est elle que l'on dépouille, et non celui qui n'existe plus.

Ne peut-il pas arriver qu'un individu, condamné à une peine emportant la mort civile, ne laisse absolument rien lors de l'exécution du jugement ; qu'ensuite il passe en pays étranger, qu'il renonce au crime, qu'il se livre au travail, qu'il amasse des biens; que ses enfans l'aident dans ses travaux, dans ses entreprises, qu'ils lui aient même donné les premiers secours nécessaires pour le mettre en état de commencer un nouveau genre de vie; qu'il ait acheté enfin des propriétés en France pour rendre au pays, auquel il a fait tort, des enfans en état de le dédommager par leurs services?

Faudra-t-il qu'à la mort de leur père ces enfans, pour prix de leur dévouement et de leurs soins, voient passer au fisc des biens qui devaient leur appartenir sous le rapport des droits de la nature, et sous celui de leurs longs et pénibles sacrifices?

Si, comme moi, vous pensez qu'après l'exécution de l'individu condamné à une peine emportant la mort civile, sa famille existe toujours par rapport à lui, et que ses parens légitimes ne cessent pas de composer sa famille, il en résulte que les biens qu'il laisse à son décès doivent retourner à ces mêmes parens à l'exclusion du fisc, et qu'à l'égard de cette succession il n'y a de véritable déshérence que lorsqu'il n'y a plus de parens.

Quant à la seconde disposition de l'article 35, qui porte que le gouvernement, au moyen de la succession ainsi attribuée au fisc, peut accorder aux parens les secours que l'humanité lui suggérera, je crois qu'à l'égard des enfans du condamné, le droit qu'ils ont sur le bien de leur père, relativement à leurs alimens, est un droit sacré. La justice ne peut les repousser par un refus; ce qui leur est accordé n'est point une grâce, c'est un devoir : et en supposant qu'il puisse y avoir déshérence, au lieu de faire de la concession de ces secours une disposition facultative pour le gouvernement, il fallait en faire une obligation formelle pour les tribunaux, sauf à eux de régler cette quotité suivant les biens du père et les besoins des enfans.

Il ne me reste plus qu'à vous présenter quelques observations sur l'article 34, relatif à la prescription de la peine.

Cet article porte que la prescription de la peine ne réintégrera point le condamné dans l'exercice des droits civils pour l'avenir.

On a dit, d'abord, en faveur de cet article : « Quoique la « peine soit prescrite, la mort civile peut et doit ne pas l'être. « Si le condamné a acquis par la prescription l'exemption du « supplice, la société a acquis par cette même prescription « le droit de le rejeter de son sein. D'ailleurs, la mort civile « n'est point une peine. » Quoi! ce n'est point une peine d'être privé des droits civils et politiques (car la privation des premiers emporte naturellement celle des derniers)! La dégradation civique ne serait donc pas une peine? Elle n'a pour objet que de dégrader un Français de la qualité de citoyen. Ce n'est pas une peine de voir sa succession ouverte avant sa mort, au profit de ses héritiers? de ne pouvoir contracter un mariage légal?

Je crois au contraire que c'est une peine d'autant plus rigoureuse pour le condamné, que chaque acte qui lui est interdit, chaque prohibition qui l'exclut des droits appartenant à tout Français, rappelle sans cesse l'infamie dont il est couvert, et le dévoile à chaque instant aux regards publics. Jetons un coup-d'œil sur les conférences de l'ordonnance criminelle de 1670 : nous y verrons, à l'article 13 du titre 36, le premier président du parlement de Paris soutenir que la privation de l'être civil est la plus grande de toutes les peines, après la mort naturelle.

Quand ce ne serait pas une peine, ce serait au moins un accessoire de la peine; et pourquoi l'accessoire ne disparaîtrait-il pas quand le principal disparaît?

Considérons, enfin, que lorsqu'un homme a passé vingt ans sans que la justice l'ait saisi pour lui faire subir sa peine, il faut que, pendant ce long espace de temps, il ait résidé constamment en pays étranger; ou, s'il est resté en France, qu'il s'y soit tenu caché de manière qu'on l'ait oublié.

Lorsqu'après les vingt ans cet homme reparaît, est-il pré-

sumable qu'on se rappellera que vingt ans auparavant il a été
condamné? S'il contracte mariage, soit qu'on l'ait regardé
comme Français, soit qu'il ait passé pour étranger (car,
suivant la règle générale, l'étranger n'est pas inhabile à contracter mariage en France), cet engagement sera donc nul et
frappera par sa nullité une femme et des enfans qui ne pouvaient prévoir ce qui lui était arrivé vingt années auparavant
dans un département peut-être fort éloigné de celui où il s'est
marié.

Il importe de réfléchir mûrement aux suites de cette disposition ; et comme c'est l'intérêt de la société qu'il faut considérer avant tout, on ne doit jamais oublier que toutes les
fois qu'une disposition, soit pénale, soit accessoire de la
peine, n'est pas d'une nécessité indispensable, ou qu'il y a
quelque doute sur la question de savoir si elle est réellement
nécessaire, ce doute doit porter plutôt à la modération qu'à
la rigueur, et celle-ci doit être renfermée dans les strictes
bornes qu'une longue expérience indique au législateur, et
lui commande d'établir pour la sûreté de tous.

Tribuns, telles sont les observations que j'ai cru devoir
vous soumettre ; elles intéressent une des parties les plus
importantes du Code civil. Qu'il me soit permis de le répéter
encore : il n'en est point d'un Code civil comme d'une loi
transitoire. Ce recueil précieux de tant de lois diverses doit
offrir un monument destiné pour les siècles, monument qui
ne peut être trop parfait, parce qu'il ne peut être trop solide.
Que rien, autant qu'il est possible, ne manque à sa perfection : voilà le vœu général.

« Ce qui nous console, dit un des rédacteurs du projet du
« Code civil, en terminant son éloquent discours prélimi-
« naire, c'est que nos erreurs ne sont point irréparables ; une
« discussion solennelle, une discussion éclairée, les corri-
« gera. »

Puissent nos discussions atteindre ce but !

Doit-on s'étonner si quelques erreurs se sont glissées dans

un travail immense tel que le Code civil? Pouvons-nous espérer nous-mêmes que l'examen le plus attentif n'en laissera
échapper aucune? Du moins celles que nous aurons aperçues
seront réparées. Nous aurons contribué par nos efforts à l'a-
mélioration, au perfectionnement de ce grand ouvrage. Alors
notre tâche sera dignement remplie ; et nous aussi, nous aurons acquis de justes droits à la reconnaissance publique.

D'après les motifs exprimés dans l'analyse que je viens de
vous présenter, je conclus contre l'adoption du projet de loi
relatif *à la jouissance et à la privation des droits civils.*

OPINION DU TRIBUN HUGUET,

POUR LE PROJET.

Tribuns, dans l'état où se trouve aujourd'hui la discussion, et d'après ce que vous avez entendu de part et d'autre,
il me reste bien peu de choses à dire ; je n'ai même que quel- 11
ques observations à vous soumettre sur la réciprocité du droit
d'aubaine, et sur les effets de la mort civile.

A l'égard du droit d'aubaine, ou plutôt de la réciprocité
voulue par l'article 13 du projet de loi, on nous a cité
M. Necker, qui avait proposé au Roi l'abolition de ce droit;
et le décret du 18 avril 1790, de l'Assemblée constituante,
qui l'a effectivement aboli.

On nous a dit que certainement on ne pouvait refuser à
cette assemblée des vues grandes et libérales ; que si elle s'é-
tait décidée pour l'abolition du droit d'aubaine, elle n'avait
été mue que par le besoin d'appeler et de fixer au sein de la
France les capitaux et l'industrie des étrangers ; que si, jusqu'à présent, on n'avait pas été à même de s'apercevoir des
effets utiles de cette loi, c'était plutôt aux circonstances de
la guerre et de la révolution qu'on devait s'en prendre, qu'à
la loi elle-même.

Je rends hommage et à M. Necker, et à l'Assemblée constituante ; et tout ce qu'on a dit à cet égard a pu paraître vrai.

Mais il me semble qu'on n'a pas assez réfléchi sur la position où était alors l'Assemblée constituante, et sur celle où nous sommes aujourd'hui.

En effet, quelle était la position de l'Assemblée constituante au 18 avril 1790? Elle était encore au milieu et entourée de toutes les institutions et de tous les préjugés monarchiques.

Était-ce alors la noblesse, le clergé et la magistrature qui fécondaient et vivifiaient, avec leurs capitaux, le commerce et l'industrie nationale? Non; leurs préjugés mêmes s'y opposaient. Leurs capitaux étaient morts dans leurs mains, ou ils étaient employés aux futilités de l'orgueil. Je ne leur en fais pas un crime, puisque c'était dans nos mœurs.

Le commerce n'était point, ou peu considéré; il se faisait comme en passant, en quelque sorte à pied levé.

A peine le négociant avait-il acquis une fortune à peu près suffisante, que ses capitaux ne restaient plus au commerce : il les employait, ou à acheter une charge, ou à ennoblir son fils.

Je sais qu'on encourageait et qu'on protégeait le commerce; mais je sais aussi qu'en même temps on vendait au fils du négociant la noblesse, la magistrature, et que le lendemain il oubliait le comptoir ou la fabrique de son père.

Or, comme ces capitaux qui étaient dans les mains des ordres les plus riches de l'État ne s'appliquaient point au commerce et à l'industrie nationale, je conçois qu'alors l'Assemblée constituante, frappée de ces préjugés, a dû nécessairement chercher tous les moyens pour appeler les capitaux et l'industrie des étrangers.

Elle a dû abolir le droit d'aubaine, parce que le voulaient ainsi et nos erreurs et nos mœurs.

Mais aujourd'hui sommes-nous dans la même position? N'avons-nous pas détruit ces préjugés ridicules? Le commerce a pris la place qu'il devait avoir; il est honoré et encouragé.

Le négociant est sous la pourpre sénatoriale, législateur, parmi vous, dans le gouvernement, et sur les diverses listes constitutionnelles.

Aussi, notre industrie s'est déjà beaucoup accrue ; elle rivalise au moins, quand elle ne surpasse pas, l'industrie étrangère ; et elle doit s'accroître encore par la force des choses, par la nature de nos institutions.

Nos capitaux n'auront plus d'autre rendez-vous que le commerce et l'industrie ; la pente en est sensible pour l'œil observateur.

Voyez déjà, de toutes parts, s'élever des manufactures, des fabriques ; voyez ce fils de négociant ; il ne rougit plus de succéder à son père ; il emploie les capitaux qu'il lui a laissés, non à des distinctions imaginaires, mais au noble orgueil de donner plus d'essor à son industrie et à ses opérations commerciales.

Croyez que le magistrat lui-même y portera ses capitaux, parce qu'il n'aura plus d'autre moyen de les faire fructifier, et qu'aucun préjugé ne pourra l'arrêter. Et certes, cet encouragement vaudra bien ceux que l'on promettait sous la monarchie, et sera plus utile que l'abolition du droit d'aubaine.

Avez-vous oublié encore vos conquêtes, l'étendue de votre territoire, cette Belgique, ces départemens réunis, ces bords du Rhin qui fourmillent en manufactures, en fabriques, et par conséquent en capitaux, seuls alimens de l'industrie ?

Je le pense et je le dis avec fierté : non, ma patrie n'a plus aujourd'hui un besoin si pressant et si indispensable des capitaux et de l'industrie des étrangers ; et quand il serait vrai que le droit d'aubaine existerait dans toute sa force, peut-être y trouverions-nous un moyen politique d'entretenir et de faciliter l'essor de nos capitaux vers le commerce et l'industrie, en lui ôtant ou en affaiblissant la concurrence des capitaux étrangers. Ce serait peut-être un moyen de favoriser nos ouvriers républicoles, de donner à cette classe de nos concitoyens plus d'avantages, une subsistance plus assurée, en éloignant la concurrence de ces ouvriers étrangers dont ils se plaignent depuis long-temps.

Ces idées, je le sais, demanderaient plus de développement; mais c'est un texte que je soumets à votre méditation.

Mais, me dit-on, où sont-ils donc ces capitaux? L'intérêt est toujours à douze pour cent; nos propriétés ne se vendent que sur le pied de quinze pour cent du revenu; on ne trouve pas à emprunter. Il y a dans tout cela de l'exagération, et une exagération indiscrète, j'ose le dire. Les capitaux ne se placent qu'à six pour cent, c'est le taux de vos banques; vos propriétés dites nationales se vendent de six à sept pour cent; celles patrimoniales en maisons, à peu près à cinq, au plus à six. Les terres dégagées des droits féodaux qui produisaient, payant presque le quart des revenus en contribution, se vendent plus cher qu'autrefois, ou, au plus, sur le pied de trois pour cent : de manière qu'on peut dire généralement qu'en considération des contributions, les propriétés se vendent plus cher qu'en 1788. Voilà la vérité, la vérité prouvée par des actes de ventes authentiques.

Où sont ces capitaux, dites-vous? Examinez de toutes parts, comme je vous l'ai dit, ces fabriques et ces manufactures qui s'élèvent à grands frais. Pourquoi donc nous alarmer ainsi? pourquoi méconnaître notre position qui s'améliore tous les jours? et quand il serait vrai qu'elle est aussi mauvaise que vous le supposez, n'ai-je pas le droit de vous dire aussi, comme vous l'avez dit en parlant du décret de l'Assemblée constituante, que c'est plutôt aux circonstances de la guerre et de la révolution qu'il faut s'en prendre, qu'à nos institutions et qu'à la pénurie de nos capitaux qui, timides encore, n'ont pas pris tout leur essor?

Un an de paix, de la confiance mutuelle, de l'harmonie, et tous nos malheurs seront réparés; ces capitaux que vous cherchez se trouveront, n'en doutez point.

Mais j'en reviens à l'Assemblée constituante, et je dis que, si aujourd'hui elle délibérait sur le droit d'aubaine, sur le projet de loi qui nous occupe, elle aurait toutes autres idées que celles qu'elle avait alors, parce qu'encore une fois nous ne sommes point dans la même position. Nous n'avons plus besoin de remédier aux erreurs et aux préjugés de cette population, morte pour le commerce et l'industrie qui existait alors.

L'Assemblée constituante trouverait dans la réciprocité voulue par l'article 13 une transaction raisonnable et analogue à la position dans laquelle nous sommes ; elle trouverait dans cette disposition plus de noblesse, plus de franchise et plus de loyauté, que dans cette abolition intéressée du droit d'aubaine.

Car enfin, croyez-vous que les gouvernemens étrangers seront dupes de vos motifs? Pensez-vous qu'ils croiront à votre philantropie, que c'est pour fraterniser avec tous les hommes que vous les appelez ainsi? Croyez-vous qu'ils ne font pas aussi leurs calculs? Non : avec l'Assemblée constituante qui l'a dit, avec nos collègues qui l'ont répété ici, ils diront que c'est pour avoir leurs capitaux et leur industrie, dont vous êtes avides, et dont vous ne pouvez pas vous passer, que vous avez supprimé le droit d'aubaine ; et c'est alors qu'ils doubleront d'activité pour s'y opposer, qu'ils feront les lois les plus sévères contre l'expatriation et l'émigration. Moi, j'aime mieux qu'on leur dise : *Ce que vous nous donnerez, nous vous le donnerons.* Venez attirer nos capitaux avec les vôtres ; mais de la réciprocité : nous irons aussi chez vous attirer vos capitaux avec les nôtres. Ce langage est plus vrai, plus franc, et plus digne de la grande nation.

Enfin, quand je compare l'article 13 à l'article 15, j'avoue que je vois peu d'importance dans cette discussion, car, d'après ce dernier article, l'étranger jouira, un an après sa déclaration, de tous les droits civils : c'est avec un stage d'un an qu'il devient Français, quant aux droits civils ; et certes ce délai ne sera pas un obstacle pour le capitaliste étranger ; et si, lorsque M. Necker parlait sur cette matière, et lorsque

l'Assemblée constituante décrétait l'abolition du droit d'aubaine, il eût existé dans notre législation une pareille disposition, ils se seraient très-peu occupés de l'abolition du droit
d'aubaine.

Je crois en avoir dit assez sur ce point de discussion. Je
passe à celui relatif aux effets des condamnations judiciaires ;

18 mais avant je veux m'arrêter à l'article 22, que l'on a critiqué
hier. Cet article porte : « Le Français qui aurait perdu sa
« qualité de Français pourra toujours la recouvrer en ren-
« trant en France avec l'autorisation du gouvernement, et en
« déclarant qu'il veut s'y fixer. » On aurait voulu que cet article eût ajouté : « A la charge, par lui, de renoncer à la
« naturalisation qu'il aurait acquise en pays étranger, aux
« fonctions publiques qui lui auraient été conférées, aux pen-
« sions données, à son affiliation à toute corporation exigeant
« des distinctions de naissance, etc. »

On a donc oublié que ces dernières dispositions sont une des
bases de notre pacte social , qu'on ne peut pas être Français
ni devenir Français sans avoir fait ces diverses renonciations.'

On a donc encore oublié que c'est précisément ce que dit
ce que veut l'article 21 qui précède l'article 22 critiqué? Suivant vous, il fallait encore le répéter dans cet article 22 : je
vous avoue que je pense que de pareilles observations ne demandent pas de réponse.

sect. 2.   Je passe au titre relatif aux effets des condamnations judi-
22   ciaires ; mais avant, je crois qu'il est essentiel de nous fixer
d'une manière positive sur ce que c'est ce qu'on appelle *la
mort civile*, terme de droit ou de jurisprudence, qui signifie
privation des droits civils.

On dit que c'est une peine ajoutée encore à une autre peine.
On m'a dit ici : Quoi! après avoir fait crever l'œil d'un homme,
vous voulez qu'on lui crève encore les deux yeux! Ce n'est
pas là le reproche que je méritais; il fallait me dire : Quoi!
vous avez fait crever l'œil d'un homme, et vous voulez encore
qu'il soit borgne! Ou, vous avez fait crever les deux yeux à

un homme, et vous voulez encore qu'il soit aveugle! Voilà la manière dont il fallait poser la question; car, la privation des droits civils n'est point une nouvelle peine, mais la suite nécessaire, forcée, indispensable, la conséquence de la condamnation, que dis-je même! la condamnation elle-même, une et indivisible.

En effet, un homme est condamné à mort, soit contradictoirement, soit par contumace, ou à un bannissement perpétuel de l'État, à la déportation judiciaire perpétuelle. Le jugement lui dit dans le même moment: Tu n'es plus citoyen. *23-24.*

Il serait contradictoire, d'une part, de le condamner à mort ou de le rejeter à perpétuité du sein de la société, et cependant, d'une autre part, de lui conserver encore sa participation dans les droits sociaux. Il n'est plus dans la société, il n'existe plus pour la société, il ne peut plus y avoir aucuns droits. Ce n'est point une fiction, c'est une réalité positive; et tous les jeux de mots, et ce langage ironique qu'on s'est permis à cet égard, ont pu faire sourire quelques hommes, mais n'ont pu détruire ce fait positif.

La privation de ses droits civils est la condamnation elle-même; ce n'est point une nouvelle peine.

Dix négocians sont associés pour une opération de commerce: un des associés vole la caisse; un jugement le condamne à perdre ses droits dans la société, résilie à son égard le contrat social; le lendemain cependant il se présente pour délibérer au sein de la société, pour y prendre sa part; il en est chassé. Son expulsion n'est point une nouvelle peine qu'on lui impose, c'est la même que celle portée par la condamnation qui l'exclut.

Ainsi, ne disons donc pas que la privation des droits civils est une peine ajoutée à la condamnation à mort ou au bannissement à perpétuité; disons que c'est la même peine, que c'est la même condamnation; et tant que la peine de mort et le bannissement à perpétuité existeront dans notre législation criminelle, nous devons dire que, forcément, nécessairement, la privation des droits civils y est attachée par une conséquence nécessaire, et voulue impérieusement par cette condamnation : autrement cette condamnation ne serait plus une condamnation à mort ou au bannissement perpétuel, et il faudrait dire que ce qui est n'est pas.

Qui ultimo supplicio damnantur, statim et civitatem, et libertatem perdunt ; itaque præoccupat hic casus mortem. Voilà ce que dit la loi romaine, voilà ce que disent nos coutumes, nos ordonnances, nos Codes criminels, ces lois vivantes, nos jurisconsultes, et plus encore ce que disent la saine raison et la saine logique.

Ainsi, nous sommes donc obligés de convenir, à peine de déraisonner, que la condamnation à mort ou au bannissement à perpétuité emporte de droit, forcément, nécessairement, la privation des droits civils.

Partant de ce point de fait incontestable, voyons maintenant ce que dispose le projet de loi à cet égard ; voyons s'il est conséquent, s'il est basé sur ce principe fondamental, et contre lequel il est impossible de résister.

25   Le projet de loi veut que le condamné perde la propriété de tous les biens qu'il possédait, et que sa succession soit ouverte au profit de ses héritiers, comme s'il était mort naturellement ; pourquoi ? par suite de ce même principe fondamental, qu'étant privé de ses droits civils, il ne doit plus posséder des biens qu'il a acquis comme citoyen ; qu'étant mort à la patrie, à la société civile, il n'a plus rien à y prétendre. Alors ce sont ses héritiers qui s'emparent de ses biens; et, je vous l'avoue, je n'y vois point cette confiscation qu'on a feint d'y voir, puisque les biens sont remis aux parens.

Il ne peut plus ni recueillir aucune succession, ni transmettre à ce titre les biens qu'il a acquis, parce qu'autrement il exercerait des droits civils ; ce qui lui est absolument et forcément interdit.

Il ne peut plus ni disposer de ses biens en tout ou en

partie, par donation entre-vifs, ni par testament, ni recevoir
à ce titre, si ce n'est pour cause d'alimens, parce qu'alors il
exercerait des droits civils, et qu'il ne le peut plus. Il peut
recevoir des alimens, parce que cet acte appartient au droit
de nature et au droit des gens dont il n'est pas privé, ainsi
que je l'expliquerai tout à l'heure.

Il ne peut être nommé tuteur, ni concourir à la tutelle,
parce que c'est un acte civil; il serait tuteur, que ce serait
une puissance civile qu'il exercerait sur un autre : ce qui serait contradictoire avec la position où il est, avec son état
d'interdiction des droits civils.

Il ne peut être témoin, parce que c'est encore un acte civil; à cet égard, on a dit hier qu'il pouvait être témoin nécessaire, lorsque, par exemple, un crime était commis dans
une prison. Non, il n'est pas alors témoin; il vient faire à la
justice une déclaration; il ne prête point de serment; ce
n'est point un témoignage légal, c'est une simple déclaration,
qui n'est prise que pour renseignement : aussi l'ordonnance
qui l'admet à être entendu, dit : pour avoir, par les jurés,
à sa déclaration, tel égard que de raison.

Au surplus, que fait l'article ici? il pose le principe général, il dit qu'il ne peut pas être témoin en justice; et lorsqu'on fera le Code criminel, on fera un titre pour les témoins
nécessaires; et vous vous occuperez alors de l'exception. C'est
ce qui a été dit lors de la discussion au Conseil d'Etat.

Il ne peut procéder en justice en demandant, ni en défendant, parce que ce sont des actions civiles qu'il ne peut exercer, puisqu'il est privé de tous droits civils.

Il est incapable de contracter un mariage légal et qui produise aucun effet, parce que le mariage, au regard de la société, n'est qu'un acte civil, ce qu'il ne peut faire, attendu
son incapacité nécessaire et forcée.

Le mariage qu'il a fait est dissous quant à ses effets civils,
puisqu'il ne peut plus conserver la puissance maritale qu'il
tient de la loi civile; il ne peut plus assister sa femme dans

des actes civils ; il ne peut plus l'autoriser pour accepter une
succession, un legs, pour faire une acquisition, puisque de
lui-même il n'a plus aucun droit civil.

Si la loi ne prononçait pas cette dissolution, la condamnation contre le mari frapperait par contre-coup sur la femme;
car, continuant de vivre sous la puissance d'un homme incapable de droits civils, elle s'en trouverait aussi privée : ce
qui serait injuste à son égard, et préjudiciable à ses droits.

Remarquez bien, tribuns, que les deux articles que je viens
de vous citer disent : Quant aux effets civils. A l'égard des
liens de la nature ou religieux, ces droits ne sont point dans
le pouvoir du législateur ; vous n'êtes appelés que pour faire
des lois civiles, que pour fixer des droits civils ; et les droits
de la nature, les lois naturelles ou religieuses, ne sont point
de votre compétence.

Cette épouse vertueuse, si recommandable, pour laquelle
on a réclamé tant de pitié, peut suivre son criminel époux
dans sa fuite ou dans le lieu de sa déportation, si elle croit
que la nature et la religion lui en fassent un devoir. Ce n'est
point une concubine, comme on l'a dit ; c'est une femme
qui n'est plus sous la puissance civile d'un mari, c'est une
veuve au regard de la loi civile. La loi doit dissoudre ce mariage, quant aux effets civils ; c'est une justice qu'elle doit à
la femme ; car autrement ce serait aussi la punir en la laissant sous la puissance maritale, c'est-à-dire sous la puissance
d'un homme qui n'a plus de puissance, qui n'a plus de
droits, et qui, par conséquent, ne peut plus lui en transmettre ; ce qui serait une contradiction évidente, une inconséquence intolérable dans la législation.

Aussi nos auteurs, s'ils ne disent pas que la mort civile
dissout le mariage, c'est parce qu'alors il était réputé indissoluble, et considéré comme sacrement ; mais ils disent tous
que le mari perd sa puissance maritale, que le mariage n'a
plus d'effets civils, que la femme reprend tous ses droits
comme si le mari était mort naturellement. Voyez Lebrun,

Domat, Duplessis, Richer, Ferrière, Pothier, le *Répertoire de jurisprudence* et l'*Encyclopédie*. Ils disent aussi qu'il perd la puissance paternelle ; que le mariage contracté par une personne morte civilement est valable quant au sacrement, mais qu'il ne produit point d'effets civils. Voilà ce que la raison de tous les temps a voulu ; voilà ce qui s'est pratiqué et qui se pratique encore dans tous les pays civilisés, parce que, encore une fois, c'est une conséquence forcée de la condamnation à la peine de mort ou à la déportation judiciaire à perpétuité, dont l'effet est de mettre dehors de la société, et de priver de tous droits civils, celui qui s'est rendu coupable envers elle.

On a critiqué l'article du projet qui veut qu'aussitôt l'exé- 27-28 cution par effigie du condamné par contumace, ses biens soient provisoirement remis à ses héritiers, en donnant caution.

Il est encore présumé innocent, vous a-t-on dit : oui ! s'il n'était qu'accusé. Et prenez donc garde qu'il est condamné ; et certes cette condamnation et l'exécution qui s'en est ensuivie, doit, à mon gré, avoir provisoirement plus d'avantage que la présomption d'innocence que vous invoquez pour lui. Remarquez surtout que, sur cent condamnés par contumace, il n'y en a qu'un qui se présente, et que, pour ce cas particulier, il faudrait laisser quatre-vingt-dix-neuf jugemens sans exécution, sans force, sans caractère. Il faut, pour le bon ordre de la société, que les jugemens aient tous leurs effets tant qu'ils ne sont pas attaqués, fussent-ils par défaut, par contumace ; autrement il n'y aurait rien de stable.

Quant à la remise provisoire de ses biens, faite à ses héritiers en donnant caution, on ne peut qu'applaudir à une pareille disposition. Elle est sans doute plus favorable que la confiscation ou le séquestre mis pendant cinquante ans, qui existe aujourd'hui d'après notre Code pénal.

On a dit hier que, pendant les cinq ans de grâce accordés au condamné pour purger sa contumace, au lieu de le mettre

en état de mort civile, on aurait dû le mettre en état d'interdiction légale.

Je vous avoue que, d'après les dispositions du projet de
loi, je ne sais quelle différence il y a entre les effets de la
mort civile et l'interdiction légale; le fil est si imperceptible,
qu'il m'échappe.

Qu'est-ce qu'un homme qui est dans une interdiction légale? C'est un homme qui est dans un état de privation de
ses droits civils, auquel on nomme un curateur qui, en son
nom, s'empare de tous ses biens et exerce toutes ses actions
civiles.

De quelle manière le projet de loi a-t-il organisé la privation des droits civils du condamné par contumace, dont les
délais pour la purger ne sont pas expirés? Suivant l'article 30,
ce sont ses parens, ses successibles, qui s'emparent provisoirement, et en donnant caution, de ses biens; ce sont ses
parens qui recueillent, à son lieu et place, les successions
qui peuvent lui échoir. A-t-il des actions à exercer? il lui est
nommé un curateur, suivant l'article 28; les successions qui
lui échoient tombent dans les mains de ses parens. Est-il
acquitté? suivant l'article 31, il rentre dans l'universalité de
ses droits et de ses biens; ses héritiers sont obligés de lui
remettre tout ce qu'il avait, ce qui lui est échu, comme s'il
n'avait jamais été privé d'aucuns droits. Telles sont les dispositions du projet de loi. Il faut convenir d'après cela qu'il
n'y a aucune différence entre la privation des droits civils, de
la manière dont elle est voulue par le projet de loi, et l'interdiction légale; il n'y a de différence que dans le mot.

Mais pourquoi toujours vouloir être favorable à cet homme
qui fuit la justice, qui se méfie du jugement de ses concitoyens? Pourquoi croire que, généralement, un homme qui
fuit, qui se cache, n'est pas coupable? Cela arrive quelquefois;
mais ce sont des exceptions si rares, que, comme je l'ai déjà
dit, sur cent condamnés par contumace, il n'y en a au plus
qu'un ou deux qui se présentent.

On a dit aussi : Expliquez-moi comment vous pouvez faire mourir un homme provisoirement. Il faut en convenir, c'est un véritable jeu de mots vides de sens. Les mots *mort civile* sont un terme technique affecté au langage et à la science des lois ; cela veut dire privation des droits civils, comme le mot *mètre* veut dire, dans la science des calculs, la dix-millionième partie du quart du méridien. Ainsi, je ne veux pas faire mourir un homme provisoirement ; je veux, dans le sens qu'il est convenu de donner aux mots *mort civilement*, le priver provisoirement des droits civils.

On s'est plaint de ce que le condamné qui a laissé expirer les cinq années de faveur ne récupère ses droits que pour l'avenir ; on aurait voulu qu'il rentrât dans l'universalité de ses droits, dans ceux qu'il avait lors de sa première condamnation, comme s'il se fût présenté dans les cinq ans. 30

Mais on ne prend donc pas garde que les délais de cinq années qu'on lui a accordés ont été des délais de faveur que sollicitait l'humanité ; que la prescription est acquise ; qu'il y aurait bien plus d'inconvéniens à lui faire rendre ses biens qu'à les lui faire perdre, parce qu'enfin tous les torts doivent lui être reprochés ; pourquoi n'a-t-il pas paru dans les délais que lui fixait la loi ? Considérez ensuite les troubles qu'il porterait dans sa famille, ses biens partagés, vendus, donnés en dot sous l'empire de la loi ; ils seraient réclamés ! on dépouillerait des hommes de bonne foi ! Quelle incertitude dans les propriétés ! Que d'actions ! que de procès un pareil système n'engendrerait-il pas ! Non, la prescription est acquise ; la stabilité des contrats, le repos des familles, la justice et la raison sollicitent une pareille mesure.

On s'est plaint encore de ce que les enfans nés du mariage, pendant l'intervalle des cinq ans, seront légitimes s'ils sont reconnus par le condamné acquitté.

Pourquoi, a-t-on dit, vouloir qu'il reconnaisse ces enfans ? le mariage indique assez qu'il est père.

Mais on a donc oublié que depuis la condamnation il est

mort civilement, qu'il a été dans l'impuissance, par conséquent, de procréer des enfans qui, aux yeux de la loi civile,
fussent légitimes ; il faut donc qu'il fasse cette reconnaissance
de paternité.

Pendant les cinq ans le mariage a été dissous ; les enfans
qui sont nés pendant ce temps n'étaient point légitimes ; il
faut donc qu'il les réhabilite par sa reconnaissance.

D'ailleurs, si un homme marié, n'ayant pas perdu ses
droits civils, est admis quelquefois à refuser de reconnaître
des enfans nés de sa femme, parce qu'il était séparé d'elle
d'une distance assez suffisante pour prouver l'impossibilité
physique d'avoir cohabité avec elle, à plus forte raison
doit-on donner ce même droit à cet homme proscrit, errant
et mort civilement : car enfin il peut prouver qu'il était alors
à Pondichéri, ou à une égale distance.

Sous tous les rapports. la reconnaissance est donc nécessaire.

Mais, dit-on, si le mari se représente après les cinq années
pour purger sa contumace, au bout de dix ans, quinze ans,
par exemple, on ne dit pas ce que deviendra la femme, si
ces époux seront admis à se remarier ; on ne dit pas non plus
ce que seront les enfans nés pendant cet intervalle, s'ils seront bâtards ou légitimes.

Il me semble qu'il est facile de répondre à de pareilles
questions.

Sans doute le mariage est définitivement dissous à l'expiration des cinq années ; point de doute à cet égard d'après le
projet de loi.

Si la femme s'est remariée, à coup sûr les enfans n'appartiennent point au condamné acquitté.

Si elle ne s'est pas remariée, les enfans qu'elle a eus ne
sont point des enfans légitimes ; c'est une conséquence forcée
de la perte des droits civils du mari : mais ce mari acquitté
rentre dans ses droits pour l'avenir ; rien sans doute alors ne
l'empêchera de contracter un nouveau mariage avec celle qui

a été sa femme, comme il pourrait en contracter un avec toute autre; et c'est ce que l'on voit tous les jours entre époux qui ont été divorcés, et qui ensuite se remarient; et ce mari, jouissant alors de ses droits civils, rien ne l'empêchera encore de reconnaître les enfans qu'il aura eus de sa femme pendant sa mort civile. Cette reconnaissance entrera dans ses droits récupérés qu'il aura droit d'exercer.

Il en sera de même pour les déportés outre mer : lorsqu'ils auront obtenu leurs droits civils dans le lieu de leur exil, ils pourront et se remarier et reconnaître leurs enfans. Pourquoi, observe-t-on, ne l'a-t-on pas dit dans le projet? parce que c'est inutile à dire, c'est de droit, et que le Code civil deviendrait un fatras inextricable, s'il indiquait tous les droits que peuvent naturellement exercer les citoyens.

Prenez garde, d'ailleurs, que l'omission d'une disposition n'est pas un motif de rejet, mais bien le motif d'un vœu à exprimer : car, avec ce système, on prendrait l'initiative des lois, ce qui est inconstitutionnel. D'ailleurs, il est possible que nous trouvions cette explication qui, à mon gré, serait surabondante, soit dans le titre *de la paternité* ou dans celui *du divorce.*

On a dit que la femme du condamné qui ne purge point sa contumace devient concubine, et que les enfans qu'elle a eus depuis deviennent bâtards : on a crié, à cet égard, à l'injustice; on punit les enfans des crimes de leur père; on fait perdre à une malheureuse femme son état de légitime. Oui, sans doute, parce que c'est la conséquence nécessaire et forcée de la condamnation du mari, de son incapacité civile. On ne peut sortir de cet embarras; on ne peut pas faire qu'un homme qui n'a plus de droits civils puisse en donner à d'autres; on ne peut pas faire qu'un homme qui est mort civilement, qui est mort aux yeux de la loi civile, ait des enfans légitimes; c'est une suite nécessaire et forcée du principe, c'est un inconvénient, je le sais, et, dans une loi générale, on ne doit pas s'y arrêter. Trouvez une seule loi qui ne présente pas quelques inconvéniens; et, ici, vous ne pouvez pas sortir de cet état de choses sans être en contradiction avec l'évidence du principe.

Mais pourquoi stipuler avec tant de chaleur pour ces enfans? Quoi! vous préféreriez donner à ces enfans, nés d'un grand criminel, la qualité de légitimes plutôt que celle de bâtards?

Qui vous a dit qu'ils préféreront se dire enfans légitimes d'un tel père; qu'ils n'aimeront pas mieux que leur origine soit indécise plutôt que d'en avoir une de cette nature? Je dis plus : ils le voudraient, que la loi doit le leur défendre; que, sous ce rapport, cette loi a plus de moralité.

33   Enfin, on a critiqué la disposition du projet, qui veut que les biens acquis par le condamné, et dont il se trouvera en possession le jour de sa mort, appartiennent à la nation à titre de déshérence; on a dit que c'était une confiscation: non, c'est la suite, la conséquence de la mort civile.

Depuis sa condamnation, il n'a pu recevoir de succession, et il ne peut par conséquent en laisser, parce que ce sont des droits civils dont il est privé par la mort civile.

Cependant il a pu acquérir et vendre; il a pu aussi recevoir des alimens, parce que ces sortes de contrats n'appartiennent point au droit civil, mais bien au droit des gens. Aussi vous voyez, dans l'article 27 du projet, qui fait l'énumération des droits civils que le condamné a perdus, on n'y parle point du droit d'acquérir, de vendre et de recevoir des alimens, etc., parce qu'effectivement c'est un droit des gens qui n'est pas le même que le droit civil.

Il ne peut rien recevoir de sa famille; par la même raison, il ne peut rien lui transmettre, parce qu'il est mort; il est considéré comme un étranger qui n'est pas dans sa patrie, qui peut bien acquérir et revendre, parce que c'est un droit des gens, mais qui n'a pas la faculté de transmettre ses biens à titre de succession, parce qu'il ne peut pas faire de testa-ment, ce qui serait l'exercice d'un droit civil, et que n'ayant plus de famille, il ne peut rien lui laisser.

En suivant cette conséquence, que doit devenir le bien qu'il a acquis en vertu du droit des gens? Ce bien n'est à personne; aucun individu n'a droit de le recueillir et de s'en dire propriétaire. Il doit donc appartenir à la nation, c'est-à-dire à tous, à la communauté entière.

Que l'on ne dise pas que c'est un vol fait aux héritiers; car, mort civilement, il n'a plus d'héritiers. Voilà le prin-cipe: au surplus, le second paragraphe de cet article corrige l'âpreté et la rigueur de ces principes incontestables, puis-qu'il laisse au gouvernement la faculté de faire, au profit des héritiers, telles dispositions que l'humanité lui suggérera; c'est une transaction faite avec la rigueur de ce principe.

On a hier trouvé fort bien cette disposition; mais on vou-drait que ce soit plutôt les tribunaux qui soient chargés de remettre aux familles les objets tombés en déshérence, que le gouvernement.

On a donc oublié qu'aussitôt le jugement prononcé, le *fin de la sect. 2.* tribunal n'est plus rien; que c'est l'administration qui régit et administre les biens qu'elle recueille à titre de déshérence; que c'est elle qui en connaît le *quantum*, et par conséquent qui est à même de juger ce qu'on en peut distraire; que tout, dans ce fait, est administratif.

Je passe au dernier article du projet de loi, qui veut que le déporté puisse, dans le lieu de sa déportation, recouvrer ses droits civils. On aurait voulu que ce fût de droit une faculté qui fût personnelle au condamné, au lieu de la subor-donner à la volonté des agens du gouvernement.

Mais on ne voit donc pas que c'est ici une grâce que la loi accorde, et qu'il est tout naturel qu'elle soit au moins mé-ritée. Si ce déporté, dans le lieu de sa déportation, assassine ou vole encore; s'il commet les mêmes désordres qu'il a commis sur le continent, est-il juste alors de lui donner cet affranchissement qu'il ne doit obtenir qu'après s'en être rendu digne?

Voulez-vous rendre meilleurs les grands criminels? promettez-leur cette faveur, cette grâce, mais basée sur leur conduite ultérieure.

Il est bien étrange que l'on veuille donner à ces hommes coupables que vous avez chassés de la société comme criminels envers elle , que vous punissez par cette déportation; il est bien étrange, dis-je, que l'on veuille que le lieu de leur déportation soit un lieu de plaisance, où ils récupéreraient inconsidérément tous leurs droits civils. Croyez-vous par là retenir les crimes du continent, en donnant à ceux qui seraient tentés de les commettre une expectative si douce et si consolante?

Enfin, hier on a fait une observation assez singulière. On a dit : Si la femme, et les enfans qu'il a eus sur le continent, suivent leur malheureux père, comme il a recouvré ses droits dans le lieu de la déportation, cette femme et ces enfans lui seront étrangers. Ils pourront être témoins contre lui.

D'abord , s'ils l'ont suivi, et qu'ils lui soient si tendrement attachés, il n'y a pas de doute qu'ayant recouvré là ses droits civils , il pourra se remarier et reconnaître ses enfans comme je l'ai déjà dit.

Ils pourraient être témoins : mais ne sait-on pas que les enfans naturels et les femmes divorcées, même les concubines, ne peuvent être témoins? la loi et la raison ne le veulent pas. Je crois avoir répondu à toutes les observations. Je trouve le projet bon et conséquent dans toutes ses parties: j'en vote l'adoption.

OPINION DU TRIBUN SAINT-AUBIN,
CONTRE LE PROJET.

Tribuns, avant d'examiner le projet de loi qui nous occupe , il est bon d'observer que ce projet , différent en cela de plusieurs autres qui ont été discutés dans le tribunat, ne regarde ni la politique extérieure, ni la police et la sûreté de l'intérieur; qu'il n'est point relatif à une demande de fonds, ni à aucune autre mesure dont le rejet pourrait influer sur les opérations majeures du gouvernement. Semblable en cela à tous les projets de lois qui doivent composer le Code civil, il ne traite que d'objets généraux de législation, dont la discussion approfondie est d'autant plus essentielle, que, pour assurer à ces sortes de lois le respect et l'obéissance qui leur sont dus, il ne suffit pas qu'elles soient bonnes, il faut encore qu'elles soient généralement reconnues pour telles.

Je crois encore moins, avec plusieurs de nos collègues, que, dans l'examen approfondi de ces projets de lois, nous devions être arrêtés par le nombre et l'autorité des jurisconsultes célèbres qui, conjointement avec le tribunal de cassation et tous les tribunaux d'appel de la République, ont directement ou indirectement concouru à la formation et rédaction de ces projets. Ce n'est pas qu'en matière de législation et de jurisprudence surtout, je n'aie toute la déférence due à l'avis de magistrats à qui leurs lumières et une longue expérience ont donné le droit de faire ce qu'on appelle autorité; mais c'est que, dans la discussion dont il s'agit, cette autorité devient nulle. Car, à en juger du moins par les cahiers qui nous ont été distribués jusqu'ici, il paraît que non seulement plusieurs projets de lois présentés par les principaux rédacteurs du Code ont reçu des amendemens considérables (et tout le monde sait qu'un projet de loi avec un amendement de plus ou de moins n'est point du tout la même chose), mais il paraît que des titres entiers ont été refondus, et qu'en général il serait difficile de citer beaucoup de dispositions importantes qui aient eu l'assentiment, je ne dis pas de toutes les autorités respectables qu'on cite, mais seulement de la majorité d'entre elles. D'après ce fait incontestable, au lieu d'avancer qu'il est difficile de ne pas adopter de confiance un projet de loi qui est l'ouvrage des jurisconsultes

3o.

les plus distingués par leurs talens et leurs lumières, qui a eu le suffrage des premiers tribunaux de la République et de la majorité du Conseil d'État, il serait généralement plus vrai de dire qu'on est embarrassé à se décider entre le projet de loi présenté qui a eu une partie de ces suffrages, et le système contraire qui a eu l'autre partie, chacun de ces systèmes ayant en sa faveur des autorités également respectables et imposantes. Celles-ci ne sont donc qu'un motif de plus pour nous engager à mettre dans cette discussion toute l'attention, toute la maturité que mérite l'extrême importance de son objet.

En vain objecterait-on l'empressement avec lequel le Code civil est attendu par l'immense majorité de la nation. Plus cet empressement est grand, plus il est général, et plus nous devons mettre de soin à ce que le public ne soit pas trompé dans son attente. Pour cet effet, il ne suffit pas que nous mettions de bonne foi toute l'activité possible à ce que ce vœu soit promptement rempli ; il faut encore veiller à ce qu'il le soit de manière à atteindre le but que le peuple français s'est proposé en le formant. Or, quel est ce but ? c'est, dira-t-on, de fixer avec uniformité *et précision* l'état des personnes et les rapports de propriété et d'intérêt que les citoyens peuvent avoir entre eux. C'est là, en effet, le point de vue sous lequel le Code civil doit être envisagé par tous les *gens éclairés* ; c'est ce que doivent se proposer les législateurs chargés de la formation et de la rédaction de ses lois, ainsi que les juges et magistrats chargés d'en faire l'application et de les faire exécuter. Mais la multitude ne va pas aussi loin ; les neuf dixièmes de ceux qui ont demandé et qui demandent encore avec tant de chaleur un Code civil, au lieu de viser à un but aussi relevé, ne songent qu'à ce qui en est la conséquence, je veux dire à avoir moins de procès et à les voir terminés le plus promptement et au meilleur marché possible, ou, pour me servir de la locution vulgaire, à avoir moins besoin de procureurs et d'avocats.

Tous les hommes éclairés, sous l'ancien régime, ont demandé de tout temps l'abolition des mille et une coutumes
qui faisaient dire à Voltaire qu'en voyageant en France on
changeait de lois autant de fois que de chevaux de poste. La
révolution a rempli leur vœu, et nous a mis à même de jouir
d'une législation uniforme qui, sous le rapport de l'égalité
des droits et de la liberté politique, de la sociabilité et des
progrès de l'industrie et du commerce, est un inappréciable
bienfait. Mais cette législation uniforme que nous devons à
la révolution, sans laquelle nous ne l'aurions jamais eue ;
cette uniformité, quelque désirée qu'elle fût sous l'ancien
régime, ne l'était certainement pas dans la vue d'en obtenir
tous les heureux résultats dont je viens de faire l'énumération. A l'époque surtout où les Lamoignon et les d'Aguesseau
formaient ce vœu, les quatre-vingt-dix-neuf centièmes de la
nation ne songeaient pas même à l'égalité des droits et à la
liberté politique, et je doute fort que les deux grands hommes
que je viens de nommer en eussent quelque idée précise.
Long-temps même après eux, ces grandes et nobles pensées,
quoique répandues dans les journaux étrangers ; ces pensées
auxquelles un orateur a attribué avec raison la chute infortunée de la monarchie, mais auxquelles il a oublié d'attribuer
l'établissement heureux de la République ; ces grandes et
nobles pensées, dis-je, n'étaient le partage que d'un petit,
d'un très-petit nombre d'hommes éclairés, de ces philosophes
auxquels tant de routiniers font aujourd'hui la guerre, pour
avoir propagé ces vérités qui ont changé la face morale de la
France, et proportionnellement celle de l'Europe entière, ces
vérités sans lesquelles nous n'aurions probablement pas le
droit de discuter aujourd'hui des projets, parce qu'un roi,
successeur du beau règne, enverrait encore comme autrefois
à la nation les lois toutes faites. Les autres citoyens ne désiraient cette législation uniforme que dans l'espérance qu'elle
diminuerait le nombre de procès, en rendant la jurispru-

dence plus certaine; et c'est là encore tout le bien que le grand nombre en attend.

Or, ni le but relevé que se sont proposé les hommes instruits, ni celui auquel vise la multitude en demandant un Code civil, ne sauraient être atteints, si, d'une part, les lois ne sont pas cohérentes, et, de plus, en parfaite harmonie avec le nouvel ordre de choses, et si, d'un autre côté, il ne règne pas dans leur rédaction la plus grande précision et la plus éminente clarté. Ces qualités précieuses, qui, dans tous les pays et dans tous les temps, ont été et seront nécessaires pour former de bonnes lois, ne l'ont jamais été davantage que dans les circonstances où nous nous trouvons. Dans ces circonstances, il s'agit de conserver de l'ancien ordre des choses ce qu'il y avait de bon, sans laisser se glisser parmi nos lois des maximes incompatibles avec l'égalité des droits, avec la liberté politique et civile; il s'agit de faire disparaître toutes les lois qui se ressentent de l'agitation au milieu de laquelle elles ont été faites, tout en conservant celles qui tiennent essentiellement aux institutions républicaines. Enfin, et ce n'est pas là la moindre difficulté, on ne saurait se dissimuler que dans le nombre des hommes qui seront chargés de faire l'application de ces lois, il n'y en ait qui ne peuvent croire que la révolution soit finie, tandis que d'autres ne peuvent se mettre en tête qu'il y en ait eu une. Certes, dans de pareilles circonstances, l'on ne doit pas regretter le retard de quelques décades, d'un mois même, que peut entraîner la discussion d'un projet de loi composé de titres dont chacun pourrait être subdivisé en plusieurs lois distinctes.

Et de quelles lois surtout s'agit-il, tribuns? De lois qui par leur nature même ne sont pas de circonstance, et qui, sous ce rapport, ne sauraient jamais être bien urgentes; de lois qui doivent être durables, et décider, pour de longues années, du sort de nos personnes et de nos propriétés; de lois dont dépend le bien-être ou le malheur de tout ce qui nous

est cher ; de lois, enfin, que nous voudrions pouvoir transmettre comme un dépôt précieux à nos enfans et à la postérité.

Après ces considérations générales sur la nature, le but et
l'importance des lois qui doivent composer notre Code civil,
je passe à l'examen du projet de loi qui nous est soumis à la
discussion. Ce projet se divise en deux titres : le premier
traite de la jouissance des droits civils, et le second de leur
privation.

Une première singularité se présente ici ; c'est que ces
droits civils, ces droits si importans, qu'on propose d'accorder aux uns et de refuser aux autres, ne sont encore ni défi-
nis, ni même légalement connus. L'orateur du gouvernement
dit seulement, dans l'exposé des motifs du projet, que ces
droits seront décrits par le Code civil, dont toutes les parties
nous vont être successivement présentées.

Or, je demande comment on peut décréter d'avance, par
une loi, quels individus jouiront des droits civils, et quels
autres en seront privés, lorsqu'aucune loi précédente n'a encore dit en quoi ces droits consistent? N'est-il pas évident que,
suivant que ces droits seront plus ou moins nombreux, plus
ou moins étendus, on pourra les accorder ou les refuser, soit
aux étrangers, soit aux Français qui se trouveront dans un
des cas de privation prévus par la loi ? C'est une maxime de
droit : *Nemo dat quod non habet*, personne ne peut donner ce
qu'il n'a pas. Je crois que c'est une maxime de logique :
Nemo dat quod non novit, personne ne saurait donner ce qu'il
ne connaît pas.

Le premier inconvénient donc du projet de loi en général
est d'être prématuré ; au lieu de se trouver au commencement du Code civil, il devait être placé à la fin.

Après cette observation préliminaire sur le projet de loi en
général, je pourrais maintenant en faire l'analyse, et examiner successivement les différens titres et articles dont il est
composé, si cet objet n'avait pas déjà été rempli avec succès

par plusieurs orateurs qui m'ont précédé à la tribune. Je suivrai donc une marche différente, qui d'ailleurs est plus analogue à ma manière habituelle de traiter ces matières.

Dans l'examen de tout projet de loi, j'ai toujours pris pour
règle de ne m'occuper des dispositions textuelles et de la rédaction des différens articles du projet, qu'après en avoir
examiné les grandes bases, les principes généraux sur lesquels ces dispositions paraissent être fondées : plusieurs motifs m'ont déterminé à adopter cette méthode.

D'abord, un seul principe erroné peut engendrer une foule
de mauvaises lois, et, ce qui est souvent plus dangereux
encore, une foule de mesures administratives également
mauvaises.

En second lieu, ce même principe, adopté par les tribunaux et par les autorités administratives, peut devenir la
source d'une fausse application, ou, ce qui est pis, d'une
application incertaine de la loi, à laquelle ne saurait échapper
un seul cas particulier qui se trouvera avoir la moindre analogie avec le principe dont il s'agit.

Troisièmement (et c'est là le point capital), en vain quelques articles, évidemment mauvais ou mal rédigés, feraient-
ils retirer ou rejeter un projet de loi : si l'on a négligé de
combattre le principe sur lequel ces articles sont basés, il
pourra être reproduit successivement plusieurs autres projets
toujours infectés du même vice, et qui ne différeront du premier que par la forme.

Or, dans le projet de loi que nous discutons, je remarque
deux de ces principes erronés qui me paraissent avoir dicté
presque toutes les dispositions vicieuses qui ont été indiquées
ou attaquées par les rapporteurs et autres orateurs qui m'ont
précédé à la tribune. Ces deux principes sont :

1°. Dans le premier titre, *celui de la réciprocité*, d'après
lequel il paraîtrait que nous ne devons accorder la jouissance
des droits civils aux étrangers résidant en France, qu'autant
et dans la même proportion que la nation à laquelle ces

étrangers appartiennent accordent cette jouissance aux Français résidant chez eux.

2°. Dans le second titre, le principe de la *mort civile*, qui, d'après le projet de loi présenté, doit encore aujourd'hui être, chez la nation française, la suite de toute condamnation à des peines dont l'effet sera de priver le condamné de toute participation aux droits civils.

Je m'attacherai principalement à combattre le premier de ces principes, celui de la réciprocité ; j'essaierai de démontrer qu'il est contraire à toutes les règles d'une saine politique, qu'il va directement contre le but pour lequel on l'a adopté, et qu'enfin son application entraînera les juges et administrateurs dans des embarras et des difficultés inextricables. Quant au second principe, celui de la mort civile, plusieurs de nos collègues vous ont démontré combien cette fiction était immorale et injuste ; ils en ont développé les vices et les funestes conséquences de manière à ne laisser rien à désirer sous ce rapport ; ils l'ont fait avec un talent auquel je me flatterais en vain de pouvoir atteindre. Je me bornerai donc à dire quelques mots sur son origine, et à démontrer surtout que dans nos mœurs et avec nos institutions, et en général chez toute nation qui n'a pas, comme les Romains, des esclaves proprement dits, cette peine, donnée comme un accessoire à une autre peine plus grave, est absolument inutile ; que tout en punissant souvent des innocens, relativement au coupable et à ceux qui seraient tentés de l'imiter, elle ne sert, elle ne mène à rien.

Je commence par le principe de réciprocité appliqué au droit d'aubaine. Mais, avant d'entamer cette discussion, je dois répondre au reproche qu'on pourrait me faire sur l'espèce de hardiesse qu'il y a à reproduire un sujet aussi rebattu. Ne pourrait-on pas me dire : On a tant parlé, tant écrit pour et contre ce droit d'aubaine, vous allez nous en parler encore ; un autre vous répondra, tout cela nous prend un temps précieux, et coûte peut-être plus de papier et de frais d'impression que le fond ne vaut? Avant donc de continuer la discussion, voyons si le sujet en vaut la peine ; c'est une question que fait tout homme sensé avant de s'embarquer dans un procès de longue haleine.

J'avoue, mes collègues, que, s'il s'agissait uniquement de ce que le droit d'aubaine peut rapporter au trésor public, je me trouverais grandement en défaut. Car il est constant et démontré, autant que peut l'être une vérité de fait, que ce malheureux droit d'aubaine, sur lequel on s'est tant débattu, n'a pas, dans le temps de sa plus grande splendeur, rapporté plus de 40,000 écus, et que, souvent, il n'a pas fourni de quoi payer les frais de perception. Ce fait, ainsi que vous l'ont dit et répété plusieurs de nos collègues, est prouvé par le témoignage non suspect de M. Necker, cité à plusieurs reprises ; par les comptes rendus et authentiques de tous les contrôleurs généraux ; et, enfin, par les états de la régie du domaine. Il y a plus : aucun des partisans du droit d'aubaine ne s'est encore avisé de le contester. Comment se fait-il donc qu'on revienne tous les jours avec l'objection banale et vingt fois répondue, que, si on abolit le droit d'aubaine, les étrangers nous emporteront de riches successions dont le fisc profitera si l'on adopte le système contraire? Comment les hommes pénétrés de l'importance de ce droit, sous le rapport de l'intérêt du trésor public, ne vont-ils pas s'inscrire en faux, et contre les comptes rendus des anciens ministres, et contre les états de recette de la régie du domaine national? La chose publique y gagnerait doublement. D'abord, nous serions éclairés sur l'importance d'un droit dont la valeur, sous le rapport pécuniaire, est regardée comme à peu près nulle. En second lieu, on ferait rendre gorge aux dilapidateurs ou concussionnaires qui, pendant de si longues années, ont frustré le trésor public d'un aussi riche produit.

La question se réduit, nous a dit un orateur, à savoir si la nation française sera généreuse au point de se laisser enlever

des successions millionnaires que les étrangers voudront recueillir chez nous, sans que nous en puissions faire autant
chez eux. Je pourrais d'abord répondre que si, d'un autre
côté, l'industrie et le commerce y gagnent le décuple, ce ne
serait pas encore un aussi mauvais marché : mais le fait est
que, comme de riches successions laissées par des étrangers
et un droit d'aubaine sont deux choses incompatibles, il n'y
a pas de générosité à laisser enlever là où il n'y a rien à
prendre. Car, comme l'a dit notre collègue Boissy, là où l'on
est assuré de ne pouvoir rien emporter, on a soin de ne pas
porter beaucoup qui vaille. Relativement aux intérêts du
fisc, cette question ne mérite donc pas même d'être traitée.

Mais, comme vous l'ont fort bien dit plusieurs de nos collègues, l'abolition de ce droit se lie aux plus grandes questions de l'ordre social et de l'économie politique. Notre
collègue Ganilh surtout vous a fait voir combien, sous ces
rapports, les peuples modernes, agriculteurs, manufacturiers
et commerçans à la fois, différaient des peuples anciens essentiellement conquérans, ou, pour parler plus franchement,
n'exploitant que le bien d'autrui. L'orateur du Conseil d'É-
tat a été plus loin; il a fait voir combien les Français surtout
différaient, à cet égard, des Romains et des Grecs qu'on leur
oppose. Permettez-moi, mes collègues, de répéter ses propres expressions; elles sont remarquables par la justesse des
pensées et par la clarté et la précision qui y règnent.

« Comment, pourrions-nous, dit-il, adopter le système
« des Romains, celui d'une exclusion absolue? Il pourrait
« convenir aux petits États qui voudraient et qui pourraient
« vivre isolés; il pouvait s'allier très-bien à l'organisation des
« anciennes républiques où il contribuait beaucoup à exalter
« le sentiment de l'orgueil national, mais il serait déplacé dans
« nos grands États modernes. Le commerce a lié le monde
« entier, il a lié principalement les nations européennes; et,
« non seulement le commerce, mais les mœurs, les habitudes,
« la religion, les transactions publiques et particulières ont

« produit, entre elles, une sorte de communauté générale.
« Comment, dans un tel état de choses, une nation pourrait-
« elle s'isoler de toutes les autres, et surtout une nation telle
« que la France, dont le sol, l'industrie et les mœurs ont
« toujours eu tant d'attraits pour les étrangers; une nation
« qui, par sa position, sa population, son activité, sa valeur,
« est destinée à être le centre des affaires de l'Europe, et à
« leur donner toujours le mouvement et la direction? Ne se-
« rait-ce pas agir contre son intérêt, et, en quelque sorte,
« contre la nature, que d'admettre une législation qui fût, à
« l'égard des étrangers, exclusive et repoussante? »

J'ajouterai que c'est pour avoir oublié cette différence essentielle et caractéristique entre les États anciens et modernes,
que la révolution, si belle, si grande et si généreuse dans
son origine, s'est momentanément écartée de son but, et a
produit ces excès et ces malheurs dont nous avons été les
tristes témoins. C'est donc sous le rapport de l'économie politique, et de son influence sur la richesse et la prospérité
nationales, que j'envisagerai cette grande question.

Et, d'abord, j'observerai que dans le projet de loi, il ne s'agit
ni du refus absolu, ni de l'admission absolue des étrangers à
la jouissance de nos droits civils; mais seulement de la réciprocité d'après laquelle, dit l'article 13, « l'étranger jouira,
« en France, des mêmes droits civils que ceux qui sont ou
« qui seront accordés aux Français par les lois ou les traités
« de la nation à laquelle cet étranger appartiendra. »

On voit par là que, si le projet passe en loi, non seulement nous ne pourrons pas admettre à la jouissance de ces
droits civils un étranger quelconque, si la nation à laquelle
il appartient n'accorde pas cette jouissance aux Français
résidant chez eux, mais que nous serons forcés de les admettre
par milliers et myriades, quels qu'en puissent être les résultats, si leurs gouvernemens veulent bien nous admettre chez
eux. Sous ce rapport, un orateur, dont je ne partage cependant pas l'opinion, a parlé beaucoup plus conséquemment

que le projet, en s'opposant à toute admission quelconque
des étrangers à la jouissance de nos droits civils. Le seul reproche à lui faire, c'est de s'être fait inscrire *pour*, et cependant d'avoir parlé *contre*. Car ; si, comme il le prétend,
l'admission des étrangers à la jouissance de nos droits civils
est en général dangereuse, et sous le rapport de la sûreté et
de la tranquillité publiques, et sous le rapport surtout de leur
influence funeste sur le caractère national et l'amour de la
patrie, alors le projet doit être rejeté de droit, puisqu'il sacrifie toutes ces importantes considérations à une réciprocité
qui, non seulement, ne dépend pas de nous, mais que l'o-
rateur du gouvernement, dans l'exposé des motifs, espère
devoir bientôt devenir générale : « Accorder chez nous, aux
« étrangers, dit-il, les mêmes droits civils que ceux qu'ils
« nous accorderont chez eux, quoi de plus propre à favoriser
« le développement des idées philantropiques et fraternelles
« qui devraient lier les diverses nations entre elles! » On voit
que, par un contraste assez singulier, l'espoir et les principes
même de l'orateur du gouvernement qui a proposé le projet
de loi sont diamétralement opposés à l'espoir et aux principes de l'orateur du Tribunat qui en a pris la défense.

Pour revenir maintenant à ce système de réciprocité, je
demande pour qui nous comptons faire un Code civil, si c'est
pour les nations étrangères, ou pour la nation française? La
réponse à cette question ne saurait être douteuse. Or, si c'est
pour l'avantage et l'intérêt de la nation française que doivent
être faites les lois qui nous occupent, il ne s'agit pas de savoir ce qu'il plaît ou plaira aux gouvernemens étrangers de
faire, à l'égard des Français qui vont ou iront voyager ou résider chez eux, mais de bien examiner ce qu'il nous convient
de faire à l'égard des étrangers qui viendront voyager ou résider chez nous. S'il est avantageux pour nous de leur accorder la jouissance des droits civils, il faut la leur accorder,
quand même ils nous la refuseraient chez eux ; si, au contraire, il y avait réellement de l'inconvénient à leur accorder

cette faveur, je ne vois pas pourquoi nous sacrifierions les intérêts de l'État, ceux de nos concitoyens, à la politesse d'un beau procédé.

Voilà la théorie telle que la dicte le simple bon sens ; elle porte dans son seul énoncé un tel caractère de simplicité et d'évidence, qu'il n'y a qu'un attachement (souvent involontaire) à une vieille routine de diplomatie, de droit romain et de coutumes féodales, qui puisse en faire douter un homme qui veut se donner la peine d'y réfléchir un instant.

Quant à la pratique, je me bornerai à choisir, dans la foule d'exemples qui se présentent à l'appui de cette doctrine, ceux qui me paraîtront les plus propres à faire sentir les inconvéniens et les embarras auxquels on s'expose quand on veut s'en écarter.

Certes, parmi les droits civils se trouve celui de pouvoir acquérir et posséder des biens-fonds ; si quelqu'un en doutait, il pourrait s'en convaincre par l'article 28 du projet de loi, qui prive de ce droit ceux qui ont encouru la mort civile.

D'un autre côté, si l'on en excepte une opinion vraiment neuve en économie politique, échappée à un des orateurs en faveur du projet, opinion sur laquelle je reviendrai tout à l'heure, personne, jusques ici, que je sache, n'a songé à contester sérieusement l'avantage qu'il y aurait pour la France, sous le rapport pécuniaire, d'y voir arriver beaucoup d'étrangers millionnaires pour y acheter des terres, et surtout des biens nationaux. Non seulement ils augmenteraient la valeur vénale de ces biens et des propriétés foncières en général, ce qui amènerait nécessairement la baisse si désirable de l'intérêt de l'argent ; mais, comme incontestablement les terres acquises resteraient en France, et que probablement la majeure partie des fonds avec lesquels les étrangers les auraient payées y resteraient aussi, on pourrait dire, avec beaucoup de vérité, que le prix entier de ces acquisitions serait à peu près tout gain pour nous.

Un orateur qui ne partage point cette opinion à peu près

générale, a produit, en faveur de la sienne, plusieurs argumens fondés partie sur des faits qui ne sont pas exacts, et
dont il a tiré des conséquences qui ne sont pas justes, et partie
sur des calculs qui, à la vérité, sont exacts, mais qui ne
prouvent rien. Tous sont contenus dans le raisonnement suivant, que j'ai transcrit littéralement, afin qu'on ne puisse me
reprocher de ne pas l'avoir présenté dans toute sa force :

« On a avancé à cette tribune, dit l'orateur, comme l'une
« des raisons qui devaient nous faire sérieusement songer à
« favoriser, par toutes sortes de moyens, l'importation des
« capitaux étrangers, que nos terres se vendaient à un prix
« *excessivement vil*, et sur le pied de dix ou douze pour cent
« de leur revenu. Je m'élève contre cette assertion ; je déclare
« formellement qu'elle est inexacte et tout à fait erronée. Il
« résulte du registre des criées du département de la Seine,
« que depuis plus de dix-huit mois il n'y a pas dix exemples
« qu'une propriété de 5,000 fr. de revenu se soit vendue au-
« dessous de 100,000 fr. ; et à cinquante lieues de Paris,
« c'est presque partout à quatre pour cent que se font les
« ventes d'immeubles, surtout de gré à gré. J'atteste ces faits
« et j'offre de les prouver ; mais je n'en ai pas besoin pour
« combattre ceux qui les avancent. Je supposerai vrai, pour
« un instant, que nos immeubles soient réellement au bas
« prix qu'ils prétendent.

« D'abord, il faudrait que l'étranger fût insensé pour venir
« acheter des portions d'une terre si suspecte et si vile aux
« yeux de ses propres habitans.

« Mais enfin, s'il achetait, que s'ensuivrait-il? Que pour
« 100,000 fr. de capitaux importés en France, un étranger
« aurait éternellement, lui et ses ayant-cause, 12,000 fr. du
« produit annuel du sol français, qu'il dépenserait en tel lieu
« du monde qu'il lui plairait. Certes, la spéculation est fort
« bonne pour l'étranger ; il peut être très-pressé de la faire ;
« mais pour la France, je ne connais point d'opération plus
« funeste. Je ne vois rien qui tende plus directement à l'ap-

« pauvrissement de l'État. On sent que le même raisonne-
« ment s'applique aux rentes. Qu'on songe à ce que serait
« devenue la France, si ces acquisitions de l'étranger avaient
« eu lieu du temps de nos assignats : tout le sol leur appar-
« tiendrait. »

Voici maintenant ma réponse :

D'abord je nie également, avec l'orateur, que nos terres se
vendent à un prix *excessivement vil*, quoique je ne croie aucunement avec lui qu'elles se vendent généralement au denier vingt et vingt-cinq. Personne, au reste, que je sache,
ne s'est servi de cette expression, et bien moins encore de
celle, *que les terres se vendent sur le pied de dix ou douze pour
cent de leur revenu*, expression qui, si elle était prise à la
lettre, indiquerait qu'une terre de 10,000 fr. de revenu se
vend couramment pour 10,000 fr. Sans doute que l'orateur,
à qui les termes techniques ne paraissent pas très-familiers,
a voulu dire qu'on avait avancé à la tribune que les terres se
vendaient sur le pied de dix à douze années de revenu, ce
qui est très-différent. C'est cette même expression vicieuse
qui a fait commettre à l'orateur une erreur matérielle de
calcul, en disant que l'étranger, avec 100,000 fr. de capital,
se fera 12,000 fr. de rente perpétuelle. Car, si les terres se
vendent dix années de revenu, ces 100,000 fr. ne lui pro-
cureront que 10,000 fr. de rente ; si au contraire elles se
vendent sur le pied de douze années de revenu, il n'aura
avec le même capital que 8,333 fr. de revenu annuel. Je ne
relève au reste cette erreur qu'afin d'empêcher qu'elle ne
rende la réponse plus compliquée ; car, quant au fond de la
question, nous verrons tout à l'heure que quelques années
de revenu de plus ou de moins n'y font absolument rien.

J'observerai, en second lieu, que l'assertion sur la répugnance que les étrangers doivent avoir à acheter des portions
d'une terre aussi vile et suspecte aux yeux de ses propres
habitans, est démentie par l'expérience ; car non seulement
les étrangers ont acheté considérablement de biens nationaux

à assez bas prix, mais il y en a eu pour plus de quatre milliards, valeur de 1790, de vendus, tant aux étrangers qu'aux
nationaux, qui les ont payés en assignats, valeur nominale,
sans que personne se soit avisé de regarder ces biens comme
suspects, pour avoir été en partie acquis à bas prix.

Quant à l'argument même, si, en raisonnant devant un
auditoire éclairé, on pouvait décemment se servir du droit de
talion, en rétorquant une objection faible par une réponse également faible et évasive, je pourrais répondre que c'est une assertion tout à fait gratuite, que de supposer qu'un étranger qui
a acheté des terres en France ira manger le revenu au dehors;
car l'expérience de tous les temps et de tous les pays prouve
que tout propriétaire en général fixe tôt ou tard son domicile
là où sont ses propriétés. Et cela est fondé en raison ; car si
quelques étrangers placent leurs capitaux dans les fonds publics d'un pays différent de celui où ils résident, c'est que le
recouvrement de la rente annuelle en est aussi simple que facile. Mais aucun homme de bon sens ne place loin de son
domicile son capital en terres, pour lesquelles il faut faire
des baux et avoir affaire à des fermiers, qui exigent des
avances pour les améliorations ou réparations nécessaires, et
dont le prix de bail ne saurait souvent être recouvré sans
poursuite judiciaire; en terres, enfin, qui demandent presque toujours la présence d'un homme d'affaires, ce qui ab-
sorbe une partie du revenu. Voyez les étrangers assez nombreux qui ont acquis des biens nationaux en France ; ils y
résident presque tous sans exception : ceux qui ont acheté
des maisons y ont établi leurs ateliers et leurs magasins; ceux
qui ont acquis des terres les font valoir en leur présence.
C'est un fait aisé à vérifier dans le département de la Seine et
à Paris même, ainsi que dans les départemens de Seine-et-
Oise et Seine-et-Marne, où ces acquéreurs se rencontrent par
centaines.

Je pourrais répondre encore que, quand il existerait quelques cas tels que notre collègue les suppose, ce ne seraient

VII.   31

que des exceptions qui ne prouveraient rien contre la thèse
générale, contre le principe qui seul doit servir de base aux
lois d'un Code civil, qui ne sont ni ne doivent être faites pour
des exceptions. Je pourrais répondre enfin que si un Français
cède à un étranger 12,000 fr. de rente pour 100,000 fr., c'est
une preuve sans réplique que ces 100,000 fr. produisent encore davantage dans un autre placement; que c'est plus
qu'aucun acquéreur du pays n'en donnerait; et que l'étranger, loin de nuire aux habitans du pays par cette acquisition,
leur rend dans ces circonstances un véritable service par le
capital de 100,000 fr. qu'il verse dans la circulation.

Mais voici la véritable réponse à cet argument du denier
douze; et, pour rendre cette réponse à la fois plus claire et
plus décisive, je supposerai que les terres, au lieu de se vendre au denier douze, ne se vendent même qu'au denier dix,
ou pour dix années de revenu. Je choisis surtout le denier
dix, quoique cela donne bien plus beau jeu à mon adversaire, afin de mettre mes auditeurs mieux à même de suivre
ce calcul, qui est toujours d'autant plus simple qu'il se rapproche davantage du système décimal : car si le premier mérite d'un calcul est d'être clair pour ceux qui le lisent, cette
qualité est bien plus essentielle pour ceux à qui on le lit.

Le revenu foncier net de l'ancienne France a été évalué,
sous l'Assemblée constituante, à 1200 millions. Pour éviter
toute chicane sur cette évaluation, je supposerai pour un instant, contre toute vérité et vraisemblance, que ce soit là encore le revenu net de la France républicaine, augmenté par
l'accession de plus de six millions d'habitans, et d'un territoire proportionnellement étendu, avec un des sols les plus
fertiles du globe. Cela posé, si les terres ne se vendent qu'au
denier dix, ces 1200 millions de revenu ne représenteront,
pour les propriétaires, pour le fisc qui perçoit les droits d'enregistrement, et pour la France entière, qu'un capital de
douze milliards. Que dans ces circonstances il se présente
cent capitalistes étrangers dont chacun achète pour 100,000 fr.

d'immeubles, ils auront à la vérité acquis un million
de rente avec 10 millions de capital, et par conséquent
500,000 fr. de rente ou 10 millions de capital de plus qu'il
ne leur reviendrait si les terres étaient au denier vingt.

Mais si, d'un autre côté, cette concurrence d'acquéreurs
étrangers augmente la valeur vénale de toutes les terres d'une
année de revenu, en l'élevant au denier onze (et ce serait
bien là le moindre effet d'une pareille concurrence), les propriétaires, le fisc et la France entière auront gagné un capital
d'un milliard pour 10 millions, représentant 500,000 fr.
de rente. Ce marché, comme vous voyez, ne serait pas si
mauvais; mais ce n'est pas là le tout, peut-être n'est-ce pas
même la principale considération qui doit décider la question.

L'intérêt de l'argent est généralement, et sans exception
aucune, en raison inverse du prix des terres : plus ce dernier est bas, plus l'intérêt de l'argent est haut, et réciproquement. Cette vérité de tous les temps et de tous les pays
serait dictée par le gros bon sens, quand elle ne serait pas
démontrée par l'expérience. En effet, tant qu'on pourra placer son argent en terres à 12 pour 100, on n'ira pas le prêter
sur du papier à 6, 8, et même à 10 pour 100. Ce n'est que
lorsqu'on ne peut plus placer en terres qu'à 3 ou 4 pour cent,
comme c'est le cas en Angleterre et en Hollande, qu'on se
se décide à le placer à 4, 5 ou 6 pour 100 sur des effets particuliers ou publics.

Mais de cet intérêt de l'argent plus ou moins haut, plus
ou moins bas, dépendent l'activité ou la stagnation, la prospérité ou la décadence des manufactures, du commerce, et
de tous les genres d'industrie, sans en excepter l'agriculture, à qui un taux d'intérêt trop élevé enlève toute possibilité de faire des avances. De cet intérêt de l'argent dépend
en grande partie le haut ou bas prix des denrées, et par conséquent celui de la main-d'œuvre; de cet intérêt de l'argent
dépendent et l'économie du gouvernement dans ses dépenses,
et l'augmentation de ses revenus, celle principalement du

31.

produit des impôts indirects, ainsi que la facilité de perception des contributions directes, et surtout la possibilité de se
procurer, en cas de besoin, des ressources extraordinaires.
Une navigation florissante, enfin, le commerce intérieur et
étranger de tout genre, tiennent au taux de l'intérêt de l'argent, ce grand thermomètre de la prospérité publique.

Or, si les capitaux versés par les étrangers pour le prix de
leurs acquisitions, joints à l'augmentation de la valeur vénale des terres, parviennent à faire baisser l'intérêt de l'argent seulement d'un pour cent par an, que devient alors le
fameux calcul du denier douze? On voit que, si la spéculation est belle pour un fermier étranger, la conséquence qu'en
tire l'orateur au désavantage de la France n'est aucunement
celle qu'en déduirait l'homme d'État, l'administrateur ami
de son pays.

Mais, dira-t-on, comment dix millions d'argent pourraient-ils produire de pareils effets sur plus d'un milliard de
terres? Comment? Comme tous les jours des sommes infiniment petites produisent de grands effets sur le prix de denrées et marchandises d'une valeur considérable, en enlevant,
non pas tout ce qui en existe, mais seulement tout le superflu qui se trouve sur le marché, ou qui est à vendre. Je
pourrais m'en tenir à cette réponse; mais il est essentiel de
relever *l'erreur capitale en économie politique*, sur laquelle est
basée l'objection, et dont l'influence en administration a souvent été et peut encore être très-funeste. Cette erreur consiste à calculer le prix total d'achat d'une grande masse
d'objets tels que terres, fonds publics, denrées, ou marchandises, uniquement d'après le cours ou prix marchand de la
partie qui est sur le marché, sans tenir compte de la hausse
progressive qu'occasione toute demande ou concurrence d'a-
cheteurs un peu considérable. C'est en partant de cette erreur
qu'un orateur fait acheter aux Anglais nos chantiers, nos
arsenaux, des ports tout entiers, tandis que l'autre remercie
la Providence de ce que du temps des assignats ils n'ont pas

acheté tout le sol de la République. C'est par suite du même préjugé que l'on entend tous les jours dire que si le tiers consolidé est à 54 fr., par exemple, il ne tient qu'aux Anglais ou Hollandais de se faire 40 millions de rentes perpétuelles pour environ 432 millions qu'ils placeraient à près de 10 pour 100. Tous ceux qui font ces raisonnemens avec l'orateur que je combats oublient que pour acheter il faut deux choses, un homme qui veuille acquérir et payer, et un autre qui veuille vendre, et que le nombre des propriétaires des objets ci-dessus qui veulent vendre au prix du marché est toujours infiniment petit, comparativement à ceux qui ne veulent pas vendre du tout, ou qui ne veulent vendre qu'à un prix beaucoup plus élevé. Pour démontrer cette vérité, je ne vous prierai pas, mes collègues, d'aller avec moi chez les Romains tels qu'ils existaient, dit-on, il y a deux mille ans, ni chez les Chinois tels qu'ils existent, dit-on, à six mille lieues de chez nous ; pour être obligé de quérir ses autorités si loin, il faut ne pas avoir beaucoup de bonnes preuves dans le voisinage, soit des lieux, soit des temps. Je n'irai pas plus loin qu'à la rue de la Loi, et je la prendrai telle qu'elle existe aujourd'hui. D'après les renseignemens que je me suis procurés, et dont je garantis l'exactitude, il paraît qu'on y obtiendrait plusieurs maisons en payant comptant seize années de revenu. Supposons maintenant qu'il prenne fantaisie, je ne dis pas à dix capitalistes anglais dont la concurrence ferait bien un autre effet, mais à un bon bourgeois de Paris, d'acheter toute la rue de la Loi, croyez-vous qu'il l'obtiendrait au même taux? Je doute fort qu'il pût en avoir la moitié en payant trente années de revenu, et je suis persuadé que la totalité ne pourrait s'acquérir à aucun prix. Je vais plus loin, et je soutiens qu'une pareille acquisition, si elle était faite en peu de temps, influerait, quelque prudence qu'on y mît, sur le prix des maisons d'une grande partie de la capitale. Voyez l'effet qu'a produit sur le prix des loyers de toutes les maisons un peu logeables la seule perspective de l'arrivée des étrangers qu'amènera la paix. Il n'y en a pas peut-être pour 100,000 fr. de louées par eux : il se peut qu'en réalité ils n'en louent pas en tout pour 500,000 fr.; et cependant il pourrait en résulter une hausse sensible dans le prix général des loyers de Paris, dont la totalité passe 40 millions. Par la même raison, l'achat fait par l'étranger d'un demi-million seulement de tiers consolidé pourrait élever le cours au-delà de 60, et opérer une différence de 100 millions sur la valeur vénale du capital entier. Par la même raison, les Anglais n'auraient pas acheté le dixième d'un de nos grands chantiers de construction, que le prix du second dixième doublerait, et que le quatrième et cinquième deviendraient impayables. Encore faudrait-il que la nation, à qui appartiennent la plupart de ces immeubles précieux qu'on a cités, voulût bien les vendre à des étrangers. Dans le commencement des assignats et de la vente des biens nationaux, les Anglais et les Américains, qui alors ne craignaient pas d'acheter des immeubles, parce que le droit d'aubaine était aboli, comme il l'est encore, en ont réellement acquis pour des sommes très-considérables; ils les possèdent encore, et cette circonstance est, comme nous verrons bientôt, une des plus fortes objections contre le projet de loi. S'ils n'en ont pas acheté davantage par la suite, ce n'est pas, comme on l'a dit, parce que le bas prix leur rendait ces biens suspects, mais parce que les étrangers n'aimaient pas à se fixer en France pendant qu'il y régnait le *maximum*, les comités révolutionnaires et leurs accessoires. Mais quand ils auraient employé à ces acquisitions toutes les guinées de l'Angleterre, ils n'auraient eu encore qu'une très-petite partie du sol de la République, parce que, d'une part, les assignats, seule monnaie avec laquelle on pouvait payer les biens nationaux, non seulement seraient restés au pair, mais se seraient élevés au-dessus, et que d'un autre côté les terres auraient monté au denier quarante. On voit que l'argument du denier douze, tout spécieux qu'il est, loin d'être concluant en faveur de l'opinion de notre collègue, détruit tous les autres tirés de l'économie politique , qu'il y a ajoutés.

La question en général sur l'avantage résultant des capitaux que les étrangers placent en immeubles dans un pays quelconque, question dont la décision pouvait être douteuse du temps de Sparte ou de Saint-Thomas d'Aquin, n'en est plus une aujourd'hui. Ce serait même, je crois, abuser de votre patience que de vouloir insister davantage sur ce qui , depuis long-temps, est regardé comme un axiome en économie politique. L'exemple de l'Angleterre, où, par un attachement aux anciennes coutumes féodales, on suit, dans beaucoup de comtés, et pour la plupart des biens-fonds, une maxime contraire à l'égard des étrangers ; cet exemple, dis-je, que je suis surpris de ne pas avoir entendu citer comme objection, ne prouve rien. Car, outre que cette pratique y est et y a été toujours désavouée par tout ce qu'il y a eu d'administrateurs éclairés et d'écrivains célèbres, la position particulière dans laquelle se trouve ce pays, où, depuis un siècle, les terres sont aussi chères que les capitaux y sont abondans, fait que les inconvéniens de cette antique coutume y sont peu sensibles.

Mais quand, par singularité, quelqu'un voudrait contester la généralité du principe, certes il ne saurait y avoir le moindre doute sur son application dans les circonstances où nous nous trouvons, lesquelles sont exactement l'inverse de celles où se trouve l'Angleterre, puisque nous avons peu de capitaux circulans, et beaucoup de terres, soit à défricher , soit à vendre. Un orateur a nié ce fait, en avançant que , même dans le département de la Seine, il n'y avait pas dix exemples qu'une propriété de 5,000 fr. de revenu se fût vendue au-dessous de 100,000 fr.; mais qu'à cinquante lieues de Paris les ventes d'immeubles se faisaient presque partout à 4 pour 100. Si, comme je le suppose, l'orateur veut parler de tous les immeubles en général, et sans faire une classe à part d'immeubles privilégiés par des circonstances particu-

lières, je puis opposer à sa dénégation l'autorité du journal
le plus véridique qui existe, je veux dire celle des Petites-
Affiches, d'après lesquelles il paraît qu'on pourrait avoir tous
les jours pour plusieurs millions d'immeubles à 25 pour 100
au-dessous de ce taux (a). Je persiste donc à dire, et je crois
que peu de personnes seront d'une opinion contraire, que
jamais la France ne s'est trouvée dans des circonstances où
les capitaux étrangers, placés dans l'acquisition de nos immeubles, nous fussent plus éminemment utiles. Sans doute
il serait à désirer, avec l'orateur, qu'on pût faire sortir de
leur inaction funeste ceux qui, parmi nous, cachent leurs
trésors et leurs capitaux resserrés par la méfiance et la crainte
pusillanimes à la vérité, dit-il, mais bien excusables après
dix ans de convulsions successives. Mais le bon moyen de les
faire sortir de cette inaction n'est certainement pas de leur
ôter l'émulation et le mouvement que donne l'accession des
capitaux étrangers.

Supposons maintenant que, dans ces circonstances où les
capitaux de l'intérieur sont resserrés, et leurs possesseurs
dans l'inaction, il se présente des Anglais pour faire de ces
acquisitions chez nous. Comme un Français ne peut posséder
des biens-fonds en Angleterre, il faudra, d'après ce beau
principe de réciprocité, renvoyer ces acquéreurs avec leurs
capitaux en Angleterre, où le gouvernement, qui ne se sou-
cie aucunement de voir les capitaux anglais passer en France,
et qui sait fort bien que très-peu de Français iront porter
les leurs au-delà des mers, et acheter des terres dans la
Grande-Bretagne, se gardera bien de lever l'ancien interdit,
d'autant plus que, comme l'a fort bien observé notre collègue

(a) On a objecté que les *Petites-Affiches* exagéraient souvent le revenu des terres à vendre
mais la même objection peut être faite contre le registre des criées, dont les affiches ne sont le
plus souvent qu'une copie. Au reste, un des orateurs en faveur du projet, tout en voulant contredire
mon opinion, n'a fait que la confirmer en avançant que les biens patrimoniaux ne se vendaient
guère au-dessus de cinq pour cent, et que les biens nationaux ne passaient pas six à sept pour
cent. Car entre un placement fait à cinq et un autre fait à six pour cent, il y a, quant au
capital, près de vingt pour cent de différence, comme entre un placement à cinq et un autre
à sept pour cent, il y aurait une différence de plus de trente pour cent.

Boissy , il y a peu de terres de reste. Je demande si une pareille conduite est conséquente.

Autre exemple. Deux Américains se trouvent en France
au moment où l'on va mettre en vente les biens nationaux
nouvellement acquis à la République. L'un de ces Américains
est de New-Yorck, où les étrangers ne peuvent pas posséder
de biens-fonds ; l'autre est de Philadelphie , où ils ont cette
faculté. Le premier a cent mille dollars qu'il voudrait placer
dans quelque acquisition de biens nationaux ; mais le principe
de la réciprocité nous défend de les recevoir de lui. Son ca-
marade est plus heureux sous ce rapport ; la réciprocité lui
permet d'acheter tant qu'il voudra , mais il n'a pas le sou.
Cependant, d'après le projet de loi, ce dernier jouira de nos
droits civils ; l'autre n'en jouira pas. On voit qu'abstraction
faite du tort pécuniaire que nous causerait le principe de
réciprocité dans ce cas particulier, il aurait l'inconvénient
grave de repousser généralement, parmi les étrangers, tous
les gens aisés , les propriétaires, ceux qui auraient quelque
industrie profitable , et de ne nous faire arriver que ceux pour
qui la jouissance des droits civils ne présente aucun intérêt ,
c'est-à-dire la classe la plus inutile et la plus dangereuse de
la société.

Je vais plus loin, et je demande, si l'on adopte le principe
de réciprocité, que deviendront les Anglais et les Américains
assez nombreux qui ont acheté des biens nationaux en France,
et qui, d'après ce principe, ne pourront en jouir ? seront-ils
forcés de les revendre ? Que deviendront les étrangers qui
auront placé ou qui voudront placer de l'argent dans nos
fonds publics (a), si pareille faculté n'est pas accordée aux

(a) Les traités diplomatiques, dira-t-on, et qui plus est, des lois particulières, exceptent nom-
mément les fonds publics du droit d'aubaine. Je réponds d'abord que tous les traités ne contiennent pas cette clause, qui d'ailleurs a été presque généralement enfreinte et abolie par la
dernière guerre. Ensuite , quant aux lois, elles seraient antérieures à celle qu'on propose, et par
cela seul révoquées et nulles. La crainte seule , au reste, de voir un jour les fonds publics éprouver le sort des immeubles , relativement au droit d'aubaine , suffirait pour empêcher les étrangers
d'y placer.

Français chez eux? A-t-on bien réfléchi sur toutes les conséquences de ce système? Remarquez bien que le projet de loi
ne contenant ni exception ni modification quelconque, les
tribunaux et les administratiofs n'en pourront faire aucune
si le projet passe en loi qu'ils se verront obligés d'appliquer
et d'exécuter à la lettre.

L'article 16, dira-t-on, admet ces étrangers à faire la déclaration de vouloir devenir citoyens, si le gouvernement les
y autorise. Mais, d'abord, faut-il qu'ils veuillent faire
cette déclaration qui les rendrait étrangers à leur propre
pays? et, quand ils l'auront faite, il faudra encore qu'ils
aient résidé un an en France après cette déclaration, pour
jouir des droits civils dont le principe de réciprocité les prive.

Voilà les contradictions dans lesquelles on tombe, toutes
les fois que, par respect pour la routine et les anciennes lois,
on s'écarte des principes avoués par le bon sens et la saine
politique. En vain le gouvernement, pour se tirer de cet embarras et de bien d'autres que nous allons voir naître, voudrait-il faire des exceptions et adopter, dans ces cas particuliers, les mesures que lui dicteraient la saine politique et
l'intérêt des gouvernés; il se verrait forcé de céder à la malheureuse réciprocité qu'elle prescrit. Continuons.

C'est une opinion généralement répandue que dans beaucoup de genres d'industrie, et surtout dans les manufactures
de coton, de casimir et d'acier, non seulement les ouvriers
anglais surpassent de beaucoup les nôtres, mais que cette
supériorité est due à leur adresse extraordinaire, au génie
inventif qu'on dit leur être particulier. Je ne partage aucunement cette opinion, que je regarde comme un préjugé, et
même comme un préjugé assez grossier. La nation industrieuse et infiniment ingénieuse qui produit les belles tapisseries des Gobelins, les beaux draps de Louviers, de Sédan
et de Vanrobais, les soieries inimitables de Lyon, les ba-
tistes de Saint-Quentin, les éditions stéréotypes de Didot, et
tant d'autres ouvrages admirables; cette nation, dis-je, a

toute l'adresse et tout le génie inventif nécessaires pour fa-
briquer d'aussi beaux casimirs, d'aussi beaux piqués, et des
ouvrages d'acier aussi polis qu'on en fabrique en Angleterre :
il y a plus; nombre de fabricans en ont donné des preuves
sans réplique lors de la dernière exposition au Louvre. Mais,
pour pouvoir fournir ces objets au même prix que les Anglais,
il faudrait que l'intérêt de l'argent fût assez bas, non seulement pour qu'ils pussent se procurer à meilleur marché les
matières premières, et se contenter d'un moindre bénéfice
sur la vente, mais pour qu'ils pussent surtout établir plus
en grand et plus généralement cette division de travail à laquelle Smith attribue avec raison les grands progrès de l'industrie, mais dont il a oublié de dire qu'elle entraîne de grands
ateliers et des machines dispendieuses, ce qui exige beaucoup de capitaux à bas prix. Or, sous l'ancien régime, le
taux de l'intérêt de l'argent et des bénéfices en tout genre a
été en tout temps, et notamment depuis le milieu du dix-
septième siècle jusqu'à la fin de la monarchie, considérablement plus élevé en France qu'il n'était en Angleterre, en
Hollande, en Suisse et dans la Belgique; mal qui tenait plus
aux vices de notre ancienne Constitution (où les capitaux un
peu considérables désertaient les manufactures et les ateliers
pour se placer en parchemin et en charges), qu'à l'ineptie de
l'administration, quoique celle-ci y eût sa bonne part. Depuis
cette époque, les troubles de la révolution, le papier monnaie, et, plus que tout le reste, les besoins continuels du
gouvernement occasionés par la guerre, joints à *l'instabilité
de nos lois financières*, ont élevé cette différence jusqu'à devenir parfois énorme ; et, quoique la disproportion ait considérablement diminué depuis le 18 brumaire, elle ne laisse pas
d'être encore assez sensible pour nous empêcher de fournir
beaucoup de marchandises au même prix que nos voisins, et
pour devoir engager ceux-ci à faire valoir leurs capitaux
chez nous.

Mais que ce soient, ainsi que je le pense, les capitaux qui nous manquent principalement, ou que ce soient les ouvriers anglais avec leur industrie, leurs machines et leurs procédés, ou qu'enfin nous ayons besoin des uns et des autres, toujours est-il certain que rien de tout cela ne nous arrivera, si les individus qui nous apportent leur industrie ou leurs capitaux n'ont pas la perspective de pouvoir posséder en propre la maison et le jardin où ils auront établi leur atelier : ce serait cependant là l'effet inévitable du système de la réciprocité qu'encore une fois l'Angleterre n'a, dans ce moment-ci, aucun intérêt de changer.

Mais, dit-on, si nos capitalistes, nos ouvriers allaient s'établir en Angleterre, les y laisserait-on jouir de la faculté d'acquérir des immeubles? Non certainement : mais tant mieux pour nous, tant pis pour les Anglais; nos capitaux et nos ouvriers nous resteront, tandis que les leurs viendront chez nous. Celui qui donnerait à tous les gouvernemens étrangers le conseil de refuser les droits civils aux Français qui iraient résider chez eux, leur donnerait certainement un conseil très-illibéral et peu philantropique; mais, sous le rapport de l'intérêt national à nous, il nous rendrait un assez bon service. La singularité de cette discussion est que les partisans de cette réciprocité prétendent qu'une conduite opposée ne pourrait être dictée que par cette philantropie, idée révolutionnaire, qui, selon eux, n'a fait que nous donner du ridicule; tandis qu'ainsi que l'a démontré notre collègue Boissy, c'est principalement pour l'intérêt, pour l'avantage de la nation française, et non uniquement pour celui du genre humain, que l'Assemblée constituante a aboli le droit d'aubaine. Aussi, l'objection, si souvent reproduite, que *les autres nations n'ont pas répondu à l'appel généreux de cette Assemblée*, ne dit-elle rien; son principal but, en faisant cette déclaration, n'était pas qu'on y répondît, mais bien que tous les étrangers qui voudraient porter leurs capitaux et leur industrie en France fussent assurés d'avance qu'ils en pourraient disposer aussi librement chez nous que dans leur terre natale.

J'ai déjà répondu ci-dessus à l'objection qu'en renonçant au système de la réciprocité, les Anglais pourraient acheter une partie de nos chantiers, de nos ports et arsenaux. Je l'envisagerai ici sous un nouveau point de vue.

L'orateur qui a fait cette objection, non seulement s'est entièrement écarté de la question, mais il a fourni contre le système de réciprocité le plus fort argument qui, selon moi, puisse décider le rejet du projet.

D'abord, la question n'est pas de savoir si, par philantropie, il faut permettre aux Anglais d'acheter nos chantiers, mais s'il faut le leur permettre uniquement dans le cas de la réciprocité, parce qu'il leur plairait de nous permettre d'en faire autant chez eux.

Supposons donc pour un moment cette chimère réalisable; comment l'empêcherions-nous par la réciprocité, si les Anglais nous permettaient d'acquérir des immeubles chez eux? En vain le gouvernement voudrait-il s'y opposer alors, il ne le pourrait sans courir le risque de renouveler la guerre, parce qu'il se trouverait lié par le traité diplomatique qui aurait stipulé la réciprocité. Si, au contraire, nous admettons indistinctement les étrangers à jouir de nos droits civils tant qu'il nous plaira, et sans nous lier par des traités de réciprocité, nous sommes les maîtres chez nous, car quoiqu'en temps ordinaire, il soit difficile d'imaginer un cas où l'admission des étrangers à la jouissance de nos droits civils puisse entraîner de graves inconvéniens, au moins est-il prudent de ne pas s'ôter, par des traités diplomatiques, la faculté d'y remédier, si cela arrive. C'est sous ce dernier rapport que j'ai dit que l'objection de mon collègue fournissait l'argument le plus décisif contre le projet de loi. En effet, tribuns, ici se présente une considération politique du premier ordre.

De même que la guerre est parfois un mal nécessaire, lorsqu'il faut recourir à ce triste expédient pour défendre l'honneur national, nos propriétés et notre indépendance; de même la diplomatie devient un véritable bien lorsqu'il s'agit ou de terminer une guerre commencée, ou d'en prévenir une prête à naître : sous ce dernier rapport, elle est nécessaire surtout aux petits états, obligés de remplacer la force par l'adresse, et de substituer des missives au canon. Mais cette diplomatie, indispensable pour entretenir nos relations extérieures, le législateur doit-il la laisser se glisser dans nos relations intérieures de la vie sociale et journalière? Les tribunaux, déjà assez occupés et embarrassés à décider d'après nos propres lois, les nombreuses contestations que les citoyens ont journellement entre eux, faudra-t-il encore les entraver dans leur marche, par la connaissance d'une foule de traités diplomatiques, et par l'application des innombrables lois civiles des pays étrangers? Or, c'est là une conséquence de ce système de réciprocité d'après lequel il faudra non seulement savoir si dans tel pays les Français jouissent des droits civils, ce qui sera la moindre difficulté, mais encore en quoi consistent ces droits civils qui varient d'un état à l'autre, et souvent, dans le même état, d'une province à l'autre. Je vous laisse, mes collègues, méditer les conséquences d'un pareil système.

En examinant de plus près l'origine de cette réciprocité, et la cause de la tenacité avec laquelle ce système a tant de fois été reproduit, on voit que l'une et l'autre proviennent de ce qu'on a appliqué aux peuples en masse les règles de conduite que les particuliers observent entre eux. Le voisin vous rend-il une visite, on se croit obligé de la lui rendre. Un autre vous refuse-t-il sa porte, c'est un homme malhonnête à qui il faut rendre la pareille. Après les exemples cités ci-dessus, je me crois dispensé de m'étendre sur ce qu'il y a dans cette théorie d'étroit et de faux : tout ce qu'il faudrait en adopter, c'est que chaque nation fût envers les autres aussi honnête

en procédés que sa position et ses intérêts le permettent ;
mais c'est précisément ce que le système de réciprocité
n'admet point.

Jusqu'ici nous n'avons examiné que le principe de la réciprocité en lui-même ou sa théorie ; mais voilà que se présentent bien d'autres embarras quand on en vient à l'application de ce principe ou à la pratique. Je ne crois pas que
toute la sagacité, toute la prévoyance humaine puissent prévenir ou écarter les difficultés inextricables que présente à
cet égard la seule exécution de l'article 13 du projet, qui dit :
« L'étranger jouira en France des *mêmes* droits civils que
« ceux qui sont ou *seront* accordés au Français par les lois
« ou les traités de la nation à laquelle cet étranger appar-
« tiendra. »

Pour exécuter cette disposition, il faudra non seulement
créer un bureau diplomatique *ad hoc*, qui examinera les
mille et une manières différentes dont les étrangers sont
traités, sous le rapport des droits civils, dans les différens
États de l'Europe, et dans les différentes provinces de chacun
de ces États ; mais les tribunaux et administrations chargés
d'appliquer journellement cette loi de réciprocité aux étrangers de leur ressort, seront obligés de consulter à toute heure
ce Code, qui sera bien plus volumineux que ne l'était la
coutume de la ci-devant Bretagne avec ses commentaires. Les
seuls États-Unis de l'Amérique ont sous ce rapport huit
Constitutions différentes ; l'Angleterre, l'Écosse et l'Irlande
présentent, sous le même rapport, presqu'autant de dispositions différentes qu'il y a de comtés (a) ; chaque prince en

(a) Pour réfuter cette objection, ou plutôt pour l'atténuer, on répond que le gouvernement
français traite avec le gouvernement anglais, et non avec les différens comtés de l'Angleterre ;
qu'il traite avec le congrès des États-Unis, et non avec les différentes provinces qui composent la
fédération. Je réponds, à mon tour, qu'en Amérique chaque province est, quant à son régime
intérieur, quant à ses lois et coutumes, souveraine chez elle, et que le traité diplomatique que
le gouvernement ferait à cet égard avec quelque puissance que ce fût, serait regardé comme nul
et non avenu par la province dont il contrarierait les lois et usages.

Quant à l'Angleterre, il est presque sans exemple que par une loi générale on ait changé la loi
commune ou les usages particuliers d'un comté ; et les Anglais y tiennent avec une telle ténacité,

Allemagne traite les étrangers à sa manière. Ce n'est pas le tout.

Plusieurs pays comptent parmi leurs droits civils des objets qui n'existent pas chez nous, dont nous n'avons aucune idée. C'est ainsi qu'en Angleterre, où les étrangers ne peuvent posséder des biens-fonds en général, ils peuvent cependant acquérir ceux connus sous les noms de *coppy-holds* et *real-chattles*, parce que ces immeubles réels sont, dans beaucoup de circonstances, regardés comme des propriétés mobilières. Comment établir ici la réciprocité? Comment veiller surtout à tous les changemens que chaque gouvernement peut tous les jours introduire chez lui? Non seulement à chaque succession qui s'ouvre en faveur d'un étranger, à chaque testament qu'il fait, mais à chaque vente d'un immeuble pour lequel il se présentera comme acquéreur, il faudra voir s'il est du comté de Vertheim, du pays de Galles, de la Livonie, de la Caroline du sud, etc.; quels sont les droits civils dont jouissent les Français dans les différens coins de la terre; si ces droits existent chez nous, ou à quels autres ils répondent, enfin, s'ils n'ont pas changé depuis la dernière édition du Code diplomatique. Quel chaos! quel dédale! Toutes ces difficultés, tous ces embarras disparaissent en laissant de côté ce système de réciprocité, et en accordant à tous les étrangers indistinctement la jouissance de nos droits civils, tant que nous y trouverons notre avantage.

Mais, dit-on, si le système de réciprocité expose à tant de difficultés, si le droit d'aubaine en général entraîne tant d'inconvéniens, comment faisait-on donc sous l'ancien régime, où, surtout avant Louis XVI, ce système était en vigueur, et où ce droit si odieux existait?

Avant de répondre à cette objection, qu'il me soit permis de faire une réflexion générale sur cette citation banale.

En entendant tous les jours dans le public citer avec tant

---

qu'aucun gouvernant n'oserait les enfreindre par un traité diplomatique, sans y être engagé par les plus puissans motifs d'intérêt général.

de bonté et de complaisance cet ancien régime qui, de son vivant, n'a pu trouver parmi ses propres enfans, je veux dire parmi ses administrateurs et magistrats, un seul écrivain qui eût, je ne dis pas le courage d'en faire l'éloge, mais la générosité seulement de se dispenser d'en faire la critique ; j'ai d'abord cru que cette bizarrerie provenait du même sentiment de compassion qui engage bien des gens à faire l'oraison funèbre de défunts qui, pendant qu'ils vivaient, passaient pour d'assez mauvais sujets dans leur famille et parmi leurs voisins. Mais, en examinant la chose de plus près, je crois que ces éloges et ces regrets tiennent uniquement à la peur, mère de la plupart des contradictions et faiblesses humaines. La multitude, tout en convenant des vices de l'ancien ordre de choses, qui, ainsi que l'a très-bien dit un orateur du parlement d'Angleterre, était non pas le plus cruel, mais bien le plus absurde despotisme qui ait jamais pesé sur les hommes ; cette multitude, dis-je, lui ayant vu succéder quelques éditions vraiment particulières de comités de salut public et de sûreté générale, avec leurs accessoires et dépendances, s'est convaincue, avec effroi, qu'il pouvait y avoir *momentanément* quelque chose de plus absurde encore. C'est la peur des revenans qui leur fait regretter les anciens us et coutumes durant le règne desquels ces *comités* n'existaient pas ; ils ne songent point que la seule manière de les faire revenir sous une autre forme, ce serait de vouloir rentrer dans l'ancien ordre de choses qui les précéda.

Répondant maintenant à l'objection, je dis d'abord que, si sous l'ancien régime il y avait beaucoup de bonnes choses qu'on a mal-à-propos détruites, il y avait aussi des droits féodaux, des castes privilégiées, des lettres de cachet, et autres abus qu'il serait fort inutile de faire revivre aujourd'hui qu'on en est heureusement débarrassé, et qu'il en a tant coûté pour en venir là. Je dis, en second lieu, que, si les lois du droit d'aubaine et autres de ces temps étaient ou impolitiques ou injustes, le Roi, qui était à la fois le chef du pouvoir exécutif et le seul législateur, y remédiait, ou en les modifiant, ou en les laissant tomber en désuétude. Un de nos collègues a même observé qu'à force d'exceptions et de modifications, ce droit d'aubaine, que le projet de loi rétablirait dans toute sa force, avait fini par être successivement aboli de fait.

11-13   Le système de la réciprocité étant démontré inadmissible, et pour le fond et pour l'exécution, il reste à examiner, 1° si, en thèse générale, il est avantageux d'accorder les droits civils aux étrangers qui viendront résider en France; et, 2° si, encore en thèse générale, on peut toujours le faire sans inconvénient. Les avantages qu'un état retire du séjour fixe ou même momentané des étrangers, peuvent être réduits à deux classes principales : la première regarde le commerce et l'industrie; la seconde, la civilisation et les lumières.

Que les étrangers, soit par la dépense qu'ils peuvent faire, soit par l'emploi de leurs capitaux et de leurs talens ou moyens industriels, puissent donner un grand mouvement au commerce, à l'industrie et à toutes les sources de la richesse nationale, c'est une vérité de fait qui a été reconnue par l'orateur même du Conseil d'État, et qui, je crois, n'a été contestée par aucun des partisans du projet. Elle nous a été développée d'ailleurs par plusieurs de nos collègues, de manière à ne rien laisser à désirer. C'est ici le cas de revenir sur la considération majeure qui vous a été présentée par notre collègue Ganilh, je veux dire sur la différence totale qu'il y avait à cet égard entre les peuples modernes chez qui les deux tiers de la population ne subsistent que par l'industrie et le commerce, et les peuples anciens, tels que les Romains, qui n'avaient point de commerce, chez qui tout artisan ou homme industrieux était, non pas serf, mais esclave, et qui, en dernière analyse, ne vivaient que du pillage, des tributs des peuples conquis, dont le produit, converti en blé, était distribué parmi la populace. Faire un éloge de pareilles institutions, c'est dispenser d'avance de toute réponse.

Quant aux avantages que la communication avec les étran-

gers procure sous le rapport de la civilisation et du progrès
des lumières, ils sont tels que, sans cette communication
entre les différens peuples de la terre, tous seraient encore
dans l'état de barbarie et de stupide férocité qui distingue
les peuplades isolées de l'Afrique et du nord de l'Amérique :
c'est cette communication, due principalement au commerce,
qui a commencé par affranchir les peuples du despotisme
intolérable des seigneurs suzerains. Sans elle, sans le commerce avec les étrangers, nous gémirions encore sous le joug
du régime féodal. Quels ont été les premiers états vraiment
libres? Les états commerçans, tels que la Hollande (a) ; les
villes commerçantes, telles que les villes anséatiques. Partout
où le commerce a pénétré, il a favorisé l'indépendance et le
progrès des lumières; partout il a contribué à adoucir les
mœurs : la nation française, renommée par sa douceur et
son urbanité, une des plus éclairées du globe, était aussi de
tout temps la plus hospitalière.

Mais les avantages qui résultent de l'admission des étrangers à la jouissance de nos droits civils, avantages que je crois
assez généralement reconnus, ne seraient-ils pas parfois con-
tre-balancés par de graves inconvéniens?

Je pourrais d'obord répondre que, quand cela serait aussi
vrai que c'est peu fondé, le projet de loi, loin d'y remédier,
rendrait le mal incurable ; car une fois le système de réciprocité admis, il ne dépendrait plus de nous de refuser les
droits civils aux étrangers dont les gouvernemens les accor-
deraient aux Français résidant chez eux.

Mais je soutiens qu'*excepté le cas d'une révolution*, il ne

(a) On a objecté que les Hollandais, qui les premiers se révoltèrent contre la tyrannie des Espagnols et contre leur gouverneur, le duc d'Albe, s'honoraient du titre de *gueux*. Mais d'abord
ce sobriquet, qui leur fut donné par les Espagnols, ne veut pas précisément dire qu'ils fussent à
la lettre pauvres, puisqu'ils avaient à leur tête le prince de Nassau, les comtes d'Egmont, de
Horn, et autres seigneurs puissamment riches. En second lieu, quand ces révoltés hollandais auraient été pauvres, ce que je nie, je demanderai d'où ils sortaient. Du Brabant, le pays alors le
plus commerçant et le plus riche de l'Europe. Au reste, je ne nie pas qu'il n'y ait des exemples
de peuples devenus libres sans le commerce ; je soutiens seulement que le commerce contribue
plus que toute autre chose à l'affranchissement et à la civilisation des peuples.

peut jamais y avoir d'inconvénient grave à accorder la jouissance des droits *civils*, dans un pays quelconque, aux étrangers qui y viennent résider, et à plus forte raison dans un
pays qui renferme une population de trente-six millions
d'habitans, où un millier d'étrangers même, qui arriverait
pour y résider, ne ferait pas en temps ordinaire, relativement au repos et à la tranquillité intérieurs, l'effet d'une
tonne d'eau dissoute dans la rivière.

Je dis, *excepté le cas d'une révolution;* car vouloir faire
entrer dans le Code civil des dispositions législatives relatives
à une révolution future, ce serait vouloir imiter l'architecte
qui, après avoir construit à grands frais un hôtel en pierres
de taille, conseillait à son client d'y ajouter une maison en
charpente, parce que, disait-il, en cas d'un tremblement de
terre.... Oh ! quant à cela, interrompit son client, nous y
songerons quand nous bâtirons au bas du Vésuve.

Encore même, dans le cas d'une révolution, demanderais-
je à tout homme sensé et de bonne foi, si c'est la jouissance
des droits *civils* qui peut jamais rendre un étranger dangereux ? Ceux même qu'on cite (a) pour l'avoir été en France
dans le cours de la nôtre, à quoi ont-ils dû l'influence dont
ils ont momentanément joui ? Est-ce à la jouissance des droits
civils, ou n'est-ce pas évidemment à celle des droits politiques ? Sans ces derniers, ils auraient pu faire six testamens,
recueillir autant de successions, et contracter une couple de
mariages, qu'ils n'auraient pas trouvé dans tous ces droits civils le plus petit moyen de troubler l'ordre public. Ce sont les
droits politiques dont on doit être avare envers les étrangers :
et la Constitution de l'an VIII, semblable en cela à celle de
l'an III, a si bien senti cette différence, que, tout en laissant
au législateur l'entière liberté de statuer sur l'admission des
étrangers aux droits civils, elle lui a ôté cette faculté pour

(a) On a cité Anacharsis Clootz Ce baron allemand était certainement un grand fou ; mais,
quoique orateur du genre humain, il était infiniment moins dangereux que les orateurs de la rue
de la Licorne, parlant, le 31 mai, au nom de la section de la Cité.

les droits politiques, dont la jouissance ne peut être acquise que par dix années de résidence.

Comment, d'ailleurs, un gouvernement pourrait-il, même en temps de révolution, parer à l'inconvénient qui pourrait résulter de l'admission d'un étranger, à moins d'interrompre toutes les relations commerciales avec l'extérieur, et d'interdire absolument et indistinctement l'entrée en France aux étrangers quelconques? Les mauvais sujets qui arrivent dans un pays, soit pour y semer la discorde, soit pour profiter des troubles qui y règnent, sont rarement des propriétaires ou des hommes industrieux; ce sont presque toujours des gens sans feu ni lieu, à qui la jouissance des droits civils est absolument indifférente. Et quand même, dans le nombre, il y en aurait d'une classe différente, certes ils n'annonceraient pas leurs projets d'avance, on ne les connaîtrait que par leurs œuvres; et, à cet égard, il est aisé de faire des lois générales de police et de sûreté qui donnent au gouvernement tout pouvoir légal nécessaire pour arrêter de pareils désordres. Les nations les plus libres de l'Europe ont eu, de tout temps, des lois particulières de répression contre les étrangers qui troublent l'ordre public, qui manquent de respect au gouvernement sous la protection duquel ils vivent, et cette distinction est juste envers ceux qui abusent de l'hospitalité qu'on leur accorde.

Un inconvénient bien plus grave qu'on attribue à l'admission des étrangers à la jouissance de nos droits civils, le seul qui mériterait quelque considération s'il était fondé, serait l'altération du caractère national que quelques écrivains même célèbres ont prétendu pouvoir résulter de cette mixtion ou fusion des étrangers avec les nationaux. Cette objection, qui est de la plus haute importance, a été présentée, sous plusieurs faces, par un de nos collègues; elle l'a été avec beaucoup de talent, d'esprit et d'éloquence, quoique l'orateur se soit élevé avec chaleur contre l'abus qu'on peut faire de toutes ces qualités-là.

Je regrette de n'avoir ni le temps ni le talent nécessaire pour traiter cette importante question dans toute son étendue. Je citerai cependant quelques faits qui, non seulement pourront servir de matériaux à ceux qui voudraient approfondir davantage la question, mais qui, en dissipant les craintes de notre collègue relativement à l'altération du caractère national, prouveront, j'espère, que toute l'éloquence, tout l'esprit du monde, échouent contre la vérité, telle qu'elle est.

N'oublions pas, avant tout, ce qu'on ne saurait trop répéter, que, quand même l'admission des étrangers à la jouissance de nos droits civils altérerait totalement le caractère national, le système de réciprocité, loin de remédier au mal, le rendrait irrémédiable, puisqu'il faudrait admettre malgré nous les étrangers à qui la réciprocité donnerait ce droit.

Le caractère national d'un peuple est plus aisé à concevoir, à sentir, qu'à définir. L'Encyclopédie et le Code d'humanité disent que c'est une certaine disposition habituelle de l'âme, qui est plus commune chez une nation que chez l'autre. Ainsi, dit toujours l'Encyclopédie (ancienne édition, à la vérité), le caractère des Français est la légèreté, la gaîté, la sociabilité, l'*amour de leurs rois, de la monarchie même, etc.*, etc. Il est, je crois, inutile d'observer que cette dernière partie, jadis intégrante de notre caractère national, a disparu ; c'est une altération que nous devons réellement en partie à *notre engouement pour les étrangers et leurs doctrines.*

Je crois, moi, que le caractère national d'un peuple est l'assemblage de ses mœurs, de ses habitudes, de ses usages particuliers, et généralement de tout ce qui, au moral, le distingue d'un autre.

Mais les mœurs, les usages et les habitudes, tout enfin ce qui constitue le caractère national d'un peuple, tout cela, dis-je, change avec la forme de son gouvernement et de ses lois, avec le progrès des richesses et des lumières, ainsi qu'avec le démembrement ou l'agrandissement des empires, mais paraît même dépendre entièrement de ces circonstances.

Les Romains, sous les premiers rois, les Romains du temps de Scipion l'Africain, les Romains du temps d'Auguste, ceux du temps d'Augustule, et les Romains d'aujourd'hui, avaient et ont si peu le même caractère national, qu'il y aurait beaucoup plus d'analogie entre le caractère des Romains sous Scipion, et celui des Anglais sous Guillaume III, qu'il n'y en avait entre le caractère des premiers et celui des Romains sous Caligula et Domitien. « Quel peuple, dit l'ouvrage déjà « cité, quel peuple, avant l'élévation des Césars, montra « plus de force, de vertu, plus d'amour pour la liberté, plus « d'horreur pour l'esclavage, et quel peuple (le trône des « Césars affermi), montra plus de faiblesse et de vilité? Sa « bassesse fatiguait Tibère.

« Indifférent à la liberté, Trajan la lui offre; il la refuse. « Il dédaigne cette liberté que ses ancètres eussent payée de « tout leur sang. Tout change alors dans Rome, et l'on voit, à « ce caractère *opiniâtre et grave* qui distinguait ses premiers « habitans, succéder ce caractère *léger et frivole* que Juvénal « leur reproche dans sa dixième satire.

« Veut-on un exemple plus récent d'un pareil changement? « Comparons les Anglais d'aujourd'hui aux Anglais du temps « de Henri VIII, d'Édouard VI, de Marie et d'Élisabeth. « Ce peuple, maintenant si humain, si tolérant, si éclairé, « si libre, si industrieux, si ami des arts et de la philosophie, « n'était alors qu'un peuple esclave, inhumain, superstitieux, « sans arts et sans industrie. »

On pourrait dire la même chose des Français ou de toute autre nation, en la considérant dans les différens périodes de son existence. Certes, le caractère national des Français vainqueurs à Jemmappes et à Arcole, à Fleurus, à Hohenlinden et à Marengo, combattant pour la liberté et la République, pour la paix du monde qui en a été le glorieux et l'étonnant résultat, ce caractère national n'était plus le même que celui des Français battus, non pas tant à Rosbach qu'à Malplaquet et à Turin, à Hochstedt et à Ramillies, combat-

tant en faveur du despotisme armé contre la liberté et le repos de l'Europe, accablés par cette longue suite de défaites
qui précédèrent la fin de ce beau règne si vanté.

Certes, le caractère national des Français du 14 juillet, emportant d'assaut la Bastille, et faisant accepter à leur dernier
roi la cocarde nationale au milieu de deux cent mille citoyens
armés pour conquérir et défendre leur liberté; ce caractère
national, dis-je, n'était plus celui des Français du grand
siècle, humblement prosternés devant Louis XIV, lorsqu'il vint dans le sanctuaire de la justice, non pas pour y
promettre de respecter les lois du souverain, mais pour y
faire enregistrer ses édits avec un fouet de poste. J'ai dit *sous
ce beau règne*. Le beau règne, en effet, que celui sous lequel
ce maître vain et orgueilleux chassa de leur patrie et de leurs
foyers cent mille familles, en les forçant de porter au dehors
leurs capitaux et leur industrie, qui fondèrent et peuplèrent
en Allemagne des villes entières composées de réfugiés; monument vivant et opprobre éternel du despotisme et de sa
démence! Le beau règne, sous lequel, après avoir permis
aux protestans de s'expatrier pour se sauver des persécutions inquisitoriales du confesseur et du chancelier du roi,
on plongeait dans les cachots ceux qu'on arrêtait aux frontières; tandis que les dragonnades et les bourreaux (a) étaient
le partage de ceux qui avaient eu le courage de rester

(a) Pour répondre à cet argument vraiment sans réplique contre la bonté du *beau règne*, ou,
si l'on aime mieux, contre la beauté du *grand siècle*, on objecte les horreurs et excès révolutionnaires de 1793. La belle révolution, s'écrie-t-on, que celle où l'on créa le *maximum*, le tribunal
de Fouquier-Tinville, où l'on condamnait à mort en quelques heures de temps et sans appel cinquante à soixante citoyens envoyés de suite à l'échafaud! Je réponds : d'abord ces atrocités n'ont
été que passagères, tandis que les horreurs du grand siècle ont occupé la majeure partie du règne
de Louis XIV. Les premières ont eu lieu sous un régime révolutionnaire, où quelques tyrans po-
pulaciers faisaient taire toutes les lois; les abus reprochés au siècle de Louis XIV ont eu lieu sous
un règne régulier et en temps ordinaire. Enfin, je ne crois pas qu'aucun homme, à moins d'être
fou, ou d'avoir été complice de ces excès révolutionnaires, se soit jamais avisé de dire, *la belle
révolution!* sans excepter ces malheurs momentanés, où les vrais républicains, tous les amis de la
liberté étaient proscrits! Tout homme sensé, au contraire, dit : Combien était belle et grande cette
révolution dans ses commencemens! quel malheur qu'elle se soit momentanément écartée de son
but! et malgré ces excès déplorables, combien grands et heureux n'ont pas été ses résultats! Pourrait-on dire chose approchant seulement de cela du siècle de Louis XIV?

dans leurs foyers! Le beau règne, sous lequel on poussa la
barbarie jusqu'à arracher les enfans des bras de leurs parens,
cruauté inouïe même sous le régime de Robespierre, pour les
faire élever dans la croyance religieuse du confesseur et de
la maîtresse du monarque! Le beau règne, sous lequel on
ordonna et régularisa cette guerre d'incendiaires qu'attestent
encore les restes fumans du malheureux Palatinat! Le beau
règne, sous lequel, à côté des tapisseries des Gobelins et de
quelques autres manufactures de luxe destinées à un petit
nombre de courtisans et de favorites, on voyait un quart de
la population couvert des haillons de l'indigence! Le beau
règne, dont le chef, mourant au milieu des malédictions d'un
peuple accablé de misère, ne put être enterré pendant le
jour, où il fallut profiter des ténèbres de la nuit pour dérober ses restes à l'exécration du peuple dansant autour des
feux de joie qu'il avait allumés en signe de l'allégresse publique (a)! Je reviens à mon sujet.

La civilisation et le progrès des lumières n'étant certainement pas un mal, le changement du caractère national, produit par ces causes n'en est pas un non plus; c'est au contraire le plus grand bonheur qui puisse arriver à un pays,
lorsque ses habitans, de féroces, stupides et abrutis qu'ils
étaient, deviennent successivement humains, éclairés et policés.

Le plus souvent la civilisation et le progrès des lumières
amènent des changemens dans le gouvernement et les lois;
parfois aussi, et cela est bien plus désirable, un changement
dans les lois favorise la civilisation et le progrès des lumières:
dans l'un et l'autre cas le caractère national subira des changemens, mais ce sera toujours en bien.

On voit par là que le changement du caractère national,
non seulement n'est pas toujours un mal, mais que le plus
souvent il est un résultat heureux et heureusement inévitable

(a) Le règne de Louis XIV a presque toujours été considéré uniquement sous le rapport de
la littérature et des beaux-arts, et, sous ce rapport, ce fut vraiment un beau règne. Encore

de la civilisation ; et comme les progrès de cette civilisation n'ont aucune limite assignable, les changemens que le caractère national d'un peuple civilisé peut subir sont également hors de tous les calculs.

commet-on ici deux injustices. D'abord, on attribue au règne de Louis XIV plusieurs hommes de génie qui appartiennent à celui de Louis XIII, ou, pour mieux dire, à celui de Richelieu, tels que Pascal, Corneille, et autres déjà célèbres par leurs écrits lorsque Louis XIV ne savait pas encore lire. En second lieu, on oublie que, si le siècle de Louis XIV surpasse le nôtre pour la poésie, le siècle où vécurent Montesquieu, Buffon, J. J. Rousseau et Voltaire égale *au moins* le premier pour la prose, s'il ne le surpasse pas. (*Voyez, au reste, l'appendice ci-dessous.*)

Mais ce siècle de Louis XIV, si grand pour la poésie, la sculpture, l'architecture, etc., combien il devient petit lorsqu'on le compare au nôtre sous le rapport de l'économie politique, de l'agriculture surtout, et des sciences exactes, de l'aisance et de la prospérité des peuples !

Appendice.

Voici ce que dit, entre autres, sur le siècle de Louis XIV, l'*Histoire des Hommes*, imprimée en 1780, et par conséquent vingt-un ans avant mon opinion.

« Ce ministre (en parlant de Richelieu) fut le véritable auteur du *Siècle littéraire de* « *Louis XIV*; à lui seul en appartient la gloire........

« Il résulta de son système de puissance absolue, la décadence de la redoutable Maison d'Au-« triche, l'abaissement des grands, qui n'étaient ni défenseurs du peuple, ni courtisans : l'af-« franchissement d'une foule de pouvoirs subalternes, la renaissance de la marine. *Il donna* « *l'impulsion au siècle de Louis XIV*, et fit pour la couronne ce que Cromwell avait fait pour « la nation anglaise : on eût dit qu'il eût pris à tâche de ne rien laisser subsister de l'ancien « gouvernement féodal........

« Quand une erreur est déposée dans un livre, elle se répète dans une infinité d'autres.—Telle « est celle qui dépossède gratuitement le siècle de Louis XIII de ses plus beaux ornemens pour « en parer le siècle de Louis XIV, déjà si riche par lui; ce règne qui, par sa longue durée, « devait nécessairement enfanter plusieurs grands hommes, indépendamment de l'impulsion du « règne précédent.

« Le siècle de Louis XIV, le plus long de la monarchie, a obtenu aussi une grande faveur « sous la plume de Voltaire, au point qu'on lui attribue aujourd'hui ce qui appartient incon-« testablement au règne de Louis XIII, et que, par une autre extension, l'on voudrait encor « lui faire honneur de cet esprit philosophique qui a caractérisé le siècle de Louis XV, et que « cette génération a vu naître. Détruisons cette double erreur, et d'abord restituons au règne de « Louis XIII tout ce qui est de la création de Richelieu. Que son génie sanguinaire et despoti-« que ne nous rende pas ingrats envers sa mémoire. Il protégea à la fois les beaux-arts, les lettres « et la philosophie, c'est-à-dire celle du temps ; et jamais la nature ne se montra si féconde en « génies vigoureux et originaux que sous son ministère.

« Descartes, Malherbe, Rotrou, le grand Corneille, de Thou, Regnier, Pascal, Gassendi, de « Retz, Vouet, le grand Condé. Rubens, Davaux, étaient ses compatriotes; Copernic, Galilée, « Lopez de Vega, Shakespeare, Cervantes, Kepler, Toricelli, Harvey, Sanctorius, Hobbes, « Bacon, Grotius, Davila, le Dominiquain, le Guide, Vandick, furent ses contemporains.

« *Tous ces hommes célèbres naquirent et furent illustres avant que Louis XIV fût majeur* (c'est-« à-dire, âgé de treize ans). Osons le dire, que la seconde génération des hommes de génie eut

Les Tartares, quoique conquérans et vainqueurs, ont pris le caractère des Chinois, comme les Francs ont pris celui des Gaulois ; les Alsaciens, les Bretons, les Basques, ont pris successivement le caractère français, et avec la suite des temps les habitans des nouveaux départemens réunis le prendront également, mais toujours en modifiant plus ou moins le caractère original et primitif de la nation principale. C'est qu'en fait d'habitudes, de mœurs et d'usages, les grandes masses entraînent les petites, tant que la forme du gouvernement et les lois ne changent pas.

Quant aux changemens insensibles que les communications

« moins de force, d'originalité et de vigueur que la première. Molière, Bossuet, La Fontaine (1), « appartiennent à la première génération, puisqu'ils avaient publié une partie de leurs chefs- « d'œuvre avant qu'on eût vu Louis XIV en état de les lire. Celui-ci encouragea depuis leurs « travaux ; il eut ce mérite, et celui de favoriser Boileau, Racine, Fénélon. Ces trois hommes, « qui eurent plus de goût que de génie, recommandables plutôt par la diction que par la force « ou le nombre d'idées, sont les premiers qui appartiennent réellement à son règne ; leurs de- « vanciers ne sont point de sa création.

« Quels ressorts Richelieu n'avait-il pas déjà mis en jeu ! Il ne fallait plus que suivre la marche « qu'il avait imprimée : l'Académie toute formée attendait les écrivains ; *Venceslas*, *le Cid*, et plu- « sieurs comédies de Molière étaient au jour ; Christine avait accueilli Descartes ; Pascal avait fait « ses expériences ; Rubens avait peint sa galerie ; Condé avait vaincu à Rocroi (journée qui, de « l'aveu même de Voltaire, dans son *Siècle de Louis XIV*, devint l'époque de la gloire française et « de celle de Condé).—Il restait encore beaucoup à faire sans doute ; mais les grands traits « avaient été prononcés avant que Louis XIV fût parvenu à l'âge de la raison.

« Montagne et Amyot appartiennent peut-être plus au siècle de Louis XIII, que Bourdaloue et « la Bruyère à celui de Louis XIV.

« Pascal se trouve entre ces deux règnes ; sa géométrie et sa physique sont de Richelieu ; pour- « quoi son style ne lui appartiendrait-il pas ?

« Quels artistes Richelieu ne forma-t-il pas ? Quels noms on voit parmi les peintres ? Vernet, Mi- « gnard, le Brun, le Sueur, le Poussin. Parmi les graveurs, Perrier, Calot, Meulan. Parmi les « sculpteurs, Guillin, Sarrazin, les deux Anguiers, et Girardon, qui fit son admirable tombeau. « L'architecture n'était pas moins florissante : on vit s'élever le Luxembourg, le portail de Saint- « Gervais, la Sorbonne, le Val-de-Grâce.

« Enfin, c'est à Richelieu qu'on doit l'établissement de l'Imprimerie royale, l'Académie Fran- « çaise, celle de peinture, sculpture et architecture, le Jardin des Plantes, etc., tous antérieurs « à Louis XIV. »

Voyez l'ouvrage cité ci-dessus, tomes 5 et 6, ainsi que le *tableau des rois de France*, par Mercier, à l'article : *Siècle littéraire de Louis XIII*

(1) Bossuet, né en 1627, onze ans avant Louis XIV, prêcha ses plus beaux sermons sous la régence d'Anne d'Autriche, sermons qui le firent nommer évêque de Condom en 1661.

Molière, né en 1620, dix-huit ans avant Louis XIV, fit ses *Précieuses ridicules*, en 1656, lorsque Louis XIV n'avait encore que seize ans.

La Fontaine, né en 1621, dix-sept ans avant Louis XIV, avait fait la plupart de ses *Contes* pour Madame de Bouillon, avant que Louis XIV songeât à protéger les lettres.

avec l'étranger opèrent dans les mœurs et les habitudes d'un pays, ils proviennent beaucoup moins des étrangers qui arrivent que des nationaux qui, après avoir voyagé chez l'étranger, en rapportent quelques usages qu'ils ont adoptés et qu'ils font adopter aux autres. Sous ce rapport, et absurdité pour absurdité, il vaudrait mieux défendre aux Français de sortir de la France, qu'aux étrangers d'y entrer. Car, pour avoir le caractère national d'un peuple, il ne suffit pas d'être né sur son territoire; il faut y avoir été élevé ou passé une grande partie de sa vie : de là la différence essentielle entre un citoyen de droit et un citoyen de fait. Un individu né à Paris, de père et mère parisiens, mais transporté, je ne dis pas à l'âge de six mois, à l'âge de six ans, à Peckin, et rentrant à l'âge de vingt-quatre ans à Paris, sera Parisien de droit, mais Chinois de fait; il aurait les mœurs, les usages, les habitudes, le caractère national d'un Chinois. L'inverse arriverait à un Chinois élevé à Paris dans les mêmes circonstances. En général, ce qui constitue vraiment le caractère national est moins la naissance que l'éducation, le séjour habituel et les mœurs, usages et habitudes, avec les relations sociales et les liaisons qui en sont la suite. Voilà pourquoi la Constitution exige une résidence continue de dix ans pour la naturalisation d'un étranger.

Tant qu'un peuple conserve la même forme de gouvernement et la majeure partie de ses lois, le changement partiel du caractère national qui s'opère par la mixtion ou la fusion de peuples entiers avec les nationaux, n'ôte pas à ce caractère son originalité, sa marque caractéristique qui donne à ses habitans, pour ainsi dire, une physionomie distincte. S'il y a sur terre un peuple mélangé, c'est bien la nation anglaise; sa langue même le prouve, car c'est un mélange de la plupart des langues vivantes de la moitié de l'Europe. Cependant ce peuple a tellement conservé un caractère distinctif, que Sterne comparait ses habitans aux médailles qui, n'étant pas usées par le frottement, avaient conservé leur

première empreinte, ce qui, dit-il, les rend plus rudes au
toucher. Cette différence provient d'un grand et long usage
de la liberté, qui a donné à ce peuple cette physionomie particulière aux peuples libres qui jugent et pensent d'après
eux, et non pas, comme nous faisions autrefois, uniquement
d'après les gens en place.

Mais quand même cette mixtion de peuples entiers aurait
quelque influence sur l'originalité du caractère national du
peuple primitif, cet inconvénient, si toutefois c'en est un
(car un de nos collègues me paraît avoir démontré le contraire), serait plus que compensé, parce que le peuple primitif, aussi bien que les peuples agrégés, gagnent en civilisation, en commerce, en industrie et en lumières. Certes, la
France, telle qu'elle était au moment de la révolution, était
à cet égard supérieure, sans comparaison aucune, à ce qu'elle
était sous Louis XI. Depuis ce règne cependant jusqu'à celui
de Louis XVI, combien de provinces, combien de peuples
réunis à la France, soit par droit de succession, soit par droit
de conquête! Depuis la révolution, l'agrandissement de territoire, l'augmentation de population, ont été encore plus
considérables; et l'inspection seule d'une carte géographique,
jointe à un manuel historique, suffisent pour nous convaincre
que le territoire et la population de la France sont plus que
doubles aujourd'hui de ce qu'ils étaient dans le quinzième
siècle. Dans le moment actuel, plus de huit millions d'âmes,
c'est-à-dire près du quart de la population entière de la
France, sont composés de ci-devant Belges, Flamands et
Allemands, naguère tous étrangers, parlant une langue absolument différente du français, ayant des mœurs, des
usages, des habitudes différentes, élevés sous une forme de
gouvernement, et régis jusqu'ici par des lois différentes.
Tous ces ci-devant étrangers sont devenus, le jour même de
leur réunion, citoyens français, jouissant de tous nos droits
civils et politiques. Peut-on croire qu'il en résulte le moindre
inconvénient pour le caractère national? La nation française

n'y a-t-elle pas gagné tout ce qu'elle peut désirer sous le rapport de l'industrie, du commerce, de la puissance et de toutes les sources de la richesse et de la prospérité nationale? Peuple sur terre a-t-il une plus brillante perspective?

Que dire maintenant à ceux qui parlent sans cesse du danger et des inconvéniens qu'il y aurait à accorder la jouissance de nos droits civils à dix, vingt, cinquante ou cent étrangers qui sont venus ou qui viendront se fixer isolément en France, lorsque de fait et de droit la jouissance de tous nos droits civils et politiques a été accordée à des millions de ci-devant étrangers par la sanction d'un seul traité de paix? Que dire? Il faut les renvoyer à la géographie et à l'histoire. Ils leur feront voir que, si l'économie politique, la balance du commerce, le crédit et la circulation, sont de grands mots quand on les emploie mal à propos, le caractère national est aussi un grand mot quand on en abuse au point de croire qu'il doit rester toujours tel qu'il était du temps des preux orgueilleux, insultant à leurs vassaux humbles et fidèles. Avec ce système nous aurions encore des chevaliers, mais point de citoyens, des tournois, mais point de République.

En résumé, la mixtion des étrangers avec les nationaux, loin d'altérer le caractère national, lui est, au contraire, sous le rapport de la civilisation et de la prospérité, généralement favorable; c'est d'ailleurs une conséquence inévitable de l'agrandissement des empires.

Après avoir essayé de démontrer les vices et inconvéniens du droit d'aubaine, et surtout ceux attachés particulièrement au système de réciprocité,

Je passe au principe établi dans le second titre du projet de loi, relatif à la privation des droits civils qu'entraîne la *mort civile*. Plusieurs orateurs vous ont développé, avec autant de vérité que de force et d'énergie, les contradictions sans nombre, les conséquences aussi contraires à la justice et à l'humanité, qu'à la civilisation et à la morale, qu'entraîne cette malheureuse fiction inventée par un peuple chez lequel l'esclavage proprement dit faisait une partie constitutive et intégrante de l'État, et, qui pis est, un élément indispensable à son existence, puisque tous ses manufacturiers, artisans et ouvriers, étaient essentiellement esclaves ; d'un peuple dont la petite partie vraiment libre avait d'éminentes, de brillantes qualités, et qui a laissé de grands monumens de sa puissance dans les travaux faits à force de bras par les peuples vaincus, mais dont les usages et les lois se ressentent partout de l'état de brigands qui était son origine, et de l'amour du pillage qui, jusqu'à la chute de la République sous Jules-César, faisait le véritable et presque le seul métier du grand nombre.

Je ne reproduirai pas ici les argumens nombreux que nos estimables collègues ont développés contre le fond de cette fiction ; je ne dirai qu'un mot de son origine et de son inutilité.

Plusieurs orateurs ont attribué l'origine de la mort civile au règne féodal ; c'est une erreur. Les partisans de ce régime n'en ont adopté que ce qui pouvait autoriser ou favoriser les confiscations en faveur du seigneur suzerain. La mort civile nous vient originairement des Romains, chez lesquels elle était l'état ordinaire des esclaves, qui, comme l'on sait, provenaient des prisonniers de guerre, et souvent de tous les habitans des peuples conquis ou vaincus. Car il ne faut pas oublier que chez ce peuple romain qui parlait si élégamment le latin, qui nous a laissé tant d'orateurs et de poètes célèbres, à qui nous devons les Institutes de Justinien et le Digeste, et sans lequel bien des gens croient que nous n'aurions ni lois civiles, ni éducation ou colléges ; il ne faut pas oublier, dis-je, que chez ce peuple, le sac des villes prises et la vente à l'encan des hommes, femmes et enfans, faisaient *règle*, tandis qu'une conduite contraire faisait *exception*, comme dans l'intérieur de Rome même, le *maximum* et les distributions gratuites aux sections formaient la règle habituelle de l'administration et de la police des subsistances, tandis que la circulation et le libre commerce de grains n'étaient que de circonstance, et formaient des exceptions momentanées et passagères.

Je dis que la mort civile, en tant que nous entendons par là la privation de tous les droits civils (car il ne s'agit ici aucunement de l'étymologie de ce mot), était à Rome l'état habituel, la condition inhérente à un esclave. Ces malheureux ne pouvaient ni aliéner, ni acquérir, ni acheter, ni vendre, ni faire un testament, ni aucun contrat quelconque ; tout ce qu'ils acquéraient était de droit à leur maître, quoique celui-ci par générosité leur permît parfois d'amasser un petit pécule des épargnes faites sur leur nourriture. Leur union n'était point qualifiée de mariage, mais de cohabitation, *contubernium;* elle n'avait les effets et la durée du mariage qu'autant que leur maître voulait. Non seulement le maître avait droit de vie et de mort sur ses propres esclaves, qu'on regardait comme des bêtes de somme ; mais tout citoyen pouvait impunément tuer l'esclave d'un autre, pourvu qu'il en payât le prix. La loi connue sous le nom de *lex Aquilia*, prescrivait textuellement la même peine contre celui qui aurait tué l'esclave d'autrui que contre celui qui aurait tué sa bête, c'est-à-dire d'en payer la valeur. Et qu'on ne croie pas que ces cas fussent infiniment rares ; dans tous les temps de la République les esclaves mal vus de leurs maîtres étaient traités et regardés comme des bêtes. On peut s'en convaincre en lisant, pour les temps plus reculés, Plaute et Térence, ces peintres fidèles des mœurs domestiques ; et pour les temps plus modernes, Dion Cassius, où l'on voit que Pollion donnant à souper à Auguste, ordonna en sa présence de jeter dans le vivier, pour servir de pâture aux poissons, un esclave qui avait eu le malheur de casser un vase de porcelaine. Il est vrai qu'Auguste fit combler la piscine après avoir fait briser tous les vases qui se trouvaient dans la maison ; mais ce trait ne fait que rembrunir le tableau, en faisant voir que pas un siècle après les plus beaux jours de la République, il fallait à ce peuple féroce un empereur despote pour mettre fin à de pareilles horreurs. Quelle devait être la profondeur du mal pour avoir eu besoin d'un aussi violent remède! D'après ces traits et une foule d'autres que je pourrais vous citer, je ne crois pas que le jugement que j'ai porté des Romains, sous le rapport de la férocité de leurs mœurs, puisse être regardé comme trop sévère, ni qu'on ne puisse mettre trop de circonspection à adopter indistinctement leurs lois. Cette privation de tous les droits civils attachée à l'état d'un esclave, quoiqu'affreusement pénible pour lui, n'était point regardée comme une peine; c'était la conséquence nécessaire de sa condition d'esclave. Elle ne devint une peine sous le nom de *maxima capitis diminutio*, ou perte totale des droits de citoyen, que lorsqu'on l'eut appliquée 1° aux criminels condamnés à la peine capitale, qui, dans l'intervalle de la condamnation à l'exécution, étaient regardés comme morts civilement; 2° à ceux qui, pour quelque crime, étaient déclarés *esclaves de peine*, et en conséquence condamnés à combattre les bêtes féroces, ou à servir de spectacle au peuple.

Cette origine seule de la mort civile aurait dû inspirer, sinon de la répugnance, du moins une grande réserve contre son adoption, aux différens législateurs des peuples modernes; mais leur respect aveugle pour les lois romaines les a fait passer outre; et c'est ainsi que cette fiction, insoutenable aux yeux de la raison, s'est trouvée, par une espèce de tradition religieuse, conservée dans presque toutes les lois criminelles de l'Europe. En voyant ce que peut ce respect pour l'antiquité en général, et surtout pour les antiquités romaines, on ne peut que se féliciter de ce que ce prince, qui régnait au commencement de ce siècle, et qui, quoique homme de génie, condamnait des seigneurs qui avaient commis quelque faute, à *être fous* et à porter des grelots en public (ce qui était aussi une espèce de retranchement de la vie civile), n'ait pas régné avant Justinien et le Digeste; car, outre

la mort civile, nous aurions probablement une fiction connue
sous le nom de *démence civile*.

En général, avec ce respect aveugle pour l'antiquité et
pour les anciennes lois, on justifierait toutes les absurdités
du monde. A Rome, dit-on, par exemple, le père avait droit
de vie et de mort sur sa femme et ses enfans. En Chine, le
père est également despote dans sa famille, et cet empire
subsiste depuis des milliers d'années. J'ai déjà fait une remarque générale sur ces argumens tirés du lointain; mais
pour ce qui regarde particulièrement les Romains, je ne puis
m'empêcher de gémir sur l'inconséquence et la versatilité de
l'esprit humain à cet égard. Ces mêmes Romains que nous
avons entendu avec frayeur citer en faveur du *maximum*, de
la loi agraire et d'autres atroces absurdités de ces temps,
par nos modernes Mucius Scévola, Régulus, Torquatus,
Brutus, et autres dont les noms seuls rappellent tant de tristes et dégoûtans souvenirs; ces mêmes Romains, il faut
aujourd'hui avoir la douleur de les entendre citer par des
hommes du plus éminent mérite, par des hommes recommandables à la fois par leurs talens, leur probité et leurs
lumières, pour nous faire adopter les maximes favorites du
régime féodal, maximes déjà tombées en désuétude vers la
fin de la monarchie. Quel contraste! quelle bizarrerie!

Après avoir indiqué l'origine de la mort civile, il me reste
à faire voir que, dans nos institutions modernes et dans nos
mœurs, cette fiction est de la plus parfaite inutilité.

Avant tout, il est bon de remarquer comme un fait démontré par les cahiers qui nous ont été distribués, que les
contradictions, les incohérences, les injustices sans nombre,
les conséquences immorales qu'entraîne cette fiction de la
mort civile, ont frappé presque tous les membres du conseil
d'état; qu'elle ont rendu la discussion aussi longue que pénible, et qu'ils paraissent n'y avoir cédé que par respect pour
le droit romain et l'autorité des jurisconsultes. Toutes ces
difficultés eussent disparu si l'on eût commencé par examiner,

en mettant le droit romain de côté, à quoi pouvait servir cette fiction dans un pays tel que la France, qui n'a point d'esclaves. L'examen de son utilité ou inutilité est donc de la plus haute importance.

Pour démontrer que la peine de la mort civile, telle qu'elle nous est présentée dans le projet de loi, et telle qu'elle existe dans presque toutes les lois pénales des peuples qui ont pris les lois romaines pour modèle, est absolument inutile, il faut bien se pénétrer de ce principe, qu'elle y est décernée non pas comme une peine isolée, mais comme une peine accessoire, ou, si l'on aime mieux, comme une suite nécessaire d'autres peines plus graves qui entraînent de droit la privation de la jouissance de tous les droits civils. Quant aux peines qui doivent entraîner la mort civile, le projet n'en indique encore que deux, la peine capitale et la déportation pour la vie, et il est probable qu'on s'en tiendra là. Mais quelles que soient les peines auxquelles les lois pénales pourront attacher à l'avenir la mort civile, toujours est-il certain que celle-ci ne sera que l'accessoire, la suite d'une peine plus grave. D'après ce principe, un criminel condamné à la mort, par exemple, subira d'abord cette peine, s'il est arrêté, et puis, qu'il subisse la peine ou non, il aura, jusqu'à l'avénement de sa mort, le désagrément de plus, de ne pouvoir ni faire un testament, ni se marier, ni recueillir une succession, etc. C'est, comme l'on voit, une copie un peu paraphrasée de l'usage établi parmi plusieurs peuples orientaux, et notamment au Japon, où, pour imprimer plus d'horreur pour de certains délits, le coupable est condamné à être pendu d'abord, et à avoir le poignet coupé après. Avant la révolution, il existait chez nous, pour certains délits, un usage inverse ; c'était un peu plus atroce, mais beaucoup plus conséquent.

Or, je demande maintenant, non pas seulement aux hommes qui se sont pénétrés des principes de Montesquieu, de Beccaria, de Filangieri, à des magistrats philosophes, à ces

33.

hommes profondément versés dans la connaissance du cœur humain, mais à tout homme non prévenu et de sang-froid, pour quel but en général la société peut et doit infliger une peine quelconque à un coupable ? Ce n'est certainement pas pour le plaisir de punir, de se venger; plaisir aussi puéril que cruel, qui tient à la faiblesse humaine, mais dont la société doit être exempte, parce qu'elle doit être au-dessus de ces faiblesses. C'est ce penchant à se venger, penchant excusable dans les individus à qui peut-être la nature même l'a donné comme un moyen de préservation, qui porte un homme, quand il se sent frappé, à rendre le coup, et, s'il le peut, avec usure, non pas pour se défendre, ni pour empêcher la récidive, mais uniquement pour rendre la pareille : comme si des coups rendus neutralisaient ceux qu'on a reçus. Mais pour la société, son unique but, en infligeant une peine à un coupable, doit être d'empêcher d'autres de se rendre coupables du même délit. Cela est tellement vrai, que si la peine de mort n'effrayait pas les assassins, la société pourrait, si le nombre en était trop considérable pour les enfermer, s'en défaire par la mort, comme on se défait des bêtes féroces. Mais vouloir les faire périr sur l'échafaud uniquement par réciprocité, ou par le droit de talion, tandis qu'on serait convaincu que cette peine ne servirait à rien, ce serait de la part de la société une action aussi insensée que barbare.

Ce principe posé, que personne, je crois, ne me contestera, je demanderai, en second lieu, si un scélérat quelconque, qui ose se rendre coupable d'un crime qui entraîne la peine de mort, la déportation, ou toute autre peine capitale; qui ose commettre ce crime sans être retenu par la crainte d'un châtiment aussi sévère, le sera le moins du monde par la crainte accessoire de ne pas pouvoir, *après sa condamnation*, faire un testament, recueillir une succession, se marier ? Pas plus que notre homme du Japon, qui s'expose au risque d'être pendu, ne sera retenu par la peur de perdre le poignet une heure après.

J'ai entendu avancer qu'un scélérat, sûr de pouvoir jouir de ses droits civils, s'il n'est pas pris, ou s'il parvient à échapper, et s'il peut de plus rester caché, se moquera de l'échafaud où il faudra qu'il monte s'il n'échappe pas. En vérité, je ne crois pas qu'après y avoir réfléchi un instant, on puisse sérieusement soutenir une pareille thèse. S'il n'est pas pris, ou s'il parvient à échapper! Oui, sans doute, c'est l'espoir de n'être pas pris et puni de la peine capitale, qui engage bien des mauvais sujets à devenir des scélérats. Mais la crainte de perdre la jouissance des droits civils, s'ils ne sont pas pris, je ne crois pas qu'il y en ait un sur mille, un sur un million, qui y songe seulement. Qu'est-ce même que cette jouissance des droits civils pour un homme qui est obligé de se cacher, qui ne peut sortir de son asile sans s'exposer au risque d'être déporté ou de périr sur l'échafaud? Si, parmi ces condamnés, il n'y en avait pas qui eussent femme et enfans, ce serait même une question tout-à-fait oiseuse ; et, sous ce rapport, encore faudrait-il rejeter le projet de loi : car, certes, aucun de vous n'émettrait son vœu pour une loi inutile.

D'après cela je dis : *cui bono?* A quoi sert cette *mort civile?* Pourquoi se jeter dans un labyrinthe inextricable de difficultés insolubles pour la morale, l'humanité, la justice et le bon sens, le tout par amour filial d'une fiction du Digeste, empruntée d'un peuple qui avait des esclaves à qui elle était propre, dont elle désignait l'état?

Que la privation des droits-civils ou de la majeure partie de ces droits devienne une peine à part qu'on attache à certains délits, non seulement cela peut être parfaitement conséquent et raisonnable, mais nous en avons un exemple dans la loi sur la conscription, qui prive d'une partie de ces droits les conscrits qui ne se rendent pas à leur poste. La seule attention à avoir alors serait de ne pas compromettre l'honneur et l'état de la femme et des enfans du coupable qu'on condamnerait à cette espèce de mort civile. Mais vouloir conserver cette peine comme le pendant d'une autre plus grave, c'est au moins une inexplicable inconséquence.

En vain objecterait-on que la mort civile n'est point une peine, qu'elle n'est qu'une suite nécessaire de la condamnation à une peine capitale. Je réponds : Si ce n'est point une peine, que devient alors le grand argument tiré de l'effroi salutaire qu'elle doit inspirer aux coupables? Si ce n'est pas une peine, pourquoi enchevêtrer nos lois avec cet appendice inutile? parce que, dit-on, la fiction veut qu'un homme qui est retranché de la société par la loi n'y soit plus que comme s'il n'existait pas. Et pourquoi cette fiction est-elle nécessaire? Toujours cette sempiternelle fiction qu'on a commencé par regarder comme indispensable, et dont on ne sait après comment se débarrasser.

Mais, dira-t-on, n'est-ce pas un scandale de voir un homme condamné à mort, qui se marie ou reste marié, qui a ou qui fait des enfans légitimes, qui fait des acquisitions, recueille des héritages, etc.? Je demanderai d'abord comment on peut voir tout ce scandale de la part d'un homme qui ne peut se faire voir de personne. Sans doute ce serait un scandale de voir un condamné à mort ou à la déportation se marier à la municipalité de son arrondissement, peut-être même faire bénir son mariage à l'église de Notre-Dame; sans doute ce serait un scandale de voir un homme exécuté en effigie acquérir un domaine ou recueillir un riche héritage : mais pour qu'un pareil phénomène arrivât, il faudrait que les agens de la police, la gendarmerie et les magistrats fussent pendant des mois entiers en état de léthargie.

Quant au prétendu scandale qu'on fait consister en ce qu'un condamné à mort qui est marié, reste marié et fasse des enfans tant qu'il n'est pas pris, sans que pour cela sa femme soit regardée comme une concubine, et ses enfans déclarés bâtards; l'unique scandale que j'y voie, c'est que des hommes raisonnables puissent se scandaliser de ces choses-là. Le véritable scandale, c'est de voir légalement déshonorés et cette femme qui aura eu le courage, la vertu rare de rester attachée à son mari dans son malheur, et les enfans qu'elle aura eus de lui dans cet intervalle ; de voir cette femme déclarée veuve de son mari vivant qui ne la quitte pas, et tant d'autres choses inconcevables qui vous ont été développées par plusieurs de nos collègues. D'où vient ce scandale ? De ce qu'on veut absolument faire des miracles et déclarer mort un homme qui vit ; miracles bien plus incompréhensibles au simple bon sens que celui de la résurrection, qui à la vérité fait reparaître vivant l'homme qui était mort, mais qui au moins ne déclare pas un homme mort et vivant à la fois.

Qu'on retranche de notre Code civil cette institution barbare de la mort civile ; qu'on renonce à ce droit funeste et improfitable d'aubaine et de réciprocité, et l'on verra disparaître toutes les difficultés, toutes les contradictions, tous les embarras. Le projet de loi, devenu plus simple et plus majestueux, juste et humain à la fois, ne trouvera plus un seul contradicteur : tant il est vrai que toute loi qui tient à des idées grandes, libérales et généreuses, devient par cela seul facile dans l'exécution, comme elle est juste en principe et utile dans ses résultats.

Je vote pour le rejet.

OPINION DU TRIBUN MALLARMÉ,
POUR LE PROJET.

Tribuns, est-il juste, l'intérêt de l'État, celui de nos concitoyens, exigent-ils que l'étranger ne jouisse en France que des mêmes droits civils accordés par sa nation aux Français ? 11 et 22.

Est-il juste qu'un individu qui, par ses crimes, a outragé la société, puisse être condamné à une peine emportant mort civile ?

Telles sont, mes collègues, les deux questions que je me suis faites avant de fixer mon opinion sur le projet de loi soumis à notre examen. La discussion n'en a pas fait naître d'autres.

J'ai cherché à les résoudre en partant de principes avoués et incontestables, de considérations générales, que le légis-lateur doit toujours faire prévaloir sur des hypothèses, sur des considérations particulières qui séduisent quelquefois, mais qui ne donnent jamais la conviction.

Première question. On a accordé au système de réciprocité proposé par le projet, relativement à la jouissance des droits civils, une grande apparence de justice et de raison. Mais, a-t-on dit, il fait revivre un droit odieux, condamné par les écrivains les plus éclairés, un droit dont l'exercice serait funeste à la République, à notre industrie, à notre com-merce, à notre agriculture.

Tout cela pourrait être vrai, s'il s'agissait en ce moment de rétablir généralement, et sans exception quelconque, le droit d'aubaine en France. Une disposition si absolue pour-rait, j'en conviens, préparer de fâcheux résultats ; elle ten-drait à nous isoler des autres nations, et, quelque grands que soient les moyens de la République pour se suffire à elle-même, sans doute il serait indigne de ses législateurs d'interdire, en quelque sorte, aux peuples qui l'entourent, la faculté de venir jouir dans son sein des avantages qu'elle doit à la nature, aux mœurs et au caractère de ses habitans. Une telle disposition tendrait, comme l'a très-bien observé un membre de cette assemblée, à retarder les progrès de la civilisation, elle ne pourrait trouver place dans le Code d'une nation loyale et généreuse.

Mais, collègues, le projet est loin de provoquer l'isolement qu'avec tant de raison nous voulons éviter. Loin de repousser les étrangers qui voudraient venir habiter notre territoire, le projet les admet à jouir en France des mêmes droits civils que ceux qui sont ou seront accordés aux Français par la nation à laquelle appartiendront ces étrangers. N'est-ce pas là appeler de la manière la plus formelle, et autant que le

permet à une nation puissante le sentiment de sa dignité et
de sa prééminence, n'est-ce pas là, disais-je, appeler tous les
peuples avec lesquels nous pouvons avoir quelques rapports,
à ces communications intimes et amicales que réclame l'intérêt commun ?

En réfléchissant à cette disposition, en la considérant sans
prévention, en calculant les effets qu'elle peut et doit produire, on n'y peut voir le rétablissement du droit d'aubaine ;
on y reconnaît, au contraire, le vœu fortement, mais sagement exprimé, de son abolition générale et absolue.

Le droit d'aubaine dérivant non de la féodalité, mais de
la souveraineté, pèse autant sur le Français qui voyage chez
une nation étrangère, que sur l'étranger qui voyage en
France. Le projet veut en affranchir l'un et l'autre. Pouvons-
nous, collègues, chargés que nous sommes de soutenir, de
faire valoir les droits, les intérêts de nos concitoyens, voter
le rejet d'un projet de loi, précisément parce qu'il leur promet quelque avantage, et qu'il veut leur assurer tous ceux
que nous voulons bien accorder aux étrangers ?

Que dirions-nous, mes collègues, si l'on nous présentait un
projet de loi qui autorisât une nation voisine à faire avec toute
franchise, un commerce quelconque dans la République,
et qui ne permettrait au Français de commercer chez cette
nation qu'en lui payant une contribution ? Sans doute vous
jugeriez ce projet injuste. Vous ne méconnaîtrez donc pas la
justice de celui absolument contraire qui vous est présenté
aujourd'hui, dans la vue sage et légitime, sans doute, de
faire jouir le peuple que nous avons l'honneur de représenter, des avantages que nous offrons à tous les peuples de la
terre.

La réciprocité la plus juste de toutes les stipulations entre
les particuliers, ne l'est pas moins entre les nations ; elle
porte avec elle un caractère de loyauté et d'indépendance
que nous devons être jaloux de maintenir dans tous nos rapports avec les étrangers.

Mais, dit-on, certaines nations qui ont intérêt à retenir chez elles leurs habitans, se garderont bien de consentir à une mesure qui porterait ces derniers à s'éloigner de leur patrie. Je le suppose. Mais d'abord l'abolition absolue du droit d'aubaine en France ne parerait pas à cet inconvénient. Les nations qui ont intérêt à retenir chez elles leurs habitans, si elles ne pouvaient les y retenir par la crainte du droit d'aubaine, pourraient sans doute leur défendre l'émigration sous des peines rigoureuses. Nombre d'exemples prouvent qu'à diverses époques plusieurs nations ont usé de cette faculté ; et je ne puis croire que, comme l'a avancé un de mes collègues, quelques-unes ne pussent plus en user aujourd'hui. D'ailleurs, tribuns, conviendrait-il bien à la situation actuelle de la République d'accueillir des transfuges, de les attirer par une sorte de prime, non seulement contre le vœu, mais contre la défense expresse de leurs nations?

Certes, la République n'a pas un si pressant besoin de la présence, de l'industrie, ni même des richesses des étrangers.

Elle tient parmi les puissances un rang distingué sous tous les rapports ; sa population, l'industrie de ses habitans, lui garantissent une prospérité durable et indépendante, je ne crains pas de l'assurer, de la présence de quelques étrangers.

Les capitaux, il est vrai, comme l'a observé un de mes collègues, n'y circulent pas dans ce moment avec l'activité désirable ; le taux de l'intérêt y est exorbitant : mais croit-on que la présence d'étrangers qui auraient quitté leur patrie, et qui auraient la faculté d'y retourner emportant avec eux, ou dont les héritiers viendraient chercher ce qu'ils auraient pu amasser en France, apportera un remède à ce mal? Ou je me trompe fort, ou ce serait plutôt là une cause d'exportation de notre numéraire, qu'une source de richesses pour la République.

Le taux de l'intérêt, la circulation des capitaux, la valeur des propriétés foncières, tiennent à une autre cause, à la confiance générale et mutuelle, confiance qu'une longue et orageuse révolution, que l'imperfection et l'incertitude de notre législation ont altérée, mais que rappelleront bientôt, n'en doutons pas, la paix intérieure et extérieure, et des lois sages dont la stabilité ne pourra plus être mise en problème.

Veuillez au surplus remarquer, collègues, que, tout en refusant la jouissance des droits civils aux étrangers dont les nations refusent ces mêmes droits aux Français, le projet de loi la leur accorde après une année de résidence, s'ils déclarent vouloir en jouir, et si, d'ailleurs, le gouvernement ne les en juge pas indignes. Quel sera donc l'étranger qui vivra en France sans y jouir des droits civils? Celui-là seul qui ne voudra pas devenir Français, qui conservera l'esprit de retour dans le lieu de sa naissance, qui conservera pour sa patrie une affection exclusive, et qui s'occupera dès-lors beaucoup plus d'y transporter des capitaux, que d'en faire circuler en France.

Et c'est en faveur de cet étranger que l'on voudrait que la République fît un sacrifice? je dis un sacrifice, car on ne peut contester que ce dût en être un réel que d'abolir le droit d'aubaine sans réciprocité.

Que ce droit mérite la qualification d'insensé que lui a donnée un grand homme dont je n'oserais combattre l'opinion, qu'il ait pris sa source dans des erreurs, dans de faux systèmes politiques, c'est sans doute un motif puissant pour en désirer l'abolition, mais l'abolition non entière et absolue. Et, comment ne voit-on pas que l'abolir de notre part sans réciprocité, c'est engager en quelque sorte les nations étrangères à le conserver chez elles? Croit-on qu'elles se piqueront de générosité, et qu'elles s'empresseront d'effacer de leurs Codes une disposition que nous aurons effacée du nôtre? Le fait détruit cette probabilité. Depuis le mois d'août 1790, que l'Assemblée constituante a décrété l'abolition du droit dont il s'agit, il n'est pas une seule puissance qui y ait renoncé.

Depuis cette époque, tous les étrangers qui ont eu droit à

quelques successions en France, les y ont recueillies ; et les Français n'ont pu en recueillir aucune chez les nations qui, par des traités ou conventions antérieurs, n'avaient pas renoncé au droit d'aubaine. Il est difficile, collègues, de supposer que, si l'Assemblée constituante eût prévu cet abus, elle eût rendu le décret du 6 août 1790.

Cette Assemblée, d'ailleurs, était alors dans des circonstances bien différentes de celles dans lesquelles nous sommes aujourd'hui ; alors il n'y avait d'autre moyen de s'affranchir du droit d'aubaine, que d'obtenir des lettres de naturalité : le roi seul pouvait accorder ces lettres. L'Assemblée constituante ne voulait, ne pouvait même, d'après ses principes, conserver au Roi cette prérogative ; elle ne pouvait non plus convenir avec toutes les nations qui n'en étaient pas encore convenues, de l'abolition respective de l'aubaine.

Ainsi, il fallait, ou qu'elle repoussât tous les étrangers qui auraient voulu venir résider en France, ou qu'elle prononçât l'abolition absolue d'un droit dont l'existence pouvait les éloigner.

Il en est tout autrement aujourd'hui, surtout d'après le projet de loi. Il faut, à la vérité, une résidence de dix années sur notre territoire pour y obtenir la qualité de citoyen ; mais, un an après la déclaration de domicile, l'étranger, quoique n'étant pas encore *citoyen*, c'est-à-dire ne jouissant pas des droits politiques, jouit de tous les droits *civils* accordés aux Français, et, par conséquent, n'est plus sujet au droit d'aubaine.

Ainsi, il ne peut être arrêté dans ses spéculations par la crainte de ce droit, dès qu'il a passé une seule année en France avec l'intention de s'y fixer ; il peut même, avant que d'être devenu citoyen, se livrer au commerce, acquérir des immeubles, former des établissemens d'agriculture, s'adonner aux lettres ou aux arts, avec la certitude que le droit d'aubaine ne l'empêchera pas de se donner un héritier, quand même il mourrait avant l'expiration des cinq années , après lesquelles seulement il peut être citoyen français.

Il est vrai que, pour garantir sa personne, ou plutôt sa fortune, des effets du droit d'aubaine, l'étranger qui réside en France doit déclarer qu'il veut devenir citoyen français, et obtenir une autorisation du gouvernement. Cette dernière condition a été pleinement justifiée par le rapporteur; elle est si morale et si sage, qu'il serait superflu de chercher à en montrer l'utilité.

Quant à la première, elle est toute dans l'intérêt de l'État et des citoyens.

Supposons, en effet, que cet intérêt exige que des étrangers viennent se fixer en France. Pour les y appeler, on demande l'abolition du droit d'aubaine : le projet leur offre la jouissance des droits civils. Sans doute il importe bien davantage à l'état et aux citoyens de compter un Français de plus, de voir dans l'étranger un Français naturalisé, un contribuable, un défenseur de la patrie au besoin, peut-être un bon administrateur, un bon juge, que de n'y trouver qu'un simple voyageur, sans attachement comme sans utilité pour la nation qui lui donne hospitalité.

Ainsi, collègues, sous quelque rapport que l'on considère l'article 13 du projet dont il s'agit, il doit paraître juste, conforme à la saine politique, à l'intérêt de la République, à celui des citoyens.

Je passe à la seconde question qui doit être ainsi posée : 22

Devons-nous attacher à la condamnation, à quelque peine, les effets de la mort civile?

Avant d'en chercher la solution dans les principes et les considérations d'ordre public qui peuvent la donner, il est bon d'observer que les seules peines perpétuelles peuvent emporter la mort civile. Le projet ne contient aucune disposition à cet égard, et il ne pouvait en contenir; mais l'ancien droit commun ne laisse sur ce point aucun doute; et, quoiqu'aucune de nos lois nouvelles ne l'ait encore arrêté, je ne peux considérer la mort civile que comme suite d'une peine perpétuelle : c'est sous ce rapport que je pense qu'elle peut être encourue par un condamné, soit que la condamnation ait été prononcée contradictoirement, soit qu'elle l'ait été par contumace, soit enfin qu'elle ait été comme couverte par la prescription.

L'Assemblée constituante avait aboli la mort civile, et avait réduit à une simple interdiction les effets de toutes les condamnations, soit contradictoires, soit par contumace, qui devaient empêcher le condamné d'exercer les droits civils.

A l'égard des condamnations contradictoires, il est évident que l'Assemblée constituante ne pouvait laisser subsister la mort civile, puisque, excepté la peine de mort, toutes les autres portées au Code pénal étaient temporaires : tout condamné, après avoir subi celle qui lui avait été infligée, pouvait rentrer dans son domicile, obtenir même une réhabilitation. Ces peines ne produisaient, ne pouvaient produire qu'un effet momentané ; et l'idée que présentent ces expressions, *mort civile*, s'opposait à ce qu'elles fussent employées pour désigner l'état d'un homme qui en était frappé.

Pour éviter toute confusion, je ne parlerai pas ici des condamnations par contumace ; je prouverai ailleurs que relativement aux condamnés par contumace, le projet offre moins d'inconvéniens que n'en offrait le séquestre ordonné dans ce cas par l'Assemblée constituante. J'observe seulement que c'est sans pouvoir en rien conclure, qu'on a fait, quant aux condamnés contradictoirement, le rapprochement de ce qu'on a appelé *la théorie du Code pénal* et la théorie du projet proposé. Le Code pénal ne pouvait contenir à cet égard que des dispositions relatives et conséquentes à des peines temporaires : celles que le projet contient ne peuvent être relatives qu'à des peines perpétuelles.

Or, est-il juste qu'une peine perpétuelle puisse emporter la mort civile ?

Cette question ne peut être problématique parmi nous : pour la résoudre, je n'invoquerai ni la législation romaine , quoique, pour me servir des expressions de l'auteur de l'*Esprit des lois*, on doive se trouver fort quand on a pour soi les Romains ; ni la législation des autres nations qui ont admis, qui admettent encore la mort civile.

Je me borne à rappeler ces principes certains en matière pénale : Qu'il doit y avoir une juste proportion entre les peines et les crimes ; que ce serait un grand mal de punir tous les crimes de la même peine ; que les peines sont du domaine de la loi positive, qu'elle peut les modifier à son gré.

De ces principes sort la conséquence que, dans un Code qui autorise la condamnation à la mort naturelle, on peut, on doit trouver des dispositions moins terribles, et cependant capables d'effrayer les méchans ; et l'on avouera sans doute que tel doit être le résultat de peines perpétuelles emportant la mort civile.

Puisse, mes collègues, l'établissement de peines de cette nature nous dispenser un jour, et le plus tôt possible, de prononcer celle de mort contre des individus trop coupables pour qu'on ne leur inflige que celles temporaires établies par le Code pénal, mais dont les crimes pourraient ne pas entièrement repousser tout sentiment de commisération !

Si dans un seul cas la loi peut substituer à la peine de mort une autre peine emportant mort civile, et elle le pourra, n'en doutons pas, félicitons-nous de voir rétablir dans notre Code une fiction digne de la douceur de nos mœurs et de notre générosité.

Mais, a-t-on dit, c'est dans ces mots, *mort civile*, qu'est la source de tous les prétextes inventés pour dépouiller en faveur du fisc le condamné, sa femme, ses enfans ; c'est dans ces mots qu'est la source de tous les embarras, de toutes les absurdités de raisonnement et d'induction dans lesquelles on tombe, en comparant la mort civile avec la mort naturelle.

La réponse à cette objection se trouve dans le projet même. 25
L'article 28 contient l'énumération de tous les droits civils

dont le condamné mort civilement sera privé; et comme c'est un principe universel et sacré qu'en matière pénale on suit la lettre de la loi, sans jamais se permettre ni interprétation ni induction, on peut sans doute affirmer que ces mots, *mort civile*, n'auront jamais d'autres effets que ceux déterminés et limités par la loi.

On ne prétendra pas que des tribunaux, des administrateurs, le gouvernement, puissent étendre ou restreindre ces effets : présumer la violation de la loi de la part de ceux qui sont investis du pouvoir, ce serait présumer l'anarchie; et comme cette présomption n'est pas admissible, nous devons écarter les craintes que l'on a paru concevoir sur toute extension, fausse application ou restriction que pourrait recevoir la loi dont il s'agit. Ces craintes, qui n'ont leur principe que dans d'affreux souvenirs, ne peuvent être d'aucune considération aujourd'hui. Elles doivent faire place à la confiance qu'appellent nos institutions tutélaires, et surtout la séparation des pouvoirs.

Quelques-uns des effets attachés à la *mort civile* par l'article 28 du projet, sont-ils donc, comme on l'a prétendu, contraires à la justice et à la morale? Voilà, selon moi, le seul point sur lequel vous deviez fixer votre attention. La justice et la morale doivent être la base immuable de toutes nos lois; nous devons respecter l'une et l'autre, même à l'égard des criminels qui les ont outragées.

Pour justifier, mes collègues, du double reproche d'injustice et d'immoralité celles des dispositions du projet auxquelles il est fait, il est indispensable d'en rappeler les termes mêmes; c'est peut-être la meilleure comme la plus simple réponse aux objections qu'elles ont souffertes. L'une est ainsi conçue : «Le mariage qu'il avait contracté précédemment (le mort civilement) est dissous quant à tous ses effets civils. »

Toutes nos lois, depuis la révolution, depuis que l'on a cessé de croire à une puissance ecclésiastique en France, toutes nos lois ont décidé qu'elles ne considéraient le mariage *que comme contrat civil.* Ce principe fut proclamé par l'Assemblée constituante, respecté par celles qui lui ont succédé ; le Tribunat l'adopte sans doute sans réserve. Mais si le mariage ne peut être considéré par nous que comme contrat civil, sans doute la loi civile peut en régler les effets purement civils, et le projet ne fait rien de plus. Il eût été étrange qu'il ne l'eût pas fait ; et c'est alors qu'on aurait dit avec raison qu'il donnait ouverture à des absurdités de raisonnement et d'induction.

Qu'y aurait-il en effet de plus absurde que de considérer d'une part un homme comme mort civilement, et de l'autre de le reconnaître comme chef d'une communauté existante entre sa femme et lui ; d'interdire à celle-ci d'agir sans l'autorisation de son mari, autorisation que celui-ci ne pourrait lui donner ; d'obliger la femme à suivre le domicile de son mari, tandis que celui-ci n'en aurait point, relégué qu'il serait dans les bagnes ou dans quelques maisons de détention ; de soumettre les enfans à attendre, pour former un établissement, le consentement du père, qui, mort civilement, ne peut plus avoir le droit de se présenter en justice, ni même chez un notaire ? Ne serait-ce pas, mes collègues, dans ce système, faire partager à la femme et aux enfans la mort civile dont leur mari et père se trouverait frappé ?

Le projet de loi devait sans doute parer à ces inconvéniens majeurs, et il y a paré en tirant une conséquence directe et nécessaire du principe de la mort civile.

La conséquence est sévère, mais elle est juste ; et certes, la justice est tout ce qu'on peut réclamer en faveur d'un homme que la société est forcée de rejeter de son sein ; les peines ne sont pas destinées à rendre heureux ceux auxquels elles sont infligées ?

La morale serait-elle donc outragée par cette conséquence essentiellement juste ? On pourrait le prétendre, s'il était vrai, comme on l'a supposé pour le combattre, que le projet

VII. 34

tend à dissoudre *le plus sacré des liens*, *l'union de deux cœurs qui devait durer jusqu'au dernier soupir. Sont-ce là*, a-t-on dit, *des institutions civiles ?* Non , sans doute; mais c'est précisément parce que ce ne sont pas là des institutions civiles, que le projet n'y touche pas, car le projet ne parle que de droits civils. Il ne touche pas au lien que l'on appelle *sacré*, formé par la religion et par la nature ; il n'a rapport qu'au contrat civil , qui s'est formé sous l'autorité et par la *seule* force de la loi , et que la loi peut par conséquent relâcher ou rompre , quand l'intérêt de la société le commande.

Il est vrai, mes collègues, que, d'après la disposition dont il s'agit, la femme du condamné à une peine emportant mort civile cessera d'être son épouse légitime ; que les enfans qui pourraient postérieurement naître d'elle ne seront pas non plus légitimes. Mais est-ce donc le lien naturel qui existe, celui religieux qui peut exister encore entre deux époux, qui rendent le mariage et les enfans légitimes?

Ce n'est pas dans cette assemblée que l'on mettra en avant un tel paradoxe. Nous savons tous, tous nous soutiendrons cette doctrine , devenue élémentaire dans notre législation, que la légitimité du mariage et de la naissance dérive de la loi , et de la loi seule.

S'il en était autrement, nous ne pourrions admettre le divorce ; et cependant nos lois autorisent la dissolution entière du mariage par le divorce. Elles ne s'arrêtent pas à cette considération, que le lien naturel ou religieux peut subsister toujours ; elles cessent de voir dans les époux divorcés des époux légitimes ; elles ne reconnaîtraient pas pour enfans légitimes des enfans auxquels ils donneraient le jour.

Ce qu'opéra la moindre cause de divorce, quelquefois la seule inconstance de l'un des époux, un crime capital, un crime puni par une peine emportant mort civile , peut et doit l'opérer. Si l'époux outragé a le droit de rompre un lien que la loi avait formé pour son bonheur, sans doute la République, en punition de l'attentat commis envers elle , a le droit aussi d'empêcher le coupable de participer au bénéfice de ses institutions.

La morale, dit-on, répugne à la dissolution d'un mariage contre la volonté des époux. Mais elle répugnerait de même à tout divorce autre que celui par consentement mutuel ; car il est bien évident que le vœu de l'un des époux n'est pas moralement obligatoire pour l'autre. L'intérêt public exige cependant que, sur la demande de l'un des deux, et contre la volonté de l'autre, le divorce soit prononcé. Il ne faut donc pas, pour la dissolution comme pour la formation d'un mariage, le consentement mutuel. La loi supplée à ce consentement; et très-certainement si elle vient prêter son appui à un époux mécontent, elle ne peut le refuser à la société offensée. La société a aussi quelque intérêt à empêcher qu'un coupable jouisse des droits civils accordés aux citoyens paisibles.

Ces observations me semblent, mes collègues, démontrer jusqu'à l'évidence qu'il n'y a ni injustice ni immoralité dans la disposition que je viens d'examiner à l'égard de celui qui subit une peine emportant mort civile.

Elles s'appliquent également au condamné par contumace. 27 Ce n'est pas, en effet, au mode d'exécution d'un jugement, mais à son dispositif, que tient la mort civile : il serait par trop bizarre que la témérité ou l'adresse d'un prévenu, d'un condamné, pût paralyser en tout ou en partie l'action de la justice. Ce n'est pas parce qu'il est présent ou absent, mais parce qu'il est jugé coupable, qu'un accusé est condamné : la condamnation par contumace doit donc, tant qu'elle subsiste, avoir autant de force et les mêmes effets qu'une condamnation contradictoire.

L'une est irrévocable, parce qu'en matière criminelle la 29-31 justice ne connaît qu'une seule fois de la même affaire : l'autre est révoquée de droit par la comparution volontaire ou forcée du condamné, ou même par sa mort, arrivée dans le délai qui lui est accordé pour se justifier, parce que

34.

les lois d'un peuple libre et généreux doivent toujours présumer l'innocence tant qu'il est possible de la reconnaître;
et cette possibilité existe dès que le condamné se présente.
On ne peut dire qu'elle n'ait pas existé, si le condamné est
mort dans le délai qui lui était accordé. Néanmoins le jugement s'exécute, et il doit s'exécuter parce qu'il existe, parce
qu'il est douteux qu'il soit jamais révoqué.

Je ne vois là aucune contradiction; j'y remarque seulement
une grande faveur accordée au contumax.

Cependant, on prétend que, puisqu'il a cinq années pour
se représenter, et rentrer par sa seule représentation dans
tous ses droits civils, il est inconséquent de le réputer mort
civilement pendant ce délai, de réputer aussi son mariage
dissous et ses enfans illégitimes; que, pendant ces cinq années, il ne devrait y avoir contre lui qu'une simple interdiction, un séquestre sur ses biens.

Que serait-ce, dans ce système, qu'un jugement de contumace? il existerait et ne serait pas exécuté. Nos lois peuvent-
elles admettre un acte aussi monstrueux? Il faudrait qu'un
condamné par contumace jouît parmi nous d'une grande faveur pour bouleverser ainsi toutes les idées reçues, toutes les
règles établies sur l'exécution des jugemens.

Mais ce n'est pas, dit-on, en faveur du condamné, mais
en faveur de son épouse, de ses enfans nés, de ceux à naître
surtout, que l'on demande une sorte de sursis à l'exécution
du jugement rendu contre le premier.

D'abord, il est difficile de concevoir comment il serait plus
avantageux à l'épouse du condamné et à ses enfans de voir
le séquestre apposé sur les biens de ce dernier, comme le
veut le Code pénal, que d'obtenir la possession de ces mêmes
biens, comme le projet la leur accorde. Le projet améliore
évidemment en cela la position de la femme et des enfans du
condamné par contumace.

D'ailleurs, on raisonne comme si l'épouse de ce condamné
pouvait, après la condamnation, être considérée comme son

épouse légitime ; comme si les enfans nés de celle-ci après la condamnation pouvaient être considérés comme légitimes ; et il est démontré, ce me semble, que cette hypothèse ne peut être admise, à moins qu'on ne veuille que la mort civile n'emporte la privation d'aucuns droits civils contre un condamné contumax : système qui me paraîtrait aussi dangereux qu'inconséquent.

Je ne ferai qu'une seule réflexion sur la partie du projet 32 qui refuse la réintégration dans les droits civils au condamné contumax qui a prescrit sa peine.

Cette disposition, conforme à notre ancien droit commun, est rigoureusement juste. Il est indispensable de l'admettre pour maintenir entre le condamné à une peine emportant mort civile, et le condamné à une peine n'emportant qu'une interdiction temporaire, une distinction commandée par la plus exacte justice, on peut même ajouter par la morale : si la justice et la morale veulent qu'il y ait des différences sensibles entre les peines, elles veulent aussi qu'il y en ait entre leurs conséquences.

Cette observation répond aux objections qui ont été faites 33 contre la disposition du projet qui applique à la nation, par droit de déshérence, les biens que le contumax, ou celui qui a prescrit sa peine, peuvent posséder à l'époque de leur mort naturelle.

Cette disposition est encore conforme au droit romain et à l'ancien droit commun de la France, et elle est la suite nécessaire de la privation du droit de cité.

Si, écoutant plutôt la pitié que la justice, vous ne voulez pas voir un rebelle, un ennemi de la société dans celui qui a mérité, par ses attentats, d'en être séquestré à jamais, et qui s'est soustrait à une peine méritée, du moins ne pouvez-vous le considérer comme un concitoyen, comme un Français, et dès-lors vous ne pouvez lui accorder le droit de faire ou laisser des héritiers, droit tenant essentiellement et uniquement à la loi civile.

Je termine, mes collègues, par une réflexion générale qui motiverait seule mon vœu sur cette partie du projet.

Plus les effets donnés à une condamnation emportant mort civile seront étendus, plus terribles en seront les consé- quences, plus nous aurons lieu d'espérer que la crainte d'une telle condamnation empêchera de crimes ; plus aussi, comme je l'ai déjà dit, il nous sera facile de la substituer, au moins dans quelques cas, à la peine de mort ; et, sous ce double rapport, auquel il me semble que nous devons donner quel- que attention, je ne vois dans le projet qu'une sévérité salu- taire dont l'excès même serait excusable en considération des résultats heureux qu'elle devrait avoir.

11 Je me résume : le projet ne rétablit pas le droit d'au- baine ; il tend au contraire à établir entre la France et les autres nations une entière et absolue liberté de communica- tion ; la disposition qu'il contient à cet égard est la seule qui réponde à la dignité et à la prééminence du peuple français, la seule qui puisse assurer à nos concitoyens l'usage d'une faculté que nous désirons accorder à tous les étrangers.

Le projet rétablit la *mort civile* avec des modifications si précises, qu'il est impossible qu'on abuse de ses expressions. Les effets qu'il y attache ne sont contraires ni à la justice, ni à la morale ; ils sont tous des conséquences directes et né- cessaires du principe.

La justice permet de séparer de la société celui qui l'a grièvement offensée ; la justice ne permet pas de considérer comme Français celui à qui la loi a fait perdre ce titre et les droits qui y sont attachés.

Les effets attachés à la mort civile étant tous nuement et exclusivement relatifs aux droits civils, ils ne peuvent blesser la morale.

Ces effets cessent aussitôt que l'on peut présumer l'inno- cence du condamné.

Ils sont tempérés lors même que le condamné subit sa peine dans un lieu où il ne peut plus nuire ; là il peut devenir bon citoyen, bon époux, bon père, bon ami, jouir de tous les avantages que nos lois assurent à ceux qui ont le bonheur de vivre sous leur empire.

Tel est, en dernière analyse, le résultat que promet le projet présenté : j'en vote l'adoption.

OPINION DU TRIBUN M. J. CHÉNIER,
CONTRE LE PROJET.

Tribuns, deux questions d'un grand intérêt fixent en ce moment l'attention du Tribunat : le système de réciprocité relativement au droit d'aubaine exercé long-temps sur les étrangers, aboli par l'Assemblée constituante, et que l'on veut rétablir ; le système de la mort civile, plus étendu, plus effrayant encore que dans l'ancienne législation. Je les combats tous les deux : mais si la seconde question peut offrir de nouveaux développemens, et même de nouveaux points de vue, sur la première, je l'avoue, les orateurs qui m'ont précédé me semblent avoir à peu près épuisé la matière. J'ai donc cru devoir supprimer à cet égard une partie de mon opinion, et je me bornerai à vous présenter un résumé rapide de la discussion elle-même.

Le premier qui ait parlé à cette tribune contre le rétablissement du droit d'aubaine, membre de l'Assemblée constituante et de la Convention nationale, a développé des principes incontestables, étayés de preuves positives. Son discours précis et clair suffisait seul, à mon avis, pour décider la question. Deux orateurs ont fortifié cette opinion sage : l'un, par l'exposition des théories les plus saines en économie politique ; l'autre, en accumulant les faits, en s'appuyant sur l'expérience et sur les autorités les plus respectables, soit en théorie, soit en administration. Ils ont trouvé le droit d'aubaine prenant son origine ou chez les Francs, au sein de la féodalité, ou même chez les Romains, si l'on tient beaucoup à cette assertion non prouvée, mais toujours en des temps où n'étaient point posés les solides fondemens du commerce, science et puissance des peuples modernes. Ils ont trouvé ce droit vexatoire s'adoucissant peu à peu, à mesure que le commerce, libre par essence, créant des lettres-de-change au milieu de la persécution, se faisait jour à travers la barbarie, selon l'expression de Montesquieu. Ils ont trouvé ce droit aboli dans certaines villes de France, à Marseille et à Dunkerque par exemple, aboli par des traités à l'égard de certaines nations, bientôt universellement repoussé par les publicistes, condamné par Turgot, évalué par M. Necker à un misérable produit de quarante mille écus. Ils ont trouvé enfin que le système de réciprocité, vrai système de guerre, était désavantageux en lui-même, mais spécialement désavantageux à la France, riche en territoire, en productions, et dont l'intérêt sera toujours d'attirer dans son sein les capitaux et l'industrie de l'étranger. Ils ont conclu que l'Assemblée constituante avait rempli son devoir, en abolissant pour toujours (ainsi parlait alors cette mémorable assemblée), en abolissant pour toujours un droit que le grand Montesquieu, écrivant il y a plus d'un demi-siècle, plaçait à côté du droit de naufrage, et flétrissait du nom d'insensé.

On aurait dû répondre aux objections pressantes, aux faits nombreux, aux principes évidens exposés par les orateurs qui ont combattu le rétablissement du droit d'aubaine. Qu'a-t-on fait? on vous a dit qu'il fallait aimer la patrie, ce qui est une vérité constante et chère à tous les Français, mais qui n'a pas été mise en question; qu'il fallait avoir un caractère national, ce qui est encore très-vrai, mais très-oiseux dans la discussion actuelle; qu'en conséquence il ne fallait pas recevoir chez soi les étrangers sans exercer sur eux le droit d'aubaine, ce qui est bien la vraie question, mais ce qui n'est pas une conséquence immédiate des propositions précédentes, et ce qu'il s'agit de démontrer. Par une transition singulière, on vous a parlé de nos défaites sous le règne de Louis XV :

on a voulu les imputer au respect des troupes pour la tactique prussienne, tandis qu'il était si facile et si raisonnable de les attribuer au relâchement de la discipline militaire, à l'ascendant des maîtresses et des favoris, au mauvais choix des généraux, à la stupide insouciance du monarque. On vous a peint quelques étrangers déchirant la France au milieu de la révolution ; comme si les temps ordinaires devaient être jugés d'après la plus orageuse des époques ; comme si les traités de commerce devaient perpétuer la guerre ; comme si enfin le Code civil de la République française était une loi de circonstance. On a voulu vous persuader que les étrangers vaincus durant sept années, et désespérant d'envahir la France, pourraient bien tramer le projet perfide d'acheter à vil prix nos chantiers, nos ports, les forêts nationales, tout le territoire français : et, sans doute pour empêcher ce nouveau genre de conquête, on a fait une sortie violente contre la secte des économistes, secte qui n'est pas aujourd'hui fort à craindre, qui ne l'a jamais été ; dont les erreurs même vinrent de l'exagération du principe le plus respectable ; qui apprit aux Français les premiers élémens de l'économie politique ; qui enfin comptait parmi ses disciples des publicistes habiles, des philosophes éclairés, et le plus grand administrateur de la France durant le dix-huitième siècle, l'immortel Turgot.

Dans la dernière séance, un orateur dont le discours est remarquable par la raison, la finesse et la sagacité, a réfuté ces assertions avec autant de soin que si elles eussent été des objections. S'attachant surtout à celle qui serait la plus grave, si elle n'était la plus chimérique, il a exposé comment la concurrence progressive des acheteurs faisait monter progressivement le prix des immeubles ; il a prouvé, par les raisonnemens les plus simples, mais avec l'évidence mathématique, qu'il fallait se rassurer sur nos chantiers, sur les forêts nationales, et que cette terrible coalition formée pour acheter à vil prix tout le territoire français, ne pourrait seulement pas acheter, non pas à vil prix, mais au prix le plus cher, à un prix quelconque, toutes les maisons d'une rue de Paris. Dans l'état actuel de la discussion, aucune des objections contre le rétablissement du droit d'aubaine n'a été réfutée ; elles conservent donc leur force entière, soit pour les faits, soit pour les principes : il reste donc bien établi, bien démontré, que le droit d'aubaine, quelle que soit son origine, a été de plus en plus modifié à mesure que les relations commerciales, créant une foule d'intérêts particuliers, les ont rapprochés, liés ensemble, et ont fondé sur une base solide les vrais principes de la sociabilité ; que le produit annuel de ce droit était presque nul ; que le besoin des manufactures, la nécessité de rendre le commerce libre, avaient fait renoncer à ce droit pour quelques cités de la France ; que, dans les derniers temps de la monarchie, l'administration, enfin plus éclairée, voulait renoncer à ce même droit pour la France entière ; que sur ce point les ministres, d'ailleurs les plus divisés sur tout le reste, les hommes les plus versés dans la science de l'économie politique, toutes les écoles, et, si l'on veut même, toutes les sectes, sont depuis long-temps unanimes ; qu'en théorie générale, et plus encore relativement à la France, le système de réciprocité n'a que des résultats désavantageux ; qu'au contraire, l'abolition absolue du droit d'aubaine est essentiellement avantageuse, si les nations étrangères l'abolissent à notre exemple, et beaucoup plus avantageuse si elles ne veulent point l'abolir ; que, par conséquent, la dignité de la République, et plus encore l'intérêt national, ordonnent de maintenir sans altération l'utile et sage décret rendu par l'Assemblée constituante, dans les plus beaux jours de sa gloire.

22-25,   Maintenant, tribuns, je passe à la seconde question : je vais examiner le système de la mort civile dans son principe et dans ses résultats. D'habiles jurisconsultes qui m'ont précédé à cette tribune ont opposé avec succès, au projet présenté, l'état de notre législation actuelle. Ils ont invoqué les plus graves autorités de l'ancienne jurisprudence; ils ont même évidemment démontré que ce projet surpasse en rigueur les ordonnances rendues sous la monarchie, relativement aux matières de cette nature. Je ne les suivrai point dans la carrière qu'ils ont parcourue. C'est d'après les principes généraux de la législation civile que je veux considérer le système offert à vos méditations; c'est à ce point surtout que la discussion me paraît essentiellement législative : je tâcherai de ne point oublier qu'il s'agit d'opiner sur les élémens d'un Code civil proposé, au commencement du dix-neuvième siècle, pour la République française.

L'estimable orateur qui a le premier défendu le second titre du projet, et qui a été le plus fidèle à son système, au système de la fiction, vous a dit : Il faut admettre le principe de la mort civile. Donc toutes les conséquences qu'il offre dans le projet doivent être admises comme des conséquences nécessaires. Je nie les deux propositions. Mais d'abord je fais une observation qu'exige le respect pour la saine logique. La nécessité d'admettre le principe de la mort civile n'étant certainement pas d'une évidence absolue, il aurait fallu démontrer ce principe : on ne l'a point fait, on n'a pas même tenté la démonstration; peut-être était-on persuadé que personne n'oserait s'élever contre un usage immémorial. Dans cet état, les conséquences que l'on vous présente étant connues, et la nécessité du principe étant inconnue, en supposant ces conséquences nécessaires, ce que je nie d'ailleurs formellement, des conséquences qui seraient nécessairement injustes devraient donner contre le principe au moins de fortes présomptions.

Il faut donc examiner le principe de la mort civile; et, bien loin de l'admettre, je maintiens qu'on doit le bannir entièrement de nos lois, comme inutile, comme absurde, comme dangereux. Il est inutile : en effet, cette fausse expression signifie, de l'aveu de tous, la privation des droits civils. Pourquoi ne pas s'exprimer ainsi? ces mots sont clairs, précis, suffisans. D'ailleurs, la privation dont il s'agit étant toujours plus ou moins modifiée, n'est-on pas obligé, dans tous les systèmes possibles, de déterminer spécialement les droits civils qui sont ravis au condamné? A quoi donc peut servir une expression dont les moindres défauts sont d'être vague, insignifiante, d'une effrayante étendue? et pourquoi laisser de la scolastique dans le langage de la loi? Le principe est absurde, puisqu'on ne peut être à la fois mort et vivant, et qu'après avoir déclaré le condamné mort, vous êtes forcés, quelque rigoureuse que soit votre théorie, de le déclarer vivant, de reconnaître qu'il peut acquérir, posséder, être époux, être père, durant le reste de sa vie, que vous appelez mort civile. Le principe est dangereux, puisqu'en tout genre les fausses expressions créent, conservent, multiplient les idées fausses, et que, pour tâcher même d'être conséquens, pour vouloir en vain se conformer au sens d'une expression qui ne peut avoir de sens, des hommes éclairés, d'excellens esprits sont réduits, malgré eux, à bâtir un système aussi contraire à la raison qu'à la justice.

Je soutiens actuellement qu'en admettant même le principe inadmissible de la mort civile, les conséquences que présente le projet ne sont pas des conséquences nécessaires. Un simple raisonnement suffit, ce me semble, pour démontrer cette proposition. Dans l'ancienne législation, dans la législation actuelle, dans celle que l'on veut établir, la mort civile est toujours bornée dans ses résultats; elle n'a point, elle ne saurait avoir tous les effets de la mort naturelle. Je dirai donc aux auteurs du projet : Puisque votre principe une fois admis, il faut toujours être inconséquent, ne soyez du moins que cela; reculez encore ces limites que vous êtes obligés de poser vous-mêmes. La raison répugne à votre fiction; mais du moins que l'humanité puisse en tolérer les conséquences, que la sévère équité les avoue, qu'elles ne pèsent que sur les coupables.

Ici commence l'examen de cette terrible excommunication

que l'on appelle la mort civile ; ici se présentent en foule de hautes considérations morales. S'il faut en croire l'un des défenseurs du projet, ceux qui ont adopté l'opinion contraire gardent les trésors de leur pitié pour les coupables. Je ne veux point encourir ce reproche, que personne au reste ne me paraît avoir mérité dans la discussion ; je n'irai pas même chercher dans les causes célèbres les erreurs sanglantes des tribunaux ; je supposerai tous les jugemens équitables, tous les condamnés criminels. Mais leurs épouses ! mais leurs enfans !

Leurs épouses ! il en est sans doute que votre loi trouvera disposées à l'obéissance ; leur mariage sera dissous : les voilà séparées du crime et de l'infortune : elles ne méritent ni blâme ni louange ; et certes vous ne trouverez pas un grand effort de vertu dans cette facile résignation.

Mais il est des épouses qui ne seront point résignées. Également frappées par le projet de loi, elles feront des sacrifices plus ou moins généreux. On vous a déjà parlé de celles que la religion retiendra dans leurs liens ; et à ce mot, la gravité de cette tribune m'avertit de peser toutes mes expressions : c'est précisément par le même principe qui me fera toujours combattre le système des religions dominantes, que je défendrai fidèlement la liberté absolue des opinions religieuses. Vous donc, qui rédigez, qui discutez, qui sanctionnez la loi, que direz-vous à cette épouse qui, même en désirant un divorce, ne croirait pas pouvoir y donner son consentement ; qui, dans sa conscience, regarde le mariage comme indissoluble ? Son époux est condamné : rester son épouse et le suivre est pour elle un devoir religieux. Quitterez-vous le langage des législateurs pour lui offrir les consolations du ciel ? Mais vous lui devez l'équité de la terre. Laisserez-vous encore au ciel le privilége d'être juste ; et pour l'honneur d'une misérable fiction, l'épouse innocente d'un condamné sera-t-elle ou infâme, ou rebelle à sa conscience, ou concubine, ou sacrilége ?

Et cette autre épouse qui, n'étant pas enchaînée par les mêmes motifs, veut pourtant consoler son époux, partager la peine, porter sa part du joug de la honte! Au moment où elle voit son devoir dans un grand sacrifice, comment appellerez-vous la loi qui l'en détourne, qui met aux prises les sentimens les plus généreux, les plus libérales affections, l'amour conjugal et l'amour maternel, l'honneur et le déshonneur, l'époux flétri, mais vivant, et les enfans qui sont à naître? Si cette femme infortunée n'a pas rompu dans son cœur des liens d'autant plus étroits qu'ils sont volontaires; si elle obéit à la voix de cette morale d'autant plus sainte qu'elle est tout humaine, qu'elle ne varie point au gré des systèmes religieux, ni même des législations; si, quand la loi frappe son époux, quand la loi est satisfaite, quand il est coupable pour tous, il reste innocent pour elle seule ; si elle veut demeurer sa compagne, être pour lui la société, la nature entière, c'est à cette conduite que vous reconnaissez une vile concubine! elle ne peut désormais produire que des enfans illégitimes! Non, loin du Code civil des Français cette disposition impie : législateurs amis du bon sens, ne frappez pas ce qui n'est point né; législateurs amis de la justice, révérez ce qui est sublime : ne flétrissez pas, ne punissez pas la vertu.

Si l'on croyait que je regarde comme infâmes, même dans l'opinion, les enfans nés durant la mort civile, les fils illégitimes d'un père coupable, ce serait mal me comprendre ; et les maximes que, dans la dernière séance, j'ai entendu énoncer à cette tribune, me paraissent professées au moins douze ans trop tard. Je repousse l'idée d'un enfant qui reprocherait un jour à sa mère d'avoir été fidèle épouse, d'avoir rempli ce qu'en toute hypothèse elle aura cru des devoirs sacrés. Le fils illégitime peut être un grand homme ; le fils d'un coupable peut sauver l'État. Je me plains seulement d'une loi qui dégraderait l'épouse vertueuse, et qui établirait quelque différence entre des enfans nés d'un même père et

d'une même mère, unis par les liens du mariage, et restés
unis de leur mutuel consentement.

Nous avons vu le sort des enfans nés durant la mort civile ; 33
quel est celui des enfans nés avant cette époque ? Le projet
de loi les prive d'une portion de leur héritage, des biens
que le condamné peut avoir acquis lorsqu'il était mort civilement. Le jour de sa mort naturelle ils appartiennent à la
nation, par droit de déshérence. Qu'est-ce que la déshérence ? la confiscation, disent les uns ; non, disent les autres.
Vaine dispute de mots, pure logomachie, qui ne mérite
pas, à mon avis, un seul moment de votre attention, puisque
rien n'est plus indifférent. Laissons les paroles qui peuvent
varier ; voyons la chose qui ne change point. Une portion
de l'héritage du coupable est ravie à ses fils légitimes, à
ses fils innocens. Ce ne sont pas des propriétés, s'écrie un
défenseur du projet. J'entends, il ne peut être propriétaire ;
la fiction serait incomplète. Il est très-facile de répondre
qu'elle l'est encore, puisqu'il peut acquérir des biens quelconques. Mais il se présente ici une réflexion tout autrement
grave ; et plus, sur ce point, on veut défendre le projet,
plus on en fait ressortir les nombreux inconvéniens. Si les
biens sont considérables, c'est une indigne cupidité qui
souille la loi pour grossir le fisc. Dans le cas contraire, l'injustice est bien plus criante ; ce que l'on veut porter au trésor public, c'est le pécule journalier, c'est l'aumône compatissante, c'est un peu de vil métal, acquis péniblement au
sein de la honte et mouillé des pleurs du remords.

On nous rassure : ces craintes sont puériles ; le gouvernement veille sur les besoins de cette famille. Mais c'est la loi
qui doit veiller. La part du gouvernement est dans la Constitution ; elle a déterminé l'étendue et les limites de son pouvoir. D'après le projet de loi, le gouvernement peut faire en
faveur de la veuve, des enfans ou des parens du condamné,
telles dispositions que l'humanité lui suggérera. Le gouvernement peut ! Quoi ! l'arbitraire dans la loi ! l'arbitraire dans

le Code civil! Si le gouvernement peut accorder, il peut donc refuser ; il a le droit d'être humain, mais il a le droit d'être injuste. Non seulement il peut établir une différence entre des familles également innocentes; mais, dans une même famille, il peut traiter inégalement des individus également innocens, donner tout à la veuve, tout aux enfans, tout à un seul enfant; tout aux collatéraux, tout à un seul collatéral. Le texte est formel ; et, je le répète, le gouvernement peut faire en faveur de la veuve, des enfans ou des parens du condamné, telles dispositions que l'humanité lui suggérera. Mais, me diront les auteurs du projet, pesez bien ces mots, *que l'humanité lui suggérera;* il n'y a pas là d'injustice. Je leur fais une courte réponse, mais je la crois sans réplique. Si vous ne voulez pas l'injustice, et certes j'en suis convaincu, rendez-la donc impossible en supprimant l'article qui la permet. Fidèle aux principes que j'ai posés, je ne puis adopter l'avis de l'un des préopinans qui, en combattant le projet, a jeté de grandes lumières dans la discussion. Il désire, ce me semble, que l'on transporte aux tribunaux l'attribution facultative accordée au gouvernement. Ce n'est pas empêcher, c'est déplacer un grand abus. Ne ravissez point à la loi sa balance égale pour tous, afin de déposer par la loi même une balance si étrangement inégale entre les mains du gouvernement ou des tribunaux. Je le déclare franchement : privilége et vexation, voilà ce que je trouve dans ces attributions facultatives, et ce que nous trouverons partout où s'introduira l'arbitraire.

ap. 33.   C'est à regret qu'après tant de pressantes observations je me vois forcé de relever encore le dernier article du projet de loi. Mais, s'il est fâcheux de trouver dans un Code civil des dispositions pénales, il est plus fâcheux d'y trouver des peines préjugées, des peines perpétuelles, des peines contre des délits qui ne sont pas même énoncés. Dans cette obscurité, je crois pouvoir saisir encore un point lumineux.... Je raisonne ainsi : Le bannissement est une grande peine, la dé-

portation une plus grande ; c'est le bannissement sans liberté.
La déportation perpétuelle est donc une peine immense. Or, la
peine de mort n'est point abolie : c'est la peine de l'assassin ;
point de pitié pour lui. L'assassinat est un crime horrible qui
repousse à jamais toute compassion ; mais, encore un coup, il
est puni de la peine de mort. C'est donc pour les délits d'un
ordre moins grave qu'est réservée la déportation perpétuelle.
C'était une belle et noble pensée que celle de ces législateurs
qui, en exceptant l'homicide, laissait à l'humanité dégradée
l'espoir d'une réconciliation future avec la société vengée.
Qu'il ne meure point cet espoir ; que, dans le naufrage du coupable, il puisse apercevoir une rive lointaine, mais hospitalière et propice ; qu'une âme, flétrie par des égaremens honteux, puisse, durant vingt années, se purifier par le repentir, et
se retremper dans le malheur. Que tous les coupables soient
punis, la justice l'ordonne ; mais, hors du crime capital, laissez l'espoir à côté du châtiment ; abandonnez à d'autres leur
éternité des peines ; ne placez pas l'enfer sur la terre ; et si
vous appelez cela clémence, eh bien ! cette clémence est fondée sur l'équilibre nécessaire entre les délits et les peines ;
c'est la clémence de la loi, et c'est encore de la justice.

Tribuns, en discutant le système de la mort civile, je n'ai sect. 2.
cherché, ni pour le coupable, ni pour son épouse, ni pour
ses fils, des circonstances extraordinaires ; je n'ai point posé
des hypothèses rares, mais possibles : en cette partie,
comme en tout le reste, j'ai présenté les résultats naturels,
constans, nécessaires, du projet de loi que l'on propose au
Corps législatif. Ce ne sont pas là, quoi qu'on en puisse dire,
de vains tableaux que l'imagination d'un orateur adresse à
l'imagination d'une assemblée ; c'est une suite de raisonnemens qui se pressent, ce sont d'inaltérables principes. Et
que l'on nous épargne le reproche d'apporter quelque chaleur à défendre des intérêts si universels et d'une si haute
importance. Que la froide discussion puisse aborder cette tribune ; mais dans quel sénat, dans quelle législature, dans

quelle assemblée représentative, à Rome, en France, en Angleterre, a-t-on jamais voulu interdire aux orateurs la faculté d'exprimer fortement ce qu'ils ont fortement senti? Dans quelle cause sera-t-il permis de rendre la raison énergique, d'émouvoir même toutes les passions nobles et magnanimes, si ce n'est quand il s'agit de plaider en matière si grave pour les intérêts d'une grande nation? Où cette faculté deviendra-t-elle un devoir, si ce n'est au Tribunat, si ce n'est devant le Corps législatif? Que le juge soit impassible; les lois existent, des textes rigoureux l'enchaînent; mais la sensibilité n'est pas étrangère aux fonctions du législateur. Puisque les lois sont faites pour des hommes, il faut que les lois soient humaines.

On s'écrie : Il nous faut un Code civil. Oui, sans doute : la République française l'attend et l'obtiendra. On ajoute : Le peuple entier vous dit : je crois; le peuple vous ordonne de croire. Je n'ai pas entendu cette voix du peuple qui nous dit : je crois. Aucun de nous n'a reçu la mission de croire; tous ont reçu la mission d'examiner, de discuter. Examinons donc, et discutons avec sagesse, avec indépendance; je n'ai point dit avec courage; je pense qu'à l'époque actuelle il ne saurait exister de courage à faire son devoir. Nous aurons un Code civil. Les talens ne manquent à aucune des autorités constituées pour indiquer ou pour opérer quelques changemens nécessaires. Nous aurons un Code civil, mais exempt des préjugés gothiques que la philosophie a renversés, mais fidèle aux principes philosophiques que nos législatures ont consacrés, mais digne de la République française, digne de la raison nationale et des lumières contemporaines.

Dans cette espérance, et par les considérations que j'ai développées, je vote le rejet du projet de loi.

OPINION DU TRIBUN MOURICAULT,
POUR LE PROJET.

Tribuns, j'avais préparé une discussion entière du projet qui nous occupe. Mais, en voyant d'une part à quel excès une telle manière de procéder, si chacun l'adoptait, prolongerait des dissertations qui pourraient facilement enfanter des volumes, et d'autre part combien d'orateurs s'étaient attachés aux questions élevées sur les deux premières divisions, je m'étais déjà déterminé à ne vous présenter mes observations que sur la troisième. Je sens que ce parti est plus que jamais convenable, au point où la discussion est arrivée. Je ne vous entretiendrai donc que de la section qui sect. 2. traite *de la privation des droits civils par suite des condamnations judiciaires.*

En m'y réduisant, je n'ai pu encore atteindre la brièveté qu'on pourrait désirer ; mais la matière est telle par son importance et par la multitude des questions et des idées qu'elle accumule, que je maintiens impossible de l'éclaircir, et par conséquent d'y prendre une opinion assurée, sans la traiter avec une certaine étendue.

Permettez que, pour répandre un plus grand jour sur la 22 discussion que j'aborde, je commence par bien déterminer le caractère de la mort civile.

Tout individu, dans une société libre, réunit à l'existence *naturelle*, celle *politique* et celle *civile*. La vie civile est pour lui la jouissance des *facultés civiles* ou du règnicole, comme la vie politique est la jouissance des *facultés politiques* ou du citoyen, comme l'existence naturelle est la jouissance des *facultés naturelles* ou de l'homme.

Si, par la mort naturelle, l'individu perd en même temps l'existence civile et politique, la perte de son existence civile emporte avec elle la perte de son existence politique ; mais il peut perdre l'existence politique sans perdre l'existence civile. C'est donc, après la perte de l'existence naturelle, celle de l'existence civile dont les effets sont le plus étendus. Cette perte de l'existence civile est la *mort civile*.

On la fait dériver de toute condamnation à la mort ou à 23-24. une peine perpétuelle ; c'est-à-dire, de toute condamnation qui rejette absolument le condamné du sein de la société,

35.

soit en le dévouant à la mort, soit en l'enchaînant pour la
vie, soit en l'exilant à toujours : la mort civile est regardée
comme l'accessoire ou l'effet nécessaire de cette condamnation. Il ne reste plus au condamné ni patrie, ni famille ; il
ne tient plus à la société ; elle ne s'en occupe plus que comme
d'un ennemi qu'il faut, s'il est atteint, livrer à la hache ou
aux fers.

27 à 32.   Cette mort civile était consacrée dès long-temps par notre
jurisprudence ; mais on avait distingué, pour le moment de
l'encourir, le criminel condamné par contumace ou par défaut, de celui qui l'était contradictoirement. Les biens du
contumax étaient saisis et séquestrés ; mais, s'il se représentait dans l'année depuis l'exécution du jugement, la procédure et le jugement étaient anéantis ; on lui rendait même
ses biens, et on procédait à un nouveau jugement. S'il ne se
représentait ou s'il n'était arrêté qu'après l'année, mais
dans les cinq ans, toute l'instruction et le jugement étaient
également anéantis par ce fait ; seulement, ses biens ne lui
étaient rendus qu'en cas d'absolution, et les fruits échus
jusque là appartenaient au fisc. S'il mourait dans les cinq
ans, sa mémoire pouvait de même être réhabilitée ; mais s'il
survivait aux cinq années sans s'être représenté, il ne pouvait
plus être admis à se faire absoudre qu'avec des lettres du
prince ; et, malgré ces lettres, toutes les condamnations
pécuniaires prononcées contre lui étaient maintenues. Enfin,
après trente ans, il ne pouvait plus être saisi pour subir sa
peine, mais il ne pouvait plus être admis à se faire absoudre :
dans tous les cas, la condamnation irrévocablement prononcée, à la peine de mort, ou à une peine afflictive à vie, emportait confiscation et mort civile (a).

sect. 2.   La révolution a produit, en 1791, un nouveau Code pénal
et un nouveau Code criminel (b), subséquemment modifiés
par celui des délits et des peines, du 3 brumaire an IV. Voici

(a) Ordonnance de 1670, titre 17, art. 1, 13, 26, 28, et 29.
(b) Des 16 et 25 septembre 1791.

l'aperçu de celles de leurs dispositions qui se rapportent à la matière.

La peine de mort est demeurée attachée aux crimes atroces : et l'on a établi, pour la punition des crimes moins graves, des peines afflictives temporaires ; savoir : celle des fers pour les hommes, ou de la réclusion pour les femmes, celle de la gêne, enfin celle de la détention. A la vérité, la peine d'une déportation indéterminée a été prononcée pour la récidive ; mais les nouveaux Codes n'ont parlé de la mort civile, ni à l'occasion de cette peine de la déportation, ni à l'occasion de la peine de mort.

Quant aux autres effets de la condamnation, voici d'abord ceux qui dérivent d'un jugement contradictoire. S'il y a condamnation à mort, et si le condamné est exécuté ou évadé, ses biens sont dévolus à ses parens les plus proches, au moment de l'exécution réelle ou par effigie. S'il n'y a qu'une condamnation à l'une des peines temporaires, le condamné perd bien les droits attachés à la qualité de citoyen, mais il n'est que temporairement interdit de l'exercice des droits civils ; on lui nomme un curateur pour la durée de la peine ; et ses père, mère, femme, ou enfans, n'ont sur ses biens, pendant la même durée, qu'un droit d'alimens (a). Quant aux déportés, leur état n'est pas fixé ; il est seulement dit, au Code pénal, que le lieu où ils seront conduits sera déterminé incessamment par un décret particulier, et que les effets de la déportation seront déterminés lors du réglement qui sera fait pour la formation de l'établissement destiné à les recevoir (b).

Voici maintenant ce qui résulte des jugemens par défaut. L'accusé contumax est déclaré déchu du titre et des droits de citoyen, même avant le jugement ; ses biens sont séquestrés par la régie des domaines ; et, quelque peine que lui inflige le jugement de contumace, cette peine fût-elle capitale

(a) Code pénal du 25 septembre 1791, première partie, titres 1, 2 et 4.
(b) Articles 50 et 8 des titres 1 et 4.

ou perpétuelle, elle ne produit rien de plus que ce séquestre, par le moyen duquel les biens du condamné sont régis au profit de la République, sans retour, à la seule déduction des secours nécessaires à la femme, aux enfans, et à la mère du condamné. Au reste, ce séquestre cesse dans quatre cas : savoir, quand le contumax, qui ne s'est pas représenté, est mort, et que ses héritiers en produisent la preuve ; quand l'accusé se constitue prisonnier, ou est arrêté, avant les vingt ans, ce qui anéantit à l'instant la procédure et le jugement intervenus depuis l'ordonnance de prise-de-corps ; quand il s'est écoulé cinquante ans depuis la condamnation du contumax, qui ne s'est pas représenté ; ou enfin, quand il ne s'en est même écoulé que vingt, si ses héritiers, à qui les biens sont dévolus, présentent caution (a).

A l'égard de la peine, elle est prescrite par vingt ans ; mais aussi, après ce temps, le condamné n'est plus admis à purger la contumace. (Articles 480 et 481.)

Le Code de brumaire ne parle d'ailleurs, en aucune manière, des droits civils quelconques du condamné à la mort ou à la déportation ; il ne s'occupe même pas des biens qu'il peut acquérir après la condamnation ; il n'a songé qu'aux biens par lui possédés à l'instant de l'accusation et du jugement. Il paraît difficile d'en inférer qu'il ait tacitement rejeté la mort civile : en tout cas, il fallait réparer ce silence par une disposition formelle. C'est ce que fait le projet en discussion, et c'est la conservation de la mort civile qu'il a préférée ; mais s'il fait encourir la privation des droits civils du jour de l'exécution réelle ou par effigie du jugement contradictoire, ou par contumace, il prononce du moins, en cas de contumace, la révocation de cette privation de plein droit, même pour le passé, à l'instant où le condamné se représente ou est constitué prisonnier. Il se borne à exiger que ce soit dans les cinq ans, et non dans les vingt ans seulement, que cette représentation ou arrestation ait lieu.

(a) Articles 464, 475, 478 et 482.

Ces mesures doivent-elles être accueillies, et d'abord pouvons-nous concourir au maintien de la mort civile dans ces
termes?

J'observe, en premier lieu, qu'elle a été adoptée, plus ou
moins étendue dans ses effets, non seulement par la législation française de tous les temps, mais aussi par presque tous
les peuples, et notamment par les Romains, dont les lois ont
si long-temps régi le monde même après qu'ils eurent cessé
d'en être les dominateurs. C'était ce qu'ils appelaient *maxima
capitis diminutio* (a).

J'observe, en second lieu, que, parmi les tribunaux qui
ont donné des observations sur le projet de Code, il ne s'en
trouve pas un qui ait émis le vœu de voir supprimer la mort
civile.

Eh! comment pourrait-on vous faire agréer un tel vœu?
Est-il aucun de nous qui partageât sans répugnance l'honneur des droits civils avec des scélérats que la société a ju-
ridiquement rejetés de son sein? Qui de nous voudrait hériter
avec eux, recevoir d'eux, les instituer héritiers? Ai-je besoin
de prouver qu'une telle idée répugne à toute bienséance, et
même à toute morale?

Aussi, aucun des préopinans (un seul excepté), malgré
toute la vivacité de leurs critiques sur cette matière, n'a-t-il
été jusqu'à vous proposer de proscrire absolument la mort
civile. C'est aux accessoires, c'est à ses effets, qu'on s'est
uniquement attaché.

On a demandé d'abord quelles seraient donc les condam- 23-24.
nations qui entraîneraient la mort civile.

Mais tout le monde sait qu'elle ne peut être attachée qu'à
des peines *perpétuelles*. Aussi, le projet ne l'attache-t-il, dès
ce moment, par ses articles 27 et 36, qu'à la *peine de mort*

(a) *Qui ultimo supplicio damnantur, statim et civitatem et libertatem perdunt. Itaque præoccupat
hic casus mortem. L. 29 , ff. De pœn. Maxima capitis diminutio est cum aliquis simul et civitatem et
libertatem amittit , quod accidit his qui servi pœnæ efficiuntur, §. 1. Inst. de cap dimin. Capitalia
(judicia) sunt, ex quibus pœna mors aut exilium est; hoc est aquæ et ignis interdictio. Per has
enim pœnas eximitur caput de civitate. L. 2, ff. De pub. Jud.*

qui serait prononcée, mais non subie, et à la peine de *dépor-tation* absolue. Il ajoute (article 27) que les autres peines afflictives n'emporteront la mort civile qu'autant que la loi y aura attaché cet effet; c'est à nous à veiller à ce qu'aucune loi ultérieure ne s'écarte des principes.

25   On s'est plaint ensuite du sens trop vague attaché à cette expression, *mort civile*; on a cité, en preuve, la discordance des jurisconsultes sur ses effets, l'incertitude même de la jurisprudence à cet égard, jusqu'en 1791. De quels droits précisément, a-t-on demandé, la mort civile entraîne-t-elle la perte? est-ce des droits civils naturels, ou des droits civils positifs? D'ailleurs, quels sont en général les droits civils purement naturels? quels sont ceux purement civils? s'accordera-t-on jamais sur ces distinctions abstraites? et, si l'on ne s'accorde pas, les effets de la mort civile ne seront-ils pas abandonnés à l'arbitraire?

Ma réponse, à cet égard, est encore dans le projet. C'est précisément pour ne laisser aucune équivoque sur de tels effets, sur leur étendue et leurs limites, que l'article 28 contient l'énumération des droits dont sera privé celui qui aura été condamné à une peine emportant mort civile.

Nous arrivons à l'examen de ces privations diverses, ou des effets de la mort civile, dont plusieurs sont vivement contestés.

Ne perdons pas de vue, en l'entamant, que, quand le principe de la mort civile est adopté comme conforme à la jurisprudence de tous les temps, à la raison et à la morale, il est inévitable d'en admettre toutes les conséquences; et concluons de là que, pour justifier chacun des effets que l'article 28 du projet attribue à la mort civile, il doit suffire que cet effet ne soit que la privation d'un droit véritablement civil.

Voyons maintenant les objections.

Un des préopinans a d'abord attaqué le paragraphe qui porte que *le condamné perd la propriété de tous les biens qu'il possédait; que sa succession est ouverte au profit de ses héritiers, auxquels ses biens sont dévolus de la même manière que s'il était mort naturellement.*

Mais le criminel qui a encouru la mort civile par l'effet d'un jugement définitif n'est-il pas condamné à la peine de mort ou à la déportation? Dans le premier cas, s'il existe encore, n'est-ce donc pas précairement, parce qu'il s'est évadé avant l'exécution du jugement, et parce qu'il n'a pu être repris? Aux yeux de la justice, il ne doit donc pas exister : il n'a donc plus ni propriétés ni possession licite. Comment donc, en cet état, sa succession ne serait-elle pas ouverte? Dans le second cas, le condamné, fugitif ou saisi, dès qu'il est soumis à la déportation, doit être ou est effectivement sous la main de la justice, attaché pour la vie à la peine, esclave public, *servus pœnæ* ; entretenu désormais par le trésor public, sauf les modifications que la loi pourra ultérieurement y apporter, mais seulement pour le mettre en état, s'il le veut et s'il en est digne, de recommencer, aux termes de l'article 36, une vie nouvelle et tout-à-fait distincte de celle qu'il a perdue. Celui-là n'a donc, non plus, ni biens, ni propriété, ni possession licites ; sa succession est donc également ouverte.

La succession du condamné est en conséquence déclarée dévolue, dans l'un et l'autre cas, à ses héritiers présomptifs. Aimerait-on mieux qu'elle fût confisquée, comme dans l'ancienne jurisprudence, au profit du trésor public? Aimerait-on mieux même que, selon la législation actuelle, cette succession fût saisie et séquestrée par la régie des domaines ; que les fruits en fussent délivrés sans retour à la République, c'est-à-dire confisqués à son profit; et que les héritiers n'y pussent prétendre qu'en prouvant la mort du condamné, ou cinquante ans après l'exécution de son jugement, ou tout au plus vingt ans après cette exécution, sous la charge de donner caution? Je ne pense pas que personne fût tenté de préférer l'un ou l'autre mode à celui du projet. J'ai donc justifié le premier des effets contestés de la privation des droits civils.

On s'attache ensuite au paragraphe du même article 28, qui déclare que le *condamné ne peut être admis à porter témoignage en justice*. Il y a, dit-on, des occasions où un tel homme peut se trouver témoin nécessaire, comme au cas d'un assassinat dans une maison de justice. Pourquoi se priver de la lumière utile qu'on peut tirer alors de sa déposition?

Pourquoi? c'est qu'un tel homme, jugé coupable d'un crime qui lui a mérité d'être à jamais retranché de la société, ne doit plus y paraître; c'est qu'il est désormais indigne de toute confiance; c'est qu'il ne peut surtout obtenir celle de la justice, qui l'a convaincu et frappé; c'est qu'il est impossible de se familiariser avec l'idée que la déclaration assermentée d'un tel homme puisse inculper ou justifier qui que ce soit, qu'un tel homme puisse être admis à figurer dans le sanctuaire de la justice, au milieu de témoins irréprochables, de jurés choisis, et de magistrats respectables, pour contredire ou appuyer les uns, et pour diriger la déclaration ou le jugement des autres. Qu'on soit moins réservé pour tout autre condamné, j'y consens : mais pour le scélérat mort civilement, il n'est pas seulement suspect et récusable, il est indigne. Ce paragraphe est donc mal à propos critiqué.

Mais c'est surtout de la disposition du même article 28, qui attache à la mort civile, non seulement l'incapacité de contracter un mariage *légal et qui produise aucun effet civil*, mais encore la dissolution, *quant à tous ses effets civils*, d'un mariage précédemment contracté et encore existant; c'est de cette disposition surtout qu'on se montre le plus scandalisé. Qui donc, s'est-on écrié, qui donc a le droit, et où peut être la nécessité de disjoindre deux êtres encore vivans, qui s'é- taient unis par le plus naturel et le plus sacré de tous les liens, qui s'étaient unis avec le vœu de l'être toujours, qui désirent et qui jurent de le conserver jusqu'à la mort? Ce malheureux proscrit n'a plus de consolation qu'en sa femme ; elle s'y dévoue, elle le suit; et vous l'arracherez de ses bras, vous romprez encore ce dernier lien ; vous le romprez sous peine, pour la femme de n'être plus qu'une concubine, pour leurs enfans de n'être plus que des bâtards!

Cet appel à nos cœurs a retenti dans tous. Mais chacun de nous, aussi, revenu d'une première impression, a dû réfléchir que la sensibilité peut égarer ; qu'en législation surtout, et lorsqu'il s'agit de régler, par elle, le sort de toute la société, c'est à suivre les conseils de la raison, à fixer les principes, et à être conséquent dans toutes les déductions qu'on en fait dériver, qu'il faut s'attacher.

C'est précisément en faisant ces réflexions, que je me suis convaincu de la légitimité de la disposition attaquée, et que j'ai conçu l'espérance de vous voir partager cette conviction.

Observons d'abord qu'il ne faut pas prendre à tâche de voir dans le condamné un homme peut-être innocent, un homme digne, sous ce point de vue, de commisération et d'intérêt. Tout individu condamné, quand il a été jugé dans les formes prescrites par la loi, est nécessairement censé coupable. Il l'est surtout aux yeux du législateur, aux yeux de la loi, qui ne peuvent donner l'exemple de manquer de confiance aux formes qu'ils ont adoptées, et qu'ils maintiennent; il l'est, j'ose le dire, à tous les yeux, puisque effectivement ces formes sont plus propres à manquer les coupables qu'à compromettre les innocens. Je me refuserai donc à toute pitié pour le condamné : tout homme condamné à la mort ou à la déportation se présentera toujours à mon imagination comme un scélérat avéré, qui doit subir sa peine, et toutes les conséquences que la condamnation entraîne.

J'observe, en second lieu, que, dans toute cette discussion, on s'occupe beaucoup trop du petit nombre d'individus sur qui les inconvéniens de la condamnation peuvent rejaillir, et pas assez de la masse qu'il s'agit de venger et de rassurer par cette condamnation. Tandis qu'on se répand en lamentations sur le sort d'une femme peut-être innocente et vertueuse qui va devenir veuve, et d'enfans qui vont devenir orphelins, par l'effet de la condamnation du coupable et de

sa radiation absolue de la société, on perd de vue, on oublie
absolument les familles honnêtes au sein desquelles il a porté
la désolation et le deuil, et toutes celles que le même sort
menacerait infailliblement si la loi n'était pas impitoyable;
on oublie la société entière, en un mot, à qui il faut réparation du crime commis, et garantie contre ceux qui pourraient se méditer.

J'observe, en troisième lieu, que la plupart des contrastes
piquans dont on a assaisonné la critique de la disposition
dont il s'agit prennent leur source dans une méprise. On
répète sans cesse que la mort civile n'est qu'une fiction, que
ce n'est qu'une imitation de la mort naturelle. De là, ces
lieux communs, que la *mort ne peut se feindre ;* qu'il est absurde de supposer veuve la femme d'un homme vivant; de
la traiter de concubine, quand elle lui donne de nouveaux
enfans en lui restant fidèle; de traiter ces enfans de bâtards,
quand leur père a été marié, existe, et n'a pas divorcé, etc.
Pour faire évanouir toutes ces équivoques, ne suffit-il pas de
se rappeler ce que c'est que la mort civile, telle que le projet l'adopte; de considérer que ces expressions, figurées, à
la vérité, désignent, comme beaucoup d'autres expressions
également figurées, une chose très-réelle; que cette chose
très-réelle est la privation des droits civils; que ces mots,
privation des droits civils, qui sont la traduction exacte de ces
autres mots *mort civile,* sont effectivement employés de préférence dans le titre de la section qui nous occupe; et que la
privation des droits civils, dès qu'il est une fois convenu
qu'elle est la suite inévitable d'une condamnation à la mort
ou à la déportation perpétuelle, doit entraîner la perte de
tous les droits vraiment civils? Si donc la loi n'empêche point
le condamné, qui existe et qui réussit à se cacher, de men-
dier ou de travailler où il est pour vivre; d'acheter, avec ce
qu'il gagne, de quoi satisfaire ses besoins, ou même quelques goûts, parce que ce sont des actes de pur droit naturel,
ou, selon d'autres, de pur droit des gens; il n'en est pas de

même des actes qu'il ne pourrait faire que sous l'autorisation de la loi civile. Or, de cette nature sont certainement les dispositions, la succession et *le mariage*.

Qu'est-ce donc, en effet, que le mariage, je ne dis pas considéré dans l'ordre purement naturel, ni dans l'ordre religieux, mais dans l'ordre civil; dans l'ordre dont la loi civile, planant sur toutes les opinions comme sur tous les individus, s'occupe uniquement; dans l'ordre, enfin, qu'elle seule peut régler? N'est-ce pas le premier des contrats civils? N'est-ce pas celui qui constitue les familles, c'est-à-dire les premiers élémens de la société politique? N'est-ce pas de ce contrat, et de lui seul, que dérivent la puissance maritale, la preuve de la filiation et de la paternité, la puissance paternelle, les rapports de parenté, les droits de succession active et passive, etc.?

Et l'on voudrait que le scélérat, retranché pour jamais de la société par l'anathème de mort ou de déportation prononcé contre lui, restât capable et digne d'un pareil contrat! Quoi! il ne pourrait exiger d'être conservé dans une société de commerce, et vous voudriez qu'il le fût dans la première des sociétés, dans la société conjugale! Ne serait-ce pas évidemment la profaner, la prostituer, déshonorer toutes celles pures et respectables au milieu desquelles on la maintiendrait? Non, non, ce criminel, justement proscrit de la grande famille, se trouve nécessairement retranché de la société privée qui forme un de ses élémens; il n'existe plus (civilement du moins) pour sa femme, ses enfans, ses parens, ses concitoyens, pour personne; il ne conserve, et ne peut conserver aucun rapport civil avec qui que ce soit. Si le jugement contradictoire était exécuté, ne serait-il pas effectivement mort ou esclave (a)?

Mais, me répétera-t-on, si ce malheureux existe, quelque part que ce soit, vous lui enlevez sa seule ressource,

(a) *Dirimitur matrimonium divortio, morte, captivitate, vel aliâ contingente servitute utrius eorum. L. 1 ff. De div. et rep.*

la consolation et les soins de sa femme et de ses enfans!

Mais, répondrai-je, dois-je de la pitié à ce monstre, qui devrait subir la mort ou les fers en expiation de ses crimes? Je la réserve, cette pitié, pour les infortunés qu'il a fait périr par le poignard, le poison ou quelque explosion de machine infernale. C'est, au reste, par intérêt pour sa femme et ses enfans, que la loi rompt leurs liens, et qu'elle se refuse à les attacher, vertueux peut-être, à un cadavre.

Mais, s'ils le veulent cependant; si, par un excès de vertu, d'attachement ou d'erreur, ils désirent le suivre!...

Mais, s'il fallait se déterminer par leurs vœux, pourquoi ne pas supprimer aussi le supplice? car, enfin, ils voudraient aussi que le supplice ne pût l'atteindre. Voyez donc à quelles conséquences étranges peut conduire une telle manière de raisonner!

Si la femme et les enfans du condamné se dévouent à le suivre, ils mériteront notre admiration, peut-être aussi notre compassion sur les hasards auxquels ils s'abandonnent, notre inquiétude sur la corruption à laquelle ils s'exposent. Mais la loi, qui n'a que des vues générales, qui ne peut s'occuper que de l'intérêt de la société, et qui doit y sacrifier les intérêts privés, ne peut, en faveur de qui que ce soit, porter atteinte au principe de la privation des droits civils, et négliger un seul de ses effets, quand la raison et la morale concourent à la consacrer.

Voilà, je crois, la dissolution du mariage civil suffisamment justifiée, dans le cas de la mort civile encourue.

27 et suiv. Mais alors toutes ses conséquences le sont également d'avance.

Passons cependant en revue celles que l'on accuse d'injustice ou d'absurdité.

C'est surtout dans l'application de la disposition générale aux circonstances particulières de la contumace, qu'on attaque ces conséquences.

En suivant toujours ma méthode, parce qu'elle me semble

plus propre à éclairer une telle matière, je commencerai par observer qu'il ne me paraît pas que personne ait prétendu contester le système des moyens accordés par le projet au condamné pour purger la contumace.

Eh ! comment le pourrait-on, en effet, quand on observe que ce système est combiné de l'ancien droit et du nouveau, précisément en faveur du condamné ?

Selon le nouveau droit, les biens du contumax seraient saisis au nom et au profit de la République. A la vérité, il pourrait, pendant les vingt ans, se présenter ou être arrêté, utilement pour lui, car toute la procédure tomberait à l'instant : mais la République, même en cas d'absolution, ne lui rendrait pas les fruits. S'il mourait pendant la contumace, elle ne rendrait pas non plus les fruits à ses héritiers; ces fruits seraient encore irrévocablement acquis à la République, du jour de la saisie.

Selon l'ancien droit, si le contumax se représentait ou était arrêté dans l'année, il faisait tomber toute la procédure, et ses biens saisis lui étaient rendus avec les fruits. S'il se présentait ou était arrêté dans les cinq ans seulement, il faisait également par là tomber toute la procédure, et nécessitait un jugement nouveau; s'il mourait dans le même délai, ses héritiers pouvaient faire réintégrer sa mémoire ; mais, dans l'un et l'autre cas, les fruits étaient acquis au fisc.

Le projet, prenant un moyen terme, s'arrête au seul délai de cinq ans; et il statue, non seulement que, si le condamné se représente, est arrêté ou mort dans ces cinq ans, l'un de ces faits anéantit à l'instant la procédure et le jugement; mais encore que, pendant ces cinq ans, ce sont ses héritiers présomptifs, et non le fisc, qui, sous caution, prennent possession de ses biens, et que, s'il paraît ou est arrêté dans ce délai, ils les lui rendent sans être autorisés à garder les fruits perçus.

Vous le voyez donc, le contumax est mieux traité par ce

projet. C'est donc de la faveur qu'on lui accorde que naissent
les inconvéniens, s'il y en a. C'est déjà, ce semble, une
raison suffisante de s'inquiéter peu de ces inconvéniens.

Mais abordons chacun de ceux que l'on relève.

Il résulte déjà de cet arrangement, dit-on, que le contumax *qui a encouru la mort civile*, et duquel seul il est question dans le projet, va se trouver plus favorisé que le contumax condamné seulement à des peines temporaires, à qui le
Code de brumaire reste applicable.

Je réponds que, dans le projet où il n'est question que de
la mort civile et de ses effets, il était impossible de s'occuper
régulièrement des condamnations qui ne la produisent pas,
et de leurs effets. C'est au nouveau Code pénal ou criminel
qui se prépare, que cette matière doit naturellement être
renvoyée ; et celle particulière de la contumace y sera nécessairement reprise et traitée, dans toutes ses branches, d'après
le principe que vous aurez adopté dans le titre de la mort
civile, afin de ramener tous les condamnés par contumace à
l'uniformité.

On se scandalise ensuite de voir que le jugement de contumace sera provisoirement exécuté, tandis que ce n'est, dit-on,
qu'un jugement de présomption, que pendant cinq ans la mort
ou l'apparition du coupable peut faire tomber de droit.

Il est impossible de regarder comme une simple présomption un jugement qui, selon le nouveau droit comme selon
l'ancien, conserve toute sa force et tout son effet, s'il n'est
pas attaqué de la manière permise. Il faut mettre le jugement
de contumace au rang de tous les jugemens rendus par défaut, qui, par l'expiration du délai accordé au condamné
pour les attaquer, prennent la force de chose contradictoirement jugée, qui prennent même la force de chose définitivement jugée, quand les délais de l'appel ou de la demande
en cassation, s'il y avait lieu, sont également écoulés.

Il faut, pour le maintien de l'ordre et de la paix, que
toutes les actions aient un terme : c'est pour cela qu'à l'égard

des actions ordinaires, les prescriptions sont établies ; c'est également pour cela que sont établis les délais pour former une opposition à un jugement par défaut en matière civile, pour interjeter appel d'un jugement de première instance, pour se pourvoir en cassation contre un jugement en dernier ressort; c'est également pour cela qu'il faut un délai pour faire tomber un jugement de contumace. Remarquez même qu'il en est établi deux, l'un de faveur et l'autre de rigueur : le délai de faveur est celui des cinq premières années, pendant lesquelles la condamnation peut s'anéantir avec effet révocatoire; le délai de rigueur est celui de vingt ans, ou des quinze années subséquentes aux cinq ans de grâce, pendant lequel délai la condamnation peut également s'anéantir, mais sans effet révocatoire, et pour l'avenir seulement. Cette distinction était de toute équité, parce qu'il n'est pas convenable que les propriétés restent si long-temps incertaines, et parce que c'est au condamné à s'imputer seul les pertes que sa lenteur à se présenter peut lui causer. On lui rend également alors ses biens, s'il est absous, mais c'est en l'état où ils sont; et tout ce qui s'est fait en son absence, comme s'il n'eût pas existé, demeure irrévocablement fait. Il se trouve précisément dans le même cas que tout héritier négligent, qui, long-temps après l'ouverture d'une succession, mais avant l'expiration de la prescription de trente ans qui l'aurait tout-à-fait exclu, vient réclamer cette succession; qui est obligé de la prendre, entre les mains du parent plus éloigné, du curateur, ou même du fisc, dans l'état où leur possession de bonne foi l'a mise.

Mais, dit-on, le projet dépouille provisoirement le contumax de sa propriété!

Mais, répondrai-je, si l'on ne veut pas qu'elle reste à l'abandon, s'il faut nécessairement la confier à quelqu'un, pourquoi ne pas la remettre au soin de l'héritier présomptif, de la partie la plus intéressée, plutôt qu'aux soins étrangers peu salutaires du fisc?

Mais, dit-on, il peut y avoir du danger à cette préférence ; c'est peut-être intéresser l'héritier à empêcher le retour et la justification du condamné.

Je réponds que le danger pourrait être plus grand de laisser la gestion au fisc, qui, s'il n'est pas appelé à succéder à
la propriété, est du moins autorisé par la loi existante à faire
les fruits siens, pendant vingt ans, peut-être pendant cinquante. Je réponds que, quand je parle des héritiers présomptifs, j'ai en vue aussi les enfans du condamné, qui souvent sont les héritiers, et en faveur desquels je pourrais à
mon tour émouvoir, à cette occasion, vos cœurs. Je réponds
enfin, que, d'après le mode préféré par le projet, la femme
elle-même est mieux traitée, puisqu'elle est immédiatement
mise en possession ; c'est-à-dire, constituée gardienne de ses
reprises ; qu'elle n'a rien à démêler avec le fisc à cet égard,
et qu'elle n'a affaire qu'aux héritiers, qui souvent sont ses
enfans.

ap. 28.   On demande ce que deviennent les successions collatérales
qui peuvent s'ouvrir pendant le délai, et auxquelles le condamné aurait été appelé.

La réponse à ces questions trouvera naturellement sa place
dans le titre des successions ; mais elle peut être déjà pres-
sentie, puisqu'elle dérive de principes simples. Si le condamné se représente dans les cinq ans, comme, par l'événement, tout ce qui sera fait jusque là se trouvera ne l'avoir
été que provisoirement, il faudra lui rendre celles de ces
successions auxquelles il aurait été appelé ; et il sera aisé de
prescrire, à cet égard, des précautions analogues à celles
qu'on prend pour la conservation des intérêts des absens. Si
le condamné ne se présente qu'après les cinq ans, et seulement avant les vingt, alors il s'imputera de n'avoir pas profité du délai de grâce ; alors il en souffrira l'inconvénient ;
alors il subira la nécessité qu'il y avait que les droits, les
propriétés et les actions de tant d'individus ne fussent pas
long-temps incertains et suspendus à cause de lui, et il per-

dra les successions qui se trouveront avoir été recueillies dans l'intervalle, à son défaut. Voilà ce qui doit être, et ce qui a toujours été, même quand l'ordonnance de 1670 admettait le contumax à se présenter pendant trente ans pour se faire juger de nouveau.

Parce que la Constitution n'attache que la *suspension* des droits de citoyen à l'état de contumace, on voudrait que cet état n'entraînât également que la suspension des droits civils.

Mais la possession accordée aux héritiers et à la femme étant pendant cinq ans réduite au provisoire, n'en résulte-t-il pas effectivement que le condamné n'est que suspendu dans l'exercice de sa possession et de ses droits de propriété, que ses héritiers et sa femme ne sont que ses administrateurs comptables? En tout cas, si cette suspension tourne en quelque sorte à leur profit, c'est parce qu'à la différence des droits de citoyen, ceux civils peuvent se transmettre ; que la suspension de ceux-ci intéresse à la fois, et celui qui en est suspendu, et ceux à qui ils passeraient à son défaut ; qu'on ne peut, comme les droits de citoyen, les laisser à l'abandon ; que, dans cette position, il est naturel de les confier à ceux qui les recueilleraient à défaut du condamné, et que cela est plus convenable que de les confier au fisc, ou même à un curateur étranger. On se fait bien envoyer en possession provisoire des biens des citoyens absens, dont on ignore la mort ou la résidence ; comment la loi ne pourrait-elle donc pas légitimement envoyer également en possession provisoire les héritiers et la femme du condamné absent? et quel inconvénient peut-il y avoir de plus dans ce cas-ci que dans l'autre ?

Il serait aisé de résoudre de même toutes les difficultés qu'on s'est faites sur les donations et les testamens qui peuvent intervenir, soit au profit du condamné, soit de sa part, aux diverses époques de son procès ou de sa contumace ; mais tout cela est également étranger au projet, et ne peut être méthodiquement placé qu'aux titres des donations entre-vifs

ou à cause de mort, où seront déterminées les diverses incapacités de donner ou de recevoir.

30   Mais, dit-on (et c'est ici que l'on s'est le plus récrié),
convenez du moins de l'étrange bigarrure résultant des dispositions de l'article 32, qui, statuant pour le cas où le condamné ne se représentera ou n'aura été constitué prisonnier
qu'après les cinq ans, et aura obtenu sur sa réclamation un
jugement d'absolution, veut que le premier jugement conserve tout son effet pour le passé, et en tire les conséquences bizarres que voici : la première, que l'accusé absous ne
rentrera en possession que pour l'avenir et à compter du
jour de sa représentation ; la seconde, que son mariage antérieur sera dissous à partir de la cinquième année expirée ;
la troisième, que les enfans nés du contumax et de sa femme,
depuis cinq ans, seront bâtards ; la quatrième, enfin, que
les enfans même nés pendant les cinq ans ne seront réputés
légitimes qu'autant qu'ils seront par lui reconnus. Ainsi,
le contumax, de retour et absous, pourrait avoir à son gré,
de la même femme, des enfans légitimes et des enfans bâtards de diverses espèces !

De la singularité des conséquences d'un principe, quand
il est justifié, on ne peut jamais conclure à leur ridicule et à
leur injustice. Les conséquences qui peuvent résulter du libertinage d'un homme, pendant et après son mariage, avant
et depuis un divorce, ne pourraient-elles pas être également
fort singulières? Et cependant personne n'en conclura qu'il
faut supprimer le divorce, qu'il faut anéantir la distinction
entre les enfans légitimes et les enfans bâtards.

29   Le principe de la privation des droits civils une fois reconnu
bon, juste et moral ; celui de la révocabilité des effets de la
condamnation par contumace pendant cinq ans, une fois
adopté également en faveur du condamné, il ne s'agit plus,
pour approuver les conséquences que le projet en fait dériver, que de s'assurer qu'elles sont régulières. Or, c'est ce
dont il est aisé de se convaincre, à l'égard de celles ici rele-

vécs ; il ne faut pour cela que les développer avec simplicité.

Commençons par observer qu'il est inévitable de consentir à mettre une différence entre le contumax qui se représente dans les cinq ans de grâce, et le contumax qui néglige ce délai et ne se représente qu'après cinq ans. Or, voilà précisément ce qui donne lieu aux effets divers dont on s'étonne ; leur diversité même est donc dans la nature des choses.

Le contumax meurt-il, se représente-t-il, ou est-il arrêté dans les cinq ans de grâce? la procédure et le jugement disparaissent. Il est donc inévitable que tout ce qui en était provisoirement résulté soit anéanti ; le contrat civil de son mariage, tenu en suspens par une dissolution éventuellement révocable, est donc censé n'avoir jamais rien perdu de ses effets ; et les enfans de sa femme sont à lui, par la seule force de la présomption légale, *pater est,* à laquelle il n'a été porté d'atteinte, ni par son silence non prolongé au delà du terme fatal, ni par un jugement qu'il fait évanouir avant ce terme.

Le contumax ne reparaît-il au contraire qu'après les cinq ans? il trouve un jugement, qui, au lieu d'être resté provisoire, est, à l'expiration de ce délai de grâce, devenu définitif ainsi que l'exécution qu'il a reçue, avec cette seule réserve, en faveur du condamné, qu'encore pendant quinze années il peut se faire juger de nouveau. Mais, au moyen de cette exécution définitive acquise au jugement, le contumax doit nécessairement en trouver tous les effets réalisés ; le contrat civil de son mariage est tout à fait dissous ; sa femme, libre de former un nouveau lien civil, a pu être remariée ; comme ses héritiers, en possession de ses biens, ont pu les posséder absolument et sans cautionnement. S'il est de nouveau condamné à une peine emportant la perte des droits civils, les choses restent sans retour dans cet état ; il ne peut rien demander de ses biens dévolus à ses héritiers du jour de l'exécution du premier jugement ; sa femme a cessé d'être la sienne à compter du même jour, et les enfans qu'elle a eus ne peuvent être censés ceux d'un mariage anéanti. Mais,

est-il absous par le nouveau jugement? s'il ne peut empêcher, même alors, que celui rendu par contumace n'ait reçu
une exécution légitime, il peut du moins reprendre ses biens
en l'état où ils se trouvent, former légitimement avec sa
femme libre un nouveau contrat civil, reconnaître même les
enfans que cette femme libre aurait eus pendant la dissolution devenue définitive du premier contrat, et par ce nouveau
mariage les légitimer aux termes de droit. La loi prend confiance, en ce cas, dans sa déclaration ; mais elle est nécessaire
pour la légitimation de ces enfans-là, comme elle l'est pour
celle de tous autres enfans nés hors mariage *ex soluto et solutâ*.

Toutes ces conséquences, si clairement déduites et énon-
cées, vous paraissent–elles à présent forcées? Ne résultent-
elles pas évidemment et rigoureusement de la simple combinaison des deux principes adoptés, de la mort civile et du
délai de grâce, le premier commandé par les mœurs, le second suggéré par l'humanité?

Qu'importe donc, encore une fois, qu'elles soient singulières, ces conséquences; qu'elles puissent fournir à l'esprit
des rapprochemens piquans, des contrastes singuliers? Il en
faut seulement conclure que des circonstances extraordinaires
doivent inévitablement produire des effets semblables : et,
dans le fait, si je ne craignais de trop prolonger une disser-
tation déjà bien étendue, je m'engagerais à vous faire voir
des effets autant et plus bizarres, résultant de tout autre système qu'on voudrait substituer à celui du projet.

25   On a proposé de substituer à la dissolution légale du mariage la faculté de demander le divorce.

Mais, comment imaginer de soumettre la femme à exercer
à cet effet une action en forme, à citer à cet effet son mari en
justice, à y faire retentir de nouveau son infamie dans les
tribunaux? Ne faut-il pas d'ailleurs pourvoir aux enfans ; et
faut-il laisser dépendre leur sort d'une demande en divorce,
que leur mère pourra, à son gré, former ou négliger? Faut-
il enfin maintenir, au gré de cette femme, les liens de pa-

renté autour du condamné, malgré l'inconvenance, et malgré la répugnance de tous ceux qu'ils peuvent atteindre?

Il est évident qu'il vaut mieux s'attacher à la rigueur du principe, qui retranche entièrement le condamné de la société, qui le prive de tous les droits civils, qui rompt autour de lui tous les liens de même genre, et notamment celui du mariage, le premier de tous, le lien civil d'où naît la plupart des autres. Aussi le tribunal de cassation n'a-t-il pas réclamé contre ce principe dans ses observations; et, parmi les tribunaux d'appel, on n'en voit que trois ou quatre qui l'aient contesté plus ou moins fortement.

La femme, bien avertie par la loi, est-elle vertueuse, tient-elle à son union par l'opinion, la religion ou le goût? reposez-vous sur elle du soin de concilier sa constance avec son devoir et l'intérêt de ses enfans. La vertu lui est-elle étrangère? la loi s'occuperait en vain de ce soin. Je voudrais bien qu'on m'indiquât un moyen d'empêcher que les enfans ne soient pas souvent victimes du crime ou de l'erreur de ceux à qui ils doivent le jour!

Je crois avoir épuisé ce qu'il y avait d'essentiel à dire, pour justifier celles des dispositions du projet qui se rapportent aux détails de la privation de droits civils résultant de condamnations. Mais il me reste à parler de deux ou trois autres dispositions analogues de la même section; et d'abord de l'article 34, qui porte qu'en *aucun cas la prescription de la peine ne réintégrera le condamné dans ses droits civils pour l'avenir.* Eh quoi donc! s'est-on écrié, la peine sera prescrite, et son accessoire ne le sera pas! Le condamné ne pourra plus être puni; et cependant il subira sans retour une peine sans fin, celle de la privation des droits civils!

Je n'ai qu'un mot à répondre. Si la prescription profite au condamné, c'est seulement pour la peine qui lui reste à subir pour la complète exécution du jugement de contumace, passé, par son silence de vingt ans, en force de chose irrévocablement jugée. Mais la prescription ne peut atteindre et

32

empêcher ce qui est fait ; elle ne peut éteindre l'exécution consommée de ce jugement, quant à la conviction acquise et déclarée, et à tout ce qui en est immédiatement résulté, comme l'infamie, l'expulsion absolue du sein de la société, la privation de tous les droits politiques et civils. Le condamné, jugé criminel, ne peut cesser de l'être ; la société ne peut donc lui rouvrir son sein. Autrement, vous attribueriez à la fuite pendant vingt ans, malgré l'aveu tacite qui en résulte, le même privilége qu'à la réhabilitation formelle ; idée qui n'est pas supportable. Au reste, le Code de brumaire décide formellement la question, quand, malgré cette même prescription de vingt ans qu'il établit, ainsi que le projet, pour la peine (article 480), il ajoute (article 481) que, néanmoins, *ce temps passé, l'accusé n'est plus reçu à se présenter pour purger la contumace.* La Constitution l'a également décidé pour les droits politiques, puisque ce n'est pas la *suspension*, mais la *perte* absolue de la qualité de citoyen français, qu'elle attache à la condamnation à des peines afflictives ou infamantes; et puisqu'elle n'en relève, ni par la prescription, ni par aucune réhabilitation (article 4).

33   On a également critiqué l'article 35, qui porte que *les biens que le condamné à une peine emportant mort civile peut avoir acquis depuis l'exécution du jugement, et dont il se trouve en possession au jour de sa mort naturelle, appartiendront à la nation par droit de déshérence.* On a cru voir, dans cette disposition, le rétablissement de la confiscation, ou son germe.

Mais cette terreur n'est pas plus fondée que celle de trouver un nouveau germe de la déportation arbitraire dans l'article 36.

Le projet ne parle que des condamnations judiciaires ; ce sont les propres expressions du titre de la section que nous discutons. Voilà ce qui doit rassurer contre les *déportations* arbitraires, du moins hors des temps de révolution, où les lois les plus prévoyantes ne sauraient empêcher de violens écarts. L'article 28 porte que la succession du condamné est ouverte au profit de ses héritiers ; toute idée de *confiscation* est si loin du système du projet, qu'il ne permet plus au fisc la saisie des biens du contumax, et la perception des fruits au profit de la République, perception qu'autorise le Code de brumaire, qui peut durer jusqu'à cinquante ans, et qui est bien une confiscation. Voilà pour rassurer également à cet égard.

Mais, demande-t-on, pourquoi donc déclarer dévolu à la République ce que le condamné peut, à sa mort naturelle, laisser de biens acquis depuis sa condamnation exécutée ?

Par une raison bien simple ; c'est toujours par une conséquence inévitable du principe admis. Si le condamné est irrévocablement privé des droits civils, il l'est notamment du droit actif et passif de succéder, qui est un droit reconnu purement civil et positif par tous les jurisconsultes. Il n'a donc pas plus de parens qui puissent lui succéder, qu'il n'en a à qui il puisse succéder (a) ; sa succession est donc précisément en déshérence : or, toutes celles de ce genre appartiennent incontestablement à la République.

Oui, sans doute, il ne faut pas que la confiscation reparaisse jamais parmi nous ; il ne faut pas que jamais les biens d'un homme puissent mettre en péril sa liberté, son honneur ou sa vie ; mais il est évident qu'une succession purement éventuelle, d'une part, ne peut être l'objet d'une confiscation, et d'autre part ne peut présenter l'inconvénient de la confiscation de biens présens.

Une telle succession peut même rarement offrir quelque importance. Que veut-on, en effet, que puisse acquérir un criminel errant, vagabond, forcé de se cacher pour éviter la hache ou les fers ?

Mais, dit-on, peut-être à force d'industrie, peut-être en pays étranger, peut-être à l'aide des fonds que ses enfans lui ont transmis, il a fait des entreprises, il y a prospéré, il a

---

(a) *Si maxima capitis diminutio interveniat, jus quoque cognationis perit.... Si in insulam quis deportatus sit, cognatio solvitur.* ₴ 6. *Instit. de cap. dim.*

laissé une fortune; et vous en privez ces mêmes enfans qui y ont mis leurs capitaux!

Pure hypothèse, que l'événement ne réalisera guère.

Mais, admettons-la. D'abord, si c'est en pays étranger que le fugitif a fait cet établissement prospère, ce n'est plus la loi civile de France qui peut y régler sa succession. Ensuite, croyez-vous que, dans l'état de mort civile où il est, il n'a pas pris les moyens qui sont en assez grand nombre à sa disposition, pour assurer la rentrée de leurs fonds à ses enfans ou à tous autres qui lui en ont fourni, pour soustraire même tout ou presque tout son pécule à la République que la déshérence appelait à le recueillir?

La disposition attaquée est donc à la fois rigoureusement conforme au principe, et peu onéreuse à ceux qu'elle intéresserait.

J'ajoute qu'elle se concilie, d'ailleurs, avec ce que les convenances peuvent exiger, par la faculté que le second paragraphe donne au gouvernement de *faire, de ces biens en déshérence, au profit de la veuve, des enfans ou parens du condamné, telles dispositions que l'humanité lui suggérera.*

On se refuse à croire à l'humanité du gouvernement! mais c'est une incrédulité peu convenable : et comment en douter, quand, par une recommandation formelle, la loi impose, en quelque sorte, le devoir?

Si c'est un devoir, dit-on, pourquoi le projet n'a-t-il pas préféré une disposition impérative?

Parce qu'une telle disposition eût été précisément la révocation immédiate de celle qui venait de déclarer la succession acquise à la République par déshérence, et qu'une loi ne peut se permettre d'être à ce point contradictoire ou inconséquente.

ap. 33   Au surplus, cette disposition de déshérence reçoit, par l'article 36, encore une modification relative aux criminels qui ne seraient condamnés qu'à la déportation; puisque cet article les admet, dans le lieu de leur déportation quand ils la subiront, à y prendre une nouvelle existence, et à former de nouveaux liens civils, dans l'enceinte de cette colonie ; et la sagesse, la politique, l'humanité de cette disposition, ont été généralement senties.

On se plaint cependant de ce que l'article n'en assure pas le droit absolu au condamné ; de ce qu'il ne lui en donne que la faculté, subordonnée sans doute à la permission peut-être arbitraire du gouvernement.

Mais, de bonne foi, serait-il prudent, serait-il raisonnable, de soustraire de tels hommes, et dans une colonie spéciale, à l'action d'une police sévère ; de les y rendre indépendans de cette police, sous prétexte de la formation par eux projetée de nouvelles familles ?

On se plaint de ne pas avoir, du moins sous les yeux, les réglemens qui constitueront la colonie, sa police, son administration, ses relations.

Mais n'est-ce pas nécessairement l'objet d'une loi distincte ; et n'est-il pas évident qu'il est absolument inutile d'en avoir le projet sous les yeux, pour apprécier immédiatement le principe, et pour l'adopter dans la loi actuelle à laquelle il se rattache directement ?

J'ai, je crois, mes collègues, rempli l'engagement que j'avais contracté. En m'attachant aux principes avoués, j'ai successivement justifié toutes les dispositions de la deuxième section du titre 2 du projet.

Je le trouve également justifié, dans ses autres parties, par plusieurs des orateurs qui m'ont précédé à la tribune ; ils me paraissent avoir parfaitement développé tous les motifs de sagesse absolue, ou de prudence relative, qui en ont dicté les dispositions.

Rien ne s'oppose donc, à mon gré, à ce que nous adoptions ce premier titre du Code dont nous avons déjà adopté le second titre ; à ce que nous avancions dans la carrière, où tant de travaux nous ont précédés, où la France et l'Europe entière nous suivent avec intérêt, et où il est bien à désirer que rien ne nous retarde.

Je vote pour l'adoption.

OPINION DU TRIBUN MATHIEU,
CONTRE LE PROJET.

Tribuns, le vœu national qui sollicite depuis long-temps un Code civil, le sollicite dégagé de tout ce qui rappellerait la féodalité, ou un régime justement proscrit. Il ne nous est pas permis de méconnaître la première partie de ce vœu, ni de négliger la seconde. Je viens en conséquence unir les efforts de mon zèle aux talens et aux lumières de ceux de mes collègues qui ont combattu le droit d'aubaine.

Je parle pour l'intérêt du fisc, car je m'élève contre un droit appauvrissant de confiscation; je parle pour ce qu'il y a de moins contesté ou de moins contestable dans la saine politique, car j'invoque le droit naturel; je parle pour l'avantage de l'industrie et du commerce national, car je m'oppose à ce qu'on relève une fatale et honteuse barrière : c'est seconder le gouvernement, que de chercher avec lui de bonne foi ce qui est vrai, ce qui est juste, ce qui est utile ; c'est le défendre que d'attaquer une erreur.

On peut se féliciter sans doute de ce qu'il est aussi facile qu'il est juste de combattre le droit d'aubaine; on peut même s'étonner d'en rencontrer l'objet et l'occasion sur la ligne des devoirs que nous avons à remplir.

Fortifier par quelques considérations nouvelles, par quelques autorités non suspectes, et non produites encore, les argumens qui ont été présentés contre une des principales dispositions du projet soumis à votre examen, est le cercle dans lequel je me renferme, et que je me propose de parcourir rapidement.

Cette disposition ferait revivre un droit odieux : le nommer, ce droit, c'est le juger; le nommer, c'est en réfuter la prétendue nécessité. Que dis-je! il était jugé avant la révolution, le droit d'aubaine. Frappé de désuétude, c'était un rameau languissant du vieux arbre de la féodalité; il devait avoir la destinée du tronc auquel était encore liée sa frêle existence que n'excusait aucun genre d'utilité apparente. Son aspect effrayait le voyageur, et ses fruits n'enrichissaient pas le prince.

Tribuns, l'origine féodale du droit d'aubaine vous a été sommairement retracée, démontrée; on a mis sous vos yeux l'histoire de cette coutume barbare. Vous l'avez vue successivement modifiée par des dispositions que réclamait l'utilité publique; vous avez vu les exceptions devenir si multipliées, qu'elles ont presque formé le droit commun, et que le droit primitif ne semblait plus lui-même qu'une exception; vous avez vu l'intérêt général, mieux connu, mieux apprécié, et devenu puissant par les lumières qui l'accompagnent ordinairement, appeler les lois hospitalières, et favoriser par la liberté l'essor de l'industrie et du commerce.

Résumons en peu de mots nos souvenirs. C'est d'abord en faveur des marchands étrangers qui fréquentaient les foires de France, que l'on prononça des exceptions; ils en jouissaient pendant leur séjour et leur voyage. Le même privilége fut accordé aux étudians des universités, pour le temps de leurs études.

Des branches d'industrie nous manquaient; on sentit le besoin d'appeler des ouvriers du dehors : on déclara naturels français, et en tout assimilés aux régnicoles, les ouvriers étrangers, qui auraient travaillé pendant un certain nombre d'années dans les manufactures où l'on avait désiré les fixer, sous la condition qu'ils continueraient de demeurer en France.

Les besoins du fisc éclairèrent plus d'une fois sur les besoins de l'État, et sur les vrais moyens d'y pourvoir. Pour attirer les capitaux, on déclara exemptes du droit d'aubaine et librement transmissibles par héritage, des rentes créées par le gouvernement.

De cette idée à celle d'attirer les capitalistes, et de mettre en rapport toutes les entreprises et tous les moyens, toutes les spéculations et toutes les ressources, il n'y a qu'un pas. Les traités et les conventions entre les puissances finirent par généraliser tellement l'exception, que le droit d'aubaine parut plutôt détruit que modifié. On comprit qu'une loi d'isolement et de prohibition personnelle ne pouvait faire prospérer l'industrie qui vit de communications, le commerce qui vit de liberté.

A mesure que les idées de droit naturel et surtout d'intérêt national se sont développées et propagées, le droit d'aubaine a fait place à une législation libérale, et a disparu comme les ténèbres aux approches du jour. A peine ce qui en subsistait encore en 1789 offrait-il assez de prise pour être l'objet d'une des grandes et belles réformes qui ont immortalisé l'Assemblée constituante (a).

Et sous quel rapport aurait-il pu trouver grâce ou faveur auprès des esprits éclairés, ce droit anti-social? On peut se faire une idée de la modicité de ses produits; mais ce qui échappe au calcul, c'est le bien qu'il a long-temps empêché de naître, c'est le mal positif qu'il a occasioné. Il y a plus d'un siècle, ses produits étaient presque nuls, au rapport des écrivains de ce temps, et notamment de Lebret, qui avait pu s'en former une idée exacte dans les hautes magistratures qu'il avait remplies.

Vous n'aviez pas besoin, tribuns, d'être préparés par ce témoignage ancien à la confiance que doit vous inspirer un

---

(a) Je crois devoir joindre ici le texte du décret sur cette matière.

« L'Assemblée nationale, considérant que le droit d'aubaine est contraire aux principes de fraternité qui doivent lier tous les hommes, quels que soient leur pays et leur gouvernement ; que ce droit, établi dans des temps barbares, doit être proscrit chez un peuple qui a fondé sa Constitution sur les droits de l'homme et du citoyen ; et que la France libre doit ouvrir son sein à tous les peuples de la terre, en les invitant à jouir, sous un gouvernement libre, des droits sacrés et inaliénables de l'humanité, a décrété et décrète ce qui suit :

« Le droit d'aubaine et celui de détraction sont abolis pour toujours. »

témoignage plus récent, qui est en possession d'être cité et qui fait toujours autorité en finances, principalement quand il s'agit de faits et de renseignemens ; témoignage plusieurs fois invoqué dans cette discussion, dans laquelle on aime à voir réunis et rapprochés les noms de Necker et de Turgot ; témoignage duquel il résulte que le droit d'aubaine, peu avant la révolution, était aussi stérile pour le fisc, qu'il est en soi contraire au droit naturel, à la saine politique, et au vœu de l'opinion publique éclairée.

Je demanderai d'abord si c'est ici l'empire des mots ou celui des choses que nous aurions à combattre ? S'obstinerait-on à regarder une chose comme un avantage, parce qu'elle se serait long-temps appelée un droit ? Hésiterait-on d'y renoncer, parce que l'idée de renonciation paraît entraîner celle d'un sacrifice ? Est-il donc nécessaire que l'analyse vienne dissiper ici quelque prestige ? Il ne peut plus en exister en faveur du droit d'aubaine ; en répéter le nom, c'est en faire la censure. Il est naturel autant que facile de renoncer à un dommage, et de sacrifier des privations ; il ne l'est pas moins sans doute de renoncer à ce qui blesse l'équité. Car ce qui blesse l'équité blesse tout le monde, heurte tous les intérêts, offense toutes les sensibilités, ébranle et compromet la base unique et commune de toutes les garanties.

Puisque l'opinion a fait depuis si long-temps justice du droit d'aubaine, qui réunissait à la fois l'odieux d'une proscription et d'une confiscation ; puisque, loin de conserver aucun genre d'appui ou de faveur, il est légalement et solennellement proscrit, formellement et à jamais aboli : quel peut donc être le motif, le motif puissant de reproduire une disposition semblable dans notre Code, destiné à faire époque dans les fastes d· la législation ? Si rien ne peut la motiver, est-il au moins des considérations qui puissent la faire excuser ? S'il en était une, ce serait apparemment la réciprocité, stipulée et convenue dans l'article 13 que je combats. Cette base a, j'en conviens, quelque chose de séduisant en général.

Un instinct rapide, irréfléchi, difficile à maîtriser, s'en empare à l'instant : il trace en deux mots tout le Code de la gratitude ou de la vengeance; j'y vois l'image d'une balance, et
par conséquent un attribut de la justice. Mais si les auteurs
du projet tiennent irrévocablement à cette base, on peut
d'abord leur demander pourquoi ils présentent, sans cette
perspective, la faculté donnée aux étrangers par l'article 19
contre les Français.

En ce qui nous concerne, nous convenons de la réalité du
principe; mais voyons s'il est ici réellement applicable;
voyons s'il l'est indéfiniment et dans toutes les circonstances,
s'il n'est pas de sa nature subordonné à des principes plus
élevés, plus généreux; si ce n'est pas descendre quelquefois
que d'en venir à la réciprocité; s'il n'est pas souvent convenable de songer plutôt à ce qui est digne de nous qu'à ce dont
peuvent être dignes quelques vieux usages de certains gouvernemens.

Lorsqu'ici j'avance qu'il est des choses qu'il ne faut peut-
être jamais imiter ni contrebalancer ; que les représailles immédiates forment une espèce de point d'appui à l'injustice ;
qu'elles semblent se confondre avec elle; qu'elles peuvent
offrir deux scandales à la fois, dans l'intention d'en réprimer
un seul et sans y réussir ; qu'elles peuvent être plus nuisibles
à la puissance qui en use qu'à celle qui les provoque; qu'il y
a fréquemment plus de grandeur réelle à s'en abstenir que
d'utilité positive à les exercer : j'ai l'avantage éminent de
sentir que mon opinion est déjà recommandée dans vos esprits pénétrés de la magnanimité nationale, et je me crois
autorisé à l'appuyer par une hypothèse que vos souvenirs
sauront justement caractériser.

Si un ennemi venait à violer à votre égard le droit des
gens en faisant enfermer votre ambassadeur, vos agens des
relations commerciales, et tous les Français résidant sur son
territoire; s'il leur faisait éprouver dans les fers les plus
cruels traitemens, croiriez-vous devoir suivre par représailles

un pareil exemple? En supposant que la politique vous autorisât à en faire la menace, le respect de vous-mêmes ne vous empêcherait-il pas de la réaliser? Consentiriez-vous à donner ou à recevoir l'exemple de rétrograder en civilisation, parce qu'une puissance aurait méconnu dans ses rapports avec vous les procédés et les usages consacrés comme des lois entre les nations civilisées? Vous attirerait-elle comme dans une embuscade et hors de la ligne tutélaire des principes, parce qu'elle ne se serait fait nul scrupule de s'en affranchir, ou parce qu'elle aurait été induite, par les conseils d'un tiers, à vous compromettre par une telle conduite à la fois insidieuse et hostile? Non, sans doute : j'en ai pour garans, non pas seulement vos maximes, mais encore vos actions. Placés dans une position semblable à celle que je rappelle, vous avez donné à l'univers un grand exemple; vous avez acquis des droits immortels à la confiance.

La base des représailles et de la réciprocité n'est donc pas toujours une base d'équité morale et de convenance politique; ce qu'à la rigueur elle semble autoriser comme un droit, elle est bien loin de le prescrire comme un devoir; cette disposition ne serait même pas rassurante pour les étrangers des pays qui ont anciennement renoncé au droit d'aubaine ; car ils verraient toujours quelque chose de conditionnel dans leur destinée : ils auraient à craindre, non pas seulement l'inconstance d'un gouvernement, mais celle de deux : ils n'apercevraient plus de point fixe. Ils appréhenderaient qu'un malentendu politique ne vînt déconcerter toutes leurs vues, tous leurs projets, et les placer entre deux patries, celle qu'ils ont cessé d'avoir et celle qu'ils n'ont pas encore. La modification de la réciprocité était très-bonne quand elle était un pas en avant; on s'en rendait facilement raison. On y voyait une progression dont le dernier terme a été la suppression absolue et indéfinie : mais aujourd'hui la disposition présentée est rétrograde; elle est autant une menace qu'une promesse. Elle apparaît, avec un entourage féodal, au milieu de toutes nos idées nouvelles; elle n'est en harmonie avec aucune de nos maximes. On ne voit pas ce qui a pu lui servir de prémisses; on voit encore moins les conséquences, ou qu'on lui donnera ou que l'on en redoutera. Ici votre marche échappe au calcul, mais non à la censure.

Vous ne vous réserverez donc pas de violer, à votre grand préjudice, le droit naturel, parce qu'un gouvernement s'obstinera à croire qu'il possède une arme défensive et un bouclier dans une prérogative cruelle et suicide? La réciprocité ne change donc point la nature du droit d'aubaine. Exercé même par représailles, il n'en demeure pas moins ce qu'il est par son essence, un monument de barbarie, un reste de guerre au milieu de la paix, un droit de terreur contre les vivans, d'avanie et de spoliation contre les morts, une piraterie enfin aussi odieuse que le droit de naufrage, né à la même époque, suivant la remarque de Montesquieu. Ces deux droits, bien dignes d'avoir la même origine, rappellent une législation qui avait créé le secret d'ajouter quelque chose aux horreurs de la mort et de la tempête. Le présent, que le décès d'un étranger sur votre sol fait au fisc, n'est pas en effet plus moral que celui que pouvaient lui faire les orages et les flots de la mer en courroux. C'est un tribut que le fisc s'arroge; c'est une proie qu'il dévore, héritier usurpateur, au préjudice des héritiers véritables, au préjudice de la veuve et de l'orphelin, s'interposant entre l'individu qui vient de mourir et la famille éloignée ou présente qui lui survit, remplaçant l'humanité par la rigueur, la pitié par la confiscation.

La veuve et l'orphelin, dans la guerre même, sont des objets sacrés en pays étranger; et, dans la paix, vous les dépouillez sur votre territoire, si votre article 13 est admis: vous prononcez plus que la déshérence, souvent en présence des héritiers. Mais dois-je ici adoucir par le terme de *déshérence* ce que vous-même appelez une *confiscation?* Comment donnez-vous à la qualité d'étranger, au malheur de l'être, au désir de ne l'être pas, des suités plus rigoureuses qu'à la mort civile? Ici les rapprochemens se pressent sans doute dans votre pensée, et me dispensent des développemens. Un sentiment les concentre tous dans cette idée, c'est qu'il est affreux qu'un étranger irréprochable soit jamais atteint, soit dans sa personne, soit dans celle de ses héritiers, des peines réservées au crime seul. Direz-vous qu'il était averti, qu'il connaissait la loi? Et moi, je dirai : Quel est donc ce territoire où il est permis à l'étranger de vivre, où il lui est défendu de mourir, sous peine de confiscation?

Que faut-il de plus cependant que la pensée, que la contemplation, que l'aspect d'une famille, pour écarter victorieusement tous les sophismes allégués en faveur du droit d'aubaine, et pour démontrer combien il est contraire au droit naturel? Il n'est pas nécessaire de vous faire observer qu'il vient atteindre, par l'héritage dont vous voulez faire votre profit, les héritiers dont vous voulez faire abstraction. Il est une violation de la volonté des mourans; il rompt ou méconnaît la chaîne sacrée qui les unit aux êtres qui leur survivent; c'est toujours une famille qu'il vient frapper et dépouiller, au grand scandale des familles indigènes, qui s'en affligent. Car la nature vit, agit, et parle au cœur de tous les hommes, en dépit de toutes les vieilles barrières, comme de tous les vieux préjugés de la féodalité. Il est superflu de vous rappeler que la famille est le lien essentiel de la société; que c'est le premier, le plus grave, le plus fort, le plus touchant des élémens de la civilisation comme de la morale : l'hérédité dans la famille est aussi naturelle que la filiation; les pères ont appris de la nature à transmettre leurs biens à leurs enfans avant que la loi civile vînt régler et déterminer le mode de cette transmission; ce serait affaiblir une des bases de la propriété, que de méconnaître le principe naturel des successions. Une famille est une création, un tout naturel, dont les parties sont étroitement liées par la puissance des affections; on reconnaît au loin ses membres épars, dispersés : union merveilleuse qui prépare partout à l'homme des points d'appui, en lui offrant des objets d'amour et de reconnaissance. Ce tout, le droit d'aubaine vient le dissoudre. Il apprend à n'y pas croire. Il désenchante de ces sentimens sociaux sur lesquels reposent la morale publique et la morale privée ; il insère un mauvais exemple dans la loi ; il habitue à ne voir que l'individu, ce qui est une espèce d'abstraction cruelle, tandis que dans l'individu, ou plutôt dans l'homme, la loi devrait toujours envisager un époux, un père, un fils, un frère, en un mot, un être complexe et modifié par les rapports de famille, par les relations touchantes qui constituent le bonheur. Ce sont là comme autant de parties de son être où il peut être blessé par ce droit étrange, qui atteint, qui punit le voyageur, qui le punit de voyager, qui le punit de séjourner, qui le punit de mourir, qui le punit de sa richesse et sur sa richesse, qui ne le connaîtrait pas s'il n'était qu'un aventurier sans asile ; qui l'effraie vivant, qui l'attriste mourant, qui afflige sa famille déjà malheureuse par la perte d'un de ses membres, qui opère la spoliation d'une succession. Non : un tel droit ne saurait être conforme au droit naturel.

Je n'ignore pas que des jurisconsultes prétendent que succéder est un droit civil ; mais il ne suit pas de là que cette institution n'a rien de commun avec le droit naturel. La loi civile, en fortifiant ce qui a sa base dans la nature, n'affaiblit point cette base, la détruit encore moins.

J'observerai de plus, pour écarter cette objection dont les termes ne sont pas ordinairement assez précisés, qu'il faut bien distinguer entre le principe général et le mode particulier et déterminé de succéder. Le mode appartient sans doute au droit civil ; le principe au droit naturel.

J'observerai encore que certaines maximes recueillies par des jurisconsultes, commodes en jurisprudence, et lorsqu'il s'agit d'appliquer les lois déjà faites, vu que ces maximes en sont des corollaires, ne sont point admissibles lorsqu'il s'agit de discuter les lois à faire. Entendre s'en prévaloir, c'est admettre pour bon, pour excellent, ce qui est; alors ce ne serait pas la peine de changer. C'est s'exposer souvent à ériger en principe ce qui est en question. Au barreau, le plus communément, l'on fait, l'on doit faire des maximes en vertu des lois : ce sont des déductions plus ou moins généralement avouées qui en émanent. Mais le législateur fait et doit faire les lois en présence et en vertu des principes regardés comme fondamentaux de l'ordre social. Dans un tribunal, c'est d'après la loi que l'on prononce ; à la tribune, c'est sur la loi elle-même que l'on vote ; il faut donc la comparer aux principes, beaucoup plus qu'à une multitude de souvenirs transformés en axiomes très-secondaires qui souvent en dérobent la vue.

J'observerai enfin que nos jurisconsultes ont été d'autant plus obligés de se créer de ces *maximes du barreau*, que, dans l'infinie variété des coutumes qui régissaient une grande partie de la France, et des dispositions du droit romain qui gouvernait l'autre, et servait, au besoin, partout, de commentaire et de supplément à la législation ; au milieu de la jurisprudence si versatile des arrêts, il était indispensable de convenir de quelques bases principales, de se créer des stations, et comme des points de reconnaissance, pour ne pas se perdre dans le dédale des lois. Mais lorsqu'un Code unique nous est présenté, c'est-à-dire un ouvrage régulier, dont toutes les parties doivent être coordonnées entre elles et vers un but déterminé, il faut, pour le juger convenablement, maîtriser ses souvenirs, juger son propre savoir, et dominer ses connaissances avec sa raison.

Ainsi ne nous laissons pas déconcerter par l'assurance avec laquelle on répéterait cette proposition si indéterminée, « que « les successions émanent du droit civil. » Ce ne serait pas non plus, sans doute, en vertu du droit civil que le fisc serait l'héritier d'un individu qui laisse une famille. Scinder une famille, recourir à la fiction pour méconnaître ou violer ses droits, sont des actions qui ne peuvent appartenir à aucune espèce de droit ; ce n'est point une faculté que l'on puisse réclamer. S'il est des gouvernemens qui se la permettent, combattons le mal par l'ascendant de l'exemple, au lieu de le propager, de le fortifier par l'imitation ; reposons-nous du soin de le combattre sur le gouvernement, dont les négociateurs habiles sauront aussi remporter des victoires avec les armes toujours puissantes des lumières et de l'éloquence.

Avoir prouvé que le droit naturel repousse le droit d'aubaine, c'est déjà avoir fait saisir l'opposition qui se trouve entre un tel usage et la saine politique. Je n'imagine pas, en effet, qu'une politique digne d'être avouée puisse admettre ce que rejette le droit naturel. Ce qui est injuste est toujours impolitique, et tient à des erreurs de calcul ou d'opinion. C'est surtout à la France qu'il appartient de mettre la législation en harmonie avec le droit naturel, parce que telle est la base des bonnes lois, parce que cette marche est conforme à ses principes, parce qu'il lui importe de détruire les impressions défavorables que des calomnies intéressées ont pu produire dans quelques contrées. Il n'est pas inutile de démontrer à ceux qui voulaient mettre la France hors la paix des nations, et la proclamer l'ennemie du monde, qu'elle professe et pratique les maximes les plus sages de la plus généreuse civilisation, que ses lois sont toujours hospitalières comme ses mœurs, et que son esprit national se compose à la fois des sentimens les plus humains, et des souvenirs les plus glorieux. Voilà ce qu'une sage et saine politique ne vous permet pas de perdre de vue.

Mais, de concert avec vos besoins, cette politique appelle encore impérieusement votre attention sur tout ce qui tient à l'industrie, au commerce, au mouvement des capitaux. Sous tous ces rapports, elle désavoue le droit d'aubaine.

On a insisté avec raison sur le rôle important que joue, sur le rang essentiel que tient l'industrie, dans l'économie actuelle des gouvernemens et des sociétés ; elle semble en effet un nouvel élément social : modifiée par les mœurs, elle les modifie à son tour. Partout elle satisfait, entretient et développe le goût des jouissances. Il n'est pas de mon sujet d'examiner les causes actives et les conséquences éloignées de cette impulsion. Il doit suffire d'observer qu'on ne peut impunément négliger cet élément dans l'ordre présent des choses , et qu'il mettrait la puissance des richesses, et par conséquent un levier incalculable , entre les mains du gouvernement qui réussirait à s'en emparer seul.

Nul pays ne peut aujourd'hui cueillir la palme de l'industrie , ce véritable rameau d'or , sans une puissante réunion de moyens, soit personnels, soit réels, fortement combinés et organisés. Le zèle le plus actif et le plus infatigable doit appeler, encourager, vérifier, perfectionner toutes les inventions , toutes les pratiques, toutes les méthodes, toutes les simplifications de procédés qui, à moins de frais, donnent de plus nombreux et de meilleurs résultats. Il doit avoir l'œil sur tout et partout, afin de n'être en arrière sur rien. Des idées sans suite ne profiteraient qu'aux rivaux de ce pays ; des efforts partiels et sans ensemble ne feraient que l'épuiser ; un mouvement sans direction, des capitaux, errant sans gravitation vers un centre reproductif, seraient autant de causes d'infériorité, des principes, ou des symptômes de ruine , pour un pays, si ces symptômes n'étaient en même temps des avertissemens salutaires qui signalent les besoins , qui indiquent le choix des moyens régénérateurs.

On n'a rien fait pour le succès en ce genre, si l'on n'établit une sage et parfaite liberté des personnes et des choses. En vain dirait-on que par la loi proposée les personnes sont entièrement libres, que les choses seules sont atteintes, et lorsque les personnes ne sont plus. Je ne sais pas ce que c'est que la liberté des personnes sans la faculté de disposer de ce que l'on a, d'employer ses capitaux, soit en établissemens de commerce, soit en acquisitions d'immeubles. Cette disponbilité des biens est le complément indispensable de la liberté personnelle. Nul étranger ne consentira à porter parmi nous une branche d'industrie nouvelle, des procédés nouveaux ou des méthodes perfectionnées, s'il n'est pas accueilli, attiré ; s'il faut absolument qu'il renonce à sa patrie ; si l'on exige impérieusement de lui cette condition, lorsque le succès de ses entreprises chez nous est encore incertain ; s'il ne peut acquérir des immeubles nécessaires à ce succès même, sans courir le risque d'acquérir pour le fisc ; s'il n'a pas la consolante certitude de travailler pour sa famille, cette douce et précieuse continuation de lui-même, puissant et presque unique mobile des grands travaux et des grandes spéculations industrielles et commerciales.

Ce mobile ne viendrait pas encourager même celui qui serait devenu citoyen français par la déclaration prescrite, après un an de séjour ; il pourrait bien hériter, mais on ne pourrait hériter de lui. Ses parens seraient frustrés de ses biens, s'ils demeuraient en pays étranger. Ils ne pourraient rien recevoir par testament. Une telle disposition n'a d'autre effet que de mobiliser les fortunes pour les transmettre commodément au dehors, au moyen des lettres-de-change. On a voulu éviter la sortie des capitaux ; c'est le choix même de la mesure qui produit ce fâcheux effet.

Votre sol, par sa fertilité, par l'abondance et la variété de ses productions, par la multiplicité de ses canaux naturels, appelle l'industrie ; l'industrie appelle le commerce ; et le commerce, qui enrichit un État ou prévient sa ruine, ne se fait qu'avec l'étranger. Voulez-vous vous priver de tous ces avantages et de tous ceux qui sont attachés à votre climat ? voulez-vous les affaiblir volontairement, sans qu'aucun genre de compensation vienne vous dédommager de ce sacrifice ? Il serait plus grand de votre part, ce sacrifice, lorsque vous consentiriez à vous y soumettre par réciprocité, que pour les gouvernemens qui vous en imposeraient l'exemple. Considérez l'étendue de votre territoire, si honorablement et si avantageusement agrandi par la victoire ; considérez encore l'étendue de vos côtes, et calculez, s'il est possible, le degré de prospérité, de richesses et de puissance auquel la République française est appelée : ces données sont dans une sorte de proportion avec l'univers. Ce qu'elles ont de grand nous interdit les mesures illibérales, de la nature de celles que je combats.

De toutes les notions d'économie publique ou privée, la plus vulgaire peut-être, mais la plus utile à rappeler et à méditer, est que, plus un domaine est considérable, plus il exige de grands moyens d'exploitation : entre ces moyens les capitaux sont, sans contredit, les plus essentiels. Ils représentent un principe, un moyen d'activité qui doit s'unir à tout, soit qu'il s'agisse d'exploitations rurales intérieures ou coloniales, soit qu'il s'agisse d'entreprises industrielles, soit qu'il s'agisse de spéculations commerciales. Depuis le point qui voit ou fait éclore la matière première, jusqu'à la dernière forme qu'elle reçoit des mains du fabricant, jusqu'à l'usage enfin qu'elle remplit entre les mains du consommateur, vous voyez les reproductions de la nature et de l'art, les échanges, les exportations, les importations, la distribution et les consommations, recevoir l'impulsion d'une quantité plus ou moins considérable de capitaux fictifs ou réels, et se proportionner exactement à la richesse ou à l'appauvrissement de cette circulation.

Semblables aux fluides qui cherchent le niveau, les capitaux arriveront chez vous ; leur rareté même et leur prix deviendront le principe fécond qui en augmentera la masse et diminuera l'intérêt de l'argent, si vous ne leur opposez pas de barrière, si le capitaliste n'en redoute pas pour lui-même, si vous l'intéressez à votre destinée, si vous ne repoussez pas sa confiance, si vous lui permettez de lier sa fortune à la vôtre, s'il n'a point à craindre la résurrection inattendue d'un droit féodal et d'une coutume inhospitalière, s'il voit de la stabilité dans vos institutions, si vous lui offrez un avenir individuel qui ne soit pas d'avoir le fisc pour héritier. L'étranger qui aurait de mauvais desseins, qui viendrait en France avec l'intention criminelle d'y semer le trouble, ou d'y préparer des bouleversemens, se passerait aisément de toutes ces conditions; il ferait peu de cas de tous ces avantages. Un tel homme ne serait point arrêté par la disposition contre laquelle je m'élève; mais, celui qui pourrait vous servir par ses moyens, contribuer à la prospérité publique par sa fortune ou son industrie, en sera détourné; elle sera une barrière trop faible pour le premier, trop réelle pour le second.

Introduire dans vos lois, dans votre Code civil surtout, qui doit être la plus durable de vos institutions, une disposition qui écarte l'étranger de vos marchés, de celui des immeubles notamment, est un acte qui aurait des suites sur lesquelles il est probable que l'on n'a pas assez réfléchi. Dès que vous aurez ôté cette concurrence dont l'imagination se plaît toujours à exagérer les avantages réels, il en résultera une baisse dans les prix de vente. Le mouvement des mutations sera moins animé, moins avantageux. Parmi les propriétaires de biens, soit nationaux, soit patrimoniaux, il en est beaucoup qui ont attendu la paix pour vendre plus utilement; ils ont compté sur la concurrence de l'étranger; ils en ont espéré une hausse avantageuse pour eux dans le prix des immeubles. Cet espoir a suspendu même des partages dans les familles. On a conservé, entretenu, réparé, embelli des propriétés, en vertu de cette perspective autorisée par la législation existante. Chacun a acquis, soit des particuliers, soit de la nation, sous la foi et la condition du bienfait de la loi, dont personne ne s'est avisé de prévoir, ni de calculer l'éclipse soudaine. Ferez-vous évanouir tant d'espérances légitimes, que l'on a dû regarder comme appuyées sur les plus immuables bases? Effaceriez-vous de tous les contrats d'aliénation que vous avez passés une clause à laquelle l'acquéreur a dû, a pu attacher un grand intérêt? Cette marche serait-elle bien exempte du reproche de rétroactivité? A de grandes distances, en pays étranger, elle serait très-sévèrement appréciée, peut-être en raison de ces distances mêmes qui influent sur le jeu de l'imagination. En France, le mal s'accroîtrait aussi par une inquiétude vague et indéfinie qui ne croirait rien voir de fixe et d'assuré, puisque les décrets les plus mémorables de l'Assemblée constituante seraient rapportés. Dans ce tournoiement, dans cette instabilité, il serait difficile d'arrêter une pensée, de baser une opération, d'asseoir de grandes entreprises.

Si le mot de *confiscation* est justement proscrit, ainsi que la chose qu'il exprime, comme rappelant lui-même les proscriptions, gardons-nous de l'introduire, soit directement, soit indirectement, dans nos lois. Nous avons, depuis longtemps, cessé d'en donner l'exemple; ne consentons pas à le recevoir; ne laissons pas rentrer le droit d'aubaine par voie d'importation. Quand le gouvernement est sans arbitraire, a dit un ancien, le fisc est sans faveur (a). Les confiscations n'ajoutent pas plus à la richesse que l'injustice au pouvoir.

Ce serait un singulier spectacle de voir parmi nous les juges de paix, nés avec la révolution, les officiers civils et les magistrats institués pour l'administration de la justice, obligés quelquefois d'étudier le Code des nations les plus lointaines et leur jurisprudence, à l'égard des étrangers et des Français, pour y conformer leurs décisions à l'égard des individus qui appartiennent aux pays les plus éloignés. Comme ces jugemens pourront être contestés et portés aux tribunaux supérieurs, il ferait beau voir ces autorités réduites, en quelques circonstances, à examiner si ces décisions sont, je ne dirai pas assez justes, mais assez arbitraires, assez vexatoires, et, en tout point, exactement conformes à ce qui se pratique envers les étrangers chez les peuples les moins avancés dans la civilisation. Il ferait beau voir le ministère public, ce défenseur né de la veuve et de l'orphelin, cet organe public de

(a) Pline.

la protection due au faible, requérir, tenant à la main un Code étranger, la confiscation des biens que réclame une famille étrangère...... Je m'arrête, tribuns; il ne peut être nécessaire d'insister avec détail sur des conséquences qu'il est si facile de prévoir. Rétrograder à ce point me paraît impossible : pour éloigner des étrangers, nous n'admettrons pas des lois étrangères. Leurs préjugés ne trouveront point d'échos en France, ne viendront pas retentir au sein de nos tribunaux. Les juges auxquels vous donneriez une semblable mission ne sauraient se familiariser avec l'habitude d'avoir à la fois deux poids et deux mesures, et l'on sait qu'il leur en faudrait bien davantage. La tradition de ces jurisprudences diverses et contradictoires a disparu. Malgré la facilité ordinaire du mal, il est même des abus que l'on aurait de la peine à recréer.

Introduire, par réciprocité, le droit d'aubaine dans nos lois, c'est altérer l'unité si désirée et si désirable de notre Code; c'est renfermer, pour ainsi dire, la plupart des Codes de l'univers, que dis-je? les Codes futurs et possibles des différens peuples, dans un seul article du nôtre. Au lieu de leur offrir nos lois comme des modèles, sous le rapport de la sagesse, et comme des bienfaits en ce qui peut les concerner, on se met dans la nécessité peu honorable d'étudier, de suivre les leurs, d'en changer quand ils en changeront, fussent-elles plus mauvaises : au lieu de les engager à avancer avec nous, on consent, on se soumet à reculer avec eux; et, si l'un de ces peuples, faisant aujourd'hui un Code civil, ou une loi particulière relative aux étrangers, y insérait aussi une disposition conditionnelle par laquelle il s'engagerait à traiter les étrangers comme ses citoyens seront traités chez les différentes nations du globe, il suit de là que nos juges ne trouveraient, dans l'article 13 que nous discutons aucune base de décision. Cet article suppose donc à tort, connu et déterminé, un point qui peut ne l'être pas. Il est, en vérité, bien plus facile, bien plus utile, et, ainsi que nous l'avons démontré, bien plus politique, d'être juste, et de se replacer, en législation, au niveau de la raison publique ; il est bien plus sage de s'en tenir à ce qui est, et de ne pas élever un signal d'inquiétude et de méfiance que chacun interpréterait à sa manière, et que suivraient mille fâcheux résultats, soit dans la réalité, soit dans l'opinion.

J'invoque ici, avec d'autant plus de confiance, cette grande autorité de la raison publique, qu'elle réunit tous les caractères propres à déterminer votre assentiment. Ce n'est pas l'opinion de la France seule, c'est celle de la majeure partie des gouvernemens ; c'est celle de tous les écrivains et de tous les publicistes célèbres. Leurs noms vous ont été cités ; leurs pensées sont présentes à vos esprits. C'est à la suite de ces grands noms que l'on a dignement invoqué l'immortel décret, produit de l'enthousiasme uni à la sagesse, par lequel l'Assemblée constituante a pour jamais aboli le droit d'aubaine.

Le procès de cette coutume anti-sociale était, depuis long-temps, fait dans l'opinion publique éclairée de la France et de l'Europe, lorsque l'impératrice de toutes les Russies, Catherine II, dont les maximes sont souvent invoquées aujourd'hui par son successeur, publia, pour la rédaction d'un Code en Russie, une instruction dans laquelle on lit ce passage remarquable : « Le droit par lequel un prince s'arroge « la succession d'un étranger qui meurt dans ses États sans « y laisser d'héritiers, de même que celui en vertu duquel, « lui, ou ses sujets, s'emparent des débris et de la charge « d'un vaisseau qui fait naufrage sur ses côtes, sont ce qui se « peut de plus insensé et de plus inhumain.... La loi qui em- « pêche la vente de ses fonds, afin de n'en pas faire passer « l'argent dans les pays étrangers, est mauvaise depuis l'in- « vention des lettres de change, au moyen desquelles les ri- « chesses ont cessé d'appartenir uniquement à tel ou tel État ; « et elle est mauvaise, parce qu'elle ne permet pas d'user de « son bien suivant son bon plaisir, ou suivant que les circon-

« stances le demandent, quoique, d'ailleurs, chacun ait la
« liberté de faire de son argent comptant tout ce qu'il juge
« à propos. » Ainsi s'exprimait Catherine II (a).

Qu'il me soit enfin permis de me prévaloir ici d'une
maxime solennellement proclamée dans l'exposé des motifs
qui accompagne le projet même soumis à votre examen. Il
déclare toute idée de confiscation formellement contraire aux
principes consacrés par le nouveau régime. Le droit d'aubaine est bien une confiscation : il ne peut être caractérisé
par aucune autre expression; il ne peut être défini par aucun
autre terme. Le nommer, ainsi que nous l'avons dit, c'est
donc le juger. L'exercer par représailles, ce serait copier une
barbarie, violer, par imitation, le droit naturel, méconnaître
ce qui est dû d'égards au lien sacré de la famille, attaquer
cette belle unité sociale, attenter à la vie morale de cet être
collectif, altérer l'esprit de notre législation, la faire accuser
d'instabilité dans un point qui correspond avec tous les intérêts et avec tous les peuples, porter atteinte à notre industrie et à notre commerce, priver la France de l'augmentation
de capitaux qu'elle pourrait recueillir de communications
plus libres, et abandonner des principes que l'on professe,
pour suivre des exemples que l'on blâme.

Par toutes ces considérations, je vote le rejet du droit
d'aubaine et du projet qui en contient la disposition.

Le Tribunat, sous la présidence de M. Favart, ferma
la discussion dans la séance du 11 nivose an X, et vota le
rejet du projet.

Puis il désigna MM. Thiessé, Faure et Boissy, pour exposer et défendre, devant le Corps législatif, les motifs du
vœu qu'il émettait.

(a) Instruction pour un code en Russie, pag. 159 et 162.

COMMUNICATION OFFICIEUSE

A LA SECTION DE LÉGISLATION DU TRIBUNAT.

Le message, adressé le lendemain par le Premier Consul, empêcha que le vœu du Tribunat ne fût porté au Corps législatif; et la discussion se trouva dès lors interrompue jusqu'au 7 messidor (26 juin 1802), jour auquel le gouvernement, ayant organisé les communications officieuses, envoya à la section de législation du Tribunat, le projet dont l'Assemblée générale avait voté le rejet, sans que préalablement il eût subi aucune nouvelle discussion au Conseil d'État.

La section nomma ensuite une commission pour lui faire un rapport sur ce projet; puis l'examina dans les séances des 26, 27 messidor, 1er et 2 thermidor an X (15, 16, 20 et 21 juillet 1802), et arrêta les observations suivantes, qu'elle transmit à la section de législation du Conseil d'État.

OBSERVATIONS DE LA SECTION.

La commission chargée d'examiner le projet relatif à la jouissance et à la privation des droits civils, est entendue par l'organe d'un de ses membres.

Le rapport fait, la section passe à la discussion de ce nouveau projet sur l'article 9, ainsi conçu : « Tout Français « jouira des droits civils résultant de la loi française. » [3]

On observe que ces derniers mots, « résultant, etc., » sont évidemment inutiles, puisque les droits civils, dont il est ici question, et dont la jouissance doit appartenir à tous les Français, ne peuvent être autres que ceux qui résultent de la loi de leur pays.

On propose en conséquence de supprimer cette addition

comme superflue. Cette proposition est mise aux voix et adoptée.

9   La section examine l'article 10. On y lit : « Tout individu « né en France est Français. »

Cet article, considéré seulement par rapport à l'individu né en France de parens français, offre une règle trop évidente pour avoir besoin d'être établie ; mais la disposition est générale. Considérée dans toute la latitude qu'elle comporte, elle appelle les observations suivantes :

On cite un exemple.

Un enfant naît en France de parens étrangers : ceux-ci venaient d'arriver. Peu de jours après, ils retournent dans leur pays : leur enfant les suit. Lui-même n'y reparaîtra peut-être de sa vie. On demande à quel titre un tel individu peut être Français. Aucun lien ne l'attache à la France. Il n'y tient ni par la féodalité, puisqu'il n'en existe pas sur le territoire de la République, ni par l'intention, puisque cet enfant ne peut en avoir aucune, ni par le fait, puisqu'il ne reste point en France, et que ses parens n'y ont eu qu'une résidence éphémère. Accordera-t-on au hasard de la naissance un privilége tel que cet individu soit admis à recueillir les avantages du lieu où il est né, sans que les charges puissent l'atteindre? Cela ne serait pas juste.

Cependant c'est ce qui résulte de l'article.

Modifiera-t-on cet article? Mais quelle sera cette modification? Exigera-t-on de l'individu né en France de parens étrangers une résidence réelle sur quelque point du territoire français? Mais il faudrait déterminer la durée de cette résidence : et d'ailleurs l'enfant en bas-âge eut-il jamais une autre résidence que celle de ses père et mère? Se contentera-t-on d'une simple déclaration de ces derniers? Comment suffira-t-elle lorsque leur propre fait y serait contraire ; et qu'à juger par les probabilités, tout est contre, et rien pour?

Laissera-t-on l'individu prendre jusqu'à sa majorité la qualité de Français, sauf à le considérer ensuite comme ne l'ayant jamais eue, s'il n'a jamais rien fait qui la justifie?

Ce serait consacrer un provisoire qui deviendrait irréparable en définitif.

Après avoir, par exemple, recueilli des successions en France, pendant qu'il était mineur, serait-il possible de le forcer à les rapporter, lorsqu'il annoncerait, soit par **une** déclaration formelle, soit tacitement, par sa seule conduite, qu'il ne reconnaît pour son pays que celui où il n'a cessé d'habiter avec sa famille, qu'il n'entend supporter aucune charge du pays où il est né, comme en effet il n'en a jamais supporté aucune?

De ces observations générales on a conclu :

1°. Que l'article ne pouvait être admis sans modification.

2°. Qu'il n'était aucune des modifications proposées qui ne présentât des inconvéniens graves.

3°. Enfin, que le retranchement de l'article offrait moins d'inconvéniens que l'admission des modifications.

Les modifications ayant été successivement mises aux voix et rejetées, on a voté pour le retranchement de l'article.

L'article 11 est adopté.   10

L'article 12 l'est également.   7.

Cet article a pour but d'empêcher que l'on ne confonde l'idée des mots *droits civils* avec ce que l'on doit entendre par la qualité de *citoyen*. Il appartient donc à la définition de la chose ; et dès-lors il doit précéder tout ce qui concerne son application.

D'après ce motif, la section pense que l'art. 12 doit être le premier du projet sur la *jouissance des droits civils*.

Quant à l'article 13, on propose d'y substituer la rédaction   11
suivante :

« L'étranger jouira en France des droits civils déterminés
« par les traités avec la nation à laquelle il appartient, ou
« par les lois françaises. »

Cette nouvelle rédaction est présentée comme plus satisfaisante, vu, d'une part, qu'elle ne préjuge rien sur la question du droit d'aubaine, et de l'autre, qu'elle ne fait point dépendre la législation française, à l'égard des étrangers, de la législation particulière des étrangers à l'égard des Français.

L'ancienne rédaction n'offre point cet avantage. On demande que la préférence soit accordée à la nouvelle.

12-13.   La proposition est mise aux voix et adoptée.

3   La section adopte les articles 14 et 15.

Les articles 16 et 18 concernent l'application des lois françaises, l'un à l'étranger résidant en France, l'autre à la personne et aux biens (situés en France) du Français résidant en pays étranger.

En conséquence, la section estime que ces deux articles, dont elle adopte les dispositions, ne doivent pas être placés dans le projet sur la jouissance des droits civils, et que leur véritable place est dans le premier projet, qui traite de l'application des lois.

14-15-   La section adopte enfin les articles 17, 19 et 20.
16.

Mais on observe que les articles 17 et 19 se bornent à régler des points de compétence, et que l'article 20 n'a trait qu'au cas où l'étranger sera tenu de donner la caution *judicatum solvi*.

On en conclut que ces trois articles appartiennent au Code judiciaire. On demande qu'ils y soient renvoyés.

Tel est l'avis de la section.

17   L'article 21 est adopté.

18   On observe sur l'article 22, qu'il convient d'ajouter après les mots, « en déclarant qu'il veut s'y fixer, » la condition suivante : « et qu'il renonce à toute distinction contraire à la « loi française. »

Ceci résulte de l'article 21, et fera disparaître toute espèce d'incertitude sur la juste application de celui-ci.

La section adopte l'addition proposée.

19-20   Les articles 23 et 24 sont adoptés.

21   A l'égard de l'article 25, le premier paragraphe ne présente aucune difficulté.

On observe sur le second qu'il paraît trop dur d'exiger du Français, dans les cas particuliers prévus par cet article, une condition plus rigoureuse que celle exigée par la loi de l'étranger qui veut acquérir en France l'exercice des droits civils. On pense qu'il serait plus juste et non moins rassurant de se borner aux conditions relatives tant à cet étranger qu'au Français qui, dans le cas général, a perdu la qualité de Français et veut ensuite la recouvrer.

On propose en conséquence de substituer aux mots, « qu'en « remplissant les conditions imposées à l'étranger pour de- « venir citoyen, » la rédaction suivante : « en remplissant « les conditions imposées par les articles 15 et 22. »

On met aux voix la substitution proposée; la section l'adopte, ainsi que tout le reste de l'article.

Les articles 26 et 27 sont adoptés. 22-23-24

On désirerait seulement que le second paragraphe de l'article 27 exprimât l'intention formelle de n'attacher jamais les effets de la mort civile qu'à des peines perpétuelles.

Les articles suivans, depuis le 28ᵉ jusqu'au 35ᵉ inclusive- 25 à 32. ment, ont été la matière de plusieurs observations importantes dont voici l'analyse.

Le système de la mort civile est susceptible de toute espèce de modifications. Il a toujours été plus ou moins modifié, selon le caractère et les mœurs du peuple chez lequel il était admis. Quelquefois on a confondu ce qui appartenait au droit naturel ou au droit des gens, avec ce qui n'appartenait qu'au droit civil : dans d'autres temps, on a fixé des lignes de démarcation arbitraires, et dépendantes uniquement du degré de rigueur qu'on voulait donner aux effets de la mort civile. Ce n'est point ici le lieu d'entrer dans le détail de lois si variées.

Les rédacteurs du projet que l'on examine dans ce moment ont eux-mêmes senti la nécessité de modifier le principe de la mort civile, et l'on aura dans la suite occasion de le prouver par des exemples.

On pense que, si les dispositions de ce projet, surtout celles relatives à la contumace, étaient adoptées, il en résulterait les inconvéniens les plus graves.

La plupart de ces inconvéniens pourraient être facilement évités.

Il suffirait de reculer l'époque où la mort civile est encourue, jusqu'à l'expiration du délai pendant lequel le jugement de contumace peut être anéanti.

Le projet établit trois cas où le jugement de contumace est considéré comme n'ayant jamais existé.

1°. Si le condamné se représente dans les cinq années, à compter du jour de l'exécution par effigie.

2°. Si, dans cet intervalle, il est arrêté.

3°. Si, dans le même intervalle, il vient à mourir.

D'un autre côté, le projet veut que la mort civile soit encourue au moment de l'exécution par effigie, et qu'elle produise tous ses effets, tant que l'un des trois cas n'est point arrivé.

Un des effets les plus remarquables de cette mort civile opérée par un jugement révocable, est que la succession du condamné se trouve ouverte aussitôt que l'exécution par effigie a eu lieu. Voilà donc les héritiers qui se présentent pour la recueillir : ils la recueillent en effet et la partagent.

Mais si un des trois cas arrive, fût-ce au dernier jour des cinq années, il faut que le tout soit rendu au condamné.

Supposons que son jugement soit anéanti par l'effet de son arrestation ou de sa représentation volontaire, il sera jugé de nouveau ; et si le second jugement prononce une condamnation emportant mort civile, sa succession sera ouverte une seconde fois. Peut-être ceux qui avaient recueilli cette succession ne seront plus alors les héritiers du condamné, parce qu'il lui sera survenu des enfans dans l'intervalle du jugement de contumace au jugement contradictoire. Alors une seconde classe d'héritiers demandera compte à la première ; de là des contestations sans fin et des frais incalculables.

Ce n'est pas tout : avant que le jugement de contumace soit anéanti, une succession collatérale vient à s'ouvrir. Si le condamné n'était pas mort civilement, il avait droit de venir par représentation. Il a des enfans, à la vérité ; mais ces enfans étant d'un degré plus éloigné, le droit de représentation ne peut pas s'étendre jusqu'à eux, à cause de la position respective des branches collatérales. La succession passe donc à d'autres collatéraux, à l'exclusion du père et des enfans. Avant que les cinq années soient expirées, le père est pris, ou se représente, ou meurt. Le jugement de contumace disparaît, et, avec lui, les clauses d'exclusion. Il faut revenir contre tout ce qui a été fait : il faut qu'il y ait un nouveau partage : il faut qu'il y ait une nouvelle liquidation.

Ce n'est pas tout encore : la veuve du condamné, que le projet qualifie en effet de veuve, et qui, comme telle, avait exercé ses droits et reprises sur la succession de son mari, cesse d'être veuve, aussitôt que la cause de son veuvage a cessé. Elle doit rendre à son mari tout ce qu'elle en a reçu ; et elle ne redevient veuve qu'à compter du jour de la mort naturelle de son mari, ou de la nouvelle condamnation. Si, dans l'intervalle du premier veuvage au second, l'époux a fait des dettes, la femme est ruinée ; dans tous les cas, il aura fallu deux comptes, deux liquidations.

A tant de difficultés on a répondu que, dès qu'on admettait le principe de la mort civile, on ne pouvait se dispenser d'en admettre les conséquences.

Mais le principe n'est point contesté ; l'on ne diffère que sur l'époque à laquelle son effet doit avoir lieu : et c'est précisément à cause de tous les inconvéniens qu'entraîne le principe durant le délai de cinq ans, qu'on désire que l'effet en soit reculé jusqu'après l'expiration de ce délai.

Le projet ne reconnaît-il pas lui-même que, pendant les cinq ans, le principe ne peut être exécuté dans toute sa rigueur ?

Voici trois exemples des modifications consacrées par le projet :

1°. On interdit à la veuve la faculté de se remarier dans les cinq ans.

Cependant, dès que l'époux mort civilement est considéré comme s'il était mort naturellement, pourquoi cette veuve ne peut-elle pas passer à de secondes noces ?

2°. On oblige les héritiers et la veuve de donner caution, avant de se mettre en possession des biens du condamné.

La mort civile ne produit donc pas le même effet que la mort naturelle ? Dans ce dernier cas, il ne pourrait jamais y avoir lieu à donner caution.

3°. Celui qui est mort civilement peut acquérir. Ce point est reconnu par le projet.

La mort civile n'est donc pas une image parfaite de la mort naturelle.

On remarquera ici en passant que la caution exigée pour la succession du condamné par contumace, ne l'est point pour les successions intermédiaires que le condamné aurait recueillies s'il n'était pas mort civilement ; et il y a néanmoins parité de raison à l'égard de celles-ci, puisque l'individu dont le jugement de contumace est anéanti dans les cinq années a droit de réclamer ces successions intermédiaires comme sa propre succession. Sans la caution, le condamné, rentré dans ses droits, courrait le risque de ne plus rien retrouver.

D'un autre côté, si la veuve, si les héritiers ne peuvent donner cette caution, que deviendront les biens ?

Et les enfans nés depuis l'exécution du jugement par effigie, quelle sera leur situation durant les cinq ans ? Incertains sur leur état futur, ils ne peuvent espérer leur légitimité que si, avant l'expiration du délai, leur père vient à mourir, ou s'il se représente, ou est arrêté, peut-être avec l'assurance qu'il périra sur l'échafaud : de sorte que l'intérêt de leur état se trouve en opposition avec les sentimens de la nature.

Depuis dix ans, les individus condamnés par contumace à des peines perpétuelles ne sont frappés que d'une interdiction légale. Telle était la disposition du Code criminel de 1791 ; la loi de brumaire an IV n'a rien changé sur ce point. Aucun tribunal a-t-il réclamé contre cet ordre de choses ? Si dix ans d'expérience n'ont produit aucune plainte, pourquoi ne pas adopter ce mode, au moins pour le délai pendant lequel on peut purger la contumace ? Seulement les biens des condamnés, au lieu d'être séquestrés et régis par le fisc, seraient, pendant ce délai, administrés comme les biens des absens. Rien en cela ne blesserait la Constitution.

Le projet, au contraire, est diamétralement opposé à sa lettre et à son esprit.

Les rédacteurs de l'acte constitutionnel, après avoir dit, article 4 : « La qualité de citoyen se perd par une condamna-« tion afflictive ou infamante, » semblent avoir craint que l'on ne confondît un jour la condamnation par contumace avec la condamnation contradictoire. Parmi les causes qui, suivant l'article 5, opèrent seulement la suspension des droits de citoyen, cet article énonce la *contumace*. Le texte est clair, et la disposition précise.

Comment donc la condamnation par contumace pourrait-elle emporter une espèce de mort d'où résulterait tout à la fois la perte des droits politiques et des droits civils, tandis que, d'après la Constitution, le contumax ne perd point ses droits politiques, et qu'à son égard ces mêmes droits restent seulement suspendus ?

Tel est le résumé de la première partie de la discussion.

La seconde est relative à la disposition du projet, qui veut que le mariage contraté par le condamné antérieurement à l'exécution de son jugement soit dissous quant à tous ses effets civils. Le projet ne distingue point entre l'exécution par effigie et l'exécution réelle. Ce qu'on va dire s'applique aux deux cas.

L'ordonnance criminelle de 1671 était beaucoup plus rigoureuse que nos nouvelles lois criminelles. Elle avait admis
la mort civile, toutes les fois qu'il y avait condamnation à
une peine perpétuelle : elle l'avait admise même contre les
condamnés par contumace. Mais quant au mariage, soit que
le jugement fût contradictoire, soit qu'il ne le fût pas, la
dissolution n'en était jamais opérée. On répond qu'alors le
mariage était tout à la fois un contrat religieux et un contrat
civil, et qu'il ne pouvait être dissous comme contrat civil, à
cause de son indissolubilité comme contrat religieux.

Cette réponse suffit sans doute pour expliquer la prohibition du divorce. Mais le divorce n'a jamais lieu que sur la
demande d'un des époux; et aujourd'hui que nos lois admettent le divorce, il est incontestable que la dissolution du
mariage doit être prononcée si l'époux du condamné le demande. La question serait de savoir si, dans le cas où l'ancienne loi n'aurait pas considéré le mariage comme un contrat religieux, le législateur n'eût pas mieux aimé modifier
sur ce point les effets de la mort civile, que de rompre, en
aucun cas, contre la volonté des époux, un lien que leur
volonté seule avait formé. Les procès-verbaux des anciennes
ordonnances ne donnent aucunes lumières à cet égard.

Au surplus, en raisonnant d'après ce qui s'est passé,
plutôt que d'après ce qu'on aurait pu faire, toujours est-il
certain que le mariage du condamné à une peine emportant
mort civile n'était point dissous; qu'ainsi sa femme ne cessait pas d'être épouse légitime, et que les enfans, survenus
depuis la condamnation n'étaient pas moins légitimes que
ceux nés auparavant.

Cette modification des effets de la mort civile a-t-elle donc
occasioné des inconvéniens si graves et si multipliés, qu'il
soit besoin de devenir inflexible sur l'application d'un principe excessivement rigoureux?

Faudra-t-il, pour l'honneur d'un principe qui ne peut
jamais être appliqué dans toute sa latitude, faire retomber

sur l'un des conjoints la peine du crime que l'autre a commis, et auquel le premier n'aura jamais eu aucune part ? Faudra-t-il flétrir ainsi un mariage dont la formation n'était entachée d'aucun vice, et qui a été contracté sous la garantie de la loi ? Faudra-t-il regarder comme nul un acte synallagmatique, que les parties avaient passé dans les formes les plus solennelles, et à la résiliation duquel aucune de ces parties ne veut consentir ?

En vain des témoins dignes de foi attesteront qu'ils ont connaissance que ces époux n'ont pas cessé d'habiter ensemble dans les lieux qu'ils ont choisis pour retraite ; la loi repoussera comme concubine celle que sa conscience et peut-être sa religion auront retenue près de son époux. Elle lui dira que l'enfant qu'elle dit être de son mari ne l'est pas réellement, et que, fût-il bien constant qu'il fût né de celui qu'elle désigne comme le père, ce n'est qu'un enfant naturel provenu d'un commerce illégitime, et inhabile à succéder à aucun de ses parens.

On pense que, sur les articles du projet concernant le mariage, il vaut mieux encore modifier les effets de la mort civile, que de les laisser produire de si funestes conséquences.

La troisième et dernière partie de la discussion concerne l'article qui attribue au fisc, à titre de déshérence, la succession des biens que le condamné peut avoir acquis depuis qu'il a encouru la mort civile. Ces biens doivent, dit-on, appartenir au fisc ; car, le condamné n'ayant plus de parens, il ne peut y avoir d'héritiers.—Voici la réponse :

S'il était exact de dire que, la mort civile une fois encourue, et la succession existante à cette époque une fois partagée, les parens du condamné cessent de l'être, il en résulterait que, dans tous les cas où le condamné serait de nouveau traduit en justice, ceux qui jadis étaient ses parens pourraient être entendus en témoignage, quoiqu'aux degrés prohibés par les lois. Cependant, quel tribunal oserait se permettre de recevoir leurs dépositions ? et le refus que la justice ferait à cet égard ne serait-il pas une reconnaissance formelle que ceux qui composaient la famille du condamné avant l'exécution du jugement continuent d'en faire partie après cette exécution ?

Non seulement ils ne cessent point d'être parens, mais ceux qui étaient légitimes ne cessent pas de l'être ; un enfant naturel peut devenir légitime par mariage subséquent, lorsque le mariage est légal et l'enfant reconnu : un enfant légitime ne peut, ni par le fait de l'homme, ni par la disposition de la loi, perdre sa qualité de légitime, pour être réduit à celle d'enfant naturel.

Quand on admettrait que le mariage est dissous par la mort civile, et qu'ainsi, les enfans, depuis l'exécution du jugement, ne sont que des enfans naturels, cela ne pourrait s'appliquer à ceux dont la naissance est antérieure à la dissolution du mariage. Ces derniers sont incontestablement légitimes. Pourquoi, dès-lors, ne succéderaient-ils pas ?

Si le condamné ne laisse pas d'enfans, et qu'il soit né lui-même d'un mariage légitime, les père et mère du condamné n'ont pas cessé d'être légitimes par la condamnation de leur fils ; pourquoi seraient-ils exclus de la succession ? Ne doit-on pas dire la même chose des collatéraux du condamné ?

Cela posé, loin d'admettre le motif sur lequel on fonde (article 33) le droit de déshérence en faveur du fisc, on fera le raisonnement inverse, et l'on dira qu'il doit y avoir des héritiers toutes les fois qu'il y a des parens légitimes ; que les en priver, n'est point déshérence, mais confiscation.

Ne serait-ce pas, d'ailleurs, encourager le condamné au travail, que de lui offrir la perspective de transmettre à ses parens légitimes le fruit de ses sueurs ? Plus l'homme travaille, moins il est dangereux. Cette considération politique et morale n'échappera pas à la sagesse du gouvernement. Pour concilier, autant qu'il serait possible, les justes droits de la parenté, et le véritable intérêt de l'État, avec les effets de la mort civile, il suffirait de regarder la seconde succession comme un complément de la première, et d'y appeler les mêmes héritiers ou leurs représentans.

D'après toutes ces observations, les articles relatifs à la mort civile ont paru devoir être amendés.

On propose sur l'article 28, et la section adopte les modifications suivantes :

1°. Supprimer le premier paragraphe.

Sa rédaction n'est pas exacte. Il semble que les paragraphes se bornent à spécifier les droits que la mort civile fait perdre ; tandis qu'ils établissent de plus les conséquences qui résultent de la perte de ces droits. D'ailleurs, ce premier paragraphe devient inutile, en commençant le deuxième, ainsi qu'on va l'indiquer.

2°. Commencer le deuxième paragraphe de la manière suivante :

« Par la mort civile, le condamné perd, etc. »

Terminer le même paragraphe par les mots :

« Et *ab intestat.* »

On a regardé comme indispensable l'addition du mot *intestat*, vu que le paragraphe qui suit ne parle que du testament fait depuis que la mort civile est encourue, et non du testament existant à l'époque de l'exécution du jugement.

3°. Substituer au troisième paragraphe la rédaction suivante :

« Il ne peut plus ni recueillir aucune succession, ni dis-
« poser par donation entre-vifs, ni par testament, des biens
« qu'il a acquis par la suite, ni recevoir, aux mêmes titres,
« si ce n'est pour cause d'alimens. »

4°. Au huitième paragraphe, supprimer le mot *légal* comme superflu, et dire : « Il est incapable de contracter un mariage
« qui produise aucun effet civil. »

5°. Au lieu du neuvième paragraphe, dire : « Il perd tous
« les droit civils du mariage qu'il avait contracté avant sa
« condamnation ; le mariage sera dissous si l'époux du con—
« damné le demande. »

Cette nouvelle disposition, ainsi que toutes celles proposées jusqu'à l'article 35, est fondée sur les observations générales qui précèdent l'article 28.

6°. Commencer le dixième paragraphe ainsi qu'il suit :

« Dans tous les cas, l'époux du condamné et ses héri-
« tiers, etc. »

Et supprimer ces mots :

« Le tout, sauf la caution dont il sera parlé ci-après. »

Le surplus de l'article est adopté.

On propose de substituer, aux dispositions des articles 29 et 30, les articles suivans :

16 Art. 29. « Toute condamnation contradictoire emportera la
« mort civile, à compter du jour de l'exécution du jugement :

27 « La condamnation par contumace n'emportera la mort ci-
« vile, qu'après les cinq années qui suivront l'exécution du
« jugement par effigie, et pendant lesquelles le condamné
« peut se représenter. »

28 Art. 30. « Le condamné par contumace sera privé des droits
« civils pendant les cinq ans, ou jusqu'à ce qu'il se repré-
« sente, pendant ce délai; mais leur exercice ne sera que sus-
« pendu, et il ne sera considéré comme les ayant perdus dé-
« finitivement, qu'après l'expiration des cinq années.

« Tous les biens qui appartiendront au condamné par con-
« tumace, et qui lui écherront pendant les cinq ans, seront,
« jusqu'à l'expiration du délai, administrés comme les biens
« des absens. »

La section adopte les nouvelles dispositions des articles 29 et 30, telles qu'elles sont proposées.

29 L'art. 31 est adopté.

32 L'article 32 est adopté quant au premier paragraphe.

A l'égard du second, il ne peut plus subsister, d'après les dispositions antérieures.

31-32 Sur les articles 33 et 34, il ne s'élève aucune difficulté.

33. Aux deux paragraphes qui composent l'article 35, on propose de substituer les dispositions suivantes :

Art. 35. « Les biens que le condamné pourra avoir acquis
« depuis la mort civile encourue, et dont il se trouvera en
« possession au jour de sa mort naturelle, appartiendront à
« ceux qui auront recueilli sa succession, ou à leurs repré-
« sentans, sauf, à l'égard des enfans survenus dans l'inter-
« valle de la mort civile à la mort naturelle, à prendre tous
« ses biens à titre d'alimens. »

Cette proposition est adoptée.

Enfin, quant à l'article 36 et dernier, la section pense que
cet article doit être renvoyé à la loi qui organisera la déportation.

Une conférence s'engagea ensuite, le 22 fructidor an X,
entre la section du Tribunat et celle du Conseil d'État,
sous la présidence du Consul Cambacérès; le projet y fut
discuté, puis le Consul anonça qu'il serait fait une nouvelle rédaction en conséquence des explications qui venaient d'avoir lieu, et que cette dernière rédaction serait
présentée au Conseil d'État, pour y être définitivement
arrêtée.

DISCUSSION NOUVELLE DU CONSEIL D'ÉTAT

APRÈS LA CONFÉRENCE TENUE AVEC LE TRIBUNAT.

(Procès-verbal de la séance du 6 brumaire an XI. — 28 octobre 1802.)

M. Bigot-Préameneu, d'après la conférence tenue avec le
Tribunat, présente une nouvelle rédaction du titre *de la
jouissance et de la privation des droits civils.*

Il dit que les opinions n'ont été partagées que sur les effets de la mort civile, par rapport aux contumax : les autres
dispositions n'ont donné lieu qu'à quelques observations légères, auxquelles la section a eu égard dans la rédaction actuellement soumise au Conseil.

Le titre est ainsi conçu :

CHAPITRE Ier.

De la Jouissance des Droits civils.

7   Art. 1er. « L'exercice des droits civils est indépendant de
« la qualité de *citoyen*, laquelle ne s'acquiert et ne se con-
« serve que conformément à la loi constitutionnelle. »

8   Art. 2. « Tout Français jouira des droits civils. »

9   Art. 3. « Tout individu né en France d'un étranger,
« pourra, dans l'année qui suivra l'époque de sa majorité,
« réclamer la qualité de *Français*, pourvu que, dans le cas
« où il résiderait en France, il déclare que son intention est
« d'y fixer son domicile ; et que, dans le cas où il résiderait
« en pays étranger, il fasse sa soumission de fixer en France
« son domicile, et qu'il l'y établisse dans l'année, à compter
« de l'acte de soumission. »

10   Art. 4. « Tout enfant né d'un Français en pays étranger
« est Français.

    « Tout enfant né, en pays étranger, d'un Français qui aurait
« perdu la qualité de Français, pourra toujours recouvrer
« cette qualité, en remplissant les formalités prescrites par
« l'art. 3. »

11   Art. 5. « L'étranger jouira en France des mêmes droits
« civils que ceux qui sont ou seront accordés aux Français
« par les traités de la nation à laquelle cet étranger appar-
« tiendra. »

12   Art. 6. « L'étrangère qui aura épousé un Français suivra
« la condition de son mari. »

13   Art. 7. « L'étranger qui aura été admis par le gouverne-
« ment à établir son domicile en France y jouira de tous les
« droits civils tant qu'il continuera d'y résider. »

14   Art. 8. « L'étranger, même non résidant en France, pourra
« être cité devant les tribunaux français, pour l'exécution
« des obligations par lui contractées en France avec un Fran-
« çais ; il pourra être traduit devant les tribunaux de France

« pour les obligations par lui contractées en pays étranger
« envers des Français. »

Art. 9. « Un Français pourra être traduit devant un tri- 15
« bunal de France, pour des obligations par lui contractées
« en pays étranger, même avec un étranger. »

Art. 10. « En toutes matières autres que celles de com- 16
« merce, l'étranger qui sera demandeur sera tenu de don-
« ner caution pour le paiement des frais et dommages-intérêts
« résultant du procès, à moins qu'il ne possède en France
« des immeubles d'une valeur suffisante pour assurer ce
« paiement. »

CHAPITRE II.
De la Privation des Droits civils.

SECTION Ire.

De la Privation des Droits civils par la perte de la qualité
de Français.

Art. 11. « La qualité de Français se perdra, 1° par la na- 17
« turalisation acquise en pays étranger ; 2° par l'acceptation,
« non autorisée par le gouvernement, de fonctions publiques
« conférées par un gouvernement étranger ; 3° par l'affiliation
« à toute corporation étrangère qui exigera des distinctions
« de naissance ; 4° enfin, par tout établissement fait en pays
« étranger sans esprit de retour.

« Les établissemens de commerce ne pourront jamais être
« considérés comme ayant été faits sans esprit de retour. »

Art. 12. « Le Français qui aurait perdu sa qualité de Fran- 18
« çais, pourra toujours la recouvrer en rentrant en France
« avec l'autorisation du gouvernement, et en déclarant qu'il
« veut s'y fixer, et qu'il renonce à toute distinction contraire
« à la loi française. »

Art. 13. « Une femme française qui épousera un étranger 19
« suivra la condition de son mari.

« Si elle devient veuve, elle recouvrera la qualité de Fran-

« çaise, pourvu qu'elle réside en France, ou qu'elle y rentre
« avec l'autorisation du gouvernement, et en déclarant qu'elle
« veut s'y fixer. »

20   Art. 14. « Les individus qui recouvreront la qualité de
« Français dans les cas prévus par les articles 4, 12 et 13, ne
« pourront s'en prévaloir qu'après avoir rempli les conditions
« qui leur sont imposées par ces articles, et seulement pour
« l'exercice des droits ouverts à leur profit depuis cette
« époque. »

21   Art. 15. « Le Français qui, sans autorisation du gouver-
« nement, prendrait du service militaire chez l'étranger, ou
« s'affilierait à une corporation militaire étrangère, perdra
« sa qualité de Français. »

« Il ne pourra rentrer en France qu'avec la permission du
« gouvernement, et recouvrer la qualité de Français qu'en
« remplissant les conditions imposées à l'étranger pour deve-
« nir citoyen; le tout sans préjudice des peines prononcées
« par la loi criminelle contre les Français qui ont porté ou
« porteront les armes contre leur patrie. »

SECTION II.

De la Privation des Droits civils par suite de condamnations
judiciaires.

22   Art. 16. « Les condamnations à des peines dont l'effet est
« de priver celui qui est condamné de toute participation aux
« droits civils ci-après exprimés, emporteront la mort civile. »

23   Art. 17. « La condamnation à la mort naturelle emportera
« toujours la mort civile, soit qu'elle ait été prononcée con-
« tradictoirement ou par contumace, encore que le jugement
« n'ait pu être exécuté que par effigie. »

24   Art. 18. « Les autres peines afflictives perpétuelles n'em-
« porteront la mort civile qu'autant que la loi y aurait attaché
« cet effet. »

25   Art. 19. « Par la mort civile, le condamné perd la pro-

« priété de tous les biens qu'il possédait : sa succession est
« ouverte au profit de ses héritiers, auxquels ses biens sont
« dévolus de la même manière que s'il était mort naturelle-
« ment et sans testament.

« Il ne peut plus ni recueillir aucune succession, ni trans-
« mettre à ce titre les biens qu'il a acquis par la suite.

« Il ne peut ni disposer de ses biens, en tout ou en partie,
« par donation entre-vifs ni par testament, ni recevoir à ce
« titre, si ce n'est pour cause d'alimens.

« Il ne peut être nommé tuteur, ni concourir aux opéra-
« tions relatives à la tutelle.

« Il ne peut être témoin dans un acte solennel ou authen-
« tique, ni être admis à porter témoignage en justice.

« Il ne peut procéder en justice, ni en défendant, ni en
« demandant, que sous le nom et par le ministère d'un cura-
« teur spécial, qui lui est nommé par le tribunal où l'action
« est portée.

« Il est incapable de contracter un mariage qui produise
« aucun effet civil.

« Le mariage qu'il avait contracté précédemment est dis-
« sous quant à tous ses effets civils.

« Son époux et ses héritiers peuvent exercer respective-
« ment les droits et les actions auxquels sa mort naturelle
« donnerait ouverture. »

Art. 20. « Toute condamnation, soit contradictoire, soit 26
« par contumace, n'emporte la mort civile qu'à compter du
« jour de son exécution, soit réelle, soit par effigie. »

Art. 21. « Lorsque la condamnation emportant la mort 28
« civile n'aura été prononcée que par contumace, les héritiers
« et la veuve du condamné ne pourront se mettre en posses-
« sion de ses biens pendant les cinq années qui suivront
« l'exécution, qu'en donnant caution.

« Cette exécution provisoire aura lieu, même en ce qui
« concerne les actions qui résultent de la dissolution du ma-

« riage entre l'époux du condamné et ses héritiers, sauf que
« l'époux ne pourra contracter un nouveau mariage qu'après
« l'expiration des cinq ans. »

29   Art. 22. « Lorsque le condamné par contumace se présen-
« tera volontairement dans les cinq années, à compter du
« jour de l'exécution, ou lorsqu'il aura été saisi et constitué
« prisonnier dans ce délai, le jugement sera anéanti de plein
« droit ; l'accusé sera remis en possession de ses biens : il sera
« jugé de nouveau ; et si, par ce nouveau jugement, il est
« condamné à la même peine, ou à une peine différente em-
« portant également la mort civile, elle n'aura lieu qu'à
« compter du jour de l'exécution du second jugement. »

30   Art. 23. « Lorsque le condamné par contumace, qui ne se
« sera représenté ou qui n'aura été constitué prisonnier qu'a-
« près les cinq ans, sera absous par le nouveau jugement, ou
« n'aura été condamné qu'à une peine qui n'emportera point
« la mort civile, il rentrera dans la plénitude de ses droits
« civils pour l'avenir, et à compter du jour où il aura re-
« paru en justice ; mais le premier jugement conservera tous
« ses effets pour le passé.

« Néanmoins, les enfans nés de son épouse, dans l'inter-
« valle des cinq ans, seront légitimes, s'ils sont reconnus par
« lui. »

31   Art. 24. « Si le condamné par contumace meurt dans le
« délai de grâce de cinq années, sans s'être représenté ou
« sans avoir été saisi ou arrêté, il sera réputé mort dans l'in-
« tégrité de ses droits. Le jugement de contumace sera anéanti
« de plein droit, sans préjudice néanmoins de l'action de la
« partie civile, laquelle ne pourra être intentée contre les hé-
« ritiers du condamné que par la voie civile. »

32   Art. 25. « En aucun cas, la prescription de la peine ne
« réintégrera le condamné dans ses droits civils pour l'avenir. »

33   Art. 26. « Les biens que le condamné à une peine empor-
« tant mort civile pourra avoir acquis depuis l'exécution du
« jugement, et dont il se trouvera en possession au jour de sa

« mort naturelle, appartiendront à la nation par droit de
« déshérence.

« Néanmoins, le gouvernement en pourra faire, au profit
« de la veuve, des enfans ou parens du condamné, telles dis-
« positions que l'humanité lui suggérera. »

Le chapitre Ier est adopté.

La section Ire du chapitre II est également adoptée.

La section 2 est soumise à la discussion.

Les articles 16, 17, 18 et 19 sont adoptés.

L'article 20 est discuté.

26-27-28

M. BIGOT-PRÉAMENEU rend compte des objections par lesquelles la section de législation du Tribunat a combattu le
système que le Conseil d'État a adopté.

La section du Tribunat pense que les fictions ne doivent
pas être multipliées. La condamnation par contumace, a-t-
elle dit, n'opère pas réellement la mort civile au moment
même, puisque le condamné peut s'y soustraire en se représentant dans les cinq ans. Il n'est donc ni juste ni naturel que
son mariage soit d'abord dissous, qu'il cesse d'être successible, que ses biens passent à ses héritiers. Le contumax n'est
qu'un absent, auquel on ne doit dès lors appliquer que les
lois relatives à l'absence.

M. *Bigot-Préameneu* lit les articles proposés par la section
du Tribunat dans ce système.

Ils sont ainsi conçus :

Art. « Toute condamnation contradictoire emportera la
« mort civile, à compter du jour de l'exécution du jugement :
« la condamnation par contumace n'emportera la mort civile
« qu'après les cinq années qui suivront l'exécution du juge-
« ment par effigie, et pendant lesquelles le condamné peut
« se représenter. »

Art. « Le condamné par contumace sera privé des droits
« civils pendant les cinq ans, ou jusqu'à ce qu'il se repré-
« sente, pendant ce délai ; mais leur exercice ne sera que sus-

« pendu, et il ne sera considéré comme les ayant perdus dé-
« finitivement qu'après l'expiration des cinq années.

« Tous les biens qui appartiendront aux condamnés par
« contumace seront, jusqu'à l'expiration du délai, adminis-
« trés comme les biens des absens. »

LE CONSUL CAMBACÉRÈS ouvre la discussion. L'objet de
cette délibération, dit-il, est de savoir si le Conseil persiste
dans l'opinion que la majorité avait précédemment adoptée,
ou s'il entend faire prévaloir l'avis de la minorité, auquel la
section du Tribunat a cru devoir se ranger.

M. BOULAY dit que la différence essentielle entre les deux
opinions consiste en ce que le Conseil regarde la mort civile
comme absolue du moment de l'exécution par effigie, et que
la section du Tribunat pense qu'il ne doit y avoir d'abord
et pendant les cinq ans de la contumace qu'une interdiction
légale.

M. TRONCHET dit que la question a été approfondie dans
le Conseil, et qu'il importe que les discussions aient un
terme.

Au surplus, voici les raisons qui ont déterminé le Conseil.

On a considéré qu'un jugement par contumace est au criminel ce qu'un jugement par défaut est au civil. Il peut être
anéanti; mais, jusqu'à ce qu'il le soit, il subsiste avec tous
ses effets. Il est donc difficile de ne pas regarder comme
mort civilement l'individu exécuté en effigie.

Le système contraire présente de grandes difficultés; il
laisserait au condamné la capacité de succéder pendant les
cinq ans qui lui sont accordés pour purger sa contumace :
ainsi les héritiers qui, à son défaut, eussent été appelés, se
trouveraient privés de sa succession, et si cependant la condamnation devient définitive, faute par le contumax de s'être
représenté dans les cinq ans, l'ordre de succéder aura été
irrévocablement dérangé, dans l'espérance illusoire que le
condamné serait acquitté.

Les enfans du condamné pourraient eux-mêmes être privés

de sa propre succession : car, s'ils meurent dans les cinq ans, ce seront les collatéraux qui viendront hériter à leur place.

M. Bigot-Préameneu dit que le même inconvénient existe dans le système opposé. Il est possible en effet que les enfans du condamné se trouvent exclus, par un parent plus proche, d'une succession collatérale à laquelle leur père eût été appelé, s'il eût conservé la successibilité pendant les cinq années de sa contumace.

M. Tronchet dit que, puisque tous les systèmes ont leurs inconvéniens, il convient de ne se déterminer que par l'autorité des principes.

M. Bigot-Préameneu dit que la dissolution du mariage du condamné dans l'intervalle des cinq ans est la plus grande des difficultés que présente le système adopté par le Conseil. En effet, les enfans nés pendant ce laps de temps seraient illégitimes.

On répond que le père, après avoir purgé la contumace, pourra, en les reconnaissant, leur rendre les prérogatives de la légitimité ; mais cette nécessité de les reconnaître supposerait qu'ils sont nés illégitimes, et les exposerait à perdre leur état, si leur père, ou par négligence, ou par ignorance de ce que la loi prescrit à cet égard, omettait de les reconnaître.

M. Tronchet dit que, dans l'ancien droit, ces enfans auraient été incapables de succéder.

Mais quels sont à cet égard les principes?

La légitimité n'est pas un effet de la filiation, mais de la volonté de la loi. La loi, pour l'accorder, a besoin de la certitude morale que les enfans sont en effet les fruits de l'union des époux : elle a cette certitude à l'égard des époux qui portent sous les yeux du public les liens du mariage ; mais l'a-t-elle également lorsque l'un des époux est errant et caché?

Comment d'ailleurs un homme retranché de la société

pourrait-il communiquer à ses enfans des droits civils dont lui-même est privé ?

M. BOULAY demande comment on peut concilier le principe que la mort civile dissout le mariage aussitôt après l'exécution en effigie, avec la défense faite à la femme de se remarier avant l'expiration des cinq ans donnés au condamné pour purger la contumace. Il est plus naturel de laisser le mariage en suspens.

M. TRONCHET répond que la défense faite à la femme vient de ce que, pendant cinq ans, il existe une condition résolutoire de la condamnation. Il est donc impossible de permettre à la femme de se remarier, en quelque sorte, provisoirement ; car le mal serait sans remède, si ensuite, la condamnation venant à cesser, le premier mariage devait reprendre son cours.

M. JOLLIVET dit que, puisqu'on est d'accord de ne pas permettre à la femme de se marier, il est évident qu'on ne peut regarder le mariage comme dissous, de quelques expressions qu'on se serve pour qualifier l'état du contumax.

M. BERLIER dit qu'il répugne à la raison de regarder, pour certains cas, comme mort le même individu que, pour d'autres cas, on veut faire considérer comme vivant.

C'est cependant cette contradiction que comporte le système de M. *Tronchet*, et qui ne peut cesser qu'en substituant à la mort civile la suspension de certains droits civils, durant le temps donné pour purger la contumace.

Il faut bien remarquer d'ailleurs que, nonobstant ce qui fut dit, à ce sujet, dans les précédentes discussions, la contradiction ne serait pas levée par la faculté qu'aurait la femme du condamné de demander le divorce ; car cette voie même suppose le mariage subsistant et les deux époux vivans : or, dans le système de la mort civile, la femme du condamné devrait être considérée comme veuve, et son mariage comme dissous de plein droit.

Ainsi, dans une matière qui ne peut être raisonnablement

scindée, on ne saurait admettre une fiction de mort qui n'o-
pérerait qu'un effet partiel.

Au contraire, tout se concilie dans le système de la section
du Tribunat : le mariage subsiste, parce que le condamné
n'est réputé mort civilement qu'après les cinq ans.

A l'égard des enfans nés depuis la contumace, si leur légitimité peut être contestée, dans les cas où il aura été impossible aux époux de s'approcher, du moins ils ne seront pas
illégitimes de plein droit, et leur état ne dépendra plus de
conditions résolutoires. Ce système est tout à la fois plus
simple et plus favorable à l'ordre social.

M. RÉAL dit que le système de suspension ménage mieux
l'intérêt des enfans : il empêche qu'ils ne soient exclus d'une
succession collatérale par un parent plus proche qu'eux en
degré, et qui aurait cependant concouru avec leur père, si
celui-ci eût conservé le droit de succéder. Il est vrai que la
représentation à l'infini, qui existe maintenant, garantit les
enfans de ce danger ; mais il ne faut pas oublier que, suivant
le projet de Code civil, elle serait restreinte.

LE CONSUL CAMBACÉRÈS répond que le droit qui doit exister étant encore incertain, le Conseil ne peut le prendre
pour base de ses délibérations. Le cas dont vient de parler
M. *Réal* est, d'ailleurs, le plus rare.

M. TRONCHET dit que la difficulté qu'on a élevée, par rapport au mariage, ne doit pas arrêter : la femme du condamné
sera précisément dans la même position que la femme de
l'absent.

M. TREILHARD dit qu'il admettrait avec peine un système
où il trouve une mort provisoire, et d'après lequel un individu réputé mort légalement pourrait cependant un jour être
déclaré vivant.

On a fondé ce système sur le principe incontestable qu'un
jugement par défaut doit être exécuté ; mais on a oublié que
le juge a le droit de suspendre pour un temps l'exécution

totale ou particlle de ses jugemens : ce droit appartient, à plus forte raison, au législateur.

Le système suspensif, qui sauve toutes ces contradictions, n'a été combattu que par une seule objection grave : on l'a prise de la nécessité de rendre plus imposant et plus utile, en ne le retardant pas, l'exemple de la peine infligée au crime. Aussi, cette considération importante doit-elle décider à conserver tout l'appareil de l'exécution du jugement rendu par contumace; mais elle n'exige pas que l'exécution soit en tout complète; elle ne s'oppose pas à ce que le condamné soit mis d'abord dans un état d'interdiction, qui, après cinq ans, se convertisse en privation définitive des droits civils. Par là, l'exemple du châtiment ferait l'impression qu'il doit produire; et, cependant, les difficultés que présentent la dissolution du mariage, l'illégitimité des enfans, s'évanouiraient.

M. MALEVILLE dit que ce n'est pas par la considération de ce que le juge, ou même le législateur, ont le pouvoir d'ordonner qu'il faut se décider pour l'une ou l'autre des opinions qui partagent le Conseil, mais par la considération de ce qui est plus équitable : or, il est constant que, si l'opinion de M. *Tronchet* est la plus conforme à la rigueur des principes, l'avis contraire l'est davantage à l'équité et à l'immense faveur que méritent les enfans; mais le législateur n'est pas obligé de se modeler sur cette rigueur de principes, ni de s'assujétir à une série de conséquences qui pourraient aboutir, à la fin, à une extrême iniquité.

Le Conseil adopte le système proposé par la section de législation du Tribunat.

Le tout est renvoyé à la section pour présenter une rédaction conforme à ce système.

(Procès-verbal de la séance du 20 brumaire an XI. — 11 novembre 1802.)

M. Bigot-Préameneu présente une nouvelle rédaction de la section II du chapitre II du titre *de la Jouissance et de la Privation des Droits civils*, faite d'après le système proposé par le Tribunat et adopté par le Conseil dans la séance du 6 de ce mois.

Elle est ainsi conçue :

De la Privation des Droits civils par suite de condamnations judiciaires.

Articles 16, 17, 18 et 19. (*Comme au procès-verbal de la précédente séance.*) 22, 23, 24 et 25

Art. 20. « Les condamnations contradictoires n'emportent 26 « la mort civile qu'à compter du jour de leur exécution, soit « réelle, soit par effigie. »

Art. 21. « Les condamnations par contumace n'emporte- 27 « ront la mort civile qu'après les cinq années qui suivront « l'exécution du jugement par effigie, et pendant lesquelles « le condamné peut se représenter. »

Art. 22. « Les condamnés par contumace seront, pendant 28 « les cinq ans, ou jusqu'à ce qu'ils se représentent, ou qu'ils « soient arrêtés pendant ce délai, privés de l'exercice des « droits civils.

« Leurs biens seront administrés et leurs droits exercés « de même que ceux des absens. »

Art. 23. (*Comme à l'article 22 du procès-verbal précédent.*) 29

Art. 24. « Lorsque le condamné par contumace, qui ne se 30 « sera représenté ou qui n'aura été constitué prisonnier qu'a- « près les cinq ans, sera absous par le nouveau jugement, « ou n'aura été condamné qu'à une peine qui n'emportera « point la mort civile, il rentrera dans la plénitude de ses « droits civils pour l'avenir, et à compter du jour où il aura « reparu en justice ; mais le premier jugement conservera « tous ses effets pour le passé.

« Néanmoins, les enfans nés de son époux, dans l'inter-
« valle des cinq ans, seront légitimes. »

31-32 Art. 25 et 26. (*Semblables aux articles 24 et 25 de la précédente séance.*)

33 Art. 27. « Les biens acquis par le condamné depuis la
« mort civile encourue, et dont il se trouvera en possession
« au jour de sa mort naturelle, appartiendront à la nation
« par droit de déshérence.

« Néanmoins, le gouvernement en pourra faire, au profit
« de la veuve, des enfans ou parens du condamné, telles
.« dispositions que l'humanité lui suggérera. »

Les articles 16, 17, 18, 19, 20, 21, 22 et 23 sont adoptés.

30 L'article 24 est discuté.

Le Consul Cambacérès pense que la disposition qui termine cet article est trop absolue, et qu'il faut pouvoir opposer
aux enfans des condamnés toutes les exceptions admises
contre la règle *pater is est*.

M. Maleville dit que l'article, tel qu'il est rédigé, n'empêche point d'opposer aux enfans nés de la femme du contumax les exceptions dont le Consul vient de parler ; cet
article les place seulement dans la règle générale ; il serait
peut-être trop dur d'aller plus loin, et de faire dépendre
leur état de l'aveu du père.

M. Bérenger demande si les enfans nés pendant les cinq
ans seront légitimes, même lorsque le père ne se sera pas
fait acquitter.

M. Tronchet répond qu'ils sont légitimes de plein droit,
puisque la mort civile du père n'est acquise qu'après l'expiration des cinq ans.

Ceci prouve que la disposition sur laquelle on discute est
inutile, puisque ces enfans ont la légitimité de plein droit :
et, par une conséquence nécessaire du système adopté à l'é-
gard des condamnés par contumace, il est oiseux de la leur
accorder par une disposition particulière.

Le Consul Cambacérès dit qu'il y aurait peut-être quel-

que dureté à faire dépendre l'état de ces enfans de l'aveu ou
du désaveu de leur père; qu'il convient d'examiner si les
exceptions à la règle *pater is est* suffisent à leur égard, ou s'il
ne faut pas y ajouter.

M. TRONCHET pense que les exceptions ordinaires à la règle *pater is est* doivent être conservées pour les enfans dont
il s'agit; que cependant on ne peut se dissimuler qu'elles seraient ici illusoires par les motifs que le Consul *Cambacérès*
a développés. Cette considération semble demander qu'on
exige l'aveu du père ; lui seul sait si l'exception d'impossibilité physique existe.

LE CONSUL CAMBACÉRÈS dit que la loi ne peut pas abandonner l'état de l'enfant aux caprices du père; que, si l'on
admet le désaveu de ce dernier, il convient d'exiger, du
moins, qu'il le motive.

M. BIGOT-PRÉAMENEU dit que l'un des inconvéniens de la
disposition qui exigerait la reconnaissance du père, serait de
priver les enfans de leur état, si le père venait à mourir
avant de les avoir reconnus.

LE CONSUL CAMBACÉRÈS dit que la difficulté vient de la
disposition trop restreinte qui réduit à la seule impossibilité
physique les exceptions à la règle *pater is est*. Lorsque cette
disposition a été adoptée, on ne pensait pas qu'elle dût être
appliquée aux enfans du contumax.

M. BIGOT-PRÉAMENEU propose d'ajouter à l'article : « Néan-
« moins, leur légitimité pourra être contestée, suivant les
« circonstances. »

M. TRONCHET dit que, faire dépendre des circonstances
l'état de ces enfans, ce serait le rendre inébranlable. Quelles
circonstances, en effet, les tiers intéressés pourraient-ils al-
léguer? Un contumax qui se cache n'est pas comme un absent dont on peut reconnaître et vérifier les traces : l'aveu du
père semble donc indispensable.

M. BIGOT-PRÉAMENEU dit que la mort possible du père,

avant la reconnaissance, sera toujours un obstacle au système de M. *Tronchet*.

Le Consul Cambacérès dit que, pour échapper à la difficulté, il conviendrait de ne pas exiger la reconnaissance positive du père, mais de lui donner seulement la faculté de désavouer les enfans.

Le Consul Lebrun dit que le cas dont le Conseil s'occupe est si rare, qu'on peut s'en tenir au droit commun.

Le Consul Cambacérès dit qu'il n'y pas d'hypothèse où la supposition d'enfant soit plus facile.

M. Tronchet propose d'accorder au père le désaveu en la manière qu'il a été réglé au titre *de la Paternité*, et d'appliquer aux héritiers du contumax les dispositions du même titre qui se rapportent aux héritiers du père : car, dit-il, les enfans supposés ne se présentent ordinairement qu'après la mort de celui dont ils prétendent être nés.

M. Bérenger pense que le contumax ne doit plus être traité que comme l'absent, puisque l'exécution en effigie n'a plus aucun résultat.

Le Consul Lebrun dit qu'elle produit encore le séquestre et l'administration des biens avant le terme où ils ont lieu pour simple fait d'absence.

Le Consul Cambacérès propose de substituer à la dernière partie de l'article une disposition qui porte que la légitimité des enfans du contumax, nés pendant les cinq ans, sera réglée par le titre *de la Paternité*.

La proposition du Consul *Cambacérès* est renvoyée à la section pour la rédiger en article.

Les autres articles de la section sont adoptés.

RÉDACTION DÉFINITIVE DU CONSEIL D'ÉTAT.

(Procès-verbal de la séance du 4 frimaire an XI.—25 novembre 1802.)

M. Bigot–Préameneu présente la rédaction définitive du titre *de la jouissance et de la privation des droits civils.*

Le Conseil l'adopte en ces termes :

CHAPITRE Ier.

De la Jouissance des Droits civils.

Art. 1er. « L'exercice des droits civils est indépendant de 7 « la qualité de *citoyen,* laquelle ne s'acquiert et ne se conserve « que conformément à la loi constitutionnelle. »

Art. 2. « Tout Français jouira des droits civils. »   8

Art. 3. « Tout individu né en France d'un étranger pourra, 9 « dans l'année qui suivra l'époque de sa majorité, réclamer « la qualité de *Français,* pourvu que, dans le cas où il rési- « derait en France, il déclare que son intention est d'y fixer « son domicile, et que, dans le cas où il résiderait en pays « étranger, il fasse sa soumission de fixer en France son do- « micile, et qu'il l'y établisse dans l'année, à compter de « l'acte de soumission. »

Art. 4. « Tout enfant né d'un Français en pays étranger 10 « est Français.

« Tout enfant né en pays étranger, d'un Français qui au- « rait perdu la qualité de Français, pourra toujours recouvrer « cette qualité, en remplissant les formalités prescrites par « l'article 3. »

Art. 5. « L'étranger jouira en France des mêmes droits 11 « civils que ceux qui sont, ou seront accordés aux Français, « par les traités de la nation à laquelle cet étranger appar- « tiendra. »

Art. 6. « L'étrangère qui aura épousé un Français suivra 12 « la condition de son mari. »

13   Art. 7. « L'étranger qui aura été admis par le gouverne-
« ment à établir son domicile en France y jouira de tous les
« droits civils , tant qu'il continuera d'y résider. »

14   Art. 8. « L'étranger, même non résidant en France, pourra
« être cité devant les tribunaux français, pour l'exécution des
« obligations par lui contractées en France avec un Français ;
« il pourra être traduit devant les tribunaux de France pour
« les obligations par lui contractées, en pays étranger, envers
« des Français. »

15   Art. 9. « Un Français pourra être traduit devant un tri-
« bunal de France pour des obligations par lui contractées,
« en pays étranger, même avec un étranger. »

16   Art. 10. « En toutes matières autres que celles de com-
« merce, l'étranger qui sera demandeur sera tenu de donner
« caution pour le paiement des frais et dommages–intérêts
« résultant du procès, à moins qu'il ne possède en France
« des immeubles d'une valeur suffisante pour assurer ce
« paiement. »

CHAPITRE II.

De la Privation des Droits civils.

SECTION 1ᵉ. *De la Privation des Droits civils par la perte de la qualité de Français.*

17   Art. 11. « La qualité de Français se perdra, 1° par la na-
« turalisation acquise en pays étranger ; 2° par l'acceptation,
« non autorisée par le gouvernement, de fonctions publiques
« conférées par un gouvernement étranger ; 3° par l'affiliation
« à toute corporation étrangère qui exigera des distinctions
« de naissance ; 4° enfin, par tout établissement fait en pays
« étranger sans esprit de retour.

« Les établissemens de commerce ne pourront jamais être
« considérés comme ayant été faits sans esprit de retour.»

18   Art. 12. « Le Français qui aura perdu sa qualité de Fran-
« çais pourra toujours la recouvrer en rentrant en France ,
« avec l'autorisation du gouvernement, et en déclarant qu'il

« veut s'y fixer, et qu'il renonce à toute distinction contraire
« à la loi française. »

Art. 13. « Une femme française qui épousera un étranger 19
« suivra la condition de son mari.

« Si elle devient veuve, elle recouvrera la qualité de Fran-
« çaise, pourvu qu'elle réside en France, ou qu'elle y rentre
« avec l'autorisation du gouvernement, et en déclarant
« qu'elle veut s'y fixer. »

Art. 14. « Les individus qui recouvreront la qualité de 20
« Français dans les cas prévus par les articles 4, 12 et 13, ne
« pourront s'en prévaloir qu'après avoir rempli les conditions
« qui leur sont imposées par ces articles, et seulement pour
« l'exercice des droits ouverts à leur profit depuis cette
« époque. »

Art. 15. « Le Français qui, sans autorisation du gouver- 21
« nement, prendrait du service militaire chez l'étranger, ou
« s'affilierait à une corporation militaire étrangère, perdra sa
« qualité de Français.

« Il ne pourra rentrer en France qu'avec la permission du
« gouvernement, et recouvrer la qualité de Français qu'en
« remplissant les conditions imposées à l'étranger pour de-
« venir citoyen : le tout sans préjudice des peines prononcées
« par la loi criminelle contre les Français qui ont porté, ou
« porteront les armes contre leur patrie. »

SECTION II. *De la Privation des Droits civils par suite de*
condamnations judiciaires.

Art. 16. « Les condamnations à des peines dont l'effet est 22
« de priver celui qui est condamné de toute participation
« aux droits civils ci-après exprimés, emporteront la mort
« civile. »

Art. 17. « La condamnation à la mort naturelle emportera 23
« la mort civile. »

Art. 18. « Les autres peines afflictives perpétuelles n'em- 24

« porteront la mort civile qu'autant que la loi y aurait atta-
« ché cet effet. »

25   Art. 19. « Par la mort civile, le condamné perd la pro-
« priété de tous les biens qu'il possédait; sa succession est
« ouverte au profit de ses héritiers, auxquels ses biens sont
« dévolus de la même manière que s'il était mort naturelle-
« ment et sans testament.

« Il ne peut plus ni recueillir aucune succession, ni trans-
« mettre à ce titre les biens qu'il a acquis par la suite.

« Il ne peut ni disposer de ses biens en tout ou en partie,
« par donation entre-vifs ni par testament, ni recevoir à ce
« titre, si ce n'est pour cause d'alimens.

« Il ne peut être nommé tuteur, ni concourir aux opéra-
« tions relatives à la tutelle.

« Il ne peut être témoin dans un acte solennel ou authen-
« tique, ni être admis à porter témoignage en justice.

« Il ne peut procéder en justice, ni en défendant ni en de-
« mandant, que sous le nom et par le ministère d'un cura-
« teur spécial qui lui est nommé par le tribunal où l'action
« est portée.

« Il est incapable de contracter un mariage qui produise
« aucun effet civil.

« Le mariage qu'il avait contracté précédemment est dis-
« sous, quant à tous ses effets civils.

« Son époux et ses héritiers peuvent exercer respectivement
« les droits et les actions auxquels sa mort naturelle donne-
« rait ouverture. »

26   Art. 20. « Les condamnations contradictoires n'emportent
« la mort civile qu'à compter du jour de leur exécution, soit
« réelle, soit par effigie. »

27   Art. 21. « Les condamnations par contumace n'emporte-
« ront la mort civile qu'après les cinq années qui suivront
« l'exécution du jugement par effigie, et pendant lesquelles
« le condamné peut se représenter. »

28   Art. 22. « Les condamnés par contumace seront pendant

« les cinq ans, ou jusqu'à ce qu'ils se représentent ou qu'ils
« soient arrêtés pendant ce délai, privés de l'exercice des
« droits civils.

« Leurs biens seront administrés et leurs droits exercés de
« même que ceux des absens. »

Art. 23. « Lorsque le condamné par contumace se présen- 29
« tera volontairement dans les cinq années, à compter du
« jour de l'exécution, ou lorsqu'il aura été saisi et constitué
« prisonnier dans ce délai, le jugement sera anéanti de plein
« droit ; l'accusé sera remis en possession de ses biens ; il sera
« jugé de nouveau, et si, par ce nouveau jugement, il est
« condamné à la même peine ou à une peine différente, em-
« portant également la mort civile, elle n'aura lieu qu'à
« compter du jour de l'exécution du second jugement. »

Art. 24. « Lorsque le condamné par contumace qui ne se 30
« sera représenté ou qui n'aura été constitué prisonnier qu'a-
« près les cinq ans, sera absous par le nouveau jugement, ou
« n'aura été condamné qu'à une peine qui n'emportera point
« la mort civile, il rentrera dans la plénitude de ses droits
« civils pour l'avenir, et à compter du jour où il aura reparu
« en justice ; mais le premier jugement conservera, pour le
« passé, les effets qu'avaient produits la mort civile dans l'in-
« tervalle écoulé depuis l'époque de l'expiration des cinq ans,
« jusqu'au jour de sa comparution en justice. »

Art. 25. « Si le condamné par contumace meurt dans le dé- 31
« lai de grâce des cinq années, sans s'être représenté, ou sans
« avoir été saisi ou arrêté, il sera réputé mort dans l'intégrité
« de ses droits. Le jugement de contumace sera anéanti de
« plein droit, sans préjudice néanmoins de l'action de la
« partie civile, laquelle ne pourra être intentée contre les hé-
« ritiers du condamné que par la voie civile. »

Art. 26. « En aucun cas, la prescription de la peine ne 32
« réintégrera le condamné dans ses droits civils pour l'avenir. »

Art. 27. « Les biens acquis par le condamné depuis la mort 33
« civile encourue, et dont il se trouvera en possession au jour

VII.   40

« de sa mort naturelle, appartiendront à la nation par droit
« de déshérence.

« Néanmoins, le gouvernement en pourra faire, au profit
« de la veuve, des enfans ou parens du condamné, telles dis-
« positions que l'humanité lui suggérera. »

Le gouvernement arrêta, dans la séance du 30 pluviose
an XI, que le projet de loi relatif à la jouissance et à la
privation des droits civils serait proposé le 6 ventose au
Corps législatif; et le Premier Consul nomma, pour le
présenter et en soutenir la discussion, dans la séance
du 17, MM. Treilhard, Regnaud (de Saint-Jean-d'Angely)
et Petiet.

PRÉSENTATION AU CORPS LÉGISLATIF,

ET EXPOSÉ DES MOTIFS, PAR LE CONSEILLER D'ÉTAT TREILHARD.

(Séance du 6 ventose an XI. — 25 février 1803.)

Législateurs, l'éclat de la victoire, la prépondérance d'un
gouvernement également fort et sage, donnent sans doute
un grand prix à la qualité de *citoyen français :* mais cet avantage serait plus brillant que solide, il laisserait encore d'immenses vœux à remplir, si la législation intérieure ne garan-
tissait pas à chaque individu une existence douce et paisible,
et si, après avoir tout fait pour la gloire de la nation, on ne
s'occupait pas avec le même succès du bonheur des personnes.

La sûreté, la propriété, voilà les grandes bases de la féli-
cité d'un peuple : c'est par la loi seule que leur stabilité
peut être garantie; et l'on reconnaîtra sans peine que la conservation des droits civils influe sur le bonheur individuel,
bien plus encore que le maintien des droits politiques, parce
que ceux-ci ne peuvent s'exercer qu'à des distances plus ou

moins éloignées, et que l'action de la loi civile se fait sentir tous les jours et à tous les instans.

La loi sur la jouissance et la privation des droits civils offre donc un grand intérêt, et mérite toute l'attention du législateur.

Le projet qui vous est présenté contient deux chapitres, le premier a pour titre, *de la Jouissance des Droits civils*; le deuxième, *de la Privation des Droits civils*. Celui-ci se divise en deux sections, parce que l'on peut être privé des droits civils, ou par la perte de la qualité de Français, ou par une suite des condamnations judiciaires.

A quelles personnes sera donc accordée la jouissance des droits civils? On sent assez que tout Français a droit à cette jouissance; mais si le tableau de notre situation peut inspirer aux étrangers un vif désir d'en partager les douceurs, la loi civile ne doit certainement pas élever entre eux et nous des barrières qu'ils ne puissent pas franchir. 8

Cependant cette communication facile, établie pour nous enrichir de la population et de l'industrie des autres nations, pourrait aussi quelquefois nous apporter leur écume : tout n'est pas toujours bénéfice dans un pareil commerce, et l'on ne trouva quelquefois que des germes de corruption et d'anarchie, où l'on avait droit d'espérer des principes de vie et de prospérité.

Cette réflexion si naturelle vous explique déjà une grande partie des dispositions du projet.

Tout Français jouit des droits civils; mais l'individu né en France d'un étranger, celui né en pays étranger d'un Français, l'étrangère qui épouse un Français, seront-ils aussi réputés Français? Voilà les premières questions qui se sont présentées : le projet les décide d'après les notions universellement reçues. 8, 9, 10 et 12.

La femme suit partout la condition de son mari : elle devient donc Française quand elle épouse un Français. 12

Le fils a l'état de son père, il est donc Français quand son 8 10.

40.

père est Français : peu importe le lieu où il est né, si son père n'a pas perdu sa qualité.

9   Quant au fils de l'étranger qui reçoit accidentellement le jour en France, on ne peut pas dire qu'il ne naît pas étranger ; mais ses premiers regards ont vu le sol français, c'est sur cette terre hospitalière qu'il a souri pour la première fois aux caresses maternelles, qu'il a senti ses premières émotions, que se sont développés ses premiers sentimens : les impressions de l'enfance ne s'effacent jamais ; tout lui retracera dans le cours de la vie ses premiers jeux, ses premiers plaisirs : pourquoi lui refuserait-on le droit de réclamer, à sa majorité, la qualité de Français, que tant et de si doux souvenirs pourront lui rendre chère ? C'est un enfant adoptif qu'il ne faut pas repousser quand il promettra de se fixer en France, et qu'il y établira de fait son domicile : c'est la disposition de l'article 9 du projet.

10   Si nous recevons l'étranger né en France, rejetterons-nous de notre sein celui qui sera né en pays étranger, mais d'un père qui aurait perdu la qualité de Français ? Le traiterons-nous avec plus de rigueur que l'étranger né sur notre sol ? Non, sans doute : c'est toujours du sang français qui coule dans ses veines ; l'inconstance ou l'inconduite du père n'en ont pas tari la source ; le souvenir de toute une famille n'est pas effacé par quelques instans d'erreur d'un père ; le fils doit être admis à les réparer, et peut-être encore les remords du père ont-ils mieux fait sentir au fils le prix de la qualité perdue : elle lui sera d'autant plus chère, qu'il saura d'avance de combien de regrets la perte en est accompagnée.

11-13   J'arrive à la question la plus importante, et dont la solution pourrait présenter plus de difficultés. L'étranger jouira-t-il en France des droits civils ? Ici la question se divise ; l'étranger peut établir son domicile en France, ou il peut continuer de résider dans son pays.

13   Supposons d'abord que l'étranger fixe son domicile en France.

Ne perdons pas de vue qu'il ne s'agit pas ici du titre de *citoyen français* : la loi constitutionnelle règle les conditions auxquelles l'étranger peut devenir *citoyen* ; il faut, pour acquérir ce titre, que l'étranger, âgé de vingt-un ans accomplis, déclare l'intention de se fixer en France, et qu'il y réside pendant dix années consécutives. Quand il aura rempli ces conditions il sera citoyen français.

Cependant, quand il aura déclaré son intention de se fixer en France, et du moment qu'il y aura transporté son domicile, quel sera son sort dans sa patrie? Dans sa patrie ! il n'en a plus depuis la déclaration qu'il a faite de vouloir se fixer en France ; la patrie ancienne est abdiquée, la nouvelle n'est pas encore acquise ; il ne peut exercer de droits politiques ni dans l'une ni dans l'autre : peut-être même a-t-il déjà perdu l'exercice des droits civils dans sa terre natale, uniquement parce qu'il aura transporté son domicile sur le sol français. S'il faut, pour participer à ces droits dans la nouvelle patrie, attendre encore un long espace de temps, comment pourra-t-on supposer qu'un étranger s'exposera à cette espèce de mort civile pour acquérir un titre qui ne lui sera conféré qu'au bout de dix années?

Ces considérations motivent assez l'article du projet qui accorde l'exercice des droits civils à l'étranger admis par le gouvernement à établir son domicile parmi nous.

La loi politique a sagement prescrit une résidence de dix années pour l'acquisition des droits politiques ; la loi civile attache avec la même sagesse le simple exercice des droits à l'établissement en France.

Mais le caractère personnel de l'étranger qui se présente, sa moralité, plus ou moins grande, le moment où il veut se placer dans nos rangs, la position respective des deux peuples, et une foule d'autres circonstances, peuvent rendre son admission plus ou moins désirable ; et, pour s'assurer qu'une faveur ne tournera pas contre le peuple qui l'accorde, la loi n'a dû faire participer aux droits civils que l'étranger admis par le gouvernement.

L'étranger qui ne quitte pas le sol natal jouira-t-il aussi en France de la totalité ou d'une partie des droits civils? L'admettra-t-on sans restrictions, sans conditions? ou plutôt ne doit-on pas, adoptant la règle d'une juste réciprocité, restreindre les droits de l'étranger à ceux dont un Français peut jouir dans le pays de cet étranger?

Cette question a été si souvent et si profondément agitée, qu'il est difficile de porter de nouveaux aperçus dans sa discussion; et, quelque parti qu'on embrasse, on pourra toujours s'autoriser sur de grandes autorités, ou sur de grands exemples.

Ceux qui veulent accorder aux étrangers une participation totale et absolue à nos droits civils recherchent l'origine du droit d'aubaine dans celle de la féodalité, et regardent la suppression entière de ce droit comme une conséquence nécessaire de l'abolition du régime féodal. L'intérêt national, suivant eux, en sollicite la suppression aussi puissamment que la barbarie de sa source. L'ancien gouvernement avait lui-même reconnu la nécessité de le proscrire dans une foule de traités qui en avaient au moins modifié la rigueur; il avait senti que ce droit ne devait plus subsister depuis que le commerce avait rattaché tous les peuples par les liens d'un intérêt commun. Telle a été, disent-ils, l'opinion des plus grands publicistes; Montesquieu avait dénoncé le droit d'aubaine à toutes les nations comme un droit *insensé*, et l'Assemblée constituante, ce foyer de toutes les lumières, ce centre de tous les talens, en avait prononcé l'abolition intégrale et absolue, sans condition de réciprocité, comme un moyen d'appeler un jour tous les peuples au bienfait d'une fraternité universelle.

Le projet de détruire les barrières qui séparent tous les peuples, de confondre tous leurs intérêts, et de ne plus former, s'il est permis de le dire, qu'une seule nation sur la terre, est sans doute une conception également hardie et généreuse : mais ceux qui en ont été capables ont-ils vu les hommes tels qu'ils sont ou tels qu'ils les désirent.

Consultons l'histoire de tous les temps, de tous les peuples, et jetons surtout nos regards autour de nous. Si l'on fit tant d'efforts pénibles et trop souvent inutiles pour maintenir l'harmonie dans une seule nation, dans une seule famille, pouvons-nous raisonnablement espérer la réalisation d'une harmonie universelle, et le mode moral doit-il être, plus que le mode physique, à l'abri des ouragans et des tempêtes?

Au lieu de se livrer aux illusions trop souvent trompeuses des théories, ne vaut-il pas mieux faire des lois qui s'appliquent aux caractères et aux esprits que nous connaissons? L'admission indéfinie des étrangers peut avoir quelques avantages; mais nous ne savons que trop qu'on ne s'enrichit pas toujours des pertes ou des désertions de ses voisins, et qu'un ennemi peut faire quelquefois des présens bien funestes. On sera du moins forcé de convenir que le principe de la réciprocité, d'après les traités, a cet avantage bien réel, que les traités étant suspendus par le fait seul de la déclaration de guerre, chaque peuple redevient le maître, dans ces momens critiques, de prendre l'intérêt du moment pour unique règle de sa conduite.

Hé! pourquoi donnerions-nous à nos voisins des priviléges qu'ils s'obstineraient à nous refuser? Il sera toujours utile, nous dit-on, d'attirer sur notre sol des étrangers riches de leurs possessions, de leurs talens, de leur industrie; j'en conviens : mais viendront-ils sur notre sol, ces opulens et précieux étrangers, si, par leur établissement en France, ils deviennent eux-mêmes tout-à-coup étrangers à leur sol natal; s'ils ne peuvent aspirer au titre de Français sans sacrifier tous leurs droits acquis ou éventuels dans leur patrie, parce qu'elle nous refuse les avantages de la réciprocité, et qu'elle persiste à ne voir dans les Français que des étrangers? Encore une fois, méfions-nous des théories, quelque brillantes qu'elles paraissent, et consultons plutôt l'expérience.

Lorsque l'ancien gouvernement français annonça l'intention de supprimer, d'adoucir du moins les droits d'aubaine envers les peuples qui partageraient ses principes, plusieurs gouvernemens s'empressèrent de traiter avec la France, et de s'assurer, par un juste retour, le bienfait de la suppression ou de la modification du droit d'aubaine; on donna pour acquérir; car l'intérêt est la mesure des traités entre gouvernemens, comme il est la mesure des transactions entre particuliers.

Mais depuis l'abolition absolue du droit d'aubaine de la part de la France, de tous les peuples qui n'avaient pas auparavant traité avec elle, il n'en est pas un seul qui ait changé sa législation. Ils n'avaient plus besoin de faire participer chez eux les Français à la jouissance des droits civils pour obtenir la même participation en France; aussi ont-ils maintenu à cet égard, contre les Français, toute la sévérité de leur législation : en sorte qu'il est actuellement prouvé que, si l'intérêt général des peuples sollicite en effet l'abolition entière du droit d'aubaine, il faut, pour ce même intérêt, établir une loi de réciprocité, parce que seule elle peut amener le grand résultat que l'on désire.

Est-il nécessaire actuellement de répondre aux autorités? Montesquieu a qualifié le droit d'aubaine de droit *insensé*; mais Montesquieu, dans la phrase qu'on cite, plaça sur la même ligne les droits de naufrage et ceux d'aubaine, qu'il appelle tous les deux des droits *insensés*. Il y a cependant loin du droit barbare de naufrage, qui, punissant le malheur comme un crime, confisquait les hommes et les choses jetées sur le rivage par la tempête, au droit d'aubaine, fondé sur le principe (erroné si l'on veut, mais du moins nullement atroce) d'une jouissance exclusive des droits civils en faveur des nationaux.

Montesquieu, d'ailleurs, a-t-il prétendu qu'une nation seule devait se hâter de proclamer chez elle la suppression absolue du droit d'aubaine, quand ce droit était établi et maintenu chez tous les autres peuples? Il savait trop bien que certaines institutions qui, en elles-mêmes, ne sont pas bonnes, mais qui réfléchissent sur d'autres nations, ne pourraient être abolies chez un seul peuple, sans compromettre sa prospérité, tant qu'il existerait chez les étrangers une espèce de conspiration pour les maintenir.

Le régime des douanes a aussi été jugé sévèrement par des hommes graves qui désiraient la chute de toutes les barrières; en conclura-t-on qu'un peuple seul ferait un grand acte de sagesse en supprimant tout-à-coup et absolument le régime des douanes? et n'est-il pas au contraire plus convenable d'engager les autres nations à nous faciliter l'usage des productions de leur sol qui peuvent nous être utiles, par la libre communication que nous pouvons leur donner des productions françaises dont ils auront besoin?

Tout le monde convient qu'un état militaire excessif est un grand fardeau pour les peuples; mais, lorsque cet état militaire, quelque grand qu'il puisse être, n'est que proportionné à l'état militaire des nations rivales, donnerait-il une grande opinion de sa prudence le gouvernement qui, sans consulter les dispositions de celles-ci, réduirait cet état sur le pied où il devrait être s'il n'avait ni voisins ni rivaux?

Une institution peut n'être pas bonne, et cependant sa suppression absolue peut être dangereuse; et c'est ici le cas de rappeler cette maxime triviale, que *le mieux est souvent un grand ennemi du bien.*

L'Assemblée constituante prononça l'abolition du droit d'aubaine! Je sens tout le poids de cette autorité : mais qui osera dire que l'Assemblée constituante, que de si grands souvenirs recommanderont à la postérité, ne fut pas quelquefois jetée au-delà d'une juste mesure par des idées philantropiques que l'expérience ne pouvait pas encore régler? Et sans sortir de l'objet qui nous occupe, l'appel que l'Assemblée constituante fit aux autres nations a-t-il été entendu d'elles?

En est-il une seule qui ait répondu? N'ont-elles pas, au contraire, conservé toutes leurs règles sur le droit d'aubaine? Concluons de là que si l'Assemblée constituante a voulu préparer l'abolition totale du droit d'aubaine, le plus sûr moyen de réaliser cette conception libérale, c'est d'admettre la règle de la réciprocité, qui peut amener un jour les autres peuples, par la considération de leurs intérêts, à consentir aussi l'abolition de ce droit.

Ces motifs puissans ont déterminé la disposition du projet qui n'assure en France, à l'étranger, que les mêmes droits civils accordés aux Français par les traités de la nation à laquelle les étrangers appartiennent.

Voilà la seule règle qu'on doive établir dans un Code civil, parce qu'en préparant pour l'avenir la suppression totale du droit d'aubaine, elle n'exclut d'ailleurs aucune des concessions particulières qui pourraient être dans la suite sollicitées par les circonstances et pour l'intérêt du peuple français.

suite du 1er ch.   Je ne crois pas devoir m'arrêter à quelques autres articles du premier chapitre; la simple lecture en fait sentir assez la sagesse ou la nécessité, et je passe au deuxième chapitre *de la privation des droits civils*.

ch. 2.   On peut être privé des droits civils par la *perte de la qualité de Français*, et par une *suite des condamnations judiciaires;* la première section de ce chapitre a pour objet la perte de la qualité de Français.

sect. 1re.   Il serait superflu de rappeler qu'il ne s'agit pas ici de droits politiques et de la perte du titre de citoyen, mais du simple exercice des droits civils, droits acquis à un grand nombre de Français qui ne sont pas, qui ne peuvent pas être citoyens; ainsi toute cause qui prive du titre de citoyen ne doit pas nécessairement priver des droits civils et de la qualité de Français. Cette qualité ne doit se perdre que par des causes qui supposent une renonciation à sa patrie.

17   L'article 17 du projet en présente quatre : 1°. La naturalisation acquise en pays étranger. 2°. L'acceptation non auto-

risée par le gouvernement de fonctions publiques conférées par un gouvernement étranger. 3°. L'affiliation à toute corporation étrangère qui exigera des distinctions de naissance. 4°. Tout établissement fait en pays étranger sans esprit de retour. L'article 19 assigne une cinquième cause ; c'est le mariage d'une Française avec un étranger. Enfin l'article 21 place aussi au nombre des causes qui font perdre la qualité de Français l'entrée, sans autorisation du gouvernement, au service militaire de l'étranger, ou l'affiliation à une corporation militaire étrangère.

Il est assez évident que, dans tous ces cas, la qualité de Français ne peut plus se conserver : on ne peut pas avoir deux patries. Comment celui qui s'est fait naturaliser en pays étranger, celui qui a accepté du service ou des fonctions publiques chez une nation rivale, celui qui a abjuré le principe le plus sacré de notre pacte social en courant après des distinctions incompatibles avec l'égalité, celui enfin qui aurait abandonné la France sans retour, aurait-il pu conserver le titre de Français? Cependant, dans le nombre des causes qui détruisent cette qualité, on doit faire une distinction. Il en est quelques-unes qui ne sont susceptibles d'aucune interprétation favorable, celles, par exemple, de la naturalisation en pays étranger, et de l'abjuration du principe de l'égalité ; mais il en est d'autres, telles que l'acceptation de fonctions publiques ou de service chez l'étranger, qui peuvent quelquefois être excusées; un peuple ami peut réclamer auprès du gouvernement français des secours que notre intérêt même ne permet pas de refuser. Aussi n'a-t-on dû attacher la perte de la qualité de Français qu'à une acceptation, non autorisée par le gouvernement, de services ou de fonctions publiques chez l'étranger.

Mais les Français même qui ont perdu leur qualité par l'une des causes déjà expliquées, ne pourront-ils jamais la recouvrer? Ne peut-on pas supposer qu'en quittant la France, ils ont uniquement cédé à l'impulsion d'un caractère léger, qu'ils ont voulu surtout améliorer leur situation par leur industrie, pour jouir ensuite au milieu de leurs concitoyens de l'aisance qu'ils se seront procurée? Ne doit-on pas supposer du moins que leur désertion a été suivie de vifs regrets? et leurs frères pourront-ils être toujours insensibles, quand ces transfuges viendront se jeter dans leurs bras?

Vous supposer, citoyens législateurs, cette rigoureuse inflexibilité, ce serait mal vous connaître. Une mère ne repousse jamais des enfans qui viennent à elle. Que les Français qui ont perdu cette qualité reviennent se fixer en France, qu'ils renoncent à toutes distinctions contraires à nos lois, et ils seront encore reconnus Français.

Cependant l'indulgence ne doit pas être aveugle et imprudente; le retour de ces Français ne doit être ni un moyen de trouble dans l'État, ni un signal de discorde dans leurs familles : il faut que leur rentrée soit autorisée par le gouvernement, qui peut connaître leur conduite passée et leurs sentimens secrets, et ils ne doivent acquérir que l'exercice des droits ouverts à leur profit depuis leur réintégration.

21 Il est même une classe pour qui l'on a dû être plus sévère; c'est celle des Français qui ont pris du service militaire chez l'étranger sans l'autorisation du gouvernement. Cette circonstance a un caractère de gravité qui la distingue; ce n'est plus un simple acte de légèreté, une démarche sans conséquence; c'est un acte de dévouement particulier à la défense d'une nation, aujourd'hui notre alliée, si l'on veut, mais qui demain peut être notre rivale, et même notre ennemie. Le Français a dû prévoir qu'il pouvait s'exposer, par son acceptation, à porter les armes contre sa patrie. En vain dirait-il que, dans le cas d'une rupture entre les deux nations, il n'aurait pas balancé à rompre ses nouveaux engagemens : quel garant pourrait-il donner de son assertion? La puissance qui l'a pris à sa solde a-t-elle entendu cette restriction? L'aurait-elle laissé maître du choix? On a pensé que, dans cette circonstance, une épreuve plus rigoureuse était indispen-

sable; que l'individu qui se trouve dans cette position ne pouvait rentrer, comme de raison, sans l'autorisation du gouvernement, mais qu'il ne devait encore recouvrer la qualité de Français qu'en remplissant les conditions imposées à l'étranger pour devenir citoyen.

sec. 2

Je passe actuellement à la seconde section, à la privation des droits civils par suite de condamnations judiciaires.

Le projet qui vous est présenté n'a pas pour objet de déterminer celles des peines dont l'effet sera de priver le condamné de toute participation aux droits civils ; c'est dans un autre moment, dans un autre Code, que ces peines seront indiquées : il suffit, quant à présent, de savoir qu'il doit exister des peines (ne fût-ce que la condamnation à mort naturelle) qui emporteront de droit, et pour jamais, le retranchement de la société, et ce qu'on appelle mort civile.

Qu'est-ce que la mort civile, me dira-t-on : pourquoi souiller notre Code de cette expression proscrite et barbare?

Citoyens législateurs, celui qui est condamné légalement pour avoir dissous, autant qu'il était en lui, le corps social, ne peut plus en réclamer les droits ; la société ne le connaît plus, elle n'existe plus pour lui ; il est mort à la société : voilà la mort civile. Pourquoi proscrire une expression usitée, qui rend parfaitement ce qu'on veut exprimer, dont tout le monde connaît la valeur et le sens, et que ceux-mêmes qui l'improuvent n'ont encore pu remplacer par aucune expression équivalente?

Ce n'est pas du mot qu'il s'agit, c'est de la chose. Quelqu'un peut-il prétendre que l'individu légalement retranché de la société doive encore être avoué par elle comme un de ses membres? Peut-on dire que la faculté et la nécessité de ce retranchement n'ont pas été reconnues par tous les peuples dans des cas rares, il est vrai, mais qui cependant ne se représentent encore que trop souvent?

Le principe une fois admis, les conséquences ne sont plus douteuses. La loi civile ne reconnaît plus le condamné ; donc il perd tous les droits qu'il tenait de la loi civile : il n'existe plus aux yeux de la loi ; donc il ne peut participer encore à ses bienfaits. Il est mort enfin pour la société : il n'a plus de famille, il ne succède plus, sa succession est ouverte, ses héritiers occupent à l'instant sa place ; et si sa vie phy-33 sique vient à se prolonger, et qu'au jour de son trépas il laisse quelques biens, il meurt sans héritiers, comme le célibataire qui n'a pas de parens.

25   Vous sentez, citoyens législateurs, que l'une des conséquences de la mort civile doit être la dissolution du mariage du condamné *quant aux effets civils :* car la loi ne peut le reconnaître en même temps comme existant et comme n'existant pas : elle ne peut lui enlever une partie de ses droits civils comme mort, et lui en conserver cependant une partie comme vivant. Il pourra bien se prévaloir du droit naturel, tant qu'il existera physiquement ; mais il ne pourra réclamer l'exercice d'aucun droit civil, puisqu'il est mort en effet civilement. Toute autre théorie ne produirait que contradictions et inconséquences.

Je n'ai pas besoin, sans doute, d'observer que l'on n'a dû considérer le mariage que comme un acte civil, et dans ses rapports civils, abstraction faite de toute idée religieuse et de toute espèce de culte, dont le Code civil ne doit point s'occuper.

26-27   A quelle époque commencera la mort civile ? C'est un point sur lequel on ne peut s'expliquer avec trop de précision, parce que c'est l'instant de la mort qui donne ouverture aux droits des héritiers, et qui détermine ceux à qui la succession doit appartenir.

Quand le jugement de condamnation est contradictoire, la mort civile commence au jour de l'exécution réelle ou par effigie.

27 et suiv.   Cette règle peut-elle s'appliquer aux jugemens de contumace ? Le condamné n'a point été présent, et ne s'est par conséquent pas défendu ; la loi lui donne cinq ans pour se

représenter : s'il meurt, ou s'il paraît dans cet intervalle, le jugement est anéanti, il meurt alors dans l'intégrité de son état ; ou s'il vit et s'il est présent, l'instruction recommence comme s'il n'avait pas été jugé.

Dans l'ancienne jurisprudence, on s'attachait servilement au principe qui fait commencer la mort civile du jour de l'exécution. Par une conséquence rigoureuse de cette maxime, si le condamné décédait après les cinq ans, et sans s'être représenté, il était réputé mort civilement au moment de cette exécution. Mais que d'embarras, de contradictions, et d'inconséquences découlent de ce principe !

L'époux condamné pouvait avoir des enfans dans l'intervalle des cinq années : il aurait donc fallu, pour être conséquent, déclarer ces enfans légitimes, si leur père mourait ou se représentait dans cet intervalle, et les déclarer illégitimes, si leur père mourait après les cinq ans sans s'être représenté. Ainsi leur état eût dû dépendre d'un fait évidemment étranger à leur naissance.

Des successions pouvaient s'ouvrir au profit du condamné dans l'intervalle des cinq années : à qui appartenaient-elles ? Le condamné devait être héritier, s'il mourait ou s'il se représentait dans les cinq ans ; il ne devait pas être héritier, s'il mourait après les cinq ans sans s'être représenté. Ainsi son droit, le droit des appelés après lui, eût dû dépendre d'un fait absolument étranger aux règles des successions : le titre d'héritier restait incertain, et comme l'héritier, à l'instant du décès, pouvait ne pas se trouver l'héritier à l'expiration des cinq années, c'est par la volonté du condamné, qui pouvait se représenter ou ne pas se représenter, que se trouvait déféré le titre d'héritier dans la succession d'une tierce personne.

La femme du condamné pouvait se remarier ; il eût fallu la déclarer adultère, si le condamné mourait ou se représentait dans les cinq ans : elle eût dû être épouse légitime, s'il plaisait au condamné de ne pas se représenter.

Voilà une partie des embarras que présente l'attachement trop scrupuleux à la règle qui fait commencer, même pour le coutumax, la mort civile au moment de l'exécution.

Ces considérations, et une foule d'autres qu'on supprime, nous ont fait adopter une règle différente, et qui ne traîne après elle aucune difficulté.

Puisque le condamné par contumace a cinq ans pour se représenter, que sa mort ou sa comparution dans l'intervalle a l'effet de détruire son jugement, il est, sans contredit, plus convenable de ne fixer qu'à l'expiration des cinq années l'instant où la mort civile commencera : alors seulement la condamnation aura tout son effet ; ainsi s'évanouiront tous les embarras du système contraire. Le condamné a vécu civilement jusquà ce moment : il a pu succéder ; il a été époux et père ; mais à cet instant fatal commence sa mort civile.

En vain dirait-on qu'il y a de la contradiction à exécuter le jugement de condamnation par effigie, et à reculer cependant jusqu'au terme de cinq années le commencement de la mort civile.

Cette contradiction, si elle était réelle, serait bien moins choquante que celle qui résulte dans l'autre système d'une mort provisoire suivie d'une résurrection réelle, qui, présentant successivement la même personne comme morte et comme vivante, peuvent laisser dans une incertitude funeste, et même porter de violentes atteintes aux droits de plusieurs familles.

Mais la règle adoptée par le projet ne se trouve en contradiction avec aucune autre. Un jugement peut ne pas recevoir dans le même moment toute son exécution ; un tribunal suspend quelquefois cette exécution en tout ou en partie par des motifs très-légitimes : la loi peut, à plus forte raison, en maintenant pour l'exemple l'exécution par effigie au moment de la condamnation, reculer cependant l'époque de la mort civile à l'expiration des cinq ans donnés au contumax pour se représenter : le condamné n'est encore qu'un absent ;

ce terme arrivé, sa condamnation devient définitive, et pro
duit tout son effet.

Le contumax peut néanmoins se représenter, même après
le terme de cinq années. Quelques fortes présomptions que
puisse élever contre lui sa longue absence, quoiqu'on ait
droit de soupçonner qu'une comparution si tardive n'est due
qu'à l'éloignement des témoins à charge, au dépérissement
des preuves que le temps amène toujours après lui, à cet
affaiblissement des premières impressions qui, disposant les
esprits à l'indulgence et à la pitié, peut faire entrevoir au
coupable son impunité, l'humanité ne permet cependant
pas qu'on refuse d'entendre celui qui ne s'est pas défendu.
Il sera jugé, il pourra être absous, il sera absous; mais il ne
rentrera dans ses droits que pour l'avenir seulement, et à
compter du jour où il aura paru en justice.

Il pourra commencer une nouvelle vie, mais sans troubler
l'état des familles ni contester les droits acquis pendant la
durée de sa mort civile. Ainsi se trouveront conciliés les intérêts du contumax et les intérêts non moins précieux de
toute la société.

Voilà, législateurs, voilà les principaux motifs du projet
de loi sur la jouissance et la privation des droits civils.

Le Corps législatif arrêta ensuite que ce projet serait,
avec l'exposé des motifs, communiqué officiellement au
Tribunat; et la communication en fut faite dès le lendemain 7 ventose.

COMMUNICATION OFFICIELLE AU TRIBUNAT.

M. Gary fit le rapport dans la séance du 14 ventose
an XI (3 mars 1803), et le Tribunat vota aussitôt l'adoption du projet.

Ce vœu fut ensuite apporté au Corps législatif, dans la séance du 17, par MM. Perrault, Chassan, et par M. Gary qui prit seul la parole; il prononça alors le discours qu'il avait fait comme rapporteur à l'assemblée générale du Tribunat (*).

DISCUSSION DEVANT LE CORPS LÉGISLATIF.

DISCOURS PRONONCÉ PAR M. GARY.

Législateurs, nous venons vous apporter le vœu du Tribunat en faveur du projet de loi relatif *à la jouissance et à la privation des droits civils.*

Le projet de loi, ainsi que l'annonce son titre, se divise naturellement en deux parties. L'une traite de la jouissance des droits civils, l'autre s'occupe de leur privation.

CHAPITRE Ier.

De la Jouissance des Droits civils.

Le projet de loi commence par déclarer que *l'exercice des droits civils est indépendant de la qualité de citoyen, laquelle ne s'acquiert et ne se conserve que conformément à la loi constitutionnelle.*

Trois espèces de droits régissent les hommes réunis en société; le droit naturel ou général, qui se trouve chez toutes les nations : c'est celui qui établit la sûreté des personnes et des propriétés, et qui est la source de tous les contrats entre-vifs, sans lesquels il est impossible de concevoir qu'une association quelconque puisse se former ou se maintenir.

Le droit civil, qui est le droit propre à chaque nation et qui la distingue des autres; c'est celui qui règle les succes-

(*) Le discours de M. Gary n'a pas été imprimé sous le titre de rapport au Tribunat, parce qu'il se trouvait exactement semblable

sions, les mariages, les tutelles, la puissance paternelle, et généralement tous les rapports entre les personnes.

Enfin, le droit politique, qui n'est pas moins propre à une nation que son droit civil, mais qui, s'occupant d'intérêts plus relevés, détermine la manière dont les citoyens concourent plus ou moins immédiatement à l'exercice de la puissance publique. Il était nécessaire de séparer les règles de ce droit de celles du droit civil, de rappeler que les premières appartiennent à l'acte constitutionnel, tandis que les autres sont l'objet de la loi civile, afin que ce qui est établi pour un ordre de choses ne pût jamais s'appliquer à l'autre.

Après avoir établi cette distinction, également sage et nécessaire, le projet de loi règle quels sont ceux qui sont appelés à jouir des droits civils.

Il distingue à cet effet les individus nés en France de ceux nés en pays étranger.

On conçoit facilement pourquoi il ne s'occupe point de 8 ceux nés en France de Français. C'est bien pour ceux-là qu'est essentiellement faite la loi française, et que sont établis les droits civils.

Mais il y a eu plus de difficulté pour l'individu né en 9 France d'un étranger. Un premier système tendait à déclarer cet individu français, sans s'embarrasser de sa destinée et de sa volonté ultérieure. Puisqu'un heureux hasard, disait-on, l'a fait naître sur notre territoire, il faut que ce bonheur s'étende sur toute sa vie, et qu'il jouisse de tous les droits des Français. A l'appui de cette opinion, on citait l'exemple de l'Angleterre, où tout individu né sur le sol anglais est sujet du roi.

Les vues généreuses qui avaient produit ce système ont cédé à des motifs d'un ordre supérieur. On a reconnu qu'il serait trop injuste et trop peu convenable à la dignité nationale, que le fils d'une étrangère, qui lui aurait donné naissance en traversant le territoire français, et qui, emmené aussitôt par ses parens dans le lieu de leur origine, n'aurait

41.

ni résidé, ni manifesté le désir de s'établir en France, y pût jouir de tous les bienfaits de la loi civile. Ces bienfaits ne sont dus qu'à ceux qui se soumettent aux charges publiques, et dont la patrie peut à chaque instant réclamer les secours et l'appui. C'est un devoir pour quiconque est adopté par la loi d'un pays, de se montrer digne de cette faveur, et d'associer sa destinée à celle de sa patrie adoptive, en y établissant sa résidence. Certes, on ne peut attribuer plus d'effet au hasard de la naissance qu'on n'en accordait autrefois aux lettres de naturalité, sollicitées par l'étranger, accordées par le souverain, et enregistrées avec la solennité des lois, dans les tribunaux dépositaires de son autorité. Or, la condition expresse et nécessaire des lettres de naturalité était la résidence en France; condition si absolue, que son inobservation faisait perdre au naturalisé les droits et la qualité que ces lettres lui conféraient.

Quant à la loi anglaise, elle ne fait que consacrer une maxime féodale, dont le motif n'a rien de commun avec celui de la disposition que nous discutons.

On a donc établi en principe, dans l'article 9, qu'il faut que celui qui est né en France d'un étranger réclame la qualité de Français, qu'il forme cette réclamation dans l'année de sa majorité, afin que la patrie dans le sein de laquelle il a vu le jour ne reste pas plus long-temps incertaine sur sa détermination; et ici l'on distingue : ou bien il réside en France, et alors il joint à sa réclamation la déclaration qu'il entend y fixer son domicile; ou il réside en pays étranger, et, dans ce cas, il fait sa soumission de fixer en France son domicile, et il doit l'y établir dans l'année, à compter de l'acte de sa soumission. Ainsi le bonheur de sa naissance n'est pas perdu pour lui; la loi lui offre de lui assurer le bienfait de la nature; mais il faut qu'il déclare l'intention de le conserver.

10-11 13   Le projet de loi s'occupe ensuite de ceux nés en pays étranger. C'est l'objet des articles 10, 11 et 13.

Trois hypothèses s'offrent ici à votre examen, ou c'est un

individu né en pays étranger d'un Français ayant conservé cette qualité, ou bien c'est le fils d'un Français l'ayant perdue, ou bien enfin c'est un individu né de parens étrangers.

Point de difficulté quant à l'enfant du Français, quoique 10 né en pays étranger. La qualité de Français lui est assurée par la volonté de ses parens et par le vœu de sa patrie.

Celui né d'un Français qui a perdu cette qualité pourra Ib. toujours la recouvrer en remplissant les conditions imposées par l'article 9 à l'individu né en France d'un étranger; c'est-à-dire en accompagnant d'une résidence effective sa déclaration ou sa soumission de s'établir en France. Observez cependant qu'il est plus favorablement traité que cet étranger né en France; car celui-ci n'a qu'une année, à compter de sa majorité, pour manifester sa volonté, tandis que l'autre le peut toujours, et dans toutes les époques de sa vie. Les motifs de cette différence rentrent dans ceux de la disposition elle-même. Ils sont fondés sur la faveur due à l'origine française, sur cette affection naturelle, sur cet amour ineffaçable que conservent à la France tous ceux dans les veines desquels coule le sang français. Vainement un père injuste ou malheureux leur a ravi l'inestimable avantage de leur naissance; la patrie est prête à le leur rendre; elle leur tend les bras; elle leur ouvre son sein; elle répare à leur égard l'injustice de leurs parens ou les rigueurs de la fortune.

La disposition qui vous est proposée, législateurs, est d'ailleurs conforme à ce qui s'observait dans l'ancienne jurisprudence. Les enfans de Français qui avaient abdiqué leur patrie recouvraient leurs droits et leur qualité en vertu de simples lettres de déclaration, tandis que les étrangers n'acquéraient cette qualité et ces droits qu'avec des lettres de naturalité.

Je passe à la troisième classe d'individus nés en pays étran- 11-13 ger; ce sont ceux qui y sont nés de parens étrangers, et c'est là véritablement ce qu'on appelle étrangers.

Leur sort est réglé par deux dispositions du projet de loi que je crois devoir mettre en même temps sous vos yeux.

L'une est celle de l'article 11, l'autre est celle de l'article 13.

L'article 11 est ainsi conçu : « L'étranger jouira en France « des mêmes droits civils que ceux qui sont ou seront accor- « dés aux Français par les traités de la nation à laquelle cet « étranger appartiendra. »

L'article 13 s'énonce dans ces termes : « L'étranger qui aura « été admis par le gouvernement à établir son domicile en « France y jouira de tous les droits civils, tant qu'il con- « tinuera d'y résider. »

Vous voyez, législateurs, que dans la première de ces dis- positions il est question de l'étranger qui reste et veut rester étranger à la France ; et dans la seconde, de l'étranger qui veut devenir Français. Je ne sépare pas encore une fois ces deux articles, parce que le dernier me fournit la solution de l'unique objection contre le premier.

J'établis d'abord la justice de l'article 11, et je demande qu'il me soit permis de rappeler une distinction fondée sur la nature des choses, et consacrée par l'histoire de tous les peuples.

Il faut distinguer le cas où une nation règle les intérêts de ses propres citoyens, de celui où elle statue sur ses rapports avec les nations étrangères.

Quand elle s'occupe de ses propres citoyens, quand elle travaille sur elle-même, elle peut, sans péril, s'abandonner aux vues les plus libérales. Plus elle élève l'âme de ses ci- toyens, plus elle s'élève elle-même ; tout ce qu'elle fait pour les porter à la grandeur et à la gloire, elle le fait pour sa pro- pre grandeur et pour sa propre gloire.

Mais quand elle règle ses rapports avec les autres peuples, sa générosité avec eux serait souvent ou danger pour elle- même, ou injustice pour les habitans de son territoire. Le droit civil qui régit les nations entre elles est dans leurs trai- tés. Si l'une ne veut s'affaiblir ou se nuire, elle doit consi- dérer ce que les autres font pour elle avant de se prescrire ce qu'elle doit faire à leur égard. C'est sur ce principe que se fondent toutes les précautions auxquelles tiennent la sûreté et l'indépendance des peuples. L'orateur du gouvernement en a fait sentir la vérité et la nécessité quant au système de défense militaire, quant à celui des douanes, et il en a fait ensuite une juste application à la question qui nous occupe.

C'est déjà un beau mouvement, un grand pas vers le bien de l'humanité, vers le rapprochement universel des peuples, que de leur assurer d'avance tous les avantages qu'ils nous accorderont par leurs traités. Puisse cette déclaration solennelle faire disparaître la barrière que la paix même laisse encore entre quelques nations civilisées! Mais jusqu'à ce qu'elles aient répondu à cet appel, nous n'immolerons pas les intérêts de notre propre famille à ceux d'une famille étrangère. Il est une bienveillance au-dessus de cette bienveillance générale, qui embrasse le genre humain : c'est celle que nous devons à notre patrie, à nos concitoyens. Nous réglerons sur la faveur et la protection qu'on leur accordera celles qu'on aura à espérer de nous.

Vous rétablissez, nous dit-on, le droit d'aubaine qu'abolit l'Assemblée constituante.

Est-ce donc à nous qu'il faut faire ce reproche, et le poids tout entier ne doit-il pas en retomber sur ces nations qui, sourdes à l'appel généreux que leur a fait l'Assemblée constituante, ont laissé subsister dans leur législation un droit que nous avions retranché dans la nôtre? Le peuple français a eu la gloire de proposer au monde entier cette grande résolution. Douze ou treize ans se sont écoulés sans qu'un si bel exemple ait été imité. Rentrons dans le droit commun des nations, puisqu'on nous y oblige, mais rentrons-y de manière que notre législation contienne d'avance le germe de toutes les améliorations auxquelles elles voudront consentir par leurs traités.

Mais combien le reproche est injuste, lorsqu'on voit dans l'article 13 les facilités données à l'étranger d'acquérir les droits civils des Français! Il ne lui faut, à cet effet, que déclarer qu'il établit son domicile en France, et continuer d'y résider. Est-ce là repousser les étrangers? Est-ce lever entre eux et nous une barrière insurmontable? Est-ce faire revivre enfin un droit fondé (suivant les expressions du plus grand de nos publicistes) sur l'absence, à l'égard des étrangers, de tout sentiment de justice et de pitié?

Nous opposera-t-on, après une pareille disposition, que nous détournons les étrangers de nous apporter leurs capitaux? Nous leur donnons au contraire des facilités telles que n'en donne aucune autre nation; nous les invitons à se fixer eux-mêmes sur notre territoire avec les fonds qu'ils voudront nous apporter, et qui dès-lors se confondront à jamais avec la richesse nationale. Nous n'exigeons d'eux, pour les rendre Français et les faire jouir de tous les droits attachés à cette qualité, qu'une simple déclaration qu'ils veulent le devenir, et une résidence continue qui prouve la vérité de cette déclaration. Et pourquoi ne le dirions-nous pas? le nom français a été porté à une assez grande hauteur pour qu'on ne le prodigue pas à ceux qui ne croient pas devoir le solliciter. Sans doute la richesse est une partie de la puissance ; sans doute les nombreux capitaux excitent et fécondent l'industrie; mais il nous faut aussi des cœurs français, et l'honneur d'appartenir à la grande nation vaut bien la peine qu'on daigne le mériter et déclarer qu'on y aspire.

11   Avant de terminer la discussion des articles 11 et 13, j'observe, sur l'article 11, qu'on avait manifesté le désir que sa disposition ne portât point atteinte aux priviléges accordés aux étrangers dans certains lieux et dans certaines circonstances pour notre propre intérêt. Ce vœu se trouve rempli par la déclaration faite par l'orateur du gouvernement, que la disposition de l'article 10 n'exclut aucune des concessions dictées par les circonstances et pour l'intérêt du peuple français.

13   J'observe, sur l'article 13, qu'il n'y a eu aucune objection contre la disposition qui veut que l'étranger ne puisse établir

son domicile en France, s'il n'y est admis par le gouvernement. C'est une mesure de police et de sûreté autant qu'une
disposition législative. Le gouvernement s'en servira pour repousser le vice et pour accueillir exclusivement les hommes
vertueux et utiles, ceux qui offriront des garanties à leur famille adoptive.

Enfin, vous avez remarqué, législateurs, dans ce même
article 13, une amélioration du sort de l'étranger qui veut
se fixer parmi nous. Suivant un premier système, il ne pouvait jouir des droits civils qu'après une année de résidence
postérieure à sa déclaration, ce qui le plaçait dans une position telle qu'il n'appartenait, pendant cette année, à la loi
civile d'aucun pays. La nouvelle disposition de l'article 13 le
fait jouir des droits civils aussitôt après qu'il a été admis à
établir son domicile en France. En vérité, plus on se pénètre
de cette disposition, plus on la trouve hospitalière, généreuse et conforme enfin à l'intérêt national.

L'article 12 du projet porte que « l'étrangère qui aura **12**
« épousé un Français suivra la condition de son mari. » Cela
est sans difficulté.

Les articles 14 et 15, qui déterminent la compétence des **14-15**
tribunaux français dans les contestations qui s'élèvent entre
des Français et des étrangers pour l'exécution des obligations
contractées entre eux, soit en France, soit en pays étranger,
n'ont donné lieu à aucune critique.

L'article 16 conserve une précaution salutaire qu'imposait **16**
la jurisprudence à l'étranger demandeur, de donner caution
pour le paiement des frais et dommages et intérêts résultant
du procès par lui intenté. Deux exceptions seulement à cette
règle : l'une, lorsqu'il s'agit d'affaires de commerce dont la
prompte expédition importe trop à la fortune publique pour
qu'on puisse les environner de difficultés ou de formalités nouvelles ; l'autre exception a lieu lorsque l'étranger demandeur
possède en France des immeubles suffisans pour assurer le
paiement des condamnations qui pourraient être prononcées

contre lui. Cette dernière exception met à découvert le motif de la disposition principale.

On a fait la remarque que ces trois derniers articles auraient pu trouver leur place dans le Code judiciaire ; mais , d'un autre côté , on a senti l'avantage de présenter aux étrangers, dans un cadre étroit et unique, leurs droits et leurs obligations.

CHAPITRE II.

De la Privation des Droits civils.

La privation des droits civils s'encourt de deux manières ; ou par la perte de la qualité de Français , ou par suite de condamnations judiciaires.

SECTION Ⅰre. De la Privation des Droits civils par la perte de la qualité de Français.

17   L'article 17 porte « que la qualité de Français se perd, 1° par « la naturalisation acquise en pays étranger ; 2° par l'accepta- « tion, non autorisée par le gouvernement, de fonctions pu- « bliques conférées par un gouvernement étranger ; 3° par « l'affiliation à toute corporation étrangère qui exigera des « distinctions de naissance ; 4° enfin , par tout établissement « fait en pays étranger sans esprit de retour. Les établisse- « mens de commerce ne pourront jamais être considérés « comme ayant été faits sans esprit de retour. »

On abdique la qualité de Français ou expressément ou tacitement.

C'est une abdication expresse, quand on se fait naturaliser en pays étranger. Celui qui se donne une nouvelle patrie renonce à la première.

L'abdication est tacite :

1°. Lorsqu'en acceptant, sans l'autorisation du gouverne- ment, des fonctions publiques conférées par un gouverne- ment étranger, on contracte avec ce gouvernement des engagemens incompatibles avec la subordination et la fidélité qu'on doit à celui de son pays ;

2°. Quand on s'affilie à une corporation étrangère qui exige des distinctions de naissance, car on blesse alors la loi fondamentale de son pays, celle de l'égalité ;

3°. Enfin, lorsqu'en formant un établissement en pays étranger sans esprit de retour, on a rompu tous les liens qui attachaient à sa patrie. Le Tribunat a applaudi à la disposition qui ne permet point de regarder les établissemens de commerce comme ayant été faits sans esprit de retour. C'est une disposition tout à la fois utile et conforme au caractère national ; utile, puisqu'elle tend à multiplier les entreprises commerciales, en conservant à ceux qui les forment, quelle que soit leur durée et dans quelques lieux éloignés qu'elles les portent, une qualité dont ils sont si jaloux ; conforme au caractère national, car, de tous les peuples de l'univers, le Français est celui qui reste le plus fidèlement attaché à sa patrie. Si des vues de fortune l'entraînent loin d'elle, il ne chérit ses succès que par l'espérance de retourner en jouir dans son sein. Toujours ses regards se dirigent vers elle ; c'est pour elle que sont ses plus tendres souvenirs. Le Français a surtout besoin d'espérer et le bonheur de passer ses dernières années et la consolation de mourir sur le sol qui l'a vu naître.

C'est encore un hommage rendu au caractère national, 18 que d'avoir rouvert l'entrée du territoire français au Français même qui a perdu sa qualité. C'est l'objet de l'article 18. Mais comme, par son inconstance ou par sa première faute, il a mis ses concitoyens en défiance de sa fidélité, il ne rentrera en France qu'avec l'autorisation du gouvernement ; il déclarera qu'il veut s'y fixer, et abjurera toute distinction contraire à la loi de son pays.

L'autorisation du gouvernement, la déclaration de se fixer 19 en France, sont aussi exigées, par l'article 19, de la part de la femme française qui sera devenue étrangère en épousant un étranger.

Une amélioration de l'ancienne législation, contenue dans 20

l'article 20 , a obtenu un assentiment unanime. Suivant cette
législation, comme j'ai eu l'honneur de vous le rappeler , on
distinguait les lettres de naturalité qui donnaient à un étranger la qualité de Français , des lettres de déclaration qui rendaient cette qualité ou à un Français qui l'avait perdue, ou à
ses enfans ; et ces lettres de déclaration avaient un effet rétroactif, c'est-à-dire, que celui qui les obtenait était considéré comme n'ayant jamais quitté le territoire, et revenait,
comme s'il eût été présent, sur tous les partages faits pendant son absence. C'était un abus que l'article 20 fait cesser.
Il déclare que les individus qui recouvreront la qualité de
Français ne pourront s'en prévaloir que pour l'exercice des
droits ouverts à leur profit depuis qu'ils l'auront recouvrée.

2   L'article 21 assimile à l'étranger et soumet à toutes les
conditions qui lui sont imposées, le Français qui, sans autorisation du gouvernement, prendrait du service militaire
chez l'étranger, ou s'affilierait à une corporation militaire
étrangère. Le Tribunat a applaudi à cette juste sévérité. La
politique, l'intérêt de la nation , celui de nos alliés peuvent
exiger que des Français aillent servir dans leurs armées. Ceux
qui partent avec l'autorisation du gouvernement sont irréprochables ; mais ceux-là sont coupables qui n'ont point cette
autorisation ; ils se placent dans une position qui peut devenir
hostile envers leur pays ; ils s'exposent à porter les armes
contre leur patrie. Il n'y a que des cœurs ingrats et dénaturés
qui bravent un pareil danger.

SECTION II. *De la Privation des Droits civils par suite de con-*
damnations judiciaires.

sect. 2   Avant de nous livrer à l'examen de cette partie du projet
de loi , nous nous sommes fait une première question ; l'effet
des condamnations judiciaires , quant à la privation des droits
civils, qui est une peine ou une partie de la peine , doit-il
être réglé par la loi civile ou par la loi criminelle ? Une distinction naturelle et facile entre les objets de ces deux espèces

de lois a bientôt fait cesser toute difficulté. La loi criminelle détermine la forme de l'instruction, celle des jugemens, les peines, l'effetde ces peines, quant à la personne ; la loi civile détermine cet effet quant aux droits civils. Puisque c'est elle qui confère ces droits, qui en règle l'exercice, c'est à elle aussi de s'occuper de l'effet des causes qui emportent privation de cet exercice.

Cette première question résolue, il s'en est élevé une se- [22] conde sur l'article 22, ainsi conçu : « Les condamnations à « des peines dont l'effet est de priver celui qui est condamné « de toute participation aux droits civils ci-après exprimés, « emporteront la mort civile. » On s'est demandé, sur cet ar- ticle, s'il devait y avoir une mort civile. Mais, comme on reconnaissait de toutes parts la nécessité d'exclure de la par- ticipation aux droits civils ceux contre lesquels certaines condamnations seraient prononcées, on s'est bientôt accordé sur le nom qu'on donnerait à cette exclusion, et il a été re- connu que les termes de mort civile, consacrés par l'ancienne législation française etpar les lois de tous les peuples civilisés, étaient les plus propres à rendre la pensée du législateur et à caractériser le retranchement du sein de la société prononcé contre les coupables. Celui qui est exclu de toute participation aux droits civils est hors de la société. Les lois civiles et po- litiques de cette société ne sont donc plus pour lui. Il ne peut ni recueillir les bienfaits, ni exercer les actions qui n'éma- nent que d'elles. Seulement, tant que son existence pèsera sur la terre qu'il a souillée et troublée par ses excès, l'hu- manité pourra réclamer en sa faveur ce qu'elle accorde à tous les êtres vivans, le droit de pourvoir à sa subsistance, celui d'être secouru s'il est menacé ou frappé : c'est l'effet de la pitié générale due à tout ce qui respire dans la nature ; mais voilà tout ce qu'il peut prétendre. Tout ce qui vient de la loi ne peut plus être réclamé par celui qui est mort à ses yeux.

L'article 23 porte « que la condamnation à la mort natu- [23] « relle emportera la mort civile. » Ce serait en effet une contradiction bien étrange, si la loi regardait comme vivant celui qui n'existe que parce qu'il a dérobé sa tête coupable à sa juste vengeance.

24   C'est une sage amélioration que celle proposée dans l'article 24, qui veut qu'il n'y ait que des peines afflictives *perpétuelles* auxquelles la loi puisse attacher l'effet d'emporter la mort civile. Cette mort devant être en effet aussi perpétuelle, aussi irrévocable que celle prononcée par l'arrêt de la nature, ne peut être attachée qu'à des peines qui aient elles-mêmes ce caractère de perpétuité.

25   L'article 25 décrit les effets de la mort civile :

« Le condamné perd la propriété de tous les biens qu'il « possédait ; sa succession est ouverte au profit de ses héri- « tiers, auxquels ses biens sont dévolus de la même manière « que s'il était mort naturellement et sans testament.

« Il ne peut plus ni recueillir aucune succession, ni *trans-* « *mettre, à ce titre*, les biens qu'il a acquis par la suite.

« Il ne peut ni disposer de ses biens en tout ou en partie, « soit par donation entre-vifs, soit par testament, ni recevoir « à ce titre, si ce n'est pour cause d'alimens.

« Il ne peut être nommé tuteur ni concourir aux opérations relatives à la tutelle.

« Il ne peut être témoin dans un acte solennel ou authen- « tique, ni être admis à porter témoignage en justice.

« Il ne peut procéder en justice, ni en défendant, ni en « demandant, que sous le nom et par le ministère d'un cu- « rateur spécial qui lui est nommé par le tribunal où l'action « est portée.

« Il est incapable de contracter un mariage qui produise « aucun effet civil.

« *Le mariage qu'il avait contracté précédemment est dissous* *quant à tous ses effets civils.*

« Son épouse et ses héritiers peuvent exercer respective- « ment les droits et les actions auxquels sa mort naturelle « donnerait ouverture. »

Nous n'avons eu que deux difficultés à nous proposer sur [25-33] les effets attribués par cet article à la mort civile, mais leur importance a excité toute notre attention.

L'incapacité de transmettre, à titre de succession, les biens acquis postérieurement à la mort civile encourue, a donné lieu à la première de ces difficultés ; la dissolution, quant aux effets civils du mariage précédemment contracté, a fait naître la seconde. Je les examine séparément.

A la disposition qui veut que le mort civilement ne puisse transmettre à titre de succession les biens par lui postérieurement acquis, et dont il se trouvera en possession au jour de sa mort naturelle, se rattache la disposition de l'article 33, qui règle le sort de ces biens, en déclarant qu'ils appartiendront à la nation par droit de déshérence, en laissant néanmoins au gouvernement la faculté de faire, au profit de la veuve, des enfans ou parens, telles dispositions que l'humanité lui suggérera.

On a en conséquence attaqué les deux articles tout à la fois. On a dit, contre le premier, que la mort civile ne brisait pas les liens naturels qui unissent le condamné à ses parens ; que les rapports de la nature sont indépendans de la loi civile, qui ne peut ni les détruire, ni les méconnaître ; que le condamné a toujours, dans l'ordre naturel, une famille qui doit être appelée à recueillir sa succession.

On a critiqué la disposition faite, par l'article 33, des biens acquis par le condamné depuis la mort civile encourue. On a prétendu que c'était, sous le nom de déshérence, faire revivre le droit odieux de confiscation, à jamais retranché de notre législation ; que priver celui qui est mort civilement de l'espoir de laisser à sa famille le faible produit de ses travaux, c'était l'éloigner du travail, et s'ôter ainsi le seul moyen de le voir rentrer dans le chemin de la vertu ; on a ajouté que le droit conféré au gouvernement, de pouvoir faire, au profit de la famille, telle disposition que son humanité lui suggérera, étant purement facultatif, n'absout l'article d'aucun des reproches qu'on vient de lui faire.

Je réponds d'abord à la première branche de cette objection. Je conviens, avec ceux qui la proposent, que la loi civile ne peut rompre les liens naturels qui unissent les familles; mais je dis que la loi qui a attaché certains effets à ces liens naturels peut les retrancher ou les modifier, suivant que l'intérêt social l'exige. Sans doute elle ne peut pas faire que les enfans d'un même père ne soient frères et sœurs; sans doute elle ne peut détruire ces rapports antérieurs et immuables qu'établit la nature; mais les conséquences de ces rapports dans les droits civils auxquels ils donnent ouverture dans les actions qu'elle autorise, et qui s'intentent en son nom, restent toujours dans son domaine; toujours elle peut les changer ou même les supprimer.

Cette vérité s'applique surtout à l'ordre des successions, qui est tout entier l'objet et l'apanage de la loi civile. Montesquieu, après avoir réfuté l'opinion que les règles des successions sont fondées sur l'ordre naturel, ajoute : « Le « partage des biens, les lois sur ce partage, les successions « après la mort de celui qui a eu ce partage : tout cela ne peut « avoir été réglé que par la société, et par conséquent par des « lois politiques ou civiles (a). » La transmission des biens appartient donc uniquement et exclusivement à la loi. La nature conserve ses rapports, sans que la loi perde ses droits; et la loi peut fort bien reconnaître des parens dans l'ordre naturel, et méconnaître des héritiers dans l'ordre légal.

Je prie maintenant les auteurs de l'objection de vouloir bien considérer avec moi les contradictions dans lesquelles leur système entraînerait le législateur. Car, tout en demandant que les parens du condamné succèdent aux biens qu'il a acquis depuis sa mort civile encourue, ils ne veulent cependant pas que, depuis cette époque, il succède lui-même

(a) Esprit des Lois, liv. 16, chap. 26.

à ses parens. Mais s'il est parent pour transmettre, il doit l'être aussi pour recueillir. S'il est de la famille quand il faut trouver des héritiers, il faut qu'il en soit aussi quand il s'agit de le devenir. Voilà les conséquences nécessaires de cet appel aux droits de la nature.

Certes, ces droits pourraient être bien plus puissamment invoqués par les parens de l'étranger mort en France , qui n'avait point, à la vérité, les droits et la qualité de Français, mais qui avait ou l'espérance ou la faculté de les acquérir ; tandis que l'individu mort civilement les avait perdus par un crime, et était déclaré ou incapable ou indigne de les recouvrer ; et, cependant, comme l'ordre de succéder est le domaine exclusif de la loi civile, elle en prive la famille étrangère qui n'est pas soumise à son empire.

Revenons donc à ce principe universellement établi, que, pour qu'il y ait transmission de succession , il faut qu'il y ait capacité dans la personne de celui qui transmet comme dans la personne de celui qui recueille. Sans le concours de ces deux capacités , il n'y a pas de succession. Dans l'espèce qui nous occupe, il y a incapacité dans la personne du condamné : que dis-je ? il ne vit pas même aux yeux de la loi. Pourrait-elle le reconnaître capable de transmettre , quand elle méconnaît son existence ?

La solution de la première partie de l'objection prépare et facilite la solution de la seconde, principalement dirigée contre l'article 33. Qu'il ne soit d'abord plus question de confiscation ; car franchement, ni l'idée , ni le mot, ne peuvent plus se retrouver à côté d'une disposition qui déclare la succession du condamné, à l'instant de sa mort civile, ouverte au profit de sa famille.

Quel sera maintenant le sort des biens qu'il aura postérieurement acquis ? Celui des biens laissés par tous ceux qui n'ont pas d'héritiers aux yeux de la loi, lors même qu'ils auraient des parens aux yeux de la nature. Ces biens se confondront dans le domaine public ; ils appartiendront à la nation par

VII. 42

droit de déshérence; telle est la conséquence nécessaire du principe. Mais en même temps le gouvernement est autorisé, je pourrais même dire invité par la loi, à faire, en faveur de la famille, toutes les dispositions que l'humanité lui suggérera. Il n'y a ni raisons, ni intérêt possible, qui puissent jamais détourner le gouvernement d'user de cette faculté, ou de déférer à cette invitation. Cette espérance, fondée sur la loi, naîtra dans l'âme du condamné, et lui rendra, s'il en est temps encore, avec l'amour du travail, celui de la vertu. Heureuse disposition qui, en sauvant un principe rigoureux, mais nécessaire à l'ordre et à la sûreté publics, satisfait en même temps à tout ce que peut exiger l'humanité!

25 La seconde difficulté que j'ai déjà annoncée, a pour objet la dissolution, quant à tous les effets civils, du mariage précédemment contracté par celui qui est mort civilement.

On a dit, contre cette disposition, qu'elle ajoute à la sévérité de l'ancienne loi française, qui, en privant le condamné et sa famille de tous ses biens, avait cru néanmoins devoir conserver l'engagement qui subsistait entre les époux.

On a ajouté qu'en faisant même abstraction des idées religieuses, le mariage ne doit pas être considéré comme une chose purement civile, que c'est un contrat naturel réglé par la loi civile, une union dont la perpétuité est le vœu.

Enfin, on a regardé cette dissolution du mariage comme une peine infligée à des tiers intéressés, à la femme et aux enfans; comme tendante surtout à établir une opposition toujours funeste entre la loi d'un côté, et la morale et la religion de l'autre; la loi, qui regarderait comme un concubinage la persévérance d'une épouse à partager la destinée de l'époux malheureux et coupable; la morale et la religion, qui l'approuveraient comme un acte de dévouement et de vertu.

Je reprends successivement les trois parties de cette objection.

Quant au reproche qu'on fait au projet de loi d'être plus sévère sur cet objet que les lois de la monarchie, cette disparité est fondée sur la manière différente dont on envisageait, sous l'empire de ces lois, le lien du mariage. C'était alors un engagement tout à la fois religieux et civil ; la religion et la loi concouraient également à le former, et la loi seule ne pouvait rompre des nœuds qu'elle seule n'avait pas tissus. Aujourd'hui la célébration du mariage et tous ses effets appartiennent à la loi civile. Elle laisse aux époux le soin ou la liberté de prendre le ciel à témoin de leurs engagemens ; elle n'entre point, à cet égard, dans l'asile impénétrable des consciences ; mais il n'y a à ses yeux d'union légitime que celle qui est formée devant les magistrats qu'elle en a chargés, et il n'y a que les mariages ainsi contractés qui puissent produire les effets qu'elle y attache. Aussi se contente-t-elle de dissoudre le lien, quant à ses effets.

Je conviens d'ailleurs que, dans le mariage, le contrat naturel a précédé le contrat civil. Qu'en faut-il conclure ? c'est que cet engagement est sous la double autorité de la loi naturelle et de la loi civile. Si l'un des époux vit encore aux yeux de la nature, le lien qu'il a formé reste sous l'empire de la loi naturelle, à laquelle, à la vérité, il ne reste plus alors de sanction. Mais si cet époux est hors de la société, les lois que cette société n'a faites que pour elle-même, qui n'existent que par sa volonté et pour son intérêt, ne peuvent plus, sans se contredire, reconnaître la durée de l'engagement, quant aux effets qu'elle y avait attachés. La rupture d'un lien purement légal (et il n'est que cela aux yeux du législateur), est la suite nécessaire de la perte de tous les droits légaux. Comment conserver le droit d'un homme vivant à celui qui est réputé mort ? Peut-on considérer comme époux, comme père, celui qui n'existe plus ? Si l'on reconnaît la nécessité du principe, il faut bien en adopter les conséquences.

C'est, au surplus, la force des choses qui nous conduit à ce résultat. Comment, en effet, supposer qu'un individu mort civilement puisse rester chef d'une communauté dissoute par l'ouverture de sa succession ; que celui qui n'a ni biens, ni existence légale, puisse exercer la puissance déférée par les lois aux époux et aux pères sur la personne et les biens de leurs femmes et de leurs enfans ; qu'il puisse autoriser sa femme à paraître devant les tribunaux, quand l'accès lui en est personnellement interdit à lui-même ? C'est donc la force des choses, je le répète, qui amène l'annullation de tous les effets civils du mariage, ou sa dissolution, quant à ces effets.

M'objectera-t-on qu'il est possible que des enfans naissent de cette union dissoute par la loi, et qu'alors ces enfans seront privés des honneurs de la légitimité ? je reconnais la vérité de cette conséquence. Je pourrais dire qu'en pareil cas la légitimité a beaucoup à perdre de ses honneurs et de son prix ; mais enfin, la législation est pleine de ces dispositions de rigueur, commandées par des intérêts d'un ordre supérieur. Les enfans naturels sont exclus des honneurs réservés aux fruits d'une union légitime, et cependant ils sont innocens de la faute qui leur a donné le jour. C'est la morale, c'est le maintien des bonnes mœurs, la dignité du mariage, qui ont fait établir cette sage distinction. Ici, c'est l'intérêt général de la société qui veut que l'individu retranché de son sein subisse toute sa peine, qu'il ne puisse plus invoquer ces lois qu'il a méconnues et violées, qu'il ne soit plus ni citoyen, ni père, ni époux.

A l'égard de la femme qui, oubliant les crimes de son époux, ne verrait que son malheur, et qui consentirait encore à suivre sa destinée, si elle se croit liée aux yeux de la religion et de la nature, la loi n'entend contrarier ni ses sentimens ni sa résolution. Si ce dévouement lui est dicté par des motifs honorables, qu'elle en trouve sa récompense dans sa conscience, dans sa religion, même dans l'opinion ; tout cela sort du domaine de la loi. Son devoir, à elle, c'est d'assurer aux peines leur effet, c'est d'être conséquente avec elle-même, de ne plus voir dans la société celui qu'elle en a exclu, de ne plus reconnaître comme vivant l'homme qu'elle a déclaré mort.

Après avoir réglé les effets de la mort civile, le projet de 26-27
loi devait naturellement s'occuper du moment où elle serait
encourue, et il a très-sagement distingué les condamnations
contradictoires des condamnations par contumace.

Les premières emportent la mort civile du jour de leur 26
exécution, soit réelle, soit par effigie ; c'est la disposition de
l'article 26.

Quelques difficultés se sont élevées sur l'article 27, qui 27
veut que les condamnations par contumace n'emportent la
mort civile qu'après les cinq années qui suivront l'exécution
du jugement par effigie, et pendant lesquelles le condamné
peut se représenter.

Ceux qui pensaient que la mort civile devait dater du jour
même de l'exécution par effigie, se fondaient sur la nécessité
d'exécuter, autant que possible, le jugement rendu, et sur
l'avantage qui reviendrait à la société de la promptitude de
l'exemple ; sauf néanmoins à prendre des précautions telles
que, si le condamné mourait, se représentait, ou était arrêté dans les cinq ans, cet état de choses ne fût que provisoire, et ne pût nuire aux droits rouverts en faveur des parties intéressées.

On a répondu à ces objections que l'ordre public n'a jamais à souffrir de la suspension de l'exécution d'un jugement,
quand cette suspension est l'ouvrage ou du jugement même,
ou de la loi supérieure aux jugemens ; qu'ainsi toute latitude
est laissée au législateur.

La nature même du jugement rendu par contumace, et
les dispositions qui l'accompagnent, exigent que la mort civile ne soit encourue qu'après les cinq années. Pendant toute
la durée de ce délai, le sort du condamné est incertain, tout
est provisoire à son égard ; non seulement s'il est arrêté, ou
s'il se représente, les choses recouvrent leur premier état ;
mais s'il vient à mourir, il meurt *integri statûs*, et sa succession s'ouvre par sa mort naturelle. Ce n'est qu'après le délai
pour purger la contumace, que la condamnation, suivant les

principes et les expressions de l'ancienne jurisprudence, est réputée contradictoire; il serait donc injuste de faire mourir civilement le condamné, pendant la durée de l'ordre de choses, purement provisoire, qui s'établit jusqu'à l'expiration de ce délai.

On insiste sur la nécessité de l'exemple; mais l'exemple est donné par l'exécution en effigie, par la privation de l'exercice des droits civils provisoirement prononcée contre le condamné, enfin par sa mort civile, et par son expropriation après les cinq ans, s'il ne s'est pas présenté.

Indépendamment des vues générales d'équité et d'humanité qui s'élèvent en faveur de la disposition du projet de loi, elle est encore secourue par les difficultés infinies que présente l'exécution du système contraire, l'organisation d'une mort civile provisoire, dont les effets peuvent à chaque moment être anéantis par la résurrection ou par la mort naturelle du condamné. Ce système, quelques précautions qu'on puisse prendre, laisse toujours régner une affreuse incertitude, 1° sur le sort des enfans nés dans les cinq ans, légitimes si le père se représente ou meurt dans cet intervalle, illégitimes si les cinq années s'écoulent sans que la destinée du père soit connue;

2°. Sur le sort de la femme qui aura contracté, dans les cinq ans, un nouvel engagement, épouse légitime si son premier mari ne paraît pas, infidèle et coupable s'il meurt ou se représente;

3°. Sur le sort des successions, qui, pendant les cinq ans, s'ouvriraient au profit du condamné, héritier s'il paraît ou s'il meurt, non héritier s'il laisse passer les cinq ans sans se représenter.

L'impossibilité de remédier à tant d'inconvéniens, jointe à la vérité et à la force du principe, qui ne permet pas qu'on place, dans un état de choses purement provisoire, des effets définitifs par leur nature, a déterminé la préférence donnée à la disposition de l'article 27.

Cependant, et pendant la durée des cinq ans, le condamné 28
par contumace sera privé, comme je viens de l'observer, de
l'exercice des droits civils. C'est l'objet de l'article 28, qui
pourvoit d'ailleurs à l'administration de ses biens et à l'exercice de ses actions, en l'assimilant, sous ce double rapport,
aux absens.

Les articles 29 et 31 s'occupent des cas où le condamné 29-31
serait constitué prisonnier, se représenterait ou décéderait
dans les cinq ans; et, dans ces trois cas, le jugement est
anéanti de plein droit. C'est, par rapport à la personne et aux
biens, comme si la condamnation n'eût jamais existé. Tous
les développemens contenus dans ces articles tiennent à ce
principe incontestable.

L'article 30 prévoit le cas où le condamné ne se représen- 30
terait ou ne serait constitué prisonnier qu'après les cinq ans;
et, dans ce cas, quelle que soit l'issue du nouveau jugement,
les effets de la mort civile, encourue après les cinq ans de
l'exécution du premier, sont immuables.

Enfin, l'article 32 établit qu'en aucun cas la prescription 32
de la peine ne réintégrera le condamné dans ses droits civils
pour l'avenir. Cette disposition concilie un principe d'humanité avec les règles de l'ordre social. L'humanité sollicite,
après un long temps, la prescription de la peine. Mais si le
temps éteint la peine, il n'éteint ni le crime ni le jugement;
et l'ordre social, troublé par le crime, exige que le jugement
conserve son effet quant à la privation des droits civils.

Législateurs, pressé par l'importance et la multiplicité des
matières, je ne sais si j'ai rempli la tâche qui m'était imposée.
J'ai essayé de remettre sous vos yeux les motifs du vœu du
Tribunat, sur chacune des nombreuses dispositions que renferme le projet de loi. Je me suis attaché à vous présenter,
sur les objets les plus susceptibles de difficulté, les raisons
de douter et celles de décider. Votre résolution nous éclai-
rera sur le mérite de nos observations.

Qu'il me soit permis, au moment où vous allez délibérer

sur le premier titre du Code civil, d'offrir à votre pensée les beaux souvenirs que vous prépare la gloire de décréter une législation qui va avoir une si prompte et si grande influence sur le bonheur de vos concitoyens. Vous avez sous les yeux les résultats de cette heureuse harmonie entre deux autorités qui ne se sont rapprochées à la voix du gouvernement que pour s'honorer et s'estimer davantage, et qui, dans les discussions profondes et lumineuses qui ont précédé l'émission des projets de lois, n'ont montré de toutes parts que l'émulation du bien public, que le noble orgueil de se rendre à la vérité.

C'est à votre sagesse, législateurs, de sanctionner leur ouvrage. C'est en vous, c'est dans vos suffrages, qu'est leur gloire et leur récompense.

Le Tribunat vous offre son vœu pour l'adoption du projet de loi contenant le premier titre du Code civil, relatif *à la jouissance et à la privation des droits civils.*

Il ne s'engagea pas de discussion nouvelle, et le Corps législatif adopta le projet dans la même séance ; la loi fut ensuite promulguée le 27 ventose an XI (18 mars 1803).

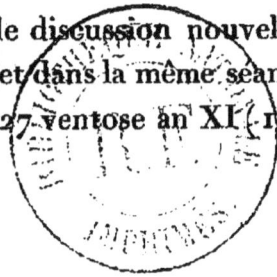

FIN DU SEPTIÈME VOLUME.
2ᵉ DES DISCUSSIONS.

ADDITIONS AU TOME VII.

NOTE SUR LE TROISIÈME ALINÉA DE LA PAGE 49.

Le Premier Consul. « Comment! lorsque le condamné est déporté, la justice et la vindicte publique ne sont-elles pas assez satisfaites? Tuez-le plutôt. Alors sa femme pourra lui élever un autel de gazon dans son jardin, et venir y pleurer. La femme peut avoir été quelquefois la cause du crime de son mari : elle lui doit des consolations. N'estimerez-vous pas la femme qui le suivra? » (*Propres paroles de Bonaparte, tirées des Mémoires sur le Consulat*, page 426.)

NOTE SUR LE TROISIÈME ALINÉA DE LA PAGE 57.

Le Premier Consul. « Le besoin de cette mesure est vivement senti, elle est dans l'opinion publique, et prescrite par l'humanité; le cas est si gros, qu'on peut le prévoir sans danger dans le Code civil. Nous avons en prison six mille individus condamnés qui ne font rien, qui coûtent beaucoup, et qui s'évadent journellement. Il y a dans le Midi trente à quarante brigands qui demandent à se rendre moyennant qu'on les déporte. Il faut donc régler cette matière pendant que nous sommes pleins de ces idées; la déportation est une prison, mais qui a plus de trente pieds carrés. » (*Propres paroles de Bonaparte, tirées des Mémoires sur le Consulat*, page 427.)

www.ingramcontent.com/pod-product-compliance
Lightning Source LLC
Chambersburg PA
CBHW031449210326
41599CB00016B/2166